LE GUIDE
MICHELIN

SUISSE | SCHWEIZ | SVIZZERA

Cher lecteur

Nouvelle saison, nouvelle édition du guide MICHELIN Suisse... toujours plus riche en goût ! Goût pour les tables, goûts pour les hôtels de charme... pour toutes ces maisons où l'on sait recevoir et réjuir. La sélection 2017 réunit tout cela, scrupuleusement mise à jour et renouvelée, pour vous accompagner vers le meilleur.

Toute l'année sur la route, les « inspecteurs Michelin » s'attachent avec une passion intacte à dénicher pour vous des adresses de qualité – restaurants, hôtels mais aussi maisons d'hôtes, dans toutes les catégories de standing et de prix. Faut-il encore vanter l'expertise de ces fins palais, dont les papilles s'aiguisent toujours plus au contact de ces savoir-faire réinventés, de ces innombrables métissages culinaires qui font la vitalité de la gastronomie contemporaine ?

Si l'on mange bien dans toutes les tables que nous recommandons, nos étoiles ✽ – une, deux ou trois – distinguent les cuisines les plus remarquables, quel que soit leur style : de la plus belle tradition à la créativité la plus ébouriffante… L'excellence des produits, le savoir-faire du chef, l'originalité des recettes, la qualité de la prestation à travers le repas et au cours des saisons : voilà qui définira toujours, au-delà des genres et des types de cuisine, les plus belles assiettes… et les plaisirs les plus gourmets !

Et puisque l'on peut aussi se régaler sans penser forcément à sa bourse, il y a – fidèle compagnon des tables à partager entre amis ou en famille – le fameux Bib Gourmand 😊, inégalable estampille de la bonne table au meilleur prix.

Car notre engagement est bien d'être attentifs aux exigences et aux envies de tous nos lecteurs. Autant dire que nous attachons beaucoup d'intérêt à recueillir vos opinions sur les adresses de notre sélection, afin de l'enrichir en permanence. Pour toujours mieux accompagner votre route… toutes vos routes !

Liebe Leser

Neue Saison, neue Ausgabe des Guide MICHELIN Schweiz – und immer mehr Geschmack!

Freude an gutem Essen, Freude an charmanten Hotels…, Freude an allen Häusern, in denen man willkommen ist und sich wohlfühlt. Die Selektion 2017, gewissenhaft aktualisiert und aufgefrischt, vereint all das, um Sie bestmöglich zu begleiten.

Das ganze Jahr über dreht sich bei den MICHELIN Inspektoren alles darum, hochwertige Adressen – Restaurants, Hotels und Pensionen – in allen Komfortklassen und Preiskategorien zu finden.

Die heutige Gastronomie ist überaus lebendig angesichts der sich ständig entwickelnden Küchen und kulinarischer Verschmelzungen.

Gutes Essen erwartet Sie in allen Restaurants, die wir empfehlen, doch die bemerkenswertesten Küchen sind die mit MICHELIN Stern ✿ – einem, zwei oder drei. Von traditionell bis innovativ, von schlicht bis aufwändig – ganz unabhängig vom Stil erwarten wir immer das Gleiche: beste Produktqualität, Know-how des Küchenchefs, Originalität der Gerichte sowie Beständigkeit auf Dauer und über die gesamte Speisekarte hinweg.

Sich zu verwöhnen muss nicht teuer sein, nicht einmal ein Essen mit der ganzen Familie oder Freunden – dafür sorgt ein treuer Verbündeter: der Bib Gourmand ☺, unsere Auszeichnung für gutes Essen zu fairen Preisen.

Wir nehmen die Bedürfnisse unserer Leser ernst und schätzen Ihre Meinungen und Vorschläge. So können wir unsere Auswahl immer weiter verbessern und Ihnen auf Ihren Reisen zur Seite stehen… auf all Ihren Reisen!

Caro lettore

Nuova stagione, nuova edizione de la guida MICHELIN Svizzera … sempre più ricca di gusto! Gusto per le buone tavole, gusto per gli hotel di charme… per tutte quelle risorse che conoscono l'arte di ricevere ed allietare. La selezione 2017 riunisce tutto ciò, scrupolosamente aggiornata e rinnovata per accompagnarvi verso il meglio.

Tutto l'anno in viaggio, gli "ispettori Michelin" s'impegnano con costanza e passione a scovare per voi indirizzi di qualità: ristoranti, alberghi, ma anche agriturismi, in tutte le categorie e fasce di prezzo.

Le nostre papille gustative si acuiscono sempre più a contatto di conoscenze reinventate o degli innumerevoli melting pot culinari che conferiscono tanto dinamismo alla gastronomia contemporanea.

Se si mangia bene presso tutte le tavole da noi consigliate, è anche vero che le nostre stelle ✱ – una, due o tre – pongono l'accento su quelle cucine particolarmente degne di nota, qualsiasi sia il loro stile: dalla più radicata nella tradizione alla creativa più esasperata… L'eccellenza dei prodotti, la maestria dello chef, l'originalità delle ricette, la qualità della prestazione durante tutto il pasto e nell'arco delle stagioni: ecco i presupposti che definiranno sempre – al di là dei generi e dei tipi di cucina – i migliori piatti e i più intriganti piaceri gourmet!

E poiché ci si può deliziare senza necessariamente spendere una fortuna, c'è – fedele compagno di indirizzi da condividere con amici o familiari – il famoso Bib Gourmand ☺, ineguagliabile sostenitore della buona tavola a prezzi interessanti.

Come già ribadito, il nostro obiettivo è di essere attenti alle esigenze e desideri dei nostri lettori sia in termini di qualità che di budget. Inutile sottolineare che ci sta a cuore conoscere la vostra opinione sugli indirizzi selezionati al fine di arricchirli ulteriormente, per accompagnarvi sempre meglio sulla vostra strada… qualsiasi essa sia!

Dear reader

Another year, another exciting edition of the MICHELIN Guide Switzerland. Wonderful restaurants, charming hotels – establishments where hospitality is elevated to new heights. The guide brings you all these and more, and has been carefully updated for 2017 to provide you with the perfect travel companion.

All year, the Michelin inspectors have been focusing their efforts on finding top quality establishments – restaurants, hotels and guesthouses – across all categories of comfort and price.

Our palates get sharper and sharper as they come across ever-evolving cuisines and culinary crossovers that bring an extraordinary vitality to contemporary cooking.

You'll eat well in all of the places we recommend but our stars ✤ – one, two and three – mark out the most remarkable kitchens. Whatever the cooking or restaurant style – from the traditional to the innovative, the modest to the extravagant – we look for the same things: the quality of the produce; the expertise of the chef; the originality of the dishes; and consistency throughout the meal and across the seasons.

Since treating yourself doesn't have to be costly, you can rely on a faithful ally when it comes to sharing meals with family and friends: the Bib Gourmand ☺, our award for good food at moderate prices.

We listen to our readers' needs and we truly value your opinions and recommendations so we can keep improving our selection and help you on your journeys... all of your journeys!

Fergus Kennedy / John Warburton-Lee / Photononstop

Sommaire Inhaltsverzeichnis Indice *Contents*

🔵 INTRODUCTION

FRANÇAIS

Cher lecteur	2
Les engagements du guide MICHELIN	24
Mode d'emploi	26
Classements & distinctions	28
Équipements & services	30
Prix	31
Informations sur les localités	32
Légende des plans	33

🟢 INTRODUZIONE

ITALIANO

Caro lettore	4
I principi della guida MICHELIN	44
Come leggere la guida	46
Categorie e simboli distintivi	48
Installazioni e servizi	50
I prezzi	51
Informazioni sulle località	52
Legenda delle piante	53

🟠 EINLEITUNG

DEUTSCH

Liebe Leser	3
Die Grundsätze des Guide MICHELIN	34
Hinweise zur Benutzung	36
Kategorien & Auszeichnungen	38
Einrichtungen & Service	40
Preise	41
Informationen zu den Orten	42
Legende der Stadtpläne	43

🔵 INTRODUCTION

ENGLISH

Dear reader	5
The MICHELIN guide's commitments	54
How to use this guide	56
Classification & awards	58
Facilities & services	60
Prices	61
Information on localities	62
Plan key	63

→ La cuisine suisse... Vous avez dit fromage ?	**9**
→ Schweizer Küche... Alles Käse oder was?	**12**
→ Cucina svizzera... Solo formaggio o c'è dell'altro?	**14**
→ Le vignoble suisse	**16**
→ Das Schweizer Weinanbaugebiet	
→ La Svizzera vinicola	

🔴 LE PALMARÈS 2017 — **18**

Les nouvelles étoiles ✿ • Les nouveaux "Bib Gourmand" 🙂

→ DIE TOP-ADRESSEN 2017
die neuen Sterne ✿ • die neuen Bib Gourmand 🙂

→ PALMARES 2017
Le nuove stelle ✿ • I nuovi Bib Gourmand 🙂

LA SUISSE EN CARTES 64

Les cantons suisses	66
Les langues parlées	69
Cartes régionales	**70**

→ SCHWEIZ IN KARTEN 64

Schweizer Kantone	66
Die Sprachen	69
Regionalkarten	**70**

→ SVIZZERA IN CARTE 64

Cantoni svizzeri	66
Le lingue parlate	69
Carte regionali	**70**

→ SWISS IN MAPS 64

Swiss districts	66
Spoken languages	69
Regional map	**70**

HÔTELS ET RESTAURANTS Les localités de A a Z 83

→ **HOTELS & RESTAURANTS** Städte von A bis Z
→ **ALBERGHI & RISTORANTI** Città da A a Z
→ **HOTELS & RESTAURANTS** Towns from A to Z

Fürstentum Liechtenstein 406

LEXIQUE 418

→ LEXIKON 425
→ LESSICO 432
→ LEXICON 418

INDEX DES DISTINCTIONS

Les tables étoilées	442
Les Bib Gourmand	445
Les restaurants agréables	448
Les hôtels agréables	451
Les hôtels avec Spas	454

→ LISTE DER AUSZEICHNUNGEN

Sterne-Restaurants	442
Bib Gourmand	445
Angenehme Restaurants	448
Angenehme Hotels	451
Wellness-Hotels	454

→ ELENCO DELLE DISTINZIONI

Esercizi con stelle	442
Bib Gourmand	445
Ristoranti ameni	448
Alberghi ameni	451
Lista delle Spa	454

→ INDEX OF AWARDS

Starred establishments	442
Bib Gourmand	445
Pleasant restaurants	448
Pleasant hotels	451
Hotels with Spas	454

La cuisine suisse... Vous avez dit fromage ?

Certes, quand on parle de la Suisse, on pense à ses fromages. il suffit d'évoquer les très populaires fondue et raclette. Mais on ne saurait oublier la viande des Grisons, les pizokels ou la tarte (aussi appelée tourte) aux noix de l'Engadine, qui sont de véritables classiques. Forte de ses entités germanophone, francophone et italophone, la cuisine suisse recèle dans son répertoire des spécialités aux influences aussi multiples.

Parallèlement à la cuisine traditionnelle, on observe depuis quelques années en Suisse l'essor d'une nouvelle gastronomie : tout en restant attachés aux copieux plats traditionnels, un nombre croissant de jeunes chefs s'attachent à proposer des mets plus fins et légers. Partout dans le pays – le guide MICHELIN Suisse s'en fait l'écho –, on trouve de nombreux restaurants dont la carte puise dans une cuisine actuelle et d'ailleurs, qui revisite les ingrédients typiquement régionaux. Une évolution favorable à la réputation de la gastronomie du pays : la Suisse est devenue ainsi le pays européen comptant le plus grand nombre d'étoiles MICHELIN par habitant !

Spécialités fromagères

La cuisine suisse sans fromage ? Impensable! La fondue au fromage est une véritable institution nationale. Cet onctueux mélange de fromage fondu (selon la région, vacherin, gruyère, appenzell, emmental...) et de vin blanc, rehaussé d'une pointe de kirsch, vient initialement de la Suisse francophone, la Romandie. Mais la fondue connaît depuis longtemps un grand succès dans l'ensemble du pays. La raclette, deuxième classique parmi les spécialités helvétiques au fromage, se préparait autrefois de manière rustique, directement sur le feu, et on l'accompagne toujours de la même manière : avec des pommes de terre en robe des champs, des cornichons, des oignons blancs au vinaigre, etc.

J.D. Sudres / Hemis.fr

Viandes et poissons

Autre plat bien emblématique, l'émincé de veau à la zurichoise, une spécialité de Zurich qui consiste à faire cuire de fines lamelles de veau, des rognons de veau et des champignons dans une sauce au vin blanc et à la crème ; le tout généralement servi avec des röstis de pommes de terre. Citons aussi le **plat bernois**, une spécialité de la Suisse occidentale remontant au 18e s., qui mêle différentes sortes de viande, des saucisses, de la choucroute, des haricots... et des pommes de terre. Mais dans ce registre traditionnel, rien n'égale la viande séchée du Valais ni la viande des Grisons, toutes deux séchées à l'air pur des montagnes...

Les amateurs de poisson trouveront aussi leur bonheur en Suisse : au bord du Lac Léman, du Lac de Neuchâtel ou du Lac de Bienne, on se régale volontiers d'une perche, d'un corégone ou d'une truite. Même si, dans la région du Lac de Bienne, on apprécie tout autant une saucisse cuite à la vapeur de marc.

Pâtes et pommes de terre

Que ce soit comme garniture ou comme plat principal, les röstis sont un incontournable en Suisse, Si la recette fait l'objet de controverses – faut-il les préparer avec des pommes de terre crues ou cuites ? –, elles sont toujours râpées ! Les copeaux de pommes de terre doivent rissoler dans une poêle beurrée, sans œufs ni farine, mais on tolèrera certaines variantes, telles que l'addition de fromage ou de lardons (avant cuisson).

Un cousin proche, **les maluns** se préparent avec des pommes de terre cuites et râpées, que l'on mélange avec de la farine et du beurre avant de les faire rôtir. Un délice, encore meilleur avec une compote de pommes... ou, bien sûr, du fromage !

Si les Suisses remplacent la semoule de blé dur de la pasta italienne par de la farine de blé ou de sarrasin, les pâtes sont bien les rivales de la pomme de terre.

Tels les **pizzocheris des Grisons** qui, mariés dans une potée avec du chou frisé, des pommes de terre et du fromage, sont un vrai régal après une randonnée dans les Alpages ! Idem avec les **pizokels**, un dérivé suisse des spätzlis, servis accompagnés de légumes et de fromage. Autre variation sur le thème des spätzlis, les **capuns** – authentique spécialité des Grisons –, sont des paupiettes farcies de pâte à spätzli, enveloppées dans des feuilles de bette et à laquelle on incorpore de la viande des Grisons coupée en dés ; le tout volontiers gratinées au fromage. Quant aux influences italiennes, plus légères, elles se font sentir dans le Tessin, où l'on préfère savourer **marronis** ou polenta (purée de semoule de maïs)...

Délices sucrés

Impossible de résister à la tentation du chocolat suisse. Mais les vrais gourmands savent aussi apprécier les gâteaux et les tartes. Parmi ces dernières, on citera la tourte aux noix de l'Engadine, aussi consistante que savoureuse avec ses noix caramélisées sur une pâte brisée. Autres "must", le gâteau de carottes à l'argovienne, la tourte au kirsch de Zoug et le gâteau du Vully, appelé aussi tout simplement gâteau à la crème... tout simplement bon !

Salé ou sucrée, de fait la cuisine suisse reste bien ancrée dans la tradition : celle d'une cuisine solide, propre à rassasier les montagnards. Car en Suisse, la gourmandise atteint des sommets !

Schweizer Küche...
Alles Käse oder was?

Die Schweiz ist ja bekannt für ihren Käse - man denke nur an leckere und sehr beliebte Gerichte wie Käsefondue und Raclette. Aber auch Bündnerfleisch, Pizokel oder Engadiner Nusstorte sind echte Klassiker. Entsprechend ihrem deutschen, französischen und italienischen Teil hat die Schweiz natürlich auch kulinarisch entsprechende Einflüsse zu bieten.

Neben der traditionellen Schweizer Küche ist seit einigen Jahren eine aufstrebende junge Gastronomie zu beobachten. Immer mehr junge Köche ergänzen das Angebot an doch recht nahrhaften Traditionsgerichten um feine, leichte Speisen. Der Guide MICHELIN Schweiz hat es Schwarz auf Weiss: Überall im Land finden sich zahlreiche Restaurants, deren Speisekarten modern und international inspiriert sind, aber dennoch typische regionale Elemente mit einbeziehen. Eine bedeutende Entwicklung für die hiesige Gastronomie, denn die Schweiz ist in Europa das Land mit den meisten MICHELIN Sternen je Einwohner!

Käsespezialitäten

Schweizer Küche ohne Käsegerichte? Undenkbar! Ein echtes Nationalgericht ist das Käsefondue. Die Mischung aus geschmolzenem Käse (je nach Region Vacherin, Greyerzer, Appenzeller, Emmentaler...) und Weisswein sowie Kirschwasser kommt ursprünglich aus der französischsprachigen Schweiz, ist aber in unterschiedlichen Varianten schon lange überall im Land verbreitet. Der zweite Klassiker unter den Käsegerichten ist Raclette, wobei der Käse ursprünglich auf ganz urige Art am Feuer geschmolzen wurde. Dazu werden Pellkartoffeln („Gschwellti"), saure Gurken, Essigzwiebeln usw. gereicht.

Fleisch und Fisch

Wohl eines der bekanntesten Fleischgerichte der Schweiz ist das Zürcher Geschnetzelte. Diese aus Zürich stammende Spezialität besteht aus Kalbfleisch, Kalbsnieren und Champignons in Rahm-Weissweinsosse, dazu serviert man ganz klassisch Kartoffelrösti. Aus der Westschweizer Berner Küche kommt die Berner Platte, die ihren Ursprung bereits im 18. Jh. hat. Hierbei werden verschiedene Fleisch- und Wurstsorten mit Sauerkraut, Bohnen und Kartoffeln auf einer Platte angerichtet.

Ebenfalls probiert haben sollte man das Walliser Trockenfleisch oder das Bündnerfleisch, die beide für ihre Herstellung das Bergklima brauchen. Auch auf frischen Fisch muss man in der Schweiz nicht verzichten. So isst man beispielsweise am Genfersee, am Neuenburgersee oder am Bielersee gerne Egli, Felchen und Forellen. Am Bielersee kennt man auch die Treberwurst, eine im Brennkessel gegarte Rohwurst („Saucisson").

Kartoffeln und Teigwaren

Sie sind wohl jedem ein Begriff: Rösti. Sie sind überall in der Schweiz sehr beliebt, als Beilage oder auch als Hauptgericht. Nicht ganz einig ist man sich bei der Frage, ob man für ihre Zubereitung rohe oder gekochte Kartoffeln nimmt. Auf jeden Fall sind die Kartoffeln immer gerieben. Ohne Zugabe von Eiern oder Mehl werden sie in der Pfanne in heissem Fett ausgebacken. Ergänzende Zutaten wie Käse oder Speck sind im Röstiteig aber durchaus erlaubt. Ein weiteres Kartoffelgericht sind Maluns, für die gegarte, geriebene Kartoffeln mit Mehl und Butter vermischt und geröstet werden – dazu schmeckt z. B. Apfelmus, aber natürlich auch der allgegenwärtige Käse.

Typisch sind auch Teigwaren, für die die Schweizer den Hartweizengriess der italienischen Pasta durch Weizenmehl und Buchweizenmehl ersetzen, wie z. B. in den Bündner Pizzoccheri, die mit Wirsing, Kartoffeln und Käse einen der leckeren Eintöpfe ergeben, den Pizokel, einer Art Spätzle, die ebenfalls mit Gemüse und Käse serviert werden, oder den Capuns, ein in Mangoldblätter gewickelter Spätzleteig mit Bündnerfleischstücken und gerne auch mit Käse überbacken. Italienische Einflüsse machen sich mit den aus dem Tessin stammenden Marroni sowie mit der Polenta bemerkbar, einem festen Brei aus Maisgriess.

gourmet-vision/image BROKER / age fotostock

● ● Sie mögen es süss?

Eine Sünde wert ist nicht nur die berühmte Schweizer Schokolade, auch Torten sind ein Muss, allen voran die Engadiner Nusstorte. Diese Spezialität aus mit karamellisierten Walnüssen gefülltem Mürbteig ist zwar recht gehaltvoll, aber ebenso schmackhaft! Lecker auch die Aargauer Rüeblitorte, die Zuger Kirschtorte sowie der Nidelfladen, ein Rahmkuchen.

Sie sehen, es gibt einiges zu entdecken. Wir wünschen Ihnen viel Vergnügen auf Ihren genussvollen Erkundungsreisen durch die Schweizer Gastronomie!

Cucina svizzera...
Solo formaggio o c'è dell'altro?

La Svizzera è celebre per i suoi formaggi: basti pensare a piatti deliziosi e tanto apprezzati come la fonduta e la raclette. Ma in tema di classici non si possono non menzionare anche la Bündnerfleisch (carne bovina salata e stagionata), i Pizokel (specialità di pasta dei Grigioni) o la Engadiner Nusstorte (torta di noci dell'Engadina). Essendo, inoltre, il paese diviso in tre parti - tedesca, francese e italiana - non potevano mancare influssi culinari corrispondenti.

Oltre alla cucina tradizionale, si osserva da alcuni anni l'emergere di una gastronomia giovane e ambiziosa. Un crescente numero di cuochi aggiunge all'offerta di specialità locali - piuttosto nutrienti - piatti leggeri e delicati. La guida MICHELIN Svizzera ne cita qualche esempio: su tutto il territorio elvetico sono presenti, infatti, numerosi ristoranti che offrono menu moderni e internazionali arricchiti con ingredienti tipici della regione. Si tratta di un' importante svolta per la gastronomia locale, se si pensa che, a livello europeo, la Svizzera è il paese con il maggior numero di stelle MICHELIN per abitante!

Specialità a base di formaggio

Togliere il formaggio dalla cucina svizzera? Praticamente, impensabile! Uno dei piatti nazionali è la fonduta: una preparazione ottenuta mescolando formaggio fuso (a seconda della regione, Vacherin, groviera, Appenzeller, Emmental ecc.) e vino bianco, nonché acquavite di ciliegie. La specialità è originaria della Svizzera francofona, ma si è poi diffusa con varianti in tutto il paese. Un altro classico fra i piatti a base di formaggio è la raclette, un tempo ottenuta facendo fondere il formaggio tradizionalmente sul fuoco; questo piatto è accompagnato da patate lesse con buccia ("Gschwellti"), cetrioli e cipolle sottaceto, ecc.

Carne e pesce

Uno dei piatti di carne più noti del paese è indubbiamente il Zürcher Geschnetzelte, ovvero lo spezzatino alla zurighese. Originaria della città di cui porta il nome, la specialità è a base di carne e reni di vitello, champignon in salsa di panna e vino bianco; solitamente servita con Rösti. Dalla Svizzera occidentale giunge il Berner Platte (piatto bernese) risalente al 18° secolo. Su una pirofila vengono serviti diversi tipi di carni e salumi con crauti, fagiolini e patate. Imperdibile anche la Walliser Trockenfleich (carne secca del Vallese) o la Bündnerfleisch, per produrre le quali è indispensabile il clima montano. Anche il pesce è protagonista della cucina svizzera: pesce persico, coregone e trota abitano, per esempio, il lago di Ginevra, di Neuchâtel o di Bienne. In quest'ultima località si può anche gustare la Treberwurst, ossia salsiccia cotta al vapore nell'alambicco durante la distillazione del liquore.

Patate e pasta

bernjuer / age fotostock

I famosi Rösti sono apprezzati in tutta la Svizzera sia come contorno che come piatto principale: si preparano con patate crude o cotte, ma, in entrambi i casi, i tuberi vengono grattugiati. Senza aggiunta di uova o farina vengono cotti in padella in olio bollente; chi lo desidera può aggiungere nell'impasto formaggio o pancetta. Un altro piatto interessante sono i Maluns preparati con patate lesse grattugiate mescolate con farina e burro e cotte in padella. Possono essere serviti con mousse di mele o con l'immancabile formaggio.

Molto diffusa è anche la pasta, per la quale gli svizzeri usano farina di frumento e di grano saraceno al posto del grano duro usato per la pasta italiana. Da non dimenticare, infine, i Pizzoccheri dei Grigioni che insieme a verza, patate e formaggio danno vita ad una gustosa minestra o i Pizokel, una specie di Spätzle da servire con verdura e formaggio oppure anche i Capuns, un impasto simile a quello degli Spätzle, ma avvolto in foglie di barbabietola e contenente pezzetti di Bündnerfleisch da gratinare – eventualmente – con del formaggio. Gli influssi italiani si fanno notare nel Ticino con i Marroni, nonché con la Polenta, una purea a base di semolino di mais.

E per gli amanti dei dolci?

Per loro, oltre al proverbiale cioccolato svizzero, ci sono anche torte deliziose come la Engadiner Nusstorte, la torta di noci dell'Engadina. Questa specialità fatta di pasta frolla ripiena di noci caramellate è sostanziosa quanto saporita! Gustose sono anche la Aargauer Rüeblitorte (torta di carote dell'Argovia), la Zuger Kirschtorte (torta al kirsch zughese), nonché il Nidelfladen (dolce con panna).

Come vedete, l'offerta è ricca e varia. Vi auguriamo, quindi, buon divertimento alla scoperta delle delizie gastronomiche svizzere!

Le vignoble suisse

La production vinicole suisse est estimée à 1,2 million d'hectolitres, moitié en vins blancs, moitié en vins rouges. Le relief tourmenté du pays rend difficile l'exploitation du vignoble, mais assure une grande variété de climats et de terroirs. Cépage blanc typique de Suisse romande et peu cultivé ailleurs, le Chasselas est sensible à toute nuance de terroir et de vinification, d'où une grande variété de caractères selon les régions. Pinot, Gamay et Merlot sont les principaux cépages rouges cultivés dans le pays.

La réglementation d'« Appellation d'Origine Contrôlée », dans le cadre des ordonnances fédérales sur la viticulture et sur les denrées alimentaires, est de la compétence des cantons. Elle existe déjà dans les cantons d'Argovie, Fribourg, Genève, Neuchâtel, Schaffhouse, Tessin, Vaud, Valais et la région du lac de Bienne. 2011 et 2015 sont les meilleurs millésimes récents.

➜ Das Schweizer Weinanbaugebiet

Die Weinproduktion in der Schweiz wird auf 1,2 Millionen Hektoliter geschätzt, je zu 50 % Weisswein und Rotwein. Die Topographie der Schweiz macht den Weinanbau zwar schwierig, sorgt jedoch für eine grosse Vielfalt verschiedener Klimazonen und Böden. Der Chasselas, eine typische weisse Rebsorte aus der Westschweiz, die woanders kaum angebaut wird, reagiert sehr unterschiedlich auf den Boden un die Verarbeitung des Weins. Daher variiert der Charakter dieses Weins sehr stark je nach Region, in der er angebaut wird. Blauburgunder, Gamay und Merlot sind die wichtigsten roten Rebsorten.

Die Regelung zur kontrollierten Ursprungsbezeichnung im Rahmen der Wein- und Lebensmittelverordnung wurde vom Bund an die Kantone übertragen und existiert schon für die Kantone Aargau, Freiburg, Genf, Neuenburg, Schaffhausen, Tessin, Waadt, Wallis und die Region Bielersee. 2011 und 2015 sind die besten letzten Jahrgänge.

→ La Svizzera vinicola

La produzione vinicola svizzera è stimata a 1,2 milioni d'ettolitri, la metà dei quali di vino bianco e l'altra metà di vino rosso. Il rilievo accidentato del paese rende difficoltosa l'attività vitivinicola, ma assicura una grande varietà di climi e terreni. Vitigno bianco tipico della Svizzera romanda e poco coltivato altrove, lo Chasselas è sensibile a tutte le sfumature del terreno e della vinificazione; da ciò deriva una grande varietà di caratteristiche. Pinot, Gamay e Merlot sono i principali vitigni rossi coltivati nel paese.

La normativa sulla «Denominazione d'Origine Controllata», nell'ambito delle disposizioni federali sulla viticoltura e sui generi alimentari, è di competenza dei cantoni, ma già esiste, nei cantoni di Argovia, Friburgo, Ginevra, Neuchâtel, Sciaffusa, Ticino, Vaud, Vallese e nella regione del lago di Bienne. Tra le annale recenti più significative si ricordano il 2011 e 2015.

Le palmarès 2017

→ Die Top-Adressen
→ Palmares

Les nouvelles étoiles
→ die neuen Sterne
→ Le nuove stelle

✪✪

Vals (GR)	Silver
Zermatt (VS)	After Seven
Zürich (ZH)	Ecco Zürich

✪

Bad Ragaz (SG)	IGNIV by Andreas Caminada
Bubendorf (BL)	Le Murenberg
Cerniat (FR)	La Pinte des Mossettes
Davos (GR)	Glow by Armin Amrein
Genève/Bellevue (GE)	Tsé Fung
Gstaad (BE)	MEGU
Lenzerheide (GR)	La Riva
Lenzerheide/Sporz (GR)	Guarda Val
Morges (VD)	Le Petit Manoir
Pfäffikon (SZ)	Pur
Saint-Aubin/Sauges (NE)	La Maison du Village
Villars-sur-Ollon (VD)	Le Jardin des Alpes

→ Et retrouvez toutes les étoiles et tous les Bib Gourmand 2017 à la fin du guide MICHELIN, page 441.
→ Und finden Sie alle Sterne-Restaurants und Bib Gourmand Restaurants 2017 am Ende des Guide MICHELIN, Seite 441.
→ E ritrovate tutte le stelle e tutti il Bib Gourmand 2017 alla fine della guida MICHELIN, pagina 441.

Les nouveaux "Bib Gourmand"
→ die neuen Bib Gourmand
→ I nuovi Bib Gourmand

Adelboden (BE)	Schönbühl
Ascona/Losone (TI)	Centrale
Basel (BS)	Au Violon
Biel (BE)	Villa Lindenegg
Bubendorf (BL)	Landgasthof Talhaus - PURO
Bubikon (ZH)	Löwen - Gaststube
Büren an der Aare (BE)	Il Grano
Burgdorf (BE)	Zur Gedult
Capolago (TI)	Grotto Eguaglianza
La Chaux-de-Fonds (NE)	La Parenthèse
Eglisau (ZH)	Gasthof Hirschen - Bistro
Emmenmatt (BE)	Moosegg
Genève (GE)	Chez Philippe
Genève/Collonge-Bellerive (GE)	Collonge Café
Grandvaux (VD)	Auberge de la Gare
Gstaad (BE)	Basta by Dalsass
Heiden (AR)	Gasthaus Zur Fernsicht - Restaurant
Hermance (GE)	Restaurant du Quai
Hochdorf (LU)	braui
Jenins (GR)	Alter Torkel
Langenthal (BE)	Auberge - Bistro
Lausanne (VD)	Le P'tit Lausannois
Luzern (LU)	Reussbad
Luzern (LU)	Schlössli Utenberg
Oberägeri (ZG)	Hirschen
San Vittore (GR)	Osteria Fagetti
Spiez (BE)	Belle Époque
Thun/Oberhofen (BE)	Park Hotel - Montana
Twann (BE)	Fontana
Wikon (LU)	bim buume schönlokal
Yens (VD)	Auberge de la Croix d'Or - Bistro

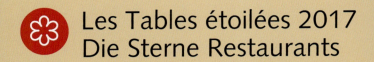

Les Tables étoilées 2017
Die Sterne Restaurants

La couleur correspond à l'établissement le plus étoilé de la localité.
Die Farbe entspricht dem besten Sterne-Restaurant im Ort.

Bib Gourmand 2017

Localités possédant au moins un établissement avec un Bib Gourmand.
Orte mit mindestens einem Bib-Gourmand-Haus.

Les engagements du guide MICHELIN

L'expérience au service de la qualité

Qu'il soit au Japon, aux Etats-Unis, en Chine ou en Europe, l'inspecteur du guide MICHELIN respecte exactement les mêmes critères pour évaluer la qualité d'une table ou d'un établissement hôtelier, et il applique les mêmes règles lors de ses visites. Car si le guide peut se prévaloir aujourd'hui d'une notoriété mondiale, c'est notamment grâce à la constance de son engagement vis-à-vis de ses lecteurs. Un engagement dont nous voulons réaffirmer ici les principes :

LA VISITE ANONYME

Première règle d'or, les inspecteurs testent de façon anonyme et régulière les tables et les chambres, afin d'apprécier pleinement le niveau des prestations offertes à tout client. Ils paient donc leurs additions ; après quoi ils pourront révéler leur identité pour obtenir des renseignements supplémentaires. Le courrier des lecteurs nous fournit par ailleurs de précieux témoignages, autant d'informations qui sont prises en compte lors de l'élaboration de nos itinéraires de visites.

L'INDÉPENDANCE

Pour garder un point de vue parfaitement objectif – dans le seul intérêt du lecteur –, la sélection des établissements s'effectue en toute indépendance, et l'inscription des établissements dans le Guide est totalement gratuite. Les décisions sont discutées collégialement par les inspecteurs et le rédacteur en chef, et les plus hautes distinctions font l'objet d'un débat au niveau européen.

LE CHOIX DU MEILLEUR

Loin de l'annuaire d'adresses, le Guide se concentre sur une sélection des meilleurs hôtels et restaurants, dans toutes les catégories de confort et de prix. Un choix qui résulte de l'application rigoureuse d'une même méthode par tous les inspecteurs, quel que soit le pays où il œuvre.

Nos étoiles – une ✽, deux ✽✽ ou trois ✽✽✽ – distinguent les cuisines les plus remarquables, quel que soit leur style : le choix des produits, la maîtrise des cuissons et des saveurs, la personnalité de la cuisine, la constance de la prestation et le bon rapport qualité-prix : voilà les critères qui, au-delà des genres et des types de cuisine, définissent les plus belles tables.

UNE MISE À JOUR ANNUELLE

Toutes les informations pratiques, tous les classements et distinctions sont revus et mis à jour chaque année afin d'offrir l'information la plus fiable.

L'HOMOGÉNÉITÉ DE LA SÉLECTION

Les critères de classification sont identiques pour tous les pays couverts par le guide MICHELIN. A chaque culture sa cuisine, mais la qualité se doit de rester un principe universel…

Car notre unique dessein est de tout mettre en œuvre pour vous aider dans chacun de vos déplacements, afin qu'ils soient toujours sous le signe du plaisir et de la sécurité. « L'aide à la mobilité » : c'est la mission que s'est donnée Michelin.

Consultez le guide MICHELIN sur : www.Viamichelin.com
et écrivez-nous à : leguidemichelin-suisse@michelin.com

Mode d'emploi

INFORMATIONS PRATIQUES

Distances depuis les villes principales, références de la carte routière MICHELIN où vous retrouverez la localité.

CORTAILLOD
2016 Neuchâtel (NE) – 4 407 hab. – Alt. 482 m – Ca...
🚗 Bern 58 km – Neuchâtel 9 km – Biel 44 km – Lau...
Carte routière Michelin 552 F17

Le Galion (N)
à Petit Cortaillod – ℰ 032 843 44 35 – www...
– Fermé 18 décembre - 8 janvier
22 ch ⌂ – †110/130 CHF ††180/230 CHF
Au plus près de la nature, entre lac et v...
ment décorées, pour des nuitées sans...
classiques et spécialités du lac. Cuvée...

NOUVEL ÉTABLISSEMENT DANS LE GUIDE

La Retraite !
Rue Chanélaz 18 – ℰ 032 844 22 34
– Fermé 22 décembre - 8 janvier e...
25 ch ⌂ – †75/100 CHF ††160/19...
Hôtellerie familiale établie dans u...
Ses deux chalets renferment d'...
taurant apprécié pour son conf...

L'HÉBERGEMENT

De 🏨 à 🏠 : catégories de confort.

En rouge 🏨 ... 🏠 : nos plus belles adresses.

La Pomme de Pin
Av. François-Borel 14 – ℰ 032...
Fermé dimanche et lundi
Menu 18 CHF – Carte 43/87
Table entièrement rénové...
tisme : perches, homards...
propice à la détente.

LES MEILLEURES ADRESSES À PETITS PRIX

😊 Bib Gourmand.

COSSONAY
1304 Vaud (VD) – 2 487 hab. –
🚗 Bern 107 km – Lausanne 1...
Carte routière Michelin 552...

LES RESTAURANTS

De 🍴🍴🍴🍴🍴 à 🍴 : catégories de confort.
En rouge 🍴🍴🍴🍴🍴 ... 🍴 : nos plus belles adresses.

Le Petit Compto...
Rue du Temple 22 –
– Fermé 24 décem...
Menu 80 CHF (déj...
Ancienne maiso...
mobilier Louis...
vante. Du plais...
→ Pressée de...
Mille-feuille d...

LES TABLES ÉTOILÉES

❀❀❀ Une cuisine unique. Vaut le voyage !
❀❀ Une cuisine d'exception. Vaut le détour !
❀ Une cuisine d'une grande finesse. Vaut l'étape !

COURGENAY
2950 Jura (JU) – 2 0...
🚗 Bern 92 km – Ba...
Carte routière Mi...

le **8**C2
km

Plan : B1**e**

alion.ch

ois catégories de chambres joli-
restaurant vogue entre recettes
ovenant des vignes.

Plan : A2**b**

traite.ch

résidentiel, donc exempte de chahut.
ambres à touches campagnardes. Res-
le soin apporté à se préparations.

Plan : C1**d**

– www.pommedepin.ch

Noël et Nouvel An)
ientation culinaire ne manque pas d'éclec-
mer et produits terrestres. Terrasse d'été

n – Carte régionale **12** A3
bourg 78 km – Genève 62 km

4 26 20 – www.lepetit-comptoir.ch
vier, 9 juillet - 3 août et dimanche
Carte 128/208 CHF
s. mariant harmonieusement décor ancien – élégant
nne cheminée en pierre moulurée – et cuisine inno-
s yeux et le palais.
né aux herbes. Gnocchi à la truffe noire et jus de légumes.
es Monts.

– Alt. 488 m – Carte régionale **5** D7
n – Biel 57 km – Montbéliard 38 km
1 H4

2 – ℰ 032 471 22 35 – www.hotelterminus.ch

nnalisées, certaines dotées
l'Albertine, la plus

LOCALISER LA VILLE

Repérage de la localité sur la carte régionale au début du guide (n° de la carte et coordonnées).

LOCALISER L'ÉTABLISSEMENT

Localisation sur le plan de ville (coordonnées et indice).

DESCRIPTION DE L'ÉTABLISSEMENT

Atmosphère, style, caractère…

ÉQUIPEMENTS ET SERVICES

PRIX

Classement & distinctions

LES CATÉGORIES DE CONFORT

Le guide MICHELIN retient dans sa sélection les meilleures adresses dans chaque catégorie de confort et de prix. Les établissements sélectionnés sont classés selon leur confort et cités par ordre de préférence dans chaque catégorie.

🏨	XxXxX	**Grand luxe**
🏨	XxXx	**Grand confort**
🏨	XxX	**Très confortable**
🏨	XX	**Confortable**
🏠	X	**Simple**
⚐		**Service de restauration dans l'hôtel**
⇔		**Restaurant avec chambres**

LES DISTINCTIONS

Pour vous aider à faire le meilleur choix, certaines adresses particulièrement remarquables ont reçu une distinction : étoiles ou Bib Gourmand. Elles sont repérables dans la marge par ✽ ou 🙂.

LES ÉTOILES : LES MEILLEURES TABLES

Les étoiles distinguent les établissements, tous styles de cuisine confondus, qui proposent la meilleure qualité de cuisine. Les critères retenus sont : le choix des produits, la maîtrise des cuissons et des saveurs, la personnalité de la cuisine, la constance de la prestation et le bon rapport qualité/prix.

Chaque restaurant étoilé est accompagné de trois exemples de plats représentatifs de sa cuisine. Il arrive parfois qu'elles ne puissent être servies : c'est souvent au profit d'autres savoureuses recettes inspirées par la saison.

✽✽✽ **Trois étoiles Michelin : une cuisine unique. Vaut le voyage !**
La signature d'un très grand chef ! Produits d'exception, pureté et puissance des saveurs, équilibre des compositions : la cuisine est ici portée au rang d'art. Les assiettes, parfaitement abouties, s'érigent souvent en classiques.

✽✽ **Deux étoiles Michelin : une cuisine d'exception. Vaut le détour !**
Les meilleurs produits magnifiés par le savoir-faire et l'inspiration d'un chef de talent, qui signe, avec son équipe, des assiettes subtiles et percutantes, parfois très originales.

✽ **Une étoile Michelin : une cuisine d'une grande finesse. Vaut l'étape !** Des produits de première qualité, une finesse d'exécution évidente, des saveurs marquées, une constance dans la réalisation des plats.

Nouveaux
établissements

LES BIBS : LES MEILLEURES ADRESSES À PETIT PRIX

 Bib Gourmand
Nos meilleurs rapports qualité-prix. Un moment de gourmandise à moins de 70 CHF : de bons produits bien mis en valeur, une addition mesurée, une cuisine d'un excellent rapport qualité-prix.

NOS PLUS BELLES ADRESSES

Le rouge signale les établissements particulièrement agréables. Cela peut tenir au caractère de l'édifice, à l'originalité du décor, au site, à l'accueil ou aux services proposés.

 Hôtels agréables

Restaurants agréables

LES MENTIONS PARTICULIÈRES

En dehors des distinctions décernées aux établissements, les inspecteurs Michelin apprécient d'autres critères souvent importants dans le choix d'un établissement.

AGRÉMENTS

Vous cherchez un établissement tranquille ou offrant une vue attractive ? Suivez les symboles suivants :

 Au calme
 Belle vue

CARTE DES VINS

Vous cherchez un restaurant dont la carte des vins offre un choix particulièrement intéressant ? Suivez le symbole suivant :

 Carte des vins particulièrement intéressante
Toutefois, ne comparez pas la carte présentée par le sommelier d'un grand restaurant avec celle d'une auberge dont le patron se passionne pour les vins de sa région.

Équipements & services

⚐	Service de restauration dans l'hôtel
⇐	Restaurant avec chambres
⇅	Ascenseur
A/C	Air conditionné
♿	Aménagements pour personnes à mobilité réduite
🚸	Équipement d'accueil pour les enfants
⛱	Repas servi au jardin ou en terrasse
SPA	SPA : Centre wellness
⚖ ♨	Salle de fitness, sauna
≋ ≋	Piscine : de plein air ou couverte
☘	Parc ou jardin
⚛ ⛳	Tennis – Golf
🗣	Salles de conférences
⛨	Salons pour repas privés
🐕‍🦺	Accès interdit aux chiens
🚗	Garage dans l'hôtel (généralement payant)
P	Parking réservé à la clientèle
💳	Cartes de crédit non acceptées

NON-FUMEURS

Dans quelques cantons il est interdit de fumer dans les restaurants.
La réglementation peut varier d'un canton à l'autre.
Dans la majorité des hôtels sont proposées des chambres non-fumeurs.

Prix

À l'occasion de certaines manifestations : congrès, foires, salons, festivals, événements sportifs…, les prix demandés par les hôteliers peuvent être sensiblement majorés.

RÉSERVATION ET ARRHES

Certains hôteliers demandent le versement d'arrhes en signe d'engagement du client. Il est souhaitable de bien demander à l'hôtelier d'indiquer dans sa lettre d'accord si le montant ainsi versé sera imputé sur la facture (dans ce cas, les arrhes servent d'acompte) ou non. Il est également conseillé de se renseigner sur les conditions précises du séjour.

CHAMBRES

29 ch (Zim, cam)	Nombre de chambres
👤 100/150 CHF	Prix minimum 100 CHF et /maximum 150 CHF pour une chambre d'une personne.
👥 200/350 CHF	Prix minimum 200 CHF et /maximum 350 CHF pour une chambre de deux personnes.
ch (Zim,cam) ☕ -	Petit-déjeuner compris.
☕ 20 CHF	Prix du petit-déjeuner (Suites et junior suites : se renseigner auprès de l'hôtelier.)
½ P	L'établissement propose la demi-pension.

RESTAURANT

🍽	Restaurant proposant un plat du jour **à moins de 20 CHF**
(16 CHF)	**Plat du jour :** Prix moyen du plat du jour généralement servi au repas de midi, en semaine.
	Menu à prix fixe : Prix d'un repas composé d'un plat principal, d'**une entrée** et d'**un dessert**.
Menu 36/80 CHF (**Menü – Menu**)	**Prix du menu :** minimum 36 CHF/maximum 80 CHF
Carte 50/95 CHF (**Karte – Carta**)	**Repas à la carte :** Le premier prix correspond à un repas simple comprenant une entrée, un plat garni et un dessert. Le second prix concerne un repas plus complet comprenant une entrée, un plat principal et un dessert.

Informations sur les localités

(BIENNE)	Traduction usuelle du nom de la localité
✉ 3000	Numéro de code postal de la localité
✉ 3123 Belp	Numéro de code postal et nom de la commune de destination
Bern (BE)	Canton auquel appartient la localité
1 057 hab. (Ew. – ab.)	Nombre d'habitants
Alt. (Höhe) 1 500 m	Altitude de la localité
▶ Bern 195 km	Distance depuis les villes principales
Nord, Süd, Sud, Est, Ost, Ouest, West, Ovest	au Nord, au Sud à l'Est à l'Ouest

Légende des plans

● Hôtels
● Restaurants

CURIOSITÉS

Bâtiment intéressant
Édifice religieux intéressant : catholique • protestant

VOIRIE

Autoroute - Double chaussée de type autoroutier
Echangeurs numérotés : complet, partiels
Grande voie de circulation
Rue réglementée ou impraticable
Rue piétonne • Tramway
Parking • Parking Relais
Tunnel
Gare et voie ferrée
Funiculaire, voie à crémaillère
Téléphérique, télécabine

SIGNES DIVERS

Office de tourisme
Mosquée • Synagogue
Tour • Ruines • Moulin à vent
Jardin, parc, bois • Cimetière
Stade • Golf • Hippodrome
Piscine de plein air
Vue • Panorama
Monument • Fontaine • Phare
Port de plaisance • Gare routière
Aéroport • Station de métro
Transport par bateau :
passagers et voitures, passagers seulement
Bureau principal de poste restante
Hôpital • Marché couvert
Police cantonale (Gendarmerie) • Police municipale
Hôtel de ville • Université, grande école
Bâtiment public repéré par une lettre :
   Musée • Hôtel de ville
   Préfecture • Théâtre
Touring Club Suisse (T.C.S.)
Automobile Club de Suisse (A.C.S.)

Die Grundsätze des Guide MICHELIN

Erfahrung im Dienste der Qualität

Ob in Japan, in den Vereinigten Staaten, in China oder in Europa, die Inspektoren des Guide MICHELIN respektieren weltweit exakt dieselben Kriterien, um die Qualität eines Restaurants oder eines Hotels zu überprüfen. Dass der Guide MICHELIN heute weltweit bekannt und geachtet ist, verdankt er der Beständigkeit seiner Kriterien und der Achtung gegenüber seinen Lesern. Diese Grundsätze möchten wir hier bekräftigen:

DER ANONYME BESUCH

Die oberste Regel. Die Inspektoren testen anonym und regelmässig die Restaurants und Hotels, um das Leistungsniveau in seiner Gesamtheit zu beurteilen. Sie bezahlen alle in Anspruch genommenen Leistungen und geben sich nur zu erkennen, um ergänzende Auskünfte zu erhalten. Die Zuschriften unserer Leser stellen darüber hinaus wertvolle Erfahrungsberichte für uns dar und wir benutzen diese Hinweise, um unsere Besuche vorzubereiten.

DIE UNABHÄNGIGKEIT

Um einen objektiven Standpunkt zu bewahren, der einzig und allein dem Interesse des Lesers dient, wird die Auswahl der Häuser in kompletter Unabhängigkeit erstellt. Die Empfehlung im Guide MICHELIN ist daher kostenlos. Die Entscheidungen werden vom Chefredakteur und seinen Inspektoren gemeinsam gefällt. Für die höchste Auszeichnung wird zusätzlich auf europäischer Ebene entschieden.

DIE AUSWAHL DER BESTEN

Der Guide MICHELIN ist weit davon entfernt, ein reines Adressbuch darzustellen, er konzentriert sich vielmehr auf eine Auswahl der besten Hotels und Restaurants in allen Komfort- und Preiskategorien. Eine einzigartige Auswahl, die auf ein und derselben Methode aller Inspektoren weltweit basiert.

Die bemerkenswertesten Küchen sind die mit MICHELIN Stern – einem ✿, zwei ✿✿ oder drei ✿✿✿. Von traditionell bis innovativ, von schlicht bis aufwändig – ganz unabhängig vom Stil erwarten wir immer das Gleiche: beste Produktqualität, Know-how des Küchenchefs, Originalität der Gerichte sowie Beständigkeit auf Dauer und über die gesamte Speisekarte hinweg.

DIE JÄHRLICHE AKTUALISIERUNG

Alle praktischen Hinweise, alle Klassifizierungen und Auszeichnungen werden jährlich aktualisiert, um die genauestmögliche Information zu bieten.

DIE EINHEITLICHKEIT DER AUSWAHL

Die Kriterien für die Klassifizierung im Guide MICHELIN sind weltweit identisch. Jede Kultur hat ihren eigenen Küchenstil, aber gute Qualität muss der einheitliche Grundsatz bleiben.

Denn unser einziges Ziel ist es, Ihnen bei Ihren Reisen behilflich zu sein. Mobilität im Zeichen von Vergnügen und Sicherheit ist die Mission von Michelin.

Den Guide MICHELIN finden Sie auch im Internet unter:
www.Viamichelin.com
oder schreiben Sie uns eine E-mail:
leguidemichelin-suisse@michelin.com

Hinweise zur Benutzung

PRAKTISCHE INFORMATIONEN

Entfernungen zu größeren Städten, Angabe der Michelin Straßenkarte...

CORTAILLOD
2016 Neuchâtel (NE) – 4 407 hab. – Alt. 482 m
▫ Bern 58 km – Neuchâtel 9 km – Biel 44 km
Carte routière Michelin 552 F17

Le Galion N
à Petit Cortaillod – ℰ 032 843 44 35 -
– Fermé 18 décembre - 8 janvier
22 ch ☑ – ♦110/130 CHF ♦♦180/2
Au plus près de la nature, entre la
ment décorées, pour des nuitée
classiques et spécialités du lac.

NEU EMPFOHLEN IM GUIDE MICHELIN

DIE HOTELS

Von 🏨🏨 bis 🏠:
Komfortkategorien.
In Rot 🏨🏨 ... 🏠:
unsere schönsten Adressen.

La Retraite!
Rue Chanélaz 18 – ℰ 032 844
– Fermé 22 décembre - 8 jan
25 ch ☑ – ♦75/100 CHF ♦♦1
Hôtellerie familiale établie
Ses deux chalets renferm
taurant apprécié pour so

DIE BESTEN PREISWERTEN ADRESSEN

🟢 Bib Gourmand.

La Pomme de Pin
Av. François-Borel 14 –
Fermé dimanche et lu
Menu 18 CHF – Carte 4
Table entièrement r
tisme : perches, ho
propice à la détent

COSSONAY
1304 Vaud (VD) – 2 487
▫ Bern 107 km – Lausa
Carte routière Michelin

DIE RESTAURANTS

Von 🍴🍴🍴🍴🍴 bis 🍴: Komfortkategorien.
In Rot 🍴🍴🍴🍴 ... 🍴: unsere schönsten Adressen.

Le Petit C
Rue du Temp
– Fermé 24 (
Menu 80 (
Ancienne
mobilier
vante. D
→ Press
Mille-fe

DIE STERNE-RESTAURANTS

❀❀❀ Eine einzigartige Küche – eine Reise wert!
❀❀ Eine Spitzenküche – einen Umweg wert!
❀ Eine Küche voller Finesse – einen Stopp wert!

COURGENA
2950 Jura (JU
▫ Bern 92 k

égionale **8**C2
ne 65 km

🚶 ⬇ 🅿 ♿ 🐕 🚗

Plan : B1**e**

:el-le-galion.ch

bles, trois catégories de chambres joli-
ous. Le restaurant vogue entre recettes
son provenant des vignes.

🚶 🍽 ❄ ♿ 🍸 🅿

Plan : A2**b**

LAGE DER STADT
Markierung des Ortes auf der Regionalkarte am Anfang des Buchs (Nr. der Karte und Koordinaten).

LAGE DES HAUSES
Markierung auf dem Stadtplan (Planquadrat und Koordinate).

ww.laretraite.ch
nanche

quartier résidentiel, donc exempte de chahut. Res-
les chambres à touches campagnardes.
et pour le soin apporté à se préparations.

🛏 🍽 ✉

Plan : C1**d**

BESCHREIBUNG DES HAUSES
Atmosphäre, Stil, Charakter...

2 29 45 – www.pommedepin.ch

(fermé Noël et Nouvel An)
ont l'orientation culinaire ne manque pas d'éclec-
uits de mer et produits terrestres. Terrasse d'été

EINRICHTUNG UND SERVICE

. 565 m – Carte régionale **12** A3
m – Fribourg 78 km – Genève 62 km

🍽 ♿ 🅿

PREISE

032 614 26 20 – www.lepetit-comptoir.ch
– 5 janvier, 9 juillet - 3 août et dimanche
40 CHF – Carte 128/208 CHF
du 18e s. mariant harmonieusement décor ancien – élégant
, ancienne cheminée en pierre moulurée – et cuisine inno-
our les yeux et le palais.
on mariné aux herbes. Gnocchi à la truffe noire et jus de légumes.
bœuf des Monts.

hab. – Alt. 488 m – Carte régionale **5** D7
l 54 km – Biel 57 km – Montbéliard 38 km
elin 551 H4

🚶 🅿

2 – ✆ 032 471 22 35 – www.hotelterminus.ch

analisées, certaines dotées
'Albertine, la plus
serie de

Kategorien & Auszeichnungen

KOMFORTKATEGORIEN

Der Guide MICHELIN bietet in seiner Auswahl die besten Adressen jeder Komfort- und Preiskategorie. Die ausgewählten Häuser sind nach dem gebotenen Komfort geordnet; die Reihenfolge innerhalb jeder Kategorie drückt eine weitere Rangordnung aus.

🏨	XXXXX	**Grosser Luxus**
🏨	XXXX	**Mit hervorragendem Komfort**
🏨	XXX	**Sehr komfortabel**
🏠	XX	**Mit gutem Komfort**
🏠	X	**Mit Standard-Komfort**
全		**Hotel mit Restaurant**
⇔		**Restaurant vermietet auch Zimmer**

AUSZEICHNUNGEN

Um Ihnen behilflich zu sein, die bestmögliche Wahl zu treffen, haben einige besonders bemerkenswerte Adressen dieses Jahr eine Auszeichnung erhalten. Die Sterne bzw. „Bib Gourmand" sind durch das entsprechende Symbol ❀ bzw. 😊 gekennzeichnet.

DIE STERNE : DIE BESTEN RESTAURANTS

Die Häuser, die eine überdurchschnittlich gute Küche bieten, wobei alle Stilrichtungen vertreten sind, wurden mit einem Stern ausgezeichnet. Die Kriterien sind: die Qualität der Produkte, die persönliche Note, die fachgerechte Zubereitung und der Geschmack sowie das Preis-Leistungs-Verhältnis und die immer gleich bleibende Qualität.
In jedem Sterne-Restaurant werden drei Beispielgerichte angegeben, die den Küchenstil widerspiegeln. Nicht immer finden sich diese Gerichte auf der Karte, werden aber durch andere repräsentative Speisen ersetzt.

❀❀❀ **Drei Michelin Sterne: eine einzigartige Küche – eine Reise wert!**
Die Handschrift eines großartigen Küchenchefs! Erstklassige Produkte, Reinheit und Kraft der Aromen, Balance der Kompositionen: Hier wird die Küche zur Kunst erhoben. Perfekt zubereitete Gerichte, die nicht selten zu Klassikern werden – eine Reise wert!

❀❀ **Zwei Michelin Sterne: eine Spitzenküche – einen Umweg wert!**
Beste Produkte werden von einem talentierten Küchenchef und seinem Team mit Know-how und Inspiration in subtilen, markanten und mitunter neuartigen Speisen trefflich in Szene gesetzt – einen Umweg wert!

❀ **Ein Michelin Stern: eine Küche voller Finesse – einen Aufenthalt wert!**
Produkte von ausgesuchter Qualität, unverkennbare Finesse auf dem Teller, ausgeprägte Aromen, Beständigkeit in der Zubereitung – einen Stopp wert!

Neu empfohlenes Haus im Guide MICHELIN

DIE BIBS : DIE BESTEN PREISWERTEN HÄUSER

    Der Bib Gourmand: unser bestes Preis-Leistungs-Verhältnis
    Ein Maximum an Schlemmerei für bis 70 CHF: gute Produkte, die schön zur Geltung gebracht werden, eine moderate Rechnung, eine Küche mit exzellentem Preis-Leistungs-Verhältnis.

DIE SCHÖNSTEN ADRESSEN

Die rote Kennzeichnung weist auf besonders angenehme Häuser hin. Dies bezieht sich auf den besonderen Charakter des Gebäudes, die nicht alltägliche Einrichtung, die Lage, den Empfang oder den gebotenen Service.

    bis   **Die schönsten Hotels**

    bis   **Die schönsten Restaurants**

BESONDERE ANGABEN

Neben den Auszeichnungen, die den Häusern verliehen werden, legen die Michelin-Inspektoren auch Wert auf andere Kriterien, die bei der Wahl einer Adresse oft von Bedeutung sind.

LAGE

Wenn Sie eine ruhige Adresse oder ein Haus mit einer schönen Aussicht suchen, achten Sie auf diese Symbole:

    Ruhige Lage

    Schöne Aussicht

WEINKARTE

Wenn Sie ein Restaurant mit einer besonders interessanten Weinauswahl suchen, achten Sie auf dieses Symbol:

    Besonders interessante Weinkarte
    Aber vergleichen Sie bitte nicht die Weinkarte, die Ihnen vom Sommelier eines grossen Hauses präsentiert wird, mit der Auswahl eines Gasthauses, dessen Besitzer die Weine der Region mit Sorgfalt zusammenstellt.

Einrichtungen & Service

⚐	Hotel mit Restaurant
⌂	Restaurant vermietet auch Zimmer
⇅	Fahrstuhl
A/C	Klimaanlage
♿	Für Körperbehinderte leicht zugängliche Räume
🏃	Spezielle Angebote für Kinder
⛱	Garten bzw. Terrasse mit Speiseservice
Spa	Wellnesscenter
🏋 ♨	Fitnessraum, Sauna
🏊 🏊	Freibad oder Hallenbad
🌳	Park oder Garten
🎾 ⛳	Tennis – Golfplatz
🎤	Veranstaltungsraum
⛉	Privat-Salons
🚫🐕	Hunde sind unerwünscht
🚗	Hotelgarage (wird gewöhnlich berechnet)
🅿	Parkplatz reserviert für Gäste
🚫💳	Kreditkarten nicht akzeptiert

NICHTRAUCHER

In vielen Kantonen ist das Rauchen in Restaurants verboten. Die genauen Bestimmungen variieren je nach Kanton.
In den meisten Hotels werden Nichtraucherzimmer angeboten.

Preise

Anlässlich größerer Veranstaltungen, Messen und Ausstellungen werden von den Hotels in manchen Städten und deren Umgebung erhöhte Preise verlangt. Erkundigen Sie sich bei den Hoteliers nach eventuellen Sonderbedingungen.

RESERVIERUNG UND ANZAHLUNG

Einige Hoteliers verlangen die Bezahlung eines Haftgeldes als Zeichen der Verpflichtung des Kunden. Es ist empfehlenswert, den Hotelier aufzufordern, in seinem Bestätigungsschreiben anzugeben, ob dieser bezahlte Betrag an die Rechnung angerechnet wird (in diesem Fall dient das Haftgeld als Anzahlung) oder nicht. Es wird ebenfalls empfohlen, sich über die präzisen Konditionen des Aufenthaltes zu informieren.

ZIMMER

29 Zim (ch, cam)	Anzahl der Zimmer
♂ 100/150 CHF	Mindest- und Höchstpreis für ein Einzelzimmer
♂♂ 200/350 CHF	Mindest- und Höchstpreis für ein Doppelzimmer
ch (Zim,cam) ☕ -	Zimmerpreis inkl. Frühstück
☕ 20	Preis des Frühstücks (Suiten und Junior Suiten: bitte nachfragen)
½ P	Das Haus bietet auch Halbpension an.

RESTAURANT

🥨	Restaurant, das einen Tagesteller **unter 20 CHF** anbietet
(16 CHF)	**Tagesteller:** Mittlere Preislage des Tagestellers im Allgemeinen mittags während der Woche.
Menu 36/80 CHF **(Menü – Menu)**	**Feste Menüpreise:** Preis einer Mahlzeit aus Vorspeise, Hauptgericht und Dessert. **Menüpreise:** mindestens 36 CHF/höchstens 80 CHF
Carte 50/95 CHF **(Karte – Carta)**	**Mahlzeiten „à la carte":** Der erste Preis entspricht einer einfachen Mahlzeit mit Vorspeise, Hauptgericht mit Beilage und Dessert. Der zweite Preis entspricht einer reichlicheren Mahlzeit aus Vorspeise, Hauptgang und Dessert.

Informationen zu den Orten

—— (BIENNE)	Gebräuchliche Übersetzung des Ortsnamens
✉ 3000	Postleitzahl
✉ 3123 Belp	Postleitzahl und Name des Verteilerpostamtes
Bern (BE)	Kanton, in dem der Ort liegt
1 057 Ew. (hab. – ab.)	Einwohnerzahl
Höhe (Alt.) 1 500 m	Höhe der Ortschaft
1 200/1 900 m	Minimal-Höhe der Station des Wintersportortes / Maximal-Höhe, die mit Kabinenbahn oder Lift erreicht werden kann
▶ Bern 195 km	Entfernungen zu größeren Städten
Nord, Süd, Sud,	Im Norden, Süden der Stadt
Ost, Est	Im Osten der Stadt
West, Ouest, Ovest	Im Westen der Stadt

Legende der Stadtpläne

● Hotels
● Restaurants

SEHENSWÜRDIGKEITEN

Interessantes Gebäude
Interessantes Gotteshaus: Katholisch • Protestantisch

STRASSEN

Autobahn • Schnellstraße
Numerierte Ausfahrten
Hauptverkehrsstraße
Gesperrte Strasse oder Strasse mit Verkehrsbeschränkungen
Fussgängerzone Einbahnstrasse • Strassenbahn
Parkplatz • Park-and-Ride-Plätze
Tunnel
Bahnhof und Bahnlinie
Standseilbahn • Zahnradbahn
Seilbahn • Kabinenbahn

SONSTIGE ZEICHEN

Informationsstelle
Moschee • Synagoge
Turm • Ruine • Windmühle
Garten, Park, Wäldchen • Friedhof
Stadion • Golfplatz • Pferderennbahn
Freibad
Aussicht • Rundblick
Denkmal • Brunnen • Leuchtturm
Jachthafen • Autobusbahnhof
Flughafen • U-Bahnstation
Schiffsverbindungen: Autofähre • Personenfähre
Hauptpostamt (postlagernde Sendungen)
Krankenhaus • Markthalle
Kantonspolizei • Stadtpolizei
Rathaus • Universität, Hochschule
Öffentliches Gebäude, durch einen Buchstaben gekennzeichnet:
  M Museum • H Rathaus
  P Präfektur • T Theater
Touring Club der Schweiz (T.C.S.)
Automobil Club der Schweiz (A.C.S.)

I principi della guida MICHELIN

L'esperienza al servizio della qualità

Che si trovi in Giappone, negli Stati Uniti, in Cina o in Europa, l'ispettore della guida MICHELIN rimane fedele ai criteri di valutazione della qualità di un ristorante o di un albergo, e applica le stesse regole durante le sue visite. Se la guida gode di una reputazione a livello mondiale è proprio grazie al continuo impegno nei confronti dei suoi lettori. Un impegno che noi vogliamo riaffermare, qui, con i nostri principi:

LA VISITA ANONIMA

Prima regola d'oro, gli ispettori verificano - regolarmente e in maniera anonima - ristoranti e alberghi, per valutare concretamente il livello delle prestazioni offerte ai loro clienti. Pagano il conto e - solo in seguito - si presentano per ottenere altre informazioni. La corrispondenza con i lettori costituisce, inoltre, un ulteriore strumento per la realizzazione dei nostri itinerari di visita.

L'INDIPENDENZA

Per mantenere un punto di vista obiettivo, nell'interesse del lettore, la selezione degli esercizi viene effettuata in assoluta indipendenza: l'inserimento in guida è totalmente gratuito. Le decisioni sono prese collegialmente dagli ispettori con il capo redattore e le distinzioni più importanti, discusse a livello europeo.

LA SCELTA DEL MIGLIORE

Lungi dall'essere un semplice elenco d'indirizzi, la guida si concentra su una selezione dei migliori alberghi e ristoranti in tutte le categorie di confort e di prezzo. Una scelta che deriva dalla rigida applicazione dello stesso metodo da parte di tutti gli ispettori, indipendentemente dal paese.

Le nostre stelle - una ✽, due ✽✽ o tre ✽✽✽ – distinguono le cucine più meritevoli, qualunque sia il loro stile: la qualità della materia prima, la tecnica di cottura, la personalità dello chef, la costanza della prestazione in tutto il pasto e in tutte le stagioni, il buon rapporto qualità-prezzo: queste sono le condizioni che definiscono - al di là dei generi e tipi di cucina – le nostre migliori tavole.

🟢 L'AGGIORNAMENTO ANNUALE

Tutte le classificazioni, distinzioni e consigli pratici sono rivisti ed aggiornati ogni anno per fornire le informazioni più affidabili.

🟢 L'OMOGENEITÀ DELLA SELEZIONE

I criteri di classificazione sono identici per tutti i paesi interessati dalla guida Michelin. Ad ogni cultura la sua cucina, ma la qualità deve restare un principio universale…

Il nostro scopo è, infatti, aiutarvi in ogni vostro viaggio, affinché questo si compia sempre sotto il segno del piacere e della sicurezza. «L'aiuto alla mobilità »: è la missione che si è prefissata Michelin.

Consultate la guida MICHELIN su:
www.ViaMichelin.com

e scriveteci a: leguidemichelin-suisse@michelin.com

Come leggere la guida

INFORMAZIONI PRATICHE

Distanza dalle città di riferimento e carta stradale MICHELIN in cui figura la località.

NUOVO ESERCIZIO ISCRITTO

L'ALLOGGIO

Da 🏨🏨🏨🏨🏨 a 🏠: categorie di confort.
In rosso 🏨🏨🏨🏨🏨 ... 🏠: i nostri indirizzi più belli.

I MIGLIORI ESERCIZI A PREZZI CONTENUTI

🍽 Bib Gourmand.

I RISTORANTI

Da XXXXX a X: categorie di confort.
In rosso XXXXX ... X: i nostri indirizzi più belli.

LE TAVOLE STELLATE

- ✿✿✿ Una cucina unica. Merita il viaggio!
- ✿✿ Una cucina eccellente. Merita la deviazione!
- ✿ Una cucina di grande qualità. Merita la tappa!

CORTAILLOD
2016 Neuchâtel (NE) – 4 407 hab. – Alt. 482 m
– Neuchâtel 9 km – Biel 44 km
▶ Bern 58 km
Carte routière Michelin 552 F17

🏠 **Le Galion** Ⓝ
à Petit Cortaillod – ℰ 032 843 44 35 –
– Fermé 18 décembre - 8 janvier
22 ch ⌂ – †110/130 CHF ††180/230
Au plus près de la nature, entre lac
ment décorées, pour des nuitées
classiques et spécialités du lac. Cu

🏠 **La Retraite !**
Rue Chanélaz 18 – ℰ 032 844 2
– Fermé 22 décembre - 8 janvi
25 ch ⌂ – †75/100 CHF ††160
Hôtellerie familiale établie da
Ses deux chalets renferment
taurant apprécié pour son c

X **La Pomme de Pin**
🍽 Av. François-Borel 14 – ℰ
Fermé dimanche et lundi
Menu 18 CHF – Carte 43/
Table entièrement réno
tisme : perches, homa
propice à la détente.

COSSONAY
1304 Vaud (VD) – 2 487 hab
▶ Bern 107 km – Lausanne
Carte routière Michelin 55

XX **Le Petit Comp**
✿ Rue du Temple 2
– Fermé 24 déce
Menu 80 CHF (dé
Ancienne mai
mobilier Loui
vante. Du pla
→ Pressée d
Mille-feuille

COURGENAY
2950 Jura (JU) – 2
▶ Bern 92 km – P
Carte routière M

🏠 **Termi**

ionale **8**C2
e 65 km

🛉 ⬅ 🖻 ↯ ⚘ 🚗

Plan : B1**e**

le-galion.ch

s, trois catégories de chambres joli-
s. Le restaurant vogue entre recettes
n provenant des vignes.

🛉 ♨ ✿ ⚘ ⚘ **P**

Plan : A2**b**

LOCALIZZARE LA CITTÀ
Posizione della località
sulla carta regionale a inizio guida
(n° della carta e coordinate).

LOCALIZZARE L'ESERCIZIO
Localizzazione sulla pianta
di città (coordinate ed indice).

laretraite.ch
che

tier résidentiel, donc exempte de chahut.
chambres à touches campagnardes. Res-
ur le soin apporté à se préparations.

🎋 ⚘ ▱

Plan : C1**d**

INSTALLAZIONI E SERVIZI

45 – *www.pommedepin.ch*

né Noël et Nouvel An)
'orientation culinaire ne manque pas d'éclec-
de mer et produits terrestres. Terrasse d'été

DESCRIZIONE DELL'ESERCIZIO
Atmosfera, stile, carattere ...

m – Carte régionale **12** A3
ribourg 78 km – Genève 62 km

⚘ ⚘ **P**

PREZZI

14 26 20 – *www.lepetit-comptoir.ch*
nvier, 9 juillet - 3 août et dimanche
– Carte 128/208 CHF – élégant
s. mariant harmonieusement décor ancien – et cuisine inno-
enne cheminée en pierre moulurée
s yeux et le palais. Gnocchi à la truffe noire et jus de légumes.
né aux herbes.
es Monts.

– Alt. 488 m – Carte régionale **5** D7
n – Biel 57 km – Montbéliard 38 km
1 H4

🛉 **P**

Albertine 2 – ✆ 032 471 22 35 – *www.hotelterminus.ch*
s janvier
50 CHF – ½ P
aux chambres personnalisées, certaines dotées
ent, réservez celles l'Albertine, la plus
si son nom à la brasserie de

Categorie e simboli distintivi

LE CATEGORIE DI CONFORT

Nella selezione della guida MICHELIN vengono segnalati i migliori indirizzi per ogni categoria di confort e di prezzo. Gli esercizi selezionati sono classificati in base al confort che offrono e vengono citati in ordine di preferenza per ogni categoria.

🏨🏨🏨	XxXxX	Gran lusso
🏨🏨	XxXx	Estremamente confortevole
🏨	XxX	Molto confortevole
🏠	XX	Confortevole
🏠	X	Semplice
	🍴	Servizio di ristorazione nell'hotel
	🛏	Ristorante con camere

I SIMBOLI DISTINTIVI

Per aiutarvi ad effettuare la scelta migliore, segnaliamo gli esercizi che si distinguono in modo particolare. Questi ristoranti sono evidenziati nel testo con ❀ e 🍂.

LE STELLE : LE MIGLIORI TAVOLE

Le stelle distinguono gli esercizi che propongono la miglior qualità in campo gastronomico, indipendentemente dagli stili di cucina. I criteri presi in considerazione sono: la scelta dei prodotti, la personalità della cucina, la padronanza delle tecniche di cottura e dei sapori, il rapporto qualità/prezzo, nonché la regolarità.

Ogni ristorante contraddistinto dalla stella è accompagnato da tre esempi di piatti rappresentativi della propria cucina. Succede, talvolta, che queste non possano essere servite: tutto ciò concorre, però, a vantaggio di altre gustose ricette ispirate alla stagione.

❀❀❀   **Tre stelle Michelin: una cucina unica. Merita il viaggio!**
La cifra di un grandissimo chef! Prodotti d'eccezione, purezza e potenza dei sapori, equilibrio delle composizioni: la cucina qui assurge al rango d'arte. I piatti, perfettamente realizzati, si ergono spesso a classici.

❀❀   **Due stelle Michelin: una cucina eccellente. Merita la deviazione!**
I migliori prodotti esaltati dalla competenza e dall'ispirazione di uno chef di talento che « firma » con la sua squadra piatti eterei ed evocatori, talvolta molto originali.

❀   **Una stella Michelin: una cucina di grande qualità. Merita la tappa!**
Prodotti di prima qualità, finezza nelle preparazioni, sapori distinti, costanza nella realizzazione dei piatti.

Nuovo esercizio in guida

BIB : I MIGLIORI ESERCIZI A PREZZI CONTENUTI

 Bib Gourmand: il nostro migliore rapporto qualità-prezzo
Piacevole esperienza gastronomica a meno di 70 CHF : buoni prodotti ben valorizzati, un conto ragionevole, una cucina con un eccellente rapporto qualità/prezzo.

GLI ESERCIZI PIU' BELLI

Il rosso indica gli esercizi particolarmente ameni. Questo per le caratteristiche dell'edificio, le decorazioni non comuni, la sua posizione ed il servizio offerto.

 a **Alberghi ameni**

X a XxXxX **Ristoranti ameni**

LE SEGNALAZIONI PARTICOLARI

Oltre alle distinzioni conferite agli esercizi, gli ispettori Michelin apprezzano altri criteri spesso importanti nella scelta di un esercizio.

POSIZIONE

Cercate un esercizio tranquillo o che offre una vista piacevole?
Seguite i simboli seguenti :

 Risorsa tranquilla

 Vista interessante

CARTA DEI VINI

Cercate un ristorante la cui carta dei vini offra una scelta particolarmente interessante?
Seguite il simbolo seguente:

 Carta dei vini particolarmente interessante
Attenzione a non confrontare la carta presentata da un sommelier in un grande ristorante con quella di una trattoria dove il proprietario ha una grande passione per i vini della regione.

Installazioni e servizi

🛏	Ristorante con camere
🍴	Servizio di ristorazione nell'hotel
↕	Ascensore
A/C	Aria condizionata
♿	Strutture per persone con difficoltà motorie
🧒	Attrezzatura per accoglienza bambini
🏡	Pasti serviti in giardino o in terrazza
Spa	Spa/Wellness center
🏋 ♨	Palestra, sauna
🏊 🏊	Piscina: all'aperto, coperta
🌳	Parco o giardino
🎾 ⛳	Tennis – Golf
👥	Sale per conferenze
⎔	Sale private
🚫🐕	Accesso vietato ai cani
🚗	Garage nell'albergo (generalmente a pagamento)
🅿	Parcheggio riservato alla clientela
🚫💳	carte di credito non accettate

VIETATO-FUMARE

In qualche cantone è vietato fumare nei ristoranti. La regolamentazione può variare da un cantone all'altro.
Nella maggior parte degli alberghi sono proposte camere per non fumatori.

I prezzi

> In occasione di alcune manifestazioni (congressi, fiere, saloni, festival, eventi sportivi…) i prezzi potrebbero subire un sensibile aumento. Chiedete informazioni sulle eventuali promozioni offerte.

LA CAPARRA

Alcuni albergatori chiedono il versamento di una caparra per confermare la prenotazione del cliente. Si consiglia di chiedere preventivamente se la somma versata sarà dedotta dalla fattura finale (nel qual caso la caparra sarà trattata come un acconto) o se è pagata a fondo perso. È ugualmente consigliato d'informarsi riguardo alle condizioni precise del soggiorno.

CAMERE

25 cam (Zim, ch)	Numero di camere
100/150 CHF	Prezzo minimo e massimo per una camera singola
200/350 CHF	Prezzo minimo e massimo per una camera doppia
ch (Zim,cam) ☕ -	Prima colazione compresa
☕ 20 CHF	Prezzo della prima colazione (Suite e junior suite: informarsi presso l'albergatore)
½ P	L'esercizio propone anche la mezza pensione.

RISTORANTE

෩	Esercizio che offre un **pasto semplice per meno di 20 CHF**
(16 CHF)	**Piatto del giorno** Prezzo medio del piatto del giorno generalmente servito a pranzo nei giorni settimanali.
Menu 36/80 CHF (**Menü – Menu**)	**Menu a prezzo fisso:** minimo 36 CHF/massimo 80 CHF pasto composto da : **primo** del giorno e **dessert.**
Carte 50/95 CHF (**Karte – Carta**)	**Pasto alla carta** Il primo prezzo corrisponde ad un pasto semplice comprendente: primo, piatto del giorno e dessert. Il secondo prezzo corrisponde ad un pasto più completo comprendente: antipasto, due piatti, formaggio o dessert.

Informazioni sulle località

(BIENNE)	Traduzione in uso dei nomi di comuni
✉ 3000	Codice di avviamento postale
✉ 3123 Belp	Numero di codice e sede dell'ufficio postale
Bern (BE)	Cantone a cui la località appartiene
1 057 ab. (hab. – Ew.)	Popolazione residente
Alt. (Höhe) 1 500 m	Altitudine
Sports d'hiver – Wintersport	Sport invernali
1 200/1 900 m	Altitudine minima della stazione e massima raggiungibile con gli impianti di risalita
▶ Bern 195 km	Distanza dalle principali città vicine
Nord, Sud, Süd, Est	a Nord, a Sud della città a Est della città
Ouest, Ovest	a Ovest della città

Legenda delle piante

- Alberghi
- Ristoranti

CURIOSITÀ

Edificio interessante
Costruzione religiosa interessante: cattolici · protestanti

VIABILITÀ

Autostrada · Strada a carreggiate separate
Cambiavalute numerati: totale, parziale
Grande via di circolazione
Strada regolamentata o impraticabile
Via pedonale · Tram
Parcheggio · Relay parking
Tunnel
Stazione ferroviaria
Funicolare, ferrovia a cremagliera
Funivia, cabinovia

SIMBOLI VARI

Ufficio informazioni turistiche
Moschea · Sinagoga
Torre · Ruderi · Mulino a vento
Giardino, parco, bosco · Cimitero
Stadio · Golf · Ippodromo
Piscina all'aperto
Vista · Panorama
Monumento · Fontana · Faro
Porto turistico
Aeroporto · Stazione della metropolitana
Trasporto con traghetto:
passeggeri ed autovetture, solo passeggeri
Ufficio postale centrale
Ospedale · Mercato coperto
Polizia cantonale (Gendarmeria) · Polizia municipale
Municipio · Università
Edificio pubblico indicato con lettera:
M Museo · H Municipio
P Prefettura · T Teatro
Touring Club Svizzero (T.C.S.)
Automobile Club Svizzero (A.C.S.)

The MICHELIN guide's commitments

Experienced in quality

Whether it is in Japan, the USA, China or Europe our inspectors use the same criteria to judge the quality of the hotels and restaurants and use the same methods of visiting. The guide can only boast this worldwide reputation thanks to its commitment to the readers and we would like to stress these here :

ANONYMOUS INSPECTIONS

Our inspectors make regular and anonymous visits to hotels and restaurants to gauge the quality of products and services offered to an ordinary customer. They settle their own bill and may then introduce themselves and ask for more information about the establishment. Our readers' comments are also a valuable source of information, which we can then follow up with another visit of our own.

INDEPENDENCE

To remain totally objective for our readers, the selection is made with complete independence. Entry into the guide is free. All decisions are discussed with the Editor and our highest awards are considered at a European level.

SELECTION AND CHOICE

The guide offers a selection of the best hotels and restaurants in every category of comfort and price. This is only possible because all the inspectors rigorously apply the same methods.

Our famous one ✻, two ✻✻ and three ✻✻✻ stars identify establishments serving the highest quality cuisine – taking into account the quality of ingredients, the mastery of techniques and flavours, the levels of creativity and, of course, consistency.

ANNUAL UPDATES

All the practical information, the classifications and awards are revised and updated every single year to give the most reliable information possible.

CONSISTENCY

The criteria for the classifications are the same in every country covered by the MICHELIN guide.

The sole intention of Michelin is to make your travels both safe and enjoyable.

Consult the MICHELIN guide at: www.ViaMichelin.com
and write to us at: leguidemichelin-suisse@michelin.com

How to use this guide

PRACTICAL INFORMATION

Distances from the main towns, References for the MICHELIN road map which cover the area.

NEW ESTABLISHMENT IN THE GUIDE

HOTELS

From 🏨🏨🏨🏨🏨 to 🏠: categories of comfort.
In red 🏨🏨🏨🏨🏨 ... 🏠: our most delightful places.

GOOD FOOD & ACCOMMODATION AT MODERATE PRICES

😊 Bib Gourmand.

RESTAURANTS

From 🍴🍴🍴🍴🍴 to 🍴: categories of comfort.
In red 🍴🍴🍴🍴🍴 ... 🍴: our most delightful places.

STARS

- ❀❀❀ Exceptional cuisine, worth a special journey!
- ❀❀ Excellent cooking, worth a detour!
- ❀ High quality cooking, worth a stop!

CORTAILLOD
2016 Neuchâtel (NE) – 4 407 hab. – Alt. 482 m – C
▶ Bern 58 km – Neuchâtel 9 km – Biel 44 km – L
Carte routière Michelin 552 F17

🏠 **Le Galion** Ⓝ
à Petit Cortaillod – ℰ 032 843 44 35 – ww
– Fermé 18 décembre - 8 janvier
22 ch ⛌ – †110/130 CHF ††180/230 CH
Au plus près de la nature, entre lac et v
ment décorées, pour des nuitées san
classiques et spécialités du lac. Cuvé

🏠 **La Retraite !**
Rue Chanélaz 18 – ℰ 032 844 22 34
– Fermé 22 décembre - 8 janvier e
25 ch ⛌ – †75/100 CHF ††160/19
Hôtellerie familiale établie dans
Ses deux chalets renferment d'
taurant apprécié pour son conf

🍴 **La Pomme de Pin**
😊
Av. François-Borel 14 – ℰ 032
Fermé dimanche et lundi
Menu 18 CHF – Carte 43/87 C
Table entièrement rénovée
tisme : perches, homards
propice à la détente.

COSSONAY
1304 Vaud (VD) – 2 487 hab. –
▶ Bern 107 km – Lausanne 16
Carte routière Michelin 552 D

🍴🍴 **Le Petit Comptoi**
❀
Rue du Temple 22 –
– Fermé 24 décemb
Menu 80 CHF (déj.)/
Ancienne maison
mobilier Louis X
vante. Du plaisir
→ Pressée de th
Mille-feuille de

COURGENAY
2950 Jura (JU) – 2 09
▶ Bern 92 km – Base
Carte routière Mich

ale **8**C2
 km

Plan : B1**e**

LOCATING THE TOWN
Locate the town on the regional map at the begining of the guide (map number and coordinates).

alion.ch

rois catégories de chambres joli-
e restaurant vogue entre recettes
ovenant des vignes.

Plan : A2**b**

LOCATING THE ESTABLISHMENT
Located on the town plan (coordinates and letters giving the location).

traite.ch

résidentiel, donc exempte de chahut.
mbres à touches campagnardes. Res-
e soin apporté à se préparations.

Plan : C1**d**

FACILITIES AND SERVICES

www.pommedepin.ch

oël et Nouvel An)
entation culinaire ne manque pas d'éclec-
mer et produits terrestres. Terrasse d'été

DESCRIPTION OF THE ESTABLISHMENT
Atmosphere, style, character...

– Carte régionale **12** A3
ourg 78 km – Genève 62 km

26 20 – www.lepetit-comptoir.ch
r, 9 juillet - 3 août et dimanche
arte 128/208 CHF
mariant harmonieusement décor ancien – élégant
e cheminée en pierre moulurée – et cuisine inno-
eux et le palais.
aux herbes. Gnocchi à la truffe noire et jus de légumes.
Monts.

PRICES

t. 488 m – Carte régionale **5** D7
Biel 57 km – Montbéliard 38 km

4
rtine 2 – ✆ 032 471 22 35 – www.hotelterminus.ch

rsonnalisées, certaines dotées
les l'Albertine, la plus
rasserie de

Classification & awards

CATEGORIES OF COMFORT

The MICHELIN guide selection lists the best hotels and restaurants in each category of comfort and price. The establishments we choose are classified according to their levels of comfort and, within each category, are listed in order of preference.

🏨	XxXxX	Luxury style
🏨	XxxX	Extremely confortable
🏨	XxX	Very comfortable
🏠	XX	Comfortable
🏠	X	Quite comfortable
	🏠	Hotel with a restaurant
	⇐	Restaurant with bedrooms

THE AWARDS

To help you make the best choice, some exceptional establishments have been given an award in this year's guide. They are marked ✿ or 😊.

THE BEST CUISINE

Michelin stars are awarded to establishments serving cuisine, of whatever style, which is of the highest quality. The cuisine is judged on the quality of ingredients, the skill in their preparation, the combination of flavours, the levels of creativity, the value for money and the consistency of culinary standards.

For every restaurant awarded a star we include 3 specialities that are typical of their cooking style. These specific dishes may not always be available.

✿✿✿ **Three Stars: Exceptional cuisine, worth a special journey!**
Our highest award is given for the superlative cooking of chefs at the peak of their profession. The ingredients are exemplary, the cooking is elevated to an art form and their dishes are often destined to become classics.

✿✿ **Two Stars: Excellent cooking, worth a detour!**
The personality and talent of the chef and their team is evident in the expertly crafted dishes, which are refined, inspired and sometimes original.

✿ **One Star: High quality cooking, worth a stop!**
Using top quality ingredients, dishes with distinct flavours are carefully prepared to a consistently high standard.

New establishment in the guide

GOOD FOOD AND ACCOMMODATION AT MODERATE PRICES

 Bib Gourmand
Good quality, good value cooking. 'Bibs' are awarded for simple yet skilful cooking for up to 70 CHF.

DELIGHTFUL HOTELS AND RESTAURANTS

Symbols shown in red indicate particularly pleasant or restful establishments: the character of the building, its décor, the setting, the welcome and services offered may all contribute to this special appeal.

🏠 to 🏠🏠🏠🏠🏠 **Delightful accomodations**

✕ to ✕✕✕✕✕ **Delightful restaurants**

OTHER SPECIAL FEATURES

As well as the categories and awards given to the establishment, Michelin inspectors also make special note of other criteria which can be important when choosing an establishment.

LOCATION

If you are looking for a particularly restful establishment, or one with a special view, look out for the following symbols:

 Peaceful

≤ **Great view**

WINE LIST

If you are looking for an establishment with a particularly interesting wine list, look out for the following symbol:

 Particularly interesting wine list
This symbol might cover the list presented by a sommelier in a luxury restaurant or that of a simple inn where the owner has a passion for wine. The two lists will offer something exceptional but very different, so beware of comparing them by each other's standards.

Facilities & services

⇌	Restaurant with bedrooms
🏃	Hotel with a restaurant
↕	Lift (elevator)
A/C	Air conditioning
♿	Establishment with wheelchair access
👫	Special facilities for children
🍽	Meals served in garden or on terrace
spa	Wellness centre: an extensive facility for relaxation and well-being
🏋 ♨	Exercise room, sauna
🏊 🏊	Swimming pool: outdoor or indoor
🌳	Park or garden
🎾 ⛳	Tennis – Golf course
👥	Conference rooms
🍽	Private dining rooms
🚫🐕	No dogs allowed
🚗	Hotel garage
P	Car park for customers only
🚫💳	Credit cards not accepted

NON-SMOKERS

In some cantons it is forbidden to smoke in restaurants. The regulations can vary from one canton to another.
Most hotels offer non-smoking bedrooms.

Prices

In some towns, when commercial, cultural or sporting events are taking place the hotel rates are likely to be considerably higher. Certain establishments offer special rates. Ask when booking.

RESERVATIONS AND DEPOSIT

Some hoteliers will request the payment of a deposit which confirms the commitment of the customer. It is desirable that you ask the hotelier to indicate in its written confirmation if the amount thus paid will be charged to the invoice (in this case, the deposit is used as a down payment) or not. It is also advised to get all useful information about the terms and conditions of the stay.

ROOMS

29 ch (Zim, cam)	Number of rooms
🕴 100/150 CHF	Lowest price 100CHF and highest price 150CHF for a comfortable single room
🕴🕴 200/350 CHF	Lowest price 200CHF and highest price 350CHF for a double or twin room for 2 people
ch (Zim,cam) 🍵 -	Breakfast included
🍵 20 CHF	Price of breakfast (Suites and junior suites: ask the hotelier)
½ P	This establishment offers also half board.

RESTAURANT

⊕	Restaurant serving a dish of the day **under 20 CHF**
(16 CHF)	**Dish of the day**: Average price of midweek dish of the day, usually served at lunch.
Menu 36/80 CHF (**Menü – Menu**)	**Set meals:** Price of a main meal with an entrée and a dessert. **Price of the set meal:** lowest price 36 CHF/ highest price 80 CHF
Carte 50/95 CHF (**Karte – Carta**)	**A la carte meals:** The first figure is for a plain meal and includes entrée, main dish and dessert. The second figure is for a fuller meal and includes entrée, main course and dessert.

Information on localities

(BIENNE)	Usual translation for the name of the town
✉ 3000	Local postal number
✉ 3123 Belp	Postal number and name of the postal area
Bern (BE)	"Canton" in which a town is situated
1 057 hab. (Ew. – ab.)	Population
Alt. (Höhe) 1 500 m	Altitude (in metres)
Wintersport Sport invernali Sports d'hiver	Winter sports
1 200/1 900 m	Lowest station and highest points reached by lifts
▶ Bern 195 km	Distances from the main towns
Nord, Sud, Süd, Est, Ost, Ouest, West, Ovest	north, south of the town east of the town west of the town

Plan key

● Hotels
● Restaurants

SIGHTS

Place of interest
Interesting place of worship: catholic • protestant

ROADS

Motorway • Dual carriageway
Numbered exchangers: full, partial
Main traffic artery
Street subject to restrictions or impassable street
Pedestrian street • Tramway
Car park • Park and Ride
Tunnel
Station and railway
Funicular • Rack railway
Cable car, cable way

VARIOUS SIGNS

Tourist Information Centre
Mosque • Synagogue
Tower or mast • Ruins • Windmill
Garden, park, wood • Cemetery
Stadium • Golf course • Racecourse
Outdoor swimming pool
View • Panorama
Monument • Fountain • Lighthouse
Pleasure boat harbour • Coach station
Airport • Underground station
Ferry services:
 passengers and cars, passengers only
Main post office
Hospital • Covered market
Local Police Station • Police
Town Hall • University, College
Public buildings located by letter:
 Museum • Town Hall
 Offices of Cantonal Authorities • Theatre
Touring Club Suisse (T.C.S.)
Automobile Club der Schweiz (A.C.S.)

La Suisse en cartes
→ Schweiz in Karten
→ Svizzera in carte
→ Swiss in maps

Les cantons suisses

→ Die Schweizer Kantone
→ I cantoni svizzeri
→ Swiss Districts (cantons)

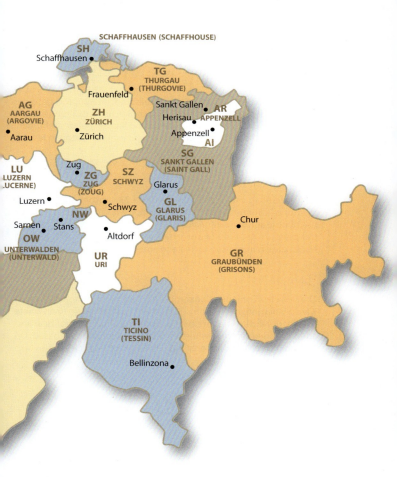

La Confédération Helvétique regroupe 23 cantons dont 3 se divisent en demi-cantons. Le « chef-lieu » est la ville principale où siègent les autorités cantonales. Berne, centre politique et administratif du pays, est le siège des autorités fédérales. Le 1er août, jour de la Fête Nationale, les festivités sont nombreuses et variées dans tous les cantons.

→ Die Schweizer Kantone

Die Schweizer Eidgenossenschaft umfasst 23 Kantone, wobei 3 Kantone in je zwei Halbkantone geteilt sind. Im Hauptort befindet sich jeweils der Sitz der Kantonsbehörden. Bern ist verwaltungsmässig und politisch das Zentrum der Schweiz und Sitz der Bundesbehörden. Der 1. August ist Nationalfeiertag und wird in allen Kantonen festlich begangen.

→ I cantoni svizzeri

La Confederazione Elvetica raggruppa 23 cantoni, dei quali 3 si dividono in semi-cantoni. Il «capoluogo» è la città principale dove risiedono le autorità cantonali. Berna, centro politico ed amministrativo del paese, è sede delle autorità federali. Il 1° Agosto è la festa Nazionale e numerosi sono i festeggiamenti in tutti i cantoni.

→ Swiss Districts

The Helvetica Confederation comprises 23 districts ("cantons") of which 3 are divided into half-cantons. The «chef-lieu» is the main town where the district authorities are based. Bern, the country's political and administrative centre, is where the Federal authorities are based. On 1st August, the Swiss National Holiday, lots of different festivities take place in all the cantons.

Les langues

Outre le « Schwyzerdütsch », dialecte d'origine germanique, quatre langues sont utilisées dans le pays : l'allemand, le français, l'italien et le romanche, cette dernière se localisant dans la partie ouest, centre et sud-est des Grisons. L'allemand, le français et l'italien sont considérés comme langues officielles administratives et généralement pratiqués dans les hôtels et restaurants.

→ Die Sprachen

Neben dem "Schwyzerdütsch", einem Dialekt deutschen Ursprungs, wird Deutsch, Französisch, Italienisch und Rätoromanisch gesprochen, wobei Rätoromanisch im westlichen, mittleren und südöstlichen Teil von Graubünden beheimatet ist. Deutsch, Französisch und Italienisch sind Amtssprachen; man beherrscht sie in den meisten Hotels und Restaurants.

→ Le lingue

Oltre allo "Schwyzerdütsch", dialetto di origine germanica, nel paese si parlano quattro lingue : il tedesco, il francese, l'italiano ed il romancio ; quest'ultimo nella parte ovest, centrale e sud-est dei Grigioni. Il tedesco, il francese e l'italiano sono considerate le lingue amministrative ufficiali e generalmente praticate negli alberghi e ristoranti.

→ Languages

Apart from "Schwyzerdütsch", a dialect of German origin, four languages are spoken in the country: German, French, Italian and Romansh, the latter being standard to the West, Centre and South-East of Grisons. German, French and Italian are recognised as the official administrative languages and generally spoken in hotels and restaurants.

Romanche / Rätoromanisch / Romancio / Romansh	Italien / Italienisch / Italiano / Italian
Allemand / Deutsch / Tedesco / German	Français / Französisch / Francese / French

Cartes régionales
→ Regionalkarten
→ Carte regionali
→ Regional maps

LOCALITÉ OFFRANT AU MOINS...
→ Ort mit mindestens...
→ La località possiede come minimo...
→ Place with a least...

- • un hôtel ou un restaurant
  → einem Hotel oder Restaurant
  → un albergo o un ristorante
  → a hotel or a restaurant

- ✲ un restaurant étoilé
  → einem Sternerestaurant
  → un ristorante « stellato »
  → one starred establishment

- 😊 Bib Gourmand

- ✕ un restaurant particulièrement plaisant
  → einem besonders angenehmen Restaurant
  → un ristorante molto piacevole
  → one particularly pleasant restaurant

- 🏠 un hôtel particulièrement agréable
  → einem besonders angenehmen Hotel
  → un albergo ameno
  → one particularly pleasant hotel

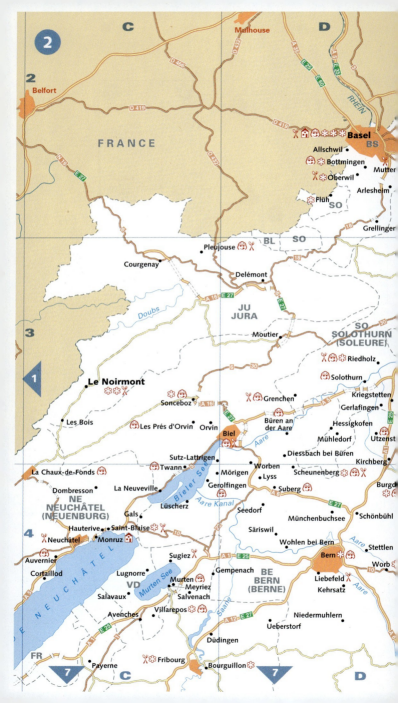

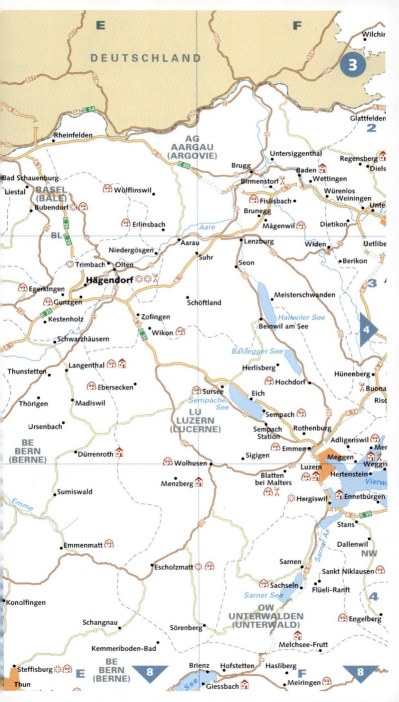

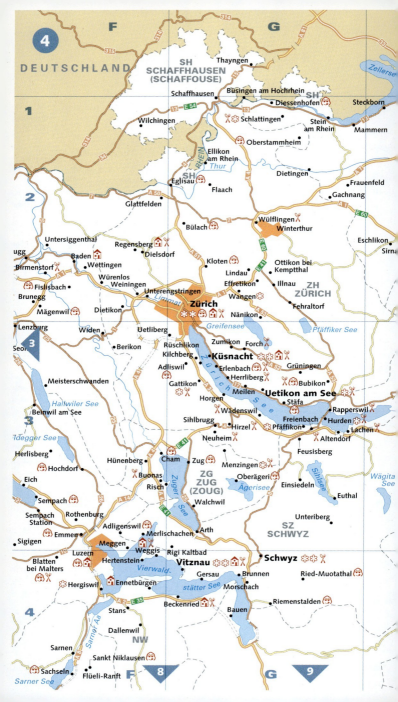

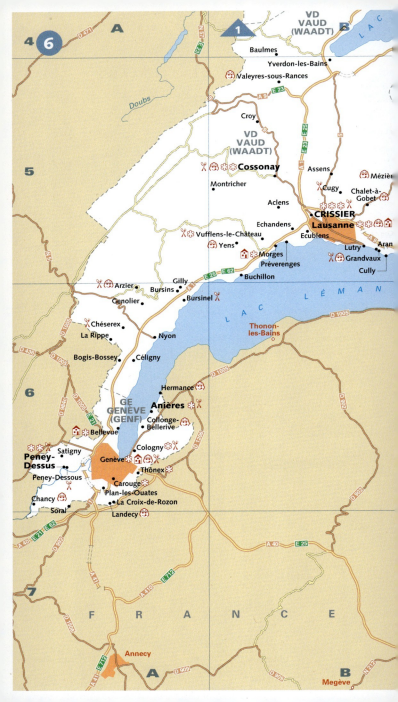

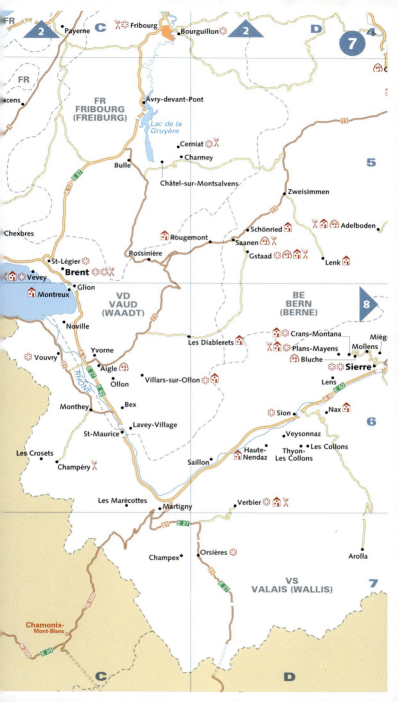

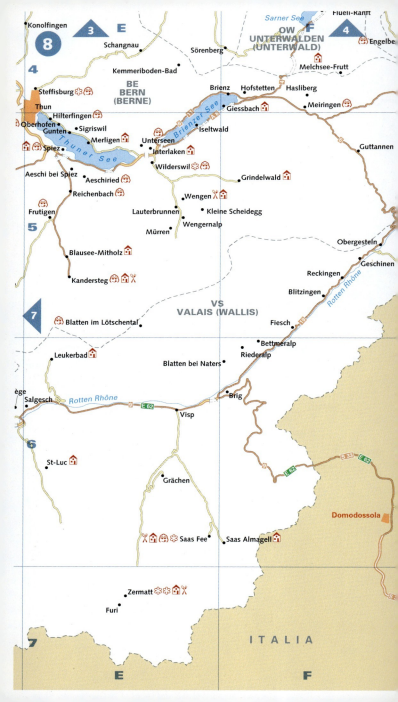

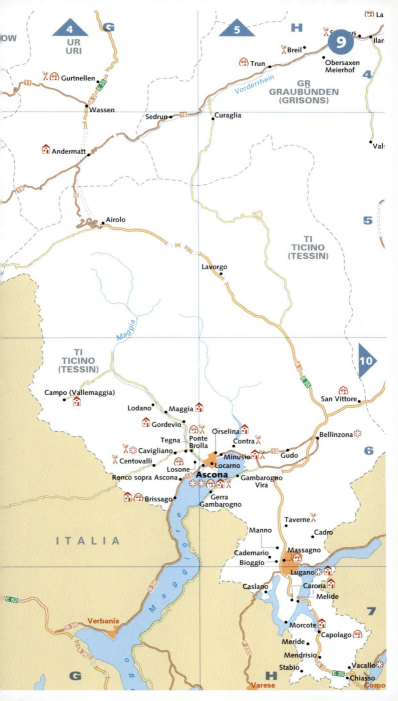

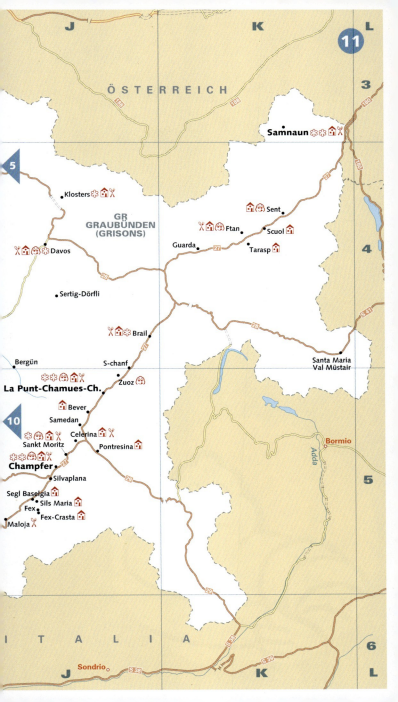

Hôtels & restaurants
Les localités, de A à Z

→ ## Hotels & Restaurants
Städte, von A bis Z

→ ## Alberghi & ristoranti
Città da A a Z

→ ## Hotels & restaurants
Towns from A to Z

AARAU
Aargau (AG) – ✉ 5000 – 20 707 Ew – Höhe 383 m – Regionalatlas **3-E3**
▶ Bern 84 km – Basel 54 km – Luzern 51 km – Zürich 47 km
Michelin Straßenkarte 551-N4

🏠 Kettenbrücke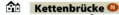
Zollrain 16 – ☏ 062 838 18 18 – www.hotelkettenbruecke.ch Stadtplan : A1**k**
27 Zim 🍽 – †200 CHF ††250 CHF – 3 Suiten
Historie trifft Moderne. Ein schmucker sanierter Altbau wurde hier zum Boutique-Hotel, ausgesprochen chic die Zimmer mit ihrem hellen geradlinigen Interieur. Zeitgemäss-elegantes Ambiente auch im Restaurant mit Bar und Wintergarten. Gekocht wird regional-international.

✕✕ Mürset
Schachen 18 – ☏ 062 822 13 72 – www.muerset.ch Stadtplan : A2**c**
Tagesteller 34 CHF – Menü 66/91 CHF – Karte 58/100 CHF
Das Haus bietet eine interessante gastronomische Vielfalt: Im Mürset, der eigentlichen "Alten Stube" mit schöner Täferung, serviert man Klassisches wie "Eglifilets meunière" oder "Bündner Lammrücken", in der legeren Brasserie typische Bistrogerichte (zur Saison Muscheln) und in der netten gemütlich-rustikalen Weinstube isst man bürgerlich-traditionell.

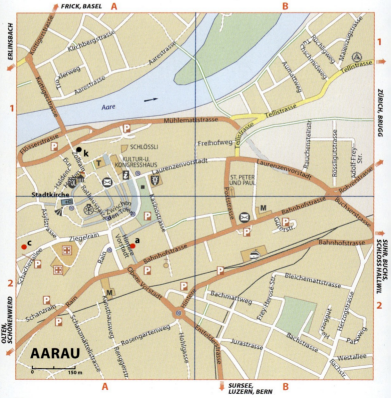

AARAU

X **Beluga**
Vordere Vorstadt 17 – ℰ 062 822 52 22 – www.beluga-aarau.ch Stadtplan : A2**a**
– geschl. Juli 3 Wochen und Sonntag - Montag
Tagesteller 25 CHF – Menü 65/135 CHF – Karte 40/99 CHF
Wirklich attraktiv das moderne Interieur: klare Linien und helle, warme Töne
- wunderbar die Terrasse im 1. Stock. Auf der Karte z. B. "Lammentrecôte mit
Orangenpfeffer", aber auch "Beluga Burger" oder "Chef's Rindsfiletwürfel Stroga-
noff". Ambitioniert die Gourmetmenüs "Grosse Reise" und "Kleine Reise".

ABTWIL
Sankt Gallen (SG) – ⌧ 9030 – 8 377 Ew – Höhe 658 m – Regionalatlas **5**-**H2**
▶ Bern 203 km – Sankt Gallen 6 km – Bregenz 45 km – Frauenfeld 44 km
Michelin Straßenkarte 551-O6

Säntispark
Wiesenbachstr. 5 – ℰ 071 313 11 11 – www.hotel-saentispark.ch
136 Zim – †190/250 CHF ††240/300 CHF – 2 Suiten – ½ P
Rest *Uliveto* – Siehe Restaurantauswahl
Sie mögen es ganz modern? Chic die grosszügige Lobby in Weiss samt Bar sowie
die puristischen Zimmer im Haus "Säntis". Schön wohnlich hat man es aber auch
im Haus "Park". Tipp: das 2 Gehminuten entfernte Freizeitzentrum. Zudem gibt es
das "Zentrum für Medizin & Sport". Schweizer Küche im "Schnabelweid".

XX **Uliveto**
*Wiesenbachstr. 5 – ℰ 071 313 11 11 – www.hotel-saentispark.ch – geschl. Juni
- Juli 3 Wochen und Sonntag*
Menü 39/78 CHF – Karte 62/95 CHF
Im modernen kleinen "Italiener" des Säntispark bietet man eine recht authenti-
sche und frische Küche jenseits von Pizza & Pasta! Probieren Sie z. B. "Carpaccio
di manzo Fassona" oder "Fregola sarda ai frutti di mare"! Nette Terrasse.

ACLENS
Vaud (VD) – ⌧ 1123 – 524 hab. – Alt. 460 m – Carte régionale **6**-**B5**
▶ Bern 103 km – Lausanne 15 km – Thonon-les-Bains 117 km – Annemasse 83 km
Carte routière Michelin 552-D9

X **La Charrue**
*Rue du Village 2 – ℰ 021 869 72 83 – www.lacharruedaclens.ch – fermé 1er
- 9 janvier, 24 juillet - 14 août, dimanche et lundi*
3 ch – †80/90 CHF ††90/110 CHF, ⌧ 12 CHF
Menu 55 CHF (déjeuner)/105 CHF – Carte 86/106 CHF
Une sympathique auberge communale, où l'on mange fort bien ! Aux commandes
œuvre un couple très dynamique, lui aux fourneaux, elle au service et sommelière.
La cuisine explore la tradition avec beaucoup de goût(s), que ce soit côté restau-
rant ou côté bistrot. Quelques chambres bien tenues pour prolonger l'étape.

ADELBODEN
Bern (BE) – ⌧ 3715 – 3 436 Ew – Höhe 1 356 m (Wintersport : 1 353/2 362 m)
– Regionalatlas **7**-**D5**
▶ Bern 67 km – Interlaken 48 km – Fribourg 104 km – Gstaad 81 km
Michelin Straßenkarte 551-J10

The Cambrian
*Dorfstr. 7 – ℰ 033 673 83 83 – www.thecambrianadelboden.com – geschl. Mitte
April – Anfang Juni*
71 Zim ⌧ – †190 CHF ††215 CHF – 5 Suiten
Entspannung bietet hier schon die weitläufige Lobby mit offenem Kamin, Bar und
Snooker und natürlich der schöne Spa auf 700 qm. Besonders toll die talseitigen
Zimmer, grosszügig die Juniorsuiten und Suiten. Überall modernes Design, so
auch im Restaurant, davor die Terrasse mit Bergblick.

ADELBODEN

Parkhotel Bellevue
Bellevuestr. 15 – ℰ 033 673 80 00 – www.parkhotel-bellevue.ch – geschl. Mitte April - Mitte Juni
50 Zim – †125/200 CHF ††230/380 CHF – 3 Suiten – ½ P
Rest *belle vue* – Siehe Restaurantauswahl
Leicht erhöht und ruhig liegt das Hotel von 1901, wunderschön der Bergblick. Schicker 50er-/60er-Jahre-Stil zieht sich in Form von schönen Einrichtungsdetails durchs ganze Haus. Grosszügig und wertig der Spa. Vom Pool schaut man übers Tal!

Adler
Dorfstr. 19 – ℰ 033 673 41 41 – www.adleradelboden.ch – geschl. 17. April - 24. Mai, 23. Oktober - 2. November
43 Zim – †125/222 CHF ††210/364 CHF – ½ P
Seit über 25 Jahren gibt es dieses Chalet nun schon, und es wird mit Engagement geführt. Fragen Sie nach den talseitigen Zimmern. Für Familien interessant: der gute Kinderspielbereich. Verschiedene Restauranträume von traditionell über rustikal-elegant bis zum Wintergarten.

belle vue – Parkhotel Bellevue
Bellevuestr. 15 – ℰ 033 673 80 00 – www.parkhotel-bellevue.ch – geschl. Mitte April - Mitte Juni
Tagesteller 28 CHF – Menü 50/75 CHF – Karte 67/97 CHF – *(abends Tischbestellung ratsam)*
Wählen Sie einen Platz am Fenster! So können Sie neben dem schönen klaren Design auch noch die tolle Sicht geniessen! Aus der Küche kommen klassische Speisen, dazu reicht man eine erlesene Weinkarte. Mittags kleineres Angebot.

Alpenblick
Dorfstr. 9 – ℰ 033 673 27 73 – www.alpenblick-adelboden.ch – geschl. 4. Juni - 13. Juli, 6. November - 1. Dezember und im Winter: Montag, im Sommer: Montag - Dienstag
Tagesteller 20 CHF – Menü 79/139 CHF – Karte 38/83 CHF
Das Haus in der Ortsmitte beherbergt zum einen das Bistro, in dem man von einer kleinen Karte wählt, zum anderen das Restaurant mit eleganter Note und schöner Aussicht - hier serviert man gehobenere saisonale Küche.

Hohliebe-Stübli
Hohliebeweg 17, Süd-Ost: 3,8 km, Richtung Bonderlen, auf 1480 m Höhe – ℰ 033 673 10 69 – www.hohliebestuebli.ch – geschl. Mai und Sonntag - Montag
Menü 89/99 CHF – *(nur Abendessen) (Tischbestellung erforderlich)*
Der Weg hinauf zu dem einsam gelegenen alten Bauernhaus lohnt sich: wunderschön die Aussicht, reizend die Stuben, modern-saisonal die Küche, für die man nur Produkte aus der Region verwendet. Wie wär's mit einem Apero in der eigenen Bar im Ort? Am Nachmittag gibt's leckeren Kuchen und kleine Gerichte.

Schönbühl
Ausserschwandstr. 43 – ℰ 033 673 13 36 – www.schoenbuehl-adelboden.ch – geschl. Mai und Mittwoch, Sommer: Dienstag - Mittwoch
Tagesteller 20 CHF – Menü 75/110 CHF – Karte 45/87 CHF
Etwas ausserhalb liegt dieses klassische Gasthaus, in dem man sehr schmackhafte und kraftvolle regionale Küche bietet. Freuen darf man sich z. B. auf "Rinderschmorbraten mit Kartoffelstock" oder auch "Variation von Schokolade und Birne".

ADLIGENSWIL
Luzern (LU) – ⊠ 6043 – 5 348 Ew – Höhe 540 m – Regionalatlas **4-F3**
▶ Bern 117 km – Luzern 7 km – Aarau 56 km – Schwyz 32 km
Michelin Straßenkarte 551-O7

ADLIGENSWIL

XX **Rössli** ⇔ 🏠 ⇔ 🅿
Dorfstr. 1 – ℰ 041 370 10 30 – www.roessli-adligenswil.ch – geschl. 21. Februar
- 5. März, 17. Juli - 7. August und Mittwoch - Donnerstag
8 Zim ⌂ – †120/140 CHF ††180/210 CHF – ½ P
Tagesteller 25 CHF – Menü 65/95 CHF – Karte 56/89 CHF – *(Tischbestellung ratsam)*
Ob Sie die Rössli-Stube oder die einfachere Gaststube vorziehen, in dem gestandenen Gasthof von 1772 gibt es neben herzlichem Service einen Mix aus traditioneller und modern-klassischer Küche: Da schmeckt der schlichte Tagesteller ebenso wie "gebratener Saibling auf Pastinakenpüree". Draussen: Rosenterrasse und Rössligarten. Tipp: Man hat auch charmante Gästezimmer.

X **OX** 🏠 🅿
Dorfstr.2 – ℰ 041 370 39 38 – www.ox-adligenswil.ch – geschl. Samstagmittag, Sonntag - Montagmittag
Tagesteller 20 CHF – Menü 31/75 CHF – Karte 34/118 CHF – *(abends Tischbestellung ratsam)*
Hier steht der Holzkohlegrill im Mittelpunkt - vom "Big Green Egg" kommen Steaks, Burger und Fisch - alles immer von ausgezeichneter Qualität! Auch Vegetarisches ist zu haben. Abends umfangreiches Angebot, am Mittag kleinere Karte.

ADLISWIL
Zürich (ZH) – ✉ 8134 – 18 601 Ew – Höhe 451 m – Regionalatlas **4-G3**
▶ Bern 132 km – Zürich 10 km – Aarau 55 km – Luzern 49 km
Michelin Straßenkarte 551-P5

XX **Krone**
Zürichstr. 4 – ℰ 044 771 22 05 – www.krone-adliswil.ch – geschl. über Weihnachten 1 Woche, April 1 Woche, Juli - August 3 Wochen und Sonntag - Montag
Tagesteller 28 CHF – Karte 65/95 CHF – *(Tischbestellung ratsam)*
Angenehm leger-modern ist das Restaurant in dem schönen Riegelhaus. Aus der Küche kommt nur Schmackhaftes, ob traditionell oder international. Am Abend gibt es eine Auswahl an kalten und warmen Gerichten im Kleinformat, aus denen Sie bis zu fünf wählen und dann die Anzahl der Teller bezahlen.

XX **Zen** 🏠 % 🅿
Im Sihlhof 1 – ℰ 043 377 06 18 – www.restaurant-zen.ch – geschl. Montag - Dienstag
Tagesteller 26 CHF – Menü 70 CHF – Karte 43/93 CHF
Das moderne Restaurant mit kleiner mittiger Lounge befindet sich in einem verglasten Rundbau und bietet seinen Gästen authentische chinesische Küche mit Schwerpunkt Hongkong.

AESCHI bei SPIEZ
Bern (BE) – ✉ 3703 – 2 217 Ew – Höhe 859 m – Regionalatlas **8-E5**
▶ Bern 44 km – Interlaken 16 km – Brienz 37 km – Spiez 5 km
Michelin Straßenkarte 551-K9

in Aeschiried Süd-Ost: 3 km – Höhe 1 000 m – ✉ 3703 Aeschi bei Spiez

XX **Panorama**
Aeschiriedstr. 36 – ℰ 033 654 29 73 – www.restaurantpanorama.ch – geschl. 13. - 28. März, 26. Juni - 18. Juli und Montag - Dienstag
Tagesteller 28 CHF – Menü 54 CHF (mittags unter der Woche)/119 CHF – Karte 58/90 CHF
Seit über 30 Jahren betreiben die Rindisbachers ihr "Panorama" - der Renner ist die Terrasse! Tipp: Tajarin oder Ravioli - die Pasta kommt aus der eigenen Manufaktur! Oder lieber "Zanderfilet auf Rahmsauerkraut"? Dazu eigene Weine. Feinkost in der Panoteca. Im Winter hat man die Langlaufloipen vor der Tür.

AIGLE
Vaud (VD) – ✉ 1860 – 9 938 hab. – Alt. 404 m – Carte régionale **7-C6**
▶ Bern 105 km – Montreux 17 km – Evian-les-Bains 37 km – Lausanne 44 km
Carte routière Michelin 552-G11

AIGLE

La Pinte Communale
Place du Marché 4 – ℰ 024 466 62 70 – www.pinte-communale.ch – fermé 24 décembre - 9 janvier, juillet 2 semaines, dimanche et lundi
Plat du jour 18 CHF – Menu 50 CHF (déjeuner en semaine)/125 CHF – Carte 58/80 CHF
Le jeune chef, Alexandre Luquet, a déjà une solide expérience et sait en faire la preuve ! Dans cette petite adresse au pied de la vallée des Ormonts, il concocte, avec d'excellents produits, des plats savoureux et délicats ; le service, assuré par Ana, est charmant. Et le soir, le menu surprise rencontre un grand succès.

AIRE-LA-VILLE – Genève → Voir à Genève

AIROLO
Ticino (TI) – ✉ 6780 – 1 576 ab. – Alt. 1 142 m (Sport invernali : 1 175/2 250 m)
– Carta regionale **9**-G5
▶ Bern 162 km – Andermatt 30 km – Bellinzona 60 km – Brig 75 km
Carta stradale Michelin 553-P10

XX **Forni**
via della Stazione 19 – ℰ 091 869 12 70 – www.forni.ch – chiuso 2 novembre - 21 dicembre, gennaio - aprile : mercoledì
20 cam ⌑ – †95/130 CHF ††150/190 CHF – ½ P
Piatto del giorno 22 CHF – Menu 37 CHF (in settimana)/78 CHF – Carta 65/91 CHF
Di fronte alla stazione, nella parte bassa del paese, appena varcata la soglia due sale dall'atmosfera informale introducono ad una cucina tradizionale, il cui menu viene regolarmente rinnovato. Camere di dimensioni eterogenee, con mobili chiari funzionali.

sul Passo di Gottardo Nord-Ovest : 14 km – ✉ 6780 Airolo

 Ospizio San Gottardo
– ℰ 091 869 12 35 – www.passosangottardo.ch – chiuso metà ottobre - metà maggio
14 cam ⌑ – †130/150 CHF ††200 CHF
Sul passo del San Gottardo, la struttura è l'indirizzo giusto per chi è alla ricerca di assoluto relax nel quadro di una natura incontaminata. Il check-in si effettua presso l'Albergo: qui le camere sono sobrie e moderne, la televisione è bandita! Ospitalità più raffinata, invece, presso l'Ospizio San Gottardo, edificio dalle origini duecentesche, attualmente sotto tutela del Patrimonio Europeo. Specialità ticinesi e della Svizzera tedesca al ristorante dell'albergo, Prosa.

ALDESAGO – Ticino → Vedere Lugano

ALLSCHWIL
Basel-Landschaft (BL) – ✉ 4123 – 20 461 Ew – Höhe 287 m – Regionalatlas **2**-D2
▶ Bern 102 km – Basel 5 km – Belfort 62 km – Delémont 46 km
Michelin Straßenkarte 551-K3

 Mühle ⓝ
Mühlebachweg 41 – ℰ 061 481 33 70 – www.muehle-allschwil.ch – geschl. Ende Dezember 2 Wochen, September 3 Wochen und Sonntag - Montag
Tagesteller 26 CHF – Menü 83 CHF – Karte 59/95 CHF
Ein romantisches historisches Anwesen. In zwei gemütlichen Stuben und auf der schönen Terrasse mit Blick auf das sich drehende Mühlrad gibt es schweizerisch-französische Küche mit saisonalem Bezug - Lust auf "Lammkarree mit Lebkuchensauce"?

ALTENDORF
Schwyz (SZ) – ✉ 8852 – 6 743 Ew – Höhe 412 m – Regionalatlas **4**-G3
▶ Bern 161 km – Zürich 39 km – Glarus 35 km – Rapperswil 7 km
Michelin Straßenkarte 551-R6

ALTENDORF

✗ **Steinegg** 🏡 ⇔ 🅿
*Steineggstr. 52 – ℰ 055 442 13 18 – www.restaurant-steinegg.ch – geschl.
27. Dezember - 11. Januar, 17. Juli - 10. August und Montag - Mittwoch*
Tagesteller 33 CHF – Menü 42/90 CHF – Karte 55/93 CHF – *(Tischbestellung ratsam)*
In dem gemütlichen Lokal spürt man den ländlichen Charme des einstigen Bauernhauses, ein lauschiges Plätzchen findet sich auch auf der hübsch begrünten Laubenterrasse. Die Gerichte sind frisch und saisonal, der Service freundlich.

ALTNAU
Thurgau (TG) – ✉ 8595 – 2 148 Ew – Höhe 409 m – Regionalatlas **5-H2**
▶ Bern 198 km – Sankt Gallen 31 km – Arbon 18 km – Bregenz 49 km
Michelin Straßenkarte 551-T3

✗✗ **Urs Wilhelm's Restaurant** ⇔ 🏡 🅿
*Kaffeegasse 1, im Schäfli, neben der Kirche – ℰ 071 695 18 47
– www.urswilhelm.ch – geschl. 20. Dezember - 10. Januar und Montag
- Donnerstag*
3 Zim ⊇ – ♦155/175 CHF ♦♦220/280 CHF
Karte 73/128 CHF – *(nur Abendessen) (Tischbestellung erforderlich)*
Ein Urgestein am See - und genauso wenig kann man sich den rund 100 Jahre alten Gasthof aus Altnau wegdenken! Innen allerlei Nostalgisches in Form zahlreicher Accessoires und antiker Möbelstücke, dazu - seit über 25 Jahren - die herzlichen Gastgeber Rita und Urs Wilhelm. Spezialität ist Hummer.

AMRISWIL
Thurgau (TG) – ✉ 8580 – 13 112 Ew – Höhe 437 m – Regionalatlas **5-H2**
▶ Bern 198 km – Frauenfeld 36 km – Herisau 33 km – Appenzell 48 km
Michelin Straßenkarte 551-U4

✗✗ **Hirschen** ⇔ 🏡 ⇔ 🅿
*Weinfelderstr. 80 – ℰ 071 412 70 70 – www.hirschen-amriswil.ch – geschl.
Februar 1 Woche, Ende Juli - Anfang August 2 Wochen und Sonntag - Montag*
8 Zim – ♦80 CHF ♦♦140 CHF – ½ P
Tagesteller 26 CHF – Menü 58/92 CHF (abends) – Karte 54/90 CHF
Hübsch anzuschauen ist das Fachwerkhaus a. d. 17. Jh. Drinnen bekommt man in gemütlichen Räumen saisonale, klassisch-traditionelle Küche und auch Internationales: "gebratene Entenleber mit Thurgauer Äpfeln und Trüffeljus", "Entrecôte mit Zwiebel-Senfkruste"... Terrasse unter Platanen.

ANDERMATT
Uri (UR) – ✉ 6490 – 1 386 Ew – Höhe 1 438 m (Wintersport : 1 444/2 963 m)
– Regionalatlas **9-G5**
▶ Bern 148 km – Altdorf 35 km – Bellinzona 84 km – Chur 94 km
Michelin Straßenkarte 551-P9

🏨 **The Chedi**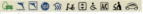
Gotthardstr. 4 – ℰ 041 888 74 88 – www.chediandermatt.com
123 Zim ⊇ – ♦525/2800 CHF ♦♦525/2800 CHF
Rest *The Restaurant* • **Rest** *The Japanese Restaurant* – Siehe Restaurantauswahl
Imposant, grosszügig, geschmackvoll - ein Alpen-Hideaway par excellence! Das spektakuläre Luxus-Refugium ist das erste europäische Haus der exklusiven kleinen asiatischen Hotelgruppe und ein einzigartiger Mix aus Schweizer Charme und modernem Design, aus asiatischen Stilelementen und regionalen Materialien. Edel der Spa auf 2400 qm, top der Service.

🏨 **Crown** 🆕
Gotthardstr. 64 – ℰ 041 888 03 03 – www.hotel-crown.ch – geschl. Mai, November
20 Zim ⊇ – ♦180/190 CHF ♦♦260/340 CHF – ½ P
Hier überzeugen attraktive Zimmer im Appartementstil: schön der wohnlichmoderne Look aus warmem Holz und Naturtönen, alle mit Balkon. Dazu ein ebenso schicker Loungebereich mit Bar. Günstig die zentrale Lage.

ANDERMATT

🏠 **The River House Boutique Hotel** ⛄ ⚙ 🅿
Gotthardstr. 58 – ✆ 041 887 00 25 – www.theriverhouse.ch – geschl. Mai 4 Wochen, Oktober - November
8 Zim ⛌ – †135/220 CHF ††180/308 CHF
Das über 250 Jahre alte Haus ist etwas für Individualisten: Jedes Zimmer ist anders geschnitten, wohnlich und geschmackvoll sind sie alle, zudem nach ökologischen Gesichtspunkten gestaltet. Familiär und angenehm unkompliziert der Service unter dem Motto "young@heart und Eco". Trendige Bar mit einfacher Küche.

🏠 **3 Könige und Post**
Gotthardstr. 69 – ✆ 041 887 00 01 – www.3koenige.ch – geschl. 3. April - 18. Mai, 9. Oktober - 14. Dezember
22 Zim ⛌ – †80/180 CHF ††160/300 CHF – ½ P
Wirklich gepflegt wohnt man hier an der historischen Reussbrücke mitten im Dorf. Das Zimmerangebot reicht von schlicht-rustikal bis frisch-modern, das Restaurant teilt sich in einen einfacheren Bereich und das elegantere Goethe-Säli. Entspannen kann man im hellen kleinen Saunabereich.

XXX **The Restaurant** – Hotel The Chedi 🍴 🌿 ♿ 🆎 ⚙ ✦ 🚗
Gotthardstr. 4 – ✆ 041 888 74 66 – www.chediandermatt.com
Menü 125/135 CHF – Karte 75/145 CHF
Schon beim Betreten des Restaurants ist man beeindruckt: Zuerst stechen beachtliche begehbare Humidore für Käse und Wein ins Auge, dann die offenen Küchenbereiche mit langem Chef's Table. Freuen Sie sich auf asiatische und regionale Küche.

XX **Bären** ⟵
Gotthardstr. 137 – ✆ 041 887 03 03 – www.baeren-andermatt.ch
6 Zim ⛌ – †125/140 CHF ††180/195 CHF – 1 Suite – ½ P
Menü 32/48 CHF – Karte 59/96 CHF
In einem der ältesten Häuser Andermatts finden Sie auf zwei Ebenen ein geschmackvolles Restaurant - viel Holz und Stein kombiniert mit modernem Stil. Gekocht wird italienisch. Sie möchten übernachten? Die Zimmer sind frisch, chic, wohnlich.

XX **The Japanese Restaurant** – Hotel The Chedi 🍴 ♿ ⚙
Gotthardstr. 4 – ✆ 041 888 74 66 – www.chediandermatt.com – geschl. Ende April - Anfang Juni, Ende September - Anfang Dezember und Montag - Dienstag
Menü 100/125 CHF – Karte 70/110 CHF – *(nur Abendessen)*
Mit Sushi, Sashimi oder auch Teppanyaki bietet man hier eine authentische japanische Küche auf hohem Niveau. Die beiden Kaiseki-Menüs gibt es als traditionelle oder moderne Variante. Geschmackvoll das stimmig-geradlinige Ambiente.

ANIÈRES
Genève (GE) – ✉ 1247 – 2 422 hab. – Alt. 410 m – Carte régionale **6-A6**
▶ Bern 168 km – Genève 12 km – Annecy 55 km – Thonon-les-Bains 25 km
Carte routière Michelin 552-B11

XX **Le Floris** (Claude Legras) 🍴 ≤ 🌿 ♿ ⚙ 🅿
✿ *Route d'Hermance 287 – ✆ 022 751 20 20 – www.lefloris.com – fermé 23 décembre - 9 janvier, 16 - 24 avril, 3 - 11 septembre, dimanche soir et lundi, janvier - mai et septembre - novembre : dimanche et lundi*
Menu 135 CHF (végétarien)/250 CHF – Carte 107/184 CHF – *(réservation conseillée)*
L'originalité et la technique : voici les deux principaux atouts de Claude Legras. Sa cuisine, à la fois mesurée et créative, montre que le chef est habité à tout instant par le souci de bien faire. On déguste ses préparations en terrasse, où la vue magnifique sur le Léman ajoute au plaisir du moment.
→ Bonbons de foie gras aux truffes. Moelleux de brochet du lac en cannelloni de spaghetti, jardin de légumes et queues d'écrevisses. Le paleron de bœuf Wagyu poêlé, courgette fleur farcie aux chanterelles, jus au marsala et marjolaine.
Café F. – Voir la sélection des restaurants

ANIÈRES

✗ **Café F.** – Restaurant Le Floris
*Route d'Hermance 287 – ℰ 022 751 20 20 – www.cafe-f.com – fermé
23 décembre - 9 janvier, dimanche et lundi*
Plat du jour 22 CHF – Menu 53 CHF – Carte 70/79 CHF – *(réservation conseillée)*
Séduisante annexe que ce Café F. dans lequel Claude Legras réalise une belle synthèse de saveurs, et nous offre un agréable voyage gustatif. Les produits du Léman y sont à la fête : brochet en quenelles, perches cuisinées à la provençale... La vue sur le lac est encore et toujours irrésistible.

APPENZELL
Appenzell Innerrhoden (AI) – ⊠ 9050 – 5 822 Ew – Höhe 789 m – Regionalatlas **5-I2**
▶ Bern 215 km – Sankt Gallen 20 km – Bregenz 41 km – Feldkirch 35 km
Michelin Straßenkarte 551-U5

🏠 **Säntis**
*Landsgemeindeplatz 3 – ℰ 071 788 11 11 – www.saentis-appenzell.ch – geschl.
Februar*
36 Zim ⊡ – †160/200 CHF ††240/320 CHF – ½ P
Am Landsgemeindeplatz fällt das Hotel mit der schön bemalten Appenzeller Holzfassade auf. Geboten werden ländlich-komfortable Zimmer - gönnen Sie sich doch mal eine Juniorsuite! Das Restaurant ist in regionalem Stil eingerichtet.

in Appenzell-Appenzell Schlatt Nord: 5 km Richtung Haslen – Höhe 921 m – ⊠ 9050

✗ **Bären**
*Dorf 6 – ℰ 071 787 14 13 – www.baeren-schlatt.ch – geschl. Februar 2 Wochen,
Juli 2 Wochen und Dienstag - Mittwoch*
3 Zim ⊡ – †110/120 CHF ††170/180 CHF – ½ P
Tagesteller 30 CHF – Menü 44/75 CHF – Karte 44/66 CHF
Schön liegt der Gasthof im Dorf bei der Kirche. Nett die Atmosphäre, traditionell die Küche - Spezialität ist "Entrecôte Café de Paris". Versäumen Sie nicht den Bilderbuchblick von der Terrasse! Übernachten können Sie auch: Man hat einfache, aber tipptopp gepflegte Zimmer.

in Weissbad-Schwende Süd-Ost: 4 km – Höhe 820 m – ⊠ 9057

🏠 **Hof Weissbad**
*Im Park 1 – ℰ 071 798 80 80 – www.hofweissbad.ch – geschl. 3. Januar
- 19. Februar*
82 Zim ⊡ – †255 CHF ††460 CHF – 5 Suiten – ½ P
Rest *Schotte-Sepp-Stube / Flickflauder* – Siehe Restaurantauswahl
Hier wird so einiges geboten, angefangen beim grosszügigen Rahmen über wohnlich-moderne Zimmer (schön die Stoffe in kräftigem warmem Rot) bis hin zum vielfältigen Spa nebst medizinischer Abteilung für Kur und Reha. Dazu toller Service mit persönlicher Note und hochwertiges HP-Angebot.

✗✗ **Schotte-Sepp-Stube / Flickflauder** – Hotel Hof Weissbad
*Im Park 1 – ℰ 071 798 80 80 – www.hofweissbad.ch – geschl. 3. Januar
- 19. Februar*
Tagesteller 32 CHF – Menü 48 CHF (mittags)/112 CHF – Karte 60/91 CHF –
(Tischbestellung ratsam)
Möchten Sie in der gemütlichen Schotte-Sepp-Stube speisen, in der lichten Veranda oder im modern-puristischen Flickflauder? Die ambitionierte saisonale Küche und der umsichtige, charmante Service sind Ihnen überall gewiss! Mittwochs: "Appenzeller Abend" mit Buffet.

in Schwende Süd: 5 km – Höhe 842 m – ⊠ 9057

🏠 **Alpenblick**
*Küchenrain 7 – ℰ 071 799 11 73 – www.alpenblick-appenzell.ch – geschl. Mitte
Februar - Anfang März, 1. November - 5. Dezember*
17 Zim ⊡ – †94/124 CHF ††150/178 CHF – ½ P
Hier bleibt man gerne auch ein bisschen länger: ringsum Natur, und den "Alpenblick" können Sie wörtlich nehmen! Die Zimmer sind hell, wohnlich und sehr gepflegt, mit individueller Note eingerichtet, dazu herzliche Gastgeber. Richtig schön sitzt es sich bei traditioneller Küche auf der Aussichtsterrasse.

ARAN
Vaud (VD) – ⌧ 1091 – Alt. 468 m – Carte régionale **6-B5**
🛣 Bern 98 km – Lausanne 5 km – Montreux 22 km – Yverdon-les-Bains 42 km
Carte routière Michelin 552-E10

XX Le Guillaume Tell   🐝 🌿 AK ✂ P
Route de la Petite Corniche 5 – ℘ 021 799 11 84 – www.leguillaumetell.ch
– fermé dimanche et lundi
Plat du jour 38 CHF – Menu 49 CHF (déjeuner)/159 CHF – Carte 88/114 CHF
Une maison rose toute pimpante au cœur de ce village de vignerons qui domine le lac Léman. Le chef propose une cuisine gastronomique créative, mêlant les saveurs avec originalité. Cadre traditionnel.

ARBON
Thurgau (TG) – ⌧ 9320 – 14 261 Ew – Höhe 399 m – Regionalatlas **5-I2**
🛣 Bern 220 km – Sankt Gallen 14 km – Bregenz 32 km – Frauenfeld 61 km
Michelin Straßenkarte 551-V4

XX Römerhof   ⇦ 🌿 ✿ P
Freiheitsgasse 3 – ℘ 071 447 30 30 – www.roemerhof-arbon.ch – geschl. 24. Juli
- 4. August und Sonntag - Montag
11 Zim ⌂ – †99/140 CHF ††160/249 CHF – ½ P
Menü 40/120 CHF (abends) – Karte 67/101 CHF – *(Tischbestellung ratsam)*
Das hübsche, sorgsam restaurierte Haus a. d. 16. Jh. hat ein zurückhaltend elegantes Interieur - markant die Kassettendecke. Auf dem Teller klassische Küche mit internationalem Einfluss: "gratinierte Jakobsmuscheln", "Chicken Curry in Kokosnussmilch"... Kleinere Mittagskarte. Raucherlounge, schöne Salons.

ARLESHEIM
Basel-Landschaft (BL) – ⌧ 4144 – 9 221 Ew – Höhe 330 m – Regionalatlas **2-D2**
🛣 Bern 103 km – Basel 13 km – Baden 68 km – Liestal 12 km
Michelin Straßenkarte 551-K4

🏠 Gasthof zum Ochsen   ⬍ 🛌 🚗
Ermitagestr. 16 – ℘ 061 706 52 00 – www.ochsen.ch
34 Zim ⌂ – †99/210 CHF ††175/280 CHF – 1 Suite – ½ P
Rest *Gaststube zum Ochsen* – Siehe Restaurantauswahl
Seit 1923 ist der über 300 Jahre alte Gasthof nebst Metzgerei in Familienhand. Schön wohnlich die Zimmer, einige mit Blick auf den Rebberg von Arlesheim. Nett: Wasser, Obst und hausgemachte Würste gratis! Gute Tramverbindung nach Basel.

XX Gaststube zum Ochsen – Gasthof zum Ochsen   🌿 ♿ ✿ 🚗
Ermitagestr. 16 ⌧ 4144 – ℘ 061 706 52 00 – www.ochsen.ch
Menü 44 CHF (mittags unter der Woche)/119 CHF – Karte 71/105 CHF
Was man in den drei charmanten holzgetäferten Stuben serviert bekommt, sind traditionell-regionale Gerichte wie "Rehpfeffer mit Spätzli und Rotkraut" - natürlich werden Produkte aus der eigenen Metzgerei verwendet! Mittags reduzierte Karte.

AROLLA
Valais (VS) – ⌧ 1986 – Alt. 2 003 m (Sports d'hiver : 2 000/3 000 m)
– Carte régionale **7-D7**
🛣 Bern 195 km – Sion 39 km – Brig 90 km – Martigny 69 km
Carte routière Michelin 552-J13

🏠 Du Pigne   ❀ ≤ 🌿 ✿ P
Chemin de l'Évêque 1 – ℘ 027 283 71 00 – www.hoteldupigne.ch – fermé mai et
15 octobre - 15 décembre
12 ch ⌂ – †102/113 CHF ††160/182 CHF – ½ P
Niché au cœur d'un village de montagne, à 2 000 m d'altitude, un hôtel idéal pour les amoureux de nature, de rando et de ski. Les chambres sont spacieuses et pimpantes (certaines avec mezzanine) ; l'ambiance chaleureuse, y compris au restaurant et au carnotzet (cuisine traditionnelle et spécialités du Valais).

AROSA
Graubünden (GR) – ✉ 7050 – 3 204 Ew – Höhe 1 739 m (Wintersport : 1 800/ 2 653 m) – Regionalatlas **10-J4**
▶ Bern 273 km – Chur 31 km – Davos 90 km – Sankt Moritz 115 km
Michelin Straßenkarte 553-W9

Tschuggen Grand Hotel
Sonnenbergstrasse – ℘ 081 378 99 99 – www.tschuggen.ch   Stadtplan : A2**a**
– geschl. 2. April - 30. Juni, 24. September - 30. November
120 Zim ⊡ – †225/640 CHF ††405/1200 CHF – 10 Suiten – ½ P
Rest *La Vetta* ✿ – Siehe Restaurantauswahl
Klassische Grandhotel-Atmosphäre vereint mit dem Lifestyle von heute - das ist das gelungene Werk der Designer Carlo Rampazzi und Mario Botta! Der eine schuf das edle und zugleich farbenfrohe Ambiente für Zimmer und Gastronomie ("La Collina", "Grand Restaurant", "The Basement"...), der andere 5000 qm Spa im Berg! Eigene Bergbahn ins Skigebiet.

Arosa Kulm
Innere Poststr. 1 – ℘ 081 378 88 88 – www.arosakulm.ch   Stadtplan : A2**b**
– geschl. 17. April - 23. Juni, Ende September - Anfang Dezember
96 Zim ⊡ – †190/290 CHF ††290/490 CHF – 23 Suiten – ½ P
Rest *Ahaan Thai* ✿ • **Rest** *Muntanella* – Siehe Restaurantauswahl
Einer der Klassiker Graubündens, der seit 1882 Charme, Wohnlichkeit und Luxus vermittelt. Zimmer gibt es vom kleinen EZ bis zum Penthouse, geschmackvoll auch der Spa, attraktiv die Gastronomie-Vielfalt samt "Dine Around"-Möglichkeit!

Waldhotel National
Tomelistrasse – ℘ 081 378 55 55 – www.waldhotel.ch – geschl. Stadtplan : B2**d**
17. April - 16. Juni, 8. Oktober - 1. Dezember
124 Zim ⊡ – †145/245 CHF ††280/540 CHF – 15 Suiten – ½ P
Rest *Kachelofa-Stübli* – Siehe Restaurantauswahl
100 Jahre Hotelgeschichte in exponierter Lage - traditionell im Waldhotel, topmodern-alpin im Chesa Silva. Sehenswert der "Aqua Silva"-Spa - hochwertig und chic! Sie kommen zum Essen hierher? Nicht nur Hausgäste bekommen das HP-Menü aus der Showküche des "Thomas Mann Restaurant & Zauberberg".

BelArosa
Prätschlistrasse ✉ 7050 – ℘ 081 378 89 99 – www.belarosa.ch   Stadtplan : B2**h**
– geschl. 2. April - 15. Juni, 9. Oktober - 7. Dezember
22 Zim ⊡ – †125/248 CHF ††210/415 CHF – 16 Suiten
Ein kleines Schmuckstück und nicht "von der Stange": persönlicher Empfang, grosszügige und ausgesprochen wohnliche Zimmer samt diverser Annehmlichkeiten, charmanter Spa (testen Sie die 25-m-Wasserrutsche!) und zudem ein hochwertiges und liebevoll angerichtetes Frühstücksbuffet!

Prätschli
Prätschlistrasse, in Prätschli, Nord: 3 km – ℘ 081 378 80 80   Stadtplan : B1**p**
– www.praetschli.ch – geschl. 17. April - 14. Dezember
61 Zim ⊡ – †190/290 CHF ††295/370 CHF – 7 Suiten – ½ P
Ruhe, Ausblick, das Skigebiet gleich vor der Tür... Ein schönes Winterdomizil! Und das Ambiente? Wohnlich-neuzeitlich-alpenländisch – Südzimmer mit besonders reizvoller Sicht und Balkon! Zur Stärkung (z. B. Regionales und Grillgerichte): "Locanda" und Tagesrestaurant "Serenata" samt Sonnenterrasse oder der urige "Prätschli-Stall" mit Käsefondue und Raclette.

Cristallo
Poststrasse – ℘ 081 378 68 68 – www.cristalloarosa.ch – geschl. Stadtplan : B2**p**
9. April - 31. Juni, 24. September - 7. Dezember
36 Zim ⊡ – †80/310 CHF ††150/460 CHF – ½ P
Rest *Le Bistro* – Siehe Restaurantauswahl
Hier überzeugen wohnliche Atmosphäre und Bergblick. Unter den modernen Zimmern sind die Südzimmer mit Balkon natürlich besonders gefragt! Wie wär's mit einem Eckzimmer? Hier haben Sie sogar ein Wasserbett!

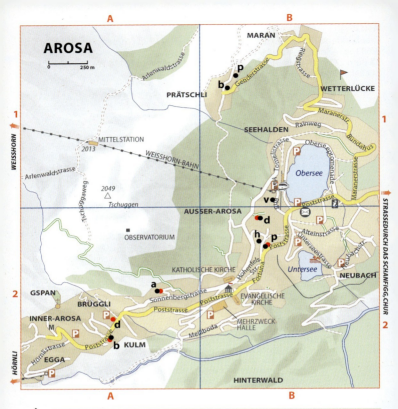

🏠 Vetter 🏔 🛗 🅿

Seeblickstrasse – ✆ 081 378 80 00 – www.arosa-vetter-hotel.ch Stadtplan : B1**v**
– geschl. 3. April - 7. Juli
22 Zim ⌷ – †95/175 CHF ††160/440 CHF – ½ P
Das kleine Hotel bei den Bergbahnen nennt sein Design selbst passenderweise "Alpinstyle", entsprechend chic und modern-rustikal sind die Zimmer.

🏠 Arlenwald 🏔 🌿 ← 🐾 🚗

Prätschlistrasse, in Prätschli, Nord: 3 km – ✆ 081 377 18 38 Stadtplan : B1**b**
– www.arlenwaldhotel.ch
11 Zim ⌷ – †80/140 CHF ††160/270 CHF – ½ P
Inmitten einer wahrlich traumhaften Berglandschaft wohnt man in einem langjährigen Familienbetrieb, den Skilift hat man ganz in der Nähe. Freundlich die Zimmer, charmant die kleine Sauna mit Aussicht und Terrasse, bürgerlich-rustikal das "Burestübli" - hier bekommt man Grillgerichte.

✕✕✕ La Vetta – *Tschuggen Grand Hotel* 🍇 ♿ 🚭 🚗
❀
Sonnenbergstrasse – ✆ 081 378 99 99 – www.tschuggen.ch Stadtplan : A2**a**
– geschl. 2. April - 30. Juni, 24. September - 30. November und Montag - Dienstag
Menü 94/139 CHF – *(nur Abendessen) (Tischbestellung ratsam)*
Herzstück der Tschuggen-Gastronomie! Moderne Küche, in der man mit Schweizer Produkten Akzente setzt, ob Aroser Joghurt, Wiesenkräuter oder Appenzeller Schwarzbier. Sie wählen aus drei Menüs: "Kräuter", "Mountain" oder "Tschuggen - Vegetarisch". Schön die Weinkarte mit so mancher Rarität, top der Service.
➔ Pot au feu von Süsswasserfischen, Saibling, Egli, Bronzefenchel, Safran, Rouille. Keule vom Ennetbürger Wollschwein, Appenzeller Schwarzbier, Senf, Kohl, Passionsfrucht. Schokolade und Wiesenminze.

AROSA

XXX Muntanella – Hotel Arosa Kulm
Innere Poststr. 1 – ℰ 081 378 88 88 – www.arosakulm.ch   Stadtplan : A2**b**
*– geschl. 17. April - 23. Juni, Ende September - Anfang Dezember, Ende Juli
- Ende September: Sonntag - Montag*
Tagesteller 33 CHF – Menü 86/104 CHF – Karte 82/94 CHF
Ein Restaurant, zwei Konzepte: Mittags gibt es eine einfache Karte für den eiligen Skifahrer, am Abend speist man deutlich gehobener - da serviert man dann in modern-eleganter Atmosphäre z. B. "Seezungenfilet mit Pétoncles und Kalamansi".

XX Kachelofa-Stübli – Waldhotel National
Tomelistrasse – ℰ 081 378 55 55 – www.waldhotel.ch – geschl.   Stadtplan : B2**d**
17. April - 16. Juni, 5. Oktober - 6. Dezember und im Winter: Dienstag
Menü 99/139 CHF – *(Mitte Juni - Mitte Oktober nur Mittagessen)*
So behaglich, wie man sich ein "Kachelofa-Stübli" vorstellt: Warmes Holz und Kachelofen sorgen für rustikale Gemütlichkeit, gepflegte Tischkultur für die elegante Note. Am Abend die zwei ambitionierten Menüs "Tradition" und "Degustation" (Sie können auch à la carte bestellen), mittags einfacheres Angebot.

XX Ahaan Thai – Hotel Arosa Kulm
Innere Poststr. 1 – ℰ 081 378 88 88 – www.arosakulm.ch   Stadtplan : A2**b**
– geschl. 17. April - 23. Juni, Ende September - Anfang Dezember und ausser Saison: Dienstag - Mittwoch
Menü 66/95 CHF – Karte 53/81 CHF – *(nur Abendessen) (Tischbestellung ratsam)*
Ein Stück Thailand in Graubünden! Neben Dim Sum oder den obligatorischen Currys lässt man sich z. B. auch "in Kräutern und Honig marinierte Spareribs mit eingelegtem Ingwer" schmecken. Und das in angenehm landestypisch-elegantem Ambiente.

XX Stüva Cuolm
Innere Poststrasse – ℰ 081 378 88 88 – www.arosakulm.ch   Stadtplan : A2**d**
– geschl. Mitte April - Anfang Dezember und Sonntagabend - Dienstagmittag
Karte 79/108 CHF
Eine "Trattoria Toscana" in rund 1800 m Höhe? Das "Kulm" macht's möglich, allerdings nur im Winter. Da wird dann Leckeres wie "Dorade mit grünem Brot und Artischockencreme" serviert. Mittags einfachere Karte, dafür eine traumhafte Terrasse!

X Le Bistro – Hotel Cristallo
Poststrasse – ℰ 081 378 68 68 – www.cristalloarosa.ch – geschl.   Stadtplan : B2**p**
9. April - 31. Juni, 24. September - 7. Dezember
Tagesteller 25 CHF – Karte 59/119 CHF – *(abends Tischbestellung ratsam)*
Ein Bistro, wie man es auch in Paris oder Lyon finden könnte! Das trifft auch auf die Küche zu: viele Klassiker wie Bouillabaisse, Entrecôte "Café de Paris", aber auch Moderneres wie "Yellow fin Thunfisch mit Mango, Aubergine, Koriander".

ARTH
Schwyz (SZ) – ✉ 6415 – 11 595 Ew – Regionalatlas **4-G3**
▶ Bern 143 km – Schwyz 14 km – Zug 14 km – Stans 52 km
Michelin Straßenkarte 551-P7

X Gartenlaube
Zugerstr. 15 – ℰ 041 855 11 74 – geschl. Anfang Oktober - Ende März und Nebensaison: Mittwoch - Donnerstag
Tagesteller 25 CHF – Menü 70 CHF – Karte 32/64 CHF
Eine nett dekorierte bürgerliche Gaststube, in der man frisch und regional isst. Im Sommer ist die grosse Terrasse am See ein Besuchermagnet - kein Wunder bei der Aussicht!

ARZIER
Vaud (VD) – ✉ 1273 – 2 569 hab. – Alt. 842 m – Carte régionale **6-A6**
▶ Bern 139 km – Lausanne 44 km – Genève 39 km – Fribourg 118 km
Carte routière Michelin 552-B10

ARZIER

XX Auberge de l'Union
Route de Saint Cergue 9 – ✆ 022 366 25 04 – www.auberge-arzier.ch – fermé Noël et Nouvel An, fin juillet - début août 2 semaines, dimanche et lundi
8 ch 🖃 – ♦140/170 CHF ♦♦180/230 CHF – ½ P
Menu 76 CHF/125 CHF – Carte 84/105 CHF – *(dîner seulement)*

Une auberge élégante et lumineuse, ouvrant sur le village et le lac... Un agréable écrin pour une cuisine du marché ambitieuse et savoureuse : crémeux de crustacés et émietté de crabe de l'Atlantique, entrecôte de veau à basse température et barigoule d'artichauts, pain perdu brioché, etc.
Café – Voir la sélection des restaurants

X Café – Restaurant Auberge de l'Union
Route de Saint Cergue 9 – ✆ 022 366 25 04 – www.auberge-arzier.ch – fermé Noël - mi-janvier, fin juillet - début août 2 semaines, dimanche et lundi
Plat du jour 19 CHF – Menu 26 CHF (déjeuner en semaine)/60 CHF – *(nombre de couverts limité, réserver)*

Le Café de l'Auberge de l'Union, c'est une alternative conviviale, où l'on profite d'une jolie ardoise, renouvelée au gré des saisons : pâte feuilletée de volaille, soupe de poisson, émincé de bœuf aux champignons...

ASCONA

Ticino (TI) – ⊠ 6612 – 5 439 ab. – Alt. 210 m – Carta regionale **9-H6**
▶ Bern 240 km – Locarno 4 km – Bellinzona 23 km – Domodossola 51 km
Carta stradale Michelin 553-Q12

© S. Cellai / Sime / Photononstop

Alberghi

 Castello del Sole
via Muraccio 142, Est : 1 km per via Muraccio B2 – ✆ 091 791 02 02
– www.castellodelsole.com – chiuso 16 ottobre - 7 aprile
70 cam ⊇ – †380/430 CHF ††570/660 CHF – 8 suites
In riva al lago - all'interno di un grande parco con vigneto - questa raffinata casa di fine Ottocento dispone di una meravigliosa Spa e di camere da sogno: degne di nota le suite e le junior suite.

 Eden Roc
via Albarelle 16 – ✆ 091 785 71 71 – www.edenroc.ch   Pianta : AB2**r**
60 cam ⊇ – †230/780 CHF ††290/890 CHF – 35 suites – ½ P
Rist *La Brezza* • Rist *Eden Roc* – Vedere selezione ristoranti
Ad accogliervi, l'elegante hall che v'introdurrà a camere di design o a stanze più classiche, ma altrettanto confortevoli. Tre piscine, una bella spa e il giardino completano lo charme, mentre specialità italiane vi attendono al Marina. Non appena il tempo lo permette, si può approfittare della terrazza del ristorante La Casetta, il più vicino al lago.

 Giardino
via del Segnale 10, Est : 1,5 km per via Muraccio B2
– ✆ 091 785 88 88 – www.giardino-ascona.ch
– chiuso fine ottobre - metà marzo
56 cam ⊇ – †315/655 CHF ††425/765 CHF – 16 suites – ½ P
Rist *Ecco* ❀❀ • Rist *Aphrodite* – Vedere selezione ristoranti
Il nome trae spunto dal romantico giardino mediterraneo che ospita piccoli stagni di ninfee e una piscina; come cliente di questa lussuosa risorsa avete la possibilità di beneficiare di uno sconto in tutti i ristoranti "Giardino" a Ascona e Minusio. Gestione competente e professionale, servizio impeccabile.

 Parkhotel Delta
via Delta 137 – ✆ 091 785 77 85   Pianta : B1**a**
– www.parkhoteldelta.ch
42 cam ⊇ – †160/390 CHF ††250/490 CHF – 8 suites
Ad un quarto d'ora di passeggiata dal lago, l'albergo è dedicato agli amanti degli spazi: ampie camere immerse in un parco con mini golf, svaghi e relax. Le sere di giovedì, venerdì e sabato, la lobby del ristorante ospita un pianista, mentre la cucina sforna piatti dagli aromi mediterranei.

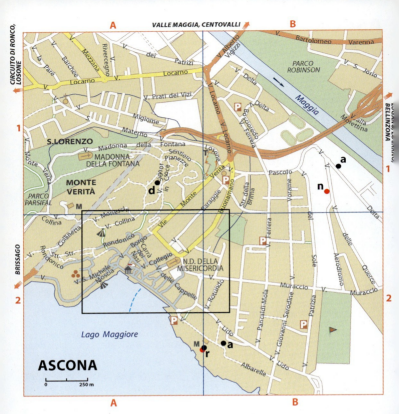

ASCONA

🏠 **Ascovilla** 🛉🐾🏚🌳🛋🏊🅿🆎🛋🚗
via Lido 20 – ℰ 091 785 41 41 – www.ascovilla.ch – chiuso Pianta : B2**a**
23 ottobre - 17 marzo
55 cam ⊇ – ♦205/280 CHF ♦♦360/420 CHF – 6 suites – ½ P
Affacciato su due giardini ognuno con piscina, l'hotel dispone di un'elegante hall
impreziosita da marmi, belle suite e camere accoglienti (alcune con balconi). Piacevole area *wellness* con sauna e possibilità di massaggi. Ristorante di tono elegante.

🏠 **Castello - Seeschloss** ⇐🐾🏊🅿🆎🚗
via Circonvallazione 26, piazza G. Motta – ℰ 091 791 01 61 Pianta : D2**r**
– www.castello-seeschloss.ch – chiuso inizio novembre - inizio marzo
46 cam ⊇ – ♦100/305 CHF ♦♦250/450 CHF – ½ P
Rist *al Lago* – Vedere selezione ristoranti
Sulle rive del lago e a due passi dal centro della località, accoglienti camere
- quasi tutte affrescate - in una suggestiva struttura del XIII secolo, di cui restano
le antiche torri.

🏠 **Ascona** 🛉🐾⇐🏚🌳🛋🏊🅿♿🆎🛋🚗
via Collina, sopra via Signor in Croce 1 – ℰ 091 785 15 15 Pianta : A1**d**
– www.hotel-ascona.ch
67 cam ⊇ – ♦100/250 CHF ♦♦340/380 CHF – ½ P
In posizione dominante, si respira un'aria familiare in questa struttura che dispone
di un magnifico giardino con piscina da cui godere di un'ottima vista sul lago.
Camere spaziose, recentemente rinnovate, servizio attento e cordiale. Al ristorante
la cucina riporta sapori e profumi del Mediterraneo: il grotto per l'inverno e la terrazza per l'estate.

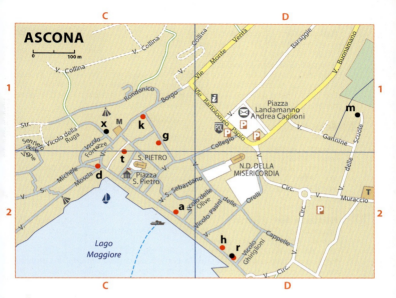

Art Hotel Riposo

scalinata della Ruga 4 – ℰ 091 791 31 64 – www.arthotelriposo.ch Pianta : C1**x**
– chiuso fine ottobre - fine marzo
32 cam ⌒ – ♦140/290 CHF ♦♦180/480 CHF
Il profumo del vecchio glicine nella corte interna aggiunge romanticismo a questa struttura già ricca di fascino, dove ambienti in stile mediterraneo e belle camere assicurano un buon risposo. Sublime vista del lago dal solarium e piscina sul tetto, nonché momenti di svago, magari in compagnia di una buona bottiglia, al wine-bar al Cantinaccio.

Mulino

via delle Scuole 17 – ℰ 091 791 36 92 – www.hotel-mulino.ch Pianta : D1**m**
– chiuso fine ottobre - metà marzo
32 cam ⌒ – ♦140/180 CHF ♦♦180/280 CHF
Giardino con pergolato e piscina in un grazioso hotel sito in un quartiere residenziale: l'arredamento semplice e funzionale delle camere non ne compromette il confort. In estate il ristorante si apre sulla gradevole terrazza; menu particolare a cena.

Ristoranti

XxX La Brezza – Hotel Eden Roc

via Albarelle 16 – ℰ 091 785 71 71 – www.edenroc.ch – chiuso Pianta : AB2**r**
novembre - marzo
Menu 88/155 CHF – (solo a cena) (consigliata la prenotazione)
In un locale di classica eleganza con splendida vista sul lago, come una brezza piacevole e leggera, la sua ambiziosa cucina mediterranea è pronta a deliziare i più esigenti gourmet; le fa eco una carta dei vini di straordinaria bellezza.

XxX Ecco – Hotel Giardino

via del Segnale 10, Est : 1,5 km per via Muraccio B2 – ℰ 091 785 88 88
– www.giardino-ascona.ch – chiuso fine ottobre - metà marzo, lunedì e martedì
Menu 148/204 CHF – (solo a cena da mercoledì a sabato) (consigliata la prenotazione)
Nella location estiva dell'Ecco, enfant prodige della gastronomia tedesca, Ralf Fliegauf, delizia gli ospiti con una cucina creativa, ma dagli afflati mediterranei. Prodotti eccellenti, finezza nelle preparazioni per entrambi i menu "Fine" e "Deluxe". Cucina di alto taglio e servizio informale fanno da contraltare ad un'ambiente volutamente informale.
→ Fegato d´anatra-barbabietola-yogurt. Ippoglosso bretone-asparago bianco-abalone. Limone-quark-fiori di tagete.

ASCONA

XXX Aphrodite – Hotel Giardino
via del Segnale 10, Est : 1,5 km per via Muraccio B2
– ℘ 091 785 88 88 – www.giardino-ascona.ch
– *chiuso fine ottobre - metà marzo*
Piatto del giorno 45 CHF – Carta 67/95 CHF – *(consigliata la prenotazione la sera)*
La magnifica terrazza affacciata sul giardino con laghetto e ninfee si farà complice - nella bella stagione - del piacere di gustare la vera cucina mediterranea, paladina di risotti, paste fatte in casa e pesce fresco.

XXX Eden Roc – Hotel Eden Roc
via Albarelle 16 – ℘ 091 785 71 71 – www.edenroc.ch Pianta : AB2**r**
– *chiuso 2 gennaio - marzo*
Menu 58/102 CHF – Carta 72/95 CHF – *(solo a cena)*
L'incanto di una terrazza sul lago ed il piacere di una cucina dai sapori mediterranei e classici, a cui si aggiunge un servizio impeccabile: ecco svelato il successo di questo ristorante. Tra le specialità del menu, il filetto di salmerino ai pomodori secchi.

XX Hostaria San Pietro
Passaggio San Pietro 6 – ℘ 091 791 39 76 – *chiuso gennaio* Pianta : C1_2**t**
e lunedì - martedì a mezzogiorno
Piatto del giorno 22 CHF – Menu 39/61 CHF – Carta 63/82 CHF
Piccola e raffinata osteria, situata nella parte vecchia della città, in una stradina laterale. La cucina è tradizionale con offerte regionali a prezzi favorevoli.

XX al Lago – Hotel Castello - Seeschloss
via Circonvallazione 26, piazza G. Motta – ℘ 091 791 01 61 Pianta : D2**r**
– www.castello-seeschloss.ch – *chiuso inizio novembre - inizio marzo*
Piatto del giorno 27 CHF – Menu 34 CHF (pranzo)/108 CHF (cena)
– Carta 60/86 CHF
Direttamente sul lago la vista si fa superba dalla terrazza spaziando fino alle isole di Brissago, mentre il menu cita sapori mediterranei come la crema di asparagi verdi profumata al latte di cocco e ciuffetti di crescione o la suprema di petto d'anatra dorata su risotto al timo e lamelle di arance.

XX Della Carrà
Carrà dei Nasi 10 – ℘ 091 791 44 52 – www.ristorantedellacarra.ch Pianta : C1**g**
– *chiuso gennaio e domenica*
Menu 23 CHF (pranzo in settimana)/95 CHF – Carta 45/112 CHF
Simpatico ristorante con patio situato nella parte vecchia della città; la griglia è la specialità del locale, ma la carta annovera anche altre prelibatezze. Un esempio? Le gustose paste fatte in casa come gli spaghettoni di Gragnano "Gerado di Nola" ai frutti di mare o i paccheri con crema di pomodoro e aria di basilico.

X Al Pontile
piazza G. Motta 29 – ℘ 091 791 46 04 – www.alpontile.ch Pianta : C2**a**
– *chiuso 1° - 20 dicembre*
Piatto del giorno 25 CHF – Menu 79 CHF – Carta 60/82 CHF
Vivace nella cucina dai sapori regionali e nella frequentazione, il ristorante dispone di un piacevole *dehors* estivo sul lungolago. Serate a tema nonché rassegne gastronomiche.

X Aerodromo da Nani
via Aerodromo 3 – ℘ 091 791 13 73 – www.ristorantedanani.ch Pianta : B1**n**
– *chiuso fine ottobre - inizio novembre 2 settimane, mercoledì - giovedì a mezzogiorno*
Piatto del giorno 25 CHF – Menu 42 CHF (pranzo in settimana)/82 CHF
– Carta 62/97 CHF
Presso l'ex campo di volo, raccolto ristorante suddiviso in due sale di tono rustico con bella veranda estiva. Imperdibili le specialità alla griglia, nonché le altre proposte regionali.

ASCONA

Seven Asia
Via Borgo 19 – ℰ 091 786 96 76 – www.seven.ch – chiuso gennaio   Pianta : C1**k**
- febbraio 4 settimane, febbraio - aprile e ottobre - dicembre : lunedì e martedì, maggio - luglio e settembre : lunedì
Menu 28 CHF (pranzo)/86 CHF (cena) – Carta 56/135 CHF – *(consigliata la prenotazione)*
Vetrina delle cucina asiatiche, si passa con disinvoltura dal sushi su nastro e tempura alle specialità al curry, dagli involtini primavera alle cotture sulla piastra teppanyaki nonché proposte thailandesi.

Seven Easy
piazza G. Motta 61 – ℰ 091 780 77 71 – www.seven.ch – chiuso   Pianta : D2**h**
2 settimane novembre
Menu 23 CHF (pranzo)/28 CHF – Carta 33/157 CHF – *(consigliata la prenotazione la sera)*
Bella terrazza vista lago, nonché ambiente moderno e di tendenza con grandi tavoloni in legno per un ristorante aperto fin dal primo mattino. Il menu sciorina una serie di stuzzicanti proposte dal sapore mediterraneo, qualche esempio? Pomodori datterini con burrata, rucola, basilico e salsa al balsamico - vitello tonnato - costolette d'agnello con carciofi e patate al rosmarino. Proverbiale, il loro gelato artigianale!

Seven
via Moscia 2 – ℰ 091 780 77 88 – www.seven.ch – chiuso gennaio   Pianta : C2**d**
- febbraio e novembre, marzo - maggio e settembre - ottobre : lunedì - martedì, dicembre : lunedì - mercoledì
Piatto del giorno 27 CHF – Menu 30 CHF (pranzo) – Carta 67/120 CHF – *(consigliata la prenotazione)*
La vista spazia dal lago alle montagne in questo ristorante dall'atmosfera informale e la cui cucina a vetri permette agli ospiti di osservare gli chef all'opera. La carta propone piatti di gusto classico reinterpretati creativamente con la possibilità di scegliere tra terra e mare; gli estimatori della brace apprezzeranno invece le specialità cotte sulla griglia "Josper". Tre appartamenti di lusso sono a disposizione per chi volesse prolungare la sosta.

a Moscia Sud-Ovest: 2 kmper via Collinetta A2, verso Brissago – ✉ 6612

Collinetta
strada Collinetta 115 – ℰ 091 791 19 31 – www.collinetta.ch
44 cam ⌑ – ♦119/155 CHF ♦♦155/289 CHF – ½ P
Posizione invidiabile per questa piacevole struttura circondata da un ampio giardino e con camere tutte dotate di balcone, nonché pregevole vista da alcune di esse. Una passeggiata di circa 5 minuti conduce al lago con accesso e spazio privati per la clientela dell'hotel. Cucina mediterranea e bella terrazza estiva al ristorante.

a Losone Nord-Ovest : 2 km per via Mezzana A1 – Alt. 240 m – ✉ 6616

Albergo Losone
via dei Pioppi 14 – ℰ 091 785 70 00 – www.albergolosone.ch – chiuso 31 ottobre - fine marzo
56 cam ⌑ – ♦160/336 CHF ♦♦250/430 CHF – 10 suites
Struttura poliedrica in grado di soddisfare gli amanti del golf, ma anche una clientela business o le famiglie. Nel verde dei prati, ampie camere in stile mediterraneo ed un'offerta wellness entusiasmante: massaggi con pietre laviche, tepidarium ed olii essenziali. Al ristorante, bella terrazza e cucina classica.

Elena
via Gaggioli 15 – ℰ 091 791 63 26 – www.garni-elena.ch – chiuso 23 ottobre - 23 marzo
20 cam ⌑ – ♦130/190 CHF ♦♦160/250 CHF
Costruzione che sorge in una tranquilla zona residenziale. Godetevi le calde serate estive sotto le arcate, di fronte alla piscina e al giardino con le palme.

ASCONA

XX Osteria dell'Enoteca
contrada Maggiore 24 – ℰ 091 791 78 17 – www.osteriaenoteca.ch
– chiuso martedì e mercoledì, giugno - settembre : martedì e mercoledì a pranzo
Piatto del giorno 50 CHF – Menu 89 CHF – Carta 82/111 CHF – *(consigliata la prenotazione la sera)*

In una tranquilla zona residenziale, charme e raffinatezza sono gli atout di questa moderna osteria gestita da una giovane coppia che propone sfiziose prelibatezze, quali il gazpacho di pomodori e fragole o le costolette di agnello con salsa all'aglio dolce e camomilla. Angelo custode della sala, il grande camino, ma d'estate il servizio si sposta anche nel fiorito giardino… E per chi non ha fretta di partire, c'è anche un appartamento in affitto.

X Green da Lorenzo
via alle Gerre 5 – ℰ 091 785 11 90 – www.golflosone.ch – chiuso 23 gennaio - 12 febbraio
Piatto del giorno 43 CHF – Carta 67/83 CHF – *(consigliata la prenotazione)*

Dispone di una splendida terrazza con vista impareggiabile sui green del Golf Gerre e sulla valle questo moderno ristorante che, oltre alle proposte del giorno, offre ai suoi ospiti - golfisti e non - alcuni "classici della casa", la "pastoteca" e le insalate; nella carta un po' più strutturata troveranno invece spazio piatti quali il filetto di manzo ai tre pepi, il branzino selvatico al sale, ed altro ancora.

X Centrale ⓝ
via Locarno 2 – ℰ 091 792 12 01
Pianta : A1**e**
– www.ristorantecentrale-losone.ch – chiuso 1° - 15 gennaio, 30 luglio - 21 agosto, sabato a mezzogiorno e domenica
Piatto del giorno 24 CHF – Carta 56/86 CHF

Particolarmente conosciuto e frequentato dalla gente del luogo, questo ristorante dalla squisita atmosfera familiare propone una gustosa cucina regionale da assaporare, tempo permettendo, anche sulla bella terrazza.

sulla strada Panoramica di Ronco Ovest : 3 km

🏠 Casa Berno
Via Gottardo Madonna 15 ✉ 6612 Ascona – ℰ 091 791 32 32
– www.casaberno.ch – chiuso metà ottobre - fine marzo
58 cam ⌑ – †180/260 CHF ††250/400 CHF

Beneficiate della posizione privilegiata delle colline, sopra il lago, per ammirare i dintorni! Le camere vantano un buon livello di confort: in stile moderno o tradizionale, dispongono tutte di un grazioso balcone con splendida vista. Anche al ristorante, bella terrazza panoramica dove viene servito il pranzo.

ASSENS
Vaud (VD) – ✉ 1042 – 1 031 hab. – Alt. 625 m – Carte régionale **6-B5**
▶ Bern 91 km – Lausanne 13 km – Fribourg 83 km – Thonon-les-Bains 126 km
Carte routière Michelin 552-E9

XX Le Moulin d'Assens
Route du Moulin 15, Est : 1 km, par route de Brétigny – ℰ 021 882 29 50
– www.le-moulin-assens.ch – fermé Noël - Nouvel An, mi-juillet - mi-août, dimanche soir, lundi et mardi
2 ch – †100/120 CHF ††150/160 CHF, ⌑ 25 CHF
Menu 65 CHF (déjeuner en semaine)/160 CHF – Carte 78/120 CHF – *(nombre de couverts limité, réserver)*

Agréable moment dans cet authentique moulin du 18ᵉ s., niché dans une nature préservée… La spécialité du chef, ce sont les grillades au feu de bois, préparées avec une passion et un savoir-faire évidents, et accompagnées d'une carte des vins bien fournie ! Et par beau temps, direction la terrasse pour l'apéritif.

AUVERNIER
Neuchâtel (NE) – ✉ 2012 – 1 589 hab. – Alt. 492 m – Carte régionale **2-C4**
▶ Bern 58 km – Neuchâtel 7 km – Fribourg 53 km – Delémont 82 km
Carte routière Michelin 552-G7

AUVERNIER

✗ **Brasserie du Poisson**   🛜 ⇔
*Rue des Epanchers 1 – ✆ 032 731 62 31 – www.lepoisson-auvernier.ch
– fermé Noël et Nouvel An*
Carte 60/107 CHF
Tout près du lac, cette brasserie contemporaine propose une cuisine sans esbroufe, faisant la part belle au poisson – tartare de thon, saumon gravlax maison – et à de bons plats de tradition, comme l'entrecôte de bœuf. On ne boude pas son plaisir, d'autant que tout (jusqu'au pain et aux glaces) est fait maison.

Les AVANTS – Vaud ➜ Voir à Montreux

AVENCHES
Vaud (VD) – ✉ 1580 – 4 108 hab. – Alt. 475 m – Carte régionale **2-C4**
▶ Bern 40 km – Neuchâtel 37 km – Fribourg 15 km – Lausanne 72 km
Carte routière Michelin 552-G7

✗✗ **De la Couronne**
*Rue Centrale 20 – ✆ 026 675 54 14 – www.lacouronne.ch – fermé 23 décembre
- 15 janvier*
22 ch ⚏ – †130/180 CHF ††190/280 CHF – ½ P
Plat du jour 20 CHF – Menu 85 CHF (déjeuner)/120 CHF – Carte 46/105 CHF
Vers l'arrière du restaurant, vous trouverez une salle élégante où l'on vous servira une cuisine voyageuse et inspirée ; près de l'entrée, parmi les habitués de l'établissement, vous dégusterez quelques plats de brasserie dans une ambiance décontractée... À vous de choisir !

AVRY-devant-PONT
Fribourg (FR) – ✉ 1644 – 1 775 hab. – Alt. 790 m – Carte régionale **7-C5**
▶ Bern 51 km – Fribourg 15 km – Lausanne 64 km – Neuchâtel 61 km
Carte routière Michelin 552-H9

🏠 **Le Vignier**
*Route de la Gruyère 123 – ✆ 026 915 99 15 – www.vignier.ch – fermé
19 décembre - 25 janvier*
10 ch ⚏ – †138/178 CHF ††176/236 CHF – ½ P
On apprécie l'atmosphère chic et chaleureuse de cet établissement installé au bord du lac de la Gruyère, sur lequel donnent certaines des grandes chambres avec balcon. L'ensemble a du cachet : on s'y sent bien.

BADEN
Aargau (AG) – ✉ 5400 – 19 013 Ew – Höhe 396 m – Regionalatlas **4-F2**
▶ Bern 108 km – Aarau 30 km – Basel 68 km – Luzern 75 km
Michelin Straßenkarte 551-O4

 Limmathof Baden Hotel & Spa
Limmatpromenade 28 – ✆ 056 200 17 17 – www.limmathof.ch   Stadtplan : B1**f**
20 Zim ⚏ – †180/340 CHF ††240/380 CHF
Der Limmathof: zwei Häuser, zwei Stilrichtungen. Zum einen das Haus "Novum Spa" mit klassischer Architektur, modernen Zimmern und schönem Spa unter einem Kreuzgewölbe, zum anderen das Haus "Private Spa" mit exklusiven Designerzimmern und luxuriösen Spa-Suiten. Hier auch ein Bistro.

 Blue City   ⇧ 🛜 ▫ ⚞
Haselstr. 17 – ✆ 056 200 18 18 – www.bluecityhotel.ch – geschl.   Stadtplan : A1**b**
23. - 31. Dezember
25 Zim ⚏ – †190/225 CHF ††250/270 CHF – 3 Suiten
Schön modern hat man es in dem zentral beim Bahnhof gelegenen Hotel. Es besteht aus Alt- und Neubau, hier wie dort sind die Zimmer geschmackvollgeradlinig designt. Im Restaurant "Lemon" bietet man Nachos, Burger, Pasta, Salate und auch ein gutes Stück Fleisch.

BADEN

in Dättwil über Mellingerstrasse A2: 3,5 km – Höhe 432 m – ⊠ 5405

Pinte
Sommerhaldenstr. 20 – ℰ 056 493 20 30 – www.pinte.ch – geschl. 24. Dezember
- 4. Januar, 15. April - 1. Mai, 16. September - 1. Oktober und Samstag -Sonntag
Tagesteller 24 CHF – Menü 65/88 CHF – Karte 50/106 CHF
Das Gasthaus a. d. 19. Jh. bietet etwas für jeden Geschmack, ob gemütliche Gaststube oder komfortables Restaurant, ob "Ravioli / Birne / Jersey Blue / Walnuss" oder "Schmorbraten / Tessiner Polenta / Violette Karotte". Toll die Terrasse!

in Ennetbaden Nord-Ost: 1 km – Höhe 359 m – ⊠ 5408

Hertenstein
Hertensteinstr. 80, Richtung Freienwil – ℰ 056 221 10 20 – www.hertenstein.ch
– geschl. 6. - 19. Februar
Tagesteller 28 CHF – Menü 101 CHF – Karte 44/129 CHF
Auf gutes Essen bei klasse Panoramasicht darf man sich in diesem Familienbetrieb freuen. Bezug zum Bündnerland zeigen z. B. "Capuns" und "Rehpfeffer Alp Suvretta". Oder lieber "Chateaubriand mit Sauce Béarnaise"? Die Terrasse: ein Traum!

BAD RAGAZ
Sankt Gallen (SG) – ⊠ 7310 – 5 738 Ew – Höhe 502 m – Regionalatlas 5-I3
▶ Bern 222 km – Chur 24 km – Sankt Gallen 84 km – Vaduz 24 km
Michelin Straßenkarte 551-V7

Grand Resort
Bernhard-Simon-Str. 2 – ℰ 081 303 30 30 – www.resortragaz.ch
230 Zim ⊑ – †380/610 CHF ††490/750 CHF – 37 Suiten – ½ P
Rest IGNIV by Andreas Caminada ✿ • **Rest Olives d'Or** • **Rest Namun**
• **Rest Zollstube** – Siehe Restaurantauswahl
An Luxus und Grosszügigkeit kaum zu übertreffen! Eindrucksvoll die Zimmervielfalt (26 Kategorien von klassisch bis modern, allesamt sehr elegant), unvergleichlich der Spa, führend im medizinischen Angebot (von Dermatologie bis Zahngesundheit)... Die Gastronomie lässt da natürlich auch keine Wünsche offen.

Sorell Hotel Tamina
Am Platz 3 – ℰ 081 303 71 71 – www.hoteltamina.ch
50 Zim ⊑ – †170/240 CHF ††220/280 CHF – ½ P
In dem Hotel mitten im Ort geht man ganz mit der Zeit - modernes Design überall im Haus beweist es! So auch im Restaurant mit Wintergarten-Feeling und im Loungebereich oder auf der Terrasse zum Garten hin! Direkter Zugang zum "Spahouse".

Rössli
Freihofweg 3 – ℰ 081 302 32 32 – www.roessliragaz.ch – geschl. 23. Dezember
- 17. Januar, 9. - 31. Juli
18 Zim ⊑ – †125/145 CHF ††215/320 CHF
Rest Rössli – Siehe Restaurantauswahl
Modern in Technik und Design, spricht das Hotel vor allem junges Publikum und Businessgäste an. In den Betten schläft man wie auf Wolken! Eine kleine Erfrischung zwischendurch? Auf jeder Etage gibt es Wasser, Tee und Obst.

IGNIV by Andreas Caminada ⓝ – Hotel Grand Resort
Bernhard-Simon-Str. 2 – ℰ 081 303 30 30 – www.igniv.com – geschl. Ende März
- Anfang April 1 Woche, Juli - August 3 Wochen, November 2 Wochen und
Montag - Dienstag
Menü 138/216 CHF – (nur Abendessen, sonntags auch Mittagessen)
Unter Federführung des bekannten 3-Sterne-Kochs Andreas Caminada bietet man hier das spezielle Konzept der "Fine Dining Sharing Experience": eine interessante kreative Küche, grossartig in Geschmack und Präsentation, dargereicht im trendig-chic designten "Nest" - so die Bedeutung des rätoromanischen "IGNIV".
→ Saibling, Erbse, Avocado. Langustine, Morchel, Kartoffel. Schweinsentrecôte, Artischocke, Tomate, Saubohne.

BAD RAGAZ

XxX Olives d'Or – Hotel Grand Resort
Bernhard-Simon-Str. 2 – ℰ 081 303 30 30 – www.resortragaz.ch
Tagesteller 34 CHF – Menü 38 CHF (mittags)/85 CHF – Karte 57/110 CHF
Hier widmet man sich den Ländern rund ums Mittelmeer: Mit "Köfte-Kebab Fatouche", "Spaghettini ai Gamberoni con Vongole", "Filetto di Manzo" oder "Djaj bi Korni" bietet man Spezialitäten von orientalisch bis italienisch.

XX Löwen
Löwenstr. 5 – ℰ 081 302 13 06 – www.loewen.biz – geschl. April 3 Wochen, Oktober 3 Wochen und Sonntag - Montag
Tagesteller 22 CHF – Menü 70 CHF – Karte 43/98 CHF
Sympathisch, gemütlich und schön an der Tamina gelegen. In dem über 250 Jahre alten Gasthaus legt man Wert auf gute Produkte! Die schmackhaften Gerichte kommen teilweise vom Holzkohlegrill - daneben gibt es natürlich auch Klassiker.

XX Namun – Hotel Grand Resort
Bernhard-Simon-Str. 2 – ℰ 081 303 30 30 – www.resortragaz.ch – geschl. März 2 Wochen, August 2 Wochen und Sonntag - Montag
Menü 58/89 CHF – Karte 64/104 CHF – *(nur Abendessen)*
Eine interessante asiatische Karte, die Thailand, Indien, Japan und China präsentiert. Probieren Sie eines der "Dim Sum"-Gerichte, "Som Tam" oder "Indu Beef"! Stimmig das edle puristisch-fernöstliche Ambiente.

X Zollstube – Hotel Grand Resort
Bernhard-Simon-Str. 2 – ℰ 081 303 30 30 – www.resortragaz.ch – geschl. April 1 Woche, Juni - Juli 3 Wochen und Dienstag - Mittwoch
Menü 64/76 CHF – Karte 46/96 CHF – *(nur Abendessen)*
In den urchig-gemütlichen Stuben mischen sich Hotelgäste und Einheimische. Sie alle mögen die hiesigen Klassiker ebenso wie Fondue, Züricher Geschnetzeltes und Waadtländer Wurst! Dazu gibt's natürlich Weine aus der Bündner Herrschaft - die ist ja nur einen Steinwurf entfernt. Tipp: Man hat eigenes Bier.

X Rössli – Hotel Rössli
Freihofweg 3 – ℰ 081 302 32 32 – www.roessliragaz.ch – geschl. 23. Dezember - 17. Januar, 9. Juli - 1. August
Tagesteller 25 CHF – Menü 62 CHF – Karte 78/128 CHF
Ein attraktives Restaurant: geradliniger Stil und warme Töne sprechen die Gäste ebenso an wie die gute saisonale Küche - Spezialität sind hausgemachte Nudeln. Zu Recht stolz ist man auch auf die schöne Weinkarte!

BAD SCHAUENBURG – Basel-Landschaft → Siehe Liestal

BAGGWIL – Bern → Siehe Seedorf

BÂLE – Basel-Stadt → Voir à Basel

BALGACH
Sankt Gallen (SG) – ✉ 9436 – 4 495 Ew – Höhe 410 m – Regionalatlas **5-I2**
▶ Bern 238 km – Sankt Gallen 37 km – Appenzell 23 km – Ruggell 24 km
Michelin Straßenkarte 551-W5

XX Bad Balgach
Hauptstr. 73 – ℰ 071 727 10 10 – www.badbalgach.ch – geschl. über Weihnachten 2 Wochen, Juli - August 3 Wochen und Montag - Dienstag
12 Zim ⛌ – ♦102/118 CHF ♦♦155 CHF
Tagesteller 24 CHF – Menü 46 CHF (mittags unter der Woche)/84 CHF – Karte 51/84 CHF
Was in dem hübschen Gasthof gekocht wird, hat regionalen und saisonalen Bezug - da schmeckt "Kalbsgeschnetzeltes mit Rösti" ebenso wie "Entenbrust in Dijonsenf-Jus". Gemütlich die historische Stube, hell und zeitgemäss das Restaurant. Gepflegt und modern übernachten kann man hier übrigens auch.

BASEL BÂLE

Basel-Stadt (BS) – ✉ 4000 – 16 985 Ew – Höhe 273 m – Regionalatlas **2-D2**
▶ Bern 100 km – Aarau 56 km – Belfort 79 km – Freiburg im Breisgau 72 km
Michelin Straßenkarte 551-K3+4
Stadtpläne siehe nächste Seiten

© G. Croppi / Sime / Photononstop

Hotels

Grand Hotel Les Trois Rois
Blumenrain 8 ✉ *4001 –* ☏ *061 260 50 50* — Stadtplan : D1**a**
– www.lestroisrois.com
95 Zim – †350/670 CHF ††520/760 CHF – 6 Suiten
Rest *Cheval Blanc by Peter Knogl* ✿✿✿ • **Rest** *Brasserie* – Siehe Restaurantauswahl
Hier dürfen Sie Luxus erwarten! Der Service ist top, das Interieur geschmackvoll und alles andere als alltäglich - und genau das macht das Traditionshaus von 1844 in seiner Art so eindrücklich! Auch Veranstaltungsräume und Smoker's Lounge sind exklusiv. Und die Lage: direkt am Rhein und mitten in der Stadt.

Pullman Basel Europe
Clarastr. 43 ✉ *4058 –* ☏ *061 690 80 80 – www.balehotels.ch* Stadtplan : E1**p**
140 Zim – †140/150 CHF ††150/230 CHF, ⊇ 25 CHF
Rest *Les Quatre Saisons* ✿ – Siehe Restaurantauswahl
Ein modern-elegantes Businesshotel nahe der Messe. Technik und Ausstattung sind "up to date". Fragen Sie nach den ruhigeren Zimmern zum Garten oder in der Residence. Deluxe-Zimmer mit Nespresso-Maschine. Im "Bistro Europe" bietet man internationale und regionale Gerichte.

The Passage
Steinengraben 51 ✉ *4051 –* ☏ *061 631 51 51* — Stadtplan : D2**s**
– www.thepassage.ch
56 Zim – †218/548 CHF ††218/548 CHF, ⊇ 24 CHF
Urban das Design, wertig die Ausstattung, sehr gut die Technik, dazu die günstige zentrale Lage. Buchen Sie ein Loftzimmer mit Stadtblick! Toll der Fitnessraum, chic die kleine Sauna. Schön entspannen kann man auch auf der Innenhofterrasse.

NOMAD
Brunngässlein 8 ✉ *4052 –* ☏ *061 690 91 60 – www.nomad.ch* Stadtplan : E2**n**
64 Zim – †150/330 CHF ††180/360 CHF, ⊇ 20 CHF – 1 Suite
Puristisches Designhotel nahe dem Kunstmuseum. Das hochwertige geradlinig-wohnliche Interieur der Zimmer mischt Sichtbeton, warmes Holz und geschmackvolle farbenfrohe Stoffe. Wie wär's z. B. mit der "Design Penthouse Suite" im 6. Stock? "Eatery": trendiges Restaurant-Bar-Konzept mit internationaler Küche.

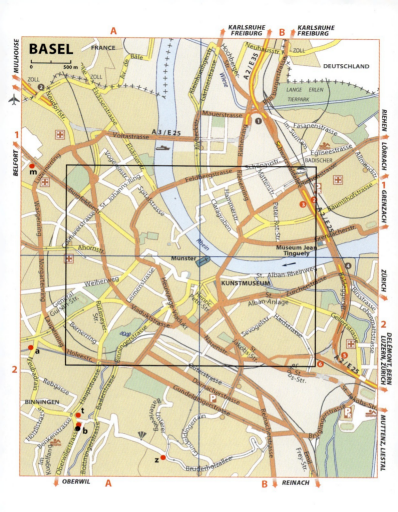

Spalentor

🛴 ⬆ ♿ 🅰🅲 🅿

Schönbeinstr. 1 ✉ 4056 – ☏ 061 262 26 26 Stadtplan : D2**c**
– www.hotelspalentor.ch – geschl. Weihnachten - 1. Januar
40 Zim ⌕ – ♦179/580 CHF ♦♦204/605 CHF
Freundlich das Personal, modern die Zimmer (u. a. mit DVD-Player), gut die Auswahl am Frühstücksbuffet. Ein schönes Plätzchen findet sich auch draussen unter der grossen Kastanie.

Hotel D

🏠 🛴 ⬆ ♿

Blumenrain 19 ✉ 4051 – ☏ 061 272 20 20 – www.hoteld.ch Stadtplan : D1**d**
48 Zim – ♦171/321 CHF ♦♦171/321 CHF, ⌕ 24 CHF
Modern wohnen, und das im Herzen von Basel! Alles ist minimalistisch designt und wertig, chic die ruhigen, warmen Töne, sehr gut die Technik. Wer es geräumig mag, bucht die Executive-Zimmer oder Juniorsuiten (hier Balkon und Rheinblick).

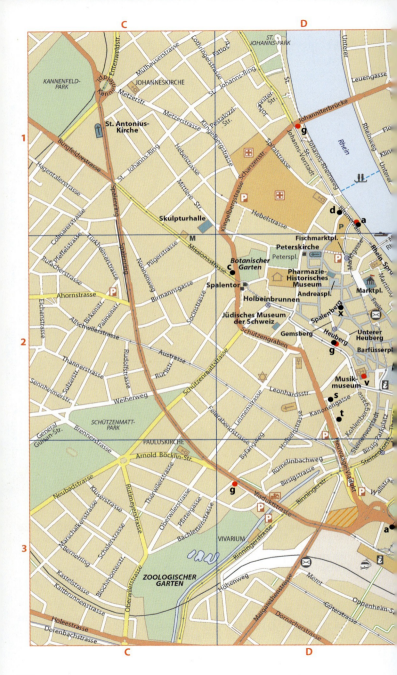

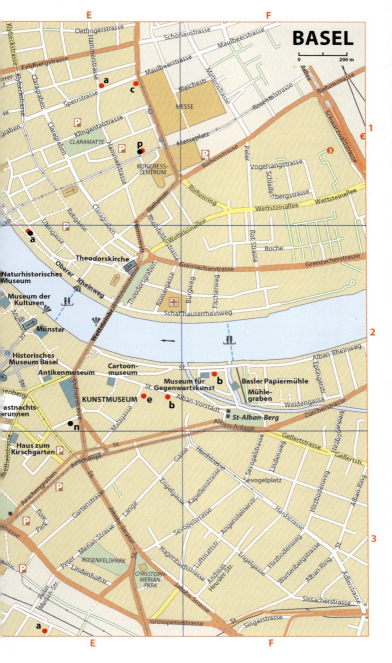

BASEL

Der Teufelhof
Leonhardsgraben 49 ⊠ 4051 – ℘ 061 261 10 10 Stadtplan : D2**g**
– www.teufelhof.com
30 Zim – †138/358 CHF ††178/398 CHF – 3 Suiten
Rest *Bel Etage* ✿ • **Rest** *Atelier* – Siehe Restaurantauswahl
Eine besondere Adresse: Hotel nebst Theater und archäologischem Keller. Ganz individuell sind die in regelmässigen Abständen von Künstlern neu gestalteten Zimmer im "Kunsthotel", geradlinig-modern das "Galeriehotel" - hier ständige Ausstellungen. Im "Bar & Kaffee" tagsüber Kuchen, abends Wein und Whisky.

Basel
Münzgasse 12, Am Spalenberg, Zufahrt über Fischmarkt und Stadtplan : D2**x**
Schneidergasse ⊠ 4001 – ℘ 061 264 68 00 – www.hotel-basel.ch
71 Zim – †190/300 CHF ††220/330 CHF, ⊇ 25 CHF – 1 Suite
Eine gefragte Adresse, und das liegt an den modernen Zimmern (mit kostenfreier Minibar, DZ zudem mit Nespresso-Maschine), am Valet Parking und am guten Service. Dazu Frühstück im imposanten Gewölbekeller und traditionelle Küche in der "Brasserie Steiger" und im "Sperber" - nett und lebendig.

Metropol
Elisabethenanlage 5 ⊠ 4002 – ℘ 061 206 76 76 Stadtplan : D3**a**
– www.metropol-basel.ch – geschl. 23. Dezember - 2. Januar
46 Zim – †160/220 CHF ††260/350 CHF
Gut untergebracht ist man in dem Businesshotel nicht nur dank zeitgemässer Zimmer (chic die kräftigen Farben) und moderner Technik, auch beim Frühstück im 8. Stock bekommt man etwas geboten, nämlich den Blick über die Dächer von Basel!

Krafft
Rheingasse 12 ⊠ 4058 – ℘ 061 690 91 30 – www.krafftbasel.ch Stadtplan : E2**a**
60 Zim ⊇ – †130/230 CHF ††215/465 CHF
Rest *Krafft* – Siehe Restaurantauswahl
Das Hotel von 1873 liegt perfekt: sehr zentral, direkt am Rhein. Wie wär's mit einem Zimmer mit Aussicht in den oberen Etagen? Gute Käse- und Wurstauswahl in der Bar "consum" gegenüber. Tipp: Parkhaus Rebgasse oder Claramatte-Garage.

Steinenschanze
Steinengraben 69 ⊠ 4051 – ℘ 061 272 53 53 Stadtplan : D2**t**
– www.steinenschanze.ch – geschl. 20. - 30. Dezember
51 Zim ⊇ – †130/450 CHF ††150/550 CHF – 2 Suiten
Schön, was man hier geboten bekommt: frische, moderne Zimmer (teils klimatisiert), eine tolle Gartenterrasse, ab 15 Uhr kostenfreie Snacks und Getränke in der Lounge und für Frühaufsteher ab 4 Uhr morgens das kleine "Early Bird"-Frühstück.

● **Restaurants**

Cheval Blanc by Peter Knogl – Grand Hotel Les Trois Rois

✿✿✿ *Blumenrain 8 ⊠ 4001 – ℘ 061 260 50 07 – www.lestroisrois.com*
– geschl. 1. - 9. Januar, 26. Februar - 13. März, Stadtplan : D1**a**
1. - 28. August, über Weihnachten und Sonntag - Montag
Menü 98 CHF (mittags unter der Woche)/235 CHF – Karte 145/167 CHF
Über Ihnen hohe Stuckdecken mit markanten Lüstern, unter Ihnen schönes altes Parkett, um Sie herum stilvolle Gemälde, edles Mobiliar und wertige Tischkultur, nicht zu vergessen der 1A-Service. So niveauvoll wie der Rahmen ist auch die Küche: klassisch und zugleich modern, absolut stimmig und handwerklich präzise, bemerkenswert die Aromen, die Produkte vom Feinsten.
→ Kingfish, Avocado, Radieschen und Miso. Gebratenes Kalbsbries, Yuzu, Pfeffer und Pilzcrème. Birne, Nougat und Erdnüsse.

BASEL

XXX Stucki (Tanja Grandits)
Bruderholzallee 42 ✉ 4059 – ✆ 061 361 82 22 Stadtplan : A2**z**
– www.stuckibasel.ch – geschl. 19. Februar - 13. März, 1. - 23. Oktober, 24.
- 29. Dezember und Sonntag - Montag
Menü 75 CHF (mittags unter der Woche)/240 CHF – *(Tischbestellung ratsam)*
Modern, kreativ, naturbezogen. In den aromareichen Speisen finden sich interessante Texturen und harmonische Kontraste, und Feines aus dem eigenen Kräutergarten! Stimmig auch das Interieur in dem beeindruckenden Herrenhaus: schöne Naturfarben und -materialien. Draussen die wunderbare Gartenterrasse!
→ Egli, Hibiskus-Tempura, Radiesli-Tapioka, Hagebuttenkernöl. Eigelb, Zitronenbutter, Cironé-Gerste, Lupinen-Miso. Lamm, Roibusch-Lack, Orangen-Chicorée, Kichererbsen-Polenta.

XXX Les Quatre Saisons – Hotel Pullman Basel Europe
Clarastr. 43 ✉ 4058 – ✆ 061 690 87 20 Stadtplan : E1**p**
– www.les-quatre-saisons.ch – geschl. Mitte Juli - Mitte August und Sonntag
Tagesteller 62 CHF – Menü 125/175 CHF – Karte 114/164 CHF
Hier überzeugt klassische Küche mit saisonalen Einflüssen. Man verarbeitet frische, gute Produkte, kocht reduziert und konzentriert sich auf das Wesentliche, so entstehen harmonische Speisen voller Aromen und Finesse. Hochwertig das Interieur, versiert und freundlich der Service.
→ Langoustine, Tahiti Vanille, Karotte, Ackerbohne. Glasierte Jungente, Zuckerschoten, Nocellara-Olivensauce. Kalbsfilet, Cremolata, Madeirajus, Limonenrisotto.

XXX Bel Etage – Hotel Der Teufelhof
Leonhardsgraben 49, 1. Etage ✉ 4051 – ✆ 061 261 10 10 Stadtplan : D2**g**
– www.teufelhof.com – geschl. 1. - 10. Januar, 9. - 13. März, 1. Juli - 2. August
, 24. - 30. Dezember und Sonntag - Montag, Samstagmittag
Menü 78 CHF (mittags unter der Woche)/169 CHF – Karte 101/133 CHF –
(Tischbestellung ratsam)
Hohe Decken, alter Parkettboden, Kristallleuchter, dazu moderne Bilder - vier wunderschöne elegante Salons mit historischem Charme schaffen hier in der 1. Etage einen stilvollen Rahmen für die ausdrucksstarke und feine klassische Küche.
→ Saint-Pierre mit Vin Jaune, Carabinero-Tortellini und Kefen. Geschmortes und gebratenes Pyrenäen Milchlamm mit Bärlauchrisotto und Artischocken. Piña Colada-Panna cotta mit gebratener Baby Ananas und Granatapfelglace.

XX Zum Goldenen Sternen
St. Alban-Rheinweg 70 ✉ 4052 – ✆ 061 272 16 66 Stadtplan : F2**b**
– www.sternen-basel.ch
Tagesteller 26 CHF – Menü 68 CHF – Karte 58/97 CHF
Schön sitzt man in dem historischen Bürgerhaus am Rhein mit seinem traditionellen Flair - drinnen ebenso wie auf Hof- oder Rheinterrasse. Serviert wird saisonal-klassische Küche wie "geschmorte Kalbsbäckchen in Barolo mit Kartoffelstock".

XX Matisse
Burgfelderstr. 188 ✉ 4055 – ✆ 061 560 60 66 Stadtplan : A1**m**
– www.matisse-restaurant.ch – geschl. 17. Juli - 13. August, 24. -
30. Dezember und Montag - Mittwoch
Menü 115/210 CHF – *(nur Abendessen)*
Benannt nach dem Maler Matisse darf in dem eleganten Restaurant mit 30er-Jahre-Touch natürlich Kunst nicht fehlen. Auch die charmante Terrasse ist ein schöner Ort, um die innovative saisonale Küche in Form eines Abendmenüs zu geniessen. Versiert und freundlich der Service samt fundierten Weinempfehlungen.
→ Gelbschwanzmakrele, Apfel, Borretsch, Gurke, Wasabi, Dashi. Blauer Hummer, Amalfi Zitrone, Pimientos, Erbse, junge Kräuter. Luma Schweinebauch, fermentierter Kohl, Bergkartoffel, geräucherter Entenfond.

BASEL

XX Brasserie – Grand Hotel Les Trois Rois
Blumenrain 8 ⊠ 4001 – ℰ 061 260 50 02 Stadtplan : D1**a**
– www.lestroisrois.com
Tagesteller 34 CHF – Menü 47 CHF (mittags unter der Woche)/120 CHF
– Karte 87/130 CHF – *(Tischbestellung ratsam)*
Im linken Hotelflügel liegt die klassisch-elegante Brasserie mit tollem Rheinblick. Gekocht wird französisch-schweizerisch mit internationalem Einfluss, so z. B. "Rehrücken mit Purple-Curry-Kruste, Cassis-Sauce, Roter Bete und Steinpilzen".

XX Chez Donati
St. Johanns-Vorstadt 48 ⊠ 4056 – ℰ 061 322 09 19 Stadtplan : D1**g**
– www.lestroisrois.com – geschl. 5. - 13. März, 14. - 17. April, 2. Juli - 1. August, 24. - 26. Dezember und Sonntag - Montag
Tagesteller 34 CHF – Karte 65/113 CHF
Eine Institution in Basel! Schön das gediegene Ambiente mit historischem Charme, lebendig die Atmosphäre. Gekocht wird klassisch italienisch - obligatorisch der Dessertwagen! Mittags zusätzliche Lunchkarte. Beliebt die kleine Rheinterrasse.

XX Krafft – Hotel Krafft
Rheingasse 12 ⊠ 4058 – ℰ 061 690 91 30 – www.krafftbasel.ch Stadtplan : E2**a**
Tagesteller 26 CHF – Menü 65 CHF (abends) – Karte 55/93 CHF
Reizvoll der Rheinblick von diesem hellen, klassisch-stilvollen Restaurant - und von der Terrasse erst! Auf der Karte Internationales wie "Duo von der Ente mit Tamarindensauce, Kürbis und Kichererbsenplätzchen". Mittags reduziertes Angebot.

XX St. Alban-Stübli
St. Alban-Vorstadt 74 ⊠ 4052 – ℰ 061 272 54 15 Stadtplan : E2**b**
– www.st-alban-stuebli.ch – geschl. 23. Dezember - 7. Januar, 15. Juli - 6. August und Samstag - Sonntag ausser an Messen, November - Dezember: Samstagmittag, Sonntag
Tagesteller 26 CHF – Menü 56 CHF (mittags)/89 CHF – Karte 65/102 CHF
Schön ungezwungen und entspannt ist es hier, liebenswerte Deko und herzlicher Service tun ein Übriges, nicht zu vergessen die schmackhafte, klassisch zubereitete Küche aus frischen Produkten! Haben Sie auch den reizenden Innenhof gesehen?

XX Schifferhaus ◎
Bonergasse 75 ⊠ 4057 – ℰ 061 631 14 00 – www.schifferhaus.ch – geschl. Samstagmittag, Sonntag
Tagesteller 39 CHF – Menü 29 CHF (mittags unter der Woche)/46 CHF
– Karte 55/102 CHF
Wirklich schön hat man es in dieser tollen Villa. Sie speisen im Bistro oder in der Schifferstube, nicht zu vergessen die hübsche Gartenterrasse. Gekocht wird international-mediterran, mittags zusätzlich Lunchmenüs, eines davon vegetarisch.

XX Oliv
Bachlettenstr. 1 ⊠ 4054 – ℰ 061 283 03 03 Stadtplan : D3**g**
– www.restaurantoliv.ch – geschl. 5. - 13. März, 16. Juli - 7. August, 24. Dezember - 1. Januar und Sonntag - Montag, Samstagmittag
Tagesteller 25 CHF – Menü 34 CHF (mittags) – Karte 64/97 CHF
In hellem elegantem Ambiente werden Sie engagiert mit schmackhafter mediterraner Küche umsorgt, z. B. in Form eines Klassikers: "Manzo brasato mit Wurzelgemüse und Kartoffelstock". Mittags etwas reduzierte Auswahl nebst günstigem Lunchmenü.

X Bonvivant
Zwingerstr. 10 ⊠ 4053 – ℰ 061 361 79 00 – www.bon-vivant.ch Stadtplan : E3**a**
– geschl. 10. - 22. April, 24. Juli - 5. August, 2. - 14. Oktober und Samstagmittag, Sonntag
Tagesteller 41 CHF – Menü 76/155 CHF (abends)
Richtig trendig kommt die ehemalige Seidenbandfabrik mit ihrer Loft-Atmosphäre daher - Hingucker: die individuellen Stühle! Schmackhafte und unkomplizierte Gerichte wie "hell geschmorte Haxe vom Baselbieter Kalb" gibt es als Menü, und das wird dem Gast direkt am Tisch vorgestellt. Mittags kleinere Auswahl.

BASEL

✗ St. Albaneck ⓝ   ₰ ⇔
St. Alban-Vorstadt 60 ⊠ *4052* – ✆ *061 271 60 40*   Stadtplan : E2**e**
– *www.stalbaneck.ch – geschl. 24. Dezember - 7. Januar, 10. - 30. Juli und Sonntag, Montagabend*
Tagesteller 25 CHF – Menü 32 CHF (mittags unter der Woche)/84 CHF
– Karte 68/102 CHF
Gemütlich hat man es in dem netten, rustikal eingerichteten Riegelhaus a. d. 15. Jh. Von Karte und Tafel wählt man marktfrische saisonale Gerichte und Klassiker - gerne empfiehlt man mündlich wechselnde Speisen. Mittags reduziertes Angebot.

✗ Au Violon   ⇐ 🏛 ⬚ ⇔
im Lohnhof 4, über Leonhardsgraben ⊠ *4051*   Stadtplan : D2**v**
– ✆ *061 269 87 11 – www.au-violon.com – geschl. 23. Dezember - 9. Januar und Sonntag sowie an Feiertagen*
20 Zim ⊇ – †120/160 CHF ††140/180 CHF
Menü 34 CHF (mittags) – Karte 40/102 CHF
Passend zum schönen Brasserie-Flair samt freundlich-unkompliziertem Service hält das Restaurant im gleichnamigen Hotel auch kulinarisch die französische Flagge hoch: Entrecôte, Sot-l'y-laisse, Pommes "Façon Tatin"... - alles richtig lecker!

✗ 800° Premium Steakhouse ⓝ   ⇔
Riehenring 109, Ecke Sperrstrasse ⊠ *4058 Basel*   Stadtplan : E1**c**
– ✆ *061 681 88 00 – www.800grad.ch – geschl. Ende Dezember - Anfang Januar 2 Wochen, Ende Juli - Mitte August 2 Wochen und Samstagmittag, Sonntagmittag*
Karte 53/139 CHF – *(abends Tischbestellung ratsam)*
Lust auf Leckeres vom 800° heissen Grill? Neben Fleisch gibt's auch Fisch und Krustentiere, auf Vorbestellung auch Kobe-Beef, und wenn Sie mögen, wird "gesmoked". Tipp: "Bacon-Shrimps mit Spezial-Sauce". Zusätzlicher günstiger Lunch.

✗ Atelier – Hotel Der Teufelhof   🚲 ⇔
Leonhardsgraben 49 ⊠ *4051* – ✆ *061 261 10 10*   Stadtplan : D2**g**
– *www.teufelhof.com*
Tagesteller 27 CHF – Menü 59/113 CHF – Karte 65/93 CHF
Ein unkompliziertes, lebendiges Restaurant, in dem die Gäste an einem dekorativen Kunstwerk mitwirken können. Dazu bietet man international-regionale Küche - Spezialität ist "Kalbskotelett mit Bratkartoffen und Wildpfefferjus".

✗ Zum Goldenen Fass
Hammerstr. 108 ⊠ *4057* – ✆ *061 693 34 00*   Stadtplan : E1**a**
– *www.goldenes-fass.ch – geschl. Juli - August und Sonntag - Montag*
Menü 55/75 CHF – Karte 41/64 CHF – *(nur Abendessen)*
Unweit der Messe speist man hier in unkomplizierter Atmosphäre. Auf der international-saisonalen Karte liest man z. B. "Orangen-glasierte Entenbrust mit Haselnussjus". Oder mögen Sie lieber Bürgerliches wie "Bauernbratwurst mit Senfsauce"?

in Riehen über Riehenstrasse F1: 5 km – Höhe 288 m – ⊠ 4125

🏠 Landgasthof Riehen   🎾 🏛 ⬚ ₰ 🆎 🛁
Baselstr. 38 – ✆ *061 645 50 70 – www.landgasthof-riehen.ch – geschl. 26. Februar - 13. März*
20 Zim ⊇ – †120/129 CHF ††180/194 CHF
Rest *Le Francais* – Siehe Restaurantauswahl
Der Landgasthof liegt mitten im Ort, nicht weit vom bekannten Kunstmuseum Beyeler. Man bietet freundliche, zeitgemäss-funktionale Zimmer, gute Veranstaltungsmöglichkeiten und die quirligen Restaurantstuben (Gaststube und Wettsteinstube) mit traditionellem Angebot - im Sommer mit lebendiger Terrasse.

✗✗ Le Francais – Hotel Landgasthof Riehen   🏛 ₰ 🆎
Baselstr. 38 – ✆ *061 645 50 70 – www.landgasthof-riehen.ch – geschl. 26. Februar - 13. März und Sonntag - Montag*
Menü 45 CHF (mittags)/79 CHF – Karte 65/95 CHF
Ambitionierte klassisch-französische Küche aus guten Produkten serviert man z. B. als "Entenbrust mit Honigsauce, Weizengriess, Tonkabohne" oder im Winter als Trüffelgerichte. Schön sitzt man im modernen Glasanbau oder auf der Terrasse.

113

BASEL

in Muttzenz Süd-Ost: 8,5 km über B2 und A 2, Richtung Luzern – Höhe 271 m – ✉ 4132

dr Egge - das restaurant
Baselstr. 1 – ℰ 061 461 66 11 – www.egge-muttenz.ch – geschl. 6. - 16. März, 24. Juli - 14. August und Sonntag - Montag
Menü 75/110 CHF – Karte 61/93 CHF – *(nur Abendessen) (Tischbestellung ratsam)*
In der Küche frische Produkte samt Kräutern und Blumen, auf der Weinkarte Schwerpunkt Italien. Die sympathischen Gastgeber leiten das charmante kleine Restaurant im alten Zentrum von Muttenz mit Herzblut. Sehr gefragt im Winter: weisser Trüffel aus dem Piemont! Menü in 7 Folgen, Di. - Fr. auch à la carte.

in Binningen Höhe 284 m – ✉ 4102

Im Schlosspark
Schlossgasse 2 – ℰ 061 425 60 00 – www.schlossbinningen.ch Stadtplan : A2**b**
23 Zim – †120/190 CHF ††150/220 CHF
Rest *Brasserie Schloss-Stube* • Rest *Schloss Binningen* – Siehe Restaurantauswahl
Harmonisches Nebeneinander von alt und neu: zum einen das denkmalgeschützte Imhofhaus mit tollen historischen Details, zum anderen puristischer Stil im Anbau. Gutes Frühstücksbuffet, tagsüber Café. Parken in der Schloss-Garage gegen Gebühr.

Schloss Binningen – Hotel Im Schlosspark
Schlossgasse 5 – ℰ 061 425 60 00 – www.schlossbinningen.ch Stadtplan : A2**b**
– geschl. 1. - 7. Januar und Samstagmittag, Sonntag - Montag
Tagesteller 32 CHF – Menü 98/149 CHF – Karte 64/112 CHF – *(abends Tischbestellung ratsam)*
Hier ist es so stilvoll, wie man es sich von einem Schloss a. d. 13. Jh. wünscht, dazu kommt klassisch-französische Küche mit modernen Einflüssen. Drinnen sitzt man in der schönen klassisch-eleganten Stube, draussen auf der tollen Terrasse.

Gasthof Neubad
Neubadrain 4 – ℰ 061 301 34 72 – www.gasthofneubad.ch Stadtplan : A2**a**
– geschl. 26. Februar - 12. März, 1. - 15. Oktober und Samstagmittag, Sonntag - Montag,
Tagesteller 30 CHF – Menü 45 CHF (mittags)/116 CHF – Karte 62/92 CHF
In dem Gasthof a. d. 18. Jh. speist man in freundlich-entspannter Atmosphäre, und zwar mittags ein 3-Gänge-Menü, am Abend bis zu sechs Gänge oder A-la-carte-Gerichte wie "Loup der Mer mit Safranrisotto und Ratatouille". Lauschiger Garten.

Krone Kittipon's Thai Cuisine
Hauptstr. 127 – ℰ 061 421 20 42 Stadtplan : A2**t**
– www.kittipon-thai-restaurant.ch – geschl. Juli - August 3 Wochen und Sonntag - Montag, Samstagmittag
Menü 67/87 CHF – Karte 57/117 CHF
Wer mit der Tramlinie 2 bis zur Endstation fährt, ist direkt bei diesem freundlichen Restaurant. Die authentische thailändische Küche gibt es z. B. als "Ped Rad Sauce Tow Jew" ("Ente mit Sojabohnensauce"). Donnerstags günstiges Lunchbuffet!

Brasserie Schloss-Stube 🆕 – Hotel Im Schlosspark
Schlossgasse 2 – ℰ 061 425 60 00 – www.schlossbinningen.ch Stadtplan : A2**b**
– geschl. Samstagmittag, Sonntag
Tagesteller 25 CHF – Karte 42/82 CHF
Die traditionell-schweizerische Alternative zum Gourmetrestaurant. In rustikaler Brasserie-Atmosphäre mit historischem Charme gibt's z. B. "Eintopf vom Engadiner Lamm" oder Klassiker wie den "Schloss-Burger" oder "Kalbs-Cordon-bleu".

Ein wichtiges Geschäftsessen oder ein Essen mit Freunden?
Das Symbol ⇔ weist auf Veranstaltungsräume hin.

BASEL

in Bottmingen Süd: 4,5 km, über Bottmingerstrasse A2 – Höhe 292 m – ✉ 4103

XXX **Schloss Bottmingen** 🈴 ⇔ 🅿
Schlossgasse 9 – ☎ 061 421 15 15 – www.weiherschloss.ch – geschl. 27.
- 30. Dezember, 26. Februar - 10. März und Montag
Tagesteller 48 CHF – Menü 68 CHF (mittags unter der Woche)/136 CHF
– Karte 84/121 CHF – *(Tischbestellung ratsam)*
Wirklich romantisch: ein Wasserschloss a. d. 14. Jh., ringsum ein toller Park mit altem Baumbestand - sehenswert der jahrhundertealte Ahorn. Drinnen stilvolle Räume, draussen der idyllische Hof. Klassische Küche samt vegetarischem Menü.

XX **Philippe Bamas - Restaurant Sonne** (Philippe Bamas) 🈴 ♿ ⇔ 🅿
❀ *Baslerstr. 4 – ☎ 061 422 20 80 – www.sonne-bottmingen.ch – geschl. 9. Juli*
- 14. August und Samstagmittag, Sonntag - Montag
Menü 140 CHF – Karte 94/117 CHF
Hier schmeckt man die Liebe des Patrons zu seiner südfranzösischen Heimat. Seine "Cuisine du Soleil" ist klassisch und international inspiriert, aromatisch und fein. Das Ambiente vereint moderne Geradlinigkeit mit rustikalen Details.
→ Wolfsbarsch mit wildem Fenchel, Oliven-Basilikumvinaigrette, Erbsenmousseline. Walliser Lammkarree mit Pfefferminzstreusel, Kartoffelstock mit Oliven und Zitrone und Artischockenherzen. Ananascarpaccio mit Limonen, Vanilleschaum, Kokosküchlein und -glace.
Bistro du Soleil☺ – Siehe Restaurantauswahl

XX **Basilicum** 🈴 🅿
☺ *Margretenstr. 1 – ☎ 061 421 70 70 – www.basilicum.ch – geschl. August*
2 Wochen und Samstagmittag, Sonntag - Montagabend
Tagesteller 23 CHF – Menü 65/79 CHF – Karte 51/68 CHF
Freundlich, mit südlicher Note kommt das Restaurant daher. Man kocht mediterran und traditionell-regional. Lust auf "Lammfilet mit Kräuterschaum und Herbstgemüse"? Und im Sommer etwas mit Basilikum? Tipp: Man kommt gut mit der Tram hierher.

X **Bistro du Soleil** – Philippe Bamas - Restaurant Sonne 🈴 ♿ 🅿
☺ *Baslerstr. 4 – ☎ 061 422 20 80 – www.sonne-bottmingen.ch – geschl. 9. Juli*
- 14. August und Samstagmittag, Sonntag - Montag
Tagesteller 26 CHF – Karte 58/99 CHF
Aus einem Hauch Süden und Schweizer Einflüssen entsteht französische Bistroküche in Form von "passierter Fischsuppe mit Rouille und Croûtons" oder "Rindskopfbäckli mit Zwiebeln, Karotten und Kartoffelstock". Tagesangebote auf Tafeln.

BAULMES
Vaud (VD) – ✉ 1446 – 1 033 hab. – **Carte régionale 6-B5**
🚗 Bern 90 km – Lausanne 39 km – Neuchâtel 45 km – Fribourg 66 km
Carte routière Michelin 552-D8

X **L'Auberge** ⇐ 🈴 ⇔ 🅿
Rue de l'hôtel de ville 16 – ☎ 024 459 11 18 – www.lauberge.ch – fermé janvier
3 semaines, dimanche soir, lundi, mardi et mercredi soir
5 ch 🛏 – †60/120 CHF ††100/170 CHF – ½ P
Plat du jour 22 CHF – Menu 55 CHF (déjeuner en semaine)/82 CHF
– Carte 49/94 CHF
Dans cette auberge de 1622 le temps ne s'est pas arrêté ! La propriétaire, Christiane Martin, agrémente les bons poissons de la pêche locale avec de beaux légumes de saison. Tartare de féra, mais aussi viande de bœuf et d'agneau : elle porte les produits du terroir en étendard. Quelques chambres à prix doux.

BECKENRIED
Nidwalden (NW) – ✉ 6375 – 3 544 Ew – Höhe 435 m (Wintersport : 435/2 001 m)
– **Regionalatlas 4-G4**
🚗 Bern 135 km – Luzern 22 km – Andermatt 54 km – Brienz 57 km
Michelin Straßenkarte 551-P7

BECKENRIED

 Boutique-Hotel Schlüssel
*Oberdorfstr. 26 – ℰ 041 622 03 33 – www.schluessel-beckenried.ch – geschl.
Januar - Februar 3 Wochen, Mitte September 2 Wochen*
12 Zim ⌇ – †150/236 CHF ††221/398 CHF
Rest *Boutique-Hotel Schlüssel* – Siehe Restaurantauswahl
Hier ist man mit den überaus herzlichen Gastgebern per Du. Wunderschönes Interieur mit liebenswerten, teilweise historischen Details macht die überwiegend in Weiss gehaltenen Zimmer zu individuellen Schmuckstücken.

✗ **Boutique-Hotel Schlüssel**
*Oberdorfstr. 26 – ℰ 041 622 03 33 – www.schluessel-beckenried.ch – geschl.
Januar - Februar 3 Wochen, Mitte September 2 Wochen und Montag - Dienstag*
Tagesteller 38 CHF – Menü 69/91 CHF – Karte 60/82 CHF – *(nur Abendessen, sonntags auch Mittagessen)*
Errichtet anno 1727, als Gasthaus betrieben seit 1820 - in diesem erhaltenen historischen Ambiente kommt der Patron persönlich an den Tisch, um das tagesfrische Menüangebot ausführlich zu erklären.

BEINWIL am SEE
Aargau (AG) – ⌧ 5712 – 3 065 Ew – Höhe 519 m – Regionalatlas **4-F3**
▶ Bern 100 km – Aarau 22 km – Luzern 31 km – Olten 44 km
Michelin Straßenkarte 551-N5

 Seehotel Hallwil
Seestr. 79 – ℰ 062 765 80 30 – www.seehotel-hallwil.ch
12 Zim ⌇ – †125 CHF ††180 CHF – ½ P
Das kleine Hotel mit den modern-funktionell ausgestatteten Zimmern überzeugt durch seine reizvolle, ruhige Lage am See. Mit Gästehaus. Gutbürgerlich-traditionelle Küche in der Brasserie, Fisch und Meeresfrüchte im Restaurant "Mediterran". Schön die Terrasse zum See.

BELALP – Wallis ➜ Siehe Blatten bei Naters

BELLEVUE – Genève ➜ Voir à Genève

BELLINZONA
Ticino (TI) – ⌧ 6500 – 18 307 ab. – Alt. 240 m – Carta regionale **10-H6**
▶ Bern 216 km – Locarno 20 km – Andermatt 84 km – Chur 115 km
Carta stradale Michelin 553-S12

✗✗ **Locanda Orico** (Lorenzo Albrici)
❀ *via Orico 13 – ℰ 091 825 15 18 – www.locandaorico.ch – chiuso 2
- 9 gennaio, 23 luglio - 14 agosto, domenica e lunedì*
Piatto del giorno 32 CHF – Menu 48 CHF (pranzo)/120 CHF – Carta 91/127 CHF – *(coperti limitati, prenotare)*
Nella città vecchia, in un antico palazzo, due salette curate ed eleganti dove lasciarsi stupire da una cucina mediterranea con influenze francesi e regionali, a cui si accompagna un'interessante scelta enologica di etichette locali.
➜ Classica terrina di foie gras marmorizzata, cialda al pan pepato, composto di frutta secca. Trancio di lucioperca in crosta di sale della Camargue e pepe rosa, burro speziato al prezzemolo liscio. Tegolino alla ganache e alla spuma di lamponi, velluta di fave Tonka.

✗ **Osteria Sasso Corbaro**
*via Sasso Corbaro 44, Salita al Castello Sasso Corbaro, Est : 4 km
– ℰ 091 825 55 32 – www.osteriasassocorbaro.ch
– chiuso 24 dicembre - 18 gennaio, domenica sera e lunedì*
Piatto del giorno 28 CHF – Menu 45 CHF (pranzo)/85 CHF (cena)
– Carta 45/88 CHF – *(consigliata la prenotazione)*
Buona cucina locale - a pranzo due menu esposti a voce - nell'amena cornice medievale del più alto dei tre castelli: in estate si mangia nella stupenda corte interna.

BERG
Sankt Gallen – ✉ 9305 – 840 Ew – Höhe 580 m – Regionalatlas **5-I2**
▶ Bern 219 km – Sankt Gallen 15 km – Zürich 100 km
Michelin Straßenkarte 551-U4

✗ Zum Sternen
Landquart 13, Nord: 2 km in Richtung Arbon – ℰ 071 446 03 03
– www.sternen-berg.ch – geschl. Juli 4 Wochen und Sonntag - Montag
Tagesteller 32 CHF – Karte 53/93 CHF
Das schmucke alte Fachwerkhaus mit den grünen Fensterläden sieht einladend aus! Hineingehen lohnt sich: Man kocht frisch und schmackhaft, es gibt Klassiker und Saisonales.

BERGÜN BRAVUOGN
Graubünden (GR) – ✉ 7482 – 507 Ew – Höhe 1 372 m – Regionalatlas **11-J4**
▶ Bern 295 km – Sankt Moritz 37 km – Chur 54 km – Davos 39 km
Michelin Straßenkarte 553-W10

🏠 Weisses Kreuz
Plaz 72 – ℰ 081 410 50 10 – www.weisseskreuz-berguen.ch – geschl. 27. März - 25. Mai, 22. Oktober - 7. Dezember
25 Zim ⌑ – †85/115 CHF ††150/210 CHF – ½ P
Am schönen kleinen Dorfplatz steht das alte Engadiner Bauernhaus a. d. 16. Jh. Der Gast findet hier freundliche, gepflegte Zimmer mit DVD-Player und W-Lan. Die Stüvetta ist ein hübsch erhaltenes historisches Arvenholzstübchen.

🏠 Bellaval
Puoz 138 – ℰ 081 407 12 09 – www.bellaval.com – geschl. Mitte März - Ende Mai, Anfang Oktober - Mitte Dezember
7 Zim ⌑ – †65/80 CHF ††120/180 CHF
Alles hier ist wirklich tipptopp: Das sympathische kleine Hotel am Ortsrand wird engagiert und persönlich geführt, die Zimmer sind freundlich, grosszügig, funktionell und haben Balkon oder Terrasse, und auch das Frühstück stimmt!

BERIKON
Aargau (AG) – ✉ 8965 – 4 607 Ew – Höhe 550 m – Regionalatlas **4-F3**
▶ Bern 110 km – Aarau 33 km – Baden 24 km – Dietikon 14 km
Michelin Straßenkarte 551-O5

🏠 Stalden
Friedlisbergstr. 9 – ℰ 056 633 11 35 – www.stalden.com – geschl. 23. Dezember - 6. Januar
36 Zim ⌑ – †120/149 CHF ††160/188 CHF
Modern wohnt man in dem Hotel mitten in dem kleinen Ort: Die Zimmer sind grosszügig, puristisch designt und haben Balkon oder Terrasse. Tiefgarage, Internet und Wasser auf dem Zimmer sind kostenfrei. Die zahlreichen Stammgäste freuen sich auf die asiatischen Spezialitäten, die es jeden Winter gibt.

BERN BERNE

Bern (BE) – ✉ 3000 – 13 148 Ew – Höhe 548 m – Regionalatlas **2-D4**
▶ Biel 35 km – Fribourg 34 km – Interlaken 59 km – Luzern 111 km
Michelin Straßenkarte 551-J7
Stadtpläne siehe nächste Seiten

© I. Pompe / hemis.fr

🟢 Hotels

Bellevue Palace
Kochergasse 3 ✉ 3011 – ✆ 031 320 45 45
– www.bellevue-palace.ch   Stadtplan : G2**p**
128 Zim – †399/441 CHF ††441/518 CHF, ⌑ 40 CHF – 28 Suiten
Rest *VUE* • **Rest** *Bellevue Bar* – Siehe Restaurantauswahl
Das Flaggschiff der Berner Hotellerie präsentiert sich zeitgemäss, dennoch wird hier Klassik hochgehalten - ein exklusives Grandhotel eben. Man hat einen modernen Gym über den Dächern der Stadt und elegante Räume für jeden Anlass. Viele der Zimmer mit reizvoller Aussicht, teilweise steht ein Fernglas bereit.

Schweizerhof
Bahnhofplatz 11 ✉ 3001 – ✆ 031 326 80 80
– www.schweizerhof-bern.ch   Stadtplan : F2**s**
99 Zim – †359/389 CHF ††459/519 CHF, ⌑ 45 CHF – 6 Suiten
Rest *Jack's Brasserie* – Siehe Restaurantauswahl
Hinter der attraktiven historischen Fassade mischt sich Moderne in das klassisch-stilvolle Bild - elegant und wertig sind nicht nur die wohnlichen Zimmer! Fotografien von Bern und Bilder von Paul Klee sind dekorative Details! Entspannung finden Sie bei Beauty, Massage & Co. Skybar mit Stadtblick!

Allegro
Kornhausstr. 3 ✉ 3000 – ✆ 031 339 55 00
– www.allegro-hotel.ch   Stadtplan : G1**a**
167 Zim – †190/390 CHF ††190/450 CHF, ⌑ 26 CHF – 4 Suiten
Rest *Meridiano* ❀ • **Rest** *Yù* – Siehe Restaurantauswahl
Das Lifestylehotel ist für Seminare, Events und Individualgäste gleichermassen interessant, auch wegen des Kasinos im Haus. Modern sind die Zimmer (schön die Penthouse-Etage mit eigener Lounge) und der grosse Tagungsbereich. Im "Giardino" sitzt man bei italienischer Küche an einem kleinen Teich!

Innere Enge
Engestr. 54 ✉ 3012 – ✆ 031 309 61 11 – www.innere-enge.ch   Stadtplan : B1**n**
26 Zim – †200/370 CHF ††220/370 CHF, ⌑ 25 CHF
Hier dreht sich alles um Jazz! Viele Zimmer sind nach berühmten Musikern benannt und mit Unikaten versehen. Im Keller hat man sogar einen Jazzroom, und hier waren schon fast alle grossen Jazzer! Wen wundert's da, dass im Frühjahr im Garten ein Jazz-Zelt steht? "Josephine Brasserie" mit französischer Küche.

 Restaurants

XXXX VUE – Hotel Bellevue Palace
Kochergasse 3 ⊠ 3011 – ℰ 031 320 45 45   Stadtplan : G2**p**
– www.bellevue-palace.ch/vue
• MODERNE KÜCHE • Tagesteller 42 CHF – Menü 78 CHF (mittags unter der Woche) – Karte 65/139 CHF
Der Name ist Programm: Neben dem luxuriös-stilvollen Interieur ist die Sicht wirklich klasse - herrlich die Terrasse! Und kulinarisch? "Modernisierte Tradition" könnte man Gerichte wie "getrüffeltes Rührei mit geräuchertem Stör" nennen.

XXX Meridiano – Hotel Allegro
Kornhausstr. 3 ⊠ 3000 – ℰ 031 339 52 45   Stadtplan : G1**a**
– www.allegro-hotel.ch – geschl. 9. Juli – 14. August und Samstagmittag, Sonntagabend – Dienstag
• MODERNE KÜCHE • Tagesteller 39 CHF – Menü 55 CHF (mittags)/165 CHF – Karte 110/135 CHF
Das kulinarische Flaggschiff des "Allegro" segelt ganz oben, und das nicht nur wegen seiner tollen Aussichtslage (traumhaft die Terrasse!). Was aus der offenen Küche kommt, zeigt Finesse, Ausdruck und Geschmacksintensität, basierend auf hochwertigen Produkten. Mittags kleinere, aber ebenso interessante Karte.
→ Gelbflossenmakrele, grüner Spargel, Apfel, Meerrettich-Radislivinaigrette. Greyerzer Saibling, Corne de Gatte, Freilandei. Milchlamm, Schulter und Kotelett, Poivrade, Schafsmilch, Nesseln.

XX Schöngrün
Monument im Fruchtland 1, beim Zentrum Paul Klee ⊠ 3006   Stadtplan : D2**d**
– ℰ 031 359 02 90 – www.restaurants-schoengruen.ch – geschl. 24.
– 30. Dezember, 17. Juli – 8. August und Sonntagabend – Dienstag
• KREATIV • Menü 38 CHF (mittags)/165 CHF – Karte 59/104 CHF –
(Tischbestellung ratsam)
Direkt beim "Zentrum Paul Klee" speisen Sie im lichten modernen Wintergartenanbau einer historischen Villa. Gekocht wird kreativ mit Produkten aus der Schweiz. Im Bistro gibt's Kleinigkeiten. Tipp: 12er Bus ab Hauptbahnhof (23 Min.).

XX Essort
Jubiläumstr. 97 ⊠ 3000 – ℰ 031 368 11 11 – www.essort.ch   Stadtplan : C3**e**
– geschl. Anfang Januar 1 Woche, Anfang Oktober 2 Wochen, über Weihnachten
• INTERNATIONAL • Tagesteller 28 CHF – Menü 63/105 CHF – Karte 56/86 CHF
Modernes Restaurant in der ehemaligen US-Botschaft - dekorativ die vielen Fotografien der weitgereisten Gastgeber. In der offenen Küche entstehen die Menüs "Essort" und "Essort Vegi" mit Gerichten wie "Bärenkrebs & Jakobsmuschel auf baskischem Gemüse" oder "Galetten aus Steinpilzen, Birne & Linsen".

XX Jack's Brasserie – Hotel Schweizerhof
Bahnhofplatz 11 ⊠ 3001 – ℰ 031 326 80 80   Stadtplan : F2**s**
– www.schweizerhof-bern.ch
• KLASSISCHE KÜCHE • Tagesteller 39 CHF – Menü 59/70 CHF – Karte 67/113 CHF
Eine Brasserie wie aus dem Bilderbuch und gastronomisches Herzstück des "Schweizerhofs"! In klassischer Atmosphäre serviert man z. B. "Meeresfrüchteplatte", "gratinierte Schnecken mit Knoblauch" oder "Lammkarree mit Pfefferkruste".

X Lorenzini
Hotelgasse 10 ⊠ 3011 – ℰ 031 318 50 67 – www.lorenzini.ch   Stadtplan : G2**x**
• ITALIENISCH • Tagesteller 25 CHF – Karte 55/98 CHF
Lust auf schmackhafte italienische Küche? In dem sympathisch-lebendigen Ristorante im 1. Stock speist man hausgemachte Nudeln und Klassiker aus Italien. In der Bar im EG nehmen Sie den Apero ein, im Bistro sitzt man nett bei einem Kaffee.

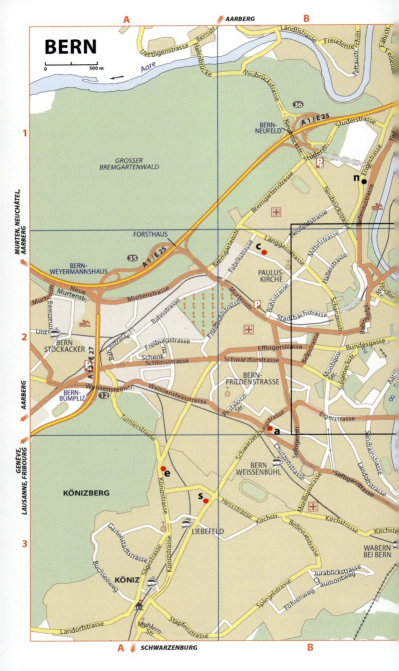

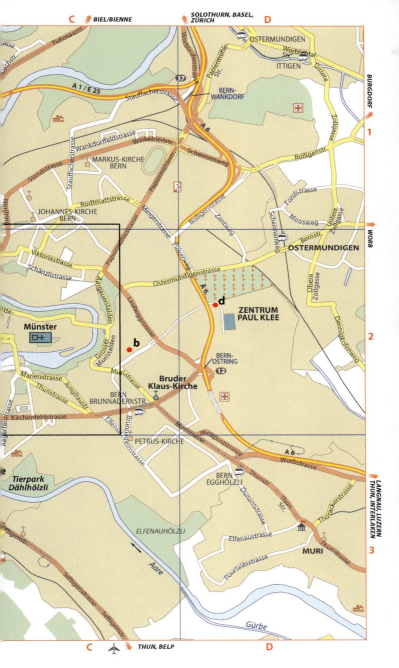

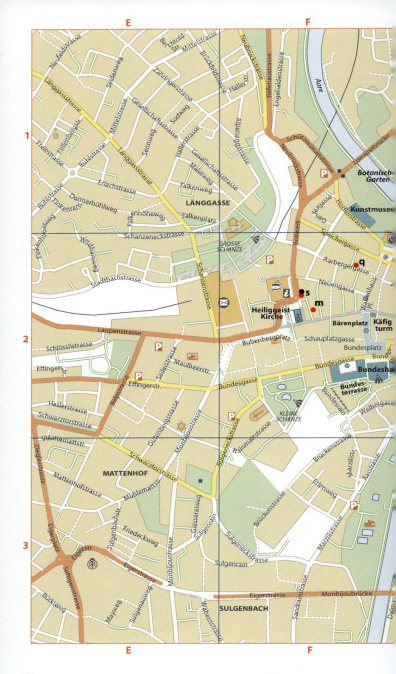

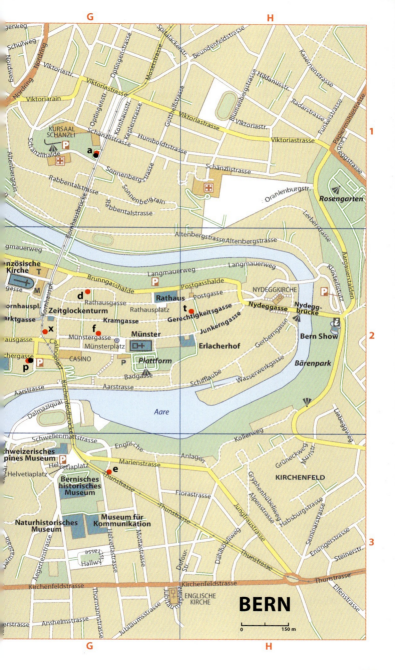

BERN

milles sens - les goûts du monde
Spitalgasse 38, Schweizerhof-Passage, 1. Etage ⌧ 3011 Stadtplan : F2**m**
– ℘ 031 329 29 29 – www.millesens.ch – *geschl. Ende Juli - Anfang August und Sonntag, September - April: Samstagmittag, Sonntag*
• INTERNATIONAL • Tagesteller 36 CHF – Menü 59 CHF (mittags)
– Karte 66/97 CHF
Sie mögen es modern? In dem geradlinig gehaltenen Restaurant gibt es Schmackhaftes wie "Aargauer Poulet Tajine", "Gurten Highland Beef-Duo" oder "Exotic-Thai-Green-Curry-Gemüse". Mittags zusätzlich interessanter Businesslunch.

Kirchenfeld
Thunstr. 5 ⌧ 3005 – ℘ 031 351 02 78 – www.kirchenfeld.ch Stadtplan : G3**e**
– *geschl. Sonntag - Montag*
• TRADITIONELLE KÜCHE • Tagesteller 23 CHF – Menü 75 CHF (abends)
– Karte 57/83 CHF – *(Tischbestellung ratsam)*
Topfrisch, geschmackvoll und unkompliziert - so isst man bei Familie Rota. "Emmentaler Lammvoressen", "geschnetzelte Kalbsleber mit Rösti" oder "Spaghettini mit kleinen Tintenfischen" ziehen zahlreiche Gäste in das lebendige Restaurant - also reservieren Sie besser!

Wein & Sein mit Härzbluet
Münstergasse 50, im Keller ⌧ 3011 – ℘ 031 311 98 44 Stadtplan : EZ**f**
– www.weinundsein.ch – *geschl. März 1 Woche, Juli 2 Wochen und Samstagmittag, Sonntag - Montag*
• KLASSISCHE KÜCHE • Tagesteller 25 CHF – Menü 39 CHF (mittags unter der Woche)/98 CHF
Über eine steile Kellertreppe gelangt man in ein Lokal mit Wohlfühlfaktor: charmant-intime Atmosphäre, frische, schmackhafte Küche und eine schöne Weinauswahl samt fundierter Beratung. Mittags Lunchmenü und kleines A-la-carte-Angebot, abends ein Überraschungsmenü mit bis zu fünf Gängen. Hübsche Terrasse.

Gourmanderie Moléson
Aarbergergasse 24 ⌧ 3011 – ℘ 031 311 44 63 Stadtplan : F2**q**
– www.moleson-bern.ch – *geschl. Weihnachten - Neujahr und Samstagmittag, Sonntag*
• FRANZÖSISCH-KLASSISCH • Menü 35 CHF (mittags unter der Woche)/77 CHF
– Karte 56/92 CHF
Käsefondue, Flammkuchen und Klassiker der französischen Küche stehen in dem reichlich dekorierten Restaurant auf der Karte. Eine sehr nette traditionsreiche Adresse, die es bereits seit 1865 gibt.

Zimmermania
Brunngasse 19 ⌧ 3011 – ℘ 031 311 15 42 Stadtplan : G2**d**
– www.zimmermania.ch – *geschl. 9. Juli - 7. August und Sonntag - Montag, Juni - September: Samstagmittag*
• FRANZÖSISCH-KLASSISCH • Tagesteller 19 CHF – Menü 65 CHF
– Karte 41/97 CHF
Schon im 19. Jh. als Wirtshaus betrieben, ist das charmante, schmucke Bistro heute etwas für Liebhaber der traditionellen Küche. Nicht wegzudenken sind Klassiker wie "Kalbskopf in Vinaigrette", "Entrecôte Café de Paris" oder Schmorgerichte.

Les Terroirs
Postgasse 49, auch über Gerechtigkeitsgasse 56 Stadtplan : H2**t**
– ℘ 031 332 10 20 – www.restaurant-les-terroirs.ch – *geschl. Sonntag - Montag*
• MEDITERRAN • Menü 88 CHF – Karte 58/110 CHF – *(nur Abendessen)*
Unten ist das Restaurant schlicht und lebendig, in der 1. Etage wird klassisch weiss aufgedeckt für Leckeres wie "Skrei in Rotweinsauce mit Speck, Linsen, Randen" oder "Karree vom Rentier in Preiselbeerjus", zubereitet in der offenen Küche.

Waldheim

Waldheimstr. 40 ⌧ 3012 – ℘ 031 305 24 24 Stadtplan : B2**c**
– www.waldheim-bern.ch – *geschl. Samstagmittag, Sonntag - Montag*
• TRADITIONELLE KÜCHE • Menü 90 CHF – Karte 41/93 CHF
Das hübsche hell getäferte Restaurant in einer ruhigen Wohngegend hat so manchen Stammgast - dafür sorgen frische Schweizer Küche und freundlicher Service. Lust auf "Le Cordon Bleu mit höhlengereiftem Greyerzer"?

BERN

Süder
Weissensteinstr. 61 ⌧ 3007 – ℰ 031 371 57 67 — Stadtplan: B2**a**
– www.restaurant-sueder.ch – geschl. 1. - 10. Januar, Juli 2 Wochen und Sonntag
- Montag, Samstagmittag
• SCHWEIZER KÜCHE • Tagesteller 20 CHF – Menü 69 CHF (abends)
– Karte 52/90 CHF

Warum es so viele Gäste in das bürgerliche Ecklokal mit der schönen Holztäferung zieht? Es gibt hier eine solide, frische Schweizer Küche, z. B. als "Ossobuco Gremolata mit Pappardelle". Im Sommer sitzt man natürlich am liebsten im Garten.

Brasserie Obstberg 🆕
Bantigerstr. 18 ⌧ 3006 – ℰ 031 352 04 40 — Stadtplan: C2**b**
– www.brasserie-obstberg.ch – geschl. Samstagmittag, Sonntag
• KLASSISCHE KÜCHE • Tagesteller 22 CHF – Menü 79 CHF (abends)
– Karte 60/84 CHF

Seit mehr als 100 Jahren werden hier Gäste bewirtet. Heute speist man in einer schönen Brasserie im Stil der 30er Jahre mit wunderbarer Terrasse unter alten Kastanien. Gekocht wird frisch und klassisch-französisch mit Schweizer Einflüssen, von der geschmorten Kalbshaxe bis zum sautierten Zander.

Bellevue Bar – Hotel Bellevue Palace
Kochergasse 3 ⌧ 3011 – ℰ 031 320 45 45 — Stadtplan: G2**p**
– www.bellevue-palace.ch
• INTERNATIONAL • Karte 64/110 CHF

Kennen Sie das berühmte "Club Sandwich", das sogar in einem Roman Erwähnung findet? Hier bekommen Sie es! Den gediegenen Charme des alteingesessenen Grandhotels spürt man auch in diesem Restaurant bei internationaler Küche.

Yù – Hotel Allegro
Kornhausstr. 3 ⌧ 3000 – ℰ 031 339 52 50 — Stadtplan: G1**a**
– www.allegro-hotel.ch – geschl. 9. - 31. Juli und Sonntag - Montag
• CHINESISCH • Menü 59 CHF – Karte 50/72 CHF – (nur Abendessen)

Eine der angesagtesten Ausgeh-Adressen der Stadt! Im Parterre, offen zum Atrium des Hotels, erwarten Sie stylish-asiatische Coolness und moderne chinesische Küche, z. B. als "scharfes Poulet mit Zitronengras, Galangal, Chili, Koriander".

an der Autobahn A1 Nord-Ost: 8 km – ⌧ 3063 Ittigen

Grauholz
Autobahn A1, Raststätte Grauholz ⌧ 3063 – ℰ 031 915 12 12
– www.a1grauholz.ch
62 Zim ⌧ – †108/150 CHF ††165/212 CHF

Das technisch modern ausgestattete Hotel liegt etwas von der A1 zurückversetzt. Die Zimmer sind sehr gut schallisoliert, ein kleines 24-h-Buffet mit Getränken und Snacks ist inklusive.

in Liebefeld Süd-West: 3 km Richtung Schwarzenburg – ⌧ 3097

Landhaus Liebefeld
Schwarzenburgstr. 134 – ℰ 031 971 07 58 — Stadtplan: A3**s**
– www.landhaus-liebefeld.ch – geschl. Sonntag
• FRANZÖSISCH-KLASSISCH • **6 Zim** ⌧ – †180 CHF ††290 CHF
Tagesteller 20 CHF – Menü 60/133 CHF – Karte 57/111 CHF – (Tischbestellung ratsam)

In der ehemaligen Landvogtei von 1671 sitzt man gemütlich und isst gut. Die Fischsuppe ist nach wie vor der Klassiker, lecker aber auch "Zander auf Champagnerkraut" oder "Coq au Riesling". Im Sommer gibt's im kleinen Garten Grillgerichte. Etwas rustikaler ist die Gaststube. Sie möchten übernachten? Die Zimmer sind sehr hübsch, individuell und hochwertig.

BERN

Haberbüni
Könizstr. 175 – ⌀ 031 972 56 55 – www.haberbueni.ch – geschl. Stadtplan : A3**e** Samstagmittag, Sonntag
• MODERNE KÜCHE • Tagesteller 29 CHF – Menü 61 CHF (mittags unter der Woche)/105 CHF (abends) – Karte 57/83 CHF – *(Tischbestellung ratsam)*
Hell, grosszügig und gemütlich ist der Dachstock (Büni) des alten Bauernhauses. Das Konzept kommt an: abends zwei Menüs, mittags Businesslunch. Probieren Sie z. B. "Loup de Mer mit Süsskartoffel-Limettenpüree". Toll: der urwüchsige Garten!

BERNECK
Sankt Gallen (SG) – ✉ 9442 – 3 937 Ew – Höhe 427 m – Regionalatlas **5-I2**
▶ Bern 235 km – Sankt Gallen 31 km – Altstätten 11 km – Bregenz 21 km
Michelin Straßenkarte 551-W5

Ochsen - Zunftstube
Neugasse 8 – ⌀ 071 747 47 21 – www.ochsen-berneck.ch – geschl. Januar 1 Woche und Donnerstag, Sonntagabend
Tagesteller 39 CHF – Menü 90 CHF – Karte 46/104 CHF
Die Brüder Kast arbeiten eng zusammen: Der eine betreibt die Metzgerei, der andere das Restaurant. Ein gutes Gefühl, zu wissen, woher das Fleisch für die klassisch-traditionelle Küche kommt - eine Spezialität sind übrigens Kutteln. Alternativ zur Zunftstube im 1. Stock gibt es das etwas einfachere Dorfstübli.

BETTMERALP
Wallis (VS) – ✉ 3992 – Höhe 1 950 m (Wintersport : 1 935/2 869 m)
– Regionalatlas **8-F6**
▶ Bern 114 km – Brig 20 km – Andermatt 91 km – Domodossola 80 km
Michelin Straßenkarte 552-M11

mit Luftseilbahn ab Betten FO erreichbar

La Cabane
– ⌀ 027 927 42 27 – www.lacabane.ch – geschl. 2. April - 16. Juni, 15. Oktober - 15. Dezember
12 Zim ⌃ – †140/195 CHF ††215/300 CHF
Zur Seilbahn sind es 15 Gehminuten - ein Klacks angesichts der schönen ruhigen Lage am Ende des Dorfes! Überall im Haus schafft helles Holz Gemütlichkeit. Die Zimmer (auch Familienmaisonetten) tragen Namen von Berghütten.

Waldhaus
– ⌀ 027 927 27 17 – www.ferienhotel-waldhaus.ch – geschl. 17. April - 23. Juni, 8. Oktober - 17. Dezember
22 Zim ⌃ – †80/165 CHF ††145/330 CHF – 1 Suite – ½ P
Ein stimmiges Bild: die Fassade aus Stein und Holz, ringsum Wald und Berge! Die "Adlerhorst"-Suite macht ihrem Namen alle Ehre; oben im Giebel gelegen, bietet sie eine einzigartige Sicht! Gemütliche kleine Bibliothek mit Kamin, ebenso rustikal das Restaurant.

BEVER
Graubünden (GR) – ✉ 7502 – 627 Ew – Höhe 1 714 m – Regionalatlas **11-J5**
▶ Bern 322 km – Sankt Moritz 11 km – Chur 82 km – Davos 58 km
Michelin Straßenkarte 553-X10

Chesa Salis
Fuschigna 2 ✉ 7502 – ⌀ 081 851 16 16 – www.chesa-salis.ch – geschl. 18. April - 16. Juni, 30. Oktober - 6. Dezember
18 Zim ⌃ – †195/380 CHF ††215/400 CHF – ½ P
Rest *Chesa Salis* – Siehe Restaurantauswahl
Ein historisches Patrizierhaus, 1590 als Bauernhaus erbaut - da ist so einiges an Tradition erhalten: Malereien, Täferungen oder Stuck. Vor allem die neueren Zimmer sind schon echte Schmuckstücke, mit modernem Touch und richtig schönen Bädern. Im Winter führt die Loipe direkt am Haus entlang.

BEVER

※※ **Chesa Salis** – Hotel Chesa Salis 🐕 🛎 🍽 🚗
Fuschigna 2 ⊠ *7502* – ℰ *081 851 16 16* – *www.chesa-salis.ch* – *geschl. 18. April
- 16. Juni, 30. Oktober - 6. Dezember*
Tagesteller 24 CHF – Menü 36 CHF (mittags)/135 CHF – Karte 56/103 CHF
Aussen die traditionelle Fassade, dahinter schön heimelige, teils getäferte Stuben. Im Sommer sollte man draussen im Garten speisen! Serviert wird klassische Schweizer Küche sowie Vegetarisches und Veganes. Mittags einfachere Karte.

BEX
Vaud (VD) – ⊠ 1880 – 7 361 hab. – Alt. 411 m – Carte régionale **7-C6**
▶ Bern 112 km – Martigny 20 km – Évian-les-Bains 37 km – Lausanne 53 km
Carte routière Michelin 552-G11

✕ **Le Café Suisse** 🛎 ⇌
🍃 *Rue Centrale 41* – ℰ *024 463 33 98* – *www.cafe-suisse.ch* – *fermé 1ᵉʳ
- 15 janvier, fin juillet - début août 2 semaines, dimanche et lundi*
Plat du jour 17 CHF – Menu 88/130 CHF – Carte 76/103 CHF
Un jeune couple plein d'enthousiasme préside aux destinées de cet ancien café de village, devenu un restaurant joyeux et convivial. Marie, la chef, régale les clients avec une jolie cuisine contemporaine, accompagnée d'excellents vins locaux. Oserez-vous opter pour son menu surprise, dont les habitués raffolent ?

Route de Lavey Sud : 2 km

※※ **Le Saint Christophe** ⇌ 🛎 **P**
Route de Lavey – ℰ *024 485 29 77* – *www.stchristophesa.com* – *fermé 19 juillet
- 3 août, mercredi et jeudi*
11 ch ⊇ – †110/130 CHF ††150/180 CHF – 1 suite – ½ P
Plat du jour 25 CHF – Menu 47 CHF (déjeuner en semaine)/99 CHF
– Carte 67/110 CHF
On accède facilement via l'autoroute à cette douane du 17ᵉ s. transformée en auberge, tout en pierres et poutres apparentes. On y sert une fraîche cuisine gastronomique (dont des röstis maison) et des viandes grillées au feu de bois. Les chambres de style motel offrent une solution d'hébergement tout à fait convenable.

BIEL BIENNE
Bern (BE) – ⊠ 2500 – 54 121 Ew – Höhe 437 m – Regionalatlas **2-D3**
▶ Bern 44 km – Basel 91 km – La Chaux-de-Fonds 52 km – Montbéliard 96 km
Michelin Straßenkarte 551-I6

🏠 **Elite**
Bahnhofstr. 14 – ℰ *032 328 77 77* – *www.elite-biel.com*
72 Zim ⊇ – †180/215 CHF ††245 CHF – 2 Suiten
Das Art-déco-Hotel in einem Gebäude von 1930 liegt im Zentrum unweit des Bahnhofs und bietet neuzeitlich-funktionelle Zimmer, den Freizeitbereich "Flower-Power30" und im 6. Stock ein Restaurant mit Terrasse und Blick über Biel. Wer Lust auf Pizza & Pasta hat, speist alternativ in der "Osteria" im EG.

※※ **Opera Prima** 🛎
Jakob-Stämpflistr. 2 – ℰ *032 342 02 01* – *www.opera-prima.ch* – *geschl. Ende
Dezember - Anfang Januar 2 Wochen, Ende Juli - Anfang August 2 Wochen und
Dienstagabend, Samstagmittag, Sonntag*
Tagesteller 32 CHF – Menü 85 CHF – Karte 46/88 CHF
In einem Teil einer Fabrik ist das elegante, grosszügig verglaste Restaurant zu finden, in dessen einsehbarer Küche frische, authentische italienische Speisen wie "Saltimbocca all' Opera Prima mit Artischocken und Kartoffeln" entstehen.

BIEL

Villa Lindenegg
Lindenegg 5 – ℰ 032 322 94 66 – www.lindenegg.ch – geschl. Anfang Oktober 1 Woche und Samstagmittag, Sonntag - Montag
8 Zim – †90/220 CHF ††120/320 CHF
Menü 27 CHF (mittags unter der Woche) – Karte 57/90 CHF – *(Tischbestellung ratsam)*
Stilvoll mischt die Villa a. d. 19. Jh. schöne historische Details mit einer modernen Note, draussen die tolle Terrasse zum Garten! Man kocht saisonal-international und legt Wert auf regionale Produkte - Lust auf "Avancher Freiland-Bison, Süsskartoffel, Flower Sprout"? Die Gästezimmer: frisch und funktional.

Perroquet Vert
Zentralstr. 15 – ℰ 032 322 25 55 – www.perroquetvert.ch – geschl. Sonntag - Montag sowie an Feiertagen
Menü 65/165 CHF – Karte 46/86 CHF – *(abends Tischbestellung ratsam)*
Diese intime, lebendige Adresse am Place de la Fontaine versprüht den Belle-Époque-Charme einer Pariser Brasserie von einst. Entsprechend das traditionell-französische Angebot auf der Tafel: Jakobsmuschel-Risotto, Entrecôte, Tarte Tatin...

Zum Thailänder
Brunngasse 4 ⊠ 2502 – ℰ 032 323 87 87 – www.zumthailaender.ch – geschl. Samstagmittag, Sonntag - Montag
Tagesteller 19 CHF – Karte 40/78 CHF – *(Tischbestellung ratsam)*
Fast schon intim ist die Atmosphäre in dem hellen, mit fernöstlicher Deko und Orchideen geschmückten Restaurant. Hier darf man sich auf authentische thailändische Gerichte wie "Tom Yam Suppe" oder "Gaeng Masaman Curry" freuen.

Süd-West 2 km Richtung Neuchâtel

Gottstatterhaus
Neuenburgstr. 18 ⊠ 2505 Biel – ℰ 032 322 40 52 – www.gottstatterhaus.ch – geschl. Ende Dezember - Mitte Januar und Mittwoch, Oktober - April: Mittwoch - Donnerstag
Tagesteller 29 CHF – Menü 47 CHF – Karte 39/80 CHF
In 8. Generation ist das einstige Rebhaus des Klosters Gottstatt im Familienbesitz. Geboten wird überwiegend Fischküche - probieren Sie z. B. "Hecht, am Stück gebraten, à la meunière". Tipp: tamilische Spezialitäten im Februar. Die Südlage am See sorgt für maritimes Flair - toll die Terrasse unter Platanen!

BIENNE – Berne → Voir à Biel

BINNINGEN – Basel-Landschaft → Siehe Basel

BIOGGIO
Ticino (TI) – ⊠ 6934 – 2 631 ab. – Alt. 292 m – Carta regionale **10-H7**
◨ Bern 241 km – Lugano 6 km – Bellinzona 28 km – Locarno 40 km
Carta stradale Michelin 553-R13

Grotto Antico
via Cantonale 10 – ℰ 091 605 12 39 – www.grottoantico.ch – chiuso in estate domenica a pranzo
Piatto del giorno 30 CHF – Menu 50 CHF – Carta 53/88 CHF – *(prenotazione obbligatoria)*
All'interno di un edificio del 1838, immerso nel verde, il ristorante propone una cucina d'impronta classico/regionale ed un piacevole servizio estivo in terrazza.

Les BIOUX – Vaud → Voir à Joux (Vallée de)

BIRMENSTORF
Aargau (AG) – ⊠ 5413 – 2 921 Ew – Höhe 384 m – Regionalatlas **4-F2**
◨ Bern 102 km – Aarau 25 km – Baden 7 km – Luzern 70 km
Michelin Straßenkarte 551-O4

BIRMENSTORF

XX Pfändler's Gasthof zum Bären
Kirchstr. 7 – ℰ 056 201 44 00 – www.zumbaeren.ch – *geschl. Samstagmittag, Sonntag - Montag*
16 Zim ⊊ – †145 CHF ††210 CHF
Tagesteller 19 CHF – Menü 64/99 CHF – Karte 68/96 CHF
Das Haus mit über 200-jähriger Geschichte ist schon sehr liebevoll gestaltet. Zudem bietet man in der Orangerie schmackhafte Küche auf Tapas-Basis, in der Gaststube Traditionelles von der Bratwurst bis zum Schmorgericht. Die Zimmer sind hübsch und wohnlich, teilweise in der "Casa Beatrice".

BISCHOFSZELL
Thurgau (TG) – ✉ 9220 – 5 895 Ew – Höhe 506 m – Regionalatlas **5-H2**
▶ Bern 196 km – Sankt Gallen 25 km – Frauenfeld 35 km – Konstanz 24 km
Michelin Straßenkarte 551-U4

🏠 Le Lion
Grubplatz 2 – ℰ 071 424 60 00 – www.hotel-lelion.ch – *geschl. 23. Dezember - 3. Januar*
17 Zim ⊊ – †125/145 CHF ††205/245 CHF
In dem kleinen Stadthotel a. d. 16. Jh. hat man sehr hübsch Altes mit Neuem kombiniert: vom Empfangsbereich mit historischen Steinwänden über die Zimmer mit schönem Parkett, wertigem Mobiliar und moderner Technik bis zum Restaurant mit nostalgischen Fotos (hier italienische Küche). Abends Lounge-Bar.

BLATTEN bei MALTERS
Luzern (LU) – ✉ 6102 – Höhe 480 m – Regionalatlas **4-F4**
▶ Bern 115 km – Luzern 8 km – Aarau 55 km – Altdorf 45 km
Michelin Straßenkarte 551-N7

XX Krone
– ℰ 041 498 07 07 – www.krone-blatten.ch – *geschl. Sonntagabend - Montag*
Tagesteller 39 CHF – Menü 54 CHF (mittags unter der Woche)/103 CHF
– Karte 67/96 CHF – *(Tischbestellung ratsam)*
Der stattliche Gasthof unweit von Luzern ist schon eine schöne heimelige Adresse. Auf der klassischen Karte liest man z. B. "Jakobsmuscheln mit Sellerie und grünem Apfel" oder "Rindsfilet mit Trüffelpolenta und Wintergemüse". Dazu gute Weine. Raucherlounge und hübsche Terrasse.
Gaststube – Siehe Restaurantauswahl

X Gaststube – Restaurant Krone
– ℰ 041 498 07 07 – www.krone-blatten.ch – *geschl. Sonntagabend - Montag*
Tagesteller 20 CHF – Menü 24 CHF (mittags)/39 CHF (abends) – Karte 42/70 CHF – *(Tischbestellung ratsam)*
Die legere Alternative zur "Krone": charmant-urchig wie eine Dorfbeiz - die wurde hier nämlich nach alten Bauplänen originalgetreu rekonstruiert! Gekocht wird schlichter und günstiger, aber nicht weniger schmackhaft, so z. B. "Lozärner Söili", "Cordon bleu", "Hacktäschli" oder "Meringue glacée".

BLATTEN bei NATERS
Wallis (VS) – ✉ 3914 – Höhe 1 322 m (Wintersport : 1 327/3 112 m)
– Regionalatlas **8-F6**
▶ Bern 103 km – Brig 9 km – Andermatt 85 km – Domodossola 74 km
Michelin Straßenkarte 552-M11

auf der Belalp mit 🚠 erreichbar – Höhe 2 096 m – ✉ 3914 Belalp

Hamilton Lodge
Wolftola 1, in 10 min. per Spazierweg erreichbar – ℰ 027 923 20 43
– www.hamiltonlodge.ch – *geschl. 10. April - 9. Juni, 25. September - 16. Dezember*
19 Zim ⊊ – †130/165 CHF ††180/260 CHF – ½ P
Lodgestyle - alpin-modern, detailverliebt und mit ganz viel Charme! Keine Autos, nur Ruhe und ein atemberaubendes Bergpanorama - kein Wunder, dass es hier alle auf die sonnige Terrasse zieht! Für Kids: eigener Speiseraum und Pfannkuchenfrühstück!

BLATTEN im LÖTSCHENTAL
Wallis (VS) – ✉ 3919 – 288 Ew – Höhe 1 540 m – Regionalatlas **8-E5**
▶ Bern 73 km – Brig 38 km – Domodossola 101 km – Sierre 38 km
Michelin Straßenkarte 552-L11

🏠 Edelweiss
*Tiefe Fluh 2 – ℰ 027 939 13 63 – www.hoteledelweiss.ch – geschl. 15. April
- 20. Mai, 4. November - 15. Dezember*
23 Zim – †85/155 CHF ††170/230 CHF – ½ P
Ruhig ist die Lage in dem alten Walliserdorf, Panoramasicht bietet die Terrasse! Von hier aus wandert es sich wunderbar, oder Sie machen mit dem Chef eine Dorfführung. Die regionalen Produkte, die man im Haus verarbeitet, sind auch ein schönes Mitbringsel.

✕ Nest- und Bietschhorn
Ried 24 – ℰ 027 939 11 06 – www.nest-bietschhorn.ch – geschl. 3. April - 10. Juni, 29. Oktober - 20. Dezember und Dienstagmittag, ausser Saison: Montag - Mittwochmittag
17 Zim – †80/95 CHF ††150/180 CHF – ½ P
Menü 57/78 CHF – Karte 51/79 CHF – *(Tischbestellung ratsam)*
Appetit auf "Kalbshaxe, Kartoffeln, Pastinaken"? Hier wird traditionell und mit internationalen Einflüssen gekocht, und das mit Geschmack und frischen Produkten - und die Preise sind fair! Vom Fenster hat man einen schönen Blick zum Tal, im Winter sitzt man gerne am offenen Kamin.

BLAUSEE-MITHOLZ – Bern ➜ Siehe Kandersteg

BLITZINGEN
Wallis (VS) – ✉ 3989 – 74 Ew – Höhe 1 296 m – Regionalatlas **8-F5**
▶ Bern 145 km – Andermatt 54 km – Brig 24 km – Interlaken 90 km
Michelin Straßenkarte 552-N10

🏨 Castle
Aebnet 8, Nord: 2,5 km – ℰ 027 970 17 00 – www.hotel-castle.ch – geschl. 30. März - 30. Mai, 26. Oktober - 19. Dezember
10 Zim – †125/175 CHF ††200/250 CHF – 30 Suiten – ½ P
Rest *Schlossrestaurant* – Siehe Restaurantauswahl
Die exponierte Lage entschädigt für die kurvenreiche Strasse hier hinauf zu den freundlichen Gastgebern (seit über 20 Jahren im Haus)! Die Zimmer sind freundlich, wohnlich und geräumig, haben alle einen Balkon, teilweise nach Süden.

✕✕ Schlossrestaurant – Hotel Castle
Aebnet 8, Nord: 2,5 km – ℰ 027 970 17 00 – www.hotel-castle.ch – geschl. 30. März - 30. Mai, 26. Oktober - 19. Dezember und Oktober: Montag
Menü 58/130 CHF – Karte 57/112 CHF
Natur wohin auch das Auge blickt! Ob Sie von einem Flight auf einem der schönsten Berggolfplätze (8 km entfernt), einer Wanderung oder vom Wintersport kommen, man verwöhnt Sie mit ambitionierter Küche.

BLUCHE – Valais ➜ Voir à Crans-Montana

BÖNIGEN – Bern ➜ Siehe Interlaken

BOGIS-BOSSEY
Vaud (VD) – ✉ 1279 – 905 hab. – Alt. 470 m – Carte régionale **6-A6**
▶ Bern 144 km – Genève 19 km – Lausanne 49 km – Montreux 79 km
Carte routière Michelin 552-B10

✕✕ Auberge Communale
Chemin de la Pinte 1 – ℰ 022 776 63 26 – www.auberge-bogis-bossey.ch – fermé 23 décembre - 20 janvier, 1er - 14 août, lundi et mardi
2 ch – †120/130 CHF ††230/240 CHF
Plat du jour 25 CHF – Menu 65 CHF (déjeuner)/120 CHF – Carte 56/108 CHF
Dans cette engageante maison de 1750, on savoure une cuisine bien tournée, valorisant des produits de première qualité (lard et fromage des montagnes, plantes et champignons de la cueillette) et accompagnée d'une bonne sélection de vins. Carte plus courte au café.

Les BOIS
Jura (JU) – ✉ 2336 – 1 137 hab. – Alt. 1 029 m – Carte régionale **2**-C3
▶ Bern 83 km – Delémont 45 km – Fribourg 79 km – Solothurn 62 km
Carte routière Michelin 551-G6

 X **Espace Paysan Horloger** N
Le Boéchet 6 – ℰ 032 961 22 22 – www.paysan-horloger.ch – fermé dimanche soir, lundi et mardi
Menu 74/92 CHF – Carte 78/87 CHF
Situé légèrement en retrait de la route, ce petit restaurant convivial séduit avec sa terrasse qui donne sur la verdure… et sa cuisine où les produits de la région s'animent de jolies touches méridionales. Essayez aussi les chambres, entre rustique et modernité, et le joli musée de l'horlogerie.

BOTTMINGEN – Basel-Landschaft ➔ Siehe Basel

BOURGUILLON – Fribourg ➔ Voir à Fribourg

BRAIL
Graubünden (GR) – ✉ 7527 – Regionalatlas **11**-J4
▶ Bern 311 km – Chur 98 km – Triesen 104 km
Michelin Straßenkarte 553-Y9

 IN LAIN Hotel Cadonau
Crusch Plantaun 217 – ℰ 081 851 20 00 – www.inlain.ch – geschl. 18. April - 23. Mai, 1. November - 6. Dezember
10 Zim ☐ – †360/660 CHF ††410/910 CHF – 4 Suiten – ½ P
Rest *Vivanda* ⊛ • **Rest** *La Stüvetta* • **Rest** *Käserei* – Siehe Restaurantauswahl
Wer keine Grandhotels mag, aber dennoch luxuriös wohnen möchte, ist in dem ausgesprochen hochwertigen und angenehm modernen Haus der Cadonaus bestens aufgehoben. Dass die Familie des Patrons eine Holzmanufaktur betreibt, sieht man sofort: warmes Arvenholz überall! Service hat hier übrigens einen hohen Stellenwert, die Minibar ist kostenfrei und das Frühstück top!

XxX **Vivanda** (Dario Cadonau) – IN LAIN Hotel Cadonau
⊛ *Crusch Plantaun 217 – ℰ 081 851 20 00 – www.inlain.ch – geschl. 18. April - 23. Mai, 1. November - 6. Dezember, Montag und Dienstag*
Menü 152/198 CHF – *(nur Abendessen) (Tischbestellung ratsam)*
Dario Cadonau kocht kreativ und mit Aufwand, verbindet Klassisches mit Modernem, schafft interessante Kontraste. Und was könnte ein solch feines Essen besser abschliessen als guter Käse aus der eigenen Käserei im Haus? Das Ambiente: eindrucksvolle Natursteinwände, Cheminée und stimmiger geradliniger Stil.
➔ Gelbflossen Thunfisch, Brotgelee, Meerlattich, Matcha-Tee und Parmesan. Dreierlei vom Engadiner Kalb, Tomaten-Safran-Risotto-Espuma, Königskrabbe und Erbse. Deformation von der Schwarzwälder Torte.

XX **La Stüvetta** – IN LAIN Hotel Cadonau
Crusch Plantaun 217 – ℰ 081 851 20 00 – www.inlain.ch – geschl. 18. April - 23. Mai, 1. November - 6. Dezember
Tagesteller 48 CHF – Menü 78/108 CHF – Karte 77/112 CHF
Es ist bekannt, dass man bei Familie Cadonau gut isst, und da macht auch dieses charmante A-la-Carte-Restaurant keine Ausnahme. Probieren Sie z. B. "Gnocchi mit Wirsing, Speck und Salbei" oder "Engadiner Kalbskotelett".

 X **Käserei** – IN LAIN Hotel Cadonau
Crusch Plantaun 217 – ℰ 081 851 20 00 – www.inlain.ch – geschl. 18. April - 23. Mai, 1. November - 6. Dezember
Karte 81/107 CHF – *(nur Abendessen)*
Sie sitzen hier in einem gemütlichen Gewölbe und lassen sich z. B. Pizzoccheri oder die mit Brailer Käse überbackenen Kräuter-Spätzli schmecken. Apropos Käse: Fragen Sie ruhig nach, wann man das nächste Mal beim Käsen zuschauen kann!

BREIL BRIGELS
Graubünden (GR) – ⊠ 7165 – 1 258 Ew – Höhe 1 289 m (Wintersport : 1 257/
2 418 m) – Regionalatlas **10**-H4
▶ Bern 199 km – Andermatt 52 km – Chur 50 km – Bellinzona 105 km
Michelin Straßenkarte 553-S9

La Val
*Palius 18 – ℰ 081 929 26 26 – www.laval.ch – geschl. Anfang
November - Anfang Dezember, Mitte April - Mitte Mai*
33 Zim 🖃 – †180/340 CHF ††420/590 CHF – ½ P
Rest *Ustria Miracla* – Siehe Restaurantauswahl
Der Mix aus Naturmaterialien und klaren Formen zieht sich von der Halle über die Zimmer und den tollen Spa auf 500 qm bis in die Raucherlounge "Furnascha". Wer das Besondere sucht, bucht die Kamin-Maisonettesuite! In einem kleinen Holzhäuschen gibt's im Winter auf Nachfrage Fondue, im Sommer Grillgerichte.

XX Casa Fausta Capaul
Cadruvi 32 – ℰ 081 941 13 58 – www.faustacapaul.ch – geschl. Anfang April - Anfang Mai, Anfang November - Anfang Dezember, im Januar und März: Mittwoch, im Sommer: Dienstag - Mittwoch
7 Zim 🖃 – †75/95 CHF ††150/170 CHF
Menü 75 CHF (mittags)/165 CHF – Karte 75/113 CHF
Jede Menge Gemütlichkeit verbreitet das traditionelle alte Holzhaus. Wer sitzt da nicht gerne bei regionalen Speisen wie "Lammrückenwürfeli auf Bramata"? Tipp: hausgebackener Kuchen im Wintergarten, Bergblick inklusive! Sie möchten länger bleiben? Einfache, aber sehr heimelige Zimmer und hübsches Appartement.

XX Ustria Miracla – Hotel La Val
*Palius 18 – ℰ 081 929 26 26 – www.laval.ch – geschl. Anfang
November - Anfang Dezember, Mitte April - Mitte Mai*
Menü 69/98 CHF – Karte 56/95 CHF – *(nur Abendessen) (Tischbestellung ratsam)*
Auch in Sachen Kulinarik führt man die gelungene Mischung aus alpiner Tradition und Moderne fort. Man bietet eine ambitionierte mediterran-traditionelle Küche, zu der z. B. ein guter Bordeaux passt - besonders schön die Auswahl hier.

BRENT – Vaud ➜ Voir à Montreux

BRIENZ
Bern (BE) – ⊠ 3855 – 3 097 Ew – Höhe 566 m – Regionalatlas **8**-F4
▶ Bern 77 km – Interlaken 22 km – Luzern 52 km – Meiringen 15 km
Michelin Straßenkarte 551-M8

in Giessbach Süd-West: 6 km – ⊠ 3855 Brienz

Grandhotel Giessbach
Axalpstrasse – ℰ 033 952 25 25 – www.giessbach.ch – geschl. November - März
68 Zim 🖃 – †100/300 CHF ††180/530 CHF – 4 Suiten – ½ P
Rest *Les Cascades* • **Rest** *Le Tapis Rouge* – Siehe Restaurantauswahl
Grandhotel a. d. 19. Jh. in einem schönen 22 ha grossen Park in traumhafter Panoramalage neben den Giessbachfällen - fantastisch der Blick über den türkisfarbenen See! Die eigene Standseilbahn bringt Sie hinunter ans Wasser. Drinnen stilvolles Ambiente, draussen ein toller Naturpool und schöne Rundwege.

XXX Le Tapis Rouge – Grandhotel Giessbach
Axalpstrasse – ℰ 033 952 25 25 – www.giessbach.ch – geschl. November - März
Menü 77/118 CHF – Karte 63/77 CHF – *(nur Abendessen)*
In stilvoll-elegantem Ambiente wird man hier stets anspruchsvoll bekocht, und zwar in jeder Saison von einem anderen Gastkoch - da kann von rein vegan bis französisch alles dabei sein. Von einem Teil der Tische hat man eine schöne Aussicht auf den See, und von der Terrasse erst!

BRIENZ

XX **Les Cascades** – Grandhotel Giessbach
Axalpstrasse – ℰ 033 952 25 25 – www.giessbach.ch – geschl. November - März
Menü 58/85 CHF – Karte 49/90 CHF
Auch dieses Restaurant des Grandhotels trumpft allein schon durch seine Lage!
Tagesgäste kommen per Boot und fahren mit der Standseilbahn bis zur Terrasse!
Neben klassischer Küche geniesst man hier die Sicht auf die Wasserfälle!

BRIG
Wallis (VS) – ✉ 3900 – 13 086 Ew – Höhe 678 m – Regionalatlas **8-F6**
▶ Bern 94 km – Andermatt 80 km – Domodossola 66 km – Interlaken 116 km
Michelin Straßenkarte 552-M11

🏠 **Ambassador**
Saflischstr. 3 – ℰ 027 922 99 00 – www.ambassador-brig.ch – geschl. 8. - 26. Januar
26 Zim ⊆ – †97/130 CHF ††150/190 CHF – 1 Suite – ½ P
Neben seiner praktischen Lage nur 200 m vom Bahnhof bietet das Haus gepflegte, freundlich und zeitgemäss eingerichtete Zimmer, und im Restaurant Cheminots, bestehend aus Brasserie und Jägerstube, können Sie traditionell speisen.

in Ried-Brig Süd-Ost: 3,5 km – ✉ 3911 Ried

XX **Zer Mili**
😊 *Bleike 17 – ℰ 027 923 11 66 – www.zer-mili.ch – geschl. Mitte Januar 2 Wochen, Mitte Oktober 2 Wochen und Montag - Dienstag*
Tagesteller 19 CHF – Menü 25 CHF (mittags unter der Woche)/85 CHF
– Karte 36/69 CHF – *(Tischbestellung ratsam)*
Die Gastgeber hier sind wirklich herzlich! Geboten wird regionale und internationale Küche - der Chef hat übrigens ein Faible für Munder Safran. Durch grosse Panoramafenster blickt man auf Brig und das Tal.

BRIGELS – Graubünden ➜ Siehe Breil

BRISSAGO
Ticino (TI) – ✉ 6614 – 1 768 ab. – Alt. 210 m – Carta regionale **9-G6**
▶ Bern 247 km – Locarno 10 km – Bellinzona 30 km – Domodossola 53 km
Carta stradale Michelin 553-Q12

🏠 **Villa Caesar**
via Gabbietta 3 – ℰ 091 793 27 66 – www.brissago.sunstar.ch – chiuso metà novembre - inizio marzo
24 cam ⊆ – †135/330 CHF ††180/480 CHF – 8 suites
Immaginate una residenza di villeggiatura di epoca romana, trasportatela sulle rive del Verbano ed ecco a voi l'hotel. Il confort è al passo con i tempi: camere spaziose in stile mediterraneo. Ristorante con terrazza e vista verso la bella piscina.

🏠 **Yachtsport Resort**
*Al Lago, Strada d'accesso : per via Crodolo – ℰ 091 793 12 34
– www.yachtsport-resort.com – chiuso 15 ottobre - 31 marzo*
10 cam – †115/190 CHF ††190/250 CHF
Servizio molto professionale e personalizzato in uno splendido resort affacciato sul lago (vista offerta da ogni angolo della struttura), con piccola spiaggia privata e camere contraddistinte da termini nautici. Il top del confort si trova nelle stanze che riprendono lo stile navy: il lussuoso mondo dello yacht è infatti il filo rosso della casa. Ristorante: solo per alloggiati.

XX **Osteria al Giardinetto**
😊 *Muro degli Ottevi 10 – ℰ 091 793 31 21 – www.al-giardinetto.ch
– chiuso mercoledì*
Carta 52/79 CHF – *(solo a cena)*
Nel centro della località, una dimora patrizia del XIV secolo ospita questo piacevole ristorante: intima sala con camino o servizio estivo sotto il grazioso patio. Il menu contempla ricette mediterranee con piatti che seguono le stagioni. Conviviale atmosfera familiare.

BRISSAGO

a Piodina Sud-Ovest : 3 km – Alt. 360 m – ✉ 6614 Brissago

✕ Osteria Borei
via Ghiridone 77, Ovest : 5 km, alt. 800 m – ✆ 091 793 01 95
– www.osteriaborei.ch – chiuso metà dicembre - metà marzo e giovedì, metà marzo - maggio : mercoledì e giovedì, novembre - metà dicembre : aperto solo weekend
Piatto del giorno 28 CHF – Carta 36/69 CHF
Grotto di ambiente familiare, da cui godrete della vista di tutto il lago in un solo colpo d'occhio! Cucina rigorosamente casalinga, che si esprime al meglio in alcuni piatti come nel risotto con funghi, ravioli, brasato e polenta, ed altro ancora.

BRUGG
Aargau (AG) – ✉ 5201 – 11 194 Ew – Höhe 352 m – Regionalatlas **4-F2**
▶ Bern 105 km – Aarau 27 km – Liestal 63 km – Zürich 36 km
Michelin Straßenkarte 551-N4

✕✕ essen'z
Fröhlichstr. 35 – ✆ 056 282 20 00 – www.restaurant-essenz.ch – geschl. Januar 1 Woche, Juli - August 3 Wochen und Samstagmittag, Sonntag - Montag
Tagesteller 28 CHF – Menü 52 CHF (mittags unter der Woche)/132 CHF
– Karte 76/104 CHF
Puristisch wie das Interieur ist auch die Küche. Sie basiert auf erstklassigen Produkten und ist frei von Chichi, dafür aber voller Geschmack, und die Preise sind fair. Auf der Karte z. B. "Filet vom Pata Negra Schwein mit Kräuterrisotto".

BRUNEGG
Aargau (AG) – ✉ 5505 – 732 Ew – Höhe 434 m – Regionalatlas **4-F2**
▶ Bern 93 km – Aarau 18 km – Luzern 61 km – Olten 38 km
Michelin Straßenkarte 551-N4

🏨 Zu den drei Sternen
Hauptstr. 3 – ✆ 062 887 27 27 – www.hotel3sternen.ch – geschl. 10. - 23. April
25 Zim ⊆ – †150/170 CHF ††210 CHF
Rest *Gourmet* – Siehe Restaurantauswahl
700 Jahre Geschichte liegen den "Drei Sternen" zugrunde, heute ein sehr schönes Romantik-Hotel, in dem sich Business- und Privatgäste gleichermassen wohlfühlen. In den Zimmern Landhaus-Charme und moderne Technik. Im legeren "Schloss-Pintli" speist man traditionell. Oder wie wär's mit Fondue in der Kellerbar?

✕✕ Gourmet – Hotel Zu den drei Sternen
Hauptstr. 3 – ✆ 062 887 27 27 – www.hotel3sternen.ch – geschl. 10.
- 23. April und Samstagmittag, Sonntagabend
Tagesteller 35 CHF – Menü 50 CHF (mittags unter der Woche)/87 CHF
– Karte 49/107 CHF
Hier erwarten Sie geschmackvoll-komfortable Landhausatmosphäre, sehr gepflegte Tischkultur und klassische Küche. Probieren Sie z. B. Seezunge oder Eglifilets, oder lieber den "Drei Sternen"-Klassiker "grilliertes Rindsfilet mit Kartoffelgratin und Sauce Béarnaise"? Im Weinkeller rund 1200 Positionen!

BRUNNEN
Schwyz (SZ) – ✉ 6440 – Höhe 439 m – Regionalatlas **4-G4**
▶ Bern 152 km – Luzern 48 km – Altdorf 13 km – Schwyz 6 km
Michelin Straßenkarte 551-Q7

🏨 Seehotel Waldstätterhof
Waldstätterquai 6 – ✆ 041 825 06 06 – www.waldstaetterhof.ch
106 Zim ⊆ – †160/250 CHF ††260/330 CHF – ½ P
Seit 1870 gibt es das traditionsreiche Hotel in wunderschöner Seelage. Die wohnlichen Zimmer blicken teils zum See, wo man ein eigenes Strandbad und einen Bootssteg hat. Neben moderner internationaler Küche und guter Weinauswahl trumpft die elegante Rôtisserie mit einer tollen Terrasse am Vierwaldstättersee.

BRUNNEN

Weisses Rössli ⇗ 斎 ⊡ ⅍ ℗
Bahnhofstr. 8 – ℘ 041 825 13 00 – www.weisses-roessli-brunnen.ch – geschl. 16. - 25. Dezember
17 Zim ⌧ – †100/120 CHF ††180/190 CHF
Das kleine Hotel in einer gepflegten Häuserreihe im Zentrum beherbergt im Haupthaus wohnlich-moderne Zimmer, die in der Dependance sind etwas einfacher. Das Restaurant ist in neuzeitlich-ländlichem Stil gehalten. Nebenan ein trendiges Steakhaus mit Cocktailbar.

BUBENDORF
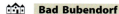
Basel-Landschaft (BL) – ⊠ 4416 – 4 376 Ew – Höhe 360 m – Regionalatlas **3-E2**
▶ Bern 84 km – Basel 25 km – Aarau 55 km – Liestal 5 km
Michelin Straßenkarte 551-L4

Bad Bubendorf ⇗ ₤ ⊡ ⅍ ⅍ ℗
Kantonsstr. 3 – ℘ 061 935 55 55 – www.badbubendorf.ch
53 Zim ⌧ – †150/226 CHF ††188/244 CHF
Rest *Osteria TRE* ❀ • **Rest** *Wintergarten - Pergola* – Siehe Restaurantauswahl
Ob "Charming" im Stammhaus von 1742 oder "Design" im Anbau, alle Zimmer in dem engagiert geführten Familienbetrieb sind schön modern: klare Linien, wohltuende Farben. Zwei "Spa-Suiten" mit eigener Sauna. Kosmetik und Massage buchbar. "Zum Bott": urige Wirtschaft mit Kreuzgewölbe. Beliebte Gartenwirtschaft.

XXX Osteria TRE – Hotel Bad Bubendorf 🐝 斎 & ℗
❀ *Kantonsstr. 3 – ℘ 061 935 55 55 – www.badbubendorf.ch – geschl. 1. - 9. Januar, 5. - 13. März, 16. Juli - 7. August und Sonntag - Montag*
Menü 108/150 CHF – Karte 94/120 CHF – *(nur Abendessen) (Tischbestellung ratsam)*
Chic das trendig-elegante Interieur samt dekorativem grossem Weinregal, stimmig und fein die modern-italienische Küche mit filigranen kreativen Momenten. Wählen Sie z. B. das "Menu a sorpresa". Werfen Sie auch einen Blick auf die Weinkarte!
→ Agnolotti dal plin, junger Blattspinat, Salbeibutter, Castelmagno Käse. Gebratener Heilbutt, Schnittlauchrisotto, weisser Spargel und Kohlrabi. Bistecca Fiorentina di Chianina, Wurzelgemüse, Bärlauchgnocchi, Rosmarinjus.

XX Wintergarten - Pergola – Hotel Bad Bubendorf 🐝 斎 & ⇔ ℗
Kantonsstr. 3 – ℘ 061 935 55 55 – www.badbubendorf.ch
Tagesteller 35 CHF – Menü 50 CHF (mittags)/98 CHF – Karte 62/108 CHF
Was man in dem schönen lichten Raum in silbrigen Grautönen serviert, nennt sich z. B. "geschmorter Rehpfeffer mit Silberzwiebeln und Speck" oder "Seeteufel mit Steinpilzen". Im Sommer öffnet man die Glasfront - davor die tolle Terrasse!

XX Landgasthof Talhaus - PURO 斎 ⅍ ⇔
☺ *Obere Hauensteinstr. 21, Ost: 1,5 km Richtung Solothurn – ℘ 061 931 17 20 – www.landgasthof-talhaus.ch – geschl. Ende Februar 1 Woche, Juli - August 2 Wochen und Sonntag - Montag, Donnerstagmittag und Samstagmittag*
Menü 64/94 CHF
Das Konzept nennt sich "Bistronomy Italiana": Hier werden gute Zutaten zu frischen mediterranen Speisen mit reichlich Geschmack und Aroma. Da kommt "Vitello Tonnato" ebenso gut an wie "Penne mit Tintenfisch und Pfifferlingen".

XX Le Murenberg (Denis Schmitt) 斎 ⇔ ℗
❀ *Krummackerstr. 4 – ℘ 061 931 14 54 – www.lemurenberg.ch*
– geschl. Februar 2 Wochen, August 2 Wochen und Montag - Dienstag
Tagesteller 28 CHF – Menü 45 CHF (mittags unter der Woche)/110 CHF
– Karte 73/115 CHF
In dem hellen geradlinig gehaltenen Restaurant liest man auf der Tafel klassisch-moderne Speisen wie "Kalbskotelett mit Kürbis-Haselnussravioli und Pilzen". Man versteht es, aus wenigen Komponenten harmonische Speisen zuzubereiten, die schön präsentiert werden.
→ Weiches Ei, geräucherter Parmesanschaum, Fave Bohnen. Königstaube, grüne Spargeln, Topinambur, Frühlingszwiebeln, Kartoffelgalette. Grand Cru Schokoladenvariation.

BUBIKON
Zürich (ZH) – ⊠ 8608 – 7 020 Ew – Höhe 509 m – Regionalatlas **4-G3**
▶ Bern 159 km – Zürich 31 km – Rapperswil 7 km – Uster 17 km
Michelin Straßenkarte 551-R5

XX Löwen - Apriori
Wolfhauserstr. 2 – ℰ 055 243 17 16 – www.loewenbubikon.ch
– geschl. Februar 2 Wochen, Juli - August 3 Wochen und Samstagmittag,
Sonntag - Montag
11 Zim ⊇ – †135/150 CHF ††230/275 CHF
Menü 62 CHF (mittags unter der Woche)/148 CHF – Karte 65/115 CHF –
(Tischbestellung ratsam)
Mit Charme und Herzblut führen die engagierten Gastgeber den historischen Gasthof seit über 15 Jahren - eines der nettesten Häuser der Region! Geboten wird eine ambitionierte saisonale Küche aus exzellenten Produkten. Wer über Nacht bleiben möchten, darf sich auf richtig schöne und individuelle Zimmer freuen.
Gaststube ⊛ – Siehe Restaurantauswahl

X Gaststube – Restaurant Löwen
Wolfhauserstr. 2 – ℰ 055 243 17 16 – www.loewenbubikon.ch – geschl. Februar
2 Wochen, Juli - August 3 Wochen und Sonntag - Montag
Tagesteller 25 CHF – Karte 65/112 CHF
Eine Gaststube im besten Sinne, denn hier wird man freundlich bewirtet und die Atmosphäre stimmt auch. Nicht zu vergessen schmackhafte Gerichte wie "weisse Tomatencremesuppe", "Bündner Steinpilz-Risotto", "Wiener Schnitzel mit Bratkartoffeln und Dillgurken-Salat"...

BUCHILLON
Vaud (VD) – ⊠ 1164 – 625 hab. – Alt. 410 m – Carte régionale **6-B5**
▶ Bern 120 km – Lausanne 26 km – Genève 45 km – Thonon-les-Bains 81 km
Carte routière Michelin 552-D10

X Au Vieux Navire
Rue du Village 6c – ℰ 021 807 39 63 – www.auvieuxnavire.ch – fermé fin
décembre - mi-janvier 3 semaines et mardi, septembre - avril : lundi et mardi
Menu 64/84 CHF – Carte 53/168 CHF
C'est un vieux navire sur lequel on n'hésite pas à monter ! Passé la passerelle, pardon la porte, on s'installe dans un délicieux décor de bistrot pour déguster de bonnes spécialités de la mer – filets de pêche et frites fraîches, homard canadien... Quant à la terrasse, elle offre une vue superbe sur le Léman.

BUCHS
Sankt Gallen (SG) – ⊠ 9470 – 12 412 Ew – Höhe 447 m – Regionalatlas **5-I3**
▶ Bern 237 km – Sankt Gallen 63 km – Bregenz 50 km – Chur 46 km
Michelin Straßenkarte 551-V6

X Traube
St. Gallerstr. 7 – ℰ 081 756 12 06 – www.traube-buchs.ch – geschl. Ende Juli
- Anfang August 2 Wochen und Sonntag - Montag
Tagesteller 20 CHF – Menü 75 CHF (abends) – Karte 43/87 CHF
Das ist schon ein echtes Schmuckstück, und die Chefin lässt in Braustube und historischem Saal ihr Faible für Dekorationen erkennen! Der Chef ist Franzose und das sieht man auch auf der Karte - Tipp: die Gänseleberterrine.

BÜLACH
Zürich (ZH) – ⊠ 8180 – 19 390 Ew – Höhe 428 m – Regionalatlas **4-G2**
▶ Bern 139 km – Zürich 21 km – Baden 39 km – Schaffhausen 28 km
Michelin Straßenkarte 551-P4

BÜLACH

Zum Goldenen Kopf
Marktgasse 9 – ℰ 044 872 46 46 – www.zum-goldenen-kopf.ch – geschl. 24. - 29. Dezember
34 Zim – †136/191 CHF ††191/241 CHF, ⊊ 15 CHF
Tagesteller 21 CHF – Menü 55 CHF (mittags unter der Woche) – Karte 40/88 CHF
In dem hübschen Riegelhaus kocht Patron Leo Urschinger traditionell und international, frisch und schmackhaft - Wiener Tafelspitz oder Kalbsrahmgulasch lassen seine österreichische Herkunft erkennen, und danach feinen "Espuma von Crema Catalana mit Ananas und Tahiti-Vanilleeis"? Gepflegte Gästezimmer.

BÜREN an der AARE
Bern (BE) – ⌧ 3294 – 3 535 Ew – Höhe 443 m – Regionalatlas **2-D3**
▶ Bern 31 km – Biel 14 km – Burgdorf 44 km – Neuchâtel 46 km
Michelin Straßenkarte 551-I6

Il Grano
Ländte 38 – ℰ 032 351 03 03 – www.ilgrano.ch – geschl. Sonntagabend - Montag
Tagesteller 21 CHF – Menü 65 CHF (mittags unter der Woche)/125 CHF – Karte 60/130 CHF – *(Tischbestellung ratsam)*
Nach langjährigem Bestehen gab es hier eine Konzeptänderung: Mittags gibt es Business Lunch, am Abend wählen Sie à la carte frei kombinierbare Menüportionen, und das preislich fair. Lecker z. B. "Freiland-Ei 65°C, roter Thon, Miso, Belper Knolle". Chic der Mix aus modernem Interieur und historischem Rahmen.

BÜSINGEN
Baden-Württemberg – 1 360 Ew – Höhe 421 m – Regionalatlas **4-G1**
▶ Berlin 802 km – Stuttgart 169 km – Freiburg im Breisgau 96 km – Zürich 58 km
Michelin Straßenkarte 551-Q3
Deutsche Exklave im Schweizer Hoheitsgebiet

Alte Rheinmühle
Junkerstr. 93 – ℰ 05262 52550 – www.alte-rheinmuehle.ch
16 Zim ⊊ – †158/228 CHF ††198/228 CHF
Rest *Alte Rheinmühle* – Siehe Restaurantauswahl
Malerisch schmiegt sich die a. d. J. 1674 stammende Mühle an das Ufer des Hochrheins. Sie beherbergt individuelle, wohnliche Zimmer, teilweise mit Antiquitäten und freigelegtem altem Fachwerk.

Alte Rheinmühle – Hotel Alte Rheinmühle
Junkerstr. 93 – ℰ 05262 52550 – www.alte-rheinmuehle.ch – geschl. Mitte Januar - Mitte Februar
Tagesteller 28 CHF – Menü 43 CHF (mittags)/99 CHF – Karte 48/104 CHF
Das Besondere hier: Man sitzt wirklich fast auf Rheinhöhe, von der Terrasse aus führen ein paar Stufen sogar direkt ins Wasser - an heissen Tagen sehr verlockend! Auf den Tisch kommen viele Produkte aus dem Schaffhauser Blauburgunderland.

BULLE
Fribourg (FR) – ⌧ 1630 – 21 986 hab. – Alt. 771 m – Carte régionale **7-C5**
▶ Bern 60 km – Fribourg 30 km – Gstaad 42 km – Montreux 35 km
Carte routière Michelin 552-G9

L'Ecu
Rue Saint-Denis 5 – ℰ 026 912 93 18 – www.restaurant-de-lecu.ch – fermé Noël une semaine, Pâques une semaine, fin juillet - mi-août 3 semaines, lundi et mardi
Plat du jour 20 CHF – Menu 52 CHF (déjeuner)/89 CHF – Carte 63/95 CHF
Ne vous fiez pas à la façade traditionnelle et à ses volets verts : elle cache une salle résolument contemporaine, élégante et feutrée. En sérieux professionnel, le chef cultive le goût de la fraîcheur et de la belle tradition, avec entre autres spécialités la bouillabaisse et les cochonnailles. La valeur sûre de la ville.

BUONAS
Zug (ZG) – ⌧ 6343 – 619 Ew – Höhe 417 m – Regionalatlas **4-F3**
▶ Bern 127 km – Luzern 22 km – Zug 12 km – Zürich 46 km
Michelin Straßenkarte 551-P6

XX **Wildenmann**
St. Germanstr. 1 – ⌀ 041 790 30 60 – www.wildenmann-buonas.ch – geschl. 5.
- 27. Februar, 10. - 18. September und Sonntag - Montag
Tagesteller 38 CHF – Menü 54 CHF (mittags unter der Woche)/112 CHF
– Karte 62/136 CHF
In dem schönen Zuger Haus von 1708 wird klassisch gekocht. Gerne bestellen die Gäste z. B. Rötel oder Egli aus dem Zugersee. Auch der charmante Service, die gemütliche Atmosphäre in den Stuben und nicht zuletzt die Terrasse kommen gut an.

BURGDORF
Bern (BE) – ⌧ 3400 – 16 223 Ew – Höhe 533 m – Regionalatlas **2-D4**
▶ Bern 29 km – Aarau 69 km – Basel 85 km – Biel 49 km
Michelin Straßenkarte 551-K7

Stadthaus
Kirchbühl 2 – ⌀ 034 428 80 00 – www.stadthaus.ch – geschl. 25. - 30. Dezember
18 Zim ⌧ – ♦225/265 CHF ♦♦355 CHF
Rest La Pendule 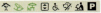 – Siehe Restaurantauswahl
Das schmucke traditionsreiche Haus in der Altstadt stammt a. d. J. 1746. Es beherbergt Zimmer in klassischem Stil mit sehr schönen Bädern. Der hübsche Lichthof dient als Lounge. Tipp: Besuchen Sie das nahe gelegene "Museum Franz Gertsch".

Orchidee
Schmiedengasse 20 – ⌀ 034 420 77 77 – www.hotel-orchidee.ch – geschl. 1.
- 10. Januar
15 Zim ⌧ – ♦129/159 CHF ♦♦168/198 CHF
Erst Villa, dann Kaufhaus und jetzt ein geschmackvolles kleines Boutique- und Design-Hotel - und zudem Integrationsbetrieb. Mitten in der beschaulichen Altstadt wohnt man in modernen Zimmern (schön der Parkettboden und die Farbgebung), im bistroartigen Restaurant kocht man frisch und regional. Dachterrasse!

XXX **Emmenhof** (Werner Schürch)
❀ Kirchbergstr. 70 – ⌀ 034 422 22 75 – www.emmenhofburgdorf.ch – geschl.
24. Dezember - 10. Januar, Mitte Juli - Mitte August und Sonntagabend
- Dienstag
Menü 75 CHF (mittags unter der Woche)/175 CHF
Seit über 30 Jahren leiten Margit und Werner Schürch nun schon diese erstklassige Adresse im Emmental. Gekocht wird klassisch mit modernen Elementen, stimmig und aromatisch, hervorragende Produkte sind das A und O. Dazu eine gut sortierte Weinkarte. Elegant das Ambiente, herzlich der Service.
→ Steinbuttfilet, Pistazienkruste, Spargel. Kalbsmilken an Morchelrahmsauce, Reis. Schangnauer Rindsrücken gebraten, Jus lié, Gemüse, Kartoffelstock mit Trüffelschaum.
Gaststube – Siehe Restaurantauswahl

XXX **La Pendule** – Hotel Stadthaus
Kirchbühl 2 – ⌀ 034 428 80 00 – www.stadthaus.ch – geschl. 25. - 30. Dezember und Sonntagabend
Tagesteller 19 CHF – Menü 65/85 CHF – Karte 55/112 CHF
Internationale und traditionelle Speisen wie "Tuna-Trio mit Honig und Soja-Sabayon" oder "Züricher Geschnetzeltes mit Butternudeln" können Sie sich im stilvollklassischen Restaurant oder auch im legeren "Stadtcafé" schmecken lassen. Schön sitzt man im Sommer auch draussen unter dem Bogengang.

BURGDORF

Zur Gedult
Metzgergasse 12 – ℰ 034 422 14 14 – www.gedult.ch – geschl. 24. Dezember - 7. Januar, 17. Juli - 6. August und Sonntag - Montag
Tagesteller 24 CHF – Menü 65/115 CHF – Karte 52/103 CHF – *(abends Tischbestellung ratsam)*
Lust auf ein gutes Essen in locker-legerer Atmosphäre? In einem der ältesten Gasthäuser Burgdorfs (1716) geniesst man ambitionierte, angenehm reduzierte Küche von "geschmorter Kalbsschulter mit Pommery-Senf-Sauce" bis "Seeteufel mit Chorizosauce, Mandel und Orange". Mittags Tagesteller und Businesslunch.

Gaststube – Restaurant Emmenhof
Kirchbergstr. 70 – ℰ 034 422 22 75 – www.emmenhofburgdorf.ch – geschl. 24. Dezember - 10. Januar, Mitte Juli - Mitte August und Sonntagabend - Dienstag
Tagesteller 21 CHF – Karte 50/98 CHF
Die einfache Stube ist die bürgerliche Alternative zum Restaurant Emmenhof. Für alle, die nicht zu gehoben, aber dennoch gut essen möchten, kocht Werner Schürch traditionelle Gerichte.

BURSINEL
Vaud (VD) – ⌧ 1195 – 475 hab. – Alt. 434 m – Carte régionale **6-A6**
▶ Bern 127 km – Lausanne 33 km – Champagnole 76 km – Genève 35 km
Carte routière Michelin 552-C10

La Clef d'Or
Rue du Village 26 – ℰ 021 824 11 06 – www.laclefdor.ch – fermé 18 décembre - 9 janvier
8 ch ⌆ – †120/155 CHF ††180/210 CHF
Rest *La Clef d'Or* – Voir la sélection des restaurants
Un havre de tranquillité que cette bâtisse rose aux volets blancs, donnant sur le vignoble et sur le lac. Dans les chambres – dont certaines mansardées –, la vue est imprenable. On y passe de calmes nuits... et l'accueil est charmant.

La Clef d'Or – Hôtel La Clef d'Or
Rue du Village 26 – ℰ 021 824 11 06 – www.laclefdor.ch – fermé 18 décembre - 9 janvier
Plat du jour 20 CHF – Menu 28 CHF (déjeuner en semaine)/59 CHF – Carte 61/88 CHF
La Clef d'Or ouvre l'appétit des gourmands de la plus étonnante des façons ! Imaginez une vue sur le Léman tout en dégustant des spécialités du Sud-Ouest de la France… ou comment deux régions viticoles se rencontrent. Poissons d'eau douce et produits du terroir sont aussi à la carte. Une belle adresse.

BURSINS
Vaud (VD) – ⌧ 1183 – 779 hab. – Alt. 473 m – Carte régionale **6-A6**
▶ Bern 126 km – Lausanne 31 km – Genève 34 km – Thonon-les-Bains 92 km
Carte routière Michelin 552-C10

Auberge du Soleil
Place du Soleil 1 – ℰ 021 824 13 44 – www.aubergedusoleil.ch – fermé 23 décembre - 9 janvier, 23 juillet - 16 août, dimanche et lundi
Plat du jour 25 CHF – Menu 89/108 CHF – Carte 54/114 CHF
Dans un village vigneron, une table élégante tenue depuis 1987 par Jean-Michel Colin, disciple du grand cuisinier suisse Frédy Girardet. Ici, la gastronomie française, produits et saisons en vedette, est à l'honneur. Autre atout : le restaurant et la terrasse donnent sur le lac et le mont Blanc.
Le Café – Voir la sélection des restaurants

Le Café – Restaurant Auberge du Soleil
Place du Soleil 1 – ℰ 021 824 13 44 – www.aubergedusoleil.ch – fermé 23 décembre - 9 janvier, 23 juillet - 16 août, dimanche et lundi
Plat du jour 25 CHF – Menu 45/60 CHF – Carte 53/80 CHF
Le "Café" de l'Auberge du Soleil a les pieds bien sur terre, avec son cadre typiquement vaudois où l'on déguste aussi bien des spécialités régionales qu'une cuisine teintée d'épices.

CADEMARIO

Ticino (TI) – ✉ 6936 – 759 ab. – Alt. 770 m – Carta regionale **10-H6**
▶ Bern 247 km – Lugano 13 km – Bellinzona 34 km – Locarno 46 km
Carta stradale Michelin 553-R13

Kurhaus Cademario Hotel & Spa
via Kurhaus 12 – ✆ 091 610 51 11 – www.kurhauscademario.com
82 cam ☐ – †160/440 CHF ††200/590 CHF – 2 suites – ½ P
Inaugurato dal dott. Keller nel 1914, il suo sogno di creare un luogo di benessere per il corpo continua oggi, in ambienti moderni ed essenziali, con terrazze e metà delle camere affacciate sul lago da più di 800 m d'altezza.

Cacciatori
via Cantonale 126, Ovest : 1,5 km – ✆ 091 605 22 36 – www.hotelcacciatori.ch – chiuso 24 ottobre - 13 aprile
32 cam ☐ – †125/250 CHF ††210/340 CHF
Moderna struttura con diverse tipologie di camere (solo alcune con balcone), ma un unico comune denominatore: l'ottimo confort. Tutt'intorno, il lussureggiante giardino con piscine e per coloro che badano alla forma fisica, una piccola Spa. Cucina classica, ma anche specialità ticinesi e lombarde al ristorante.

CADRO

Ticino (TI) – ✉ 6965 – 2 037 ab. – Alt. 456 m – Carta regionale **10-H6**
▶ Bern 246 km – Lugano 7 km – Bellinzona 35 km – Como 39 km
Carta stradale Michelin 553-S13

✗ **La Torre del Mangia**
via Margherita 2 – ✆ 091 943 38 35 – chiuso 2 settimane fine febbraio - inizio marzo, 2 settimane luglio - inizio agosto e martedì, giugno - agosto : domenica e martedì
Piatto del giorno 25 CHF – Menu 59 CHF – (coperti limitati, prenotare)
Immerso nella natura, questo originale ristorante dalla forma ottagonale propone solo menu: di carne o di pesce. Il marito ai fornelli, la moglie in sala, d'inverno il crepitante camino aggiunge un ulteriore tocco di fascino all'ambiente.

CAMPO VALLEMAGGIA

Ticino (TI) – ✉ 6684 – 57 ab. – Carta regionale **9-G6**
▶ Bern 317 km – Bellinzona 65 km – Altdorf 168 km – Sarnen 209 km
Carta stradale Michelin 553-P11

Locanda Fior di Campo
Case Pedrazzini 1 – ✆ 091 754 15 11 – www.fiordicampo.ch
8 cam ☐ – †180/320 CHF ††180/320 CHF – 1 suite
Un vero gioiellino questo albergo situato nella Val Rovana, dove i tanti ticinesi trascorrono i loro week-end all'insegna di rilassanti passeggiate. Il vecchio edificio è ora affiancato da una nuova costruzione con camere particolarmente luminose: televisori e telefoni sono volutamente banditi da tutte le stanze, che dispongono però di collegamento Wlan. Specialità regionali fanno capolino in menu.

CAPOLAGO

Ticino (TI) – ✉ 6825 – 746 ab. – Alt. 274 m – Carta regionale **10-H7**
▶ Bern 255 km – Lugano 15 km – Bellinzona 43 km – Como 16 km
Carta stradale Michelin 553-R14

✗ **Grotto Eguaglianza** ⓝ
Via Municipio 20 – ✆ 091 630 56 17 – www.eguaglianza.com – chiuso 18 dicembre - 9 gennaio, 18 giugno - 3 luglio, domenica e lunedì
Piatto del giorno 22 CHF – Carta 39/63 CHF – (consigliata la prenotazione)
L'esperienza non manca ai proprietari di questo interessante esercizio che propone specialità regionali ricche di gusto ed elaborate partendo da ottimi prodotti di base a cui lo chef aggiunge il suo tocco personale. La carta proposta è proprio quella tipica di un grotto dove lo stracotto di manzo al vino rosso con polenta ne è un esempio.

CARONA
Ticino (TI) – ✉ 6914 – 827 ab. – Alt. 602 m – Carta regionale **10**-**H7**
◧ Bern 251 km – Lugano 9 km – Bellinzona 39 km – Locarno 51 km
Carta stradale Michelin 553-R14

🏠 Villa Carona
via Principale 53, piazza Noseed – ✆ 091 649 70 55 – www.villacarona.ch
– chiuso fine novembre - fine gennaio
18 cam ☲ – †89/175 CHF ††139/220 CHF – ½ P
Rist *La Sosta* – Vedere selezione ristoranti
Nel bellissimo villaggio di Carona, calorosa gestione familiare in una villa patrizia del XIX secolo abbracciata da un curato giardino: ampie camere, alcune eleganti ed affrescate, altre più rustiche.

✕ Posta

via Principale 35 – ✆ 091 649 72 66 – www.ristorante-posta.ch
– chiuso 9 gennaio - 7 febbraio, 1 settimana giugno, lunedì e martedì a mezzogiorno
Piatto del giorno 20 CHF – Carta 38/79 CHF
Informale e simpatica accoglienza familiare, si mangia in due semplici sale all'interno, ma l'appuntamento imperdibile arriva con la bella stagione, all'aperto, sotto un glicine.

✕ La Sosta – Hotel Villa Carona
via Principale 53, piazza Noseed – ✆ 091 649 70 55 – www.ristorantelasosta.ch
– chiuso metà novembre - inizio marzo e mercoledì
Piatto del giorno 38 CHF – Menu 50 CHF (pranzo)/98 CHF – Carta 67/85 CHF –
(consigliata la prenotazione la sera)
Una calda atmosfera rustica con camino per i pochi tavoli all'interno e un romantico glicine per le giornate estive: è il contorno di una cucina creativa, curata ed elegantemente presentata.

CAROUGE – Genève → Voir à Genève

CASLANO
Ticino (TI) – ✉ 6987 – 4 338 ab. – Alt. 289 m – Carta regionale **10**-**H7**
◧ Bern 247 km – Lugano 11 km – Bellinzona 33 km – Locarno 45 km
Carta stradale Michelin 553-R13

🏠 Gardenia
via Valle 20 – ✆ 091 611 82 11 – www.albergo-gardenia.ch – chiuso fine ottobre - inizio aprile
23 cam ☲ – †150/250 CHF ††215/350 CHF
Edificio del 1800, squisita fusione di antico e moderno, immerso in un bel giardino con piscina in pietra viva. Camere moderne e confortevoli.

CAVIGLIANO
Ticino (TI) – ✉ 6654 – 697 ab. – Carta regionale **9**-**G6**
◧ Bern 282 km – Bellinzona 30 km – Altdorf 137 km – Chur 148 km
Carta stradale Michelin 553-Q12

✕ Tentazioni

via Cantonale, Bivio per Valle Onsernone – ✆ 091 780 70 71
– www.ristorante-tentazioni.ch – chiuso 8 gennaio - 9 febbraio, lunedì e martedì, in estate solo lunedì
5 cam – †120/200 CHF ††160/380 CHF, ☲ 15 CHF
Piatto del giorno 25 CHF – Menu 65 CHF (pranzo)/148 CHF (cena)
– Carta 91/112 CHF – *(consigliata la prenotazione)*
I due proprietari, Andreas Schwab ai fornelli e Dario Pancaldi responsabile di sala, "congiurano" per farvi cedere alle tante tentazioni di gola presenti in menu: cucina creativa ed ottimi vini. Il servizio non è certo da meno!
→ Prosciutto crudo, carabinero, burrata, asparagi. Manzo, aglio orsino, carciofi. Rabarbaro, acetosella, te verde monteverità.

CELERINA SCHLARIGNA
Graubünden (GR) – ✉ 7505 – 1 533 Ew – Höhe 1 730 m (Wintersport : 1 720/ 3 057 m) – Regionalatlas **11-J5**
▶ Bern 332 km – Sankt Moritz 4 km – Chur 90 km – Davos 65 km
Michelin Straßenkarte 553-X10

Cresta Palace
Via Maistra 75 – ℘ 081 836 56 56 – www.crestapalace.ch – geschl. 2. April - 23. Juni, 8. Oktober - 1. Dezember
100 Zim ⊇ – †170/450 CHF ††310/760 CHF – 4 Suiten – ½ P
Rest *Giacomo's* – Siehe Restaurantauswahl
Hier wohnt man bei engagierten Gastgebern in einem klassischen Ferienhotel von 1906, und zwar in eleganten Zimmern verschiedener Kategorien. Schön relaxen kann man im grosszügigen Spa und im parkähnlichen Garten. Für Wellness-Vergnügen zu zweit: die Spa-Suite! Praktisch ist die Lage direkt an der Gondelbahn.

Chesa Rosatsch
Via San Gian 7 – ℘ 081 837 01 01 – www.rosatsch.ch
35 Zim ⊇ – †190/350 CHF ††270/400 CHF – 2 Suiten
Rest *Uondas* • **Rest** *Stüvas Rosatsch* – Siehe Restaurantauswahl
Es ist schon etwas Besonderes, dieses Ensemble aus vier Engadiner Häusern (das älteste ist über 380 Jahre alt). Romantischer Charme von der kleinen Lounge/Bar bis zu den wohnlichen Zimmern. Herzig: "Suite à l'En" mit toller authentischer Arvenholzstube als Wohnraum! Chic der kleine Saunabereich. Restaurantalternative: "Heimatli" mit bodenständiger Schweizer Küche.

Petit Chalet
Via Pradé 22 – ℘ 081 833 26 26 – www.petit-chalet.ch
7 Zim ⊇ – †175/280 CHF ††245/310 CHF – 5 Suiten
Sie mögen es eher privat? Das kleine Hotel wird angenehm persönlich geführt und hat wirklich ausgesprochen hübsche Zimmer: geradlinig-moderner Stil harmoniert wunderbar mit warmem heimischem Holz. Und da man sich hier gerne etwas länger aufhält, bekommt man das Frühstück auch aufs Zimmer gebracht!

Misani
Via Maistra 70 ✉ 7505 – ℘ 081 839 89 89 – www.hotelmisani.ch – geschl. Mitte März - Mitte Juni, Mitte Oktober - Anfang Dezember
39 Zim ⊇ – †120/200 CHF ††170/270 CHF – 1 Suite – ½ P
In dem Haus von 1872, einer ehemaligen Weinkellerei, wohnt man in ganz individuellen Zimmern (Basic, Style, Super Style) mit Namen wie Savannah, Waikiki oder Kioto. Vielfältig auch der Restaurantbereich: "Elena kocht" mit wechselndem Menü, Engadiner Küche im "Ustaria", Italienisches im "Giorgio's" im einstigen Weinkeller. Bar-Lounge.

×× Stüvas Rosatsch – Hotel Chesa Rosatsch
Via San Gian 7 – ℘ 081 837 01 01 – www.stuevas.ch
Menü 90/135 CHF – Karte 43/111 CHF – *(nur Abendessen)*
Im fast 400 Jahre alten Teil der Chesa Rosatsch finden Sie die drei reizenden Stüvas samt interessanter Kulinarik. Mit Gerichten wie "Rücken, Bäggli & Zunge vom Puschlaver Lamm" setzt man verschiedene Schweizer Regionen schmackhaft um.

×× Giacomo's – Hotel Cresta Palace
Via Maistra 75 – ℘ 081 836 56 56 – www.crestapalace.ch – geschl. 2. April - 23. Juni, 8. Oktober - 1. Dezember und Donnerstag
Menü 85/125 CHF – Karte 57/103 CHF – *(nur Abendessen)*
Hier trifft man sich zu Pasta & Risotto, aber auch Grillgerichte wie "grilliertes Störfilet auf Hummerragout" kommen an. Und damit auch das Ambiente stimmt: weiche Farbtöne, warmes Holz, klare Formen. Nettes kleines Detail in dem schönen modern-alpenländischen Interieur sind die Kuhglocken an der Decke!

× Uondas – Hotel Chesa Rosatsch
Via San Gian 7 – ℘ 081 837 01 01 – www.uondas.ch
Tagesteller 25 CHF – Karte 43/90 CHF
Zum ungewöhnlichen Namen (zu Deutsch "Welle") kommen hier ein sehr modernes und gleichzeitig angenehm warmes Ambiente sowie eine offene Küche, in der nicht ganz alltägliche "Flammechueche" sowie die eigentliche Spezialität, gereiftes Engadiner Fleisch, zubereitet werden - fragen Sie nach dem "cut of the day"!

CÉLIGNY
Genève (GE) – ✉ 1298 – 679 hab. – Alt. 391 m – Carte régionale **6-A6**
▶ Bern 143 km – Genève 21 km – Saint-Claude 56 km – Thonon-les-Bains 53 km
Carte routière Michelin 552-B10

✕ Buffet de la Gare
Route de Founex 25 – ✆ 022 776 27 70 – www.buffet-gare-celigny.ch – fermé décembre 2 semaines, février 3 semaines, début septembre 2 semaines, dimanche et lundi
Plat du jour 19 CHF – Menu 32 CHF (déjeuner en semaine)/96 CHF – Carte 59/109 CHF
Un "buffet" comme on n'en fait plus : boiseries Art déco, plaques en émail, vitres colorées... et un joli atout, une terrasse ouverte sur la verdure ! La carte aussi a le bon goût de la tradition, avec pour spécialité la perche du Léman.

CENTOVALLI
Ticino (TI) – 1 169 ab. – Carta regionale **9-G6**
▶ Bern 285 km – Bellinzona 33 km – Altdorf 140 km – Sion 151 km
Carta stradale Michelin 553-Q12

a Golino Alt. 270 m – ✉ 6656

Al Ponte Antico
CP 30 – ✆ 091 785 61 61 – www.ponteantico.ch – chiuso 31 ottobre - 1° aprile
11 cam ⌂ – †130/160 CHF ††190/220 CHF
In riva alla Melezza sorge questo albergo dagli interni eleganti, in stile provenzale, e grazioso giardino con pergola. Camere personalizzate con mobili di buona fattura.

Cà Vegia
Piazza 2 – ✆ 091 796 12 67 – www.hotel-cavegia.ch – chiuso novembre - metà marzo
10 cam ⌂ – †95/148 CHF ††136/176 CHF – 2 suites
Con la facciata ornata da un bell'affresco, questa tipica casa ticinese del '400 - situata in una romantica piazzetta - apre i battenti per accogliere con grande senso dell'ospitalità i propri ospiti. Camere funzionali e grazioso giardino; d'inverno la colazione è servita attorno al crepitante camino.

ad Intragna Alt. 342 m – ✉ 6655

✕✕ Stazione Da Agnese & Adriana
piazzale Fart – ✆ 091 796 12 12 – www.daagnese.ch – chiuso 15 novembre - 15 marzo
11 cam – †150/220 CHF ††170/250 CHF, ⌂ 17 CHF – 1 suite
Piatto del giorno 40 CHF – Menu 70/100 CHF – Carta 60/106 CHF – *(consigliata la prenotazione la sera)*
Un'istituzione ticinese sostenuta dall'intera famiglia Broggini... Ristorante luminoso ed accogliente, dove gustare, in un contesto armonioso di tradizione e modernità, squisiti piatti regionali. Dalla lounge nel giardino, una splendida vista. Camere in stile mediterraneo.

a Verdasio Alt. 702 m – ✉ 6655

✕ Al Pentolino
CP 12 – ✆ 091 780 81 00 – www.alpentolino.ch – chiuso inizio novembre - Pasqua, da lunedì a mercoledì
Piatto del giorno 24 CHF – Menu 79/89 CHF – Carta 35/92 CHF – *(coperti limitati, prenotare)*
I proprietari di questo delizioso ristorante, vicino alla chiesa, vi vizieranno come ospiti di un'abitazione privata: cucina ambiziosa, e a pranzo una carta più ridotta. Difficile non rimanere soddisfatti! Comodo parcheggio.

CERNIAT
Fribourg (FR) – ✉ 1654 – 346 hab. – Carte régionale **7-C5**
▶ Bern 73 km – Fribourg 41 km – Lausanne 64 km – Neuchâtel 84 km
Carte routière Michelin 552-H9

CERNIAT

La Pinte des Mossettes
Route des Echelettes 8 – ℰ 026 927 20 97
– www.lapintedesmossettes.ch – fermé 1er décembre - 31 mars, dimanche soir, lundi et mardi
Menu 88/108 CHF – *(réservation conseillée)*
Le jeune chef français Romain Pailleureau (passé notamment par le Bristol, à Paris) est tombé amoureux de cet ancien chalet d'alpage, où il perpétue désormais la tradition d'une gastronomie naturelle et sauvage, dans un décor rustique. Une halte hors du monde. Laissez-vous Charmey...
→ Pommes de terre confite, bière brune glacée, oseille, anchois. Faux filet de bœuf Fleur d'Hérens, hydromel, caméline. Fruits rouges, biscuit croustillant, caviar fumé, citron vert.

CERTOUX – Genève → Voir à Genève

CHALET-à-GOBET – Vaud → Voir à Lausanne

CHAM
Zug (ZG) – ✉ 6330 – 15 953 Ew – Höhe 418 m – Regionalatlas **4-F3**
◘ Bern 129 km – Zug 6 km – Zürich 31 km – Aarau 68 km
Michelin Straßenkarte 553-P6

the blinker
Alte Steinhauserstr. 15, auf dem AMAG Areal, 1. OG – ℰ 041 784 40 90
– www.the-blinker.biz – geschl. Mitte Juli - Mitte August und Samstagmittag, Sonntag sowie an Feiertagen
Tagesteller 33 CHF – Menü 58 CHF (mittags) – Karte 51/115 CHF –
(Tischbestellung ratsam)
Ein modern-legeres Restaurant, in dem international gekocht wird, schmackhaft und ambitioniert. Macht Ihnen "gebratener Tuna mit Wasabi-Kartoffelpüree" Appetit? Und als Dessert "Schokoladen-Birnen-Delight"? Tipp: Viele Speisen gibt es auch als kleinere Portion.

CHAMBÉSY – Genève → Voir à Genève

CHAMPÉRY
Valais (VS) – ✉ 1874 – 1 340 hab. – Alt. 1 053 m (Sports d'hiver : 900/2 466 m)
– Carte régionale **7-C6**
◘ Bern 124 km – Martigny 39 km – Aigle 26 km – Évian-les-Bains 50 km
Carte routière Michelin 552-F12

Beau-Sejour
Rue du Village 114 – ℰ 024 479 58 58 – www.beausejour.ch – fermé mai et novembre
23 ch ⌂ – †95/155 CHF ††125/350 CHF
Charmant accueil dans ce joli chalet, au cœur de l'un des plus beaux villages du Valais. Les chambres sont habillées de bois blond et, le matin, on prend le petit-déjeuner face aux Dents du Midi. Douceurs "maison" à l'heure du thé...

Suisse
Rue du Village 55 – ℰ 024 479 07 07 – www.hotel-champery.ch – fermé 16 avril - 15 mai
40 ch ⌂ – †99/189 CHF ††144/288 CHF
Un grand chalet dans le centre de la station, aux chambres rustiques et cosy, certaines donnant sur la montagne. La vue est tout aussi jolie du jardin d'hiver et de sa terrasse, et l'on aime s'y attarder pour prendre une boisson chaude.

CHAMPÉRY

XX L'Atelier Gourmand
*Rue du Village 106, 1er étage – ℰ 024 479 11 26 – www.atelier-gourmand.ch
– fermé 15 avril - 15 juin, 29 octobre - 1er décembre, décembre - mi-avril :
dimanche et lundi, juin - octobre : dimanche - mercredi*
3 ch – †105/170 CHF ††160/280 CHF, ⌑ 14 CHF – 1 suite – ½ P
Menu 104/145 CHF – Carte 86/106 CHF – *(dîner seulement)*
Au cours de ces dernières années, Julien Texier a fait de cette maison historique (1886) un véritable petit bijou. Sa cuisine est ambitieuse et inspirée, comme en témoigne cet omble chevalier et bouillon de légumes réduit à la crème de cassis... Tandis qu'au Nord, on célèbre les spécialités valaisannes !

CHAMPEX
Valais (VS) – ⌧ 1938 – 270 hab. – Alt. 1 472 m – Carte régionale **7**-C7
▶ Bern 151 km – Martigny 20 km – Aosta 62 km – Chamonix-Mont-Blanc 54 km
Carte routière Michelin 552-H13

Alpina
*Route du Signal 32 – ℰ 027 783 18 92 – www.alpinachampex.ch – fermé 10 avril
- 10 mai et 1er novembre - 10 décembre*
6 ch ⌑ – †130 CHF ††150/180 CHF – ½ P
Une petite maison de montagne en bois à l'écart du centre, que l'on peut quand même rejoindre à pied. On est accueilli chaleureusement et, dans certaines chambres – toutes simples et attachantes –, on profite d'une jolie vue sur le Grand Combin...

CHAMPFÈR – Graubünden → Siehe Sankt Moritz

CHANCY
Genève (GE) – ⌧ 1284 Chancy – 1 598 hab. – Carte régionale **6**-A6
▶ Bern 173 km – Genève 21 km – Lausanne 78 km – Nyon 42 km
Carte routière Michelin 552-A11

X De la Place
*Route de Bellegarde 55 – ℰ 022 757 02 00 – fermé Noël - Nouvel An, avril
2 semaines, septembre 2 semaines, dimanche soir, lundi et mardi*
Plat du jour 20 CHF – Menu 25 CHF (déjeuner en semaine) – Carte 58/104 CHF
Un sympathique café-restaurant tenu par un chef généreux et passionné : tout est fait maison et la tradition y retrouve tout son goût... Pour ne rien gâcher, les tarifs sont mesurés.

CHARMEY
Fribourg (FR) – ⌧ 1637 – 2 416 hab. – Alt. 891 m (Sports d'hiver : 900/1 630 m)
– Carte régionale **7**-C5
▶ Bern 72 km – Fribourg 40 km – Bulle 12 km – Gstaad 48 km
Carte routière Michelin 552-H9

Cailler
Gros Plan 28 – ℰ 026 927 62 62 – www.hotel-cailler.ch
56 ch ⌑ – †250/290 CHF ††350/380 CHF – 7 suites – ½ P
Rest *4 Saisons* – Voir la sélection des restaurants
De longues enfilades de balcons en bois... Ce complexe hôtelier s'intègre parfaitement à son environnement naturel. Avec ses chambres d'esprit montagnard, ses belles suites contemporaines et, à deux pas, son centre thermal ultradesign, l'endroit est tout indiqué pour se ressourcer dans les Préalpes !

XX 4 Saisons – Hôtel Cailler
Gros Plan 28 – ℰ 026 927 62 62 – www.hotel-cailler.ch – fermé dimanche soir et lundi
Menu 85/150 CHF – Carte 72/130 CHF
De belles verrières, l'élégance du bois clair... et dans l'assiette, les quatre saisons mises en musique avec doigté, à l'instar de ce gravlax d'omble-chevalier, de cette côte de veau, sucrine et salsifis, ou encore de ce tube au chocolat fumé.

CHATEL-sur-MONTSALVENS
Fribourg (FR) – ✉ 1653 – 274 hab. – Alt. 881 m – Carte régionale **7-C5**
▶ Bern 69 km – Fribourg 38 km – Lausanne 62 km – Neuchâtel 81 km
Carte routière Michelin 552-H9

De la Tour
Route de la Jogne 41 – ℰ 026 921 08 85 – www.restodelatour.ch – fermé Noël - Nouvel An, Pâques une semaine, fin juillet - mi-août 3 semaines, mardi et mercredi
Plat du jour 19 CHF – Menu 23 CHF (déjeuner en semaine) – Carte 60/86 CHF
Non loin du joli lac de Montsalvens, ce restaurant propose une cuisine du terroir gourmande et bien travaillée. Ici, tout est fait maison. De bons petits plats à déguster dans un décor rustique et chaleureux.

La CHAUX-de-FONDS
Neuchâtel (NE) – ✉ 2300 – 38 952 hab. – Alt. 994 m – Carte régionale **2-C4**
▶ Bern 71 km – Neuchâtel 20 km – Biel 52 km – Martigny 157 km
Carte routière Michelin 552-F6

Grand Hôtel Les Endroits
Boulevard des Endroits 94 – ℰ 032 925 02 50 – www.hotel-les-endroits.ch
53 ch – †205/280 CHF ††300/400 CHF – 3 suites – ½ P
Rest *Rose des Vents* – Voir la sélection des restaurants
Cet imposant bâtiment moderne affiche un standing certain. Rien d'impersonnel cependant : on travaille ici en famille (fils en cuisine, fille à la comptabilité...). Les chambres, spacieuses et contemporaines, jouissent pour certaines d'un spa privatif, d'un home cinema ou d'une terrasse ! Nouvel espace bien-être sur 1000 mètres carrés.

Rose des Vents – Grand Hôtel Les Endroits
Boulevard des Endroits 94 – ℰ 032 925 02 50 – www.hotel-les-endroits.ch
Plat du jour 22 CHF – Menu 54 CHF (déjeuner en semaine)/130 CHF – Carte 44/134 CHF
Au sein du Grand Hôtel Les Endroits, une table classique et soignée, où l'on apprécie des recettes de saison et des spécialités comme le homard, le bœuf flambé au cognac ou la fondue chinoise. Le tout accompagné d'une intéressante carte des vins.

La Parenthèse
Rue de l'Hôtel-de-Ville 114 – ℰ 032 968 03 89 – www.la-parenthese.ch – fermé Noël - Nouvel An 2 semaines, juillet - août 3 semaines , samedi midi, dimanche, lundi et jours fériés
Plat du jour 21 CHF – Menu 65/110 CHF (dîner) – Carte 61/96 CHF – *(nombre de couverts limité, réserver)*
L'occasion d'une parenthèse gourmande dans un coquet petit restaurant, simple et chaleureux, situé à la sortie de la ville. La cuisine suit la valse des saisons et fait la part belle aux produits régionaux, comme avec ce thon mariné aux agrumes en salade de lentilles vertes... Et pour choisir son fromage, direction la cave !

CHEMIN – Valais → Voir à Martigny

CHESEAUX-NOREAZ – Vaud → Voir à Yverdon-les-Bains

CHÉSEREX
Vaud (VD) – ✉ 1275 – 1 195 hab. – Alt. 529 m – Carte régionale **6-A6**
▶ Bern 138 km – Genève 28 km – Divonne-les-Bains 13 km – Lausanne 43 km
Carte routière Michelin 552-B10

CHÉSEREX

XX **Auberge Les Platanes** 🍽 ✧ 🅿
Rue du Vieux Collège 2 – ℰ 022 369 17 22 – www.lesplatanes.ch – fermé Noël - 10 janvier, 25 juillet - 13 août, dimanche et lundi
Plat du jour 26 CHF – Menu 64/125 CHF – Carte 56/123 CHF
Une élégante maison patricienne du 17e s. avec ses salons bourgeois meublés en style Régence. La cuisine est à l'image du lieu, soignée et classique, changeant au fil des saisons pour mieux mettre en valeur la fraîcheur des produits. Enfin, l'accueil du couple Rodrigues est toujours aussi chaleureux !
Bistrot – Voir la sélection des restaurants

X **Bistrot** – Restaurant Auberge Les Platanes 🍽 🅿
Rue du Vieux Collège 2 – ℰ 022 369 17 22 – www.lesplatanes.ch – fermé Noël - 10 janvier, 25 juillet - 13 août, dimanche et lundi
Plat du jour 26 CHF – Menu 32 CHF (déjeuner)/125 CHF – Carte 56/123 CHF
L'Auberge des Platanes... côté Bistrot ! Dans cette salle règne une ambiance détendue et rétro, qui va bien à la cuisine un peu plus simple mais toujours gourmande. L'accueil est très prévenant.

CHEXBRES
Vaud (VD) – ⌧ 1071 – 2 216 hab. – Alt. 580 m – Carte régionale **7-C5**
▶ Bern 90 km – Lausanne 13 km – Montreux 16 km – Fribourg 60 km
Carte routière Michelin 552-F10

🏨 **Le Baron Tavernier**
Route de la Corniche 4 – ℰ 021 926 60 00 – www.barontavernier.com – fermé 2 - 12 janvier
26 ch – †125/175 CHF ††150/350 CHF, ⌧ 20 CHF
L'explorateur Jean-Baptiste Tavernier aurait sûrement apprécié la vue sur le lac ! Classiques ou plus contemporaines, les chambres et les suites se révèlent chaleureuses et confortables, certaines avec une terrasse donnant sur l'eau. Et le spa est charmant pour se détendre...

🏨 **Préalpina**
Route du Préalpina 3 – ℰ 021 946 09 09 – www.prealpina.ch
49 ch – †100/280 CHF ††120/300 CHF, ⌧ 18 CHF
Immanquable, cette imposante bâtisse Belle Époque domine les hauteurs du lac. De là, le panorama sur les ondes et les vignobles est superbe ! Les chambres sont assez modernes et fonctionnelles, et les équipements se révèlent parfaits pour les réunions de famille ou d'affaires.

CHIASSO
Ticino (TI) – ⌧ 6830 – 8 175 ab. – Alt. 238 m – Carta regionale **10-H7**
▶ Bern 267 km – Lugano 26 km – Bellinzona 54 km – Como 6 km
Carta stradale Michelin 553-S14

a Chiasso-Seseglio Sud-Ovest : 4 km – ⌧ 6832

XX **Vecchia Osteria Seseglio** ⇔ 🍽 & ✧ ✧ 🅿
via Campora 11 – ℰ 091 682 72 72 – www.vecchiaosteria.ch
– chiuso 2 settimane fine dicembre - inizio gennaio e domenica sera - lunedì
Piatto del giorno 28 CHF – Menu 52/92 CHF – Carta 68/115 CHF
Si lavora alacremente in una questa vecchia (solo nel nome) osteria, dove tra piatti d'ispirazione mediterranea e proposte di cucina del territorio, i prodotti di origine biologica hanno le meglio e le carni certificate prive di ormoni pure. Bravi!

X **Osteria Luis** 🆕
🍽 *via Campora 1 – ℰ 091 683 00 13 – www.osterialuis.ch – chiuso fine dicembre - metà gennaio, metà luglio - metà agosto, sabato a mezzogiorno, domenica sera - lunedì*
Piatto del giorno 18 CHF – Menu 32/68 CHF – Carta 63/75 CHF
Un'intrigante osteria che propone piatti regionali e proposte legate alla ciclicità delle stagioni; prendetevi il tempo per curiosare e fare la migliore scelta nella vastissima carta dei vini!

CHOËX – Valais ➔ Voir à Monthey

CHUR COIRE

(GR) – ⊠ 7000 – 34 649 Ew – Höhe 585 m – Regionalatlas **5-I4**
▶ Bern 242 km – Feldkirch 55 km – Davos 59 km – Bludenz 77 km
Michelin Straßenkarte 553-V8

Stern
Reichsgasse 11 – ℰ 081 258 57 57 – www.stern-chur.ch Stadtplan : B1**d**
67 Zim ⊇ – †118/210 CHF ††216/325 CHF – 2 Suiten – ½ P
Rest *Veltliner Weinstuben zum Stern* – Siehe Restaurantauswahl
Hier pflegt man über 300 Jahre Tradition. Es stehen sehr individuell geschnittene Zimmer von regional bis modern bereit. Auf Voranmeldung holt man Sie sogar mit dem Buick von 1933 vom Bahnhof ab!

Basilic
*Susenbühlstr. 43, über Malixerstrasse A2, Richtung Lenzerheide : 1 km
– ℰ 081 253 00 22 – www.basilic.ch – geschl. Ostern 1 Woche,
September 2 Wochen und Sonntag - Montag*
Tagesteller 35 CHF – Menü 52 CHF (mittags unter der Woche)/89 CHF
– Karte 66/108 CHF – *(abends Tischbestellung ratsam)*
Wo einst Kälber in schöner Hanglage über Chur weideten, steht heute ein modern eingerichteter kleiner Pavillon aus Holz und Glas, in dem man saisonal und regional kocht und charmant die Gäste umsorgt.

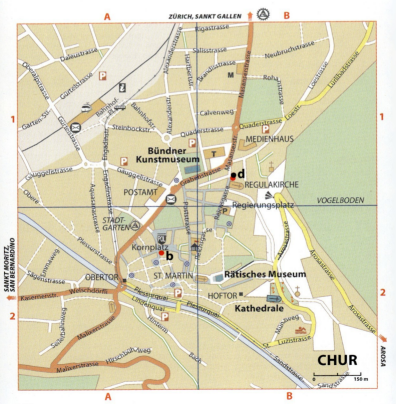

CHUR

XX Veltliner Weinstuben zum Stern – Hotel Stern
Reichsgasse 11 – ℰ 081 258 57 57 – www.stern-chur.ch Stadtplan : B1**d**
Tagesteller 22 CHF – Menü 41/118 CHF – Karte 62/109 CHF
Die Stuben sind gemütlich ganz in Holz gehalten, die Küche bietet Regionales mit zeitgemässen Elementen - Spargel vom hauseigenen Feld. Schöne Auswahl an Bündner Weinen und Edelbränden.

X Zum Kornplatz
Kornplatz 1 – ℰ 081 252 27 59 – www.restaurant-kornplatz.ch Stadtplan : A2**b**
– geschl. Februar 1 Woche, Anfang August 3 Wochen und Sonntag - Montag
Tagesteller 26 CHF – Karte 67/97 CHF
Capuns, Topfknödel, Blut- oder Leberwürste... Hier bekommen Sie Schweizer und österreichische Gerichte aufgetischt. Auch bei der Weinauswahl ist Österreich vertreten - man hat einige schöne Rotweine von dort.

COIRE → Voir à Chur

Les COLLONS – Valais → Voir à Thyon - Les Collons

COLOGNY – Genève → Voir à Genève

CONTRA
Ticino (TI) – ✉ 6646 – Alt. 452 m – Carta regionale **9-H6**
▶ Bern 236 km – Locarno 6 km – Bellinzona 21 km – Domodossola 54 km
Carta stradale Michelin 553-R12

X senza punti
via Contra 440 – ℰ 091 600 15 15 – www.senza-punti.ch – chiuso gennaio - 10 febbraio, domenica e lunedì
Menu 98 CHF – *(solo a cena) (consigliata la prenotazione)*
In un piccolo villaggio appena sopra Tenero, atmosfera informale in un grazioso ristorante con vista superba dalla terrazza. La cucina si basa sui prodotti locali, reinterpretandoli secondo un gusto moderno: un solo menu proposto dal padrone.

CORSIER – Vaud → Voir à Vevey

CORTAILLOD
Neuchâtel (NE) – ✉ 2016 – 4 801 hab. – Alt. 482 m – Carte régionale **2-C4**
▶ Bern 62 km – Neuchâtel 11 km – Biel 44 km – La Chaux-de-Fonds 29 km
Carte routière Michelin 552-F7

X Le Buffet d'un Tram
Avenue François-Borel 3 – ℰ 032 842 29 92 – www.buffetduntram.ch
Plat du jour 20 CHF – Carte 43/86 CHF – *(réservation conseillée)*
Le tram ne passe plus ici depuis longtemps... mais le buffet est toujours en place. Ici, suggestions de saison et produits du terroir ont la part belle : frites maison, lasagnes fraîches, poulet au vin jaune et morilles à la crème, etc. L'été, surprenez vos convives en réservant la table dans l'arbre du jardin !

COSSONAY
Vaud (VD) – ✉ 1304 – 3 646 hab. – Alt. 565 m – Carte régionale **6-B5**
▶ Bern 100 km – Lausanne 20 km – Fribourg 88 km – Genève 69 km
Carte routière Michelin 552-D9

⌂ Le Funi
Avenue du Funiculaire 11 – ℰ 021 863 63 40 – www.lefuni.ch – fermé fin décembre - début janvier 2 semaines et fin juillet - début août 2 semaines
16 ch – †110/150 CHF ††150/180 CHF
Dans une belle demeure ancienne, des chambres lumineuses et fonctionnelles, parfaitement tenues, d'où l'on peut apercevoir les montagnes et le lac Léman par beau temps. Yaourts et croissants artisanaux au petit-déjeuner.

COSSONAY

✕✕✕ Le Cerf (Carlo Crisci)
❀❀

Rue du Temple 10 – ℰ 021 861 26 08 – www.lecerf-carlocrisci.ch – fermé Noël - Nouvel An 2 semaines, juillet 3 semaines, dimanche, lundi et mardi midi
Menu 88 CHF (déjeuner)/298 CHF – **Carte** 155/246 CHF

Dans une maison du 17e s., une salle élégante scandée d'arches et de piliers de pierre… C'est, depuis une trentaine d'années, le terrain d'expression de Carlo Crisci. Produits nobles, herbes ou fleurs fraîches, recettes classiques et techniques nouvelles : tout est source d'inspiration pour le chef ! Service attentionné.
→ Homard à la vanille Saint-Philippe, vesse aux senteurs de petit pois. Filet de canard cuit à l'infrarouge parfumé à la benoîte urbaine et raisinée. Parmentier d'agneau de lait confit aux senteurs de lierre terrestre et citron.
La Fleur de Sel ☺ – Voir la sélection des restaurants

✕ La Fleur de Sel – Restaurant Le Cerf
☺

Rue du Temple 10 – ℰ 021 861 26 08 – www.lecerf-carlocrisci.ch – fermé Noël - Nouvel An 2 semaines, juillet 3 semaines, dimanche, lundi et mardi midi
Plat du jour 21 CHF – **Menu** 58/88 CHF – **Carte** 85/107 CHF

Ambiance conviviale et recettes régionales, l'inventivité en plus, dans ce bistrot qui dépend du restaurant Le Cerf : les assiettes sont goûteuses et soignées, à base de produits choisis.

COURGENAY
Jura (JU) – ✉ 2950 – 2 262 hab. – Alt. 488 m – Carte régionale **2-C3**
▶ Bern 92 km – Delémont 24 km – Basel 51 km – Biel 51 km
Carte routière Michelin 551-H4

✕✕ Boeuf

Rue de l'Eglise 7 – ℰ 032 471 11 21 – www.boeuf-courgenay.ch – fermé 6 - 21 février, 2 - 11 octobre, lundi et mardi
Menu 66 CHF – **Carte** 54/84 CHF

La façade rose de ce restaurant fait d'emblée un "effet bœuf" ! La carte mêle joliment produits du terroir – veau fermier aux champignons des bois – et influences asiatiques – rouleaux de printemps, brochettes de crevettes…. Au bistrot, on trouve rösti, burgers et autres steaks tartares.

CRANS-MONTANA
Valais (VS) – ✉ 3963 – 2 362 hab. – Alt. 1 500 m (Sports d'hiver : 1 500/3 000 m) – Carte régionale **7-D6**
▶ Bern 182 km – Sion 25 km – Brig 58 km – Martigny 54 km
Carte routière Michelin 552-J11

🏨 Guarda Golf

Route de Zirès 14 – ℰ 027 486 20 00 – www.guardagolf.com   Plan : B2**g**
– fermé fin mars - mi-juin et mi-septembre - mi-décembre
24 ch ⊇ – †480/1200 CHF ††480/1200 CHF – 2 suites – ½ P
Rest *Giardino* – Voir la sélection des restaurants

Ce superbe établissement exerce une certaine fascination sur ses hôtes : on s'y sent tout de suite chez soi, bercé par un luxe discret et raffiné, un accueil et un service des plus prévenants. Les œuvres et mobilier d'art, le spa et le spectacle des Alpes complètent ce tableau, et promettent un séjour… enchanteur.

🏨 Grand Hôtel du Golf

Allée Elysée Bonvin 7 – ℰ 027 485 42 42 – www.ghgp.ch – fermé 1er   Plan : AB2**a**
avril - 1er juin et 30 septembre - 30 novembre
76 ch ⊇ – †300/800 CHF ††400/1250 CHF – 8 suites – ½ P

L'un des plus anciens fleurons de l'hôtellerie locale, né en 1914 et reconstruit au milieu du sièlce. Les espaces communs sont cossus et richement décorés, le style néobaroque domine dans les chambres, et les prestations sont nombreuses : health center, piscine, restaurant (cartes italienne, asiatique ou libanaise), etc.

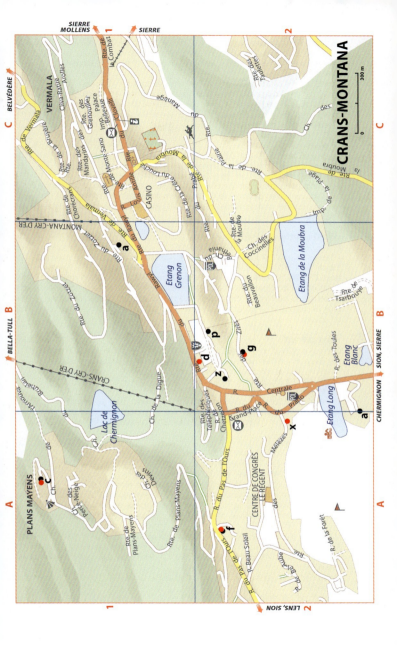

CRANS-MONTANA

 Crans Ambassador
Route du Petit Signal 3 – ✆ *027 485 48 48*   Plan : B1**a**
*– www.cransambassador.ch – fermé 10 avril - 18 juin et 21 septembre
- 14 décembre*
60 ch ⊇ – †390/540 CHF ††590/740 CHF – 6 suites – ½ P
Inauguré en 2013, c'est "the place to be" avec son architecture montagnarde high-tech, son panorama unique sur la chaîne des Alpes, ses chambres très design, son bar – Le 180° – très en vue, son restaurant élégant (carte méditerranéenne)... Un cadre d'exception pour un séjour tout-confort et dernier cri !

 Royal
Rue de l'Ehanoun 10 – ✆ *027 485 95 95 – www.hotel-royal.ch*   Plan : B2**z**
– fermé mi-avril - mi-juin, mi-septembre - début décembre
48 ch ⊇ – †220/360 CHF ††420/580 CHF – 4 suites – ½ P
Le grand hôtel cossu par excellence, avec ses chambres spacieuses et confortables, souvent avec balcon – la vue des derniers étages est superbe ! À l'intérieur, lumière, bois et photographies dédiées à la montagne ajoutent à l'élégance des lieux...

 Hostellerie du Pas de l'Ours
Route du Pas de l'Ours 41 – ✆ *027 485 93 33 – www.pasdelours.ch*   Plan : A2**f**
– fermé 16 avril - 2 juin et 15 octobre - 1 décembre
12 ch ⊇ – †300/720 CHF ††300/720 CHF – 3 suites
Rest *L'OURS* ✿ • **Rest** *Le Bistrot des Ours* – Voir la sélection des restaurants
Du bois, du bois partout ! Ce chalet est bourré de charme et d'élégance, jusqu'au salon où l'on se réchauffe devant une cheminée très originale ; et les plus belles suites se parent de touches design. Spa complet partagé avec l'hôtel voisin.

Chetzeron
Chemin de Cry d'Er 9, Domaine skiable, secteur Chetzeron, ligne Crans Cry d'Er, par B1, puis en chenillette privée – ✆ *027 485 08 00 – www.chetzeron.ch – fermé mi-avril - mai et mi-octobre - novembre*
16 ch ⊇ – †250/590 CHF ††300/640 CHF – ½ P
Rest *Chetzeron* – Voir la sélection des restaurants
En haut des pistes, l'ancienne station de téléphérique abrite désormais cet hôtel flambant neuf ; on y est accueilli dans des chambres élégantes et confortables, qui offrent une vue inoubliable sur les Alpes et la vallée du Rhône. Irrésistible !

Art de Vivre
Route de Fleurs des Champs 17 – ✆ *027 481 33 12*   Plan : B2**p**
– www.art-vivre.ch – fermé novembre
24 ch ⊇ – †146/203 CHF ††260/360 CHF – ½ P
Cet hôtel du secteur résidentiel a été entièrement rénové en 2012 : il règne un agréable esprit contemporain dans les chambres, qui revisitent le style montagnard avec originalité... et qui offrent un panorama à tomber ! Autres arts de vivre : salon avec cheminée, piscine, fitness, spa, sauna et soins à la carte.

 L'OURS (Franck Reynaud) – Hôtel Hostellerie du Pas de l'Ours
✿ *Route du Pas de l'Ours 41 –* ✆ *027 485 93 33 – www.pasdelours.ch*   Plan : A2**f**
– fermé 18 mars - 6 juillet, 16 septembre - 7 décembre, dimanche soir, lundi et mardi midi
Menu 65 CHF (déjeuner en semaine)/195 CHF – Carte 130/180 CHF – *(réservation conseillée)*
Le chef de cet établissement, Franck Reynaud, n'a pas oublié ses racines provençales. Dans un décor élégant et moderne, avec ce qu'il faut de touches alpines (pierre et bois), il travaille de beaux produits terriens et gorgés de soleil. Composez votre menu ou laissez-vous guider ! Séduisante sélection de vins du Valais.
➔ Langoustines marinées aux agrumes, neige de choux fleur au poivre des minorités et caviar du Valais. Dos de bar sauvage de ligne aux artichauts, jus au safran de Lens et cardamone verte. Agneau de lait "déclinaison", parfum du sud.

CRANS-MONTANA

XXX **Giardino** – Hôtel Guarda Golf
Route de Zirès 14 – ℰ 027 486 20 00 – www.guardagolf.com – fermé Plan : B2**g**
fin mars - mi-juin et mi-septembre - mi-décembre
Plat du jour 28 CHF – Menu 85/160 CHF (dîner) – Carte 78/118 CHF
Giardino ? "Jardin" en italien, tout simplement. Celui-ci est cultivé avec passion par le jeune chef, qui signe une cuisine originale inspirée par des produits de qualité. Aux murs, les tableaux contemporains de Tylek et Tylecek, un couple d'artistes tchèques, incitent à la rêverie... comme la terrasse face aux Alpes !

XX **Le Bistrot des Ours** – Hôtel Hostellerie du Pas de l'Ours
Route du Pas de l'Ours 41 – ℰ 027 485 93 33 – www.pasdelours.ch Plan : A2**f**
– fermé 16 avril - 2 juin, 15 octobre - 1 décembre, mardi soir, mercredi et jeudi midi
Menu 35 CHF (déjeuner en semaine) – Carte 65/91 CHF
Qu'est-ce qui pourrait pousser une bande d'ours affamés à choisir ce bistrot entre tous ? Facile ! Son atmosphère rustique et montagnarde, associée à une cuisine taillée pour les grands carnivores : filet de bœuf du pays grillé à la sauce "chimichuri", épaule de veau confite au romarin et abricots... À rugir de plaisir !

X **Chetzeron** – Hôtel Chetzeron
Chemin de Cry d'Er 9, Domaine skiable, secteur Chetzeron, ligne Crans Cry d'Er, par B1 – ℰ 027 485 08 00 – www.chetzeron.ch – fermé mi-avril - mai et mi-octobre - novembre
Plat du jour 28 CHF – Menu 105 CHF (dîner) – Carte 47/84 CHF – *(réservation indispensable)*
Revisiter les belles spécialités valaisannes avec une pointe de modernité, proposer de belles assiettes alpines ancrées dans la saison : voici la ligne de conduite de cette table perchée à 2112 m d'altitude. On y accède à pied (20 mn de marche), en "chenillette" depuis le village (départs à la station Cry d'Er), ou... à ski !

X **Le Thaï**
Route du Rawyl 12 – ℰ 027 481 82 82 – www.le-thai.ch – fermé Plan : B2**d**
novembre, lundi et mardi hors saison
Plat du jour 18 CHF – Carte 40/85 CHF – *(réservation conseillée le soir)*
Ce petit restaurant thaï est l'œuvre de toute une famille passionnée, qui part régulièrement en Thaïlande pour se perfectionner. Authenticité des parfums, originalité des recettes (toutes accompagnées de légumes) : les jolies présentations mettent l'eau à la bouche. Et vous pouvez même emporter, si vous le désirez !

X **Le XIX au Miedzor**
Route des Mélèzes 3 – ℰ 027 483 48 00 – www.miedzor.ch Plan : A2**x**
– fermé mai 2 semaines, novembre 3 semaines, lundi soir et mardi hors saison.
Plat du jour 26 CHF – Carte 55/94 CHF
La table du Miedzor joue la carte de la simplicité : soupe froide de courgettes et basilic ; dos de saumon avec sauce verdurette, riz et brocolis ; île flottante... Les produits sont frais et bien agrémentés : on passe un bon moment.

à Plans Mayens Nord : 4 km – ✉ 3963 Crans-Montana

 LeCrans
Chemin du Mont-Blanc 1 – ℰ 027 486 60 60 – www.lecrans.com Plan : A1**c**
– fermé mai
10 ch ⊡ – †430/680 CHF ††550/1600 CHF – 5 suites – ½ P
Rest *Le MontBlanc* ✿ – Voir la sélection des restaurants
Cet hôtel haut de gamme – et haut perché – promet un séjour exclusif : une vue extraordinaire sur la vallée et les sommets, des chambres qui sont de vrais bijoux (l'esprit montagnard est interprété avec un raffinement exquis), des suites et un wellness voluptueux... Un sommet de romantisme, à l'écart de tout.

CRANS-MONTANA

XxX Le MontBlanc – Hôtel LeCrans

Chemin du Mont-Blanc 1 – ✆ 027 486 60 60 – www.lecrans.com Plan : A1**c**
– fermé mai
Menu 55 CHF (déjeuner en semaine)/154 CHF (dîner) – Carte 90/127 CHF
Ses grandes baies vitrées en demi-cercle donnent presque l'impression de naviguer sur le magnifique paysage environnant... À la barre, le chef, Pierre Crepaud, signe des mets classiques avec de plaisantes incursions dans la modernité ; le tout réalisé avec les meilleurs produits. Une bien belle traversée !
→ Langoustines rôties, foie gras poêlé, fraises, balsamique. Mousseline de pommes de terre, truffes et rebibe d'alpage. Cœur de filet de bœuf, café, vieille Mimolette, légumes primeurs, jus corsé.

à Bluche Est : 3 km par C1, direction Sierre – Alt. 1 263 m – ✉ 3975 Randogne

X Edo
Route Sierre-Montana 43 – ✆ 027 481 70 00 – www.edo-tokyo.ch – fermé 5 juin - 20 juillet, mi-octobre 2 semaines, lundi midi et mardi midi ; hors saison : lundi - mercredi midi, jeudi midi et vendredi midi
Plat du jour 25 CHF – Menu 50/120 CHF – Carte 43/92 CHF
On peut être à la montagne et déguster une authentique cuisine japonaise ! Au menu, on retrouve les spécialités emblématiques de l'archipel, préparées avec soin et des ingrédients de qualité. De la terrasse, la vue sur les sommets donne d'autant plus de relief aux sushis, sashimis et autres grillades...

CRAP MASEGN – Graubünden → Siehe Laax

CRISSIER
Vaud (VD) – ✉ 1023 – 7 727 hab. – Alt. 470 m – Carte régionale **6-B5**
▶ Bern 102 km – Lausanne 7 km – Montreux 38 km – Nyon 45 km
Carte routière Michelin 552-E9

XxXx Restaurant de l'Hôtel de Ville
Rue d'Yverdon 1 – ✆ 021 634 05 05 – www.restaurantcrissier.com – fermé 24 décembre - 9 janvier, 27 juillet - 21 août, dimanche et lundi
Menu 195 CHF (déjeuner en semaine)/380 CHF – Carte 174/298 CHF –
(réservation indispensable)
Par son immense talent, Benoît Violier avait porté cette maison au sommet de la haute cuisine mondiale. Depuis sa disparition, sa fidèle brigade perpétue son travail aux fourneaux ; les assiettes, toujours magistrales, cultivent la grande tradition et sont portées par un service d'exception. L'histoire continue !
→ Morilles brunes et blondes de la région des volcans aux jeunes pousses amères. Homard Bleu des côtes normandes, primeurs croustillants et réduction coraline. Selle d'agneau du plateau de Valensole rôtie et moutardée crousti-fondantes aux aubergines.

La CROIX-de-ROZON
Genève (GE) – ✉ 1257 – 1 290 hab. – Alt. 483 m – Carte régionale **6-A6**
▶ Bern 174 km – Genève 7 km – Gex 31 km – Saint-Julien-en-Genevois 6 km
Carte routière Michelin 552-B12

à Landecy Ouest : 3 km – Alt. 490 m – ✉ 1257 La Croix-De-Rozon

X Auberge de Landecy
Route du Prieur 37 – ✆ 022 771 41 41 – www.auberge-de-landecy.ch – fermé Noël et Nouvel An, Pâques une semaine, début août une semaine, dimanche - lundi
Plat du jour 19 CHF – Menu 35 CHF (déjeuner en semaine)/89 CHF (dîner) – Carte 53/95 CHF
Non loin de la frontière, une jolie auberge dans la campagne... On tombe sous le charme de ses murs du 18e s., de sa terrasse fleurie et plus encore de sa cuisine, pleine des saveurs de saison. Excellent rapport qualité-prix !

Les CROSETS
Valais (VS) – ⊠ 1873 – Carte régionale **7-C6**
▶ Bern 129 km – Sion 69 km – Lausanne 70 km – Genève 134 km
Carte routière Michelin 552-F12

🏠 Mountain Lodge
Hameau des Crosets – ℰ *024 479 25 80 – www.lemountainlodge.ch*
– fermé 18 avril - 12 décembre
23 ch ⊠ – †280/490 CHF ††280/490 CHF – ½ P
L'établissement idéal pour les amateurs de montagne et de glisse. À deux pas des pistes (1 670 m d'altitude) : location de skis, cheminée, sauna et jacuzzi... avec une vue sur les Dents du Midi ! Pour la télé, il faut demander, mais est-ce bien utile ?

🏠 L'Étable
Hameau des Crosets – ℰ *024 565 65 55 – www.hotel-etable.ch – fermé 10 avril*
- 20 juin et 15 octobre - 10 décembre
17 ch – †80/150 CHF ††80/250 CHF, ⊠ 15 CHF
Ce chalet rend hommage avec humour au charme des alpages, avec ses chambres habillées de bois et... de peaux de vache. Au restaurant, spécialités locales (fondue, raclette) et plats de viandes grillées. Du cachet à deux pas des pistes !

CROY
Vaud (VD) – ⊠ 1322 – 335 hab. – Alt. 642 m – Carte régionale **6-B5**
▶ Bern 95 km – Lausanne 31 km – Pontarlier 41 km – Yverdon-les-Bains 20 km
Carte routière Michelin 552-D8

✕✕ Rôtisserie au Gaulois
Route du Dîme 3 – ℰ *024 453 14 89 – www.au-gaulois.com*
– fermé janvier 2 semaines, fin juillet - début août 2 semaines, lundi et mardi soir
Plat du jour 17 CHF – Menu 58/125 CHF – Carte 57/115 CHF
Sentez-vous cette bonne odeur ? Regardez plutôt vers la cheminée : pavés, faux-filets et autres côtes de bœuf grillent et rôtissent sous vos yeux ! Et parce que, dans cette sympathique auberge, on aime satisfaire tout le monde, les amateurs de poissons et crustacés seront conquis par la fraîcheur de leurs mets favoris.

CUGY
Vaud (VD) – ⊠ 1053 – 2 749 hab. – Carte régionale **6-B5**
▶ Bern 97 km – Lausanne 9 km – Fribourg 78 km – Neuchâtel 62 km
Carte routière Michelin 552-G8

✕ Auberge de l'Abbaye de Montheron
Route de l'Abbaye 2 – ℰ *021 731 73 73 – www.montheron.ch*
Plat du jour 25 CHF – Menu 85/130 CHF – Carte 64/89 CHF
Cette maison à volets rouge et blanc est installée sur les ruines d'un ancien monastère cistercien fondé en 1442. Aujourd'hui, deux passionnés y servent des assiettes originales, fortes en émotions, qui doivent beaucoup aux produits bio locaux et aux légumes oubliés. Une adresse attachante.

CULLY
Vaud (VD) – ⊠ 1096 – 5 237 hab. – Alt. 391 m – Carte régionale **6-B5**
▶ Bern 96 km – Lausanne 9 km – Montreux 15 km – Pontarlier 77 km
Carte routière Michelin 552-E10

🏠 Auberge du Raisin
Place de l'Hôtel-de-Ville 1 – ℰ *021 799 21 31 – www.aubergeduraisin.ch*
10 ch ⊠ – †130 CHF ††150 CHF
Rest *La Rôtisserie* – Voir la sélection des restaurants
Dans un village idyllique tout près du lac, cette maison historique a su garder, malgré une refonte complète, quelque chose de son charme rustique d'antan. Les chambres, spacieuses et bien tenues, offrent tout le confort nécessaire.

CULLY

XX La Rôtisserie – Hôtel Auberge du Raisin
Place de l'Hôtel-de-Ville 1 – ℰ 021 799 21 31 – www.aubergeduraisin.ch – fermé 1ᵉʳ - 3 janvier et dimanche
Plat du jour 21 CHF – Menu 59/130 CHF – Carte 55/121 CHF
Près du lac, voilà une maison de caractère avec son élégante rôtisserie, où les viandes à la broche côtoient notamment les poissons nobles du Léman... Les amoureux des beaux produits sont à la fête ! L'été, profitez de l'agréable terrasse ou prolongez l'étape du côté de l'hôtel, de belle tenue.

X La Gare
Place de la Gare 2 – ℰ 021 799 21 24 – www.lagarecully.ch
– fermé 17 décembre - 9 janvier, 13 - 22 août, samedi midi, dimanche - lundi
Plat du jour 18 CHF – Menu 69/129 CHF – Carte 74/105 CHF
Face à la gare, ce sympathique établissement traditionnel a le goût des classiques : le chef affectionne les bons produits (perche du lac, pigeon de Racan, etc.), son dada étant le foie gras, chaud ou froid. Belle sélection de vins locaux. À midi, la carte simple est parfaite pour un petit repas d'affaires.

CURAGLIA
Graubünden (GR) – ✉ 7184 – 389 Ew – Höhe 1 332 m – Regionalatlas **9-H5**
▶ Bern 184 km – Andermatt 38 km – Altdorf 71 km – Bellinzona 78 km
Michelin Straßenkarte 553-R9

Vallatscha
Via Lucmagn – ℰ 081 936 44 90 – www.vallatscha.com – geschl. Juni, November
10 Zim ⊇ – †90/115 CHF ††150/170 CHF – ½ P
Ein bisschen spürt man in dem gepflegten Haus von 1910 noch den historischen Charme, dazu das frische Ambiente zeitgemässer Zimmer. Ebenso freundlich das Restaurant "Aurina", und auch die "Stiva" hat trotz gemütlicher alter Täferung eine moderne Note. Traditionelle Regionalküche mit italienischem Einfluss.

DAVESCO-SORAGNO – Ticino ➜ Vedere Lugano

DAVOS

Graubünden (GR) – ✉ 7270 – 11 103 Ew – Höhe 1 560 m (Wintersport : 1 560/ 2 844 m) – Regionalatlas **11**-J4
▶ Bern 271 km – Chur 59 km – Sankt Moritz 68 km – Vaduz 78 km
Michelin Straßenkarte 553-X8

DAVOS DORF Höhe 1 560 m – ✉ 7260

InterContinental
Baslerstr. 9, über Flüelastrasse B1 ✉ 7260 – ℰ 081 414 04 00
– www.davos.intercontinental.com
– geschl. Mai - Juni, Oktober - November
216 Zim – †215/480 CHF ††215/480 CHF, ☑ 35 CHF – 24 Suiten – ½ P
Rest *Capricorn* – Siehe Restaurantauswahl
Traumhaft die Lage hier oben mit Blick ins Tal, einzigartig die futuristische Architektur (ein golden schimmerndes Oval), und auch innen glänzt das Haus mit exklusiven Materialien und selten grosszügigem Rahmen. Überaus moderne und wohnliche Zimmer, Spa auf 1600 qm, exzellent der Tagungsbereich. Italienisches im "Al Pino", Tapas und Cocktails im "Studio Grigio".

Seehof
Promenade 159 – ℰ 081 417 94 44 – www.seehofdavos.ch   Stadtplan : B1**a**
– geschl. 17. April - 1. Juni
93 Zim ☑ – †115/155 CHF ††239/320 CHF – 6 Suiten – ½ P
Rest *Seehof-Stübli* ❀ – Siehe Restaurantauswahl
Das kleine Grandhotel an der Promenade wird sehr engagiert geführt - da fühlt man sich sofort wohl! Sie wohnen in geschmackvollen Zimmern, geniessen aufmerksamen Service und werden auch neben dem "Seehof-Stübli" mit einem gelungenen gastronomischen Gesamtpaket verwöhnt, und das nicht nur im Winter.

Turmhotel Victoria
Alte Flüelastr. 2 – ℰ 081 417 53 00 – www.victoria-davos.ch   Stadtplan : B1**d**
– geschl. 2. April - 16. Mai, 8. Oktober - 25. November
97 Zim ☑ – †125/235 CHF ††209/339 CHF – 10 Suiten – ½ P
Rest *La Terrasse* – Siehe Restaurantauswahl
Von aussen fällt sofort der hübsche Turmanbau ins Auge. Wie wär's z. B. mit einem Superior mit Balkon zur Südseite? Oder vielleicht eine der tollen geräumigen "Bel Etage"-Suiten? Entspannung findet man bei Kosmetik und Massage, und auch beim Speisen, z. B. Fondue und Grillgerichte im "Kirchner Stübli".

 Das Symbol ❀ weist auf eine Weinkarte mit besonders attraktivem Angebot hin.

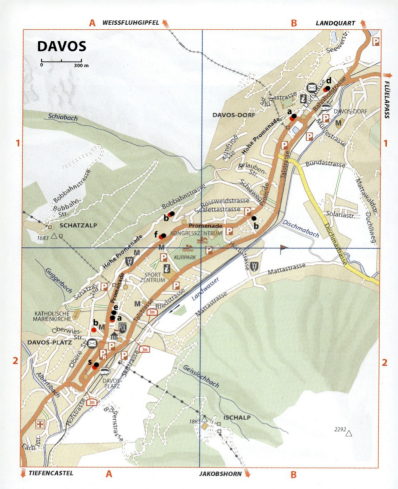

Seehof-Stübli – Hotel Seehof

Promenade 159 – ☏ 081 417 94 44 – www.seehofdavos.ch — Stadtplan : B1**a**
– geschl. 17. April - 1. Juni und Montag - Dienstag
Menü 125/200 CHF – Karte 122/153 CHF *– (nur Abendessen, sonntags auch Mittagessen) (Tischbestellung ratsam)*
In dem schönen eleganten Gourmetrestaurant heisst es niveauvoll speisen! Man kocht modern inspiriert, mit Finesse und Ausdruck und immer auf Basis erstklassiger Produkte, gerne auch aus der Region.
→ Entenlebertörtchen, Brioche, Sauternes, Americano Traube. Emmentaler Kalb, "Carotte de Sables". Dampfnudel, Tahiti Vanille, Doppelrahm, Agrumen.

La Terrasse – Turmhotel Victoria

Alte Flüelastr. 2, 1. Etage – ☏ 081 417 53 00 — Stadtplan : B1**d**
– www.victoria-davos.ch – geschl. 2. April - 16. Mai, 8. Oktober - 25. November
Tagesteller 18 CHF – Menü 35/99 CHF (abends) – Karte 52/106 CHF
Das um einen grosszügigen Wintergarten verbreiterte Restaurant wirkt durch den Lichteinfall hell und freundlich. Nahe an der Talstation der Parsennbahn gelegen, ein idealer Ort zur Stärkung nach dem Skifahren oder Bergwandern.

DAVOS

XX **Capricorn** – Hotel InterContinental
Baslerstr. 9, über Flüelastrasse B1 – ℰ 081 414 04 00
– www.intercontinental.com/davos – geschl. Mai - Juni, Oktober - November
Tagesteller 35 CHF – Menü 58/95 CHF – Karte 63/112 CHF
Ein moderner Speisesaal mit offener Showküche und - dank grosser Fensterfront
- mit fantastischer Aussicht auf Davos und die Berge - wer möchte da nicht auf
der Terrasse speisen? Serviert wird Internationales.

DAVOS PLATZ Höhe 1 540 m – ⊠ 7270

 Steigenberger Belvédère
Promenade 89 – ℰ 081 415 60 00
– www.davos.steigenberger.ch – geschl. 9. April - 15. Juni, 24. September Stadtplan : A1**f**
- 30. November
118 Zim ⊇ – †179/479 CHF ††269/699 CHF – 8 Suiten – ½ P
Rest *Belvédère* – Siehe Restaurantauswahl
Die "Alte Dame" unter den Davoser Hotels wurde 1875 erbaut und ist wirklich ein
klassisches Grandhotel! Dank diverser Investitionen wohnt man in geschmackvollen
Zimmern unterschiedlicher Kategorien, geniesst ein schönes Wellnessangebot
und gastronomische Vielfalt, darunter das "Romeo & Julia" mit Fondue und Raclette
im Winter.

 Waldhotel Davos
Buolstr. 3 – ℰ 081 415 15 15 – www.waldhotel-davos.ch   Stadtplan : A1**b**
– geschl. Mitte April - Ende November
46 Zim ⊇ – †136/380 CHF ††200/860 CHF – 15 Suiten – ½ P
Rest *Mann und Co* – Siehe Restaurantauswahl
Sie suchen ein Winterdomizil in traumhafter Lage, mit wunderschönem Blick, aufmerksamem
Service und wohnlich-modernen Zimmern? Letztere gibt es vom
hübschen Standardzimmer bis zur prestigeträchtigen Thomas-Mann-Suite. Im
Speisesaal bietet man eine eher klassische Alternative zum "Mann & Co.".

 Grischa
Talstr. 3 – ℰ 081 414 97 97 – www.hotelgrischa.ch   Stadtplan : A2**s**
81 Zim ⊇ – †130/330 CHF ††210/560 CHF – 12 Suiten – ½ P
Rest *Mann und Co* · Rest *Golden Dragon* – Siehe Restaurantauswahl
Bergatmosphäre als Designkonzept: In der Lobby Holz, Stein, loungige Ledersessel
im Shabby-Look, an der Decke eine beachtliche Lichtskulptur aus Muranoglas-Elementen
in Eiszapfenoptik, in den Zimmern edles Interieur aus klaren Formen,
gedeckten Farben und Seidenschimmer. Und gastronomisch? Grillgerichte
im "Monta", Fondue und Raclette oder günstiger Lunch im "Pulsa".

 Morosani Posthotel
Promenade 42 – ℰ 081 415 45 00 – www.posthotel.morosani.ch Stadtplan : A2**a**
– geschl. Mitte April - Ende Mai, Mitte Oktober - Mitte November
90 Zim ⊇ – †120/280 CHF ††200/550 CHF – ½ P
Rest *Pöstli Restaurant* – Siehe Restaurantauswahl
In dem Traditionshaus von 1870 im Herzen von Davos wohnt man modern-alpin
oder in Landhauszimmern mit warmem Arvenholz, teils mit Cheminée. Eine
schöne Alternative: das "fiftyone" mit schickem zeitgemässem Design und "room
only"-Konzept. Gastronomisch gibt es neben dem Pöstli Restaurant noch das
Bistro "Pöstli Corner" sowie im Winter Sushi-Bar und Fondue-Restaurant.

 Morosani Schweizerhof
Promenade 50 – ℰ 081 415 55 00 – www.morosani.ch   Stadtplan : A2**e**
– geschl. Mitte April - Mitte Mai, Mitte Oktober - Mitte November
100 Zim ⊇ – †120/280 CHF ††200/550 CHF – 14 Suiten – ½ P
Dieses Hotel ist auf Ferien- und Tagungsgäste gleichermassen eingestellt. Sie
wohnen in modern-alpinen Zimmern oder in stylischen Neubau-Zimmern. Im
Restaurant speist man gehoben italienisch, in der Bar lauscht man abends Piano-Musik.

159

DAVOS

Casanna
Alteinstr. 6 – ⌀ 081 417 04 04 – www.casanna.ch Stadtplan : B1**b**
– geschl. Mitte April - Mitte Juni, Anfang Oktober - Ende November
26 Zim ⌑ – †110/170 CHF ††180/300 CHF – ½ P
Charmant! Die Zimmer in dem kleinen Hotel sind hell und wohnlich, der Service ist freundlich und familiär. Kurpark und Bushaltestellen befinden sich ganz in der Nähe, Businessgäste haben es nicht weit zum Kongresszentrum.

Alpenhof
Hofstr. 22, über A2, Richtung Tiefencastel ✉ 7270 – ⌀ 081 415 20 60
– www.alpenhof-davos.ch
19 Zim ⌑ – †105/190 CHF ††160/350 CHF – 7 Suiten – ½ P
Sie wohnen hier etwas ausserhalb des Ortes, direkt am Haus verlaufen Wanderwege und Loipen. Die Zimmer und Suiten sind freundlich eingerichtet, viele mit Balkon nach Süden. Im urig-gemütlichen Restaurant und auf der Sonnenterrasse geniesst man durchgehend regionale und bürgerliche Küche.

Mann und Co – Waldhotel Davos
Buolstr. 3 – ⌀ 081 415 15 15 – www.waldhotel-davos.ch Stadtplan : A1**b**
– geschl. Mitte April - Ende November und Montag - Dienstag
Menü 90 CHF – Karte 83/106 CHF – (nur Abendessen) (Tischbestellung ratsam)
Wo sich Thomas Mann einst zu seinem "Zauberberg" inspirieren liess, heisst es geschmackvoll und modern speisen - gekocht wird ambitioniert und mit kreativen Elementen.

Pöstli Restaurant – Morosani Posthotel
Promenade 42 – ⌀ 081 415 45 00 – www.posthotel.morosani.ch Stadtplan : A2**a**
– geschl. Mitte April - Ende Mai, Mitte Oktober - Mitte November
Menü 55/118 CHF (abends) – Karte 50/112 CHF
Eleganter Bündner Stil bestimmt hier das Ambiente. Schmackhafte klassische Gerichte sind z. B. "ganze Dover-Seezunge vom Grill mit Sauce Hollandaise und Winterspinat". Dazu eine nicht ganz alltägliche Weinkarte.

Belvédère – Hotel Steigenberger Belvédère
Promenade 89 – ⌀ 081 415 60 00 Stadtplan : A1**f**
– www.steigenberger.com/davos – geschl. 9. April - 15 Juni, 24. September - 30. November
Menü 95/115 CHF – (nur Abendessen)
Schön unterstreicht die denkmalgeschützte Holzdecke den klassisch-stilvollen Rahmen. Jeden Abend gibt es ein grosses Menü, auf Wunsch mit passender Weinbegleitung - freuen Sie sich z. B. auf "Lammrücken / Croûtons / Maroni / Gnocchi".

Glow by Armin Amrein ⓝ
Promenade 115 – ⌀ 081 416 43 43 – www.glow-davos.ch Stadtplan : B1
– geschl. 18. April - 20. Juni, 23. Oktober - 29. November und Montag - Dienstag, im Sommer: Montag - Mittwochmittag
Tagesteller 45 CHF – Menü 69 CHF (mittags)/195 CHF – Karte 110/129 CHF – (Tischbestellung ratsam)
Interessante Location, nicht alltäglich das Design: Holz, Stein und Glas dominieren, alles ist wertig und durchgestylt bis ins Detail. In lockerer Atmosphäre gibt es ausdrucksstarke, geradlinige und produktbezogene Küche. "The Table" für bis zu 10 Pers. im direkt zugänglichen Showroom von "Escher Raumdesign".
→ Kaninchen-Tortellini, Carabinero, Tomate. Engadiner Rindshohrücken, Pedro Ximénez Sherryessig, Karotte, braune Champignons. Aprikosen, Mascarpone, Milchreis.

Leonto – Hotel Grischa
Talstr. 3 – ⌀ 081 414 97 74 – www.hotelgrischa.ch Stadtplan : A2**s**
– geschl. Ende März - Mitte Dezember und Dienstag - Mittwoch
Menü 73 CHF – Karte 63/89 CHF – (nur Abendessen)
"Dine around the world" - so das Motto in dem geradlinig-eleganten Restaurant. Sie sitzen auf chic-modernen weissen Polsterstühlen und speisen international inspirierte Gerichte wie "Poulet Suprême mit mexikanischer Schokoladen Mole".

DAVOS

XX Golden Dragon – Hotel Grischa
Talstr. 3 – ℰ 081 414 97 71 – www.hotelgrischa.ch – geschl. Stadtplan : A2**s**
24. April - 5. Juni, 15. - 30. Oktober und Sonntag - Montag, im Winter: Montag
Menü 36/52 CHF – Karte 61/76 CHF – *(abends Tischbestellung ratsam)*
In Davos kann man nicht nur regional essen: In dem chinesischen Restaurant kocht man kantonesisch und im Szechuan-Stil. Probieren Sie z. B. das Menü "Jasmin" (ab 3 Personen)! Hochwertig das Design: Holz, Stein, Leder, elegante dunkle Töne.

in Davos-Wiesen Süd-West: 17 km über A2, Richtung Tiefencastel – 362 Ew

 Bellevue
Hauptstr. 9 ⌧ 7494 – ℰ 081 404 11 50 – www.bellevuewiesen.com
21 Zim ⌧ – †99/299 CHF ††99/299 CHF – ½ P
Mit Liebe zum Detail hat man das im Traditionshaus von 1873 eingerichtet: Lobby, Leseraum, Zimmer... Alles hochwertig, modern und dennoch warm, alpiner Charme inklusive. Schön entspannt es sich z. B. auf der Terrasse mit Bergblick!

in Davos-Monstein Süd-West: 11 km über A2, Richtung Tiefencastel – ⌧ 7270

 Ducan
Hauptstr. 15 – ℰ 081 401 11 13 – www.hotelducan.ch – geschl. 11. April - 13. Mai , 10. Oktober - 15. Dezember
18 Zim ⌧ – †70/200 CHF ††120/300 CHF – ½ P
Ein uriger Gasthof ganz in Holz in einem einsamen kleinen Dorf. Liebenswerte Zimmer mit modernen Bädern (Flat-TV auf Wunsch), reizendes "Saunahüüschi" mit Brunnen im Freien. Mit "Älpligrill" (freitags) passt auch die Küche zum regionalen Charakter.

in Sertig Dörfli Süd: 9 km über A2, Richtung Tiefencastel – ⌧ 7272 Davos Clavadel

 Walserhuus
Sertigerstr. 34, Süd: 1 km ⌧ 7272 – ℰ 081 410 60 30 – www.walserhuus.ch
11 Zim ⌧ – †105/145 CHF ††150/250 CHF – ½ P
Geradezu paradiesisch liegt das Haus am Ende eines Hochtales. Liebenswerter rustikaler Charme von den Zimmern bis zum Schwinger-, Arven- oder Panoramastübli. Draussen auf der Terrasse speist man bei grandioser Sicht - z. B. Heidelbeerrisotto mit Parmesan. Tipp: Besuchen Sie den Wasserfall Sertig!

DELÉMONT
Jura (JU) – ⌧ 2800 – 12 588 hab. – Alt. 413 m – Carte régionale **2-D3**
▶ Bern 90 km – Basel 42 km – Montbéliard 62 km – Solothurn 36 km
Carte routière Michelin 551-I5

 La Bonne Auberge
Rue du 23 Juin 32, accès piétonnier – ℰ 032 422 17 58
– www.labonneauberge.ch – fermé début janvier une semaine et fin juillet une semaine
7 ch ⌧ – †115/170 CHF ††145/190 CHF
Rest *La Bonne Auberge* – Voir la sélection des restaurants
Au cœur de la cité historique, cette maison séculaire – un ancien relais de poste de 1850 – se dresse fièrement au bord d'une rue piétonne. L'établissement se révèle chaleureux et confortable ; l'on s'y sent bien. Oui, voilà bien une Bonne Auberge !

XX du Midi
Place de la Gare 10 – ℰ 032 422 17 77 – www.hoteldumidi.ch – fermé avril 2 semaines, septembre 2 semaines, mardi soir et mercredi
7 ch – †82/100 CHF ††124/154 CHF – ½ P
Plat du jour 16 CHF – Carte 47/96 CHF
En descendant du train, si la faim se fait sentir, poussez la porte de ce restaurant qui fait face à la gare ! Le chef fait profession de tradition, faisant évoluer sa carte au plus près des saisons, avec professionnalisme : terrine de chevreuil, soupe de poissons au safran, joue de lotte à l'ail doux...

DELÉMONT

X **La Bonne Auberge** – Hôtel La Bonne Auberge
Rue du 23 Juin 32 – ℰ 032 422 17 58 – www.labonneauberge.ch – fermé début janvier une semaine et fin juillet une semaine
Plat du jour 22 CHF – Carte 39/77 CHF
Si la Bonne Auberge a du succès dans les parages, c'est aussi que l'on y mange bien. Les gourmands ont le choix entre le bistrot ou le coin gastronomique ; à la carte, crème brûlée au chèvre frais, saumon d'Écosse mariné, confit de canard ou entrecôte de sanglier... C'est simple et bon : pourquoi se priver ?

Les DIABLERETS
Vaud (VD) – ⌧ 1865 – 1 481 hab. – Alt. 1 155 m (Sports d'hiver : 1 151/2 120 m)
– Carte régionale **7-C6**
▶ Bern 126 km – Montreux 38 km – Aigle 22 km – Gstaad 21 km
Carte routière Michelin 552-H11

🏠 **du Pillon**
Chemin des Bovets 16 – ℰ 024 492 22 09 – www.hoteldupillon.ch – fermé mi-novembre - mi-décembre
14 ch ⌧ – †120/150 CHF ††160/200 CHF – ½ P
Suisse éternelle ! Sur les hauteurs du village, parmi les sapins, ce beau chalet de 1875 pavoise devant les sommets, en particulier le glacier des Diablerets. Une vue superbe, dont on ne peut se lasser dans le décor des salons et chambres, qui ont la charmante simplicité d'une demeure de famille...

DIELSDORF
Zürich (ZH) – ⌧ 8157 – 5 920 Ew – Höhe 429 m – Regionalatlas **4-F2**
▶ Bern 127 km – Zürich 22 km – Baden 16 km – Schaffhausen 36 km
Michelin Straßenkarte 551-P4

🏠 **Löwen**
Hinterdorfstr. 21 – ℰ 044 855 61 61 – www.loewen-dielsdorf.ch
37 Zim ⌧ – †172/176 CHF ††200/236 CHF
Der "Löwen" liegt in der Ortsmitte und ist überaus gepflegt. Die Zimmer sind wohnlich im Landhausstil eingerichtet oder ganz modern und geradlinig - letztere befinden sich im historischen Gasthof und haben besonderen Charme! Zum Restaurant gehören rustikale Beiz, helle Taverne und die beliebte Terrasse.

XX **Bienengarten**
Regensbergstr. 9 – ℰ 044 853 12 17 – www.bienengarten-dielsdorf.ch – geschl. über Ostern 2 Wochen und Samstagmittag
Tagesteller 22 CHF – Menü 78/110 CHF – Karte 47/103 CHF – *(Tischbestellung ratsam)*
Klassisches Restaurant oder lieber gemütliche Stuben? Auf der Karte liest man z. B. "Kalbskopfbäggli geschmort in Merlot, Tagliatelle und Ofengemüse" oder "Dry-Aged Beef". Im Sommer speist man natürlich am liebsten im schönen Garten.

DIESSBACH bei BÜREN
Bern (BE) – ⌧ 3264 – 996 Ew – Höhe 457 m – Regionalatlas **2-D3**
▶ Bern 30 km – Biel 14 km – Burgdorf 34 km – Neuchâtel 43 km
Michelin Straßenkarte 551-I6

XX **Storchen**
Schmiedgasse 1 – ℰ 032 351 13 15 – www.storchen-diessbach.ch – geschl. Januar 1 Woche, Ende Juli - Anfang August 2 Wochen und Dienstag - Mittwoch
Tagesteller 23 CHF – Menü 36/72 CHF – Karte 36/89 CHF
Seit über 25 Jahren leitet die Familie das historische Gasthaus mit gemütlichen Stuben und netter Terrasse. Spezialität: Sauce Woronov nach Geheimrezept des Chefs. Auch für Feierlichkeiten hat man die passenden Räumlichkeiten.

DIESSENHOFEN
Thurgau (TG) – ⌧ 8253 – 3 675 Ew – Höhe 413 m – Regionalatlas **4-G2**
▶ Bern 172 km – Zürich 52 km – Baden 72 km – Frauenfeld 22 km
Michelin Straßenkarte 551-R3

DIESSENHOFEN

XX **Gasthaus Schupfen**
Steinerstr. 501, Ost: 3 km Richtung Stein am Rhein – ✆ *052 657 10 42*
– www.schupfen.ch – geschl. 16. Januar - 5. Februar und Montag - Dienstag
Menü 45 CHF (mittags)/98 CHF – Karte 49/84 CHF
Seine bis ins Jahr 1455 zurückreichende Historie macht das schöne Riegelhaus besonders. Wer da gemütliche Atmosphäre vermutet, liegt absolut richtig: Man speist in drei liebenswerten Stuben, draussen die idyllische Terrasse direkt am Rhein.

XX **Krone**
Rheinstr. 2 – ✆ *052 657 30 70 – www.krone-diessenhofen.ch – geschl. Februar 2 Wochen, Juli 2 Wochen, Anfang August 1 Woche und Montag - Dienstag*
6 Zim ⌑ – †90/130 CHF ††150/180 CHF – ½ P   Karte 41/83 CHF
Das alte Stadthaus liegt direkt an der überdachten Holzbrücke von 1816, einem Grenzübergang nach Deutschland. Heimelig ist die gediegene Gaststube mit Aussicht. Wie wär's mit Fisch aus Rhein oder Bodensee? Übernachtungsgästen bietet man freundliche und praktische Zimmer.

DIETIKON
Zürich (ZH) – ⌧ 8953 – 26 690 Ew – Höhe 388 m – Regionalatlas **4-F2**
▶ Bern 113 km – Zürich 18 km – Aarau 37 km – Baden 14 km
Michelin Straßenkarte 551-O5

XX **Taverne zur Krone**
Kronenplatz 1 – ✆ *044 744 25 35 – www.taverne-zur-krone.ch – geschl. Anfang August 2 Wochen, Ende Dezember 1 Woche und Sonntag*
Tagesteller 24 CHF – Menü 56 CHF (mittags unter der Woche)/79 CHF
– Karte 61/110 CHF
Hübsch anzuschauen ist das sorgsam sanierte historische Haus. Sie speisen in der eleganten getäferten Stube oder etwas legerer in der Brasserie und der modernen Bistro-Bar im Tulpen-Look. Im Sommer lockt die schöne Terrasse! Auf der Karte z. B. "Kalbssteak mit Morchelrahmsauce" oder "Seeteufel auf Risotto".

DIETINGEN
Thurgau (TG) – ⌧ 8524 – Höhe 435 m – Regionalatlas **4-G2**
▶ Bern 170 km – Zürich 50 km – Frauenfeld 8 km – Konstanz 35 km
Michelin Straßenkarte 551-R4

XX **Traube**
Schaffhauserstr. 33, Süd-West: 1 km – ✆ *052 746 11 50*
– www.traube-dietingen.ch – geschl. Ende Januar - Mitte Februar, Mitte Juli 2 Wochen und Mittwoch - Donnerstag
Menü 30 CHF (mittags unter der Woche)/120 CHF – Karte 62/115 CHF
Mitten in den Weinbergen liegt das Fachwerkhaus a. d. 19. Jh. mit stimmigem rustikal-elegantem Interieur und Sonnenterrasse mit Aussicht. Gerne isst man hier z. B. heimisches Wild wie "Rehnüssli mit Spätzle". Dazu eine umfangreiche internationale Weinkarte. Übernachten kann man in zwei einfachen Zimmern.

DOMBRESSON
Neuchâtel (NE) – ⌧ 2056 – 1 607 hab. – Alt. 743 m – Carte régionale **2-C4**
▶ Bern 64 km – Neuchâtel 14 km – Biel 46 km – La Chaux-de-Fonds 16 km
Carte routière Michelin 552-G6

XX **Hôtel de Commune**
Grand'Rue 24 – ✆ *032 853 24 01 – www.hoteldombresson.ch – fermé 3 - 26 janvier, 15 - 30 août, mardi et mercredi*
Plat du jour 38 CHF – Menu 55/125 CHF – Carte 65/132 CHF
Certains établissements sont à un village ce que l'horlogerie et Roger Federer sont à la Suisse : des incontournables ! Tel est le cas de cette imposante maison de pays, où l'on sert une cuisine du marché goûteuse et soignée : dos de bar à la marinière de moules de bouchot, côte de veau poêlée au poivre vert...

DÜDINGEN
Freiburg (FR) – ⊠ 3186 – 7 793 Ew – Höhe 596 m – Regionalatlas **2-C4**
▶ Bern 28 km – Neuchâtel 39 km – Fribourg 10 km
Michelin Straßenkarte 552-H8

Gasthof zum Ochsen
*Hauptstr. 2 – ℰ 026 505 10 59 – www.zumochsen.ch – geschl. 26. Dezember
- 3. Januar, 24. Juli - 15. August und Montag - Dienstag*
Tagesteller 20 CHF – Menü 54 CHF (mittags)/107 CHF – Karte 43/88 CHF
In dem stattlichen regionstypischen Haus kocht man für Sie eine Mischung aus klassisch-französischer Küche und Bistrogerichten. Das Restaurant ist angenehm hell, freundlich und zeitgemäss gestaltet, etwas schlichter der Brasserie-Bereich.

DÜRRENROTH
Bern (BE) – ⊠ 3465 – 1 067 Ew – Höhe 669 m – Regionalatlas **3-E3**
▶ Bern 45 km – Olten 48 km – Luzern 53 km – Thun 49 km
Michelin Straßenkarte 551-L6

Bären
Dorfstr. 17 – ℰ 062 959 00 88 – www.baeren-duerrenroth.ch
30 Zim ⊇ – †120/130 CHF ††190/210 CHF – ½ P
Rest *Bären* – Siehe Restaurantauswahl
Der heutige "Bären" ist ein Ensemble aus drei stattlichen spätbarocken Häusern - historischer Charme mit moderner Note. Lust auf etwas Besonderes? Wellness-, Honeymoon-, Rosen-Suite... Oder lieber ein günstigeres "Budget-Zimmer im ehemaligen Pferdestall? Schöner Rosengarten. Tipp: "Lesereise".

XX Bären – Hotel Bären
Dorfstr. 17 – ℰ 062 959 00 88 – www.baeren-duerrenroth.ch
Tagesteller 19 CHF – Menü 55/111 CHF (abends) – Karte 54/115 CHF
Richtig gemütlich und ganz in Holz gehalten sind sowohl die elegante "Rother Stube" als auch die einfachere Gaststube. Hier wie dort speist man traditionell-regional und auch modern-international inspiriert - Vegetarier werden ebenfalls fündig. Sehr schön: Saal und Salons.

EBERSECKEN
Luzern (LU) – ⊠ 6245 – 401 Ew – Höhe 548 m – Regionalatlas **3-E3**
▶ Bern 86 km – Aarau 39 km – Luzern 46 km – Solothurn 58 km
Michelin Straßenkarte 551-M6

XX Sonne
*Dorf 2 – ℰ 062 756 25 14 – www.sonne-ebersecken.ch – geschl. März
2 Wochen, Juli - August 3 Wochen und Sonntagabend - Montag*
Tagesteller 19 CHF – Menü 67/84 CHF – Karte 47/84 CHF
Bei Familie Häfliger sitzt man schön in einem über 100 Jahre alten Gasthaus, wird geschmackvoll und frisch bekocht und aufmerksam umsorgt. Das Repertoire reicht von "Kalbsleber mit Rösti" über "Rehpfeffer Grossmutter Art" bis "Seezungenfilet süss-sauer mit Champagnerkraut".

ECHANDENS
Vaud (VD) – ⊠ 1026 – 2 662 hab. – Alt. 434 m – Carte régionale **6-B5**
▶ Bern 104 km – Lausanne 9 km – Pontarlier 65 km – Yverdon-les-Bains 34 km
Carte routière Michelin 552-D9

Auberge Communale
*Place du Saugey 8 – ℰ 021 702 30 70 – www.auberge-echandens.ch
– fermé février 2 semaines, juillet - août 2 semaines, mardi et mercredi*
Plat du jour 20 CHF – Menu 58/140 CHF – Carte 41/96 CHF
Voilà bien une auberge communale typique ! Deux formules, deux atmosphères : d'un côté, le restaurant, sa gastronomie d'inspiration française et son cadre revu dans un esprit contemporain ; de l'autre, le café, ses petits plats et son ambiance conviviale.

EFFRETIKON
Zürich (ZH) – ✉ 8307 – 16 321 Ew – Höhe 511 m – Regionalatlas **4-G2**
▶ Bern 140 km – Zürich 20 km – Rapperswil 39 km – Wil 32 km
Michelin Straßenkarte 551-Q5

✗ QN-Restaurant   🕸 🕋 **P**
Rikonerstr. 52, Richtung Autobahn Winterthur, Ost: 1 km – ✆ 052 355 38 38
– www.qn-world.ch – geschl. Samstagmittag, Sonntag sowie an Feiertagen
Tagesteller 25 CHF – Menü 42 CHF – Karte 49/88 CHF – *(Tischbestellung erforderlich)*
Eine gefragte Adresse ist das moderne Restaurant auf dem historischen Anwesen. Neben Risotto und Pasta sowie saisonal wechselnden Gerichten ist hier nach wie vor das Cordon Bleu der Renner! Dazu über 400 Weine mit Schwerpunkt Italien und Spanien sowie über 240 verschiedene Zigarren im alten Mühlenkeller.

EGERKINGEN
Solothurn (SO) – ✉ 4622 – 3 446 Ew – Höhe 435 m – Regionalatlas **3-E3**
▶ Bern 58 km – Basel 44 km – Aarau 30 km – Luzern 57 km
Michelin Straßenkarte 551-L5

✗✗ Kreuz   ⟲ 🕋 🖥 ⇔ 🛁 🚗
😊 *Oltnerstr. 11 – ✆ 062 398 03 33 – www.kreuz.ch – geschl. 24. Dezember*
- 9. Januar, 9. - 18. April, 1. - 10. Oktober und Sonntag - Montag
12 Zim ⚌ – †130 CHF ††180 CHF – 1 Suite
Tagesteller 25 CHF – Menü 33 CHF (mittags unter der Woche)/125 CHF
– Karte 49/101 CHF
Engagiert führt die Familie den historischen Gasthof seit über 25 Jahren. Ob Sie im "Cheminée" sitzen (schön hier der Biedermeierstil) oder in der rustikalen Gaststube "Luce" nebst Wintergarten, Sie bekommen hier wie dort Schmackhaftes wie "Kalbsfiletstreifen mit Rahmsauce und Nudeln". Terrasse mit Aussicht.

EGLISAU
Zürich (ZH) – ✉ 8193 – 5 025 Ew – Höhe 392 m – Regionalatlas **4-G2**
▶ Bern 145 km – Zürich 28 km – Schaffhausen 23 km – Aarau 67 km
Michelin Straßenkarte 551-P4

🏠 Gasthof Hirschen   🛁
Untergass 28 – ✆ 043 411 11 22 – www.hirschen-eglisau.ch – geschl.
24. Dezember - 13. Februar
5 Zim ⚌ – †160/350 CHF ††190/390 CHF – 2 Suiten
Rest *Bistro* 😊 – Siehe Restaurantauswahl
Ein historischer Gasthof im alten Ortskern am Rhein, der seinen traditionellen Charme bewahrt hat. Ein äusserst stilvolles Bild ergeben die Zimmer mit ihren schönen antiken Möbeln und schicken modernen Bädern als gelungenen Kontrast.

✗ Bistro   🕋
😊 *Untergass 28 – ✆ 043 411 11 22 – www.hirschen-eglisau.ch – geschl.*
24. Dezember - 13. Februar und Oktober - März: Sonntag - Montag, April
- September: Sonntagabend - Montag
Tagesteller 21 CHF – Menü 32 CHF (mittags unter der Woche) – Karte 50/88 CHF
Im sympathischen Bistro des "Hirschen" freut man sich über "Eglinusperli mit Sauerrahm-Schnittlauch-Sauce", "Ravioli mit Eglisauer Gitzi-Füllung an Salbeibutter" oder "Hackbraten mit kleinen Rüebli und Kartoffelpüree".

EICH
Luzern (LU) – ✉ 6205 – 1 684 Ew – Höhe 516 m – Regionalatlas **4-F3**
▶ Bern 100 km – Luzern 19 km – Olten 44 km – Sursee 14 km
Michelin Straßenkarte 551-N6

EICH

Sonne Seehotel
Seestr. 23 – ℰ 041 202 01 01 – www.sonneseehotel.ch
26 Zim ☲ – †120/230 CHF ††180/340 CHF
Rest *Sonne* – Siehe Restaurantauswahl
Schön wohnlich ist es hier dank moderner Einrichtung in hellen Naturtönen - alle Zimmer mit guter Technik samt Nespresso-Maschine, viele liegen seeseitig. Toll im Sommer: Sonnenlounge und öffentliches Seebad nebenan mit Liegewiese und Bootsanleger (für Hausgäste kostenfrei).

Sonne – Sonne Seehotel
Seestr. 23 – ℰ 041 202 01 01 – www.sonneseehotel.ch
Tagesteller 23 CHF – Menü 63/93 CHF – Karte 40/89 CHF
Saisonales, Klassiker oder lieber ein Menü? Laktosefrei, glutenfrei oder vegetarisch? Spezialität ist das Balchenfilet, aber auch das grillierte Rindsfilet kommt an. Modern-legeres Ambiente, tolle Sonnenterrasse, angrenzend ein Spielplatz!

im Ortsteil Vogelsang Nord: 2,5 km

Vogelsang
Vogelsang 2 – ℰ 041 462 66 66 – www.vogelsang.ch – geschl. 16. Februar - 3. März
27 Zim ☲ – †135/165 CHF ††200/240 CHF
Rest *Vogelsang* – Siehe Restaurantauswahl
Ein wirklich wunderschönes Landhotel mit klasse Seeblick! Sehr chic und modern die Zimmer. Wer das Besondere sucht, bucht eine der beiden "Romantic Suiten" mit phänomenaler Dachterrasse! Am Morgen freut man sich auf ein frisches Frühstück.

Vogelsang – Hotel Vogelsang

Vogelsang 2 – ℰ 041 462 66 66 – www.vogelsang.ch – geschl. 16. Februar - 3. März
Tagesteller 19 CHF – Menü 25 CHF (mittags unter der Woche)/75 CHF – Karte 44/97 CHF
Wenngleich man in Wintergarten, Schmittenstube und Gaststube schön sitzt, so ist doch die Terrasse mit traumhafter Aussicht der beliebteste Ort! Das Angebot reicht von Schweinsschnitzel über Balchenfilets aus dem See bis zum "Gourmet-Menü".

EINSIEDELN
Schwyz (SZ) – ✉ 8840 – 15 077 Ew – Höhe 881 m – Regionalatlas **4-G3**
▶ Bern 165 km – Schwyz 24 km – Zürich 40 km – Sarnen 83 km
Michelin Straßenkarte 551-Q6

Boutique Hotel St. Georg
Hauptstr. 72 – ℰ 055 418 24 24 – www.hotel-stgeorg.ch
40 Zim ☲ – †100/130 CHF ††150/230 CHF
Modern-funktionale Einrichtung, ideale Lage im charmanten Zentrum - das sehenswerte Benediktinerkloster in direkter Nähe! Parken kann man problemlos im 300 m entfernten Parkhaus Brühl. Hungrige gehen ins gleichnamige Restaurant nebenan.

Linde
Schmiedenstr. 28 – ℰ 055 418 48 48 – www.linde-einsiedeln.ch – geschl. Januar 3 Wochen, Ende Juli 1 Woche und Mittwoch
17 Zim ☲ – †100/140 CHF ††100/240 CHF – ½ P
Tagesteller 25 CHF – Menü 35 CHF (mittags)/55 CHF – Karte 44/92 CHF
Mitten in Einsiedeln sitzt man hier in netten, mit viel Holz schön wohnlich gestalteten Stuben. Zur gepflegten Atmosphäre bietet man klassisch-traditionelle Küche. Gut übernachten können Sie auch - günstige Pilgerzimmer auf Anfrage.

ELLIKON am RHEIN
Zürich (ZH) – ✉ 8464 – Regionalatlas **4-G2**
▶ Bern 159 km – Zürich 44 km – Frauenfeld 34 km – Aarau 82 km
Michelin Straßenkarte 551

ELLIKON am RHEIN

XX Zum Schiff 🈴 ⇔ 🅿

Dorfstr. 20 – ⌀ 052 301 40 00 – www.schiffellikon.ch – geschl. 4. - 25. Januar und Dienstag, im Winter: Montag - Dienstag
Tagesteller 33 CHF – Menü 48 CHF (mittags unter der Woche)/95 CHF
– Karte 59/102 CHF – *(Tischbestellung ratsam)*
Hier lockt schon allein die tolle Lage am Rhein Gäste an - entsprechend beliebt ist die Terrasse! Drinnen in dem jahrhundertealten Gasthaus verbreiten hübsche holzgetäferte Stuben Gemütlichkeit. Auf der Karte z. B. "Wachtelbrüstchen auf grünem Spargelsalat" oder "Kalbskotelett mit Salbeibutter".

EMMEN
Luzern (LU) – ✉ 6032 – 29 721 Ew – Regionalatlas **3**-**F3**
▶ Bern 108 km – Luzern 5 km – Stans 18 km – Zug 31 km
Michelin Straßenkarte 551-O6

XX Kreuz 🈴 & ⇔ 🅿
☺
*Seetalstr. 90 – ⌀ 041 260 84 84 – www.kreuz-emmen.ch – geschl. Ende Juli
- Anfang August 2 Wochen und Sonntag - Montag sowie an Feiertagen*
Tagesteller 25 CHF – Menü 57 CHF (mittags unter der Woche)/72 CHF
– Karte 58/102 CHF – *(Tischbestellung ratsam)*
"Ammanns Junghennenei, Alba-Trüffel, Brasato-Ravioli und Winterspinat" oder lieber "bretonischen Wolfsbarsch, in der Folie gegart"? Die ambitionierte Küche serviert man in "Gast-" oder "Reussstube", in der "Speisekammer" abends nur kreative Gerichte und das grosse Gourmetmenü.

EMMENMATT
Bern (BE) – ✉ 3543 – Regionalatlas **3**-**E4**
▶ Bern 31 km – Luzern 64 km – Solothurn 45 km
Michelin Straßenkarte 551-L7

XX Moosegg 🆕 ⇔ ≤ 🈴 ⇔ 🅿
☺
*Moosegg 231a, West: 4 km – ⌀ 034 409 06 06 – www.moosegg.ch – geschl. 1.
- 19. Januar und Montag, Dezember - März: Montag - Dienstag*
21 Zim ⌂ – †80/160 CHF ††140/220 CHF – ½ P
Tagesteller 24 CHF – Menü 79/145 CHF – Karte 53/104 CHF
In 957 m Höhe thront das modern-elegant eingerichtete Haus über dem Ort - phänomenal die Aussicht! Man kocht modern interpretiert und mit regionalem Bezug, z. B. "Duo vom Lamm mit Kräutern, Pastinaken, Orangen & Bitterorangen-Toast". Einfachere Alternative: die "Beiz". Sehr unterschiedliche Gästezimmer.

ENGELBERG
Obwalden (OW) – ✉ 6390 – 4 096 Ew – Höhe 1 000 m (Wintersport : 1 050/3 028 m)
– Regionalatlas **8**-**F4**
▶ Bern 145 km – Andermatt 77 km – Luzern 35 km – Altdorf 47 km
Michelin Straßenkarte 551-O8

🏠 Schweizerhof ❀ 🐾 ❄ 🎿 🅿
Dorfstr. 42 – ⌀ 041 637 11 05 – www.schweizerhof-engelberg.ch – geschl. November
38 Zim ⌂ – †119/179 CHF ††197/297 CHF – ½ P
In dem gut geführten Hotel in Bahnhofsnähe trifft über 100-jährige Tradition auf Moderne - die Zimmer meist in frischen Farben gehalten und ganz zeitgemäss in Stil und Technik. Neben der ganzjährigen HP hat im Winter auch die rustikale Fonduestube geöffnet.

XX Hess by Braunerts 🈴 🅿
☺
Dorfstr. 50 – ⌀ 041 637 09 09 – www.hess-restaurant.ch – geschl. nach Ostern 3 Wochen, November und Montag - Dienstag
Menü 65/85 CHF – Karte 53/90 CHF
In dem modern-alpinen Restaurant sitzt man nicht nur gemütlich, man isst auch gut und der Service ist aufmerksam. Schmackhaft sind z. B. "Karotten-Ingwersuppe" oder "Ragout vom Rindskopfbäggli". Für eine gute Zigarre gibt es die Lounge.

ENGELBERG

XX Schweizerhaus
Schweizerhausstr. 41 – ℰ 041 637 12 80 – www.schweizerhaus.ch – geschl. Mai - November: Mittwoch
Tagesteller 23 CHF – Menü 29/98 CHF – Karte 45/104 CHF
Ein gemütlicher historischer Gasthof nebst neuzeitlichem Anbau. Schön sitzt man hier wie dort bei Internationalem sowie Klassikern und "Swiss Gourmet Grand Cru"-Steaks. Im Beizli gibt's auch Gerichte vom heissen Stein.

ENNETBADEN – Aargau → Siehe Baden

ENNETBÜRGEN

Nidwalden (NW) – ✉ 6373 – 4 600 Ew – Höhe 435 m – Regionalatlas **3-F4**
▶ Bern 130 km – Stans 6 km – Sarnen 22 km – Luzern 19 km
Michelin Straßenkarte 551-O7

Villa Honegg

Honegg – ℰ 041 618 32 00 – www.villa-honegg.ch
23 Zim ⌑ – †530/630 CHF ††690/840 CHF – 4 Suiten
Rest *Villa Honegg* – Siehe Restaurantauswahl
Ein architektonisches Juwel auf dem Bürgenstock, geradezu prädestiniert dazu, ein Luxushotel erster Güte zu sein. Exquisites Interieur, umsichtiger Service, edler Spa und eigenes Kino, und dann noch die 1A-Aussicht - Privatsphäre und Exklusivität sind Ihnen gewiss! Kleine Dependance mit ganz modernen Zimmern.

XxX Villa Honegg – Hotel Villa Honegg

Honegg – ℰ 041 618 32 00 – www.villa-honegg.ch
Menü 42 CHF (mittags unter der Woche)/134 CHF – Karte 63/119 CHF
Ist es nicht herrlich, in 914 m Höhe von der Terrasse den wahrhaft grandiosen Blick zu geniessen? Aber auch drinnen sitzt man schön bei modern interpretierter klassisch-regionaler Küche vom "Honegg-Hackbraten" bist zum 6-Gänge-Menü.

ERLEN
Thurgau (TG) – ✉ 8586 – 3 624 Ew – Höhe 449 m – Regionalatlas **5-H2**
▶ Bern 193 km – Sankt Gallen 29 km – Bregenz 51 km – Frauenfeld 29 km
Michelin Straßenkarte 551-T4

XX Aachbrüggli
Poststr. 8 – ℰ 071 648 26 26 – www.aachbrueggli.ch – geschl. Ende Juli - Anfang August und Sonntagabend - Montag
8 Zim ⌑ – †100/120 CHF ††100/120 CHF – ½ P
Tagesteller 20 CHF – Menü 57 CHF – Karte 52/103 CHF
"Kalbsrücken mit gebratener Entenleber und Trüffeljus", "Güggeli vom Kneuss"... In dem langjährigen Familienbetrieb gibt es klassisch-traditionelle Küche, die in gepflegtem neuzeitlichem Ambiente serviert wird. Zum Übernachten stehen solide, funktionelle Zimmer bereit.

ERLENBACH

Zürich (ZH) – ✉ 8703 – 5 470 Ew – Höhe 419 m – Regionalatlas **4-G3**
▶ Bern 136 km – Zürich 9 km – Rapperswil 21 km – Winterthur 50 km
Michelin Straßenkarte 551-Q5

XX Zum Pflugstein

Pflugsteinstr. 71 – ℰ 044 915 36 49 – www.pflugstein.ch – geschl. 25. Dezember - 12. Januar, Oktober 2 Wochen und Montag - Dienstagmittag, Samstagmittag
Tagesteller 30 CHF – Menü 70/87 CHF – Karte 60/90 CHF
Das ehrwürdige Rebbauernhaus ist ein Idyll für Geniesser! Drinnen hübsche getäferte Stuben und ein modern-elegantes Restaurant, draussen ein Traum von Terrasse! Die ambitionierte Küche ist ein Mix aus traditionell und international, von Wiener Schnitzel bis "Loup de Mer in der Salzkruste".

ERLENBACH

XX Sinfonia
*Bahnhofstr. 29 – ℰ 044 910 04 02 – www.restaurantsinfonia.ch – geschl. 14.
- 24. April, 16. Juli - 7. August, 23. Dezember - 2. Januar und Sonntag - Montag*
Tagesteller 25 CHF – Menü 39/88 CHF – Karte 58/99 CHF – *(Tischbestellung ratsam)*
Ein neuzeitliches Restaurant mit klassisch-italienischer Küche und lebendigem Service. Dielenboden, stimmige helle Töne und moderne Bilder schaffen ein freundliches Ambiente.

ERLINSBACH
Aargau (AG) – 3 972 Ew – Höhe 390 m – Regionalatlas 3-E2
▶ Bern 81 km – Aarau 6 km – Liestal 31 km – Basel 54 km
Michelin Straßenkarte 551-M4

Hirschen
*Hauptstr. 125 – ℰ 062 857 33 33 – www.hirschen-erlinsbach.ch – geschl.
22. Dezember - 5. Januar*
36 Zim – †122/190 CHF ††160/200 CHF, ⌑ 15 CHF
Rest *Hirschen* – Siehe Restaurantauswahl
Nach einem leckeren Essen im gleichnamigen hauseigenen Restaurant können Sie hier auch noch bequem in hellen, funktionellen Zimmern übernachten. Und auch für Business- und Tagungsgäste bietet man alles Notwendige.

XXX Hirschen – Hotel Hirschen
*Hauptstr. 125 – ℰ 062 857 33 33 – www.hirschen-erlinsbach.ch – geschl.
23. Dezember - 5. Januar*
Tagesteller 25 CHF – Menü 54 CHF (mittags unter der Woche)/135 CHF
– Karte 50/109 CHF
Machen Ihnen "gelbe Randensuppe mit Ricottapraline" und "Zanderfilet an Noilly-Prat-Sauce mit Reis und Blattspinat" Appetit? Hier kocht man regional und mit besten Produkten. Auch in der gemütlichen Beiz kann man von der Restaurantkarte wählen - oder Sie bestellen Cordon bleu oder Burger von der Beizli-Karte.

ERMATINGEN
Thurgau (TG) – ✉ 8272 – 3 202 Ew – Höhe 402 m – Regionalatlas 5-H2
▶ Bern 89 km – Sankt Gallen 46 km – Frauenfeld 27 km – Konstanz 9 km
Michelin Straßenkarte 551-T3

XX Adler
*Fruthwilerstr. 2 – ℰ 071 664 11 33 – www.adler-ermatingen.ch – geschl.
15. Februar - 15. März und Montag - Dienstag*
6 Zim ⌑ – †125/145 CHF ††180 CHF
Menü 30 CHF (mittags unter der Woche) – Karte 41/86 CHF
Ein jahrhundertealter Gasthof mit schönen holzgetäferten Stuben. Gekocht wird traditionell mit regionalen und internationalen Einflüssen, Schwerpunkt ist Fisch aus dem Bodensee - oder lieber "Kalbs-Cordon-bleu Napoleon"? Wenn Sie übernachten möchten: Man hat helle, wohnliche Zimmer mit Holzfussboden.

ESCHLIKON
Thurgau (TG) – ✉ 8360 – 4 278 Ew – Höhe 567 m – Regionalatlas 4-H2
▶ Bern 176 km – Sankt Gallen 38 km – Frauenfeld 18 km – Zürich 57 km
Michelin Straßenkarte 551-S4

XX Löwen
Bahnhofstr. 71 – ℰ 071 971 17 83 – www.loewen-eschlikon.ch – geschl. Ende Februar - März 2 Wochen, Ende Juli - August 3 Wochen und Sonntagabend - Montag
Tagesteller 32 CHF – Menü 41 CHF (mittags)/97 CHF – Karte 48/101 CHF
In dem historischen Gasthof mit rosa Fassade erwarten Sie gemütliche holzgetäferte Stuben mit netter Kaminlounge. Die Küche ist klassisch und saisonal.

ESCHOLZMATT
Luzern (LU) – ✉ 6182 – 4 325 Ew – Höhe 853 m – Regionalatlas 3-E4
▶ Bern 47 km – Interlaken 73 km – Langnau im Emmental 13 km – Luzern 46 km
Michelin Straßenkarte 551-M7

ESCHOLZMATT

XX Rössli - Jägerstübli (Stefan Wiesner) [P]
Hauptstr. 111 – ✆ 041 486 12 41 – www.hexer.ch – geschl. Ende Dezember - Mitte Januar 3 Wochen, Juni 3 Wochen und Sonntagabend - Mittwoch
Menü 178 CHF – (nur Abendessen, sonntags auch Mittagessen) (Tischbestellung erforderlich)
Haben Sie schon einmal "Mondmilch", "Blutwurst-Schokoladencreme" oder "gebackene Brombeerblätter" gegessen? Der "Hexer" Stefan Wiesner weiss seine Gäste mit absolut personalisierten, finessenreichen Speisen in eine avantgardistische Küchenwelt zu entführen. Auch nach dem grossen Menü ist die phantastische Käseauswahl fast ein Muss! Ausschliesslich Schweizer Weine.
→ Wiesner Menü.
Chrüter Gänterli – Siehe Restaurantauswahl

X Chrüter Gänterli – Restaurant Rössli
Hauptstr. 111 – ✆ 041 486 12 41 – www.hexer.ch – geschl. Ende Dezember - Mitte Januar 3 Wochen, Juni 3 Wochen und Sonntagabend - Dienstag
Tagesteller 19 CHF – Menü 35 CHF (mittags unter der Woche)/89 CHF – Karte 49/79 CHF – (Tischbestellung ratsam)
Richtig heimelig ist es, das zweite Restaurant des Gasthofs Rössli. Hier bietet Stefan Wiesner schmackhafte Regionalküche mit saisonalem Bezug, und auch hier ist Frische das A und O. Spezialität sind hausgemachte Würste. Tipp: Das "Biosphären-Menü" zeigt eine schöne Vielfalt!

EUTHAL
Schwyz (SZ) – ⊠ 8844 – 591 Ew – Höhe 893 m – Regionalatlas **4-G3**
▶ Bern 170 km – Luzern 72 km – Einsiedeln 9 km – Rapperswil 26 km
Michelin Straßenkarte 551-R7

XX Bürgi's Burehof
Euthalerstr. 29 – ✆ 055 412 24 17 – www.buergis-burehof.ch – geschl. Montag - Dienstag
Tagesteller 22 CHF – Menü 38 CHF (mittags unter der Woche)/110 CHF – Karte 41/108 CHF – (Tischbestellung ratsam)
So stellt man sich ein ehemaliges Bauernhaus vor! Dieses hier stammt von 1860 und sorgt mit viel Holz für richtig gemütliche Atmosphäre! Spezialität sind Gerichte vom Holzkohlegrill. Zwei Gästezimmer zum Übernachten gibt es übrigens auch.

FEHRALTORF
Zürich (ZH) – ⊠ 8320 – 6 306 Ew – Höhe 531 m – Regionalatlas **4-G2**
▶ Bern 142 km – Zürich 24 km – Zug 65 km – Frauenfeld 35 km
Michelin Straßenkarte 551-R5

Zum Hecht 🆕
Kempttalstr. 58 ⊠ 8320 – ✆ 044 954 21 21 – www.hecht-fehraltorf.ch – geschl. Ende Juli - Anfang August
13 Zim – †130/190 CHF ††150/190 CHF, ⊇ 20 CHF – 1 Suite
Richtig schön hat man es in dem aufwändig sanierten jahrhundertealten Gasthaus. Man geniesst den historischen Charme des Hauses, ohne auf hochwertig-modernen Wohnkomfort zu verzichten. Tipp: die schicke 1-Raum-"Panorama-Suite" unterm Dach! Altes Holz und Stein sorgen im Restaurant für rustikales Flair.

FEUSISBERG
Schwyz (SZ) – ⊠ 8835 – 5 142 Ew – Höhe 685 m – Regionalatlas **4-G3**
▶ Bern 157 km – Luzern 58 km – Zürich 35 km – Einsiedeln 12 km
Michelin Straßenkarte 551-R6

Panorama Resort & Spa
Schönfelsstrasse – ✆ 044 786 00 00 – www.panoramaresort.ch
107 Zim ⊇ – †220/370 CHF ††470/640 CHF – 2 Suiten – ½ P
Rest Collina – Siehe Restaurantauswahl
"Wellbeing" in toller Panoramalage - nicht nur vom Aussenpool geniesst man die Aussicht auf den Zürichsee! Der Spa erstreckt sich über 2 Etagen mit über 2000 qm. Viele Zimmer sind grosse Juniorsuiten. Im "Zafferano" weht ein Hauch von Morgenland: Küche und Interieur haben mediterran-orientalische Einflüsse.

FEUSISBERG

XX **Collina** – Hotel Panorama Resort & Spa
Schönfelsstrasse – ✆ 044 786 00 88 – www.panoramaresort.ch
Menü 85/130 CHF (abends) – Karte 60/142 CHF
Ein wenig erinnert die harmonische Einrichtung mit ihrer speziellen schlichten Eleganz an ein Revival der 60er Jahre. Beeindruckend der Blick auf den Zürichsee. Dazu gibt es Schweizer Küche.

FEX-CRASTA – Graubünden → Siehe Sils Maria

FIDAZ – Graubünden → Siehe Flims Dorf

FIESCH
Wallis (VS) – ⌧ 3984 – 927 Ew – Höhe 1 062 m (Wintersport : 1 060/2 869 m) – Regionalatlas **8-F5**
▶ Bern 153 km – Brig 17 km – Domodossola 83 km – Interlaken 98 km
Michelin Straßenkarte 552-N11

auf der Fischeralp/Kühboden mit 🚠 erreichbar – Höhe 2 214 m – ⌧ 3984 Fiesch

 Eggishorn
Fiescheralp 3 – ✆ 027 971 14 44 – www.hotel-eggishorn.ch – geschl. Mitte April - Mitte Juni, Mitte Oktober - Anfang Dezember
24 Zim ⌸ – †75/95 CHF ††150/190 CHF – ½ P
Die Stammgäste kommen immer wieder: perfekt die ruhige Lage im Ski- und Wandergebiet direkt an der Bergstation Eggishorn - fantastisch der Bergblick! Die Maisonetten sind ideal für Familien. Restaurant und Terrasse mit Panoramasicht.

FINDELN – Wallis → Siehe Zermatt

FISLISBACH
Aargau (AG) – ⌧ 5442 – 5 553 Ew – Höhe 429 m – Regionalatlas **4-F2**
▶ Bern 105 km – Aarau 26 km – Baden 6 km – Luzern 71 km
Michelin Straßenkarte 551-O4

 Linde
Niederrohrdorferstr. 1 – ✆ 056 493 12 80 – www.linde-fislisbach.ch – geschl. 5. - 19. Februar, 16. Juli - 9. August
35 Zim ⌸ – †120/160 CHF ††200/240 CHF
Rest *Linde* ⓘ – Siehe Restaurantauswahl
Das ehemalige Zehntenhaus des Klosters mischt stilvoll Altes mit Neuem, die Zimmer mal rustikal, mal moderner. Schön ist die Juniorsuite im DG mit grossem Balkon, chic die Bar. Im Sommer nutzen die Gäste Schwimmbad und Garten hinterm Haus.

X **Linde** – Hotel Linde
☺ Niederrohrdorferstr. 1 – ✆ 056 493 12 80 – www.linde-fislisbach.ch – geschl. 5. - 19. Februar, 16. Juli - 9. August und Mittwoch
Tagesteller 25 CHF – Menü 84 CHF – Karte 56/88 CHF
Frische, gute Produkte und faire Preise, das kommt an! Was in dem hübschen Restaurant serviert wird, ist saisonal und regional - schmackhaft z. B. "Pouletbrust, in Kräutern gebraten, mit Kürbis-Amarettini-Püree und Weissweinrisotto".

FLAACH
Zürich (ZH) – ⌧ 8416 – 1 359 Ew – Höhe 362 m – Regionalatlas **4-G2**
▶ Bern 155 km – Zürich 40 km – Baden 55 km – Schaffhausen 22 km
Michelin Straßenkarte 551-Q4

XX **Sternen**
Hauptstr. 29 – ✆ 052 318 13 13 – www.sternen-flaach.ch – geschl. Ende Januar - Februar 4 Wochen, Mitte Juli 2 Wochen und Montag - Dienstag, Ende April - Mitte Juni: Montag
Menü 50 CHF (mittags unter der Woche) – Karte 53/87 CHF
Reservieren Sie lieber, wenn Sie das gemütliche Restaurant zur Spargelzeit besuchen! Aber nicht nur Spargelgerichte sind gefragt, im August gibt's Flaacher Melone, im Herbst Wild... Hausspezialität ist übrigens "Entrecôte Café de Paris".

FLÄSCH
Graubünden (GR) – ✉ 7306 – 713 Ew – Höhe 516 m – Regionalatlas **5-I3**
🅳 Bern 223 km – Chur 24 km – Sankt Gallen 84 km – Bad Ragaz 15 km
Michelin Straßenkarte 553-V7

XX Mühle
Mühle 99, Richtung Maienfeld: 1 km – ✆ 081 330 77 70 – www.muehle-flaesch.ch
– geschl. Dezember - Januar 3 Wochen, Juli 2 Wochen und Sonntag - Montag
Tagesteller 36 CHF – Menü 78/102 CHF – Karte 48/105 CHF
Gute zeitgemässe Küche mit regionalem Einfluss, dazu überwiegend Weine aus der Bündner Herrschaft. Mühle-Stube mit eleganter Note, urchige Wy-Stube und Terrasse mit Blick in die Weinberge.

XX Adler
Kreuzgasse 2, 1. Etage – ✆ 081 302 61 64 – www.adlerflaesch.ch
– geschl. März 2 Wochen, Juli - August 3 Wochen und Dienstag - Mittwoch
Menü 59 CHF (mittags)/115 CHF – Karte 74/116 CHF – *(Tischbestellung ratsam)*
Im 1. Stock befinden sich die beiden heimeligen Stuben, die ganz in Holz gehalten sind. Gekocht wird regional, so z. B. "Kalbsrücken im Kräutermantel mit Selleriepüree". Lecker auch der Kaiserschmarrn - der Chef stammt aus Südtirol.

X Landhaus
Ausserdorf 28, 1. Etage – ✆ 081 302 14 36 – www.landhaus-flaesch.com
– geschl. Mitte Juni 2 Wochen, Mitte November 2 Wochen und Montag
- Dienstag
Tagesteller 28 CHF – Menü 54 CHF – Karte 50/98 CHF
Die hübschen Stuben sprühen nur so vor ländlichem Charme, dafür sorgt die schöne Holztäferung. Draussen ist es nicht weniger reizend, denn die lauschige Terrasse liegt direkt am Weinberg! Und auf den Tisch kommt ehrliche regionale Küche - nicht wegzudenken ist z. B. der Kalbshackbraten!

FLIMS
Graubünden (GR) – 2 697 Ew (Wintersport : 1 100/3 018 m) – Regionalatlas **5-I4**
🅳 Bern 261 km – Chur 22 km – Andermatt 74 km – Bellinzona 118 km
Michelin Straßenkarte 553-T-U8

FLIMS-DORF Höhe 1 070 m – ✉ 7017

XX Cavigilli 🆕
Via Arviul 1 – ✆ 081 911 01 25 – www.cavigilli.ch – geschl. Mittwoch
Tagesteller 25 CHF – Menü 35/85 CHF – Karte 51/84 CHF – *(Tischbestellung ratsam)*
Altes Holz und Stein, dazu modernes Interieur - die beiden Stuben in dem charmanten Bündner Haus von 1453 sind ein schön gemütlicher Rahmen für italienische Speisen wie "Tortello della Nonna" oder "Kalbsbrust in Müller-Thurgau mit Polenta".

X Conn
Conn, über Wanderweg 60 min. oder mit Pferdekutschenfahrt ab Waldhaus Post erreichbar 40 min. – ✆ 081 911 12 31 – www.conn.ch – geschl. 18. April - 19. Mai, 23. Oktober - 16. Dezember
Karte 44/82 CHF – *(nur Mittagessen)*
Wirklich idyllisch liegt das Maiensäss oberhalb der Rheinschlucht! Probieren Sie die hausgemachten Ravioli: herzhaft als "Conner Kartoffelravioli" oder etwas süsser als "Trinser Birnenravioli"! Dazu u. a. schöne italienische Rotweine. Zum Übernachten kann man das hübsch sanierte "Holzerheim" mieten.

in Fidaz Nord: 1 km – Höhe 1 151 m – ✉ 7019

X Fidazerhof
Via da Fidaz 34 – ✆ 081 920 90 10 – www.fidazerhof.ch – geschl. 24. April
- 18. Mai, 30. Oktober - 9. November und Mai - Oktober: Montag
12 Zim ⌇ – †110/205 CHF ††126/300 CHF – ½ P
Tagesteller 29 CHF – Menü 39 CHF (mittags)/85 CHF – Karte 47/87 CHF
Hier ist es drinnen wie draussen gleichermassen schön: Mit ihrem regionalen Stil verbreiten die Gaststuben des gleichnamigen Hotels Gemütlichkeit, die Terrasse lockt mit der tollen Sicht auf Berge und Flimsertal! Gekocht wird international.

FLIMS-WALDHAUS Höhe 1 103 m – ✉ 7018

Adula
Via Sorts Sut 3 – ✆ 081 928 28 28 – www.adula.ch – geschl. 16. April - 4. Juni
92 Zim ⊇ – †140/490 CHF ††220/570 CHF – ½ P
Rest *Barga* – Siehe Restaurantauswahl
Hier lässt es sich schön wohnen: ansprechend die grosse Halle, die mit regionalen Materialien eingerichteten Zimmer (modern oder rustikaler), der Spa "La Mira" auf 1200 qm samt kleinem 35°C warmem Sole-Aussenbecken. Gastronomisch gibt es z. B. das "La Clav" mit Schweizer Küche. Zeitweise Kinderprogramm.

Schweizerhof
Rudi Dadens 1 – ✆ 081 928 10 10 – www.schweizerhof-flims.ch – geschl. April - Anfang Juni, Mitte Oktober - Anfang Dezember
48 Zim ⊇ – †125/185 CHF ††220/410 CHF – ½ P
Der traditionsreiche Familienbetrieb hat ein ganzes Stück Geschichte bewahrt, das zeigt schon die schmucke Fassade im viktorianischen Stil. Und auch drinnen in dem 1903 erbauten Hotel erlebt man die Belle Epoque: Lobby, Bibliothek, Speisesaal... Und in den komfortablen Zimmern hier und da Jugendstil-Dekor.

Cresta
Via Passadi 5 – ✆ 081 911 35 35 – www.cresta.ch – geschl. Mitte April - Ende Mai, Mitte Oktober - Mitte Dezember
50 Zim ⊇ – †85/150 CHF ††140/240 CHF – 3 Suiten – ½ P
Vier Häuser in einem schönen grossen Garten mit individuell geschnittenen Zimmern (geräumiger sind die Superiorzimmer) und vielfältigem Wellnessbereich mit ganzjährig nutzbarem Aussenpool.

XX **Barga** – Hotel Adula
Via Sorts Sut 3 – ✆ 081 928 28 28 – www.adula.ch – geschl. 16. April - 4. Juni, April - Anfang Dezember: Montag - Dienstag
Menü 95/135 CHF – *(nur Abendessen)*
In dem Restaurant herrscht eine gediegen-rustikale Atmosphäre, der offene Kamin sorgt zusätzlich für Behaglichkeit. Die saisonale Küche gibt es als ambitioniertes Menü - hier z. B. "Steinbutt an Kartoffeltürmchen, Babyrüebli, Noilly Prat".

FLÜELI RANFT
Obwalden (OW) – ✉ 6073 – Höhe 748 m – Regionalatlas **4-F4**
▶ Bern 104 km – Luzern 25 km – Altdorf 50 km – Brienz 33 km
Michelin Straßenkarte 551-O8

Jugendstilhotel Paxmontana
Dossen 1 – ✆ 041 666 24 00 – www.paxmontana.ch
74 Zim ⊇ – †120/200 CHF ††200/300 CHF – 9 Suiten – ½ P
Wie ein Schlösschen thront das ehemalige Kurhaus über dem Ort. Innen hübsche Details wie Antiquitäten, Stuckdecken, restaurierter Kachelofen. Die Zimmer reichen von historisch angehaucht bis modern, alle mit schöner Sicht. Im Restaurant "Veranda" traditionelle Küche und Blick auf Pilatus und Sarner See!

FLÜH
Solothurn (SO) – ✉ 4112 – Höhe 381 m – Regionalatlas **2-D2**
▶ Bern 110 km – Basel 15 km – Biel 75 km – Delémont 32 km
Michelin Straßenkarte 551-J4

XXX **Martin** (Manfred Möller)
❀ *Hauptstr. 94 – ✆ 061 731 10 02 – www.restaurant-martin.ch – geschl. 6. - 17. Februar, Ende Juli - Anfang August 2 Wochen, 2. - 20. Oktober und Sonntag - Montag*
Tagesteller 30 CHF – Menü 58 CHF (mittags)/140 CHF – Karte 78/129 CHF – *(Tischbestellung ratsam)*
Sehr schmackhaft die klassischen Gerichte aus hervorragenden Produkten, hübsch die Räume mit eleganter Note. Im Sommer sollten Sie draussen im Garten unter Kastanien speisen! Mittagsmenü. Tipp: mit der Strassenbahn von Basel gut erreichbar.
➜ Ceviche von der Jakobsmuschel. Gratinierte Langustinenravioli. Gebratene Taubenbrust mit Essigjus, hausgemachte Nudeln und Erbsen.

FLÜH

XX **Wirtshaus Zur Säge** (Patrick Zimmermann)
☆ *Steinrain 5 – ℰ 061 731 17 17 – www.säge-flüh.ch*
– geschl. Januar 1 Woche, April 2 Wochen, Ende Juli - Anfang August 2 Wochen und Montag - Dienstag
Tagesteller 40 CHF – Menü 55/155 CHF – Karte 108/137 CHF – *(Tischbestellung ratsam)*
Hier wird klassisch gekocht - ausdrucksstark und mit Geschmack, das Produkt steht dabei ganz im Mittelpunkt. Der freundliche Service und das Interieur kommen ebenso gut an, liebenswert-wohnlich die Atmosphäre. Kleine Terrasse am Haus.
→ Langoustine mit Erbsen, Fave Bohnen und Bergamotte. Seezunge mit Hummer, Blattspinat und Montrachet Sauce. Milchlammrücken, Artischocken und eingelegte Tomaten, Sauce Diable.

FORCH
Zürich (ZH) – ✉ 8127 – Höhe 689 m – Regionalatlas **4-G3**
▸ Bern 139 km – Zürich 14 km – Rapperswil 24 km – Winterthur 38 km
Michelin Straßenkarte 551-Q5

🏠 **Wassberg**
Wassbergstr. 62 – ℰ 043 366 20 40 – www.hotel-wassberg.ch
18 Zim ⌂ – †130/150 CHF ††190/240 CHF
Rest *Wassberg* – Siehe Restaurantauswahl
Hier überzeugen die traumhafte Lage auf einem Hochplateau mit grandiosem Blick auf die Region und den Greifensee sowie tipptopp gepflegte, charmante Designzimmer.

X **Wassberg** – Hotel Wassberg
Wassbergstr. 62 – ℰ 043 366 20 40 – www.hotel-wassberg.ch
Tagesteller 29 CHF – Karte 35/85 CHF
Gemütliches Ambiente, tolle Aussicht und dazu traditionelle und mediterrane Küche. Sehr beliebt sind die "Kalbereien" - da gibt es über die Woche verteilt alles vom Kalb, von Innereien über Schmorgerichte bis zum Sonntagsbraten.

X **Neue Forch**
Alte Forchstr. 65, im Ortsteil Neue Forch
– ℰ 043 288 07 88
– www.neueforch.ch – geschl. 24. Dezember - 2. Januar und Samstagmittag, Sonntag
Tagesteller 36 CHF – Karte 57/89 CHF – *(Tischbestellung ratsam)*
Warum dieses Ristorante so beliebt ist? Man sitzt gemütlich, wird charmant umsorgt und isst auch noch gut, und zwar frische authentisch italienische Gerichte wie "Jakobsmuschel auf schwarzem Risotto", hausgemachte Pasta oder - nicht wegzudenken - Fleisch vom Holzkohlegrill! Schöne Terrasse mit Aussicht.

FRAUENFELD
Thurgau (TG) – ✉ 8500 – 24 859 Ew – Höhe 405 m – Regionalatlas **4-G2**
▸ Bern 167 km – Zürich 46 km – Konstanz 30 km – Sankt Gallen 47 km
Michelin Straßenkarte 551-R4

XX **Zum Goldenen Kreuz**
Zürcherstr. 134 – ℰ 052 725 01 10 – www.goldeneskreuz.ch
9 Zim ⌂ – †115/145 CHF ††185/210 CHF
Tagesteller 28 CHF – Menü 43 CHF (mittags unter der Woche)/89 CHF – Karte 51/98 CHF
In diesem Haus war schon Goethe zu Gast. Eine erhaltene bemalte Täferung aus dem 17. Jh. verleiht dem hübschen Goethe-Stübli seinen unverwechselbaren rustikalen Charme. Zum Übernachten hat man geräumige Zimmer mit neuzeitlicher und funktioneller Einrichtung.

FREIDORF
Thurgau (TG) – ⊠ 9306 – Regionalatlas **5-I2**
▶ Bern 220 km – Frauenfeld 62 km – Appenzell 26 km – Herisau 26 km
Michelin Straßenkarte 551-U4

Mammertsberg
*Bahnhofstr. 28 – ℰ 071 455 28 28 – www.mammertsberg.ch – geschl. 2.
- 24. Januar, 24. Juli - 8. August*
6 Zim ⊑ – †290 CHF ††360/450 CHF
Rest *Mammertsberg* ❀ – Siehe Restaurantauswahl
Es ist schon ein echtes architektonisches Schmuckstück, das über 100 Jahre alte Haus! Stilvoll-moderne Zimmer, hochwertiges Frühstück (gerne auch auf der Terrasse mit Seesicht!) und dazu die erhöhte Lage mit Blick auf Bodensee und Umland!

XxX Mammertsberg (August Minikus) – Hotel Mammertsberg
❀
*Bahnhofstr. 28 – ℰ 071 455 28 28 – www.mammertsberg.ch – geschl. 2.
- 24. Januar, 24. Juli - 8. August und Montag - Dienstag*
Tagesteller 45 CHF – Menü 125/165 CHF – Karte 98/134 CHF – *(Tischbestellung ratsam)*
Alte Holztäferung und schicke Wendeltreppe im "Escale", im "Monolith" ein beachtlicher Swarovski-Leuchter und tolle Sicht durch die grosse Fensterfront - beides ein schöner Rahmen für die klassische Küche. Herrlich der Panorama-Garten!
→ Gänseleber, Passionsfrucht, Mango, Brioche. Zander, Kohlrabi, Vanille, Gnocchi. Kalbsfilet, Basilikum, Gemüse, Spaghettini.

FREIENBACH
Schwyz (SZ) – ⊠ 8807 – 16 029 Ew – Höhe 410 m – Regionalatlas **4-G3**
▶ Bern 157 km – Schwyz 30 km – Zug 31 km – Zürich 33 km
Michelin Straßenkarte 551-R6

✕ Obstgarten
*Kantonsstr. 18 – ℰ 044 784 03 07 – www.obstgarten.ch – geschl. 23. Dezember
- 5. Januar und Sonntag - Montag*
Tagesteller 33 CHF – Menü 67/95 CHF – Karte 54/100 CHF
Einige hundert Meter von ihrer alten Wirkungsstätte betreibt Familie Bloch nun dieses Restaurant unweit des Seeufers. Die Atmosphäre ist gemütlich und ungezwungen, Spezialität sind Fischgerichte - auch frisch aus dem See.

FRIBOURG FREIBURG
Fribourg (FR) – ⊠ 1700 – 38 482 hab. – Alt. 640 m – Carte régionale **7-C4**
▶ Bern 34 km – Neuchâtel 55 km – Biel 50 km – Lausanne 71 km
Carte routière Michelin 552-H8

Plans de la ville pages suivantes

Au Sauvage
Planche-Supérieure 12 – ℰ 026 347 30 60 – www.hotel-sauvage.ch Plan : **B2r**
16 ch ⊑ – †170/190 CHF ††220/240 CHF – ½ P
Rest *Au Sauvage* – Voir la sélection des restaurants
Vous serez bien reçu chez ce Sauvage-là ! Au cœur de la ville basse, cet hôtel se révèle confortable, très cosy et bien tenu. L'adresse de charme de la cité, où l'on revient toujours avec plaisir...

De la Rose
Rue de Morat 1 – ℰ 026 351 01 01 – www.hoteldelarose.ch Plan : **A1k**
39 ch – †100/125 CHF ††120/160 CHF, ⊑ 16 CHF – 1 suite
À deux pas de la cathédrale St-Nicolas, cette bâtisse du 17e s. est idéalement située. Dans le hall, on est accueilli sous un superbe plafond d'époque en bois peint. Les chambres sont plus modernes et fonctionnelles, et le point de chute est agréable.

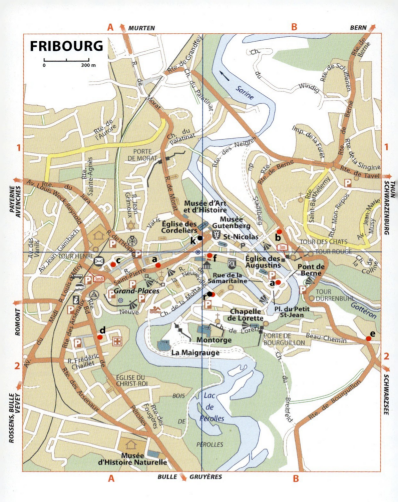

✕✕✕ Le Pérolles / P.- A. Ayer

Boulevard de Pérolles 18a Plan : A2**d**
– ✆ 026 347 40 30 – www.leperolles.ch
– fermé Noël - Nouvel An 2 semaines, fin juillet - mi-août 3 semaines, dimanche, lundi et mardi
Plat du jour 50 CHF – Menu 145/185 CHF – Carte 154/229 CHF
Le Pérolles, c'est une belle cuisine, généreuse, saisonnière, savoureuse et raffinée... C'est peu dire que Pierre-André Ayer sait sélectionner de superbes produits ! Ajoutez à cela le caractère contemporain des lieux et la qualité du service, et vous obtiendrez la recette d'un repas des plus agréables.
→ La tourte de foie gras de canard aux morilles fraîches en gelée, sa crème brûlée aux épices. La selle d'agneau du pays désossée et rôtie en croûte d'agrumes, jus au romarin. La tour chocolat blanc aux dés de rhubarbe, feuilleté caramélisé, sorbet fraise gariguette.

FRIBOURG

XX Grand Pont La Tour Rouge ⚵ ≼ 🍴 🅿
Route de Bourguillon 2 – ℰ 026 481 32 48 – www.legrandpont.ch   Plan : B1**b**
– fermé 2 - 8 janvier, Pâques une semaine, 4 - 24 juillet, mardi et mercredi
Plat du jour 22 CHF – Menu 65/150 CHF – Carte 52/110 CHF
À l'extrémité nord du pont de Zaehringen, la terrasse jouit d'une très belle vue sur la vieille ville, surtout à la tombée du jour… La cuisine, classique, fait la part belle aux produits de saison et se révèle à travers un joli choix de vins. Une valeur sûre.
La Galerie – Voir la sélection des restaurants

XX L'Aigle-Noir   ≼ ♿ ✿
Rue des Alpes 10 – ℰ 026 322 49 77 – www.aiglenoir.ch – fermé   Plan : A2**a**
26 décembre - 9 janvier, 14 - 23 avril, 2 - 17 août, dimanche et lundi
Menu 60/140 CHF – Carte 86/123 CHF
La demeure date du 17ᵉ s. et conserve son cachet historique, mais le repas est pleinement ancré dans le 21ᵉ s. : la table gastronomique prend place dans une belle extension de verre et d'aluminium, qui va tout à fait à la cuisine, inspirée et créative. La brasserie, au contraire, cultive la tradition.

XX La Cène   ⚵ 🍴 AC
😊
Rue du Criblet 6 – ℰ 026 321 46 46 – www.lacene.ch   Plan : A2**c**
– fermé 31 décembre - 6 janvier, 1ᵉʳ - 22 août, dimanche et lundi
Plat du jour 20 CHF – Menu 48/130 CHF – Carte 50/106 CHF
Ce restaurant très à la mode attire autant les regards qu'il réjouit le palais. On s'y régale d'une cuisine internationale basée sur les saisons, qui reste toujours fidèle à ses racines françaises : tarte fine de foie gras au pamplemousse, tournedos de bœuf, brocolis et amandes… On parie que vous reviendrez !

XX Au Sauvage – Hôtel Au Sauvage   🍴
Planche-Supérieure 12 – ℰ 026 347 30 60 – www.hotel-sauvage.ch   Plan : B2**r**
– fermé dimanche et lundi
Plat du jour 21 CHF – Menu 31 CHF (déjeuner)/115 CHF – Carte 79/117 CHF
Au Sauvage, les menus s'adaptent à tous les goûts : gastronomique, avec ce thon rouge mi-cuit aux jeunes pousses d'épinards, d'affaires, ou du marché, pour déjeuner sur le pouce. Tel est le pari du chef Serge Chenaux : s'adapter au "moment" gastronomique de chacun. Le bon Sauvage n'est plus un mythe !

XX Hôtel de Ville   ≼ ✿
😊
Grand-Rue 6 – ℰ 026 321 23 67 – www.restaurant-hotel-de-ville.ch   Plan : B2**f**
– fermé Noël - 10 janvier, 9 - 18 avril, 9 juillet - 17 août, dimanche et lundi, mardi midi
Plat du jour 20 CHF – Menu 29 CHF (déjeuner)/120 CHF – Carte 62/122 CHF – (réservation conseillée)
Ambiance arty pour ce restaurant voisin de l'hôtel de ville : le chef – très jovial – est un ancien historien d'art ! Des œuvres contemporaines s'exposent, et la cuisine s'impose, goûteuse et généreuse. La formule déjeuner est très intéressante. Belle vue sur la cité de la loggia.

X Auberge de La Cigogne   🍴
Rue d'Or 24 – ℰ 026 321 18 30 – www.aubergedelacigogne.ch   Plan : B2**a**
– fermé Noël et Nouvel An, carnaval une semaine, fin juillet - début août 2 semaines, dimanche et lundi
Plat du jour 21 CHF – Menu 25 CHF (déjeuner en semaine)/105 CHF
– Carte 68/95 CHF
Un vent d'Alsace souffle sur Fribourg ! Le chef, originaire de Mulhouse, signe une jolie cuisine de saison et ces bons petits plats vont bien à cette maison de la vieille ville (1771), sur une place face au pont couvert. Un cadre pittoresque à souhait.

X La Galerie – Restaurant Grand Pont La Tour Rouge   ⚵ ≼ 🍴 🅿
Route de Bourguillon 2 – ℰ 026 481 32 48 – www.legrandpont.ch
– fermé 2 - 8 janvier, Pâques une semaine, 4 - 24 juillet, mardi et mercredi
Plat du jour 22 CHF – Menu 22 CHF (déjeuner)/59 CHF – Carte 65/99 CHF
Il ne faudrait pas oublier que le restaurant du Grand Pont La Tour Rouge abrite aussi une brasserie ! La vue sur Fribourg et sur la Sarine en contrebas est ravissante, parfaite pour déguster salades ou entrecôtes…

FRIBOURG

à Bourguillon Sud-Est : 2 km – Alt. 669 m – ✉ 1722

XXX **Des Trois Tours** (Alain Bächler)
*Route de Bourguillon 15 – ℰ 026 322 30 69 – www.troistours.ch Plan : B2e
– fermé 23 décembre - 14 janvier, 23 juillet - 14 août, dimanche et lundi*
Menu 135/170 CHF – Carte 128/158 CHF
Cette vaste maison patricienne, érigée en 1839, est d'une incontestable élégance. Le chef y décline une savoureuse cuisine classique, avec une carte de saison qui contentera tous les goûts. Et l'été, comble du bonheur, on prend son repas en terrasse, sous d'antiques châtaigniers...
→ Bouillabaisse à ma façon. Crêpes aux morilles et foie gras poêlé aux petits pois. Filet de bison avec son ravioli.

FRUTIGEN
Bern (BE) – ✉ 3714 – 6 857 Ew – Höhe 803 m (Wintersport : 1 300/2 300 m)
– Regionalatlas **8-E5**
▶ Bern 54 km – Interlaken 33 km – Adelboden 16 km – Gstaad 65 km
Michelin Straßenkarte 551-K9

National
Obere Bahnhofstr. 10 – ℰ 033 671 16 16 – www.national-frutigen.ch – geschl. 18. - 26. April, 25. September - 15. Oktober
16 Zim ⌧ – †95/120 CHF ††160/200 CHF – ½ P
Rest *Philipp Blaser* – Siehe Restaurantauswahl
Schon in der 4. Generation ist das kleine Landhotel etwas abseits der Touristenströme in Familienhand. Sympathisch die Atmosphäre, ländlich-schlicht, aber immer gepflegt die Zimmer, zum Frühstück Frisches aus der eigenen Backstube, und im "Tea Room" gibt's allerlei süsse Leckereien.

XX **Philipp Blaser** – Hotel National
Obere Bahnhofstr. 10 – ℰ 033 671 16 16 – www.national-frutigen.ch – geschl. 18. - 26. April, 25. September - 15. Oktober und Mittwoch
Tagesteller 19 CHF – Menü 65/95 CHF – Karte 52/85 CHF
Hier ist nicht nur das moderne Interieur interessant, vor allem spricht einen die schmackhafte Küche von Patron Philipp Blaser an, die Regionales, Mediterranes und Asiatisches verbindet: Lötschentaler Lammgigot, hausgemachte Pasta, "Tom kha gai"... Mittags etwas einfacheres Angebot.

FTAN
Graubünden (GR) – ✉ 7551 – 492 Ew – Höhe 1 648 m (Wintersport : 1 684/2 783 m)
– Regionalatlas **11-K4**
▶ Bern 313 km – Scuol 7 km – Chur 101 km – Davos 45 km
Michelin Straßenkarte 553-Z9

Paradies
Paradies 150, Süd-West: 1 km Richtung Ardez – ℰ 081 861 08 08 – www.paradieshotel.ch – geschl. Mitte April - Mitte Mai, Ende Oktober - Mitte Dezember
23 Zim ⌧ – †270/370 CHF ††370/450 CHF – 8 Suiten – ½ P
Rest *La Cucagna* • **Rest** *Charn Alpina* – Siehe Restaurantauswahl
Ein echtes Engadin-Hideaway: warmes Arvenholz, wohnliche Accessoires überall, zuvorkommendes Personal... Das ist nur durch den fantastischen Blick auf die Lischana-Bergkette zu steigern, und den sollten Sie unbedingt mal von einer der holzbefeuerten Badewannen auf der Sonnenterrasse geniessen!

Munt Fallun
Munt Fallun 1 – ℰ 081 860 39 01 – www.hotel-muntfallun.ch – geschl. 17. April - 30. Juni, 31. Oktober - 17. Dezember
5 Zim ⌧ – †80/115 CHF ††140/200 CHF
Das 300 Jahre alte Engadiner Bauernhaus mit Blick auf Schloss Tarasp bietet einen historischen Rahmen für das schön wohnliche kleine Hotel. Sehenswert sind Zimmer Nr. 7 und die gemütliche Frühstücksstube. "Dresscode": Hausschuhe.

FTAN

XX **Charn Alpina** – Hotel Paradies
Paradies 150, Süd-West: 1 km Richtung Ardez – ℰ 081 861 08 08
– *www.paradieshotel.ch* – *geschl. Mitte April - Mitte Mai, Ende Oktober - Mitte Dezember*
Tagesteller 48 CHF – Menü 68/210 CHF – Karte 69/98 CHF – *(nur Abendessen) (Tischbestellung ratsam)*
Ein Muss für alle, die erstklassiges Fleisch lieben! Hier werden Top-Produkte von Metzger Ludwig Hatecke in Scuol verarbeitet, von Apfel-Nuss-Schwein bis Tomahawk-Steak. Lassen Sie sich auch nicht Vorspeisen wie "Tatar vom Alpochsen mit Rotweinschalotten und Himbeeren" entgehen. Reduziertes Mittagsangebot.

XX **La Cucagna** – Hotel Paradies
🙂 *Paradies 150, Süd-West: 1 km Richtung Ardez* – ℰ 081 861 08 08
– *www.paradieshotel.ch* – *geschl. Mitte April - Mitte Mai, Ende Oktober - Mitte Dezember*
Menü 68/198 CHF – Karte 64/73 CHF – *(nur Abendessen)*
Die etwas schlichtere Variante der "Paradies"-Gastromomie: ein helles, lichtes Restaurant mit geschmackvoller und frischer Küche, die man z. B. als "gebratenen Saibling mit Rotweinrisotto, sautiertem Spinat und Thymian" serviert.

FÜRSTENAU
Graubünden (GR) – ✉ 7414 – 345 Ew – Höhe 665 m – Regionalatlas **10-I4**
▶ Bern 263 km – Chur 24 km – Andermatt 99 km – Davos 48 km
Michelin Straßenkarte 553-U9

XXX **Schauenstein** (Andreas Caminada)
✿✿✿ *Schlossgasse 71* – ℰ 081 632 10 80 – *www.schauenstein.ch* – *geschl. 9. Januar - 1. Februar, 24. April - 9. Mai, 28. August - 6. September, 23. Oktober - 15. November, 24. - 26. Dezember und Montag - Mittwochmittag*
6 Zim ☑ – †370/680 CHF ††370/680 CHF
Menü 198/259 CHF – *(Tischbestellung erforderlich)*
Kreative Küche, die nur so strotzt vor Ausdruck, Kraft und vor allem Geschmack! Die Gerichte stimmig und filigran, die Präsentation aufwändig und kontrastreich, gleichzeitig geradlinig und ungezwungen. Der Service perfekt eingespielt, locker und professionell. Das gesamte Haus (einschliesslich Gästezimmer) ist schlichtweg ein Ausbund an Stil und Klasse.
→ Saibling, Gurke, Erbse. Bündner Lamm, Frühlingslauch, Harissa. Quitte, Karamell, Joghurt.

FURI – Wallis → Siehe Zermatt

GACHNANG
Thurgau (TG) – ✉ 8547 – 3 984 Ew – Regionalatlas **4-G2**
▶ Bern 161 km – Frauenfeld 5 km – Zürich 41 km – Herisau 42 km
Michelin Straßenkarte 551-R4

in Gachnang-Islikon Nord: 1 km – ✉ 8546

XX **Il ristorantino Sonne**
Hauptstr. 47 – ℰ 052 366 54 23 – *www.ilristorantino.ch* – *geschl. Juli - August und Sonntag - Montag*
Tagesteller 23 CHF – Menü 36/85 CHF – Karte 56/106 CHF
Mittags "Sole vista", abends "Sole antico", im Sommer die Terrasse... In der aufwändig sanierten historischen "Sonne" bekommen Sie Schmackhaftes aus Italien wie "Polletto al forno". Pane, Pasta, Cantuccini, Gelati..., alles ist hausgemacht!

GAIS
Appenzell Ausserrhoden (AR) – ✉ 9056 – 3 072 Ew – Höhe 919 m
– Regionalatlas **5-I2**
▶ Bern 221 km – Herisau 20 km – Konstanz 100 km – Sankt Gallen 16 km
Michelin Straßenkarte 551-V5

GAIS

Bären
Zwislenstr. 42 – ☏ 071 793 11 77 – www.baerengais.ch
9 Zim ⌷ – †95/170 CHF ††160/250 CHF
Ein schönes Hotel in ruhiger Lage nicht weit von Appenzell und St. Gallen. "Stobete", "Bilche", "Backnasli"..., so heissen die geschmackvoll und individuell im Stil der Region eingerichteten Zimmer. Praktisch: Langlaufloipe direkt am Haus.

XX Truube (Silvia Manser)
Rotenwies 9 – ☏ 071 793 11 80 – www.truube.ch – geschl. Anfang März 2 Wochen, Ende Juli - Mitte August und Dienstag - Mittwoch
Tagesteller 39 CHF – Menü 140 CHF – Karte 86/120 CHF
Das schöne alte Appenzeller Haus - ehemals ein Geheimtipp - erfreut sich grosser überregionaler Beliebtheit. Grund dafür ist eine saisonale Küche, die mit Geradlinigkeit, Eleganz und Ausdruck überzeugt. Kompetent und aufmerksam der Service samt Weinberatung.
→ Ravioli vom Angusrind mit Salbeibutter, Tomaten und Parmesan. Kalbshüftli mit Morcheln, Bärlauch und Gemüse. Schokoladenfondant mit Sanddorn und Joghurt.

GALS
Bern (BE) – ✉ 3238 – 780 Ew – Höhe 449 m – Regionalatlas **2-C4**
▶ Bern 42 km – Neuchâtel 14 km – Biel 26 km – La Chaux-de-Fonds 31 km
Michelin Straßenkarte 552-H7

XX Kreuz
Dorfstr. 8 – ☏ 032 338 24 14 – www.kreuzgals.ch – geschl. Ende Dezember - Anfang Januar 2 Wochen, Juli - August 3 Wochen und Montag - Dienstag
Tagesteller 20 CHF – Menü 49/95 CHF – Karte 50/93 CHF – *(Tischbestellung ratsam)*
Man sitzt hier in netten Stuben oder auf der schönen Gartenterrasse bei traditionell-regionaler Küche. Wie wär's mit Chateaubriand für 2 Personen oder Fisch aus den Seen? In der einfacheren Gaststube bestellt man gerne den Tagesteller.

GATTIKON
Zürich (ZH) – ✉ 8136 – Höhe 510 m – Regionalatlas **4-G3**
▶ Bern 136 km – Zürich 13 km – Luzern 47 km – Zug 20 km
Michelin Straßenkarte 551-P5

XX Sihlhalde (Gregor Smolinsky)
Sihlhaldenstr. 70 – ☏ 044 720 09 27 – www.smoly.ch – geschl. 25. Dezember - 9. Januar, 16. Juli - 7. August und Sonntag - Montag, Dezember: Sonntag
Tagesteller 46 CHF – Menü 98/128 CHF – Karte 96/137 CHF – *(Tischbestellung ratsam)*
Gut besucht ist der wunderschöne Landgasthof, der charmant in einem Weiler liegt. Kein Wunder, denn hier geniesst man aufmerksam umsorgt klassische Speisen aus hervorragenden, wenn möglich lokalen Produkten - und das am liebsten auf der tollen Terrasse unter Bäumen. Und zum Digestif in die Smokers Lounge?
→ Brasato Ravioli mit Perigord Trüffel. Steinbutt aus dem Ofen mit Gartenkräutern. Quarksoufflé mit Früchten und Sorbet.

GEMPENACH
Freiburg (FR) – ✉ 3215 – 307 Ew – Höhe 508 m – Regionalatlas **2-C4**
▶ Bern 24 km – Neuchâtel 30 km – Biel 34 km – Fribourg 24 km
Michelin Straßenkarte 552-H7

XXX Gasthaus zum Kantonsschild
Hauptstr. 24 – ☏ 031 751 11 11 – www.kantonsschild.ch – geschl. 13. Februar - 7. März, 17. Juli - 9. August und Montag - Dienstag
Tagesteller 19 CHF – Menü 88/112 CHF – Karte 60/118 CHF
Das Gasthaus ist schon in 4. Generation ein Familienbetrieb. Der Patron ist sehr naturverbunden - er ist Jäger, züchtet Forellen, in der Saison verarbeitet man gerne Trüffel und Pilze. Gekocht wird marktfrisch und auf klassischer Basis.

GENÈVE GENF

Genève (GE) – ✉ 1200 – 19 791 hab. – Alt. 375 m – Carte régionale **6-A6**
▶ Bern 164 km – Annecy 45 km – Grenoble 148 km – Lausanne 60 km
Carte routière Michelin 552-B11
Plans de la ville pages suivantes

→ Liste alphabétique des hôtels
→ Alphabetische Liste der Hotels
→ Elenco alfabetico degli alberghi
→ Index of hotels

A		page
D'Angleterre	🏨	187
Les Armures	🏨	193
Auteuil	🏨	188

B		page
Beau-Rivage	🏨	187
Bristol	🏨	188

C		page
De la Cigogne	🏨	193
La Cour des Augustins	🏨	193
Cristal	🏨	189

E		page
Eastwest	🏨	188
Edelweiss	🏨	189

F		page
Four Seasons Hôtel des Bergues	🏨	187

G		page
Grand Hôtel Kempinski	🏨	187

I		page
InterContinental	🏨	196

J		page
Jade	🏨	188

K		page
Kipling	🏨	188

GENÈVE

M		page	R		page
Mandarin Oriental	🏛🏛🏛🏛	187	La Réserve	🏛🏛🏛🏛	196
Mon-Repos	🏛	189	Le Richemond	🏛🏛🏛🏛	188

N		page	S		page
N'vY	🏛🏛🏛	188	Starling	🏛🏛🏛🏛	200

P		page	T		page
Président Wilson	🏛🏛🏛🏛	187	Tiffany	🏛	193

→ Liste alphabétique des restaurants
→ Alphabetische Liste der Restaurants
→ Elenco alfabetico degli ristoranti
→ Index of restaurants

A		page
L'Arabesque	XX	191
Auberge d'Onex	XX	200
Auberge du Lion d'Or	XxxX ✤	197

B		page
Bayview	XxX ✤	190
Le Bistro de Cologny	X	197
Bistrot du Boeuf Rouge	X 🍴	192
Le Bistrot Laz Nillo	X 🍴	196
La Bottega	XX ✤	194
Brasserie du Parc des Eaux-Vives	XX	194
Brasserie Lipp	X	195

C		page
Café Calla	XX	191
Café de Certoux	XX	199
Café de la Réunion	XX	198
Café des Négociants	X	199
Café du Levant	X	200
La Cantine des Commerçants	X 🍴	195
Le Chat Botté	XxxX ✤	189
La Chaumière	XX	199
Cheval Blanc	XX	197
Chez Philippe	XX 🍴	194
Le Cigalon	XX ✤	198
De la Cigogne	XX	194
La Closerie	X	197
Collonge Café	X 🍴	198
Côté Square	XxX	190

D		page
Le Duo - Côté Resto	XX	191

E		page
Eastwest	X	193
L'Epicentre, la table des épices	X	191

F		page
La Finestra	X	195
Le Flacon	X ✤	199
Les Fourneaux du Manège	XX	200

G		page
La Grange	X	200
Le Grill	X	193

I		page
Izumi	X	191

J		page
Chez Jacky	X	192
Le Jardin	XxX	190

L		page
Il Lago	XxxX ✤	189
Lemon Café	X	193
Le Lexique	X	192
Le Loti	XxX	197

M		page
Minotor Steakhouse	XX	191
Miyako	X	192

N		page
Le Neptüne	XX	194

O		page
L'Olivo	XX	200
Osteria della Bottega	X	195

P		page
Patara	XX	190
Le Patio	X	195
La Place	XX	199
Le Portugais	XX	194

R		page
Rasoi by Vineet	XxX	190
Le Relais de Chambésy	X	196

		GENÈVE
Le Rouge et le Blanc	X	192

S		page
Le Socrate	X	195

T		page
Trilby	XX	190
Tsé Fung	XxX ✿	197

U		page
umami by michel roth	X	192

V		page
Le Vallon	XX	198
Vieux-Bois	XX	196

W		page
Windows	XxX	189
Woods	XX	196

→ **Restaurants ouverts le dimanche**
→ **Restaurants sonntags geöffnet**
→ **Ristoranti aperti domenica**
→ **Restaurants open on Sunday**

L'Arabesque	XX	191
Le Bistro de Cologny	X	197
Brasserie du Parc des Eaux-Vives	XX	194
Brasserie Lipp	X	195
Café Calla	XX	191
La Chaumière	XX	199
Chez Philippe	XX ✿	194
La Closerie	X	197
Collonge Café	X ✿	198
Eastwest	X	193
Le Grill	X	193
Izumi	X	191
Le Jardin	XxX	190
Il Lago	XxxX ✿	189
Lemon Café	X	193
Le Loti	XxX	197
Patara	XX	190
Trilby	XX	190
Tsé Fung	XxX ✿	197
Windows	XxX	189
Woods	XX	196

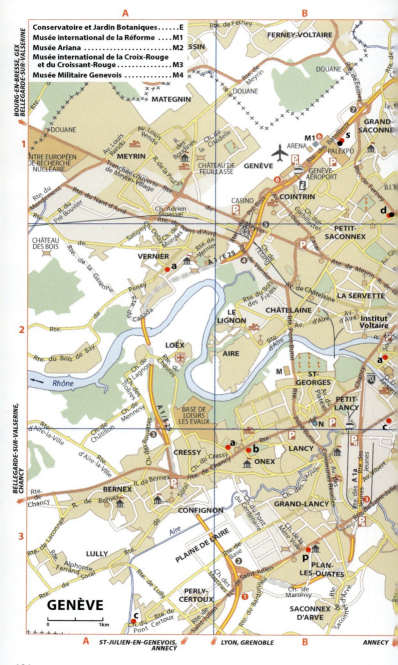

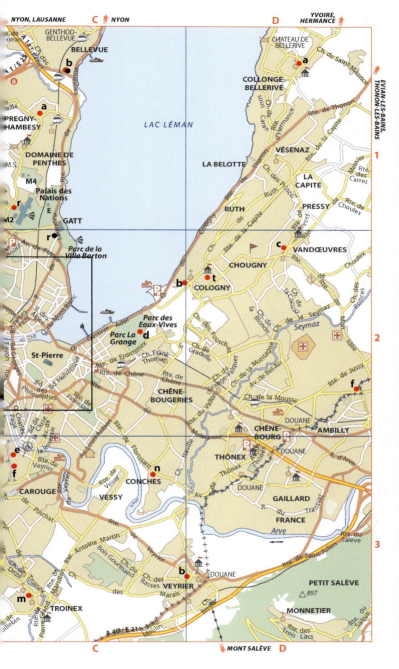

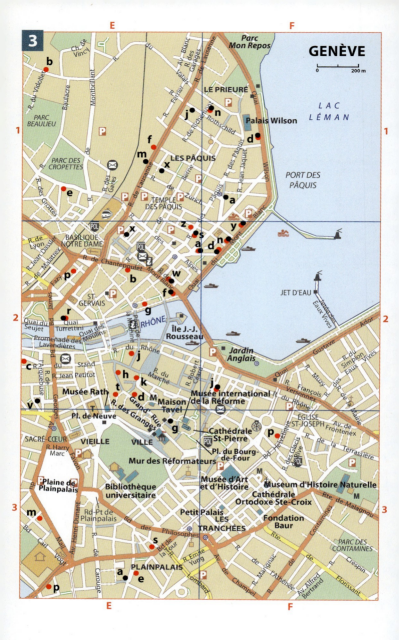

GENÈVE

Rive droite (Gare Cornavin - Les Quais)

Four Seasons Hôtel des Bergues
Quai des Bergues 33 ✉ *1201* – ☎ *022 908 70 00* Plan : **E2f**
– *www.fourseasons.com/geneva*
95 ch – ♦725/1250 CHF ♦♦725/1250 CHF, ⊑ 55 CHF – 20 suites
Rest *Il Lago* ✿ • **Rest** *Izumi* – Voir la sélection des restaurants
À ses pieds, le Rhône jaillit des eaux claires du lac Léman : joli symbole pour celui qui fut le premier des palaces genevois (1834) et qui semble avoir filtré la quintessence de la grande hôtellerie. Excellence du service, faste des décors (meubles de style, marbres, tissus précieux, etc.) : une superbe institution.

Mandarin Oriental
Quai Turrettini 1 ✉ *1201* – ☎ *022 909 00 00* Plan : **E2r**
– *www.mandarinoriental.fr/geneva*
189 ch – ♦495/995 CHF ♦♦595/1295 CHF, ⊑ 54 CHF – 15 suites
Rest *Rasoi by Vineet* • **Rest** *Café Calla* – Voir la sélection des restaurants
Tissus moirés, bois précieux, panneaux de marbre… l'esprit du style Art déco transcende ce luxueux établissement des bords du Rhône. Au 7e étage, les suites avec terrasse dominent toute la ville ; partout, le confort est parfait… Extrêmement chic et infiniment feutré !

Président Wilson
Quai Wilson 47 ✉ *1211* – ☎ *022 906 66 66* Plan : **F1d**
– *www.hotelpresidentwilson.com*
180 ch – ♦450/1500 CHF ♦♦450/1500 CHF, ⊑ 47 CHF – 48 suites
Rest *Bayview* ✿ • **Rest** *L'Arabesque* • **Rest** *umami by michel roth* – Voir la sélection des restaurants
Un grand édifice moderne sur les quais, aménagé avec un extrême souci du confort : espaces pleins de styles, beaux matériaux, piscine panoramique, plusieurs restaurants… Des étages supérieurs côté Léman, Genève s'efface et l'on ne voit plus que l'étendue d'eau environnée de verdure ou de neige : la nature à la ville !

Grand Hôtel Kempinski
Quai du Mont-Blanc 19 ✉ *1201* – ☎ *022 908 90 81* Plan : **F2y**
– *www.kempinski.com/geneva*
379 ch – ♦490/1500 CHF ♦♦490/1500 CHF, ⊑ 50 CHF – 33 suites
Rest *Le Grill* – Voir la sélection des restaurants
De belles prestations dans cet hôtel contemporain dressé face au célèbre jet d'eau – qui ajoute encore à la vue dégagée sur le lac… Atmosphère moderne et feutrée, bars et restaurants (grill, italien), nombreuses salles de réunion et banquet, commerces, etc. : on devance vos moindres désirs !

Beau-Rivage
Quai du Mont-Blanc 13 ✉ *1201* – ☎ *022 716 66 66* Plan : **F2d**
– *www.beau-rivage.ch*
84 ch – ♦510/2890 CHF ♦♦510/2890 CHF, ⊑ 47 CHF – 6 suites
Rest *Le Chat Botté* ✿ • **Rest** *Patara* – Voir la sélection des restaurants
Hôtel historique s'il en est, le Beau-Rivage fut fondé au milieu du 19e s. et brille toujours au firmament. Définitivement mythique, il vit s'éteindre Sissi l'Impératrice en 1898. Le passé y est partout présent, sans être pesant : beautés intemporelles des colonnes et pilastres, marbres et stucs, objets d'art… Un refuge plein de délicatesse.

D'Angleterre
Quai du Mont-Blanc 17 ✉ *1201* – ☎ *022 906 55 55* Plan : **F2n**
– *www.hotelangleterre.ch*
45 ch – ♦410/800 CHF ♦♦410/800 CHF, ⊑ 48 CHF
Rest *Windows* – Voir la sélection des restaurants
Est-ce sa façade en pierre qui possède un je-ne-sais-quoi du Paris d'Haussmann, l'esprit british et feutré de ses salons, le décor soigné de chacune de ses chambres (classique, vénitienne, design, etc.) ? Rien ne peut réellement résumer le caractère de cet hôtel né en 1872, sinon un mot : l'élégance.

GENÈVE

 Le Richemond
Rue Adhémar-Fabri 8 ⊠ 1201 – ℰ 022 715 70 00
Plan : E2**a**
– www.dorchestercollection.com
99 ch – ♦395/890 CHF ♦♦395/890 CHF, ⊆ 55 CHF – 10 suites
Rest *Le Jardin* – Voir la sélection des restaurants
La belle alliance du style européen fin 19ᵉ s. – le Richemond a été inauguré en 1875 – et du goût international d'aujourd'hui : une rotonde classique en forme de lobby, des balcons en fer forgé ouverts sur la ville, mais aussi des espaces repensés dans un esprit de grand confort, où raffiné rime avec discret...

 N'vY
Rue de Richemont 18 ⊠ 1202 – ℰ 022 544 66 66
Plan : F1**n**
– www.hotelnvygeneva.com
153 ch – ♦200/650 CHF ♦♦200/650 CHF, ⊆ 30 CHF – 1 suite – ½ P
Rest *Trilby* – Voir la sélection des restaurants
Quand le besoin fait place à l'N'vY... L'hôtel sort d'une véritable cure de jouvence, et le résultat est explosif : design arty, hyper branché, équipements high-tech omniprésents, chambres lumineuses qui doivent autant à l'écrivain Jack Kerouac qu'à l'art de rue... À couper le souffle !

 Eastwest
Rue des Pâquis 6 ⊠ 1201 – ℰ 022 708 17 17
Plan : E2**s**
– www.eastwesthotel.ch
37 ch – ♦195/440 CHF ♦♦198/560 CHF, ⊆ 32 CHF – 4 suites – ½ P
Rest *Eastwest* – Voir la sélection des restaurants
Mobilier contemporain, tons sombres et notes colorées, salles de bains ouvertes sur les chambres, etc. : un hôtel pile dans la tendance, qui se révèle impeccable et agréable à vivre. Situation très centrale, non loin des quais.

 Bristol
Rue du Mont-Blanc 10 ⊠ 1201 – ℰ 022 716 57 58 – www.bristol.ch Plan : E2**w**
110 ch – ♦290/600 CHF ♦♦290/600 CHF, ⊆ 38 CHF – 1 suite – ½ P
Rest *Côté Square* – Voir la sélection des restaurants
Un hôtel éminemment bourgeois, aux chambres très confortables, dans une veine classique sans fioritures. Et après une journée de travail harassant, direction le sous-sol pour profiter des espaces fitness, sauna, hammam et jacuzzi...

 Auteuil
Rue de Lausanne 33 ⊠ 1201 – ℰ 022 544 22 22
Plan : E1**m**
– www.hotelauteuilgeneva.com
104 ch – ♦160/570 CHF ♦♦160/570 CHF, ⊆ 28 CHF
Entretien sans faille dans cet hôtel bien dans son époque : l'élégance s'y décline avec sobriété, sur la base d'accords de couleurs bien pensés, et les chambres, exposées au nord ou au sud, sont bien insonorisées. En un mot : séduisant !

 Kipling
Rue de la Navigation 27 ⊠ 1201 – ℰ 022 544 40 40
Plan : E1**x**
– www.hotelkiplinggeneva.com
62 ch – ♦150/440 CHF ♦♦150/440 CHF, ⊆ 18 CHF
Du nom du célèbre romancier voyageur, cet hôtel joue la carte de l'ailleurs : le style colonial domine partout, évoquant ici les comptoirs d'Orient, là le charme suranné du Sud lointain... Original et réussi.

 Jade
Rue Rothschild 55 ⊠ 1202 – ℰ 022 544 38 38
Plan : E1**j**
– www.hoteljadegeneva.com
47 ch – ♦150/440 CHF ♦♦150/440 CHF, ⊆ 18 CHF
Un hôtel feng shui ! La célèbre philosophie chinoise a inspiré son agencement : face visible des arcanes secrètes des circulations d'énergie, les objets ethniques et l'ambiance zen appellent à la sérénité. Pour le repos du corps et... de l'esprit.

GENÈVE

Edelweiss
Place de la Navigation 2 ⊠ 1201 – ℰ 022 544 51 51 Plan : F1**a**
– www.hoteledelweissgeneva.com
42 ch – ♦150/440 CHF ♦♦150/440 CHF, ⊇ 18 CHF – ½ P
L'edelweiss, "l'immortelle des neiges" au joli duvet blanc... Un nom de fleur et une carte d'identité pour cet hôtel, digne d'un chaleureux chalet suisse. Le bois blond abonde dans les chambres et, au restaurant, on se croirait dans une station de ski, entre musiciens (chaque soir) et spécialités fromagères !

Mon-Repos
Rue de Lausanne 131 ⊠ 1202 – ℰ 022 909 39 09 Plan : C2**r**
– www.hotelmonrepos.ch
– fermé 16 décembre - 3 janvier
84 ch – ♦175/305 CHF ♦♦225/325 CHF, ⊇ 20 CHF
Près des institutions internationales et juste en face du parc Mon-Repos, une logique invitation au sommeil : cet hôtel a récemment été rénové dans un style contemporain assez épuré et... reposant. En cas de fringale, on peut "snacker" au bar (fermé vendredi et samedi).

Cristal
Rue Pradier 4 ⊠ 1201 – ℰ 022 716 12 21 Plan : E2**x**
– www.fassbindhotels.ch
78 ch – ♦140/250 CHF ♦♦170/300 CHF, ⊇ 19 CHF
À deux pas de la gare, ce Cristal étonne : par sa démarche environnementale, d'abord, avec panneaux solaires et chauffage par circulation d'air et d'eau ; par son aménagement, ensuite, lumineux et design, où dominent l'argenté et le verre.

Le Chat Botté – Hôtel Beau Rivage
Quai du Mont-Blanc 13 ⊠ 1201 Plan : F2**d**
– ℰ 022 716 69 20 – www.beau-rivage.ch
– fermé 9 - 24 avril, samedi midi et dimanche
• CUISINE FRANÇAISE MODERNE • Menu 60 CHF (déjeuner en semaine)/220 CHF
– Carte 135/198 CHF – *(réservation conseillée)*
Cannelloni fondant, filet mignon de veau suisse, opaline à la pomme... De beaux produits, des vins superbes et surtout l'habileté d'un chef auquel illustre parfaitement la morale du Chat Botté : "L'industrie et le savoir-faire valent mieux que des biens acquis". Service irréprochable et magnifique terrasse face au Léman.
→ Ormeaux de Plouguerneau aux coques et salicornes. Saint-Pierre des côtes bretonnes, citron caviar et yuzu. Volaille du Nant d'Avril laquée au jus de truffes.

Il Lago – Four Seasons Hôtel des Bergues
Quai des Bergues 33 ⊠ 1201 – ℰ 022 908 71 10 Plan : E2**f**
– www.fourseasons.com/geneva
• CUISINE ITALIENNE • Plat du jour 60 CHF – Menu 78 CHF (déjeuner)/130 CHF
– Carte 105/180 CHF – *(réservation indispensable)*
Il Lago ou le lac Léman à l'italienne, la dolce vita dans ce qu'elle a de plus chic (superbe décor de pilastres et de scènes peintes) et la gastronomie transalpine... de plus raffiné. Parfums, subtilité, légèreté... À découvrir !
→ Risotto de homard. Tortelli de fromage, citron et menthe. Cabri laqué au Banyuls, céleri-rave rôti et pomme verte.

Windows – Hôtel D'Angleterre
Quai du Mont-Blanc 17 ⊠ 1201 – ℰ 022 906 55 14 Plan : F2**n**
– www.hoteldangleterre.ch
• CUISINE FRANÇAISE CRÉATIVE • Plat du jour 28 CHF – Menu 59 CHF (déjeuner en semaine) – Carte 79/134 CHF
Dans l'hôtel d'Angleterre, une superbe "fenêtre" sur le lac Léman, le jet d'eau et les sommets... Carpaccio de Saint-Jacques au citron vert, tartare d'avocat et fleur de sel ; demi-homard rôti, cœur de sucrine et bouchons de pomme de terre... Pour sûr, les Alpes ne font pas écran aux belles saveurs !

GENÈVE

XxX Bayview – Hôtel Président Wilson
❀ ⇐ ⅙ 🄰🄲 🕭 🚗

Quai Wilson 47 ⊠ 1211 – ℰ 022 906 65 52 Plan : F1**d**
– www.hotelpresidentwilson.com – fermé 1ᵉʳ - 9 janvier, 16 - 24 avril, 30 juillet
- 29 août, dimanche et lundi
• CUISINE FRANÇAISE MODERNE • Plat du jour 45 CHF – Menu 60 CHF (déjeuner)/170 CHF – Carte 109/211 CHF

De grandes baies face au lac ; un décor au design étudié, sobre et chic... L'écrin est idéal pour s'enivrer de saveurs franches et raffinées, qui revisitent le répertoire français avec créativité et subtilité. Chic, contemporain et maîtrisé. Belle partition !

→ Ormeau de Plougastel snacké, longeole traditionnelle et blanc-manger anisé. Côte de veau fumée minute, petits pois et artichauts violets, crumble thym-citron. Tarte soufflée au chocolat Guanaja 70%.

XxX Côté Square – Hôtel Bristol
🄰🄲

Rue du Mont-Blanc 10 ⊠ 1201 – ℰ 022 716 57 58 – www.bristol.ch Plan : E2**w**
– fermé 2 - 8 janvier, 14 - 23 avril, samedi et dimanche
• CUISINE FRANÇAISE • Menu 55 CHF (déjeuner en semaine)/87 CHF
– Carte 73/93 CHF

Au sein de l'hôtel Bristol, avantageusement situé face au square du Mont-Blanc, une table d'un élégant classicisme, propice à un agréable repas dans une atmosphère feutrée. Au menu : une partition séduisante valorisant les produits de saison et le terroir, avec un joli choix de spécialités italiennes.

XxX Rasoi by Vineet – Hôtel Mandarin Oriental
⅙ 🄰🄲 🕭 ⇔ 🚗

Quai turrettini 1 ⊠ 1201 – ℰ 022 909 00 00 Plan : E2**r**
– www.mandarinoriental.fr/geneva – fermé dimanche et lundi
• CUISINE INDIENNE • Menu 65 CHF (déjeuner)/155 CHF – Carte 85/161 CHF –
(réservation conseillée)

Une cuisine indienne bousculée dans ses habitudes, parsemée de touches de modernité et de créativité : voici ce qui vous attend dans ce restaurant chic et feutré, où l'on peut se rêver en maharaja du 21ᵉ s. !

XxX Le Jardin – Hôtel Le Richemond
🏠 ⅙ 🄰🄲

Rue Adhémar-Fabri 8 ⊠ 1201 – ℰ 022 715 71 00 Plan : E2**a**
– www.dorchestercollection.com
– Fermé dimanche soir et lundi midi hors saison
• CUISINE CLASSIQUE • Plat du jour 38 CHF – Menu 68 CHF (déjeuner en semaine)/120 CHF – Carte 76/125 CHF

Au cœur de l'hôtel Le Richemond, face au lac – la terrasse est incontournable aux beaux jours –, une cuisine française dans l'air du temps, qui met en valeur les produits du terroir genevois.

XX Patara – Hôtel Beau-Rivage
⇐ 🏠 🄰🄲 🚗

Quai du Mont-Blanc 13 ⊠ 1201 – ℰ 022 731 55 66 Plan : F2**d**
– www.patara-geneva.ch
– fermé Noël - Nouvel An 2 semaines
• CUISINE THAÏLANDAISE • Plat du jour 36 CHF – Menu 49 CHF (déjeuner)/125 CHF – Carte 67/113 CHF

Le goût de la Thaïlande au sein de l'un des plus beaux palaces de la ville. Aux murs, des motifs d'or stylisés évoquent les raffinements du royaume siam ; dans les assiettes, le cortège des spécialités invite littéralement au voyage...

XX Trilby – Hôtel N'vY
⅙ 🄰🄲 🚗

Rue de Richemont 18 ⊠ 1202 – ℰ 022 544 66 66 Plan : F1**n**
– www.hotelnvygeneva.com
• CUISINE INTERNATIONALE • Menu 70 CHF – Carte 54/152 CHF

Vous ôterez votre trilby (ce chapeau à bords courts au chic indémodable depuis le 19ᵉ s.) en entrant dans ce restaurant élégant et chaleureux. La spécialité de l'endroit : le bœuf d'exception, qu'il soit écossais (Black Angus), japonais (Wagyu de Kobé) ou helvétique (Simmental), accompagné de sauces originales.

GENÈVE

L'Arabesque – Hôtel Président Wilson
Quai Wilson 47 ⊠ *1211* – ⌀ *022 906 67 63* Plan : F1**d**
– www.hotelpresidentwilson.com
• CUISINE LIBANAISE • Plat du jour 35 CHF – Menu 59 CHF (déjeuner en semaine)/95 CHF – Carte 54/86 CHF
Beau geste décoratif que cette Arabesque en mosaïque d'or, cuir blanc et laque noire, qui évoque la magie de l'Orient... Et particulièrement du Liban : du bastorma (bœuf séché aux épices) au houmous (purée de pois chiches), l'authenticité des parfums nous transportent au pays du Cèdre !

Minotor Steakhouse

Rue de Bois-Melly 3 ⊠ *1205* – ⌀ *022 321 70 05* Plan : E3**m**
– www.minotorsteakhouse.com
– samedi midi et dimanche
• VIANDES • Plat du jour 19 CHF – Carte 44/99 CHF
Bœuf Angus d'Argentine ou bœuf de Kobé, bison, porc et agneau : on vient ici se régaler de viandes de superbe qualité, que l'on commande à la carte ou... au poids, en fonction de son appétit ! Les cuissons – au four à charbon – sont impeccables, les saveurs sont au rendez-vous : une adresse qui ravira les gourmets carnivores.

Le Duo - Côté Resto
Rue de Lausanne 41 ⊠ *1201* – ⌀ *022 906 14 14* Plan : E1**f**
– www.hotelroyalgeneva.com
– fermé Noël - Nouvel An 2 semaines, 14 - 23 avril, août 3 semaines, samedi et dimanche
• CUISINE FRANÇAISE CLASSIQUE • **202 ch** – ♦180/620 CHF ♦♦180/620 CHF, ⊇ 30 CHF – 6 suites – ½ P
Menu 54 CHF (déjeuner en semaine)/90 CHF
Des produits de belle origine, des plats composés avec soin – dos de cabillaud skrei mariné au citron combava, filet mignon de veau suisse cuit à basse température –, un cadre intime propice aux... duos. À noter : l'intéressant choix de vins au verre.

Café Calla – Hôtel Mandarin Oriental
Quai Turrettini 1 ⊠ *1201* – ⌀ *022 909 00 00* Plan : E2**r**
– www.mandarinoriental.fr/geneva
• CUISINE MÉDITERRANÉENNE • Menu 85 CHF (dîner) – Carte 67/132 CHF
Sur les quais, le "café" chic du Mandarin Oriental, à la fois mondain et décontracté. La carte, entièrement dédiée aux saveurs méditerranéennes, évolue au gré des saisons. Et aux beaux jours, on profite à loisir de la véranda installée face au Rhône...

L'Epicentre, la table des épices

Rue Prévost-Martin 25 ⊠ *1205* – ⌀ *022 328 14 70* Plan : E3**e**
– www.lepicentre.ch – fermé 23 décembre - 8 janvier, mi-août
- mi-septembre, samedi et dimanche
• CUISINE CRÉATIVE • Plat du jour 24 CHF – Menu 78/127 CHF – Carte 66/96 CHF
Cette table des épices porte très bien son nom ! Les deux chefs partent d'une ou deux épices – choisies parmi 300 variétés achetées à Genève ou à l'étranger – pour construire des assiettes parfumées et bien équilibrées, avec de belles associations de saveurs. Belle carte des vins, naturels pour la plupart.

Izumi – Four Seasons Hôtel des Bergues
Quai des Bergues 33 ⊠ *1201* – ⌀ *022 908 75 25* Plan : E2**f**
– www.fourseasons.com/geneva
• CUISINE JAPONAISE • Menu 65 CHF (déjeuner)/135 CHF – Carte 78/165 CHF
Au dernier étage du vaisseau amiral de l'hôtellerie genevoise, cet Izumi vous surprendra ! Les spécialités japonaises y rencontrent quelques saveurs du Pérou : le contraste est saisissant et fonctionne à plein. En terrasse, on se régale en profitant de la jolie vue sur Genève et sur le Rhône, en contrebas...

GENÈVE

Chez Jacky
Rue Necker 9 ⊠ 1201 – ℰ 022 732 86 80 – www.chezjacky.ch Plan : E2**p**
– fermé 1ᵉʳ - 10 janvier, juillet - août 3 semaines, samedi et dimanche
• CUISINE TRADITIONNELLE • Plat du jour 25 CHF – Menu 51 CHF (déjeuner en semaine)/99 CHF – Carte 70/97 CHF

Un restaurant ravissant, où tout est fait pour mettre à l'aise. Dans la salle, plantes vertes, aquarium et couleurs douces ; sur la terrasse, du bois et de la pierre, dans une rue calme. Côté cuisine, on revisite la tradition (filet d'omble chevalier à la vapeur, desossé de cuisses de grenouilles) sous les ordres de... Jacky himself !

Le Lexique
Rue de la Faucille 14 ⊠ 1201 Plan : E1**e**
– ℰ 022 733 31 31 – www.lelexique.ch – fermé 23 décembre - 5 janvier, 25 juillet - 18 août, samedi midi, dimanche et lundi
• CUISINE FRANÇAISE • Plat du jour 22 CHF – Menu 59 CHF (déjeuner en semaine)/68 CHF – Carte 55/86 CHF – *(réservation conseillée)*

De F comme foie gras à P comme pastilla, révisez l'alphabet des saveurs dans ce sympathique restaurant proche de la gare. Goûts de saison, produits frais : on se fait plaisir et le rapport qualité-prix est excellent !

Miyako
Rue Chantepoulet 11 ⊠ 1201 – ℰ 022 738 01 20 – www.miyako.ch Plan : E2**b**
– fermé dimanche
• CUISINE JAPONAISE • Plat du jour 30 CHF – Menu 74/108 CHF
– Carte 65/99 CHF

Miyako ou "cœur" en japonais... plongez donc dans l'intimité de l'archipel. On s'installe sur un tatami ou face à un teppanyaki, le poisson respire la fraîcheur, le service est très attentionné. Arigato !

umami by michel roth – Hôtel Président Wilson
Quai Wilson 47 ⊠ 1211 – ℰ 022 906 64 52 Plan : F1**d**
– www.hotelpresidentwilson.com
– fermé octobre - avril et dimanche
• CUISINE JAPONAISE • Plat du jour 35 CHF – Menu 59 CHF (déjeuner)/95 CHF
– Carte 66/90 CHF

Un petit passage par cet Umami vous en convaincra : la cuisine japonaise ne se résume pas aux sushis et autres sashimis, loin s'en faut ! Ici, la créativité est de mise, avec quelques influences françaises bienvenues. Un exemple : ces makis poêlés au foie gras, pomme verte et gingembre... vraiment délicieux.

Bistrot du Boeuf Rouge
Rue Dr. Alfred-Vincent 17 ⊠ 1201 – ℰ 022 732 75 37 Plan : E2**z**
– www.boeufrouge.ch – fermé Noël - 2 janvier, 15 juillet - 13 août, samedi, dimanche et jours fériés
• CUISINE TRADITIONNELLE • Plat du jour 19 CHF – Carte 49/99 CHF –
(réservation conseillée)

Terrine de caneton, filet de féra du Léman à l'estragon, tarte à la framboise, etc. Une cuisine simple et rustique, mais fraîche et goûteuse : tout le savoir-faire de la famille Farina depuis plus de 20 ans – dans un joli décor de bistrot parisien !

Le Rouge et le Blanc
Quai des Bergues 27 ⊠ 1201 – ℰ 022 731 15 50 Plan : E2**g**
– www.lerougeblanc.ch – fermé 24 décembre - 2 janvier et dimanche
• CUISINE TRADITIONNELLE • Carte 54/83 CHF – *(dîner seulement) (réservation conseillée)*

Une jolie sélection de vins, la côte de bœuf en spécialité (pour deux ou trois personnes), des plateaux de tapas selon le marché du jour et une ambiance très décontractée et conviviale : l'adresse pour passer un bon moment. Ouvert le soir uniquement.

GENÈVE

Lemon Café
*Rue du Vidollet 4 ⊠ 1202 – ℰ 022 733 60 24 – www.lemon-cafe.ch   Plan : E1**b***
– fermé 1er - 8 janvier et 24 juillet - 6 août
• CUISINE FRANÇAISE MODERNE • Plat du jour 22 CHF – Menu 52 CHF (déjeuner) – Carte 49/90 CHF
Ceviche de cabillaud aux saveurs du Pérou, travers de porc cuits 12h et pommes Maxim's, cheesecake au citron... Dans ce petit restaurant de quartier, le chef régale ses habitués avec des préparations inspirées et voyageuses.

Le Grill – Grand Hôtel Kempinski
Quai du Mont-Blanc 19 ⊠ 1201 – ℰ 022 908 92 20
– www.kempinski.com/geneva   Plan : F2**y**
• VIANDES • Menu 38 CHF (déjeuner) – Carte 81/117 CHF
Chic et... original : la vue porte à la fois sur le lac Léman et les cuisines, la rôtisserie et la chambre froide où trônent de belles pièces de viande : entrecôte parisienne de 300g, côte et filet de bœuf, carré d'agneau... Les cuissons sont impeccables et la formule convainc.

Eastwest – Hôtel Eastwest
*Rue des Pâquis 6 ⊠ 1201 – ℰ 022 708 17 07 – www.eastwesthotel.ch   Plan : E2**s***
• CUISINE INTERNATIONALE • Plat du jour 30 CHF – Carte 49/93 CHF –
(réservation conseillée)
Un joli cadre japonisant et un patio invitant au zen : on apprécie la sobre élégance de cet Eastwest qui abolit les longitudes et où les légumes de Provence et le tartare de bœuf dialoguent avec la sauce teriyaki et le basilic thaï...

Rive gauche (Centre des affaires)

Les Armures
Rue du Puits-Saint-Pierre 1 ⊠ 1204 – ℰ 022 310 91 72
– www.hotel-les-armures.ch   Plan : E3**g**
32 ch – †340/545 CHF ††375/720 CHF, ⊆ 40 CHF
Au cœur de la vieille ville, cette demeure du 17e s. distille un charme certain : vieilles pierres, poutres (avec quelques superbes plafonds peints), mais aussi aménagement résolument contemporain, chaleureux et bien équipé. Côté restaurant, ambiance suisse traditionnelle avec fondue et raclette !

De la Cigogne
Place Longemalle 17 ⊠ 1204 – ℰ 022 818 40 40   Plan : F2**j**
– www.relaischateaux.com/cigogne
46 ch ⊆ – †350/560 CHF ††460/675 CHF – 6 suites
Rest *De la Cigogne* – Voir la sélection des restaurants
Pour les oiseaux migrateurs... et tous les amoureux de nids douillets ! Jolis imprimés, mobilier ancien, tableaux, tapis, etc. : un classicisme chic et délicat se dégage de cet hôtel... dont on ne voudra peut-être pas repartir.

Tiffany
Rue de l'Arquebuse 20 ⊠ 1204 – ℰ 022 708 16 16   Plan : E2**v**
– www.tiffanyhotel.ch
65 ch – †180/495 CHF ††248/550 CHF, ⊆ 29 CHF – ½ P
Envie d'un "Breakfast At Tiffany's" ? Dans ce petit immeuble Belle Époque, le décor oscille, selon les chambres, entre Art nouveau et contemporain le plus chic. L'atmosphère est chaleureuse, notamment dans ce grand salon-bibliothèque pour le moins cossu...

La Cour des Augustins
Rue Jean-Violette 15 ⊠ 1205 – ℰ 022 322 21 00   Plan : E3**a**
– www.lacourdesaugustins.com
32 ch – †190/600 CHF ††210/700 CHF, ⊆ 24 CHF – 8 suites
On peut dater de 1850 et être à la pointe de la mode ! Jeune, ultracontemporain, design et... made in Switzerland : cet hôtel est idéal pour un séjour urbain à Genève. Quelques chambres avec kitchenettes.

GENÈVE

XX Brasserie du Parc des Eaux-Vives
Quai Gustave-Ador 82 ⊠ 1211 – ℰ 022 849 75 75   Plan : **C2d**
– *www.parcdeseauxvives.ch – fermé mi-février une semaine*
• CUISINE FRANÇAISE MODERNE • **5 ch** – †300/390 CHF ††390/480 CHF,
⊇ 29 CHF – 2 suites
Plat du jour 25 CHF – Menu 39 CHF (déjeuner)/85 CHF – Carte 68/92 CHF
Dans le parc des Eaux-Vives, une belle architecture classique et un long tapis vert qui descend vers le lac : le lieu dégage une certaine magie. À la carte, poulpe confit aux agrumes, côte de cochon GRTA, rognons de veau à la moutarde... Et pour une agréable étape, quelques chambres avec vue sur le lac.

XX De la Cigogne – Hôtel De la Cigogne
Place Longemalle 17 ⊠ 1204 – ℰ 022 818 40 40   Plan : **F2j**
– *www.relaischateaux.com/cigogne – fermé Noël - Nouvel An, samedi midi et dimanche*
• CUISINE FRANÇAISE MODERNE • Plat du jour 40 CHF – Menu 65/125 CHF
– Carte 92/122 CHF
Saint-Pierre poêlé aux artichauts, câpres et citron ; carré d'agneau rôti au vadouvan, dattes et chou pak-choï ; etc. Sous l'égide d'un jeune chef formé au sein de tables renommées, un esprit nouveau souffle sur les cuisines de ce restaurant au décor très classique. Promesse de plaisirs renouvelés...

XX Le Neptüne
Rue de la Coulouvrenière 38 ⊠ 1204 – ℰ 022 320 15 05   Plan : **E2c**
– *www.leneptune.ch – fermé mi-avril une semaine, samedi et dimanche*
• CUISINE MODERNE • Plat du jour 39 CHF – Menu 59/110 CHF
– Carte 83/106 CHF
Dans un quartier tranquille de la rive gauche, bienvenue chez un ardent défenseur des "nourritures alpestres" ! Le chef sélectionne méticuleusement ses fournisseurs, en bio uniquement ; il compose une cuisine aussi moderne que convaincante. Et aux beaux jours, direction la petite terrasse dans la cour intérieure !

XX Le Portugais
Boulevard du Pont d'Arve 59 ⊠ 1205 – ℰ 022 329 40 98   Plan : **E3p**
– *www.leportugais.ch – fermé juillet, dimanche et lundi*
• CUISINE PORTUGAISE • Plat du jour 20 CHF – Menu 46 CHF (déjeuner)/59 CHF
– Carte 45/84 CHF
Le Portugais, d'accord ! Mais lequel ? Ils sont nombreux, de Vasco de Gama à Magellan, à avoir marqué l'histoire. Mais l'exploration de ce Portugais-là sera culinaire ou ne sera pas. De beaux poissons, un choix de bons vins du pays et un chef passionné, le tout dans une ambiance rustique et conviviale... Obrigado !

XX Chez Philippe ⓝ
Rue du Rhône 8, passage des Lions ⊠ 1204 – ℰ 022 316 16 16   Plan : **E2j**
– *www.chezphilippe.ch*
• VIANDES • Plat du jour 18 CHF – Menu 39 CHF – Carte 44/147 CHF
Philippe Chevrier, du domaine de Châteauvieux, est à l'initiative de ce restaurant inspiré des "steakhouse" new-yorkais. Viandes suisses de belle qualité, garnitures et assaisonnements goûteux : le succès est au rendez-vous, et l'on comprend pourquoi !

XX La Bottega (Francesco Gasbarro)
Rue de La Corraterie 21 – ℰ 022 736 10 00   Plan : **E2t**
– *www.labottegatrattoria.com – fermé 23 décembre - 9 janvier, Pâques une semaine, début août 2 semaines, samedi et dimanche*
• ITALIENNE • Menu 50 CHF (déjeuner en semaine)/118 CHF – *(réservation conseillée)*
Dans cette Bottega, pas de menu : c'est l'inspiration qui domine ! Le chef y présente une version "remasterisée" de la cuisine italienne, avec la complicité de beaux produits suisses. Les assiettes, modernes et savoureuses, réservent bien des surprises : on passe un excellent moment.
→ Ravioli au pigeon et thym. Selle d'agneau et panais. Fraise, basilic et pistache.

GENÈVE

La Finestra
Rue de la Cité 11 ⊠ 1204 – ℰ 022 312 23 22 – www.lafinestra.ch — Plan : E2**h**
– fermé Noël - 3 janvier, samedi midi et dimanche
• CUISINE ITALIENNE • Menu 75/85 CHF – Carte 66/92 CHF – *(réservation conseillée)*

Frère et sœur, ils veillent avec chaleur sur leur "fenêtre" nichée dans le centre historique. Depuis 2008, leur chef est sud-américain, ce qui ne l'empêche pas de signer une savoureuse cuisine italienne, dont on aurait tort de se priver. La petite terrasse vit au rythme de la rue piétonne...

Le Patio
Boulevard Helvétique 19 ⊠ 1207 – ℰ 022 736 66 75 — Plan : F3**p**
– www.lepatiorestaurant.ch – fermé dimanche
• CUISINE FRANÇAISE CRÉATIVE • Plat du jour 26 CHF – Menu 45 CHF (déjeuner)/60 CHF – Carte 47/108 CHF

Philippe Chevrier (chef du Domaine de Châteauvieux, à Satigny) décline ici un concept original : une cuisine presque exclusivement basée sur le homard et sur le bœuf. Les plats – tartare de homard, parmentier de queues de bœuf, par exemple – sont savoureux et pleins de fraîcheur. Un bien agréable Patio !

La Cantine des Commerçants
Boulevard Carl Vogt 29 ⊠ 1205 – ℰ 022 328 16 70 — Plan : B2**a**
– www.lacantine.ch – fermé Noël - début janvier, 13 - 22 août, dimanche et lundi
• CUISINE FRANÇAISE • Plat du jour 21 CHF – Menu 48/65 CHF (dîner) – Carte 56/81 CHF

Filets de maquereau et escabèche d'agrumes ; coquelet farci aux pleurotes et crumble banane... Une cuisine aux couleurs de l'époque, dans un cadre à l'unisson : ton vert pomme dominant, objets d'esprit vintage, grand comptoir central... Une "cantine" toute trouvée, dans le quartier des anciens abattoirs !

Le Socrate
Rue Micheli-du-Crest 6 ⊠ 1205 – ℰ 022 320 16 77 — Plan : E3**s**
– www.lesocrate.ch – fermé samedi midi et dimanche
• CUISINE TRADITIONNELLE • Plat du jour 18 CHF – Carte 48/70 CHF

Un bistrot où l'on ne tergiverse pas : dans une salle délicieusement rétro, avec des affiches anciennes aux murs, on se régale de plats canailles, gourmands, simples et efficaces, dans une ambiance au coude-à-coude. Un lieu de bonne chère et de dialogue, que n'aurait pas renié un certain philosophe grec...

Osteria della Bottega ⓃError
Grand Rue 3 ⊠ 1204 – ℰ 022 810 84 51 — Plan : E2**d**
– www.osteriadellabottega.com – fermé Noël - Nouvel An 2 semaines, Pâques une semaine, août 2 semaines, dimanche et lundi
• CUISINE ITALIENNE • Menu 39 CHF (déjeuner)/70 CHF – Carte 52/82 CHF

Dans la famille Bottega, je demande la fille : l'Osteria ! Comme dans sa table gastronomique voisine, Francesco Gasbarro célèbre ici les beaux produits de la campagne toscane, qu'il marie dans des recettes d'une simplicité désarmante... on se régale, d'autant que les tarifs sont raisonnables.

Brasserie Lipp
Rue de la Confédération 8 ⊠ 1204 – ℰ 022 318 80 30 — Plan : E2**k**
– www.brasserielipp.ch
• CUISINE TRADITIONNELLE • Plat du jour 29 CHF – Menu 71/93 CHF – Carte 51/102 CHF

Au dernier étage de l'espace shopping Confédération Centre, dès le seuil franchi, plus de doute : il s'agit bien d'une brasserie, avec vieux comptoir, banquettes et lustres de rigueur. Au coude-à-coude, en salle ou sur la grande terrasse, on se régale d'huîtres, de tête de veau et de choucroute, bref... de plats ravigotants !

GENÈVE

Le Bistrot Laz Nillo
Route des Acacias 34 ⊠ 1227 – ☏ 022 342 34 34 – www.lebistrot.ch   Plan : B2**c**
– fermé samedi et dimanche
• CUISINE FRANÇAISE • Plat du jour 21 CHF – Menu 42 CHF (déjeuner en semaine)/85 CHF – Carte 52/77 CHF

Œuf mollet croustillant et poêlée de champignons à l'ail doux : voici un exemple de la savoureuse cuisine que l'on peut trouver ici. Les beaux produits – notamment poissons du lac et fromages suisses – sont mis à l'honneur dans des assiettes goûteuses et bien travaillées. Et, cerise sur le gâteau, les tarifs sont mesurés !

AU NORD

Palais des Nations

InterContinental
Chemin du Petit-Saconnex 7 ⊠ 1209 – ☏ 022 919 39 39   Plan : B1**d**
– www.intercontinental-geneva.ch
333 ch – ♦330/1200 CHF ♦♦380/1250 CHF, ⊇ 46 CHF – 49 suites – ½ P
Rest *Woods* – Voir la sélection des restaurants

Derrière les Nations Unies, cet hôtel idéal pour les voyages d'affaires est installé dans le plus haut bâtiment de la ville. On y trouve de vastes chambres contemporaines, donnant sur le Jura ou le lac, un superbe spa, un bar à cocktails... et un raffinement porté dans les moindres détails. Exceptionnel, tout simplement !

Woods – Hôtel InterContinental
Chemin du Petit-Saconnex 7 ⊠ 1209 – ☏ 022 919 39 39   Plan : B1**d**
– www.intercontinental-geneva.ch – fermé samedi
• CUISINE MODERNE • Plat du jour 39 CHF – Menu 59 CHF (déjeuner en semaine)/68 CHF – Carte 79/124 CHF

Woods, ou "bois" en anglais : le matériau prête sa noblesse à l'ensemble du décor, et son essence à la cuisine méditerranéenne, naturelle et pleine de sève, car fondée sur de beaux produits. Une partition contemporaine tout à fait dans le ton d'un séjour à l'InterContinental...

Vieux-Bois
Avenue de la Paix 12, Ecole Hôtelière ⊠ 1202 – ☏ 022 919 24 26   Plan : C1**r**
– www.restaurant-vieux-bois.ch – fermé 20 décembre - 4 janvier, Pâques une semaine,15 juillet - 15 août, samedi et dimanche
• CUISINE FRANÇAISE • Plat du jour 38 CHF – Menu 62/70 CHF – Carte 62/70 CHF
– (réservation conseillée)

Juste derrière les Nations Unies, ce bâtiment du 18ᵉ s. abrite l'école hôtelière de Genève et... son restaurant d'application, où la tradition est reine ! Sous l'œil expert de leurs professeurs, les étudiants assurent cuisine et service. Bon rapport qualité-prix.

à Chambésy 5 km – Alt. 389 m – ⊠ 1292

Le Relais de Chambésy
Place de Chambésy 8 – ☏ 022 758 11 05 – www.relaisdechambesy.ch Plan : C1**a**
– fermé dimanche, juillet - août : samedi midi et dimanche
• CUISINE FRANÇAISE CLASSIQUE • Plat du jour 32 CHF – Menu 68 CHF
– Carte 56/91 CHF

Dans un village assez calme, cet ancien relais de poste perpétue une longue tradition d'accueil aux portes de Genève. On y déguste une bonne cuisine française classique dans un intérieur élégant, ou sur la terrasse.

à Bellevue par route de Lausanne : 6 km – Alt. 380 m – ⊠ 1293

La Réserve
Route de Lausanne 301 – ☏ 022 959 59 59 – www.lareserve.ch   Plan : C1**b**
85 ch ⊇ – ♦550/900 CHF ♦♦550/900 CHF – 17 suites
Rest *Tsé Fung* ✤ • **Rest *Le Loti*** – Voir la sélection des restaurants

Une réserve naturelle de beauté ! Dans un style évoquant les lodges africains, le décorateur Jacques Garcia a imaginé des chambres dépaysantes, aux couleurs profondes, comme une invitation au voyage. Superbe spa, accès au lac, patinoire couverte l'hiver ; tout semble possible ! Trois restaurants à disposition, pour les palais voyageurs...

GENÈVE

XXX **Tsé Fung** – Hôtel La Réserve
Route de Lausanne 301 – ℰ 022 959 59 59 – www.tsefung.ch   Plan : C1**b**
• CUISINE CHINOISE • Plat du jour 50 CHF – Menu 75 CHF (déjeuner)/180 CHF
– Carte 68/217 CHF
Avec Frank Xu, Canton et la Chine toute entière ont trouvé un incomparable ambassadeur ! Ses créations sont authentiques et savoureuses, réalisées minutieusement avec des produits de première classe ; les desserts, enchanteurs, réjouissent les papilles et marquent les esprits... Agréable vue sur le jardin et le lac.
→ Siu Mai de crevette et porc. Canard laqué à la pékinoise en deux services. Soupe de mangue, pomelo et perles de sagou.

XXX **Le Loti** – Hôtel La Réserve
Route de Lausanne 301 – ℰ 022 959 59 59 – www.lareserve.ch   Plan : C1**b**
• CUISINE MÉDITERRANÉENNE • Menu 58 CHF (déjeuner) – Carte 81/128 CHF
Pierre Loti était un écrivain voyageur ; ce restaurant – teintes chaudes, allusions exotiques – évoque cette envie d'ailleurs. Sauf qu'ici, l'on rêve de risotto aux truffes, côte de veau fermière, baba au rhum, île flottante aux agrumes...

À L'EST PAR ROUTE D'EVIAN

à Cologny 3,5 km – Alt. 432 m – ✉ 1223

XXXX **Auberge du Lion d'Or** (Thomas Byrne et Gilles Dupont)
Place Pierre-Gautier 5 – ℰ 022 736 44 32 – www.dupont-byrne.ch   Plan : CD2**b**
– fermé 24 décembre - 16 janvier, samedi et dimanche
• CUISINE MODERNE • Plat du jour 78 CHF – Menu 160/190 CHF
– Carte 109/174 CHF
Quatre mains et deux têtes : six fois plus de raisons de bien faire ? Pour sûr, les deux chefs de cette auberge conjuguent les talents : choix des produits, originalité et pertinence des associations, évidence des saveurs... Avec, en prime, une vue romantique sur le lac. Une belle adresse !
→ Ravioles gourmandes de crabe royal du Kamchatka et langoustine "Asia". Loup de mer cuit en croûte de sel marin, sauce niçoise. Pomme de ris de veau, bien dorée à la poêle, émulsion de petits pois, croquant aux oignons fumés.
Le Bistro de Cologny – Voir la sélection des restaurants

X **Le Bistro de Cologny** – Restaurant Auberge du Lion d'Or
Place Pierre-Gautier 5 – ℰ 022 736 57 80 – www.dupont-byrne.ch   Plan : CD2**b**
– fermé 24 décembre - 9 janvier
• CUISINE TRADITIONNELLE • Plat du jour 25 CHF – Carte 70/92 CHF
Si le restaurant gastronomique est un Lion, son Bistro rugit aussi : cette annexe ne fait pas figuration, avec des assiettes gourmandes, à l'instar de la sole de Bretagne ou de l'émincé de filet de veau aux cèpes. La superbe vue en terrasse permet de profiter pleinement de la formule bistronomique le week-end.

X **La Closerie**
Place du Manoir 14 – ℰ 022 736 13 55 – www.lacloserie.ch – fermé   Plan : D2**t**
lundi et mardi
• CUISINE ITALIENNE • Plat du jour 24 CHF – Menu 39 CHF (déjeuner en semaine) – Carte 61/96 CHF
Sur la place communale, une grande terrasse et une salle à manger décorée sobrement, tout en tons crème et beige. À la carte, l'Italie est là : risotto et pâtes maison, loup de mer entier rôti à l'huile d'olive...

à Vandoeuvres 4,5 km – Alt. 465 m – ✉ 1253

XX **Cheval Blanc**
Route de Meinier 1 – ℰ 022 750 14 01 – www.chevalblanc.ch – fermé   Plan : D2**t**
18 décembre - 2 janvier, 23 juillet - 7 août, dimanche et lundi
• ITALIENNE • Menu 75/158 CHF – Carte 79/116 CHF
Au centre du village, une jolie auberge à la façade toute blanche. Ici, on pourrait s'appeler "Ristorante", car on honore la cuisine transalpine. Pâtes et ravioles sont faites maison, *naturalmente* !

GENÈVE

à **Collonge-Bellerive** 6 km – Alt. 411 m – ✉ 1245

X **Collonge Café** Ⓝ
Chemin du Château-de-Bellerive 3 – ✆ 022 777 12 45   Plan : D1**a**
– www.collonge-cafe.ch – fermé Noël - Nouvel An, octobre - mai : dimanche soir et lundi
• CUISINE ITALIENNE • Plat du jour 21 CHF – Menu 35 CHF (déjeuner)
– Carte 69/103 CHF
Cette auberge communale est aujourd'hui le terrain de jeu d'Angelo et Viviana Citiulo, que l'on a connus à la Closerie, à Cologny. Ils mettent en valeur les recettes italiennes avec ce qu'il faut de modernité, pour un résultat vraiment convaincant. Quant aux prix, ils défient toute concurrence !

À L'EST PAR ROUTE D'ANNEMASSE

à **Thônex** Sud-Est : 5 km – Alt. 414 m – ✉ 1226

XX **Le Cigalon** (Jean-Marc Bessire)
Route d'Ambilly 39, à la douane de Pierre-à-Bochet   Plan : D2**f**
– ✆ 022 349 97 33 – www.le-cigalon.ch – fermé fin décembre - début janvier 2 semaines, à Pâques, mi-juillet - début août 3 semaines, dimanche et lundi
• POISSONS ET FRUITS DE MER • Plat du jour 28 CHF – Menu 54 CHF (déjeuner en semaine)/150 CHF – Carte 94/118 CHF
À en juger par les poissons frais figurant sur la carte, on pourrait croire que les côtes de Bretagne sont juste devant la porte de ce Cigalon ! Depuis plus de vingt ans, les saveurs iodées sont à l'honneur : soupe de poissons de roche, noix de Saint-Jacques, lotte de Roscoff... Et l'on fait table d'hôtes pour cinq convives.
➔ Fines tranches de sériole marinées, parfumé à l'huile de crevettes sauvages. La crevette de Myanmar, en finger croustillant, royale coco aux trois poivres. Bar de ligne rôti sur ses écailles, riz noir vénéré du Piémont.

AU SUD

à **Conches** Sud-Est : 5 km – Alt. 419 m – ✉ 1231

XX **Le Vallon**
Route de Florissant 182 – ✆ 022 347 11 04   Plan : C2**n**
– www.restaurant-vallon.com – fermé dimanche
• CUISINE FRANÇAISE • Plat du jour 26 CHF – Menu 59/84 CHF (dîner)
– Carte 58/104 CHF – (réservation conseillée)
Une façade rose, des volets verts, une glycine qui court autour de l'enseigne, une terrasse sous les arbres... et à l'intérieur, un décor d'auberge à l'ancienne parfaitement briquée. Ce Vallon joue la partition du classicisme jusque dans l'assiette : la cuisine est fine, gourmande et toujours sage.

à **Veyrier** 6 km – Alt. 422 m – ✉ 1255

XX **Café de la Réunion**
Chemin Sous-Balme 2 – ✆ 022 784 07 98   Plan : CD3**b**
– www.restaurant-reunion.ch – fermé Noël - 9 janvier, 16 - 24 avril, 27 août - 11 septembre, samedi midi, dimanche et lundi
• CUISINE FRANÇAISE • Plat du jour 22 CHF – Menu 51 CHF (déjeuner en semaine)/110 CHF – Carte 82/104 CHF
L'enseigne s'écrit en lettres gothiques peintes sur la façade – une vraie carte postale ancienne –, mais la salle est résolument moderne. Un joli petit restaurant gastronomique, où dominent les saveurs de saison, tout près de la frontière.

Se régaler sans se ruiner ? Repérez les Bib Gourmand ⓐ. Ils vous aideront à dénicher les bonnes tables sachant marier cuisine de qualité et prix ajustés !

GENÈVE

à **Carouge** 3 km – Alt. 382 m – ✉ 1227

Le Flacon
✿

Rue Vautier 45 – ☎ 022 342 15 20 – www.leflacon.ch – fermé samedi Plan : C3**f**
midi, dimanche et lundi
• CUISINE MODERNE • Plat du jour 26 CHF – Menu 75 CHF (déjeuner)/120 CHF
– Carte 90/108 CHF

N'en déplaise à Alfred de Musset, ce Flacon-là importe, et nous enchante même !
Le jeune chef installé dans la cuisine vitrée fait preuve d'une belle maîtrise des
saveurs et des associations de produits, comme d'un authentique souci du détail
dans les présentations... Enivrant, assurément !
➔ Asperges de Roques-Hautes, citron confit, poutargue et lard blanc. Volaille du
Nant d'Avril, risotto de blette et mousseline de pomme ratte. Mangue Nam Dok
Mai, glace yaourt et lait d'amande.

Café des Négociants

Rue de la Filature 29 – ☎ 022 300 31 30 – www.negociants.ch Plan : C3**e**
– fermé janvier - novembre : dimanche
• CUISINE CLASSIQUE • Plat du jour 19 CHF – Menu 29 CHF (déjeuner)/74 CHF
– Carte 45/79 CHF – *(réservation conseillée)*

Les plaisirs d'une savoureuse cuisine saisonnière et d'une cave rabelai-
sienne mise en valeur par de savants conseils, dans un cadre bistrotier qui joue
la carte de la nostalgie. Une recette qui a fait ses preuves : l'adresse fait souvent
salle comble !

à **Troinex** 5 km par route de Troinex – Alt. 425 m – ✉ 1256

La Chaumière

Chemin de la Fondelle 16 – ☎ 022 784 30 66 – www.lachaumiere.ch Plan : C3**m**
– fermé dimanche et lundi, mai - septembre : dimanche soir et lundi
• CUISINE FRANÇAISE • Plat du jour 22 CHF – Menu 36 CHF (déjeuner en
semaine) – Carte 58/92 CHF

Une nouvelle équipe a pris ses quartiers en 2016 dans cette authentique auberge
des environs de Genève. Trois prestations y sont proposées : un restaurant gastro-
nomique centré autour d'un menu-surprise, une partie plus "bistronomique", et
enfin... un café, en toute simplicité.

à **Plan-les-Ouates** 5 km – Alt. 403 m – ✉ 1228

La Place

Route de Saint-Julien 143 – ☎ 022 794 96 98 Plan : B3**p**
– www.restaurant-laplace.ch
*– fermé Noël - Nouvel An 2 semaines, fin juillet - mi-août 3 semaines, samedi et
dimanche*
• CUISINE MÉDITERRANÉENNE • Plat du jour 29 CHF – Menu 46 CHF (déjeuner
en semaine)/90 CHF – Carte 57/108 CHF

Un plat d'hiver : cœur de filet de bœuf du pays, carbonara de cardons et "siphon-
née" de bintje à la brisure de truffe... et autant de déclinaisons au plus près des
saisons. Toute l'année, les deux chefs de cette Place ne ménagent pas leurs
efforts, avec des assiettes aussi agréables à regarder que savoureuses.

à **Certoux** 9 km – Alt. 425 m – ✉ 1258 Perly

Café de Certoux

Route de Certoux 133 – ☎ 022 771 10 32 – www.cafe-certoux.ch Plan : A3**c**
– fermé fin décembre - début janvier, mi-juillet - début août, dimanche et lundi
• CUISINE FRANÇAISE • Plat du jour 25 CHF – Menu 54 CHF (déjeuner)/93 CHF
– Carte 62/107 CHF

Une autre bonne raison de quitter le centre de Genève : dans ce village pres-
que campagnard, une maison traditionnelle, flanquée d'une très jolie terrasse.
Tout est fait maison, notamment avec les produits du potager. Ambiance
familiale.

GENÈVE

à **Onex** 4,5 km – Alt. 426 m – ⌧ 1213

XX Auberge d'Onex
Route de Loëx 18 – ℰ 022 792 32 59 – fermé 15 juillet - 6 août,   Plan : B3**a**
dimanche et lundi
• CUISINE ITALIENNE • Carte 83/109 CHF – *(réservation conseillée)*
Cette auberge est nichée au cœur de la verdure, dans l'ancien club-house du premier golf de Genève, aujourd'hui transféré ailleurs. Dans l'assiette, c'est toute la générosité de la cuisine italienne – rien de moins – que l'on nous propose, comme ces farfalle "al dente" aux scampis émincés et sautés... Un délice !

XX Les Fourneaux du Manège
Route de Chancy 127 – ℰ 022 870 03 90   Plan : B3**b**
– www.fourneauxdumanege.ch – fermé 23 décembre - 9 janvier, 1er
- 16 août, samedi midi, dimanche soir et lundi
• CUISINE TRADITIONNELLE • Plat du jour 21 CHF – Menu 52 CHF (déjeuner en semaine)/118 CHF – Carte 57/123 CHF
Dans cette belle bâtisse du 19e s. située au cœur de la ville, on est accueilli par une équipe de passionnés qui travaillent principalement des produits de la région, et notamment les célèbres poissons du lac Léman : brochet, féra, omble chevalier, perches... Servis avec dynamisme, en salle ou en terrasse !

À L'OUEST

à **Aire-la-Ville** 10 km – 1 160 hab. – ⌧ 1288

X Café du Levant
Rue du Vieux Four 53 – ℰ 022 757 71 50 – www.cafedulevant.ch – fermé Noël
- Nouvel An 2 semaines, Pâques une semaine, fin juillet - début août
2 semaines, dimanche et lundi
• CUISINE FRANÇAISE • Plat du jour 20 CHF – Menu 40 CHF (déjeuner)/88 CHF
– Carte 69/96 CHF – *(réservation conseillée)*
Une cuisine régionale pleine de fraîcheur et de saveurs, accompagnée d'une petite sélection de vins genevois : dans ce restaurant convivial, on apprécie le bon air du pays ! Cadre rustique, très clair et lumineux. Belle sélection de whiskys.

à **Vernier** 5 km – Alt. 448 m – ⌧ 1214

X La Grange
Rue du Village 64a – ℰ 022 341 42 20 – www.restolagrange.ch   Plan : A2**a**
– fermé Noël - 10 janvier, 14 - 24 avril, 22 juillet - 15 août, samedi, dimanche,
lundi et jours fériés
• CUISINE TRADITIONNELLE • Plat du jour 19 CHF – Menu 60/82 CHF
– Carte 57/90 CHF – *(réservation conseillée)*
Pour une balade en dehors de Genève, rendez-vous dans cette auberge aménagée dans la ferme familiale de Serge et Marianne, les propriétaires. On y apprécie des petits plats simples et néanmoins goûteux : poulpe au piment d'Espelette, filets de perche du Léman "meunière", filet de bœuf sauce marchand de vin...

Palais des Expositions 5 km – Alt. 452 m – ⌧ 1218 Grand-Saconnex

🏨 Starling
Route François-Peyrot 34 – ℰ 022 747 04 00 – www.shgeneva.com   Plan : B1**s**
494 ch – †200/400 CHF ††200/400 CHF, ⊇ 39 CHF – 2 suites
Rest *L'Olivo* – Voir la sélection des restaurants
Près de l'aéroport et de Palexpo, un hôtel digne de l'A380, avec près de 500 chambres qui drainent une importante clientèle d'affaires et de congrès. Rien d'impersonnel pour autant : le personnel est attentif, les occasions de se détendre nombreuses (fitness, espace bien-être, restaurants, etc.).

XX L'Olivo – Hôtel Starling
Route François-Peyrot 34 – ℰ 022 747 04 00 – www.shgeneva.com   Plan : B1**s**
– fermé Noël - Nouvel An, samedi, dimanche et jours fériés
• CUISINE ITALIENNE • Menu 43 CHF (déjeuner) – Carte 70/104 CHF
Une table plutôt agréable près de l'aéroport : une grande terrasse à l'ombre... d'oliviers et, pour se sentir déjà loin, tous les parfums de l'Italie (pasta, risottos, gnocchi à la châtaigne, escalopes de veau à la milanaise, etc.).

GENOLIER
Vaud (VD) – ⊠ 1272 – 1 929 hab. – Alt. 562 m – Carte régionale **6-A6**
▶ Bern 135 km – Genève 29 km – Lausanne 39 km – Neuchâtel 99 km
Carte routière Michelin 552-B10

XX Auberge des Trois Tilleuls
😊 *Place du Village 9 – 𝒞 022 366 05 31 – www.troistilleuls.ch – fermé Noël - début janvier 2 semaines, dimanche et lundi*
Plat du jour 18 CHF – Carte 44/85 CHF
Si vous passez à Genolier, arrêtez-vous dans cette charmante auberge qui abrite non pas une, mais deux salles bien distinctes : l'une traditionnelle et nappée, l'autre plus simple, façon café. Le chef travaille une courte carte de saison et fait tout maison ! Accueil aux petits soins.

GERLAFINGEN
Solothurn (SO) – ⊠ 4563 – 4 987 Ew – Höhe 452 m – Regionalatlas **2-D3**
▶ Bern 34 km – Solothurn 8 km – Delémont 63 km – Aarau 54 km
Michelin Straßenkarte 551-K6

X Frohsinn
Obergerlafingerstr. 5 – 𝒞 032 675 44 77 – geschl. Mitte Oktober - Mitte November und Sonntag - Montag
Tagesteller 24 CHF – Karte 41/69 CHF
Seit vielen Jahren sind die Nussbaumers nun schon in ihrem "Frohsinn". In ländlich-gemütlicher Atmosphäre serviert man bürgerliche Küche, in der die Einflüsse der österreichischen Heimat natürlich nicht fehlen! Wie wär's also mit "Semmelknödel in Schwammerlsauce" oder Wiener Schnitzel?

GEROLFINGEN
Bern (BE) – ⊠ 2575 – Höhe 502 m – Regionalatlas **2-C4**
▶ Bern 39 km – Neuchâtel 29 km – Biel 10 km – Solothurn 36 km
Michelin Straßenkarte 552-H6

XX Züttel
😊 *Hauptstr. 30 – 𝒞 032 396 11 15 – www.restaurantzuettel.ch – geschl. Februar 2 Wochen, September 2 Wochen und Mittwoch - Donnerstag*
Tagesteller 25 CHF – Menü 56/99 CHF – Karte 44/86 CHF
Hier ist bereits die 3. Züttel-Generation im Haus. Patron Roland Züttel kocht frisch und schmackhaft, traditionell, aber auch mit internationalen Einflüssen - probieren Sie Zander und Egli, aber auch Kalbsleber und Mini-Chateaubriand! Praktisch: Die Bahn hält vor der Tür - gut die Anbindung nach Biel.

GERRA GAMBAROGNO
Ticino (TI) – ⊠ 6576 – 292 ab. – Alt. 222 m – Carta regionale **9-H6**
▶ Bern 236 km – Locarno 20 km – Bellinzona 22 km – Lugano 43 km
Carta stradale Michelin 553-Q13

a Ronco Sud : 1 km – Alt. 290 m – ⊠ 6576 Gerra Gambarogno

X Roccobello
via Ronco 1 – 𝒞 091 794 16 19 – www.roccobello.ch – chiuso inizio gennaio - metà marzo, lunedì (escluso luglio e agosto) e martedì, mercoledì a mezzogiorno e venerdì a mezzogiorno
Menu 62 CHF (cena) – Carta 49/76 CHF
Caratteristico ristorantino dotato di terrazza panoramica con bella vista sul lago e sulle montagne. Atmosfera familiare e cucina legata al territorio, nonché alle tradizioni, ma anche sensibile ad influenze internazionali.

GERSAU
Schwyz (SZ) – ⊠ 6442 – 2 240 Ew – Höhe 435 m – Regionalatlas **4-G4**
▶ Bern 159 km – Luzern 55 km – Altdorf 20 km – Einsiedeln 39 km
Michelin Straßenkarte 551-P7

GERSAU

Gasthaus Tübli
Dorfstr. 12 – ℰ 041 828 12 34 – www.gasthaus-tuebli-gersau.ch – geschl.
26. Februar - 7. März, 1. - 17. Oktober und Oktober - April: Montag - Dienstag
7 Zim 🛏 – †80/110 CHF ††130/190 CHF – ½ P
Tagesteller 20 CHF – Karte 33/72 CHF
Seit über 200 Jahren existiert das Gasthaus mit Holzfassade und ländlich-gemütlicher Atmosphäre. Man kocht mit saisonalen, regionalen Produkten, Spezialität ist Fohlenfleisch. Gut übernachten kann man in netten Zimmern - im rustikalen "Heidistyle" oder hell und freundlich-alpenländisch.

GESCHINEN
Wallis (VS) – ✉ 3985 – 65 Ew – Höhe 1 340 m – Regionalatlas **8-F5**
▶ Bern 136 km – Andermatt 45 km – Brig 35 km – Interlaken 81 km
Michelin Straßenkarte 552-O10

Baschi
Wyler 1, Nord-Ost: 1 km – ℰ 027 973 20 00 – www.baschi-goms.ch
– geschl. Anfang April - Anfang Juni, Ende Oktober - Mitte Dezember und im Sommer: Sonntag - Montag
Karte 43/77 CHF
Lust auf Grillspezialitäten vom Holzfeuer? Sie können direkt von der Loipe (gleich vis-à-vis) einkehren! Der Chef grillt hier nun seit über 35 Jahren - wie vor ihm schon sein Vater. Probieren Sie zum Nachtisch unbedingt das hausgemachte Eis! Im Winter hat man durchgehend geöffnet.

GIESSBACH – Bern → Siehe Brienz

GILLY
Vaud (VD) – ✉ 1182 – 1 134 hab. – Alt. 486 m – Carte régionale **6-A6**
▶ Bern 126 km – Lausanne 31 km – Genève 34 km – Thonon-les-Bains 93 km
Carte routière Michelin 552-C10

Auberge Communale
Sur la Place 16 – ℰ 021 824 12 08 – www.aubergegilly.ch – fermé 17 décembre - 3 janvier et 16 juillet - 9 août
9 ch 🛏 – †120/150 CHF ††180/200 CHF
Rest *Auberge Communale* – Voir la sélection des restaurants
Sur la route des vignobles suisses, cette auberge propose de confortables chambres d'où l'on aperçoit... les vignes. Et l'on peut profiter de l'étape pour aller flâner à pied vers les caves voisines, et y dénicher un bon vin du pays !

Auberge Communale – Hôtel Auberge Communale
Sur la Place 16 – ℰ 021 824 12 08 – www.aubergegilly.ch – fermé 17 décembre - 3 janvier, 16 juillet - 9 août, dimanche et lundi
Plat du jour 23 CHF – Menu 53 CHF – Carte 39/91 CHF
Une vraie Auberge Communale, chaleureuse et animée, où l'on prend place parmi les habitués du village – au choix, côté bistrot ou dans une deuxième salle plus élégante. Au programme, des spécialités de la région et quelques plats teintés de saveurs exotiques : décidément, une bonne adresse !

GLARUS GLARIS
Glarus (GL) – ✉ 8750 – 12 565 Ew – Höhe 472 m – Regionalatlas **5-H3**
▶ Bern 195 km – Chur 71 km – Sankt Gallen 90 km – Buchs 66 km
Michelin Straßenkarte 551-S7

Sonnegg
Asylstr. 32, beim Spital – ℰ 055 640 11 92 – geschl. Dienstag - Mittwoch
Tagesteller 22 CHF – Menü 59 CHF (mittags unter der Woche)/69 CHF
– Karte 61/88 CHF – *(Schließung des Hauses Juli 2017)*
Seit vielen Jahren gibt es das kleine Restaurant in dem regionstypischen Haus, und man hat zahlreiche Stammgäste, die die frische klassische Küche schätzen. Schön sitzt man auch im Garten.

GLATTFELDEN
Zürich (ZH) – ✉ 8192 – 4 955 Ew – Regionalatlas **4-F2**
▶ Bern 144 km – Zürich 28 km – Schaffhausen 28 km – Aarau 67 km
Michelin Straßenkarte 551-P4

in Glattfelden-Zweidlen Nord: 2,5 km

riverside
Spinnerei-Lettenstr. 1 – ℰ 043 500 92 92 – www.riverside.ch – geschl. Ende Dezember - Anfang Januar 1 Woche
96 Zim ⌑ – †150/230 CHF ††185/265 CHF – ½ P
Einst Garnspinnerei, heute ein exzellentes Businesshotel, das auch für Privatreisende viel bietet. Es liegt herrlich ruhig an der Glatt, dennoch ist der Flughafen schnell erreicht, sehenswert die Autosammlung! Tipp: gemütlich-moderne Zimmer in der Lodge. Und gastronomisch? Schweizer Küche, Thai oder Burger, im Winter zudem Käsespezialitäten im "Riveralp".

GLION – Vaud ➜ Voir à Montreux

GOLDACH
Sankt Gallen (SG) – ✉ 9403 – 9 110 Ew – Höhe 447 m – Regionalatlas **5-I2**
▶ Bern 217 km – Sankt Gallen 12 km – Bregenz 34 km – Konstanz 35 km
Michelin Straßenkarte 551-V4

XX Villa am See
Seestr. 64 – ℰ 071 845 54 15 – www.villa-am-see.ch – geschl. 23. Januar - 7. Februar, 17. - 25. April, 17. September - 10. Oktober und Montag - Dienstag
Tagesteller 39 CHF – Menü 95/118 CHF (abends) – Karte 58/92 CHF
Ein seit Jahren engagiert geführtes Haus, in dem man schmackhaft kocht, und das mit regionalen Produkten. Gut zu wissen: Fleisch und Fisch sind hormon- und antibiotikafrei. Tipp: Feines aus der Patisserie! Herrliche Terrasse am See.

GOLINO – Ticino ➜ Vedere Centovalli

GONTEN
Appenzell Innerrhoden (AI) – ✉ 9108 – 1 442 Ew – Höhe 902 m – Regionalatlas **5-I2**
▶ Bern 213 km – Sankt Gallen 20 km – Appenzell 6 km – Bregenz 61 km
Michelin Straßenkarte 551-U5

XX Bären
Dorfstr. 40 – ℰ 071 795 40 10 – www.baeren-gonten.ch – geschl. Februar - März 4 Wochen, Juli und Montag - Dienstag
13 Zim ⌑ – †135/165 CHF ††230/250 CHF – ½ P
Tagesteller 30 CHF – Menü 120/170 CHF – Karte 49/121 CHF
Mit Herzblut hat man das jahrhundertealte Appenzeller Haus aufwändig saniert, so vereint sich im Gourmet-Restaurant in der 1. Etage gelungen Tradition mit moderner Eleganz - da passt die ambitionierte klassisch-saisonale Küche schön ins Bild. Etwas legerer die Taverne, hier wird regional gekocht. Sehenswert auch der Gewölbe-Weinkeller.

GORDEVIO
Ticino (TI) – ✉ 6672 – 834 ab. – Alt. 312 m – Carta regionale **9-G6**
▶ Bern 285 km – Bellinzona 32 km – Varese 89 km – Lugano 54 km
Carta stradale Michelin 553-Q12

Casa Ambica
Zona Villa – ℰ 091 753 10 12 – www.casa-ambica.ch – chiuso 28 ottobre - 24 marzo
6 cam ⌑ – †140/170 CHF ††170/190 CHF
Dopo 10 anni di attività, continua ad esercitare il suo fascino questa dimora patrizia che ospita opere d'arte ed esposizione di sculture, camere moderne in stile mediterraneo, giardinetto e lounge con camino. Servizio personalizzato e squisita accoglienza da parte della proprietaria.

GORNERGRAT – Wallis ➜ Siehe Zermatt

GOSSAU
Sankt Gallen – ✉ 9200 – 18 002 Ew – Höhe 638 m – Regionalatlas **5-H2**
▶ Bern 196 km – Sankt Gallen 12 km – Herisau 6 km – Appenzell 20 km
Michelin Straßenkarte 551-T5

XX Henessenmühle
Henessenstrasse – ℘ 071 385 15 09 – www.henessenmuehle.ch – geschl. Februar 2 Wochen, Juli 2 Wochen und Montagabend - Mittwoch, Samstagmittag
Tagesteller 18 CHF – Menü 28 CHF (mittags unter der Woche) – Karte 44/96 CHF
Die jahrhundertealte Mühle versorgte einst die Klöster in St. Gallen mit Brot, heute gibt es in hübschen Stuben Schweizer Küche (z. B. "Schweinsfilet am Stück gebraten, gefüllt mit Mostbröckli und Gruber Käse"). Scheune für Veranstaltungen.

GOTTLIEBEN – Thurgau ➜ Siehe Kreuzlingen

GRÄCHEN
Wallis (VS) – ✉ 3925 – 1 349 Ew – Höhe 1 617 m (Wintersport : 1 617/2 868 m)
– Regionalatlas **8-E6**
▶ Bern 108 km – Brig 33 km – Sion 67 km
Michelin Straßenkarte 552-L12

🏠 Hannigalp
Heiminen 468 – ℘ 027 955 10 00 – www.hannigalp.ch – geschl. 15. Oktober - 22. Dezember, 17. April - 17. Juni
27 Zim – †105/155 CHF ††150/250 CHF – ½ P
Der über 100 Jahre alte Familienbetrieb (das älteste Hotel im Ort) liegt ruhig etwas ausserhalb des Dorfkerns. Die Zimmer sind freundlich und funktional - wie wär's mit einer der besonders hübschen modernen Familiensuiten? Wirklich gelungen ist auch der "hannigspa"!

X Walliser Kanne
Dorfstrasse 492 – ℘ 027 956 25 91 – www.walliserkanne-graechen.ch – geschl. Mitte - Ende April, Juni 3 Wochen, Ende Oktober - Anfang Dezember, Mai : Montag - Mittwoch
2 Zim – †105/125 CHF ††150/190 CHF – ½ P
Tagesteller 25 CHF – Menü 35 CHF – Karte 39/71 CHF – *(Tischbestellung ratsam)*
Eine Gaststube von 1879, in hellem Holz gehalten und überaus gemütlich! Die Karte ist regional und international ausgelegt - Wild findet sich hier ebenso wie typische Klassiker. Nebenan "Sigis Bar". Einfach, aber nett die Gästezimmer.

GRANDVAUX
Vaud (VD) – ✉ 1091 – 1 995 hab. – Alt. 565 m – Carte régionale **6-B5**
▶ Bern 97 km – Lausanne 8 km – Montreux 22 km – Yverdon-les-Bains 46 km
Carte routière Michelin 552-E10

X Auberge de la Gare
Rue de la Gare 1 – ℘ 021 799 26 86 – www.aubergegrandvaux.ch – fermé 23 décembre - 12 janvier, 19 - 27 février, juillet - août 2 semaines, octobre une semaine, dimanche et lundi
5 ch – †150/200 CHF ††190/220 CHF
Plat du jour 20 CHF – Menu 60/66 CHF – Carte 50/74 CHF
L'accueil est d'une grande gentillesse ; on en apprécie d'autant mieux la cuisine, aux accents familiaux. On profite de filets de perche, de viandes suisses et de frites fraîches, tout en admirant le panorama sur le Léman, les sommets et le vignoble. Bon rapport qualité-prix et délicieux petit-déjeuner.

X Tout un Monde ⓝ
Place du Village 7 – ℘ 021 799 14 14 – www.toutunmonde.ch – fermé janvier 3 semaines, avril une semaine, octobre 2 semaines, mardi et mercredi, juillet - août : mardi
Plat du jour 20 CHF – Menu 55 CHF (déjeuner en semaine)/95 CHF – Carte 71/86 CHF
Au cœur du village, ce restaurant est installé dans l'ancienne église (13e s.) qui surplombe le lac et le vignoble : une situation incomparable ! Les produits du terroir – viandes locales, poissons du lac – sont agrémentés dans des assiettes soignées, et la carte de vins régionaux ne manque pas de répondant.

GRENCHEN
Solothurn (SO) – ✉ 2540 – 16 731 Ew – Höhe 440 m – Regionalatlas **2**-D3
▶ Bern 55 km – Solothurn 15 km – Delémont 60 km – Aarau 66 km
Michelin Straßenkarte 551-J6

Chappeli
Allerheiligenstr. 218 – ✆ 032 653 40 40 – www.chappeli-grenchen.ch – geschl. Februar 2 Wochen, September - Oktober 3 Wochen und Dienstag - Mittwoch
Tagessteller 24 CHF – Menü 59 CHF (mittags unter der Woche)/92 CHF
– Karte 49/99 CHF
Recht idyllisch liegt die moderne Wirtschaft hinter der Allerheiligen-Kapelle auf einem landwirtschaftlichen Anwesen - schön der Garten. Aus der einsehbaren Küche kommt z. B. "Schweinsbratwurst vom Holzkohlegrill", eine gute Wahl ist auch das Tagesmenü.

GRINDELWALD
Bern (BE) – ✉ 3818 – 3 740 Ew – Höhe 1 034 m (Wintersport : 1 034/2 500 m)
– Regionalatlas **8**-F5
▶ Bern 77 km – Interlaken 20 km – Brienz 38 km – Spiez 36 km
Michelin Straßenkarte 551-M9

Schweizerhof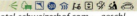
Swiss Alp Resort 1 – ✆ 033 854 58 58 – www.hotel-schweizerhof.com – geschl. April, November
70 Zim ⌆ – †265/410 CHF ††460/750 CHF – 37 Suiten – ½ P
Rest *Schweizer Hof* – Siehe Restaurantauswahl
Wer ganz besonders schön und luxuriös wohnen möchte, bucht eines der modernen Chalets, die per Lift mit dem Haupthaus (hübsch die dunkle Fassade mit roten Fensterläden!) verbunden sind - so kommen Sie ganz bequem zum eleganten Spa! Die Aussicht ist fantastisch!

Belvedere
Dorfstr. 53 – ✆ 033 888 99 99 – www.belvedere-grindelwald.ch
56 Zim ⌆ – †228/578 CHF ††288/788 CHF – 4 Suiten – ½ P
In dem Hotel von 1907 empfängt Sie ein schöner Hallenbereich mit grosser Fensterfront und Blick zum Eiger. Die Zimmer sind individuell, teils modern gestaltet. Zum Relaxen hat man den Aussen-Sole-Whirlpool. Internationale Küche im eleganten Restaurant.

Kirchbühl
Kirchbühlstr. 23 – ✆ 033 854 40 80 – www.kirchbuehl.ch – geschl. 17. April - 14. Mai, 22. Oktober - 15. Dezember
42 Zim ⌆ – †125/195 CHF ††200/370 CHF – 1 Suite – ½ P
Der engagiert geführte Familienbetrieb in ruhiger Hanglage überzeugt mit wohnlichen Zimmern in alpenländischem und modernem Stil sowie tollem Bergblick. Chalets mit Appartements. Das "La Marmite" bietet klassische und asiatische Gerichte. Regionales im "Hilty-Stübli".

Kreuz und Post
– ✆ 033 854 54 92 – www.kreuz-post.ch – geschl. 10. April - 25. Mai
42 Zim ⌆ – †110/240 CHF ††200/440 CHF – ½ P
Rest *Kreuz und Post* – Siehe Restaurantauswahl
Das Hotel liegt nicht weit vom Bahnhof und bietet individuelle Zimmer, hier und da schöne Antiquitäten, die das behagliche Ambiente im Haus unterstreichen. Tipp: auf der Dachterrasse das Bergpanorama geniessen!

Bodmi
Terrassenweg 104 – ✆ 033 853 12 20 – www.bodmi.ch – geschl. 2. April - 19. Mai, 15. Oktober - 14. Dezember
20 Zim ⌆ – †198/218 CHF ††256/332 CHF – ½ P
Ein wohnlich eingerichtetes Chalet in traumhafter Panoramalage mit freundlich-familiärer Atmosphäre. Originell: Vom Saunabereich blickt man in den Ziegenstall. Skischule nebenan. Ländlich gehaltenes Restaurant.

GRINDELWALD

Parkhotel Schoenegg
Dorfstr. 161 – ℰ 033 854 18 18 – www.parkhotelschoenegg.ch – geschl. 2. April - 16. Juni, 8. Oktober - 22. Dezember
50 Zim – †160/210 CHF ††280/390 CHF – ½ P
Seit 1892 beherbergt dieses freundlich geführte Haus Gäste. Hübsch ist die Halle mit Kamin und Bar. Sie wählen zwischen Nord- und Südzimmern. Fragen Sie nach den Chaletzimmern - sie sind besonders freundlich und modern.

Eiger
Dorfstr. 133 – ℰ 033 854 31 31 – www.eiger-grindelwald.ch
40 Zim – †150/225 CHF ††260/420 CHF – ½ P
Hotel im Zentrum mit Blick auf den Eiger. Wohnlich die Zimmer, gut der Fitnessbereich. Urig-gemütlich ist das "Barry's" im Almhütten-Stil mit einem Mix aus Schweizer, internationaler und asiatischer Küche. Im "Bistro Memory" mit kleiner Terrasse gibt's bodenständige Käse-, Grill- und Kartoffelgerichte. Smokers Lounge mit grosser Auswahl an Single-Malt-Whisky und Wein.

Caprice
Kreuzweg 11 – ℰ 033 854 38 18 – www.hotel-caprice.ch – geschl. Mitte April - Mitte Mai, Ende Oktober - Mitte Dezember
24 Zim – †115/136 CHF ††215/282 CHF
Dieser beispielhaft gepflegte Familienbetrieb liegt ruhig oberhalb des Ortes. Kleiner Freizeitbereich mit mediterraner Note, netter Garten und individuell geschnittene Zimmer.

Alpenhof
Kreuzweg 36 – ℰ 033 853 52 70 – www.alpenhof.ch – geschl. April - Anfang Mai, November - Mitte Dezember
12 Zim – †112/157 CHF ††204/364 CHF – 5 Suiten – ½ P
Das hübsche Chalet in ruhiger, leicht erhöhter Aussichtslage ist eine sehr nette familiäre Adresse, die über behagliche regionstypische Zimmer mit gutem Platzangebot verfügt. Das Menü in der rustikalen Gaststube wird ergänzt durch Fondue und Raclette.

Alte Post
Dorfstr. 173 – ℰ 033 853 42 42 – www.altepost-grindelwald.ch – geschl. 1. April - 20. Mai, 20. Oktober - 20. Dezember
19 Zim – †95/150 CHF ††170/280 CHF – 1 Suite
Ein familiengeführtes Haus im Chalet-Stil mit wohnlich-alpenländischen Gästezimmern. Gut die Lage in direkter Nähe der First-Gondelbahn. Zum Essen geht's in die gemütliche Gaststube, wo man Traditionelles, aber auch internationale Gerichte serviert bekommt.

Schweizer Hof – Hotel Schweizerhof
Swiss Alp Resort 1 – ℰ 033 854 58 58 – www.hotel-schweizerhof.com – geschl. April, November
Tagesteller 22 CHF – Menü 39/120 CHF – Karte 57/95 CHF – (abends Tischbestellung ratsam)
Herzstück der "Schweizerhof"-Gastronomie ist die "Schmitte" mit traditionell-eleganter Atmosphäre und klassisch ausgerichteter Küche. Alternativ kann man auch im "Gaststübli" und im Restaurant "Alpterrassen" schön speisen.

Kreuz und Post – Hotel Kreuz und Post
Dorfstr. 85
– ℰ 033 854 54 92 – www.kreuz-post.ch – geschl. 10. April - 25. Mai, Ende Mai - Juni und September - Mitte Dezember: Montag
Tagesteller 19 CHF – Menü 25 CHF (mittags)/59 CHF – Karte 33/85 CHF – (abends Tischbestellung ratsam)
Herzstück des Hauses - und sehr beliebt - ist das gemütliche Restaurant. Gekocht wird traditionell mit Schweizer, aber auch internationalen und saisonalen Elementen. Der Service: freundlich, versiert und flott. Terrasse an der Strasse.

In Kleine Scheidegg – ✉ 3823

 Bellevue des Alpes
– ℰ 033 855 12 12 – www.scheidegg-hotels.ch – geschl. 17. April - 16. Juni, 18. September - 19. Dezember
62 Zim ⚏ – †230/420 CHF ††320/480 CHF – ½ P
Mit wunderschönem klassischem Interieur bewahrt das Hotel seine lange Tradition - ursprünglich stammt es a. d. J. 1840. Traumhaft die Bergkulisse, stilvolle Zimmer mit historischem Charme... Da verzichtet man gerne auf Technik wie TV etc.! Am liebsten speist man auf der Terrasse bei herrlicher Sicht.

GRUB
Appenzell Ausserrhoden (AR) – ✉ 9035 – 1 008 Ew – Höhe 813 m
– Regionalatlas **5-I2**
▶ Bern 218 km – Sankt Gallen 17 km – Altstätten 16 km – Bregenz 23 km
Michelin Straßenkarte 551-V5

 Bären
Halten 112, Süd-West: 1 km Richtung Eggersriet – ℰ 071 891 13 55
– www.baeren-grub.ch – geschl. Montag - Dienstag
4 Zim ⚏ – †70/85 CHF ††140/165 CHF – ½ P
Tagesteller 25 CHF – Menü 33 CHF (mittags)/99 CHF – Karte 50/108 CHF – (Tischbestellung ratsam)
Im netten "Gourmet-Stübli" gibt es einen schönen Mix aus regionaler und internationaler Küche, z. B. in Form von "Bodenseezander mit Eierschwämmli und Safranrisotto". Etwas einfacher und günstiger isst man in der angeschlossenen Gaststube. Beliebt am Mittag: der Tagesteller und das "Gourmet-Express-Menü".

GRÜNINGEN
Zürich (ZH) – ✉ 8627 – 3 371 Ew – Höhe 503 m – Regionalatlas **4-G3**
▶ Bern 155 km – Zürich 23 km – Zug 51 km – Schwyz 49 km
Michelin Straßenkarte 551-R5

 Landgasthof Adler
Binzikerstr. 80 – ℰ 044 935 11 54 – www.adler-grueningen.ch
8 Zim ⚏ – †86/108 CHF ††138/176 CHF
Tagesteller 25 CHF – Menü 34 CHF – Karte 42/84 CHF
In dem Gasthof von 1830 wird traditionell-saisonal gekocht, so bestellt man in der gediegenen Gourmetstube z. B. "Gossauer Forellenfilet an Pernod-Sauce" oder "Chateaubriand" für 2 Personen. In der gemütlich-rustikalen Beiz isst man bürgerlicher. Schöne Terrasse im Hof. Zum Übernachten: moderne Zimmer.

GRUND bei GSTAAD – Bern ➜ Siehe Gstaad

GSTAAD

Bern (BE) – ⌧ 3780 – 2 000 Ew – Höhe 1 050 m (Wintersport : 1 050/2 151 m)
– Regionalatlas **7**-D5
▶ Bern 88 km – Interlaken 71 km – Aigle 48 km – Fribourg 73 km
Michelin Straßenkarte 551-I10

© S. Cellai / agefotostock

Hotels

The Alpina Gstaad
Alpinastr. 23 – ✆ *033 888 98 88* – *www.thealpinagstaad.ch* – *geschl. 19. März
- 1. Juni, 17. September - 7. Dezember*
56 Zim – †450/650 CHF ††550/750 CHF – 1 Suite
Rest *Sommet* ⁂ • **Rest** *MEGU* ⁂ • **Rest** *Swiss Stübli* – Siehe
Restaurantauswahl
Dezentes Understatement? Purer Luxus? Exzellenter Service? Ein klares "Ja"!
Beeindruckend ist bereits die Anfahrt (unterirdisch) zu diesem aussergewöhnlichen Chalet "de luxe". Imponierende Grandezza gepaart mit warmem Altholz und wertigen Antiquitäten. Highlights: riesige Panorama-Suite und einziger "Six Senses Spa" der Schweiz!

Grand Hotel Park
Wispilenstr. 29
– ✆ *033 748 98 00* – *www.grandhotelpark.ch*
– *geschl. 12. März - 22. Juni, 17. September - 21. Dezember*
84 Zim – †395/1450 CHF ††600/1800 CHF – 10 Suiten – ½ P
Rest *Le Grand Restaurant* • **Rest** *CHUBUT* – Siehe Restaurantauswahl
Das Haus schlechthin, wenn es um diskreten Understatement-Luxus geht! "My Gstaad Chalet" ist die wohl grösste Suite im Alpenraum: vier Schlafzimmer, vier Bäder, Butler-Service auf 400 qm! Moderner Spa, vielfältige Gastronomie, darunter im Winter ein Holzhaus im Garten für Fondue und Raclette sowie eine Bar mit Sushi-Angebot (auch ausser Haus). Schicker Rauchersalon.

Gstaad Palace
Palacestr. 28
– ✆ *033 748 50 00* – *www.palace.ch*
– *geschl. Mitte März - Mitte Juni, Mitte September - Mitte Dezember*
100 Zim – †410/750 CHF ††700/1260 CHF – 8 Suiten – ½ P
Rest *Gildo's Ristorante* – Siehe Restaurantauswahl
Seit 1913 ist das schlossähnliche weisse Hotel mit seinen vier Spitztürmen "the place to be" in Gstaad! Sehr unterschiedlich geschnittene Zimmer mit Stil und Klasse, schicker und umfassender Spa, Nightclub "GreenGo" mit 70er-Jahre-Charme sowie vielfältige Gastronomie mit klassisch-französischer Küche oder als "La Fromagerie". HP inklusive.

GSTAAD

 Le Grand Bellevue
Untergstaadstr. 17 – ℰ 033 748 00 00 – www.bellevue-gstaad.ch – geschl. 2. April - 23. Juni, 9. Oktober - 15. Dezember
54 Zim ⊑ – †340/750 CHF ††390/800 CHF – 3 Suiten – ½ P
Rest *LEONARD'S* ✿ – Siehe Restaurantauswahl
Ein Luxushotel der anderen Art - alles andere als steif oder prätentiös, vielmehr angenehm unkompliziert und "casual". Dennoch bietet man Zimmer mit Stil und allem Komfort, ein umfangreiches Spa-Angebot, ein Kino und einen Club mit eigener Note. Neben dem "Le Petit Chalet" mit Fondue und viel Atmosphäre gibt es noch eine Sushibar und "Afternoon Tea".

 Le Grand Chalet
Neueretstr. 43 – ℰ 033 748 76 76 – www.grandchalet.ch – geschl. Ende März - Ende Mai, Mitte Oktober - Mitte Dezember
21 Zim ⊑ – †170/525 CHF ††280/700 CHF – 2 Suiten – ½ P
Rest *La Bagatelle* – Siehe Restaurantauswahl
Hoch über Gstaad liegt das wunderbare kleine Hotel mit echter Chalet-Atmosphäre. Richtig schön hat man es in den wohnlich-rustikalen Zimmer mit topmodernen Bädern, dazu geniesst man die tolle Sicht und im Sommer den Pool im romantischen Garten. Ein herrlicher Ort zum Urlauben!

 Olden ⓝ
Promenade 35 – ℰ 033 748 49 50 – www.hotelolden.com – geschl. Mitte April - Anfang Juni, Anfang Oktober - Anfang Dezember
12 Zim ⊑ – †250/1800 CHF ††250/1800 CHF – 9 Suiten
Rest *Olden* – Siehe Restaurantauswahl
Ein kleines Luxushotel voller Atmosphäre - überaus geschmackvoll, heimelig und persönlich geführt! Es gibt überwiegend stilvolle Suiten, die mit Liebe und hochwertigen Materialien eingerichtet sind. Dazu kommt eine vielfältige Gastronomie.

 Arc-en-ciel
Egglistr. 24 – ℰ 033 748 43 43 – www.arc-en-ciel.ch
39 Zim ⊑ – †120/260 CHF ††248/472 CHF – 6 Suiten
Besonders für Familien eine schöne Urlaubsadresse: individuell geschnittene Zimmer (Tipp: die schicken Attika-Suiten), nettes Freibad, Kinder- und Jugendspielbereich, Sauna als Private Spa für ungestörtes Relaxen. Praktisch: Talstation vis-à-vis! Zum breiten Speiseangebot gehört auch Pizza aus dem Holzofen.

 Bernerhof
Bahnhofstr. 2, Bernerhofplatz – ℰ 033 748 88 44 – www.bernerhof-gstaad.ch
32 Zim ⊑ – †117/390 CHF ††324/477 CHF – 13 Suiten – ½ P
Rest *Basta by Dalsass* ✿ – Siehe Restaurantauswahl
Hier bleibt man am Ball und renoviert stetig! Vielfältig das Zimmerangebot vom einfachen Standard bis zur topmodernen Suite im alpinen Chic. Und auch gastronomisch findet sich für jeden das Passende: Chinesisches im "Blun-Chi", vorwiegend Fleischgerichte im "Stafel", Schweizer Spezialitäten in der Gaststube.

 Gstaaderhof
Lauenenstr. 19 – ℰ 033 748 63 63 – www.gstaaderhof.ch – geschl. Ende März - Mitte Mai, Ende Oktober - Anfang Dezember
66 Zim ⊑ – †140/208 CHF ††248/386 CHF – ½ P
Rest *Müli* – Siehe Restaurantauswahl
Zentraler kann man in Gstaad kaum wohnen, zudem spürt man das grosse Engagement, mit dem die Familie ihr Hotel führt, und man hat es in den Zimmern und Maisonetten schön gemütlich. Einladend auch der kleine Saunabereich und die Restaurants. Im Winter Raclette und Fondue im urigen "Saagi-Stübli".

 Posthotel Rössli
Promenade 10, Gstaadplatz – ℰ 033 748 42 42 – www.posthotelroessli.ch
18 Zim ⊑ – †98/330 CHF ††165/390 CHF – ½ P
Beim Dorfbrand von 1898 blieb das seit 1922 familiengeführte Gasthaus verschont und gilt als das älteste im Ort. Zimmer im gemütlichen Chaletstil, "Stübli" und "Alti Poscht" sind Restaurantstuben mit ländlichem Charme. Haben Sie die vielen Bilder der skisportbegeisterten Gastgeber gesehen?

GSTAAD

Restaurants

XxX Chesery (Robert Speth)
Alte Lauenenstr. 6 – ☏ 033 744 24 51 – www.chesery.ch – geschl. Anfang April - Anfang Juni, Anfang Oktober - Anfang Dezember und Montag
Tagesteller 48 CHF – Menü 78 CHF (mittags)/178 CHF – Karte 118/279 CHF – *(Tischbestellung ratsam)*
Produkt! Produkt! Produkt! Das ist seit über 30 Jahren die Devise von Robert Speth. Reduziert und ohne jedes Chichi setzt der "Klassiker von Gstaad" seine feinen Gerichte um. Dazu schöne Weine. Auch der professionelle, sehr aufmerksame Service trägt dazu bei, dass man sich in dem charmanten Chalet wohlfühlt.
→ Hausgemachte Gnocchi mit hiesigen Waldpilzen. Ganzer Wolfsbarsch in der Salzkruste. Macaron mit Beeren und Doppelrahm.

XxX Sommet – Hotel The Alpina Gstaad
Alpinastr. 23 – ☏ 033 888 98 66 – www.thealpinagstaad.ch – geschl. 19. März - 1. Juni, 17. September - 7. Dezember
Menü 150/210 CHF – Karte 79/222 CHF – *(Juni - September: nur Abendessen)* *(Tischbestellung ratsam)*
Der hochwertig-schicke und gleichermassen gemütliche Rahmen ist perfekt für kulinarische Höhenflüge, und die sind Ihnen gewiss beim modernen, individuellen und finessenreichen Gourmetmenü. Oder mögen Sie lieber Klassiker oder Grillgerichte? Professioneller, nonchalenter Service. Terrasse mit Bergpanorama!
→ Saibling, Calamaretti, Gurke, Wasabi. Rouget, Weideschwein, Apfelrisotto, Absinth. Kalb, Languste, Petersilie, Sauerrahm.

XxX LEONARD'S – Grand Hotel Bellevue
Untergstaadstr. 17 – ☏ 033 748 00 00 – www.bellevue-gstaad.ch – geschl. 2. April - 22. Juni, 8. Oktober - 14. Dezember
Menü 120 CHF (abends) – Karte 92/132 CHF
Das ungezwungen-anspruchsvolle Konzept des Hotels findet sich auch im Restaurant. Es präsentiert sich als "Brasserie de luxe", in der man neben modernen Gerichten auch Wiener Schnitzel und Zürcher Geschnetzeltes bekommt - alles auf hohem Niveau, aus hervorragenden Produkten und mit eigenem reduziertem Stil.
→ Pochiertes Gstaader Ei auf Spinatbett, Sauce Hollandaise und Schnittlauch. Gebratene Seezunge mit Nussbutter. Simmentaler Rindskotelett.

XxX Le Grand Restaurant – Grand Hotel Park
Wispilenstr. 29 – ☏ 033 748 98 00 – www.grandhotelpark.ch – geschl. 12. März - 22. Juni, 17. September - 21. Dezember
Karte 90/138 CHF – *(nur Abendessen)*
Was in den stilvoll-eleganten Räumen serviert wird, ist ein interessanter Mix aus mediterraner und klassischer Küche, die als Risotto oder Pasta ebenso gut schmeckt wie als "Dover-Sole in Nussbutter".

XxX Olden ❶ – Hotel Olden
Promenade 35 – ☏ 033 748 49 50 – www.hotelolden.com – geschl. Mitte April - Anfang Juni, Anfang Oktober - Anfang Dezember und Dienstag - Mittwoch, ausser Saison
Karte 77/185 CHF – *(Tischbestellung erforderlich)*
Eine Adresse, die auch bei der internationalen High Society gefragt ist! In ganz traditionellem Ambiente geniesst man neben klassischer und mediterraner Küche eine sehr schöne Weinauswahl und aufmerksamen Service. Lust auf "Risotto mit schwarzem Périgord-Trüffel" oder "Entrecôte double du Saanenland"?

XxX Gildo's Ristorante – Hotel Gstaad Palace
Palacestr. 28 – ☏ 033 748 50 00 – www.palace.ch – geschl. Mitte März - Mitte Juni, Mitte September - Mitte Dezember
Karte 96/147 CHF – *(nur Abendessen)*
Steht Ihnen der Sinn nach gehobener authentisch italienischer Küche? Wie wär's mit "filetto di baccalà alla mediterranea"? Dazu erwarten Sie stilvoll-alpenländische Atmosphäre und immer wieder interessante Gast-Teams aus Italien.

GSTAAD

XX **La Bagatelle** – Hotel Le Grand Chalet
Neueretstr. 43 – ℰ 033 748 76 76 – www.grandchalet.ch – geschl. Ende März
- Ende Mai, Mitte Oktober - Mitte Dezember
Tagesteller 38 CHF – Menü 58 CHF (mittags)/158 CHF – Karte 82/160 CHF –
(Tischbestellung ratsam)
Im "grossen Chalet" wird sehr gut gekocht, und zwar klassisch-französische
Gerichte aus hervorragenden Produkten. Wohlfühlen heisst es sowohl im rustika-
len Restaurant als auch auf der Terrasse mit Traumblick, dazu trägt auch der char-
mante Service bei. Nicht zu vergessen die tolle Weinkarte.

XX **CHUBUT** N – Grand Hotel Park
Wispilenstr. 29 – ℰ 033 748 98 30 – www.grandhotelpark.ch – geschl. 12. März
- 22. Juni, 17. September - 21. Dezember
Karte 66/130 CHF – (nur Abendessen)
Sehr authentisch ist das nach einer Provinz in Patagonien benannte Restaurant:
schöne wohnliche Einrichtung, offener Kamin und leckere Gerichte wie "Garne-
len mit Knoblauch, Zitrone und Chili" sowie hochwertiges Black Angus Beef vom
Grill.

XX **MEGU** – Hotel The Alpina Gstaad
ॐ Alpinastr. 23 – ℰ 033 888 98 66 – www.thealpinagstaad.ch
– geschl. 19. März - 1. Juni, 17. September - 7. Dezember und Dienstag, Juni
- September: Montag - Dienstag
Tagesteller 45 CHF – Menü 185 CHF – Karte 59/143 CHF – (Tischbestellung
ratsam)
Hier verwendet man Spitzenprodukte, kocht mit Geschmack, lässt dezent die
Region miteinfliessen und bleibt dennoch stets der japanischen Grundidee
treu. So entstehen durchdachte klassische und neuinterpretierte fernöstliche
Gerichte. Ebenso niveauvoll: das Interieur von Stardesigner Noé Duchafour-
Lawrence.
→ Kabeljau mit Yuzu-Honigsauce. Sukiyaki Wagyu - Rindfleischeintopf mit
Gemüse und pochiertem Ei. Schokoladenfondant mit Adzukibohnen und Matcha-
eis.

X **Swiss Stübli** – Hotel The Alpina Gstaad
Alpinastr. 23 – ℰ 033 888 98 66 – www.thealpinagstaad.ch – geschl. 19. März
- 7. Dezember und Montag
Tagesteller 36 CHF – Karte 52/132 CHF – (nur Abendessen) (Tischbestellung
ratsam)
Bei aller hochstehender Kulinarik in diesem Luxushotel kommt auch die Schwei-
zer Basis nicht zu kurz. In toller warmer Atmosphäre speist man traditionell, von
Raclette über Fondue bis zum leckeren "Kalbsgeschnetzelten mit Rösti".

X **Müli** – Hotel Gstaaderhof
🍝 Lauenenstr. 19 – ℰ 033 748 63 63 – www.gstaaderhof.ch – geschl. Ende
März - Mitte Mai, Ende Oktober - Anfang Dezember
Tagesteller 19 CHF – Menü 60/89 CHF – Karte 64/91 CHF
In dem traditionellen Restaurant serviert man Schweizer Küche mit internatio-
nalen Einflüssen - da schmeckt Kalbsgeschnetzeltes ebenso gut wie "Thai-
Curry mit Poulet" oder "Jakobsmuscheln in Trüffelvinaigrette". Mittags ein-
fachere Karte.

X **Basta by Dalsass** – Hotel Bernerhof
☺ Bahnhofstr. 2 – ℰ 033 748 88 44 – www.bernerhof-gstaad.ch
– geschl. 16. April - 13. Juni, 29. Oktober - 14. November und Sommer: Sonntag
- Montag
Karte 59/84 CHF
Die Gstaader Dependence von Sternekoch Martin Dalsass ist ein schlicht-moder-
nes Bistro mit mediterran-italienischer Küche, die sich in erster Linie auf Pasta
und Risotto konzentriert. Sehr lecker z. B. "Risotto Motta mit Zitrusfrüchten und
roter Garnele". Und danach "Crème brûlée mit Sauerrahmeis"?

GSTAAD

in Schönried Nord: 7 km Richtung Zweisimmen – Höhe 1 231 m – ✉ 3778

ERMITAGE Wellness & Spa-Hotel
Dorfstr. 46 – ☏ 033 748 60 60 – www.ermitage.ch
90 Zim ☕ – †205/292 CHF ††460/716 CHF – 6 Suiten – ½ P
Rest *Füürgruebe FLEISCHEREI* – Siehe Restaurantauswahl
Ein Ferienhotel par excellence. In den wirklich geschmackvollen Zimmern mischt sich alpenländischer Stil mit Moderne, dazu Spa-Vielfalt auf 3500 qm sowie das Prunkstück: die Swarovski-Bar in der Lobby, in der eine Million Kristalle funkeln! Und kulinarisch? Hochwertige HP in wunderschönen Stuben (im Preis inbegriffen). Gemütlich: "Fondue Spycher".

Boutique Hotel Alpenrose
Dorfstr. 14 – ☏ 033 748 91 91 – www.hotelalpenrose.ch – geschl. Mitte April - Mitte Mai, Mitte Oktober - Mitte Dezember
18 Zim ☕ – †180/230 CHF ††260/540 CHF – 2 Suiten – ½ P
Rest *Azalée* – Siehe Restaurantauswahl
Schon von aussen versprüht das Chalet ursprünglichen Charme und auch drinnen sorgt eine schöne Einrichtung mit viel Holz für Behaglichkeit. Dazu kommen noch die fantastische Aussicht und natürlich die sehr freundliche Gästebetreuung durch Familie von Siebenthal! "Sammy's" mit Grill- und Raclettegerichten.

XX Azalée – Boutique Hotel Alpenrose
Dorfstr. 14 – ☏ 033 748 91 91 – www.hotelalpenrose.ch – geschl. Mitte April - Mitte Mai, Mitte Oktober - Mitte Dezember und Montag - Dienstagmittag
Tagesteller 36 CHF – Menü 56/139 CHF – Karte 62/142 CHF
Die gehobene klassische Küche ist ebenso wenig aus diesem Restaurant wegzudenken wie das elegant-rustikale Ambiente und der freundliche Service. Probieren Sie z. B. "Simmentaler Rindsfilet in Trüffelsauce". Terrasse mit tollem Bergblick!

XX Füürgruebe FLEISCHEREI ⓝ – ERMITAGE Wellness & Spa Hotel
Dorfstr. 46 – ☏ 033 748 60 60 – www.ermitage.ch
Tagesteller 28 CHF – Menü 69 CHF – Karte 64/112 CHF
In dem kleinen feinen Restaurant steht bestes Schweizer Fleisch vom "Big Green Egg"-Grill im Mittelpunkt, vom Rind aus dem Saanenland bis zum Lamm aus dem Emmental. Und vorab vielleicht "Duo vom Zweisimmer Saibling mit asiatischen Aromen"?

in Saanenmöser Nord: 9 km Richtung Zweisimmen – Höhe 1 269 m – ✉ 3777

Golfhotel Les Hauts de Gstaad & SPA
Bahnhofstr. 7 – ☏ 033 748 68 68 – www.golfhotel.ch
52 Zim ☕ – †120/355 CHF ††230/860 CHF – ½ P
Rest *Belle Epoque* – Siehe Restaurantauswahl
Hier investiert man kontinuierlich zum Wohle der Gäste! Fragen Sie nach den schönen modern-alpinen Zimmern im Haupthaus - darf es vielleicht eine Juniorsuite sein? Attraktiv auch der Spa auf 1000 qm. Im rustikalen "Bärengraben" kommen Fondue- und Raclette-Liebhaber auf ihre Kosten. Preise inkl. HP.

Des Alpes by Bruno Kernen
Saanenmöserstr. 168 – ☏ 033 748 04 50 – www.desalpes.ch – geschl. 3. April - 8. Juni, 23. Oktober - 7. Dezember
11 Zim ☕ – †100/260 CHF ††170/410 CHF
Das hat was: schicker modern-alpiner Look aus unbehandeltem Altholz und trendigem Design - in der Lobby, beim Frühstück mit frischer Auswahl vom Buffet und in den Zimmern, die gleichermassen wohnlich und technisch "up to date" sind.

Hornberg
Bahnhofstr. 36 – ☏ 033 748 66 88 – www.hotel-hornberg.ch – geschl. 3. - 12. April, 18. April - 12. Mai, November 3 Wochen
39 Zim ☕ – †120/190 CHF ††310/390 CHF – 3 Suiten – ½ P
Ein Familienhotel wie aus dem Bilderbuch - gemütlich der Chalet-Stil, im Winter Skipiste vor der Tür, im Sommer einen Bio-Schwimmteich. Besonders chic wohnt man in den neueren Juniorsuiten und Familiensuiten. Im Restaurant und auf der tollen Terrasse speist man international und traditionell. Preise inkl. HP.

GSTAAD

✕✕ **Belle Epoque** – Golfhotel Les Hauts de Gstaad & SPA
Bahnhofstr. 7 – ℰ 033 748 68 68 – www.golfhotel.ch
Tagesteller 48 CHF – Menü 68/128 CHF (abends) – Karte 62/101 CHF
Ein schönes modern-rustikales Restaurant und kulinarisches Glanzstück des Hauses. Man isst klassisch, z. B. "Le carpaccio de langoustine" oder edles "Suisse Gourmet Boeuf Grand Cru" aus dem einsehbaren Reifeschrank. Einfachere Mittagskarte.

in Saanen Nord-West: 3 km – Höhe 1 010 m – ⌧ 3792

 Spitzhorn
Spitzhornweg 30 – ℰ 033 748 41 41 – www.spitzhorn.ch
50 Zim ⌧ – †130/270 CHF ††180/270 CHF – ½ P
Sie suchen ein grosszügiges Familienhotel? Hier finden Sie zeitgemässe und wohnliche Zimmer (auch Familienzimmer) und einen schönen Freizeitbereich - im Sommer können Sie das Freibad nebenan benutzen. Im Restaurant gibt es alpenländische Küche. Und wie wär's mit Rösti-Gerichten?

Alpine Lodge
Wyssmülleriweg 10 – ℰ 033 748 41 51 – www.alpinelodge.ch – geschl. Mitte Oktober - Mitte Dezember
29 Zim ⌧ – †128/235 CHF ††170/370 CHF – ½ P
Neben modernen, grosszügigen Zimmern - alle mit Computer und freiem Internetzugang - bietet dieses Hotel auch viele Outdoor-Aktivitäten an. Einige Themenzimmer sowie Familienzimmer sind ebenfalls vorhanden. Helles neuzeitliches Restaurant.

✕✕ **Sonnenhof**
Sonnenhofweg 33, Nord-Ost: 3 km – ℰ 033 744 10 23
– www.restaurantsonnenhof.ch – geschl. Mitte April - Ende Mai, November und Montag - Dienstag, ausser Saison
Tagesteller 32 CHF – Menü 62/125 CHF – Karte 67/124 CHF – (Tischbestellung ratsam)
Wer speist nicht gerne in wunderschöner Lage bei geschmackvoll-gemütlicher Chalet-Atmosphäre? Gekocht wird als Mix aus regionaler und klassisch-mediterraner Küche, so z. B. "Trüffelravioli mit Blattspinat" oder "geschmorte Kalbsbacke mit Püree & Speckbohnen". Klasse die Sicht von der Terrasse.

✕ **16 Art Bar**
Mittelgässli 16 – ℰ 033 748 16 16 – www.16eme.ch – geschl. Dienstag - Mittwoch
Karte 55/110 CHF – (nur Abendessen)
Eine wirklich nette legere Adresse, auch bei Einheimischen beliebt. In der 300 Jahre alten ehemaligen Glockengiesserei kann man richtig gut essen. Lust auf Grillgerichte vom offenen Feuer? Oder lieber "Lammragout mit confierten Zwiebeln"?

GUARDA
Graubünden (GR) – ⌧ 7545 – 155 Ew – Höhe 1 653 m – Regionalatlas **11-K4**
▶ Bern 304 km – Scuol 19 km – Chur 94 km – Davos 36 km
Michelin Straßenkarte 553-Z9

 Meisser
Dorfstr. 42 – ℰ 081 862 21 32 – www.hotel-meisser.ch – geschl. Mitte März - Mitte April, November
16 Zim ⌧ – †96/120 CHF ††205/485 CHF – 3 Suiten – ½ P
Modern und dennoch im Engadiner Stil, so können Sie in dem aus zwei alten Bauernhäusern bestehenden Hotel mitten im Dorf wohnen - oder bevorzugen Sie das heimelige Romantikzimmer? Man speist im schönen historischen Speisesaal im einstigen Heustall oder im Panoramarestaurant "La Veranda" - sehr gefragt bei der tollen Sicht die Terrasse. Einfachere Karte am Mittag.

Romantica Val Tuoi
Chasa 56 – ☏ 081 862 24 70 – www.romanticavaltuoi.ch – geschl. 2. November - 25. Dezember
17 Zim ☐ – †98/150 CHF ††156/216 CHF – ½ P
Regionalen Charme versprüht das 1728 erbaute Haus mit der bemalten Fassade, auch drinnen: Die Zimmer sind richtig gemütlich mit ihrem heimelig-rustikalen Holz. Wer ein bisschen was Besonderes sucht, bucht die Juniorsuite unterm Dach samt herrlicher Sicht von der Dachterrasse!

GUDO
Ticino (TI) – ✉ 6515 – 831 ab. – Alt. 218 m – Carta regionale **10-H6**
▶ Bern 224 km – Locarno 14 km – Bellinzona 7 km – Lugano 32 km
Carta stradale Michelin 553-R12

a Progero Ovest : 1,5 km

Osteria Brack
A Malacarne 26 – ☏ 091 859 12 54 – www.osteriabrack.ch – chiuso dicembre - 1° marzo, martedì e mercoledì
7 cam ☐ – †110 CHF ††195 CHF
Menu 65 CHF – Carta 45/65 CHF – *(solo a cena) (consigliata la prenotazione)*
In zona collinare e verdeggiante, la vista vi sarà riconoscente per il bel panorama, il palato per la buona cucina casalinga che si esprime al meglio nei primi piatti: ravioli di magro, cicche del nonno, gnocchi pomodoro e basilico. Se poi desiderate gustarli tutti, ordinate la composizione di pasta. Camere moderne in stile locale.

GÜTTINGEN
Thurgau (TG) – ✉ 8594 – 1 574 Ew – Höhe 410 m – Regionalatlas **5-H2**
▶ Bern 200 km – Frauenfeld 38 km – Herisau 39 km – Appenzell 54 km
Michelin Straßenkarte 551-U3

Seemöwe
Hauptstr. 54 – ☏ 071 695 10 10 – www.seemoewe.ch
25 Zim ☐ – †90/160 CHF ††145/260 CHF – ½ P
Ein kleines Hotel, gepflegt und zeitgemäss. Von einigen Zimmern kann man den 1 km entfernten Bodensee sehen. Sie möchten länger bleiben? Man hat auch 7 Ferienwohnungen. Tipp: Mieten Sie ein E-Bike! Traditionell-saisonale Küche im Bistro, im lichten Glaspavillon und auf der Terrasse mit Seeblick, klassisch-internationales Angebot im freundlich-eleganten "A LA CARTE".

GUNTEN
Bern (BE) – ✉ 3654 – Höhe 560 m – Regionalatlas **8-E5**
▶ Bern 36 km – Interlaken 15 km – Brienz 35 km – Spiez 23 km
Michelin Straßenkarte 551-K9

Parkhotel
Seestr. 90 – ☏ 033 252 88 52 – www.parkhotel-gunten.swiss – geschl. 9. Januar - 10. Februar
48 Zim ☐ – †120/170 CHF ††205/320 CHF – ½ P
Das 100 Jahre alte Hotel mit Garten liegt sehr schön direkt am See, reizvoll ist der Blick aufs Berner Oberland. Die Zimmer teilweise seeseitig, hübsch die Sauna im einstigen Bootshaus. Modernes Restaurant mit Terrasse am Haus bzw. am See, die Küche ist traditionell.

GUNZGEN
Solothurn (SO) – ✉ 4617 – 1 655 Ew – Höhe 429 m – Regionalatlas **3-E3**
▶ Bern 61 km – Solothurn 31 km – Liestal 27 km – Aarau 32 km
Michelin Straßenkarte 551-L5

GUNZGEN

XX Sonne
Mittelgäustr. 50 – ✆ 062 216 16 10 – www.sonne-gunzgen.ch – geschl. über Weihnachten, Februar 1 Woche, Juli - August 2 Wochen und Sonntag - Montag sowie an Feiertagen
Menü 60 CHF (mittags unter der Woche)/125 CHF – Karte 49/106 CHF – *(Tischbestellung erforderlich)*
Mit Engagement wird hier am Herd Schmackhaftes wie "Kalbshackbraten Grosi's Art" zubereitet, herzlich und aufmerksam werden in dem hübschen ländlich-charmanten Restaurant die Gäste umsorgt. Mittags ist die Karte kleiner.

GURTNELLEN
Uri (UR) – ⌧ 6482 – 577 Ew – Höhe 738 m – Regionalatlas **9-G4**
▶ Bern 174 km – Altdorf 25 km – Sarnen 66 km – Zug 67 km
Michelin Straßenkarte 551-Q9

X Gasthaus im Feld
Dorfstr. 56 – ✆ 041 885 19 09 – www.feld.ch – geschl. Mitte Januar - Anfang März und Montag, November - April: Montag - Dienstag
Tagesteller 22 CHF – Menü 42/83 CHF – Karte 49/102 CHF
In 5. Generation führt Beat Walker gemeinsam mit Partner Marco Helbling das charmante Haus a. d. 19. Jh. Im EG die gemütliche Gaststube, im 1. Stock die schöne komplett getäferte Urnerstube - traditionell und modern zugleich. Auf der Karte liest man z. B. "Rindsfilet auf Bergheu gebraten mit Rotweinsauce".

 Die rote Kennzeichnung weist auf besonders angenehme Häuser hin: 🏠XxX.

GUTTANNEN
Bern (BE) – ⌧ 3864 – 291 Ew – Höhe 1 060 m – Regionalatlas **8-F5**
▶ Bern 100 km – Andermatt 55 km – Brig 72 km – Interlaken 43 km
Michelin Straßenkarte 551-O9

an der Grimselpass Strasse Süd: 6 km

🏠 Handeck
Grimselstr. 19 – ✆ 033 982 36 11 – www.grimselwelt.ch – geschl. Oktober - Mai
39 Zim ⌧ – †135/165 CHF ††170/330 CHF – ½ P
Ein familienorientiertes Hotel mit wohnlichen Zimmern, die sich auf Haupthaus, Chalet und Steinhaus verteilen. Beeindruckend ist die umgebende Hochgebirgslandschaft! Man hat auch einen Spielplatz und eine eigene Käserei.

an der Grimselpass Strasse Süd: 12 km

🏠 Grimsel Hospiz
Grimselstrasse – ✆ 033 982 46 11 – www.grimselwelt.ch – geschl. November - Ende Dezember, Mai
28 Zim ⌧ – †145/165 CHF ††230/330 CHF – ½ P
Das historische Gasthaus in spektakulärer alpiner Lage in rund 2000 m Höhe ist zu einem geschmackvoll-modernen Hotel gewachsen, das dennoch den ursprünglichen Charakter wahrt. Rustikaler Charme im Restaurant. Im Winter spezielle Anreisezeiten per Seil- und Bergbahn nach Voranmeldung.

HÄGENDORF
Solothurn (SO) – ⌧ 4614 – 4 866 Ew – Höhe 428 m – Regionalatlas **3-E3**
▶ Bern 62 km – Aarau 33 km – Basel 46 km – Luzern 62 km
Michelin Straßenkarte 551-L5

HÄGENDORF

Lampart's
Oltnerstr. 19 – ℰ 062 209 70 60 – www.lamparts.ch – geschl. Anfang Januar 2 Wochen, Mitte Juli - Anfang August und Sonntag - Montag, ausser an Adventssonntagen
Tagesteller 42 CHF – Menü 63 CHF (mittags unter der Woche)/235 CHF – Karte 110/171 CHF – *(Tischbestellung ratsam)*

Gast sein bei Anni und Reto Lampart ist mehr als ein rein kulinarisches Vergnügen. Während in der Küche die handwerklich perfekte Zubereitung von Spitzenprodukten in feinen modernen Speisen gipfelt, sorgen der natürliche, versierte Service und der Charme der alten Remise für äusserst sympathische Atmosphäre.
→ Filet von der Atlantik Makrele nach Escabèche Art, Gemüse-Rohkost-Salat. Short Ribs vom Black Angus Rind aus Ennetbürgen, 48h in Olivenöl gegart. Kräutermeringue mit Gariguette Erdbeeren, Frozen-Joghurt, Sauerampfergranité.

HARDERN – Bern → Siehe Lyss

HASLIBERG
Bern (BE) – ⌧ 6085 – 1 180 Ew – Regionalatlas **3-F4**
▶ Bern 88 km – Sarnen 28 km – Luzern 47 km – Zug 77 km
Michelin Straßenkarte 551-N9

in Hasliberg-Hohfluh

Wetterhorn
Hohfluh – ℰ 033 975 13 13 – www.wetterhorn-hasliberg.ch – geschl. 5. - 26. November
18 Zim ⌧ – †120/195 CHF ††155/195 CHF – ½ P

Das Wetterhorn von 1907 ist heute ein stilvoll-modernes Hotel, das den Charme von einst bewahrt hat. Schön die Zimmer mit ihrem Mix aus warmem rustikalem Holz und geradlinigem Stil. Dieser attraktive Look setzt sich im Restaurant fort. Lust auf ein "Kulturmenü" mit anschliessendem Konzert eine Etage tiefer?

HAUTE-NENDAZ
Valais (VS) – ⌧ 1997 – 5 389 hab. – Alt. 1 255 m (Sports d'hiver : 1 400/3 300 m)
– Carte régionale **7-D6**
▶ Bern 159 km – Sion 14 km – Martigny 33 km – Montreux 71 km
Carte routière Michelin 552-I12

Hôtel Nendaz 4 Vallées und Spa
Chemin des Cibles 17 – ℰ 021 805 46 05 – www.hotelnendaz4vallees.ch
62 ch ⌧ – †260/660 CHF ††320/980 CHF – 2 suites – ½ P

Cet hôtel de vacances, avec son immense spa (2200 m² !), ses bassins et autres saunas, est un véritable havre de bien-être ! Les chambres, décorées dans un style de chalet contemporain, se révèlent très confortables ; demandez les suites ! Spécialités françaises au Clos des Cimes et plats suisses à l'Aigle.

Etoiles de Montagne
Route de la Piscine – ℰ 079 104 12 31 – www.etoilesdemontagne.com – fermé 7 - 21 novembre et 1ᵉʳ - 15 mai
6 ch ⌧ – †312/500 CHF ††312/500 CHF

Joli concept que ces chambres d'hôtes cosy et confortables, installées dans un chalet contemporain au cœur des Alpes suisses. On prend son repas dans la salle de séjour (vin et apéritif sont compris) avant d'aller profiter du parcours de golf et des stations de ski environnantes... Délicieux !

Mont-Rouge
Route de la Télécabine 23 – ℰ 027 288 11 66 – www.mont-rouge.ch – fermé 6 juin - 14 juillet, mardi et mercredi
Plat du jour 38 CHF – Menu 55 CHF (déjeuner en semaine)/120 CHF – Carte 81/121 CHF

Les atouts de ce restaurant au cadre montagnard ? Une atmosphère élégante et plaisante, un jeune chef qui invite au voyage avec des mets à la fois suisses, français et internationaux, inspirés par les produits locaux. Autre proposition : la petite brasserie adjacente et ses plats du jour.

HAUTERIVE – Neuchâtel → Voir à Neuchâtel

HEIDEN
Appenzell Ausserrhoden (AR) – ⌧ 9410 – 4 151 Ew – Höhe 794 m
– Regionalatlas **5-I2**
▶ Bern 220 km – Sankt Gallen 19 km – Bregenz 21 km – Herisau 25 km
Michelin Straßenkarte 551-V5

Heiden
Seeallee 8 – ℰ 071 898 15 15 – www.hotelheiden.ch
66 Zim ⌂ – ♦160/195 CHF ♦♦300/370 CHF – ½ P
Die Zimmer in dem Hotel beim Kurpark sind hell und zeitgemäss gestaltet und liegen teilweise zum See hin. Schön ist der geradlinig-moderne Bade-, Ruhe- und Anwendungsbereich. Ambitionierte regional geprägte Küche im "Bö's" mit hübscher Terrasse und Gartenlounge. Auch für Tagungen eine ideale Adresse.

Gasthaus Zur Fernsicht - Incantare (Tobias Funke)
Seeallee 10 – ℰ 071 898 40 40 – www.fernsicht-heiden.ch – geschl. Februar 3 Wochen, Juli 2 Wochen und Sonntag - Montag
4 Zim ⌂ – ♦240 CHF ♦♦285 CHF
Menü 78 CHF (mittags)/170 CHF – Karte 110/130 CHF – (Tischbestellung ratsam)
Ein herrlich gelegenes Genussrefugium - weit mehr als ein "Gasthaus": wertig-elegantes Design, versiert-charmanter Service, eine Weinkarte mit 1000 Positionen und kreative klassische Küche - ausdrucksstark, aromenintensiv, harmonisch. Dazu Blick auf den Bodensee! Zum Übernachten: schicke individuelle Zimmer.
➔ Geräucherter Seesaibling mit Petersiliencrème, Eierschwämmli und Eigelb. Gebratener Kalbsrücken mit glasierten Kalbsmilken, Topinambur und Karotten. Purple Curry, Ananas, Joghurt, Limette, Erdnuss.
Gasthaus Zur Fernsicht - Restaurant – Siehe Restaurantauswahl

Gasthaus Zur Fernsicht - Restaurant – Gasthaus Zur Fernsicht - Incantare
Seeallee 10 ⌧ 9410 – ℰ 071 898 40 40
– www.fernsicht-heiden.ch – geschl. Februar 3 Wochen und Juli 2 Wochen und Sonntag - Montag
Tagesteller 26 CHF – Menü 52 CHF (mittags unter der Woche)/82 CHF
– Karte 56/113 CHF – (Tischbestellung ratsam)
Alternativ zum Gourmet bietet das freundlich-moderne Restaurant frische regionale Gerichte vom bürgerlichen "Hackbraten nach Fernsicht-Art" bis zur ambitionierten "48h geschmorten Wollsäuli-Haxe". Lecker sind auch Seesaibling oder Rindstatar. Schöne Terrasse mit Aussicht. Für den Apero: Clubhaus samt Bar.

HEIMISWIL
Bern (BE) – ⌧ 3412 – 1 607 Ew – Höhe 618 m – Regionalatlas **2-D3**
▶ Bern 30 km – Solothurn 32 km – Luzern 67 km – Delémont 81 km
Michelin Straßenkarte 551-K6

Löwen
Dorfstr. 2 – ℰ 034 422 32 06 – www.loewen-heimiswil.ch – geschl. 14. - 21. Februar, 11. - 24. April, 25. Juli - 9. August und Montag - Dienstag
Tagesteller 18 CHF – Menü 49 CHF (mittags unter der Woche) – Karte 56/84 CHF
Möchten Sie in der schön eingedeckten "Walter-Hämmerli-Stube" speisen oder lieber in der urchigen "Heimiswiler-Stube"? Hier wie dort serviert man Berner Platte, Cordon bleu oder Güggeli vom Belpberg. Nicht mehr wegzudenken die hausgemachten Desserts wie die "Grossmutter-Marie Lüdi-Greeme".

HERGISWIL
Nidwalden (NW) – ⌧ 6052 – 5 645 Ew – Höhe 449 m – Regionalatlas **4-F4**
▶ Bern 120 km – Luzern 9 km – Interlaken 63 km – Stans 6 km
Michelin Straßenkarte 551-O7

HERGISWIL

XX **Seerestaurant Belvédère** (Fabian Inderbitzin)
⛬ *Seestr. 18a – ℰ 041 630 30 35 – www.seerestaurant-belvedere.ch – geschl.
24. Dezember - 6. März und Sonntag - Montag*
Menü 98/198 CHF
Wo könnte man schöner sitzen als auf der wunderbaren Terrasse am See? Ihre volle Aufmerksamkeit verdient natürlich auch die Küche: klassisch-französisch und mediterran beeinflusst, mit intensiven Aromen und feinen Kontrasten. Zur Wahl stehen zwei Menüs, mittags bietet man zusätzlich eine kleine Lunchkarte.
→ Tatar vom Rindsfilet, Hüttenkäse, Landei. Jakobsmuschel, Artischocke, Paprika, Safran. Schokoladentörtchen, geschmorte Ananas, Kardamom.
Seebistro Belvédère – Siehe Restaurantauswahl

X **Seebistro Belvédère** – Seerestaurant Belvédère
*Seestr. 18a – ℰ 041 630 30 35 – www.seerestaurant-belvedere.ch – geschl.
24. Dezember - 6. März und Sonntag - Montag*
Tagesteller 29 CHF – Menü 38 CHF (mittags)/59 CHF (abends) – Karte 60/102 CHF
Gleich vor dem Gourmetrestaurant befindet sich das moderne Bistro mit blanken Tischen, aber nicht minder gepflegter Tischkultur, und bekocht wird man vom selben Küchenteam. Probieren Sie z. B. "Hackbraten mit Rotweinjus und Pilz-Risotto".

HERISAU
Appenzell Ausserrhoden (AR) – ✉ 9100 – 15 716 Ew – Höhe 771 m
– Regionalatlas **5-H2**
▶ Bern 200 km – Sankt Gallen 12 km – Bregenz 47 km – Konstanz 51 km
Michelin Straßenkarte 551-U5

XX **Rüti**
*Rütistr. 1683, Nord-Ost: 2 km Richtung Winkeln – ℰ 071 352 32 80
– www.ruetiherisau.ch – geschl. Anfang Oktober 2 Wochen und Montag*
Tagesteller 30 CHF – Menü 50 CHF (mittags unter der Woche)/110 CHF
– Karte 41/95 CHF
Von dem modern-eleganten Restaurant auf dem Hügelkamm hat man eine herrliche Sicht! Auf der international-saisonalen Karte liest man z. B. "US-Rinderfiletspitzen an Bärlauchsauce mit Spargel und Eiernudeln". Mittags reduziertes Angebot.

HERLISBERG
Luzern (LU) – ✉ 6028 – 239 Ew – Höhe 737 m – Regionalatlas **4-F3**
▶ Bern 102 km – Aarau 30 km – Luzern 23 km – Zürich 63 km
Michelin Straßenkarte 551-N6

XX **Wirtshaus zum Herlisberg**
Dorf 6 – ℰ 041 930 12 80 – www.herlisberg.ch – geschl. 1. - 23. Februar, Ende Oktober - Mitte November und Montag - Dienstag
Tagesteller 35 CHF – Menü 72 CHF (mittags)/116 CHF – Karte 67/99 CHF
Wunderbar der Blick über die Region, reizend das ehemalige Bauernhaus a. d. 18. Jh. nebst altem Spycher und Mühle, toll die Terrasse, charmant der Blumengarten mit mächtiger Linde! Lust auf Saisonales wie "Kalbssteak mit frischen Herbstpilzen" oder "Seeteufel im Speckmantel"? Mittags kleinere Karte.

HERMANCE
Genève (GE) – ✉ 1248 – 1 016 hab. – Alt. 381 m – Carte régionale **6-A6**
▶ Bern 173 km – Genève 17 km – Lausanne 79 km – Fribourg 153 km
Carte routière Michelin 552-B11

XX **L'Auberge d'Hermance**
Rue du Midi 12 – ℰ 022 751 13 68 – www.hotel-hermance.ch – fermé mardi et mercredi
5 ch – †185 CHF ††280 CHF – 2 suites
Plat du jour 25 CHF – Menu 42 CHF (déjeuner)/78 CHF – Carte 79/156 CHF
Une charmante auberge, installée dans cette petite cité médiévale au bord du lac. La cuisine d'Andreas Keese est tout simplement délicieuse, comme en témoigne ce ceviche de féra du Léman aux fleurs de sureau et citron combava. Et la terrasse, donnant sur une cour intérieure, est particulièrement romantique !

HERMANCE

✕ Restaurant du Quai
Quai d'Hermance 10 – ⌧ 1248 – ✆ 022 751 40 00 – www.lequaihermance.ch
– fermé 26 décembre - 11 janvier, 15 février - 1er mars, septembre - mai : mardi et mercredi, juin : mercredi
Plat du jour 19 CHF – Menu 48/65 CHF – Carte 62/78 CHF
Ce chaleureux restaurant des bords du lac Léman sert une cuisine goûteuse et sans chichis, à l'instar de cette fricassée au riz pilaf, ou du poisson du lac. Le chef Jérôme Manifacier, qui a été étoilé plusieurs années au Vertig'O, à Genève, connaît son métier. Sa devise : "Prendre le temps".

HERRLIBERG
Zürich (ZH) – ⌧ 8704 – 6 295 Ew – Höhe 445 m – Regionalatlas **4-G3**
▶ Bern 137 km – Zürich 12 km – Zug 47 km – Schwyz 71 km
Michelin Straßenkarte 551-Q5

✕ Buech
Forchstr. 267 – ✆ 044 915 10 10 – www.restaurantbuech.ch – geschl. über Weihnachten und Oktober - Februar: Montag - Dienstag
Karte 60/133 CHF – *(Tischbestellung ratsam)*
Eine absolut reizende Adresse, angefangen bei den stilvollen Stuben mit üppiger Blumendeko über die begehrten wenigen Plätze in den Weinhütten bis zur einmalig schönen Reben-Terrasse mit grandiosem Ausblick! Lust auf raffinierte saisonale Gerichte? Oder lieber Klassiker wie Wiener Schnitzel und Kalbsleber?

HERTENSTEIN – Luzern → Siehe Weggis

HESSIGKOFEN
Solothurn (SO) – ⌧ 4577 – 261 Ew – Höhe 586 m – Regionalatlas **2-D3**
▶ Bern 34 km – Solothurn 13 km – Delémont 66 km – Aarau 65 km
Michelin Straßenkarte 551-J6

✕ Taverna Romana im Sternen
Hauptstr. 24 – ✆ 032 315 74 75 – www.tavernaromana.ch – geschl. Mitte Februar 2 Wochen, Ende Juni 2 Wochen und Montag - Dienstag
Tagesteller 18 CHF – Menü 89 CHF – Karte 56/89 CHF
Mitten in dem kleinen Ort steht der "Sternen", ein sehr schönes Riegelhaus a. d. 19. Jh. Hier kann man frische italienische Küche geniessen, z. B. als interessantes Menu Degustazione "Pesce" oder "Carne". Dazu eine gute Weinauswahl.

HIRZEL – Zürich → Siehe Sihlbrugg

HOCHDORF
Luzern (LU) – ⌧ 6280 – 9 725 Ew – Höhe 482 m – Regionalatlas **4-F3**
▶ Bern 122 km – Aarau 41 km – Luzern 20 km – Stans 31 km
Michelin Straßenkarte 551-O6

✕ braui
Brauiplatz 5 – ✆ 041 910 16 66 – www.restaurantbraui.ch – geschl. 17. Juli - 6. August und Sonntag - Montag sowie an Feiertagen
Tagesteller 22 CHF – Menü 84 CHF – Karte 44/97 CHF – *(Tischbestellung ratsam)*
Gute traditionelle Küche gib's in dem Restaurant im gleichnamigen Kulturzentrum. Nett die Brasserie-Atmosphäre, lecker z. B. "Wildlachs in Meerrettichschaum" oder "Kalbshackbraten nach Omis Rezept mit Kartoffelstock". Mittags kleinere, aber ebenso schmackhafte Auswahl.

HORGEN
Zürich (ZH) – ⌧ 8810 – 20 203 Ew – Höhe 409 m – Regionalatlas **4-G3**
▶ Bern 146 km – Zürich 21 km – Luzern 47 km – Schwyz 41 km
Michelin Straßenkarte 551-Q5

HORGEN

Schwan
Zugerstr. 9, am Schwanenplatz – ℰ *044 725 47 19* – *www.hotel-schwan.ch*
22 Zim ⌧ – †160/190 CHF ††220/260 CHF – 2 Suiten
Rest *Schwan* – Siehe Restaurantauswahl
Beschaulich, charmant, gemütlich... So zeigt sich der schmucke jahrhundertealte Gasthof, der mitten im historischen Ortskern steht. Stilvoll wohnt man in Zimmern mit romantischem Flair. Praktisch: Parkhaus in der Nähe.

XX **Schwan** – Hotel Schwan
Zugerstr. 9, am Schwanenplatz – ℰ *044 725 47 19* – *www.hotel-schwan.ch*
– geschl. Sonntag - Montag
Tagesteller 31 CHF – Menü 45 CHF (mittags unter der Woche)/105 CHF – Karte 39/108 CHF
Mit schönen Stoffen, warmen Tönen und stimmiger Dekoration hat man das Restaurant ansprechend gestaltet. Herrlich ist es im Sommer auf dem Platz vor dem Haus am plätschernden Schwanenbrunnen. Mediterrane Küche.

HORN
Thurgau (TG) – ✉ 9326 – 2 603 Ew – Höhe 403 m – Regionalatlas **5-I2**
▶ Bern 217 km – Sankt Gallen 12 km – Bregenz 35 km – Frauenfeld 58 km
Michelin Straßenkarte 551-V4

Bad Horn
Seestr. 36 – ℰ *071 844 51 51* – *www.badhorn.ch*
65 Zim ⌧ – †120/240 CHF ††200/470 CHF – 2 Suiten – ½ P
Rest *Captains Grill* – Siehe Restaurantauswahl
Für Ihren Urlaub am See ist das hier ein Logenplatz! Von vielen Zimmern geniesst man den Ausblick, vom modernen Spa auf 1500 qm hat man direkten Zugang zum See und sogar eine Anlegestelle für Schiffe ist vorhanden! Nicht anders sieht es bei den Restaurants aus: alle mit Seeterrasse.

XX **Captains Grill** – Hotel Bad Horn
Seestr. 36 – ℰ *071 844 51 51* – *www.badhorn.ch*
Menü 75/112 CHF – Karte 56/99 CHF
Der Blick auf den Bodensee ist natürlich auch hier von der Terrasse am schönsten! Die Küche ist international geprägt und kann auch in Form eines Gourmetmenüs bestellt werden.

HORW – Luzern → Siehe Luzern

HÜNENBERG
Zug (ZG) – ✉ 6331 – 8 846 Ew – Höhe 451 m – Regionalatlas **4-F3**
▶ Bern 127 km – Luzern 23 km – Zürich 46 km – Aarau 47 km
Michelin Straßenkarte 551-P6

XX **Wart**
Wart 1, Nord: 1 km Richtung Wart - Sankt Wolfgang – ℰ *041 780 12 43* – *www.wart.ch* – geschl. Ende Februar - Anfang März 2 Wochen, Ende Juli - Anfang August 2 Wochen und Sonntagabend - Montag
Tagesteller 23 CHF – Menü 60 CHF (mittags unter der Woche)/122 CHF – Karte 71/99 CHF – (Tischbestellung ratsam)
Schon von aussen ist das alleinstehende historische Haus sehenswert, drinnen dann die schön getäferte Stube. Auf der Karte "Hackbraten mit Senfsauce", "gebratene Eglifilets" oder auch Lasagne. Ein Muss zur Wildsaison: Reh und Hirsch!

HÜTTENLEBEN – Schaffhausen → Siehe Thayngen

HURDEN
Schwyz (SZ) – ✉ 8640 – 272 Ew – Höhe 411 m – Regionalatlas **4-G3**
▶ Bern 162 km – Zürich 37 km – Rapperswil 3 km – Schwyz 32 km
Michelin Straßenkarte 551-R6

HURDEN

Rössli
Hurdnerstr. 137 – ℘ 055 416 21 21 – www.roesslihurden.swiss
25 Zim ☕ – ♦130/159 CHF ♦♦180/220 CHF
Top die Lage auf einer Landzunge mitten im Zürichsee! Modern die Zimmer, Suiten und Service-Appartements (für Longstays oder auch nur für eine Nacht), zum Speisen (überwiegend traditionelle Küche) ist die traumhafte Terrasse am See am schönsten! Drinnen im Restaurant attraktives geradliniges Design.

Adler Hurden (Markus Gass)
Hurdnerstr. 143 – ℘ 055 410 45 45 – www.adler-hurden.ch – geschl. Februar, Oktober und Montag - Dienstag
Tagesteller 55 CHF – Menü 75 CHF (mittags unter der Woche)/175 CHF – Karte 125/162 CHF – (Tischbestellung ratsam)
Auf Gekünstel verzichtet Markus Gass nur zu gerne, vielmehr stellt er die tollen Produkte und deren Geschmack in den Mittelpunkt - übrigens auch in einem rein veganen Menü! Ebenso ansprechend: das geradlinige Interieur in Weiss und der freundlich-ungezwungene Service. Wunderbar: die Terrasse zum See!
→ Salat von gebratenem Maine Hummer, Mango, Purple Curry Mayonnaise und Piment d'Espelette. Bretonischer Steinbutt vom Grill mit Taggiasca Olivenjus. Miéral Bresse Poularde mit Vin Jaune.

ILANZ
Graubünden (GR) – ✉ 7130 – 4 694 Ew – Höhe 698 m – Regionalatlas **10-H4**
▶ Bern 209 km – Chur 34 km – Bad Ragaz 53 km – Disentis 32 km
Michelin Straßenkarte 553-T9

in Schnaus Nord-West: 3 km – Höhe 713 m – ✉ 7130

Stiva Veglia
– ℘ 081 925 41 21 – www.stiva.veglia.ch – geschl. 17. April - 18. Mai, 6. November - 7. Dezember und Montag - Dienstag, im Sommer: Sonntagabend - Dienstag
Menü 92/146 CHF – Karte 71/122 CHF – (Nebensaison: bis 17 Uhr geöffnet) (abends Tischbestellung ratsam)
Ein wunderbares, liebevoll restauriertes Bündnerhaus von 1761. Drinnen zwei heimelige Stuben ganz in Holz (im Winter wärmt der Specksteinofen), draussen die hübsche weinberankte Terrasse. Gekocht wird schmackhaft und zeitgemäss-regional. Für Weinliebhaber: schöne Auswahl an Magnum-Flaschen Rotwein!

ILLNAU
Zürich (ZH) – ✉ 8308 – Höhe 517 m – Regionalatlas **4-G2**
▶ Bern 145 km – Zürich 24 km – Rapperswil 29 km – Wil 50 km
Michelin Straßenkarte 551-Q5

Rössli
Kempttalstr. 52 – ℘ 052 235 26 62 – www.roessli-illnau.ch – geschl. 24. Juli - 6. August
6 Zim ☕ – ♦120 CHF ♦♦180 CHF – ½ P
Tagesteller 20 CHF – Menü 35/98 CHF – Karte 33/98 CHF
Die Familie führt das Haus mit Herzblut und setzt auf einen Mix aus Moderne und Tradition. Serviert werden saisonale Gerichte, feine Menü und natürlich Klassiker - nicht wegzudenken von der Karte z. B. geschnetzelte Kalbsleber oder Rinderfilet Stroganoff. Zum Übernachten: geradlinig-zeitgemässe Zimmer.

INTERLAKEN

Bern (BE) – ✉ 3800 – 5 691 Ew – Höhe 564 m – Regionalatlas **8-E5**
🚗 Bern 57 km – Luzern 68 km – Montreux 149 km – Sion 88 km
Michelin Straßenkarte 551-L9

© Food collection / Photononstop

🟢 Hotels

Victoria-Jungfrau
Höheweg 41 – ✆ 033 828 26 02 – www.victoria-jungfrau.ch   Stadtplan : A1**g**
215 Zim – †389/659 CHF ††429/699 CHF – 9 Suiten – ½ P
Rest *Quaranta Uno* • **Rest** *La Terrasse* – Siehe Restaurantauswahl
Wirklich ein imposantes Haus, ein Grandhotel eben! Top der Service, elegant die Einrichtung, herrlich die alten Säle, exklusiv der Spa (mit japanischem "Sensai Select Spa"), toll die Terrasse vor dem Haus... Die "Bel Air Junior Suiten" über dem Spa sind perfekt für den Wellness-Aufenthalt!

Interlaken
Höheweg 74 – ✆ 033 826 68 68 – www.hotelinterlaken.ch   Stadtplan : B1**x**
61 Zim – †116/250 CHF ††176/360 CHF – ½ P
Das 1323 erstmals erwähnte Klostergasthaus beim kleinen japanischen Garten ist das älteste Hotel Interlakens und zeigt sich heute geschmackvoll-neuzeitlich. Alpenländisch-moderner Stil und internationale Küche im Restaurant "Taverne". Gemütlich die Lounge/Bar.

Krebs
Bahnhofstr. 4 – ✆ 033 826 03 30 – www.krebshotel.ch   Stadtplan : A1**m**
42 Zim – †120/300 CHF ††160/390 CHF – 1 Suite – ½ P
Das Hotel mitten im lebendigen Zentrum, nicht weit vom Bahnhof Interlaken West, vereint auf ansprechende Weise traditionelle Architektur mit schöner moderner Einrichtung. Das Restaurant bietet Schweizer Küche, aber auch japanische Gerichte - oder wie wär's mit Käsefondue im "Chäs-Stübli"?

Carlton - Europe
Höheweg 94 – ✆ 033 826 01 60 – www.carltoneurope.ch   Stadtplan : B1**d**
86 Zim – †100/145 CHF ††120/165 CHF – 3 Suiten
Zwei klassische Hotelgebäude nahe dem Ost-Bahnhof beherbergen gepflegte, individuelle Zimmer, dazu "Alpen-Suiten" im Annex. Schön der Frühstücksraum im Jugendstil. Entspannen können Sie im hübschen Saunadörfli, speisen im rustikalen "Ruedihus" - hier serviert man Schweizer Küche.

De la Paix
Bernastr. 24 – ✆ 033 822 70 44 – www.hotel-de-la-paix.ch   Stadtplan : A2**n**
– geschl. Ende Oktober - April
21 Zim – †85/140 CHF ††130/220 CHF
Das hübsche Gebäude von 1910 ist eine familiäre Adresse mit individuellen Zimmern. Überall im Haus finden sich Antiquitäten, eine Besonderheit ist die Uhrensammlung mit rund 70 Exemplaren! Kleiner Garten.

🟡 Restaurants

XXXX **La Terrasse** – Hotel Victoria-Jungfrau
Höheweg 41 – ☎ 033 828 26 02 – www.victoria-jungfrau.ch
– geschl. Sonntag - Montag   Stadtplan : A1**g**
Menü 95/125 CHF – Karte 66/127 CHF – *(nur Abendessen)*
Im Stil einer Orangerie kommt das Restaurant daher - hell, freundlich und elegant das Ambiente. Da passt die saisonal-mediterran inspirierte Küche schön ins Bild. Auf der Karte liest man z. B. "Lamm, Aubergine & Rosmarin".

XXX **L'Ambiance / La Bonne Fourchette**
Höheweg 211 – ☎ 033 826 70 07 – www.lindnerhotels.ch
101 Zim – †130/469 CHF ††205/599 CHF – 1 Suite – ½ P   Stadtplan : B1**t**
Menü 59 CHF (abends) – Karte 44/85 CHF
Im Sommer speisen Sie im L'Ambiance (schön die freundlichen Gelbtöne) oder auf der herrlichen Terrasse mit Blick auf die Aare, im Winter öffnet das La Bonne Fourchette mit gemütlichem Kaminfeuer. Die Küche in den Restaurants des "Lindner Grand Hotel Beau Rivage" ist klassisch, modern interpretiert.

X **Quaranta Uno** – Hotel Victoria-Jungfrau
Höheweg 41 – ☎ 033 828 26 02 – www.victoria-jungfrau.ch
Tagesteller 35 CHF – Karte 54/106 CHF   Stadtplan : A1**g**
Ansprechend ist hier nicht nur das geschmackvolle geradlinige Interieur, auch die klassisch-italienische Küche samt schönem Pasta-Angebot kann sich sehen lassen. Zudem hat man eine hübsche Vinothek mit guter Weinauswahl. Mittags Tagesmenü.

INTERLAKEN

✗ **Spice India**
Postgasse 6 – ☏ 033 821 00 91 – www.spice-india.net.in — Stadtplan : A1**c**
– geschl. Dezember - Mitte März und Montag, Mai - August: Montagmittag
Karte 44/61 CHF
Hier umgibt Sie der Duft indischer Gewürze. Viele der authentischen Gerichte werden in dem aus Indien importierten Tandoori-Ofen zubereitet. Lounge sowie Nebenraum für Gruppen.

in Bönigen Ost: 2 km über Lindenallee B1 – Höhe 568 m – ✉ 3806

🏠 **Seiler au Lac**
am Quai 3 – ☏ 033 828 90 90 – www.seileraulac.ch – geschl. Ende Oktober - Ostern
42 Zim ☐ – †120/245 CHF ††230/316 CHF – ½ P
Am Ufer des Brienzersees gelegenes Hotel mit gediegenem Rahmen und recht geräumigen Zimmern. Besonders beliebt: Zimmer zum See mit Balkon und toller Sicht. Gediegen das Restaurant "La Gare", rustikal die Pizzeria "La Bohème".

In Unterseen Höhe 573 m – ✉ 3800

✗ **benacus**
Kirchgasse 15 – ☏ 033 821 20 20 – www.benacus.ch – geschl. — Stadtplan : A1**b**
Sonntag - Montag
Tagesteller 20 CHF – Menü 85 CHF – Karte 63/86 CHF – *(nur Abendessen)*
In dem modernen Restaurant wird international-saisonal gekocht - schmackhaft, unkompliziert und mit vielen Produkten aus der Region. Diese finden sich z. B. in Tapas wie "We Love" oder "High End", lecker auch "Maispoularde mit Passionsfrucht-Risotto". Dazu eine gute Auswahl an offenen Weinen.

in Wilderswil Süd-Ost: 4 km über Gsteigstrasse B2 – Höhe 584 m – ✉ 3812

✗✗ **Alpenblick** (Richard Stöckli)
❀ *Oberdorfstr. 3 – ☏ 033 828 35 50 – www.hotel-alpenblick.ch – geschl. November 3 Wochen, Mitte April 2 Wochen und Montag - Dienstag*
39 Zim ☐ – †85/125 CHF ††125/210 CHF – ½ P
Menü 105/200 CHF – Karte 100/140 CHF – *(Tischbestellung ratsam)*
Gemütlich-elegant hat man es in dem kleinen Restaurant des Hotels "Alpenblick", zur Wahl stehen ein saisonales Menü und Klassiker. Natürlich setzt man auf sehr gute, frische Produkte, vorzugsweise aus der Region. In Sachen Wein lässt man sich gerne von der Chefin beraten!
→ Trüffel aus dem Perigord mit Kartoffelschaum und pochiertem Eigelb. Saibling auf dem Salzstein, Petersilienpüree, Zwiebelcrème. Simmentaler Kalbskotelett mit Erbsli und Rüebli, Jus corsé und Kartoffelstock.
Dorfstube – Siehe Restaurantauswahl

✗ **Dorfstube** – Restaurant Alpenblick
Oberdorfstr. 3 – ☏ 033 828 35 50 – www.hotel-alpenblick.ch – geschl. Montag - Dienstag
Tagesteller 19 CHF – Menü 35 CHF (mittags unter der Woche)/105 CHF – Karte 60/98 CHF
Sie speisen im Restaurant oder in der urig-rustikalen Stube. Der Patron kocht regional-saisonale Gerichte wie "Unspunnenspiess mit würziger Sauce der tausend Düfte", oder mögen Sie lieber "Burgersalat mit Hobelkäse"?

INTRAGNA – Ticino ➜ Vedere Centovalli

ISELTWALD
Bern (BE) – ✉ 3807 – 428 Ew – Höhe 566 m – Regionalatlas **8-E5**
▶ Bern 67 km – Interlaken 11 km – Brienz 15 km – Luzern 59 km
Michelin Straßenkarte 551-M9

ISELTWALD

 Chalet du Lac
Schoren 7 – ℰ 033 845 84 58 – www.dulac-iseltwald.ch – geschl. November - Mitte Dezember
21 Zim ⌧ – †65/160 CHF ††110/210 CHF – ½ P
In herrlicher Lage am Brienzersee steht dieses schöne Haus im Chalet-Stil mit seinen wohnlichen Zimmern - die meisten mit Balkon zum See. Im Restaurant erwartet Sie ein traditionelles Angebot, Schwerpunkt ist Süsswasserfisch, Spezialität Fischfondue ab 2 Personen. Nette grosse Terrasse mit Seeblick.

JENINS
Graubünden – 911 Ew – Regionalatlas **5-I3**
▶ Bern 229 km – Chur 21 km – Triesenberg 20 km – Vaduz 25 km
Michelin Straßenkarte 553-V7

 Alter Torkel
Jeninserstr. 3 ⌧ 7307 – ℰ 081 302 36 75 – www.torkel.ch
Tagesteller 32 CHF – Menü 38 CHF (mittags)/98 CHF – Karte 58/104 CHF
Dass dieses Restaurant beliebt ist, liegt in erster Linie an der richtig guten Küche: Wiener Schnitzel, "sautierte Garnelen mit Curry und Zitronengras", hausgemachte Wähen... Dazu herzlicher Service, tolle Weine aus der Bündner Herrschaft und nicht zuletzt die traumhafte Terrasse mitten in den Weinbergen!

KANDERSTEG
Bern (BE) – ⌧ 3718 – 1 313 Ew – Höhe 1 176 m (Wintersport : 1 200/1 700 m)
– Regionalatlas **8-E5**
▶ Bern 66 km – Interlaken 45 km – Montreux 156 km – Sion 47 km
Michelin Straßenkarte 551-K10

 Waldhotel Doldenhorn
Doldenhornstrasse, Süd: 1,5 km (Vielfalle) – ℰ 033 675 81 81
– www.doldenhorn-ruedihus.ch
42 Zim ⌧ – †150/240 CHF ††240/390 CHF – 4 Suiten – ½ P
Rest *Au Gourmet* • **Rest** *Burestube* – Siehe Restaurantauswahl
Idyllische Lage am Ortsrand, wohnliches Ambiente, guter Service... Hier haben Sie beste Voraussetzungen für erholsame Ferien! Schön: der modern-alpine Chic, der in den Zimmern Einzug hält, so z. B. in der Juniorsuite "Jegertosse". Sehr ansprechend auch der Bade-, Sauna-, Ruhe- und Beautybereich.

 Adler
Äussere Dorfstr. 19 – ℰ 033 675 80 10 – www.chalethotel.ch
26 Zim – †90/110 CHF ††110/240 CHF, ⌧ 16 CHF – 1 Suite – ½ P
Das charmante Chalet im Ortskern wird seit über 100 Jahren familiär geführt und hält gemütlich-rustikale Zimmer bereit. "Looverooms" mit einem auf den Balkon ausfahrbaren Whirlpool! Bürgerlich-traditionelles Angebot im Restaurant mit schöner Terrasse.

Bernerhof
Äussere Dorfstr. 37 – ℰ 033 675 88 75 – www.bernerhof.ch – geschl. 19. März - 5. Mai, 29. Oktober - 15. Dezember
42 Zim ⌧ – †110/160 CHF ††170/240 CHF – 2 Suiten – ½ P
Herzliche und engagierte Gastgeber erwarten Sie hier! Halle, Restaurant, Zimmer (schön die Sicht von den Balkonen)..., alles in dem familiär geführten Gasthaus ist angenehm wohnlich. Im Kaminzimmer gibt's nachmittags Tee und Kuchen.

Au Gourmet – Waldhotel Doldenhorn
Doldenhornstrasse, Süd: 1,5 km (Vielfalle) – ℰ 033 675 81 81
– www.doldenhorn-ruedihus.ch – geschl. Dienstag
Tagesteller 28 CHF – Menü 50/110 CHF – Karte 49/112 CHF
Ein recht kleines Restaurant in angenehmen Blautönen, das für seine elegante Atmosphäre und den herzlichen Service ebenso geschätzt wird wie für die klassische Küche. Nicht zu vergessen der herrliche Bergblick von der Terrasse!

KANDERSTEG

XX Ritter
*Äussere Dorfstr. 2, im Hotel Victoria – ℰ 033 675 80 00 – www.hotel-victoria.ch
– geschl. 19. März - 20. Mai, 22. Oktober - 15. Dezember und Montag - Dienstag,
ausser Saison*
Karte 46/94 CHF
Hier trifft gemütliche Atmosphäre auf schmackhafte regionale Küche. Letztere kommt z. B. als "Bündner Gerstensuppe" oder "Kalbsgeschnetzeltes mit Rösti" daher, lecker sind aber auch die "Alpen Tapas".

X Ruedihus - Biedermeier Stuben
*Hinder de Büele, Vielfalle, Süd: 1,5 km – ℰ 033 675 81 82
– www.doldenhorn-ruedihus.ch*
10 Zim – †110/140 CHF ††240/330 CHF – ½ P
Menü 62 CHF – Karte 52/68 CHF – *(Tischbestellung ratsam)*
Schön heimelig sind die mit viel altem Holz und hübschem Dekor ausgestatteten Stuben in dem liebenswerten denkmalgeschützten Holzhaus von 1753. Passend dazu gibt es traditionelle Schweizer Küche samt Fondue. Äusserst gemütliche Gästezimmer, romantisch die "Liebeslaube". Check-in im Waldhotel Doldenhorn.

X Burestube – Waldhotel Doldenhorn
*Doldenhornstrasse, Süd: 1,5 km (Vielfalle) – ℰ 033 675 81 81
– www.doldenhorn-ruedihus.ch*
Tagesteller 22 CHF – Menü 50/110 CHF – Karte 51/86 CHF
Die Stube ist so liebenswert und gemütlich (viel rustikales Holz, nettes Dekor...), da kann man sich nur wohlfühlen! Dazu könnte wohl nichts besser passen als traditionelle Küche und Klassiker wie Rindstatar oder St. Galler Olma-Bratwurst.

in Blausee-Mitholz Nord: 4 km – Höhe 974 m – ✉ 3717

Blausee
*im Naturpark Blausee, über Spazierweg in 5 Min. erreichbar – ℰ 033 672 33 33
– www.blausee.ch – geschl. 8. - 27. Januar*
17 Zim – †145 CHF ††266/276 CHF – ½ P
Rest *Blausee* – Siehe Restaurantauswahl
Auf TV verzichtet man hier angesichts der 22 ha Naturpark nur zu gerne! Die Zimmer charmant und individuell (von modern bis zu stilvoll-historischem Flair), toll das Sauna- und Badehaus! Der Clou: zwei alte Badewannen und ein "Hotpot" im Freien mit Bergblick! Juni/Juli drei Wochen Open-Air-Kino auf dem See.

XX Blausee – Hotel Blausee
*im Naturpark Blausee, über Spazierweg in 5 Min. erreichbar – ℰ 033 672 33 33
– www.blausee.ch – geschl. 8. - 27. Januar*
Menü 55 CHF (mittags)/89 CHF – Karte 42/96 CHF
Hier dreht sich alles um Forellen: Man züchtet sie hier, Sie sehen sie im Blausee direkt vor dem Haus und natürlich gibt es sie als Gericht - wie wär's z. B. mit "Lachsforelle - Honig - Topinambur"? Die Terrasse ist schlichtweg ein Traum!

KEHRSATZ
Bern (BE) – ✉ 3122 – 4 223 Ew – Regionalatlas **2-D4**
▶ Bern 6 km – Fribourg 40 km – Solothurn 51 km – Delémont 99 km
Michelin Straßenkarte 551-J7

XX Tanaka
*Bernstr. 70 – ℰ 031 961 66 22 – www.tanaka-restaurant.ch – geschl. April
2 Wochen, September 1 Woche, Oktober 1 Woche und Sonntag - Montag, sowie
an Feiertagen*
Tagesteller 21 CHF – Menü 66/125 CHF – Karte 37/118 CHF
Würden Sie in dem Vorort von Bern solch ein niveauvolles japanisches Restaurant vermuten? Gekocht wird teils ganz klassisch-traditionell, teils aber auch mit europäischen Einflüssen und modern abgewandelt. Appetit machen Teppanyaki-Gerichte, Sushi oder auch das vielfältige "Omakase-Menü".

KEMMERIBODEN-BAD – Bern (BE) → Siehe Schangnau

KESTENHOLZ
Solothurn (SO) – ⊠ 4703 – 1 770 Ew – Höhe 453 m – Regionalatlas 3-E3
▶ Bern 55 km – Basel 54 km – Aarau 39 km – Luzern 67 km
Michelin Straßenkarte 551-L5

XX **Eintracht**
Neue Strasse 6 – ℰ 062 393 24 63 – www.eintrachtkestenholz.ch – geschl. Februar 2 Wochen, Juli 2 Wochen und Sonntag - Montag
Tagesteller 20 CHF – Menü 49/99 CHF – Karte 42/92 CHF
Das seit 1848 existierende Gasthaus ist inzwischen zu einem modernen Restaurant geworden, in dem man international isst. Legerer geht's im Bistrobereich zu - hier gibt es zusätzlich Tagesteller und Mittagslunch.

KILCHBERG
Zürich (ZH) – ⊠ 8802 – 8 096 Ew – Höhe 424 m – Regionalatlas 4-G3
▶ Bern 132 km – Zürich 7 km – Aarau 53 km – Luzern 52 km
Michelin Straßenkarte 551-P5

XX **Chez Fritz**
Seestr. 195b – ℰ 044 715 25 15 – www.chezfritz.dinning.ch – geschl. Februar 2 Wochen und Oktober - März : Samstagmittag, Sonntag
Tagesteller 26 CHF – Karte 49/94 CHF
Hier ist nicht nur die tolle Terrasse unmittelbar am Zürichsee gefragt (bei einem schönen Roséwein fühlt man sich da wie an der Côte d'Azur!), auch frische internationale Speisen wie "Tatar de boeuf" oder "Zanderfilets meunière" kommen an.

KIRCHBERG
Bern (BE) – ⊠ 3422 – 5 817 Ew – Höhe 509 m – Regionalatlas 2-D4
▶ Bern 24 km – Delémont 73 km – Luzern 93 km – Aarau 64 km
Michelin Straßenkarte 522-K6

XX **Platanenhof**
Ersigenstr. 13 – ℰ 034 445 45 40 – www.restaurant-platanenhof.ch – geschl. Anfang Januar 2 Wochen, Juli 3 Wochen und Sonntag - Montag
Tagesteller 18 CHF – Menü 49 CHF (mittags)/99 CHF – Karte 31/87 CHF
Ein nettes Haus mit freundlich-moderner Atmosphäre. In der Platanenstube bietet man z. B. "Im Vakuum 24 h gegarte Kalbsschulter mit Kartoffelknusper", in der etwas schlichteren Gaststube Bürgerliches wie "Schweins-Cordon-bleu-Rolle mit Speck und Fondue-Käse".

KLEINE SCHEIDEGG – Bern → Siehe Grindelwald

KLOSTERS
Graubünden (GR) – ⊠ 7250 – 3 804 Ew – Höhe 1 191 m (Wintersport : 1 124/ 2 844 m) – Regionalatlas 11-J4
▶ Bern 258 km – Chur 47 km – Davos 12 km – Vaduz 57 km
Michelin Straßenkarte 553-X8

🏠 **Alpina**
Bahnhofstr. 1 – ℰ 081 410 24 24 – www.alpina-klosters.ch – geschl. 18. April - 16. Juni, 15. Oktober - 2. Dezember
39 Zim ⊡ – ♦125/260 CHF ♦♦210/492 CHF – 6 Suiten – ½ P
Rest *Bündnerstube* • **Rest** *Grischunstübli* – Siehe Restaurantauswahl
Das Hotel steht für persönliche Führung, schöne Zimmer und guten Service mit vielen kleinen Annehmlichkeiten. Auch der hübsche Wellnessbereich und die hochwertige HP gehören zu den Vorzügen. Praktisch: die Lage gegenüber dem Bahnhof.

KLOSTERS

Walserhof
Landstr. 141 – ℰ 081 410 29 29 – www.walserhof.ch – geschl. Anfang April
- Anfang Dezember
2 Zim – †230/430 CHF ††450/1100 CHF – 4 Suiten – ½ P
Rest *Walserstube* – Siehe Restaurantauswahl
Wohnen à la "Chalet de luxe"! Ob Doppelzimmer, Juniorsuite oder grosse Suite, hochwertiges Interieur, Wohnlichkeit und der Charme von warmem Holz sind Ihnen ebenso gewiss wie ausgezeichneter Service. Nicht zu vergessen das schöne Frühstück!

Walserstube (Heribert Dietrich) – Hotel Walserhof
Landstr. 141 – ℰ 081 410 29 29 – www.walserhof.ch – geschl. Anfang April
- Anfang Dezember und Sonntag - Montag
Menü 99/159 CHF – *(nur Abendessen)*
Die heimelige Stube ist eines der Parade-Restaurants des Prättigaus und gerne verarbeitet man in der Küche auch die Produkte aus der Region. Serviert werden die feinen Gerichte dann herzlich und versiert, sehr gepflegt die Weinauswahl.
→ Languste mit hausgemachtem Steinbockschinken und Bierschaum. Skrei mit Nussbutter auf der Haut gebraten, offener Schwarzwurzelraviolo. Karamellisierter Luma Schweinebauch mit buntem Mangold und schwarzem Trüffel.

Grischunstübli – Hotel Alpina
Bahnhofstr. 1 – ℰ 081 410 24 24 – www.alpina-klosters.ch – geschl. 18. April
- 14. Juli, 20. August - 15. Dezember und Dienstag - Mittwoch
Menü 149/189 CHF – Karte 104/142 CHF – *(nur Abendessen) (Tischbestellung ratsam)*
Steht Ihnen der Sinn nach kreativer Gourmet-Küche? In dem gemütlich-eleganten kleinen Stübchen wird man freundlich mit interessanten Menüs aus frischen und sehr guten Produkten sowie mit schönen Weinen umsorgt.

Bündnerstube – Hotel Alpina
Bahnhofstr. 1 – ℰ 081 410 24 24 – www.alpina-klosters.ch – geschl. 18. April
- 19. Mai, 15. Oktober - 17. November
Tagesteller 23 CHF – Menü 68 CHF – Karte 56/114 CHF
Wo Arvenholz Behaglichkeit verbreitet, macht man es sich gerne beim Essen gemütlich, und das gibt es hier als Schweizer oder internationale Küche, als "Alpina's Klassiker-Menü" oder als kleinere Mittagskarte. Dazu eine gute Weinauswahl.

Chesa Grischuna
Bahnhofstr. 12 – ℰ 081 422 22 22 – www.chesagrischuna.ch – geschl. Mitte April
- Ende Juni, Mitte Oktober - Anfang Dezember
12 Zim – †140/295 CHF ††180/430 CHF – ½ P
Tagesteller 27 CHF – Menü 43 CHF (mittags)/104 CHF – Karte 57/117 CHF
Schön heimelig ist dieses Restaurant im gleichnamigen Hotel: liebevolle Deko und sehenswerte alte Handwerkskunst wie Holzschnitzereien, Wand- und Deckenbemalungen sowie Intarsienarbeiten. Gekocht wird bürgerlich und schweizerisch, aber auch international.

KLOTEN – Zürich → Siehe Zürich

KONOLFINGEN
Bern (BE) – ✉ 3510 – 5 224 Ew – Höhe 728 m – Regionalatlas **8-E4**
▶ Bern 20 km – Fribourg 57 km – Langnau im Emmental 15 km – Thun 19 km
Michelin Straßenkarte 551-K8

in Stalden Süd: 1 km – Höhe 654 m – ✉ 3510 Konolfingen

Schloss Hünigen
Freimettigenstr. 9 – ℰ 031 791 26 11 – www.schlosshuenigen.ch – geschl.
17. Dezember - 9. Januar
49 Zim – †120/260 CHF ††170/310 CHF – ½ P
Ein wunderschönes Haus in einem 12 ha grossen Park mit rund 3500 Rosenstöcken. Stilvoll-modern hat man es hier, von der schicken Lobby bis zu den attraktiven Zimmern im Schlossgebäude (hier mit historischem Touch) oder im Gartenpavillon. Regional-internationale Küche im "Rosarium", toll die Gartenterrasse.

KREUZLINGEN
Thurgau (TG) – ⊠ 8280 – 21 537 Ew – Höhe 402 m – Regionalatlas **5-H2**
▶ Bern 189 km – Sankt Gallen 40 km – Bregenz 62 km – Frauenfeld 27 km
Michelin Straßenkarte 551-T3

XX Seegarten
Promenadenstr. 40, am Yachthafen – ℰ 071 688 28 77 – www.seegarten.ch
– geschl. Ende Januar - Anfang Februar und Montag, September - Mai: Montag - Dienstag
Tagesteller 42 CHF – Menü 150 CHF – Karte 89/182 CHF
Schon über 25 Jahre gibt es das elegante Restaurant am Yachthafen. Auf der Karte finden sich z. B. "Appenzeller Milchgitzi mit frischen Kräutern", "Rinderschmorbraten vom Schrofenhof" oder auch der Klassiker "Fischsuppe Seegarten".

in Tägerwilen Nord-West: 4 km Richtung Schaffhausen – ⊠ 8274

Jucker's
Hauptstr. 96 – ℰ 071 669 11 68 – www.juckers-hotel.ch
15 Zim – †130/160 CHF ††165/230 CHF
Das Gasthaus a. d. 17. Jh. hat einen modernen Anbau, in dem man wirklich schön wohnt. "Natural Lifestyle" nennt sich der ansprechende Stil: klare Formen und warme Töne. Ebenso zeitgemäss-behaglich auch das Restaurant - hier gibt es internationale und traditionelle Küche.

in Gottlieben Nord-West: 4 km Richtung Schaffhausen – ⊠ 8274

Gottlieber Hotel Die Krone
Seestr. 11 – ℰ 071 666 80 60 – www.gottlieber-hotel-krone.ch – geschl. Februar
28 Zim – †95/180 CHF ††120/350 CHF – 1 Suite – ½ P
Auf über 300-jährige Geschichte kann das Haus zurückblicken. Den historischen Charme hat man bewahrt und stilvoll mit Moderne gemischt. Dazu kommt die wunderbare Lage direkt am Seerhein - gefragt sind da natürlich die Terrasse und die Lounge am Wasser! Im 1. Stock: Smokers Lounge und eigenes Mini-Kino.

KRIEGSTETTEN
Solothurn (SO) – ⊠ 4566 – 1 274 Ew – Höhe 455 m – Regionalatlas **2-D3**
▶ Bern 34 km – Biel 35 km – Solothurn 12 km
Michelin Straßenkarte 551-K6

Sternen
Hauptstr. 61 – ℰ 032 674 41 61 – www.sternen.ch
23 Zim – †130/170 CHF ††190/250 CHF – ½ P
Rest *Gartenzimmer* – Siehe Restaurantauswahl
Das Hotel (entstanden aus einem ehemaligen Bauerngut) hat eine gute Anbindung an die Autobahn - ideal für Tagungen und Durchreisende, aber auch Urlauber fühlen sich in den wohnlichen, individuellen Zimmern und in der gemütlichen Sternenstube wohl. Serviert wird Saisonales.

XX Gartenzimmer
Hauptstr. 61 – ℰ 032 674 41 61 – www.sternen.ch – geschl. Februar 2 Wochen, Oktober 2 Wochen und November - April: Sonntagabend
Tagesteller 40 CHF – Menü 69/120 CHF – Karte 51/100 CHF
Hinter den über 200 Jahre alten Mauern begrüsst man Sie mit einem geschmackvoll eingerichteten Restaurant: schöne alte Gemälde, dunkle Holztäferung und stilvolle Tischkultur gepaart mit einer modern beeinflussten klassischen Küche.

KÜSNACHT
Zürich (ZH) – ⊠ 8700 – 13 830 Ew – Höhe 415 m – Regionalatlas **4-G3**
▶ Bern 133 km – Zürich 8 km – Aarau 54 km – Einsiedeln 43 km
Michelin Straßenkarte 551-Q5

KÜSNACHT

Seehotel Sonne
Seestr. 120 – ℰ 044 914 18 18 – www.sonne.ch
40 Zim – ♦195/275 CHF ♦♦225/365 CHF
Rest *Sonnengalerie* • **Rest *Gaststuben*** – Siehe Restaurantauswahl
Ein echtes Traditionshaus, das viele Stammgäste hat. Historie gepaart mit Moderne, top die Seelage - Strandbad und Wiese, dazu der Biergarten unter Platanen direkt am Wasser (im Winter Eisbahn)! Mit der Fähre in 20 Min. nach Zürich.

RICO'S (Rico Zandonella)
Seestr. 160 – ℰ 044 910 07 15 – www.ricozandonella.ch – geschl. Weihnachten - Anfang Januar, April 1 Woche, Oktober 2 Wochen und Sonntag - Montag
Menü 63 CHF (mittags unter der Woche)/210 CHF – Karte 120/188 CHF – *(Tischbestellung ratsam)*
So einiges spricht hier Ihre Sinne an: Da sind zum einen die angenehm unkomplizierte Atmosphäre, schickes individuelles Interieur und reichlich Kunst, zum anderen die kraftvolle Küche, die ganz klar auf den Geschmack fokussiert ist. Sie suchen Privatsphäre? Fragen Sie nach dem Nebenzimmer.
→ Wachtel-Tapas mit Gänseleber, Mais und Rhabarber. Leicht über Whisky-Holz geräuchertes Rindsfilet mit Perigordtrüffel und Hagebutte. Pochierte Nashi-Birne mit Ingwer und Valrhona-Schokolade.

Sonnengalerie – Seehotel Sonne
Seestr. 120 – ℰ 044 914 18 18 – www.sonne.ch
Tagesteller 36 CHF – Menü 84/117 CHF – Karte 60/113 CHF
Ansprechend das freundliche Ambiente hier - da trägt auch die dekorative Bildergalerie ihren Teil dazu bei. Im Sommer sollten Sie unbedingt auf der herrlichen überdachten Seeterrasse speisen! Geboten wird saisonal beeinflusste Küche.

Zum Trauben
Untere Wiltisgasse 20 – ℰ 044 910 48 55 – geschl. Sonntag - Montag
Tagesteller 30 CHF – Karte 45/85 CHF – *(Tischbestellung erforderlich)*
Ein sympathischer Italiener im Zentrum. Die vielen Stammgäste wählen meist Tagesempfehlungen wie Branzino oder "Brasato al barbera" und natürlich die hausgemachten Nudeln und Gnocchi - schönes Beispiel: "Agnolotti al plin, burro et salvia".

Chez Crettol - Cave Valaisanne
Florastr. 22 – ℰ 044 910 03 15 – geschl. Juni - August und Montag
Karte 58/99 CHF – *(nur Abendessen) (Tischbestellung ratsam)*
Typische Schweizer Käsegerichte sind hier Spezialität, überall Kunst und Deko. Am offenen Kamin wird das Raclette frisch zubereitet (richtig heimelig!), daneben gibt es "Saaser Wurschel", "Croûtes au Fromage", "Fondue au Roquefort"...

Gaststuben – Seehotel Sonne
Seestr. 120 – ℰ 044 914 18 18 – www.sonne.ch
Tagesteller 19 CHF – Menü 34 CHF (mittags unter der Woche)/117 CHF – Karte 52/100 CHF
Alte Holztäferung, antiker Kachelofen, Gemälde - richtig gemütlich sind die drei schönen Stuben. Schweizer Küche mit internationalem Touch: Zürcher Geschnetzeltes, Eglifilets, Flammkuchen, Bouillabaisse mit Fisch aus Schweizer Seen...

LAAX
Graubünden (GR) – ⌧ 7031 – 1 616 Ew – Höhe 1 023 m (Wintersport : 1 100/3 018 m) – Regionalatlas **10-I4**
▶ Bern 266 km – Chur 27 km – Andermatt 69 km
Michelin Straßenkarte 553-T8

Posta Veglia
Via Principala 54 – ℰ 081 921 44 66 – www.postaveglia.ch – geschl. 23. April - 11. Juni, im Sommer: Montag
7 Zim – ♦110/155 CHF ♦♦150/250 CHF – ½ P
Tagesteller 22 CHF – Menü 63 CHF (abends) – Karte 47/75 CHF
Die Stuben auf den zwei Etagen des historischen Gasthauses sind allesamt überaus gemütlich - da passt die Schweizer Küche gut ins Bild. Und wie wär's am Abend mit Grillgerichten vom heissen Stein in der Remise? Oder im Winter Fondue? Die Gästezimmer sind übrigens ebenso heimelig und liebenswert!

LAAX

in Murschetg Nord: 2 km – Höhe 1 080 m – ⊠ 7031 Laax

XX **Mulania**
Via Mulania – ℰ 081 927 91 91 – www.mulania.ch – geschl. Mai - November
Menü 98/159 CHF – Karte 84/124 CHF – *(nur Abendessen)*
Klarer moderner Stil in Kombination mit rustikalen Deckenbalken - so bietet das alte Bündnerhaus einen schönen Rahmen für die zeitgemäss-saisonale Küche. Dazu gibt es alle Weine auch glasweise. Chef Michael Bauer betreut mittags übrigens zeitweise auch seine Gäste im "Elephant" auf dem Berg.

in Salums Ost: 2 km – Höhe 1 020 m – ⊠ 7031 Laax

X **Straussennest**
Via Salums 6 – ℰ 081 921 59 71 – www.straussennest.ch – geschl. 24. April - 24. Mai, 6. November - 7. Dezember und Montag, in der Zwischensaison: Montag - Dienstag außer an Feiertagen
Menü 32 CHF (mittags)/75 CHF – Karte 42/84 CHF
Diese Terrasse werden Sie nicht für sich alleine haben, einfach fantastisch die Sicht auf die Signinakette! Aber auch drinnen sitzt man schön, all das warme Holz macht's richtig gemütlich. Gekocht wird traditionell. Früher verkauften der Maler Strauss und seine Frau hier Kaffee und Kuchen, daher der Name.

auf dem Crap Masegn mit 🚠 erreichbar – Höhe 2 477 m – ⊠ 7032 Laax

X **Das Elephant**
😊 *Via Murschetg 15 – ℰ 081 927 73 90 – www.daselephant.com – geschl. Mai - November*
Tagesteller 30 CHF – Karte 63/90 CHF – *(nur Mittagessen) (Tischbestellung ratsam)*
Keine Frage, das Bergpanorama ist grandios hier oben in 2489 m Höhe! Daneben darf man sich auf eine nette, lebendige Atmosphäre freuen und natürlich auf die schmackhaften und frischen saisonalen Gerichte wie "gebratenen Saibling auf Bärlauchrisotto". Lecker auch der Schokoladenkuchen!

LACHEN
Schwyz (SZ) – ⊠ 8853 – 8 480 Ew – Höhe 417 m – Regionalatlas **4-G3**
▶ Bern 164 km – Zürich 42 km – Sankt Gallen 81 km – Schwyz 38 km
Michelin Straßenkarte 551-R6

🏨 **Marina Lachen**
Hafenstr. 4 – ℰ 055 451 73 73 – www.marinalachen.ch
20 Zim ☐ – †240/260 CHF ††240/260 CHF – 1 Suite
Ein bestechendes Argument: die Lage direkt am Hafen! Überall klares Design, in den Sunset-Juniorsuiten Whirlwannen mit Blick zum See. Drei Restaurants, da fällt die Wahl schwer: "The Steakhouse", "Osteria Vista" mit Pizza und Pasta oder lieber Asiatisches im "Ox"? Herrliche Terrassen!

XX **Oliveiras**
Sagenriet 1 – ℰ 055 442 69 49 – www.oliveiras.ch – geschl. Ende Juli - Anfang August 2 Wochen und Samstagmittag, Sonntag - Montag
Tagesteller 25 CHF – Menü 79/109 CHF (abends) – Karte 63/112 CHF
Sehr persönlich und herzlich umsorgen die Gastgeber Sie in dem liebevoll eingerichteten Restaurant. Das Angebot reicht von ambitionierten portugiesischen Gerichten bis zu leicht abgewandelten Klassikern, selbst eingelegte Oliven inklusive!

LAI – Graubünden → Siehe Lenzerheide

LANDECY – Genève → Voir à La Croix-de-Rozon

LANGENTHAL
Bern (BE) – ⊠ 4900 – 15 446 Ew – Höhe 472 m – Regionalatlas **3-E3**
▶ Bern 46 km – Aarau 36 km – Burgdorf 24 km – Luzern 56 km
Michelin Straßenkarte 551-L6

LANGENTHAL

Bären
St. Urbanstr. 1 – ℰ 062 919 17 17 – www.baeren-langenthal.ch
37 Zim ☕ – †139/147 CHF ††194/220 CHF
Auf eine rund 400-jährige Geschichte blickt das schmucke Haus zurück, seit 200 Jahren als Hotel geführt. Man wohnt in schönen Designzimmern, Snackstation im 1. und 3. Stock inklusive. Im Restaurant und in der Bärenstube gibt es traditionell-regionale Küche: Cordon bleu, Suure Mocke... Sehenswerter Barocksaal.

Auberge
Murgenthalstr. 5 – ℰ 062 926 60 10 – www.auberge-langenthal.ch
– geschl. Anfang Januar 1 Woche, Ende Juli - Mitte August 3 Wochen
16 Zim ☕ – †110/160 CHF ††140/210 CHF – 1 Suite
Rest *Bistro* 🍎 • **Rest *Gourmet-Stübli*** – Siehe Restaurantauswahl
Die schmucke Villa von 1870 samt Nebengebäude ist ein geschmackvolles kleines Domizil, das engagiert und persönlich geführt wird. Die Zimmer klar-modern und stilvoll zugleich (drei Retro-Zimmer mit Bade/WC über den Gang), gutes Frühstück, kleine Lounge im 1. Stock mit Wasser und Kaffee gratis.

XX
Gourmet-Stübli – Hotel Auberge
Murgenthalstr. 5 – ℰ 062 926 60 10 – www.auberge-langenthal.ch – geschl. Anfang Januar 1 Woche, Ende Juli - Mitte August 3 Wochen und Sonntag - Mittwoch
Menü 99 CHF – *(nur Abendessen) (Tischbestellung erforderlich)*
Modern-elegant das Ambiente, klassisch-international das wechselnde 5-Gänge-Überraschungsmenüs - hier findet sich z. B. "Rindsentrecôte und Onglet an Trüffeljus mit Kräutermarkpraline". Fair kalkulierte Weinkarte, kompetent die Beratung. Im Sommer ist der Garten mit altem Baumbestand sehr schön!

X
Bistro – Hotel Auberge
Murgenthalstr. 5 – ℰ 062 926 60 10 – www.auberge-langenthal.ch – geschl. Anfang Januar 1 Woche, Ende Juli - Mitte August 3 Wochen und Samstagmittag, Sonntag - Montag
Tagesteller 28 CHF – Menü 39 CHF (mittags)/75 CHF – Karte 53/94 CHF
Hell, freundlich und etwas legerer als das "Gourmet-Stübli" zeigt sich das Bistro. Gekocht wird schmackhaft und frisch, traditionell-regional und mit saisonalem Einfluss - so z. B. "glasierte Kalbsbrustschnitte mit Polenta und Marktgemüse".

LAUSANNE

Vaud (VD) – ⊠ 1000 – 13 557 hab. – Alt. 455 m – Carte régionale **6-B5**
▶ Bern 101 km – Fribourg 71 km – Genève 60 km – Montreux 25 km
Carte routière Michelin 552-E10
Plans de la ville pages suivantes

© StockFood / hemis.fr

Hotels

Lausanne Palace
Rue Grand-Chêne 7 ⊠ *1002* – ⌀ *021 331 31 31*   Plan : A2**b**
– *www.lausanne-palace.com*
130 ch – ♦440/650 CHF ♦♦540/750 CHF, ⊇ 40 CHF – 10 suites
Rest *La Table d'Edgard* ✽ • **Rest** *Sushi-Zen* – Voir la sélection des restaurants
Ce palace construit en 1915 a tous les atouts pour un séjour d'exception : d'opulents décors, des volumes impressionnants, de belles suites avec vue sur le lac, une superbe piscine... Il abrite également plusieurs bars et restaurants. L'un des meilleurs établissements de la région.

Victoria
Avenue de la Gare 46 ⊠ *1001* – ⌀ *021 342 02 02*   Plan : A2**m**
– *www.hotelvictoria.ch*
– *fermé 21 décembre - 4 janvier*
59 ch – ♦120/265 CHF ♦♦210/380 CHF, ⊇ 20 CHF
Des tapis de nombreux pays composent le décor de cet agréable hôtel dont les chambres sont modernes et actuelles. Un établissement très confortable et fort bien tenu.

Aquatis
Route de Berne 150, par Rue du Bugnon B1 ⊠ *1010* – ⌀ *021 654 24 24*
– *www.aquatis-hotel.ch*
143 ch ⊇ – ♦140/200 CHF ♦♦160/220 CHF – ½ P
Accolé au futur Aquarium/Vivarium & Cité de l'Eau, tout près du métro et de l'autoroute, un hôtel fonctionnel et très écolo (certifié haute qualité environnementale), qui conviendra parfaitement à la clientèle d'affaires et aux familles. Cuisine française au restaurant.

 Les prix indiqués devant le symbole ♦ correspondent au prix le plus bas en basse saison puis au prix le plus élevé en haute saison, pour une chambre single. Même principe avec le symbole ♦♦, cette fois pour une chambre double.

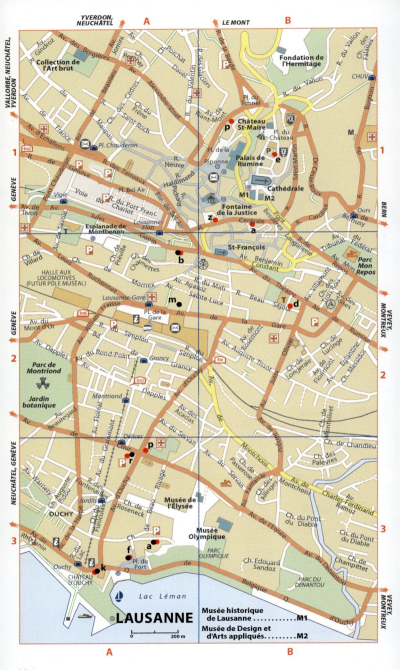

LAUSANNE

Restaurants

XxXx La Table d'Edgard – Hôtel Lausanne Palace
Rue Grand-Chêne 7 ⊠ 1002 – ℰ 021 331 32 15   Plan : A2**b**
– *www.lausanne-palace.com – fermé juillet - août 6 semaines, samedi midi, dimanche et lundi*
Menu 75 CHF (déjeuner en semaine)/180 CHF – Carte 111/148 CHF
Au sein du Lausanne Palace, une valeur sûre pour une gastronomie tout en délicatesse. La passion du chef, Edgard Bovier, c'est la cuisine méditerranéenne, en particulier niçoise, dont il cherche à exprimer la quintessence : soleil, suavité et saveurs... Superbe vue sur la ville et le lac, en terrasse comme en salle.
→ Ravioli aux tomates séchées et ricotta de brebis, sucs de tomates et câpres de Sicile à l'huile fruitée. Daurade royale aux artichauts épineux, jus à l'artichaut, citron de Menton, tartine gourmande. Soufflé à l'arancino, glace aux pistaches de Sicile.

XX Le Cinq
Rue Centrale 9 ⊠ 1003   Plan : B1**z**
– ℰ 021 312 40 11 – www.lecinq.ch
– fermé début janvier une semaine, juillet - août 3 semaines, samedi et dimanche
Plat du jour 25 CHF – Menu 55 CHF (déjeuner en semaine)/125 CHF
– Carte 61/106 CHF – *(réservation conseillée)*
Au cinquième et dernier étage de l'immeuble, la salle et la terrasse dominent joliment Lausanne. Prendre de la hauteur : tel était sans doute le pari des deux chefs ici associés. À l'ardoise, on trouve une cuisine fraîche et bien réalisée : cassolette de homard et poireaux, côte de veau Simmental aux champignons...

X Eligo
Rue du Flon 8 ⊠ 1003   Plan : B1**a**
– ℰ 021 320 00 03 – www.eligo-restaurant.ch
– fermé fin juillet - mi-août 3 semaines, dimanche et lundi
Plat du jour 29 CHF – Menu 43 CHF (déjeuner en semaine)/150 CHF
– Carte 87/114 CHF – *(carte simplifiée le midi)*
Branché directement sur la gourmandise, cet Eligo ("je choisis", en latin) organise dans l'assiette une rencontre au sommet entre les cuisines suisse, française et italienne ! Les produits sont bien choisis et les saveurs éclatantes ; on profite en plus de l'ambiance, et du spectacle des cuisiniers aux fourneaux.
→ Tartare de bœuf. Poisson du lac selon arrivage, asperges vertes, brocoli, coques. Filet de bœuf, pommes de terre, petits pois, morilles, oseille rouge.

X Au Chat Noir
Rue Beau-Séjour 27 ⊠ 1003 – ℰ 021 312 95 85 – fermé Noël   Plan : B2**d**
- Nouvel An, mi-juillet - mi-août, samedi, dimanche et jours fériés
Plat du jour 19 CHF – Carte 74/94 CHF
Des petit plats à se pourlécher les babines comme un chat, une ardoise concoctée selon le marché, des saveurs classiques et plutôt fines, une atmosphère vivante et chaleureuse : tout près du théâtre, un bistrot comme on aimerait en croiser plus souvent ! Attention : mieux vaut réserver.

X A la Pomme de Pin
Rue Cité-Derrière 11 ⊠ 1005 – ℰ 021 323 46 56   Plan : B1**e**
– www.lapommedepin.ch
– fermé fin février une semaine, fin juillet - mi-août 3 semaines ;
juin - août : samedi et dimanche, septembre - mai : mercredi soir, samedi midi et dimanche
Plat du jour 30 CHF – Menu 60 CHF (déjeuner)/88 CHF – Carte 64/100 CHF
Dans une ruelle ancienne non loin de la cathédrale, un restaurant des plus traditionnels – ris de veau aux chanterelles et *spätzli* maison, langue de bœuf aux câpres, féra du lac Léman au vin blanc – avec une partie café proposant de petits plats du terroir.

LAUSANNE

Le P'tit Lausannois ⓝ
Rue du Tunnel 14 ⊠ 1005 – ✆ 021 311 45 60 Plan : B1**p**
– www.leptitlausannois.ch – fermé Noël - 9 janvier, 23 juillet - 7 août, dimanche et lundi
Plat du jour 19 CHF – Carte 50/80 CHF
C'est le bon plan du moment à Lausanne, juste au-dessus de la place de la Riponne : le chef, véritable amoureux des bons produits, décline une cuisine sincère et soignée à des prix vraiment raisonnables. Sa spécialité : le filet de bœuf et sauce béarnaise maison ! En salle, son épouse assure le service avec gentillesse.

Ristorante St Paul
Avenue d'Echallens 72, par Av. d'Echallens A1 ⊠ 1004
– ✆ 021 544 73 91 – www.ristorante-st-paul.ch
– fermé Noël - 5 janvier, 14 - 24 avril, 30 juillet - 21 août, samedi midi, dimanche, lundi et jours fériés
Plat du jour 22 CHF – Menu 59/72 CHF – Carte 58/79 CHF – *(réservation conseillée)*
Situé légèrement à l'extérieur du centre-ville, ce petit restaurant vous propose une cuisine en provenance directe du sud de l'Italie. Pâtes fraîches, risotto aux courgettes, desserts faits maison... Les préparations regorgent de saveurs : on se régale d'un bout à l'autre du repas ! Attention : il faut réserver.

Sushi-Zen – Hôtel Lausanne Palace
Rue Grand-Chêne 7 – ✆ 021 331 39 88 – www.lausanne-palace.com Plan : A2**b**
– fermé dimanche et lundi
Plat du jour 40 CHF – Menu 52 CHF (déjeuner) – Carte 42/117 CHF
Sashimis, sushis, soupe miso... Toutes les délicatesses de la cuisine nippone – présentées avec une grande recherche esthétique – sont réunies dans ce restaurant du Lausanne Palace, dédié à la gastronomie japonaise.

à Ouchy

Beau-Rivage Palace
Place du Port 17 ⊠ 1006 – ✆ 021 613 33 33 – www.brp.ch Plan : A3**a**
161 ch – †450/940 CHF ††450/940 CHF, ⊇ 49 CHF – 7 suites
Rest *Anne-Sophie Pic* ✿✿ • **Rest** *Miyako* – Voir la sélection des restaurants
Au sommet de l'hôtellerie suisse depuis le 19ᵉ s., un mythe vivant et nullement figé ! La vue à couper le souffle sur le lac Léman et les montagnes, le parc arboré, les salons somptueux, les suites d'un grand raffinement, le spa, les restaurants... Tout est exquis.

Royal Savoy ⓝ
Avenue d'Ouchy 40 ⊠ 1006 – ✆ 021 614 88 88 Plan : A3**r**
– www.royalsavoy.ch
196 ch – †350/510 CHF ††350/510 CHF, ⊇ 39 CHF – 18 suites
Rest *La Brasserie du Royal* – Voir la sélection des restaurants
Cet hôtel de grand standing, ancien point de chute de la cour d'Espagne, a rouvert ses portes après une longue rénovation. Le moins que l'on puisse dire, c'est que l'endroit en impose ! Luxe et modernité vont ici de pair, depuis les belles parties communes jusqu'aux chambres, modernes et parfaitement équipées.

Château d'Ouchy
Place du Port 2 ⊠ 1006 – ✆ 021 331 32 32 Plan : A3**k**
– www.chateaudouchy.ch
50 ch – †195/425 CHF ††235/465 CHF, ⊇ 34 CHF – 1 suite
Rest *Château d'Ouchy* – Voir la sélection des restaurants
Le décor romantique d'un immense château néogothique, élevé au 19ᵉ s. sur les ruines d'une forteresse médiévale... Les chambres réconcilient vieilles pierres, nobles boiseries et décoration design ! Quelques balcons ouvragés ouvrent sur le lac pour prolonger la rêverie.

LAUSANNE

 Angleterre et Résidence
Place du Port 11 ✉ *1006* – ℰ *021 613 34 34*   Plan : A3**f**
– *www.angleterre-residence.ch*
– *fermé Noël - 11 janvier*
75 ch – †195/425 CHF ††235/465 CHF, ⌑ 34 CHF
Rest *L'Accadémia* – Voir la sélection des restaurants
En bord de lac, un établissement au charme sûr, évoquant avec son jardin impeccablement tenu le temps jadis, lorsque le poète Lord Byron s'y installait pour écrire... Au chapitre de ses principaux agréments : un grand confort et une équipe à l'écoute des clients.

XxXxX **Anne-Sophie Pic** – Hôtel Beau-Rivage Palace
✿✿ *Place du Port 17* ✉ *1006* – ℰ *021 613 33 39*   Plan : A3**a**
– *www.pic-beaurivagepalace.ch* – *fermé 2 janvier - 2 février, 8 - 26 octobre, dimanche et lundi*
Menu 95 CHF (déjeuner en semaine)/350 CHF – Carte 180/385 CHF – *(réservation conseillée)*
La célèbre chef française préside aux destinées de cette table luxueuse, au sein du Beau-Rivage Palace : moment de poésie face aux eaux imperturbables du lac Léman… On retrouve avec plaisir les grands classiques de la maison valentinoise, et le souci de l'invention exigeante qui a lié l'histoire de la famille Pic à celle de la gastronomie française.
→ Le berlingot et la truffe blanche d'Alba. Le turbot côtier cuit meunière. La grouse marinée au whisky et café Bourbon pointu de la Réunion.

XxX **La Brasserie du Royal** 🆕 – Hôtel Royal Savoy
Avenue d'Ouchy 40 – ℰ *021 614 88 88*   Plan : A3**r**
– *www.royalsavoy.ch*
Plat du jour 29 CHF – Menu 52 CHF (déjeuner en semaine)/100 CHF
– Carte 65/161 CHF
La cour d'Espagne fit de ce palace entouré d'un beau jardin l'un de ses points de chute favoris. Quant à cette brasserie, dont la carte est signée Marc Haeberlin, elle se révèle séduisante : pâté royal en croûte, foie gras d'oie et mousseline d'écrevisses du lac Léman... à déguster dans un décor chic et moderne.

XX **Château d'Ouchy** – Hôtel Château d'Ouchy
Place du Port 2 ✉ *1006* – ℰ *021 331 32 32*   Plan : A3**k**
– *www.chateaudouchy.ch*
Plat du jour 29 CHF – Menu 65 CHF (dîner) – Carte 76/104 CHF
Le nouveau chef a fréquenté de très belles tables, et cela se sent dans l'assiette ! On apprécie le classicisme et la maîtrise qui se dégagent de ses plats, à l'image de sa spécialité : les filets de perche du Léman meunière, sauce tartare. Et l'été, direction la terrasse donnant sur la promenade du bord de lac.

X **La Croix d'Ouchy**
Avenue d'Ouchy 43 ✉ *1006* – ℰ *021 616 22 33*   Plan : A3**p**
– *fermé Noël, Nouvel An et samedi matin ; juillet - août : dimanche*
Plat du jour 22 CHF – Menu 65 CHF (déjeuner)/98 CHF
– Carte 64/94 CHF
Cette table compte à Lausanne une nombreuse clientèle de fidèles habitués. La faute à sa cuisine, pleine des bonnes saveurs de la botte italienne (entre autres inspirations). Le cadre, classique, ne manque pas non plus de caractère.

X **Miyako** – Hôtel Beau-Rivage Palace
Place du Port 17 ✉ *1006*   Plan : A3**a**
– ℰ *021 613 33 91* – *www.brp.ch*
– *fermé 5 - 29 février et dimanche*
Menu 42 CHF (déjeuner)/110 CHF – Carte 59/124 CHF
Le Beau-Rivage Palace à l'heure japonaise ! Ce très tendance Miyako propose sushis et sashimis minute, ainsi que des tables teppanyaki, dans un décor qui respecte tous les codes du minimalisme nippon…

237

LAUSANNE

L'Accademia – Hôtel Angleterre et Résidence
Place du Port 11 ⌧ 1006 – ℰ 021 613 34 34 Plan : A3f
– www.angleterre-residence.ch – fermé Noël - 11 janvier
Plat du jour 24 CHF – Menu 52 CHF (déjeuner en semaine)/82 CHF
– Carte 70/104 CHF
Cette Accademia nous donne une belle leçon de goût ! Voilà l'endroit idéal pour découvrir une cuisine italienne de haute volée, fraîche et savoureuse – les pâtes, notamment, sont confectionnées sur place –, à déguster dans une ambiance naturelle et conviviale. L'été, direction la terrasse avec vue sur le lac.

au Mont-sur-Lausanne Nord : 5 km par A1, direction Yverdon – Alt. 702 m – ⌧ 1052

Auberge Communale
Place du Petit-Mont – ℰ 021 653 23 23 – www.aubergedumont.ch – fermé fin décembre - début janvier 2 semaines, Pâques une semaine, juillet - août 3 semaines, dimanche et lundi
Plat du jour 19 CHF – Menu 79/114 CHF – Carte 71/107 CHF – *(réservation conseillée)*
Un chef passionné – il collectionne plusieurs centaines de livres de cuisine – œuvre dans cette auberge communale, sise dans une belle maison du 18e s., face à la mairie de cette localité des hauteurs de Lausanne. Créativité et savoir-faire à la carte !
Brasserie – Voir la sélection des restaurants

Brasserie – Restaurant Auberge Communale
Place du Petit-Mont – ℰ 021 653 23 23 – www.aubergedumont.ch – fermé fin décembre - début janvier 2 semaines, Pâques une semaine, juillet - août 3 semaines, dimanche et lundi
Plat du jour 19 CHF – Menu 79/114 CHF – Carte 71/107 CHF
La version brasserie de l'Auberge Communale de Jeannine et Éric Gauvin. Ici, l'atmosphère est à la simplicité et à la convivialité ; nombreux sont les habitués qui viennent profiter des propositions quotidiennes du chef.

au Chalet-à-Gobet Nord-Est : 6 km par B2, direction Bern – Alt. 863 m – ⌧ 1000

Le Berceau des Sens
Route de Cojonnex 18, École Hôtelière de Lausanne – ℰ 021 785 12 21
– www.berceau-des-sens.ch – fermé 23 décembre - 9 janvier, 14 - 24 avril, 21 juillet - 18 septembre, samedi, dimanche et jours fériés
Menu 54 CHF (déjeuner)/69 CHF – *(réservation indispensable)*
Le "Berceau", car cette table gastronomique, toisant les Alpes, dépend de la célèbre École hôtelière de Lausanne, où s'exercent tous ses élèves – sous le regard de leurs professeurs. La prestation n'a rien d'un exercice, car les assiettes sont d'une grande finesse et le service prometteur. Une bonne note !

à Vers-chez-les-Blanc Nord-Est : 6 km par B2, direction Bern – Alt. 840 m – ⌧ 1000

Hostellerie Les Chevreuils
Route du Jorat 80 – ℰ 021 785 01 01 – www.chevreuils.ch – fermé 23 décembre - 9 janvier
30 ch ⌧ – †149 CHF ††179 CHF – ½ P
Rest *Les Chevreuils* – Voir la sélection des restaurants
En pleine campagne, à seulement quelques kilomètres de Lausanne, cette demeure de caractère dégage un charme tranquille avec ses volets bleus, son joli jardin et ses chambres au cachet suranné... Une bonne adresse, au calme.

Les Chevreuils – Hôtel Hostellerie Les Chevreuils
Route du Jorat 80 – ℰ 021 785 01 01 – www.chevreuils.ch – fermé 23 décembre - 9 janvier, dimanche et lundi
Plat du jour 27 CHF – Menu 37 CHF (déjeuner en semaine)/129 CHF
– Carte 58/110 CHF
Au milieu de la verdure... La véranda et la terrasse invitent même à un véritable bain de nature et de lumière ! Un cadre agréable pour apprécier une savoureuse cuisine, signée par un véritable artisan sûr de ses classiques.

LAUTERBRUNNEN
Bern (BE) – ⌧ 3822 – 2 448 Ew – Höhe 797 m – Regionalatlas **8-E5**
▶ Bern 69 km – Interlaken 12 km – Brienz 30 km – Kandersteg 55 km
Michelin Straßenkarte 551-L9

Silberhorn
bei der Zuben, – ℘ 033 856 22 10 – www.silberhorn.com – geschl. 30. Oktober
- 22. Dezember
33 Zim ⌧ – †109/129 CHF ††179/309 CHF – 3 Suiten – ½ P
In ruhiger Lage ganz in der Nähe der Bergbahn wohnen Sie in ländlich oder neuzeitlich-freundlich gestalteten Zimmern, teils mit Balkon - toll die zwei Zimmer mit freistehender Wanne im kleinen Chalet. Rustikales Restaurant mit Wintergarten. Mit Standseil- oder Zahnradbahn kann man die gesamte Region erkunden!

LAVEY-VILLAGE
Vaud (VD) – ⌧ 1892 – 911 hab. – Alt. 450 m – Carte régionale **7-C6**
▶ Bern 125 km – Martigny 25 km – Aigle 19 km – Lausanne 64 km
Carte routière Michelin 552-G12

Grand Hôtel des Bains
Route des Bains 48, Sud : 2 km – ℘ 024 486 15 15 – www.lavey-les-bains.ch
– *fermé mi-juin 2 semaines*
66 ch ⌧ – †165/450 CHF ††250/450 CHF – 2 suites – ½ P
Séjour revigorant en perspective dans ce vaste établissement qui conjugue nature, espace bien-être et accès direct aux bains thermaux de Lavey. Les chambres sont agréables et, au restaurant, on propose des grillades et des plats à la plancha.

LAVORGO
Ticino (TI) – ⌧ 6746 – Alt. 615 m – Carta regionale **9-H5**
▶ Bern 180 km – Andermatt 49 km – Bellinzona 43 km – Brig 96 km
Carta stradale Michelin 553-R11

Alla Stazione
via Cantonale – ℘ 091 865 14 08 – *chiuso 1 settimana inizio gennaio, fine giugno - metà luglio, domenica sera e lunedì*
Piatto del giorno 18 CHF – Menu 32 CHF (pranzo in settimana)/85 CHF
– Carta 49/100 CHF
Simpatico indirizzo la cui cucina leggera è di stampo regionale con accenti mediterranei. Le piccole dimensioni della sala da pranzo impongono di riservare!

LENK im SIMMENTAL
Bern (BE) – ⌧ 3775 – 2 387 Ew – Höhe 1 068 m (Wintersport : 1 068/2 200 m)
– Regionalatlas **7-D5**
▶ Bern 84 km – Interlaken 66 km – Montreux 88 km – Spiez 51 km
Michelin Straßenkarte 551-I10

Lenkerhof
Badstr. 20 – ℘ 033 736 36 36 – www.lenkerhof.ch – geschl. 2. April - 26. Mai
70 Zim ⌧ – †280/420 CHF ††470/700 CHF – 10 Suiten – ½ P
Rest *Spettacolo* • **Rest** *Oh de Vie* – Siehe Restaurantauswahl
Über 300-jährige Geschichte trifft hier auf Komfort von heute! Sehr geschmackvolle Zimmer mit individueller Note, ein Spa auf rund 2000 qm samt Schwefelquelle, und die Skipiste verläuft durch den eigenen Park! Dazu eine der vielfältigsten und besten Halbpensionen in der Schweiz - im Preis inkludiert!

Spettacolo – Hotel Lenkerhof
Badstr. 20 – ℘ 033 736 36 36 – www.lenkerhof.ch – geschl. 2. April - 26. Mai
Menü 88/228 CHF – (nur Abendessen)
In dem eleganten, in verschiedene Bereiche unterteilten Restaurant ist nicht nur Hausgästen ein tolles Halbpensionsmenü gewiss, auch A-la-carte-Gäste speisen hier Modernes wie "Rehrücken, Kaffee, Pastinake". Dabei wählen Sie frei aus 15 täglich wechselnden Gerichten.

LENK im SIMMENTAL

XX Oh de Vie – Hotel Lenkerhof
Badstr. 20 – ℰ 033 736 36 36 – www.lenkerhof.ch – geschl. 2. April - 26. Mai und Montag - Dienstag
Tagesteller 43 CHF – Karte 70/104 CHF
Die etwas romantischere und intimere Alternative zum "Spettacolo" - ganz anders, aber ebenfalls gut! Mediterran inspiriert wie das Ambiente ist auch die Küche. Lust auf "Brasato Ravioli mit Baumpilzen"? Auch hier kann man die HP einnehmen.

LENS
Valais (VS) – ✉ 1978 – 3 986 hab. – Carte régionale **7-D6**
▶ Bern 173 km – Sion 18 km – Fribourg 143 km – Aosta 121 km
Carte routière Michelin 552-I11

XX L'indigo
Route de Crans – ℰ 027 483 46 11 – www.fondationpierrearnaud.ch – fermé 23 - 29 janvier, 22 - 28 mai, 25 septembre - 1er octobre, 27 novembre - 10 décembre, dimanche soir, lundi et mardi
Plat du jour 22 CHF – Menu 59/89 CHF – Carte 49/93 CHF – (réservation conseillée) (carte simplifiée le midi)
Pavé de cabillaud, purée de panais à l'amande amère, émulsion aux piments doux ; carré de cochon de lait rôti, compression de pommes de terre au lard et choux vert à la truffe noire... Voici les belles saveurs qui vous attendent, en soirée, dans ce restaurant installé au cœur de la fondation Pierre Arnaud.

LENZBURG
Aargau (AG) – ✉ 5600 – 9 160 Ew – Höhe 406 m – Regionalatlas **4-F3**
▶ Bern 93 km – Aarau 12 km – Baden 16 km – Luzern 58 km
Michelin Straßenkarte 551-N5

Ochsen
Burghaldenstr. 33 – ℰ 062 886 40 80 – www.ochsen-lenzburg.ch – geschl. Weihnachten - Neujahr
36 Zim ⊇ – †145/170 CHF ††210/230 CHF
Das Haus ist ausgesprochen gut geführt und topgepflegt. Immer wieder wird investiert, so hat man z. B. schöne geradlinig-moderne Zimmer in der "Ochsen Lodge". Besonders beliebt im Restaurant "Satteltasche" sind Tatar, Entrecôte, Güggeli und auch Kalbsleber. Hübsch der "Ochsengarten".

X Rosmarin
Rathausgasse 13 – ℰ 062 892 46 00 – www.restaurant-rosmarin.ch – geschl. 24. Dezember - 9. Januar, 7. - 28. August und Samstagmittag, Sonntag - Montag
Tagesteller 24 CHF – Menü 104/134 CHF – Karte 54/108 CHF
Ein sympathisch-modernes Restaurant in frischem Grün. Meist regionale Produkte kombiniert man hier mit mediterranen Einflüssen: "offener Raviolo mit Pastinaken-Püree", "Haxen vom Lötschtal-Lamm mit Sellerie und Trüffel"... Oder lieber "Rosmarins Probier-Menü"? Tipp: Mittagsmenü Di. und Fr. - reservieren Sie!

LENZERHEIDE LAI
Graubünden (GR) – ✉ 7078 – 2 718 Ew – Höhe 1 476 m (Wintersport : 1 475/ 2 865 m) – Regionalatlas **10-I4**
▶ Bern 263 km – Chur 21 km – Andermatt 113 km – Davos 41 km
Michelin Straßenkarte 553-V9

Schweizerhof
Voa Principala 39 – ℰ 081 385 25 25 – www.schweizerhof-lenzerheide.ch – geschl. 17. April - 15. Mai
81 Zim ⊇ – †140/360 CHF ††280/560 CHF – ½ P
Das Haus von 1904 ist kein Hotel von der Stange, hier spürt man das Engagement und die Liebe zum Detail. Alpenländisch-moderner Stil in den Zimmern "Alpenchic", "Nostalchic" (hier eine Spur eleganter) oder "Budget" (kleiner und günstiger). Attraktiver Spa - allein der Hamam misst 450 qm! "Open Air"-Solebad.

LENZERHEIDE

Lenzerhorn
Voa Principala 41 – ℰ 081 385 86 87 – www.hotel-lenzerhorn.ch – geschl. Anfang April - Anfang Mai, Mitte Oktober - Anfang Dezember
38 Zim ⌐ – †100/250 CHF ††200/399 CHF – ½ P
So hat man es gerne: zeitgemäss und wohnlich, besonders chic die Alpenstyle-Zimmer, dazu komfortable Juniorsuiten mit Balkon. Zum Relaxen: Massage (auch als Abo) oder Solebad unter freiem Himmel. Restaurant "Giardino" mit Wintergarten, "Kuchikästli" mit rustikaler Note, urchiges "Heid-Stübli", Sonnenterrasse.

Auszeit
Voa Principala 30 ✉ 7078 – ℰ 081 253 12 12 – www.hotelauszeit.ch – geschl. Mai - Anfang Juni, Ende Oktober - Anfang Dezember
22 Zim – †110/160 CHF ††175/310 CHF, ⌐ 18 CHF – 3 Suiten
Hier lässt es sich richtig schön übernachten: Die Zimmer sind sehr gut ausgestattet, vom Bett über die Technik bis zum Bad, die Einrichtung geschmackvoll-modern. Dazu ein kleines Speisenangebot im trendig-geradlinigen Restaurant.

La Riva (Dominique Schrotter)
Voa Davos Lai 27 – ℰ 081 384 26 00 – www.lariva.ch – geschl. nach Ostern - Mitte Juni, Mitte Oktober - Anfang Dezember, Juni : Montag - Dienstag, August - März : Montag
Tagesteller 25 CHF – Menü 79/130 CHF – Karte 61/91 CHF
Sie sitzen in hellem, freundlichem Ambiente und geniessen eine ambitionierte Küche auf klassischer Basis. Am Mittag reicht man auch eine kleine Tageskarte. Tipp: Von den Tischen an der grossen Fensterfront schaut man auf Heidsee und Berge!
→ Ziegenfrischkäse Ravioli, Pistazien, Thymian und Honig. Rehrückenfilet, Serviettenknödel, Eierschwämmli und Romanesco. Tonkabohnen Crème Brûlée und Pfirsich.

Scalottas - Terroir
Voa Principala 39 – ℰ 081 385 25 25 – www.schweizerhof-lenzerheide.ch – geschl. Anfang April - Mitte Juli, Mitte Oktober - Mitte Dezember und Montag, im Sommer: Sonntag - Dienstag
Menü 62/93 CHF – (nur Abendessen)
Das zum "Schweizerhof" gehörende Restaurant ist eine charmante, heimelig-wohnliche Stube, in der man von einem sympathischen Service umsorgt wird und nach Lust und Laune frei von der Karte wählt, und das macht z. B. "wachsweiches Bauernei auf Bärlauchspinat mit Nussbutter-Hollandaise" Appetit!
Scalottas - Carn & Caschiel – Siehe Restaurantauswahl

Scalottas - Carn & Caschiel – Restaurant Scalottas - Terroir
Voa Principala 39 – ℰ 081 384 21 48 – www.schweizerhof-lenzerheide.ch – geschl. Anfang April - Mitte Juli, Mitte Oktober - Mitte Dezember und Montag, im Sommer: Sonntag - Dienstag
Karte 58/88 CHF – (nur Abendessen)
Ebenfalls sehr nett und trendig-rustikal ist das zweite Scalottas-Restaurant. Hier gibt's schmackhafte und deftige "Winterküche" in Form von verschiedenen Fondues und traditionellen Fleischgerichten.

Motta Hütte
Postfach 9, Im Skigebiet Lenzerheide-Arosa : Ab Lenzerheide mit der Rothorn-Seilbahn bis Mittelstation (ca. 10 min) - dann Fussweg zum Motta-Sessellift (ca. 35 min) und Fahrt zur Bergstation (ca. 5 min) – ℰ 081 385 51 60 – www.motta-lenzerheide.com – geschl. Mitte April - November
Karte 33/106 CHF – (nur Mittagessen bis 16:30)
Ideal für Skifahrer und Alpinwanderer: Die schön urige, rustikale Berghütte liegt in 2325 m Höhe - klasse die Sonnenterrasse! In netter lebendiger Atmosphäre isst man z. B. hausgemachte Pasta oder auch Käsefondue, dazu Weine aus Italien.

LENZERHEIDE

in Sporz Süd-West: 2,5 km – ✉ 7078

Maiensäss Hotel Guarda Val
Voa Sporz 85 – ✆ *081 385 85 85 – www.guardaval.ch*
50 Zim – †245/425 CHF ††285/575 CHF – ½ P
Rest *Guarda Val* • **Rest** *Crap Naros* – Siehe Restaurantauswahl
Einfach wunderschön, was da aus elf jahrhundertealten Scheunen und Ställe entstanden ist! Seinen heimeligen Bergdorf-Charme hat man dem liebenswerten Ensemble bewahrt und ihn mit wertigem modernem Design gemischt! Und dann noch die romantische Lage und erst der top Service... Ein echtes Bündner Alpen-Bijou!

Guarda Val – Maiensäss Hotel Guarda Val
Voa Sporz 85 – ✆ *081 385 85 85 – www.guardaval.ch*
Tagesteller 35 CHF – Menü 125/175 CHF (abends) – Karte 85/99 CHF
Zuerst einen Apero in der Bar im EG des historischen Bauernhauses, dann ein feines Essen im OG, wo man den charmanten Mix aus rustikalem altem Holz und elegantem Stil auf sich wirken lässt - ein Blickfang ist auch der Holzempore. Gekocht wird klassisch mit modernen und mediterranen Einflüssen.
→ Zander mit Kürbis und Zuckerschoten. Lamm, Aubergine und Buttermilch. Mandarine, Griess und Quark.

Crap Naros – Maiensäss Hotel Guarda Val
Voa Sporz 85 – ✆ *081 385 85 85*
– www.guardaval.ch – geschl. Mitte April - Ende Mai, Mitte Oktober - Mitte Dezember und Montag - Dienstag
Menü 65 CHF – Karte 43/88 CHF
In der "Bündner Beiz" des Guarda Val isst es sich in reizender uriger Atmosphäre deftig-gluschtig: Capuns auf eigene Art, "Sporzer Bergflada", "Käs-Fondues - bis satt bisch"... Sommers wie winters nette Terrasse.

in Tgantieni Süd-West: 3,5 km – Höhe 1 755 m – ✉ 7078 Lenzerheide

Berghotel Tgantieni

Voa Tgantieni 17 – ✆ *081 384 12 86 – www.tgantieni.ch – geschl. 2. April - 17. Juni, 22. Oktober - 1. Dezember*
18 Zim – †98/165 CHF ††196/300 CHF – ½ P
Hier in 1796 m Höhe überzeugt nicht nur die traumhafte Aussicht, denn die freundlichen Gastgeber investieren immer wieder in ihr Haus, so z. B. in eine schicke Cheminée-Lounge, schöne Zimmer in modern-alpinem Design und ein attraktives Restaurant. Skifahrer-Treff für tagsüber: Bar in der Marola-Hütte.

in Valbella Nord: 3 km – Höhe 1 546 m – ✉ 7077

Valbella Inn
Voa selva 4 – ✆ *081 385 08 08 – www.valbellainn.ch – geschl. Anfang April - Mitte Juni*
126 Zim – †185/425 CHF ††285/525 CHF – 17 Suiten – ½ P
Mit seinem LEGO-"Kids Inn" ist das Resort ein Eldorado für Kinder, aber auch für die Grossen ideal zum Urlauben: modern-alpiner Chic, geradlinig und dennoch heimelig, dazu ein erstklassiges Spa-Angebot (Wellnessturm "Tor da Lenn" ab 16 Jahre). Im Restaurant "Fastatsch" Spezialitäten vom Holzgrill, im "Capricorn" regionale und internationale Küche. Aussichtsterrasse.

Seehof

Voa Davos Lai 26 – ✆ *081 384 35 35 – www.seehof-valbella.ch – geschl. Mitte April - Mitte Mai*
28 Zim – †100/180 CHF ††160/320 CHF – 1 Suite – ½ P
Rest *Seehof* – Siehe Restaurantauswahl
Wirklich schön wohnt man hier: Das Haus liegt recht ruhig nahe dem Heidsee und die Zimmer sind richtig geschmackvoll mit ihrem Mix aus hellem Arvenholz und modernen Elementen - fast alle haben Balkon samt Seeblick.

LENZERHEIDE

XX **Seehof** – Hotel Seehof
Voa Davos Lai 26 – ℰ 081 384 35 35 – www.seehof-valbella.ch – geschl. Mitte April - Mitte Mai
Tagesteller 38 CHF – Menü 65/120 CHF – Karte 64/95 CHF
Hier lässt man sich bei schöner Sicht auf See und Berge gute klassische Küche mit asiatischen, mediterranen und regionalen Akzenten schmecken - Lust auf "Skrei mit Olivenöl-Kräuterkruste" oder "Angus-Rindsfilet mit Schalotten-Rotweinjus"?

LEUKERBAD LOÈCHE-LES-BAINS
Valais (VS) – ⌂ 3954 – 1 474 Ew – Höhe 1 404 m (Wintersport : 1 411/2 700 m)
– Regionalatlas **8-E6**
▶ Bern 101 km – Brig 47 km – Interlaken 81 km – Sierre 27 km
Michelin Straßenkarte 552-K11

 Les Sources des Alpes
Tuftstr. 17 – ℰ 027 472 20 00 – www.sourcesdesalpes.ch
26 Zim ⌂ – †315/745 CHF ††365/795 CHF – 4 Suiten – ½ P
Rest *La Malvoisie* – Siehe Restaurantauswahl
Klassisch und stilvoll wie eh und je! Vom Empfang bis zur Abreise umsorgt man Sie kompetent und engagiert und bietet viele kleine Aufmerksamkeiten. Die Zimmer geräumig und elegant (das kleinste misst 34 qm!), umfassend das Wellnessangebot.

 Le Bristol
Rathausstr. 51 – ℰ 027 472 75 00 – www.lebristol.ch
67 Zim ⌂ – †195/295 CHF ††240/395 CHF – 1 Suite – ½ P
Die zwei Gebäude mit schönem grossem Garten-Poolbereich liegen ruhig am Dorfrand. Sie mögen es geradlinig? Die Zimmer im Annexe sind etwas moderner. Auffallend: das markante Rot im Bar- und Restaurantbereich.

 Waldhaus
Promenade 17 – ℰ 027 470 32 32 – www.hotel-waldhaus.ch – geschl. April 2 Wochen
16 Zim ⌂ – †137/269 CHF ††218/378 CHF – ½ P
Von Ihrem Südbalkon (in einigen der Zimmer) schauen Sie auf die Berge, direkt am Haus der Wald! Das Thermalbad können Sie gratis nutzen. In der rustikalen Stube gibt's Walliser Käsespezialitäten, alternativ speist man in der hellen, modernen Lodge. Tipp: die bemerkenswerte Bordeaux-Weinkarte!

XXX **La Malvoisie** – Hotel Les Sources des Alpes
Tuftstr. 17 – ℰ 027 472 20 00 – www.sourcesdesalpes.ch
Tagesteller 45 CHF – Menü 85/140 CHF – Karte 87/128 CHF – *(nur Abendessen)*
Dezente Pianomusik, klassischer Rahmen, versierter Service, und dann noch ein Fensterplatz mit Aussicht? Gekocht wird französisch und mit internationalem Touch, harmonisch und ohne viel Chichi - gute Produkte sind selbstverständlich!

LICHTENSTEIG
Sankt Gallen – 1 911 Ew – Regionalatlas **5-H3**
▶ Bern 195 km – Sankt Gallen 45 km – Herisau 23 km – Frauenfeld 36 km
Michelin Straßenkarte 551-S5

X **Bodega Noi**
Loretostr. 19 ⌂ 9620 – ℰ 071 988 88 28 – www.bodeganoi.ch – geschl. 20. - 27. Dezember, April 1 Woche, Juli - August 2 Wochen, Oktober 1 Woche und Sonntag - Montag
Tagesteller 23 CHF – Karte 55/88 CHF – *(Tischbestellung ratsam)*
Ein wirklich attraktives Restaurant: schön modern, offen gehalten und dank grosser Fensterfront angenehm hell. Hier bietet man eine frische, schmackhafte Küche mit mediterranem und regionalem Einfluss.

LIEBEFELD – Bern ➜ Siehe Bern

LIECHTENSTEIN – (FÜRSTENTUM) ➜ Siehe Seite 405

LIESTAL
Basel-Landschaft (BL) – ✉ 4410 – 14 074 Ew – Höhe 327 m – Regionalatlas **3-E2**
▶ Bern 82 km – Basel 20 km – Aarau 52 km – Baden 59 km
Michelin Straßenkarte 551-L4

in Bad Schauenburg Nord-West: 4 km – Höhe 486 m – ✉ 4410 Liestal

Bad Schauenburg
Schauenburgerstr. 76 ✉ 4410 – ☎ 061 906 27 27 – www.badschauenburg.ch
– geschl. 23. Dezember - 15. Januar
34 Zim ☐ – †150/200 CHF ††210/260 CHF – ½ P
Rest *Basler Stübli* – Siehe Restaurantauswahl
Vorbei an Feld, Wald und Wiese, dann durch den wunderbaren Garten mit Biotop und Koiteich - das 300 Jahre alte einstige Heilbad ist auch heute noch ein wahres Idyll! Verständlich, dass hier auch gerne geheiratet wird. Für das Brautpaar (natürlich nicht nur): die "Biedermeier-Suite".

XX Basler Stübli – Hotel Bad Schauenburg
Schauenburgerstr. 76 ✉ 4410 – ☎ 061 906 27 27 – www.badschauenburg.ch
– geschl. 23. Dezember - 15. Januar und Sonntagabend
Tagesteller 39 CHF – Menü 60 CHF (mittags unter der Woche)/135 CHF
– Karte 71/120 CHF
Elegantes Herzstück des Restaurants ist das Basler Stübli (schön aber auch die Terrasse mit toller Sicht!). Das Angebot ist klassisch mit internationalen Einflüssen, so z. B. "Bretonischer Kabeljau, Krustentiersauce, Tapioka mit Birnen".

LIPPERSWIL
Thurgau (TG) – ✉ 8564 – Regionalatlas **5-H2**
▶ Bern 179 km – Frauenfeld 17 km – Herisau 71 km – Zürich 59 km
Michelin Straßenkarte 551-S3

Golf Panorama

Golfpanorama 6 – ☎ 052 208 08 08 – www.golfpanorama.ch
54 Zim ☐ – †149/390 CHF ††249/490 CHF – ½ P
Rest *LION D'OR* – Siehe Restaurantauswahl
Ideal zum Abschalten: draussen der Golfplatz Lipperswil sowie Wiesen und Felder, drinnen schöner moderner Stil und warme Töne. Tipp: Juniorsuiten mit Panoramablick! Spabereich gegen Gebühr. Beauty-Highlight: hauseigene Apfelblütenkosmetik!

XXX LION D'OR – Hotel Golf Panorama

Golfpanorama 6 – ☎ 052 208 08 08 – www.golfpanorama.ch
Tagesteller 35 CHF – Menü 49/107 CHF – Karte 49/78 CHF
Luftig wirkt das geradlinig und recht offen gestaltete Restaurant - schön die Aussicht durch die grosse Glasfront und natürlich von der Terrasse! Aus der einsehbaren Küche kommen internationale Speisen mit Bezug zu Region und Saison.

LOCARNO

Ticino (TI) – ✉ 6600 – 15 968 ab. – Alt. 205 m (Sport invernali : a Cardada : 1 340/
1 670 m) – Carta regionale **9-H6**
▶ Bern 239 km – Lugano 46 km – Andermatt 107 km – Bellinzona 24 km
Carta stradale Michelin 553-Q12

🟢 Alberghi

Belvedere
via ai Monti 44 – ✆ 091 751 03 63 – www.belvedere-locarno.com   Pianta : A1**z**
89 cam – †165/360 CHF ††225/430 CHF – 6 suites – ½ P
Dimora storica dell'alto lago da cui è possibile scorgere la città dal giardino fiorito. Camere ampie e moderne, tutte con vista lago, e diversi ristoranti dai nomi evocativi: Fontana, Affresco, Veranda e Grotto. Il menu d'impronta tradizionale, tuttavia, non cambia.

Boutique Hotel La Rinascente
Via al Tazzino 3 – ✆ 091 751 13 31 – www.hotel-rinascente.ch   Pianta : A2**e**
– chiuso fine ottobre - metà marzo
15 cam – †140/280 CHF ††180/320 CHF – 1 suite
Rist *La Rinascente Gourmet* – Vedere selezione ristoranti
Un edificio del 1550 - completamente rinnovato - ospita questo boutique hotel dalle camere piacevolmente moderne. La sua ubicazione? Nel quartiere vecchio di Locarno!

Millennium
via Dogana Nuova 2 – ✆ 091 759 67 67   Pianta : B2**e**
– www.millennium-hotel.ch
11 cam – †89/290 CHF ††120/290 CHF
Di fronte all'imbarcadero, lasciatevi viziare in questa graziosa bomboniera - familiare e personalizzata - nella quale vivere richiami al jazz. Camere di diversa tipologia: alcune un po' piccole, ma comunque confortevoli.

🟢 Ristoranti

✕✕ lachiesa
via del Tiglio 1 ✉ 6605 Locarno-Monti Trinità – ✆ 091 752 03 03   Pianta : A1**e**
– www.lachiesa.ch – chiuso 23 gennaio - 7 febbraio, 6 - 21 novembre e lunedì, metà settembre - maggio : lunedì e martedì
Piatto del giorno 40 CHF – Menu 49 CHF (pranzo)/95 CHF – Carta 67/92 CHF – *(consigliata la prenotazione la sera)*
Proprio dietro ad una chiesa, sulle colline dominanti Locarno, la vista spazia sulla città e uno scorcio di lago, la cucina invece su piatti mediterranei, dall'Italia alla Spagna, dal pesce alla carne. Non stupitevi, quindi, se il menu propone ravioli ripieni alle verdurine con maggiorana, burro e petti di quaglia o chorizo piccante e risotto al prezzemolo.

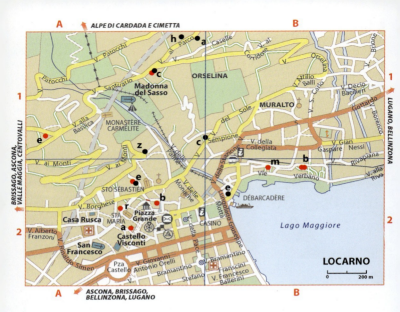

✗✗ Da Valentino

via Torretta 7 – ✆ 091 752 01 10
Pianta : A2**b**
– www.ristorantedavalentino.ch
– chiuso 1 settimana a Carnevale, 2 settimane fine giugno - inizio luglio,
1 settimana inizio novembre, domenica e lunedì
Piatto del giorno 26 CHF – Menu 40 CHF (pranzo in settimana)/80 CHF
– Carta 72/87 CHF
La bella terrazza affascina d'amblé, ma anche la cordiale accoglienza ed il servizio attento non mancano di conquistare l'ospite: *Valentino* ai fornelli, *Sabine* in sala, e sulla tavola gustose specialità mediterranee. D'inverno, il camino riscalderà l'ambiente e i cuori.

✗✗ La Rinascente Gourmet

Via al Tazzino 3 – ✆ 091 751 13 31
Pianta : A2**e**
– www.hotel-rinascente.ch – chiuso fine ottobre - metà marzo, sabato a
mezzogiorno, domenica - lunedì
Piatto del giorno 19 CHF – Menu 37 CHF (pranzo)/98 CHF (cena)
– Carta 57/93 CHF
Cucina mediterranea che spazia dai tagliolini al sughetto di triglia e ceci alle melanzane alla parmigiana, passando per la lombata di vitello cotta con "ras" (mix di spezie) ed emulsione di zucchine. In quanto al dessert, lasciatevi tentare da una crêpe Suzette preparata espressamente davanti ai vostri occhi.

✗✗ La Cittadella

via Cittadella 18, 1° piano – ✆ 091 751 58 85 – www.cittadella.ch   Pianta : A2**r**
– chiuso lunedì
9 cam ⌑ – ♦80/110 CHF ♦♦120/170 CHF
Menu 22 CHF (pranzo)/82 CHF – Carta 66/97 CHF
Cucina classica e mediterranea con proposte di pesce, in un ambiente rustico-elegante con travi a vista anche nelle camere. Tipicità a prezzi più contenuti a *La Trattoria*: tante ricette italiane e l'immancabile pizza!

LOCARNO

✕✕ Locanda Locarnese
via Bossi 1 – ℰ 091 756 87 56 – www.locandalocarnese.ch   Pianta : A2**a**
– chiuso 1 settimana inizio gennaio, giugno e domenica
Piatto del giorno 22 CHF – Menu 36 CHF (pranzo in settimana)/85 CHF
– Carta 64/88 CHF
Nascosto in una viuzza, questo piacevole ristorante dai tratti moderni propone una cucina mediterranea che segue l'alternarsi delle stagioni. A caratterizzare l'ambiente il grande camino; a far sentire il cliente come ospite di una casa privata, l'amabile servizio.

a Muralto Alt. 208 m – ✉ 6600

🏠 Muralto
via Sempione 10 – ℰ 091 735 30 60 – www.hotelmuralto.ch   Pianta : AB1**c**
– chiuso 23 dicembre - 7 gennaio
34 cam ☑ – †99/129 CHF ††129/215 CHF
Ristrutturato in anni recenti, l'albergo si ripropone in una squisita veste moderna, soprattutto nella luminosa hall con bar. Camere accoglienti e confortevoli - alcune ampie, altre meno - quelle rivolte a sud dispongono di balcone.

✕✕ Osteria del Centenario
viale Verbano 17 – ℰ 091 743 82 22 – www.osteriacentenario.ch   Pianta : B2**m**
– chiuso fine giugno 1 settimana e lunedì, ottobre - marzo : domenica e lunedì, aprile - giugno e settembre : domenica sera e lunedì
Piatto del giorno 26 CHF – Menu 43 CHF (pranzo in settimana)/89 CHF
– Carta 79/103 CHF
Accogliente ristorante, dove la simpatia del servizio e l'ambiente rustico-informale si associano ad una saporita cucina mediterranea, che segue le stagioni. Dalla piacevole terrazzina, l'incanto del lago.

✕ Antica Osteria Il Malatesta
via dei Pescatori 8 – ℰ 091 730 15 24 – www.ilmalatesta.ch   Pianta : B2**b**
– chiuso febbraio e martedì - mercoledì a pranzo
Menu 77 CHF – Carta 71/95 CHF
Tre salette arredate con mobili antichi, dipinti ed un camino: l'atmosfera è semplice e un po' retrò, la cucina squisitamente italiana. Un esempio? Gnocchi fatti in casa, pesto di salvia e filetti di pomodoro - risotto ai peperoni rossi, acciughe e salsa al prezzemolo - filetto di branzino al cartoccio con patate, coste rosse, zeste di limone e olive taggiasche. I dessert sono proposti al tavolo.

✕ Osteria Chiara
Vicolo dei Chiara 1 – ℰ 091 743 32 96 – www.osteriachiara.ch   Pianta : B2**b**
– chiuso gennaio - febbraio, lunedì e martedì sera
Piatto del giorno 27 CHF – Menu 29 CHF (pranzo)/72 CHF (cena)
– Carta 61/75 CHF
Un po' defilato in una stradina del centro storico, tradizionale grotto con un bel camino ed una piacevole terrazza pergolata, dove gustare una verace cucina mediterranea che trova la propria massima espressione nelle paste fatte in casa e nei risotti. Ottimo, quello ai fegatini!

ad Orselina Nord : 2 km – Alt. 406 m – ✉ 6644

Villa Orselina
via Santuario 10 – ℰ 091 735 73 73 – www.villaorselina.ch – chiuso   Pianta : A1**c**
fine ottobre - inizio marzo
11 cam ☑ – †300/600 CHF ††390/750 CHF – 17 suites – ½ P
Rist *il Ristorante* – Vedere selezione ristoranti
Molto ben situato in una zona tranquilla, all'inizio della montagna con splendida vista sul lago, il suo ampio giardino assicura agli ospiti un soggiorno all'insegna della massima privacy: camere molto raffinate, da tutte si gode di uno splendido panorama, e centro benessere. Al Ristorante, lo chef italiano ammalia con sapori mediterranei. Vicino alla piscina, solo a pranzo, piatti più semplici e pesce alla griglia.

LOCARNO

🏠 Stella
via al Parco 14 – ℰ 091 743 66 81 – www.hotelstella.ch Pianta : A1**a**
– chiuso novembre - inizio marzo
38 cam ☑ – †99/199 CHF ††174/302 CHF – 1 suite
Situato nella parte alta di Locarno, l'hotel dispone di un bel giardino con piscina e di 12 camere design; arredi moderni nelle restanti stanze, la maggior parte rinnovate, e con balcone vista lago. Andate fino alla panoramica terrazza e cenate cercando la vostra "Stella": la squisita cucina tradizionale non vi deluderà!

XXX il Ristorante 🆕 – Hotel Villa Orselina
via Santuario 10 – ℰ 091 735 73 73 – www.villaorselina.ch – chiuso Pianta : A1**c**
inizi gennaio - inizio marzo
Menu 79/129 CHF – Carta 71/98 CHF
Una cucina veramente buona che profuma di "mediterraneità" in armonia con la tradizione culinaria italiana e locale in un ristorante con splendido affaccio sul lago Maggiore.

a Minusio Est : 2 km per via San Gottardo B1 – Alt. 246 m – ✉ 6648

🏠 Giardino Lago
via alla Riva 83a – ℰ 091 786 95 95 – www.giardino-lago.ch
– chiuso gennaio
15 cam ☑ – †235/595 CHF ††285/645 CHF
Rist *Lago* – Vedere selezione ristoranti
Incantevole posizione in riva al lago e in zona pedonale, il vecchio edificio tardo ottocentesco è stato rinnovato con le più recenti dotazioni ed offre camere dagli arredi moderni, nonché un roof lounge per snack veloci.

🏠 Remorino
via Verbano 29 – ℰ 091 743 10 33 – www.remorino.ch – chiuso novembre - febbraio
24 cam ☑ – †140/335 CHF ††185/425 CHF
Hall signorile aperta direttamente verso la terrazza e il rigoglioso giardino con piscina. Camere di diversa tipologia dal rustico allo stile tradizionale, passando per il moderno: tutte recentemente rinnovate, alcune di esse con vista lago. Noleggio gratuito di e-bike.

X Lago – Hotel Giardino Lago
via alla Riva 83a – ℰ 091 786 95 95 – www.giardino-lago.ch – chiuso gennaio, ottobre - maggio : lunedì e martedì
Carta 53/123 CHF
In riva al lago, il nome è una promessa! Il ristorante è conosciuto per la bella posizione, nonché per la sua cucina mediterranea ed internazionale.

Le LOCLE
Neuchâtel (NE) – ✉ 2400 – 10 442 hab. – Alt. 925 m – Carte régionale **1-B4**
🚗 Bern 78 km – Neuchâtel 28 km – Besançon 76 km – La Chaux-de-Fonds 9 km
Carte routière Michelin 552-F6

XX Auberge du Prévoux
Le Prévoux 10, 2,5 km par Le Col – ℰ 032 931 23 13
– www.aubergeduprevoux.ch – fermé Noël - 30 décembre, 14 - 24 avril, 23 juillet - 7 août, dimanche soir et lundi
4 ch ☑ – †90 CHF ††140 CHF
Plat du jour 19 CHF – Menu 57 CHF (déjeuner en semaine)/90 CHF
– Carta 63/104 CHF
Au cœur des montagnes neuchâteloises, cette maison en lisière de forêt est bien connue des gourmands ! On y apprécie une cuisine française mettant l'accent sur les produits de saison ; côté brasserie, on profite de la même carte dans une ambiance plus décontractée. Pour l'étape, quelques chambres à l'étage.

Le LOCLE

De la Gare - Chez Sandro
Rue de la Gare 4 – ℰ 032 931 40 87 – www.chez-sandro.ch – fermé 23 décembre - 10 janvier, mi-juillet - mi-août, dimanche et lundi
Plat du jour 18 CHF – Menu 59/130 CHF – Carte 47/95 CHF
Depuis les années 1970, ce restaurant italien fait figure d'institution locale. Après le père, le fils met tout son dynamisme au service de l'affaire familiale. Vitello tonnato, cuisses de grenouilles à la provençale et pâtes maison sont accompagnés de bons crus qui raviront les amateurs. On se régale : pensez à réserver !

LODANO
Ticino (TI) – ✉ 6678 – 191 ab. – Alt. 341 m – Carta regionale **9-G6**
🛣 Bern 255 km – Locarno 17 km – Andermatt 123 km – Bellinzona 39 km
Carta stradale Michelin 553-Q12

Ca'Serafina
Nucleo 13 – ℰ 091 756 50 60 – www.caserafina.com – chiuso 1° gennaio - 1° aprile
5 cam ⊇ – †140/170 CHF ††170/200 CHF
Nel cuore di un pittoresco villaggio, tipica casa ticinese in sasso con un grazioso giardinetto, dove in stagione viene servita la prima colazione, e sole cinque camere: belle e spaziose. Su richiesta, la cena è servita per un minimo di sei persone.

LOÈCHE-les-BAINS – Valais → Voir à Leukerbad

LÖMMENSCHWIL
Sankt Gallen (SG) – ✉ 9308 – Höhe 543 m – Regionalatlas **5-I2**
🛣 Bern 208 km – Sankt Gallen 11 km – Bregenz 41 km – Konstanz 27 km
Michelin Straßenkarte 551-U4

Neue Blumenau
Romanshornerstr. 2 – ℰ 071 298 35 70 – www.neueblumenau.ch – geschl. Januar - Februar 2 Wochen, Oktober 1 Woche und Sonntag - Montag, Samstagmittag
Menü 58 CHF (mittags)/172 CHF – Karte 95/132 CHF – *(April - September : jeden 2. Sonntagmittag geöffnet)*
Ein schönes modernes Restaurant, eine tolle Terrasse, ein sehr gepflegter Garten und nicht zuletzt ein zuvorkommender Service. Ein wunderbarer Rahmen für saisonale Küche aus top Produkten: Fisch aus dem Bodensee, Fleisch und Gemüse aus der Region - und all das wird schmackhaft zubereitet!

Ruggisberg
Ruggisberg 416, Süd-Ost: 2 km, im Weiler Ruggisberg – ℰ 071 298 54 64 – www.ruggisberg.ch – geschl. Oktober 3 Wochen und Sonntagabend - Dienstag
Tagesteller 30 CHF – Menü 65/100 CHF
Herrlich die Lage samt Blick auf den Bodensee - da speist man natürlich gerne draussen im Garten! Das Engagement der Gastgeber zeigt sich auch in der Küche: Hier entstehen schmackhafte regional-saisonale Gerichte wie "Kalbsrücken mit Gnocchi, Spinat und Spargel". Ideal für Events ist die umgebaute Scheune.

LOSONE – Ticino → Vedere Ascona

LOSTALLO
Grigioni (GR) – ✉ 6558 – 767 ab. – Alt. 426 m – Carta regionale **10-I6**
🛣 Bern 490 km – Sankt Moritz 130 km – Bellinzona 24 km – Chur 95 km
Carta stradale Michelin 553-T11

Groven
Via Cantonale 3 – ℰ 091 830 16 42 – www.groven.ch – chiuso inizio gennaio 2 settimane, carnevale 1 settimana, inizio agosto 3 settimane e sabato a mezzogiorno, domenica sera - lunedì
7 cam ⊇ – †110 CHF ††130 CHF
Piatto del giorno 35 CHF – Menu 58/98 CHF – Carta 55/105 CHF
Piccola locanda dove tutto punta sulla semplicità locale. Fermatevi per una pausa pranzo in terrazza, ogni giorno troverete un menu diverso, ispirato ai prodotti di stagione.

LUCENS
Vaud (VD) – ⊠ 1522 – 3 334 hab. – Alt. 493 m – Carte régionale **7-C5**
▶ Bern 68 km – Fribourg 33 km – Lausanne 32 km – Montreux 45 km
Carte routière Michelin 552-F8

XX De la Gare
Avenue de la Gare 13 – ℰ 021 906 12 50 – www.hoteldelagarelucens.ch – fermé Noël - Nouvel An 2 semaines, juillet - août 3 semaines, dimanche et lundi
5 ch ⌑ – †130 CHF ††170 CHF
Plat du jour 20 CHF – Menu 71 CHF (déjeuner)/150 CHF – Carte 72/110 CHF – *(réservation conseillée)*
Impossible de manquer cette haute maison ocre devant la gare de Lucens : un établissement de tradition plein de vie, du côté du café comme de la table gastronomique. Ravioles de boudin blanc et purée de pommes, aiguillette de saint-pierre au chou vert... Le rapport qualité-prix est bon, ainsi que le choix de vins.

LÜSCHERZ
Bern (BE) – ⊠ 2576 – 528 Ew – Höhe 446 m – Regionalatlas **2-C4**
▶ Bern 38 km – Neuchâtel 22 km – Biel 16 km – La Chaux-de-Fonds 42 km
Michelin Straßenkarte 551-H6

XX 3 Fische
Hauptstr. 29 – ℰ 032 338 12 21 – www.3fische.ch – geschl. Januar 3 Wochen, Juni 2 Wochen und Mittwoch - Donnerstag
Tagesteller 18 CHF – Menü 66/97 CHF – Karte 49/97 CHF
Spezialität in dem gemütlichen familiengeführten Gasthof a. d. 16. Jh. ist Fisch (vor allem aus dem Bielersee) - kommen Sie im Sommer mal zum Fischbuffet! Aber auch Freunde traditioneller Fleischgerichte werden hier fündig. Dazu schöne Weine aus der Region sowie aus der Alten und Neuen Welt.

XX Zum Goldenen Sternen
Hauptstr. 33 – ℰ 032 338 12 23 – www.zumgoldenensternen.ch – geschl. 30. Januar - 22. Februar, 28. August - 20. September und Montag - Dienstag
Tagesteller 21 CHF – Menü 58 CHF (mittags)/91 CHF – Karte 50/107 CHF
Gerne kommt man in das Gasthaus a. d. 18. Jh., denn hier sitzt man nett (in der rustikalen Gaststube, im wohnlichen Restaurant oder auf der Terrasse) und isst gut: traditionelle Fischgerichte und zur Saison viel Wild.

LUGANO

Ticino (TI) – ✉ 6900 – 63 575 ab. – Alt. 273 m – Carta regionale **10-H7**
▶ Bern 271 km – Bellinzona 28 km – Como 30 km – Locarno 40 km
Carta stradale Michelin 553-R13
Pianta pagina seguente

 Alberghi

 Grand Hotel Villa Castagnola
viale Castagnola 31 ✉ 6906 Lugano-Cassarate – ℰ 091 973 25 55   Pianta : B2**n**
– www.villacastagnola.com
74 cam – †360/420 CHF ††460/520 CHF – 12 suites
Rist *Arté* ❀ • **Rist** *Le Relais* – Vedere selezione ristoranti
Ambiente vellutato per questo hotel sito in un giardino dalla flora subtropicale: arredi in stile garantiscono un'amenità totale nelle camere, mentre massaggi e trattamenti estetici vi attendono nell'area wellness. Al ristorante Rucola, piatti classici e specialità regionali.

 Villa Principe Leopoldo
via Montalbano 5 – ℰ 091 985 88 55   Pianta : A2**m**
– www.leopoldohotel.com
37 cam – †260/550 CHF ††320/750 CHF – 4 suites
Rist *Principe Leopoldo* – Vedere selezione ristoranti
In una villa del XIX secolo appartenuta al principe Leopold v. Hohenzollern, le ampie e lussuose suite offrono una meravigliosa vista del lago e della regione, mentre le raffinate camere sfoggiano un fascino classico intramontabile. Trattamenti cosmetici e massaggi nel *wellness center*.

 Splendide Royal
riva Antonio Caccia 7 – ℰ 091 985 77 11 – www.splendide.ch   Pianta : A2**c**
87 cam – †276/540 CHF ††381/700 CHF – 3 suites
Rist *La Veranda* – Vedere selezione ristoranti
Antica villa adibita ad hotel da oltre un secolo: recentemente vi si è aggiunta un'ala nuova, ma la parte vecchia resta sempre la più elegante e raffinata. Sublime vista sul lago.

 Residence Principe Leopoldo
via Montalbano 19 – ℰ 091 985 86 43   Pianta : A2**m**
– www.leopoldohotel.com
39 cam – †180/340 CHF ††200/380 CHF – ½ P
Camere spaziose, arredate con gusto moderno, in una struttura che si bea della sua fortunata posizione: immersa nel verde e non lontano da *Villa Principe Leopoldo*. La cucina internazionale e contemporanea del *Café* rappresenta, invece, una simpatica alternativa al ristorante gastronomico.

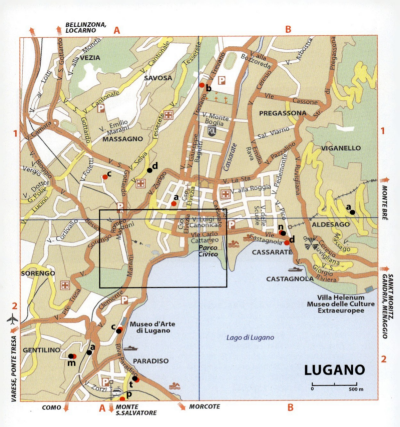

Grand Hotel Eden

riva Paradiso 1 ✉ 6900 Lugano-Paradiso – ✆ 091 985 92 00
– www.edenlugano.ch – chiuso gennaio - febbraio   Pianta : A2**t**
107 cam ⚄ – ♦184/380 CHF ♦♦295/650 CHF – 8 suites
Rist *Oasis* – Vedere selezione ristoranti

Costruito nel 1870, il complesso si articola oggi in due edifici: piccola spa e spazi comuni, nonché alcune camere, arredati in uno stile etnico-coloniale.

The View

via Guidino 29, per Riva Paradiso e Via Ernesto Bosia A2 ✉ 6900 Lugano -Paradiso – ✆ 091 210 00 00 – www.theviewlugano.com
16 cam – ♦706/913 CHF ♦♦706/913 CHF, ⚄ 40 CHF – 2 suites
Rist *Innocenti Evasioni* – Vedere selezione ristoranti

E' come essere a bordo di un lussuoso yacht, in questo moderno hotel che già dal nome tradisce uno dei suoi principali atout, la splendida vista! Camere molto curate e spaziose, la spa è un inno alla bellezza e al benessere.

Federale

via Paolo Regazzoni 8 – ✆ 091 910 08 08 – www.hotel-federale.ch   Pianta : C1**g**
– chiuso 15 dicembre - 5 febbraio
48 cam ⚄ – ♦137/220 CHF ♦♦177/240 CHF

Nei pressi della stazione ferroviaria, questa struttura classica e rassicurante - gestita dal 1923 dalla stessa famiglia - offre camere di moderna eleganza: il balcone è per alcune, ma non per tutte.

🟠 Ristoranti

XXXX Principe Leopoldo – Hotel Villa Principe Leopoldo
via Montalbano 5 – ☎ 091 985 88 55 – www.leopoldohotel.com Pianta : A2**m**
Menu 68 CHF (pranzo)/140 CHF (cena) – Carta 112/146 CHF
Ambienti classici all'interno, ma d'estate è una corsa per mangiare su una delle più belle terrazze-giardino di Lugano. Cucina internazionale, dai mari del nord al Mediterraneo, pasta, risotti e carne compresi.

XXX La Veranda – Hotel Splendide Royal
riva Antonio Caccia 7 – ☎ 091 985 77 11 – www.splendide.ch Pianta : A2**c**
Piatto del giorno 40 CHF – Menu 58 CHF (pranzo in settimana)/135 CHF
– Carta 98/136 CHF
Il ristorante riprende il lussuoso stile dell'albergo che lo ospita: dalla veranda l'incanto del lago Ceresio, mentre dalla cucina piatti d'impostazione classica.

XXX Oasis – Grand Hotel Eden
riva Paradiso 1 ✉ 6902 Lugano-Paradiso – ☎ 091 985 92 00 Pianta : A2**t**
– www.edenlugano.ch – chiuso gennaio - febbraio
Piatto del giorno 25 CHF – Menu 35 CHF (pranzo)/140 CHF (cena) – Carta 95/130 CHF
Una cucina moderna e innovativa, in una luminosa sala ristorante con una vista sul lago come poche altre: insomma, un'oasi per il palato e un paradiso per la vista!

XXX Arté – Grand Hotel Villa Castagnola
❀ Piazza Emilio Bossi 7 ✉ 6906 Lugano-Cassarate – ☎ 091 973 48 00 Pianta : B2**d**
– www.villacastagnola.com – chiuso 1° - 23 gennaio, domenica e lunedì
Piatto del giorno 40 CHF – Menu 60 CHF (pranzo)/120 CHF (cena) – Carta 98/113 CHF
Piatti mediterranei con influenze e prodotti francesi per un locale che anche nel nome non tradisce le aspettative: appuntamento con l'arte contemporanea in sale luminose affacciate sul lago.
➔ Paté di foie gras al croccante di Japonnais con melograno e cenere di cacaco Grand Cru. Filetti di San Pietro con scorzonera in due maniere, salsa al dragoncello e millestrati di patate viola. Trilogia di mousse al cioccolato con sorbetto di citronella in tulipano croccante e frutto della passione.

LUGANO

XxX Innocenti Evasioni ⓝ – Hotel The View
via Guidino 29, per Riva Paradiso e Via Ernesto Bosia A2
✉ 6900 Lugano-Paradiso – ☏ 091 210 00 00
– www.theviewlugano.com
Piatto del giorno 35 CHF – Menu 65 CHF (pranzo)/130 CHF – Carta 85/93 CHF
E' il fratello elvetico dello stellato Innocenti Evasioni di Milano, ma qui arricchito di una superba vista sul golfo di Lugano. La cucina calca le orme del locale meneghino proponendo piatti creativi dai sapori spiccatamente italiani. Ambiente moderno.

XxX Le Relais – Grand Hotel Villa Castagnola
viale Castagnola 31 ✉ *6906 Lugano-Cassarate* – ☏ *091 973 25 55*   Pianta : B2**n**
– www.villacastagnola.com
Menu 105 CHF (pranzo)/120 CHF (cena) – Carta 94/107 CHF
Nella signorile sala da pranzo o sulla romantica terrazza, è qui che si gioca una partita equilibrata fra tradizione mediterranea e creatività: il tutto nel segno del rispetto e della fantasia.

XX Seven ⓝ
via Stauffacher 1 – ☏ *091 290 77 77* – *www.seven.ch* – *chiuso*   Pianta : D2
agosto 3 settimane, sabato a pranzo e domenica
Piatto del giorno 26 CHF – Menu 36 CHF (pranzo)/95 CHF – Carta 63/107 CHF
Stiloso e modaiolo è l'indirizzo dove guardare e farsi vedere. Al primo piano del palazzo del Casinò, si ripropone qui il concept del Seven, cura del dettaglio, ascensore esterno con pareti in vetro e terrazza con vista lago. La cucina si fregia di essere internazionale, ma c'è anche sushi e l'immancabile carne.

X Grotto Grillo
via Ronchetto 6 – ☏ *091 970 18 18* – *www.grottogrillo.ch*   Pianta : B1**b**
– *chiuso Natale - inizio gennaio, sabato a mezzogiorno e domenica*
Carta 46/84 CHF – *(coperti limitati, prenotare)*
Nella zona dello Stadio, un grotto di lunga tradizione risalente a fine '800, dove gustare una buona cucina regionale in un ambiente di ovattata eleganza recentemente rinnovato.

X Bottegone del vino
via Magatti 3 – ☏ *091 922 76 89* – *chiuso domenica e giorni*   Pianta : CD1**f**
festivi
Piatto del giorno 32 CHF – Carta 68/85 CHF – *(consigliata la prenotazione la sera)*
Trascinante atmosfera conviviale per questo tipico wine-bar che propone piatti regionali, formaggi, salumi ed oltre 200 etichette di vini (di cui circa 150 serviti anche al bicchiere).

X Parq
via Lucchini 1 – ☏ *091 922 84 22* – *www.parq.ch* – *chiuso*   Pianta : D1**p**
domenica
Menu 29 CHF – Carta 42/79 CHF
Il Giappone incontra l'Europa: sushi, sashimi e maki gareggiano con paste italiane, rivisitazioni francesi e classici mediterranei in un locale moderno e di tendenza.

ad Aldesago Est : 6 km verso Brè – Alt. 570 m – ✉ 6974

Colibrì
via Aldesago 91, strada d'accesso : via Aldesago 91   Pianta : B1**a**
– ☏ *091 971 42 42* – *www.hotelcolibri.ch*
– *chiuso 3 gennaio - 28 febbraio*
30 cam ⌑ – †100/190 CHF ††180/260 CHF
Città e lago in un solo colpo d'occhio dalla piscina, dalle terrazze panoramiche e dalle camere ampie e luminose di questo albergo sul monte Brè. Ottima anche la vista che si gode dalla sala da pranzo e dalla terrazza del ristorante. Carta tradizionale.

LUGANO

a Davesco-Soragno Nord-Est : 4,5 km sulla via Pazzalino B1 – Alt. 393 m – ✉ 6964

Osteria Gallo d'Oro
via Cantonale 3a, a Soragno – ✆ *091 941 19 43 – www.osteriagallodoro.ch*
– chiuso 2 settimane fine dicembre - inizio gennaio, 2 settimane fine giugno, domenica e lunedì
Carta 49/90 CHF *– (consigliata la prenotazione la sera)*
Sulle colline che circondano Lugano, è questa la vista che offre la terrazza, ma il richiamo maggiore rimane la cucina, in prevalenza italiana, con diversi piatti toscani, regione d'origine del titolare.

a Massagno Nord-Ovest : 2 km – Alt. 349 m – ✉ 6900

Villa Sassa
via Tesserete 10 ✉ *6900 Lugano –* ✆ *091 911 41 11*   Pianta : A1**d**
– www.villasassa.ch
95 cam – ♦170/370 CHF ♦♦240/440 CHF
La terrazza con giardino fiorito e vista lago è solo una delle attrattive di questa bella struttura dotata di moderne camere, nonché di una valida zona wellness. Cucina mediterranea al ristorante e menu speciale - a pranzo - presso il bar.

Grotto della Salute
via Madonna della Salute 10 – ✆ *091 966 04 76*   Pianta : A1**c**
– www.grottodellasalute.ch – chiuso 24 dicembre - 6 gennaio, 7 - 20 agosto e domenica
Piatto del giorno 26 CHF – Carta 51/77 CHF *– (consigliata la prenotazione)*
Caratteristico grotto, ombreggiato da platani quasi centenari: cornice ideale per assaggiare una gustosa cucina casalinga, permeata da influenze mediterranee. Prezzi contenuti.

LUGNORRE
Fribourg (FR) – ✉ 1789 – 1 055 hab. – Alt. 515 m – Carte régionale **2-C4**
▶ Bern 37 km – Neuchâtel 20 km – Biel 35 km – Fribourg 28 km
Carte routière Michelin 552-G-H7

Auberge des Clefs
Route de Chenaux 4, 1er étage – ✆ *026 673 31 06 – www.aubergedesclefs.ch*
– fermé 21 - 29 décembre, 9 - 23 octobre, mercredi et jeudi
Plat du jour 22 CHF – Menu 78/115 CHF – Carte 40/111 CHF *– (réservation indispensable)*
Imaginez un village au-dessus des vignes et une jolie maison au décor intime et élégant. Voilà pour la mise en bouche. Dans l'assiette, les recettes d'aujourd'hui sont à l'honneur, non dénuées de soin et par exemple relevées de fleurs. Autre option : le bistro, avec ses plats du jour et sa courte carte de saison.

LUTERBACH – Solothurn → Siehe Solothurn

LUTRY
Vaud (VD) – ✉ 1095 – 9 747 hab. – Alt. 402 m – Carte régionale **6-B5**
▶ Bern 100 km – Lausanne 5 km – Montreux 25 km – Genève 68 km
Carte routière Michelin 552-E10

Le Rivage
Rue du Rivage – ✆ *021 796 72 72 – www.hotelrivagelutry.ch – fermé 1er - 8 janvier*
32 ch – ♦125/215 CHF ♦♦145/245 CHF, ☐ 20 CHF
Une belle et haute bâtisse ancienne sur le rivage du lac Léman : inutile de préciser que la plupart des chambres offrent une vue superbe sur les flots... Leur décor séduit également, très contemporain et chaleureux ; on s'y sent bien !

Auberge de Lavaux

XX

Route du Landar 97, à La Conversion ✉ 1093 – ℰ 021 791 29 09
– www.auberge-de-lavaux.ch – fermé 23 décembre - 12 janvier, août
3 semaines, dimanche et lundi
Menu 75/145 CHF – Carte 103/138 CHF

Après treize ans passés à la tête de la Roseraie, à Yvorne, Christophe et Nadine Rod ont repris cette belle auberge de village. À la carte : joues de veau braisées à l'ancienne, pommes de terre montées au beurre ; fricassée de grenouilles rôties sur un risotto carnaroli et jus corsé... Plats de bistrot canaille au Café.

LUZERN LUCERNE

Luzern (LU) – ✉ 6000 – 81 284 Ew – Höhe 439 m – Regionalatlas **4-F4**
▶ Bern 111 km – Aarau 47 km – Altdorf 40 km – Interlaken 68 km
Michelin Straßenkarte 551-O7
Stadtpläne siehe nächste Seiten

© H. Higuchi / Prisma / age fotostock

Hotels

 Palace
Haldenstr. 10 ✉ *6002 –* ✆ *041 416 16 16* Stadtplan : D1**v**
– www.palace-luzern.ch
129 Zim – ♦340/560 CHF ♦♦390/610 CHF, ⊑ 40 CHF – 5 Suiten – ½ P
Rest *Marlin* – Siehe Restaurantauswahl
Was das prächtige Grandhotel von 1906 zum Flaggschiff der Luzerner Hotellerie macht? Toller Komfort von den Zimmern (klassisch oder modern) über den Service bis zum Spa samt spezieller Riesenklangschalen-Zeremonie! Gerne nutzen die Gäste das Seebad vis-à-vis zum Schwimmen.

 Schweizerhof
Schweizerhofquai 3 ✉ *6002 –* ✆ *041 410 04 10* Stadtplan : B2**s**
– www.schweizerhof-luzern.ch
101 Zim – ♦300/550 CHF ♦♦338/600 CHF, ⊑ 35 CHF – 10 Suiten – ½ P
Sie mögen historisches Flair? Dann bestaunen Sie die Halle und schauen Sie sich den imposanten Zeugheersaal an: Parkett von 1860, Stuck und Kassettendecke! Angenehm der klassische Hotelservice, stilvoll-modern die Zimmer (jedes ist einem prominenten Gast gewidmet), Kosmetik- und Massageangebot. Restaurant "Galerie" mit Gastkoch-Konzept, Schweizer Küche im "Pavillon".

 Grand Hotel National
Haldenstr. 4 ✉ *6006 –* ✆ *041 419 09 09* Stadtplan : C1**a**
– www.grandhotel-national.com
41 Zim – ♦320/415 CHF ♦♦370/465 CHF, ⊑ 35 CHF
Ein Traditionshotel, 1870 von César Ritz und Auguste Escoffier gegründet. Einige der klassisch-eleganten, technisch modernen Zimmer liegen zum See, der sich direkt vor dem Haus befindet. Man bietet auch Kosmetik und Massage. Kasino nebenan.

 Montana
Adligenswilerstr. 22 ✉ *6006 –* ✆ *041 419 00 00* Stadtplan : D1**d**
– www.hotel-montana.ch
61 Zim – ♦190/375 CHF ♦♦255/560 CHF, ⊑ 25 CHF
Rest *Scala* – Siehe Restaurantauswahl
Einfach traumhaft die Lage hier oben über Luzern, äusserst engagiert und aufmerksam die Gastgeber, geschmackvoll die eleganten Zimmer im Art-déco-Stil, dazu der tolle "Montana Beach Club"... Ein Haus, in dem man immer wieder gerne wohnt!

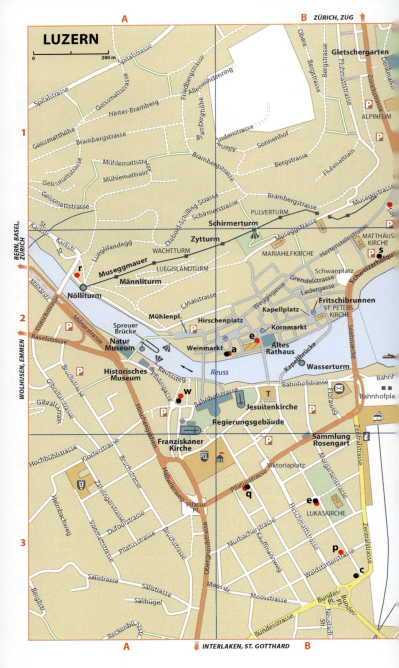

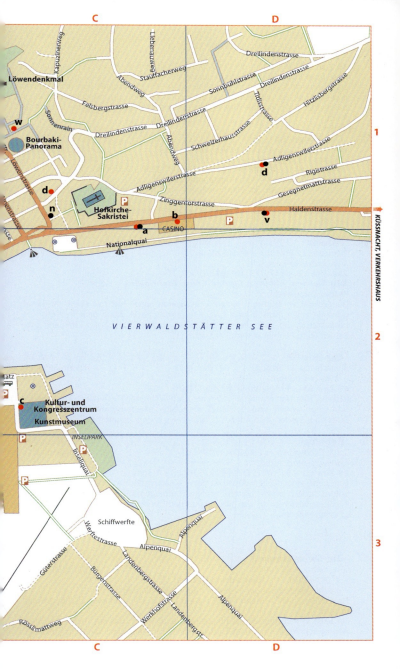

LUZERN

The Hotel
Sempacherstr. 14 ⌧ 6002 – ☏ 041 226 86 86 Stadtplan : B3**e**
– www.the-hotel.ch
30 Zim – †225/725 CHF ††225/725 CHF, ⌤ 30 CHF – ½ P
Rest *Bam Bou* – Siehe Restaurantauswahl
Das moderne Design in diesem Hotel trägt die Handschrift von Jean Nouvel. Wer hoch hinaus will, wählt eine der neuen Penthouse-Juniorsuiten im obersten Stock: Hier haben Sie Ihre eigene Terrasse und blicken über die Dächer der Stadt!

Des Balances
Weinmarkt, Zufahrt über Mühlenplatz ⌧ 6004 Stadtplan : B2**a**
– ☏ 041 418 28 28 – www.balances.ch
56 Zim – †170/395 CHF ††200/550 CHF, ⌤ 32 CHF – 3 Suiten
Rest *Des Balances* – Siehe Restaurantauswahl
Fassadenmalerei im Stil Hans Holbeins ziert das wunderschön an der Reuss gelegene Hotel a. d. 19. Jh. (die Geschichte des Hauses reicht sogar bis ins Jahr 1178 zurück). Die eleganten Zimmer verbinden Klassisches und Modernes. Parkservice.

Astoria
Pilatusstr. 29 ⌧ 6002 – ☏ 041 226 88 88 Stadtplan : B3**q**
– www.astoria-luzern.ch
252 Zim ⌤ – †170/250 CHF ††220/360 CHF
Rest *Mekong* • **Rest** *La Cucina* • **Rest** *Thai Garden* – Siehe Restaurantauswahl
Die Architekten-Zwillinge Herzog & de Meuron haben hier mit einem der Hotelgebäude einen grossen Wurf gelandet: puristische Moderne ganz in Weiss - zu bestaunen in der Halle und in den Design-Zimmern (ca. 1/3 der Zimmer)! Einen Besuch wert: Penthouse-Bar über Luzern.

Cascada
Bundesplatz 18 ⌧ 6003 – ☏ 041 226 80 88 Stadtplan : B3**c**
– www.cascada.ch
66 Zim ⌤ – †130/290 CHF ††200/550 CHF – ½ P
Passend zum Namen sind alle Zimmer nach Schweizer Wasserfällen benannt. Sie sind schön modern und funktionell, die Minibar ist ebenso inkludiert wie Wifi. Im Restaurant serviert man mittags Lunchmenüs, abends spanische Küche.

Rebstock
Sankt Leodegarstr. 3 ⌧ 6006 – ☏ 041 417 18 19 Stadtplan : C1**n**
– www.rebstock-luzern.ch
29 Zim – †175/225 CHF ††250/310 CHF – 1 Suite
Eine nette individuelle Adresse ist das sorgsam restaurierte historische Haus mit unterschiedlich eingerichteten Zimmern von modern bis alpenländisch. Regionale Küche serviert man in den Restaurants Beizli, Hofstube und Hofegge sowie im schönen Hofgarten.

Restaurants

XxX Old Swiss House
Löwenplatz 4 ⌧ 6004 Stadtplan : C1**w**
– ☏ 041 410 61 71 – www.oldswisshouse.ch
– geschl. Montag, Januar - Februar : Sonntag - Montag
Tagesteller 38 CHF – Menü 69 CHF – Karte 70/132 CHF – *(abends Tischbestellung ratsam)*
Ein Muss in dem gemütlichen Riegelhaus a. d. 19. Jh.: das am Tisch zubereitete Wiener Schnitzel! Aber auch hausgemachte Terrinen oder "Steinbutt an Champagnersauce" gehören zum klassisch-traditionellen Angebot. Im Weinkeller 30 000 Flaschen - ab Jahrgang 1911 lückenlose Château-Mouton-Rothschild-Sammlung!

LUZERN

XXX Scala – Hotel Montana
Adligenswilerstr. 22 ✉ *6002 –* ✆ *041 417 35 40*   Stadtplan : D1**d**
– www.hotel-montana.ch
Tagesteller 44 CHF – Menü 47 CHF (mittags unter der Woche)/116 CHF
– Karte 74/107 CHF
Hier geniesst man doppelt: zum einen die auf erstklassigen Produkten basierenden Speisen aus der topmodernen Küche (z. B. "Wolfsbarsch mit dreierlei vom Kürbis"), zum anderen die famose Sicht - herrlich natürlich die Terrasse! Man beachte auch die rund 100-jährigen restaurierten Figurenreliefs im Restaurant.

XXX Marlin – Hotel Palace
Haldenstr. 10 ✉ *6002 –* ✆ *041 416 16 16*   Stadtplan : D1**v**
– www.palace-luzern.ch
Tagesteller 25 CHF – Karte 70/102 CHF
Drinnen schickes modern-elegantes Interieur, draussen eine schöne Terrasse zum See, auf dem Teller z. B. "Heilbuttfilet mit Estragonkruste und Sellerie-Trüffelrisotto". Man kocht frisch und stark auf Fisch und Meeresfrüchte ausgerichtet.

XX Olivo
Haldenstr. 6, im Grand Casino ✉ *6006 –* ✆ *041 418 56 61*   Stadtplan : C1**b**
– www.grandcasinoluzern.ch – geschl. Samstagmittag, Sonntag sowie an Feiertagen mittags
Menü 36 CHF (mittags unter der Woche)/105 CHF – Karte 47/108 CHF
Fein geht es im 1. Stock des Grand Casino zu. Das liegt zum einen am stilvollen Saal (hohe Stuckdecke, Kronleuchter, Parkett), zum anderen an mediterranen Gerichten wie "Iberico-Schwein mit Thymian und Steinpilzen". Balkonterrasse zum See.

XX Château Gütsch
Kanonenstrasse, über Baselstrasse A2 ✉ *6003 –* ✆ *041 289 14 14*
– www.chateau-guetsch.ch
28 Zim – †210/460 CHF ††220/480 CHF – 3 Suiten
Tagesteller 30 CHF – Menü 40/61 CHF – Karte 49/82 CHF – *(nur Abendessen)*
(Tischbestellung ratsam)
Ausgesprochen elegant ist dieses Restaurant im gleichnamigen Hotel: edler Parkettboden, schwere Kristallleuchter an hohen Decken, schöner Kamin und feine Tischkultur. Klasse die Sicht von der Terrasse. Serviert wird Internationales wie "Ossobuco mit Rosmarin und Safranrisotto".

XX RED
Europaplatz 1, in der 1. Etage des Kultur- und Kongresszentrum Stadtplan : C2**c**
✉ *6005 –* ✆ *041 226 71 10 – www.kkl-luzern.ch – geschl. Februar 2 Wochen, Anfang Juli - Anfang August und Montagabend, Dienstagabend, Samstagmittag, Sonntagmittag*
Menü 45 CHF (mittags unter der Woche)/142 CHF – Karte 82/103 CHF – *(Tischbestellung ratsam)*
Lust auf ein gutes Essen bei tollem Seeblick und geradlinig-elegantem Ambiente? Moderne Gerichte wie "Wildfang-Saibling in Dunkelbier-Butter-Glacage mit Limonenconfit" sind auch vor oder nach dem Konzert beliebt. Einfachere Lunchkarte.

XX Des Balances – Hotel Des Balances
Weinmarkt, Zufahrt über Mühlenplatz ✉ *6004*   Stadtplan : B2**a**
– ✆ *041 418 28 28 – www.balances.ch*
Tagesteller 37 CHF – Menü 95/125 CHF – Karte 78/125 CHF
Chic das Restaurant sowie Bar & Lounge, herrlich die Terrasse zur Reuss, und dazu frische Küche, die neben Grillspezialitäten auch feine Gerichte wie "Thunfisch mit Wakame, Enoki, Wasabi" oder "Wachtelbrust auf Randen-Risotto" bietet.

XX Villa Hausermatte
Haldenstr. 30, über Haldenstrasse D1 – ✆ *041 370 11 66 – www.hausermatte.ch*
– geschl. 19. Februar - 6. März, 1. - 9. Oktober und Sonntagabend - Montag
Tagesteller 35 CHF – Menü 58 CHF (mittags unter der Woche)/125 CHF
– Karte 63/127 CHF – *(Tischbestellung ratsam)*
Auf dem herrlichen Privatgelände Hausermatte steht die elegante Villa samt wunderbarer Terrasse - fantastisch der Blick auf den Vierwaldstättersee und die Berge! Die klassisch basierte Küche gibt es z. B. als "Stubenküken mit Rosmarinjus".

LUZERN

XX National
Haldenstr. 4 ✉ 6006 – ☏ 041 501 08 08
– www.grandhotel-national.com Stadtplan : C1**a**
Tagesteller 26 CHF – Menü 35 CHF (mittags unter der Woche)/135 CHF
– Karte 67/92 CHF
Lüster, Tapeten, Bilder... Der Raum bewahrt sich seinen klassischen Belle-Epoque-Stil. Mittags isst man von der Bistrokarte oder wählt den Business Lunch. Am Abend wird ambitioniert gekocht: "Seeteufel, Brandade, Lauch" oder lieber klassisches Chateaubriand in zwei Gängen?

XX Padrino
Haldenstr. 4, im Grand Hotel National ✉ 6006 Stadtplan : C1**a**
– ☏ 041 410 41 50 – www.padrino.ch – geschl. Oktober - März : Sonntagmittags
Menü 52 CHF (mittags) – Karte 64/96 CHF
Wie in einer klassischen Brasserie fühlt man sich in dem luftig-hohen Raum mit schwarz-weissem Schachbrettboden und Rundbogenfenstern. Die italienische Küche: "frische Pasta mit Alba-Trüffel", "Seeteufel in Tomaten-Kräutersud mit Oliven"...

XX 1871 ⓝ
Haldenstr. 4 ✉ 6006 – ☏ 041 422 18 71 – www.1871.ch Stadtplan : C1**a**
– geschl. Februar 10 Tage und Sonntagabend - Montag, Oktober
- Mai : Sonntagabend - Dienstag
Tagesteller 24 CHF – Menü 65 CHF – Karte 42/73 CHF
Hohe Stuckdecke, Marmorsäulen, schwarz-weisser Boden, gepflegte Tischkultur... Im "Grand Hotel National" gelegen, vermittelt das Restaurant dessen stilvolles Flair. Spezialität ist das Evolèner Rind aus dem Wallis. Oder mögen Sie lieber Balchen oder Saibling aus dem See? Terrasse zum See!

XX Sauvage ⓝ
Bahnhofstr. 30 ✉ 6003 – ☏ 041 210 16 66 Stadtplan : A2**w**
– www.wilden-mann.ch
48 Zim ⊇ – †150/260 CHF ††250/380 CHF
Tagesteller 22 CHF – Menü 47 CHF (mittags)/110 CHF – Karte 49/98 CHF
Im gediegen-eleganten "Gourmet" des Hotels "Wilden Mann" wird klassisch und mit regionalen Einflüssen gekocht. Probieren Sie z. B. "geräucherten Aal mit Spitzkohl, Wasabi und Schwarzbrot" oder "Urner Häfelichabis 'mal anders' mit gebratenen Lammfilets".

XX Schlössli Utenberg ⓝ
Utenberg 643, über Dreilindenstrasse D1 ✉ 6006 – ☏ 041 420 00 22
– www.schloessliutenberg.ch – geschl. Montag - Dienstag
Tagesteller 18 CHF – Menü 91 CHF (abends) – Karte 65/85 CHF
Das 1757 erbaute Herrenhaus mit seinen stilvollen Räumen liegt in einem grosszügigen Park oberhalb von Luzern - da ist im Sommer natürlich die Terrasse ein wunderbarer Ort. Die Küche: niveauvoll, frisch, mediterran mit stark italienischem Einfluss. Lust auf "Spaghetti mit Calamares und Bottarga"?

XX Hofgarten
Stadthofstr. 14 ✉ 6006 – ☏ 041 410 88 88 – www.hofgarten.ch Stadtplan : C1**d**
19 Zim ⊇ – †175/225 CHF ††250/310 CHF
Menü 30 CHF (mittags unter der Woche) – Karte 57/83 CHF
Das Restaurant im gleichnamigen Hotel teilt sich in den Wintergarten und das hübsche gediegene Stübli. Gekocht wird mit mediterraner Note - Appetit machen da z. B. "Lammkoteletts in Rosmarinjus mit Auberginenkaviar". Schön sitzt man auf der Innenhofterrasse!

XX Thai Garden – Hotel Astoria
Pilatusstr. 29 ✉ 6002 – ☏ 041 226 88 88 Stadtplan : B3**q**
– www.astoria-luzern.ch – geschl. Samstagmittag, Sonntagmittag
Karte 70/100 CHF
Ein bisschen wie eine eigene Welt: Auf zwei Etagen bietet man sehr authentische gehobene Thai-Küche (so z. B. "Gung Thord Kaatiam Prik Thai" - "gebratene Riesenkrevetten in Knoblauch-Pfeffersauce") sowie eine schöne spezielle Atmosphäre.

LUZERN

Reussbad
Brüggligasse 19 ⊠ 6004 – ℰ 041 240 54 23 Stadtplan : A2**r**
– *www.reussbad-luzern.ch* – *geschl. über Fasching 2 Wochen, Mai - Juni 2 Wochen, Oktober 1 Woche und Sonntag - Montag sowie an Feiertagen*
Tagesteller 25 CHF – Menü 59 CHF (mittags unter der Woche)/80 CHF
– Karte 52/92 CHF – *(Tischbestellung ratsam)*
Nach Jahren mit der Sterneküche im "Adler" in Nebikon hat es Familie Tuor-Wismer in das nette Haus an der Reuss verschlagen. Trotz des etwas einfacheren Konzepts kocht der Patron natürlich überaus schmackhaft und frisch - einfach lecker z. B. "Kalbskutteln in Champagnersauce". Toll die Terrasse!

La Perla
Waldstätterstr. 25 ⊠ 6003 – ℰ 041 210 67 47 Stadtplan : B3**p**
– *www.ristorantelaperla.ch* – *geschl. Ende Juli 10 Tage, Anfang August 1 Woche und Sonntag*
Tagesteller 25 CHF – Menü 48 CHF (mittags unter der Woche)/120 CHF
– Karte 42/114 CHF
In dem sympathischen modernen Ristorante wird italienisch-mediterran gekocht, so z. B. Brasato-Ravioli oder grilliertes Thunfischsteak. Unter der Woche gibt es mittags auch Pizza. Im Sommer öffnet man die grosse Fensterfront zum Gehsteig.

Barbatti
Töpferstr. 10 ⊠ 6004 – ℰ 041 410 13 41 Stadtplan : B1**b**
– *www.ristorante-barbatti.ch*
Tagesteller 32 CHF – Karte 51/91 CHF – *(abends Tischbestellung ratsam)*
Stilvolle Leuchter an der hohen Decke, Bilder und Skulpturen des Luzerner Künstlers Rolf Brem, nicht zu vergessen die rote Berkel-Aufschnittmaschine gleich am Eingang - das versprüht klassischen Brasserie-Charme. Dazu italienische Speisen wie "Carpaccio di tonno con finocchi al limone".

Mekong – Hotel Astoria
Pilatusstr. 29 ⊠ 6002 – ℰ 041 226 88 88 Stadtplan : B3**q**
– *www.astoria-luzern.ch* – *geschl. Samstagmittag, Sonntag*
Karte 49/94 CHF
Der Name ist eine Hommage an den Fluss Mekong und bietet den Gästen Gerichte aus allen Teilen Asiens: "Hot & Sour Noodle Bowl", "Chicken Satay", "Vietnamese Spring Rolls", "Ginger Beef"... Das Ambiente: fernöstlicher Style!

La Cucina – Hotel Astoria
Pilatusstr. 29 ⊠ 6002 – ℰ 041 226 88 88 Stadtplan : B3**q**
– *www.astoria-luzern.ch* – *geschl. Samstagmittag, Sonntagmittag*
Menü 68 CHF – Karte 44/94 CHF
"La dolce vita" mit "cucina italiana": durchdachte Einrichtung mit Kronleuchter, Bistro-Stühlen, schöner Holzdecke und -säulen. Aus der Showküche kommen Antipasti, Pasta, Fisch und Fleisch. Holzofen für knusprige Pizzen!

Bam Bou – The Hotel
Sempacherstr. 14 ⊠ 6002 – ℰ 041 226 86 86 Stadtplan : B3**e**
– *www.the-hotel.ch* – *geschl. Samstagmittag, Sonntag - Montag*
Tagesteller 29 CHF – Menü 42 CHF (mittags unter der Woche)/99 CHF
– Karte 58/109 CHF
Rot lackierte Wände treffen auf dunklen Schieferboden und harmonieren perfekt mit dem Interior aus Leder und Holz. In diese durchdesignte Location lockt das Haus Freunde der euro-asiatischen Küche. Parkservice fürs Auto!

Brasserie Bodu
Kornmarkt 5 ⊠ 6004 – ℰ 041 410 01 77 Stadtplan : B2**e**
– *www.brasseriebodu.ch*
Tagesteller 22 CHF – Karte 47/96 CHF – *(Tischbestellung erforderlich)*
Brasserie-Charme und französische Küche (durchgehend) sind richtig beliebt, das beweisen die zahlreichen Gäste hier im "Haus zum Raben"! Auch die fair kalkulierte Bordeaux-Auswahl kommt gut an. Terrasse zur Reuss bzw. am Kornmarkt.

LUZERN

Drei Könige ⓝ
Klosterstr. 10 ⊠ 6003 – ℰ 041 250 76 76   Stadtplan : A2**d**
– www.3koenige-luzern.ch – geschl. Ende Juli - Anfang August 2 Wochen und Sonntagmittag, Montag
Tagesteller 22 CHF – Menü 35/54 CHF – Karte 47/93 CHF
Es hat schon Atmosphäre, dieses nette, recht schlicht gehaltene Restaurant im gleichnamigen Hotel. Mittags gibt es fünf Tagesmenüs, abends wählt man von der Tafel gutbürgerliche Gerichte wie "Zander, Blumenkohl, Kartoffel" - interessant auch das Abendmenü. Im Sommer einige Aussenplätze.

Ost 4 km über Haldenstrasse D1, Richtung Küsnacht

Hermitage
Seeburgstr. 72 ⊠ 6006 – ℰ 041 375 81 81 – www.hermitage-luzern.ch
68 Zim – †180/350 CHF ††240/520 CHF, ⊇ 25 CHF – 1 Suite – ½ P
Rest *Hermitage* – Siehe Restaurantauswahl
Die Lage kann man getrost als traumhaft bezeichnen! Wunderbarer Blick auf See und Berge von jedem der grosszügigen, geradlinig-modernen Zimmer, dazu Bootsanleger und Liegewiese direkt am See. Perfekt für Tagungen, Hochzeiten und Urlaub!

Hermitage – Hotel Hermitage
Seeburgstr. 72 ⊠ 6006 – ℰ 041 375 81 81 – www.hermitage-luzern.ch
Tagesteller 29 CHF – Menü 55 CHF (mittags)/98 CHF – Karte 57/100 CHF
Toll ist hier nicht nur die Aussicht, auch das topmoderne Interieur mit seinen warmen Farben, Holz und Glas kommt an. Auf dem Teller: traditionelle Schweizer Gerichte sowie knochengereifte Steaks aus Walliser Fleisch. Überdachte Terrasse.

in Horw Süd: 3 km über Obergrundstrasse A3 – Höhe 442 m – ⊠ 6048

Seehotel Sternen
Winkelstr. 46, in Winkel – ℰ 041 348 24 82 – www.seehotel-sternen.ch – geschl. 13. Februar , 06. März
25 Zim ⊇ – †180/245 CHF ††255/350 CHF
Die Lage am Seeufer, eine klasse Sicht sowie funktionelle Zimmer mit Balkon sprechen für dieses Hotel. Auch eine eigene Badeliegewiese steht zur Verfügung. Im Sommer sollten Sie zum Speisen auf der grossen Seeterrasse Platz nehmen!

in Obernau Süd-West: 6 km über Obergrundstrasse A3 – Höhe 530 m – ⊠ 6012

Obernau
Obernauerstr. 89 – ℰ 041 320 43 93 – www.restaurantobernau.ch – geschl. über Pfingsten und Sonntagabend
Tagesteller 26 CHF – Menü 53/93 CHF – Karte 49/83 CHF
Ob Sie in der "Nagelschmitte", im etwas legereren Restaurant oder auf der Terrasse speisen, man bietet ein breit gefächertes Angebot von Hummerbisque über Ossobuco oder Kalbsleber mit Rösti bis zur "aussergewöhnlichen Forelle".

LYSS
Bern (BE) – ⊠ 3250 – 14 340 Ew – Höhe 444 m – **Regionalatlas 2-D4**
▶ Bern 31 km – Biel 13 km – Burgdorf 36 km – Neuchâtel 42 km
Michelin Straßenkarte 551-I6

Weisses Kreuz
Marktplatz 15 – ℰ 032 387 07 40 – www.kreuz-lyss.ch
22 Zim ⊇ – †134/145 CHF ††162/201 CHF – ½ P
Um 1500 erstmals erwähnt, ist der schöne historische Gasthof der älteste in Lyss. Die Zimmer zeitgemäss und funktionell, günstiger die Economy- und Budget-Zimmer (letztere mit Bad/WC über den Flur). Gemütlich: Kreuzstube mit viel Holz und Kachelofen, in der Schwiizerstube auch Fondue und Speckstein-Gerichte.

LYSS

in Hardern Nord-Ost: 1,5 km Richtung Büren a.d. Aare – Höhe 496 m – ✉ 3250 Lyss

Freudiger's Hardern Pintli
Hardern 23 – ℰ 032 386 73 23 – www.hardern-pintli.ch – geschl. Ende Februar 2 Wochen, September 3 Wochen und Dienstag - Mittwoch
Tagesteller 18 CHF – Karte 46/83 CHF – *(Tischbestellung ratsam)*
Richtig charmant ist es in dem hübschen Gasthaus mit den roten Fensterläden. Auf der international beeinflussten traditionell-saisonalen Karte z. B. "Kalbsbäggli mit Rioja-Riserva-Jus und Provoncale-Risotto". Im Weinkeller u. a. Trouvaillen wie Château Angélus, Schweizer und australische Weine.

in Suberg Süd-Ost: 3 km Richtung Bern – Höhe 470 m – ✉ 3262

Pfister's Goldener Krug
Bernstr. 61 – ℰ 032 389 13 30 – www.goldener-krug.ch – geschl. Ende Februar - Anfang März 2 Wochen, Ende Juli - Anfang August 2 Wochen und Sonntag - Montag
Tagesteller 19 CHF – Menü 49/159 CHF – Karte 53/147 CHF
Gerne besucht man das heimatgeschützte alte Riegelhaus, denn hier hat man es schön gemütlich (elegant das Restaurant, schlichter die Gaststube) und die Küche ist richtig gut - es gibt traditionell-regionale Gerichte wie "Egli vom Murtensee mit Pinienbutter" oder "Kalbsleber mit Dörrpflaumen".

MADISWIL
Bern (BE) – ✉ 4934 – 3 218 Ew – Höhe 534 m – Regionalatlas **3-E3**
▶ Bern 49 km – Luzern 55 km – Olten 28 km – Solothurn 31 km
Michelin Straßenkarte 551-L6

Bären
Kirchgässli 1 – ℰ 062 957 70 10 – www.baeren-madiswil.ch – geschl. 22. Dezember - 5. Januar und Sonntagabend - Montag
11 Zim ⚏ – ♦120 CHF ♦♦180 CHF
Tagesteller 21 CHF – Menü 54 CHF (mittags unter der Woche)/115 CHF – Karte 53/96 CHF
Schon von aussen ist das Riegelhaus a. d. 17. Jh. einladend, drinnen charmante Stuben. Eine Spezialität ist z. B. Cordon bleu "Bären" (die unpanierte Variante). Sehr schön der Garten, sehenswert auch das Wandgemälde im Weinkeller! Zum Übernachten: helle, funktionale Zimmer.

MÄGENWIL
Aargau – ✉ 5506 – 2 083 Ew – Höhe 416 m – Regionalatlas **3-F2**
▶ Bern 96 km – Aarau 19 km – Liestal 66 km – Zürich 34 km
Michelin Straßenkarte 551-O5

Bären
Hauptstr. 24 – ℰ 062 896 11 65 – www.baeren-maegenwil.ch – geschl. Ende Dezember - Anfang Januar, Juli - August 2 Wochen und Montag - Dienstag
Tagesteller 28 CHF – Menü 54 CHF (mittags unter der Woche) – Karte 56/118 CHF
Viele Stammgäste kommen hierher, um Güggeli zu essen oder auch Wild aus eigener Jagd. Und die anderen Speisen stehen dem in nichts nach, so z. B. "Muotathaler Kalbssteak mit frischen Pilzen" oder "Wolfsbarschfilet in Weissweinschaumsauce". Schön die Terrasse hinterm Haus.

MAGGIA
Ticino (TI) – ✉ 6673 – 2 583 ab. – Carta regionale **9-G6**
▶ Bern 288 km – Bellinzona 36 km – Altdorf 139 km – Sarnen 180 km
Carta stradale Michelin 553-Q12

Casa Martinelli
Via Cantonale Vecchia 60 – ℰ 091 760 90 51 – www.casa-martinelli.ch
10 cam ⚏ – ♦92/132 CHF ♦♦184/264 CHF
E' la grande passione della proprietaria, l'anima di questa simpatica casa con camere doppie nell'edificio moderno; prima colazione con prodotti locali e cantina dove ci si può servire l'aperitivo. La Cascata del Salto è giusto a due passi.

MALANS
Graubünden (GR) – ✉ 7208 – 2 323 Ew – Höhe 536 m – Regionalatlas **5-I3**
▶ Bern 232 km – Chur 18 km – Triesen 25 km – Triesenberg 33 km
Michelin Straßenkarte 553-V7

XX Weiss Kreuz
Dorfplatz 1, 1. Etage – ✆ *081 735 25 00* – *www.weisskreuzmalans.ch* – *geschl. Januar 2 Wochen und Montag - Dienstag*
4 Zim ☐ – †220 CHF ††300 CHF
Tagesteller 28 CHF – Menü 42 CHF (mittags unter der Woche)/98 CHF – Karte 80/108 CHF
Engagiert wird das hübsche alte Gasthaus mitten im Ort geführt. Ganz in warmem Holz gehalten, strotzen die Stuben nur so vor Gemütlichkeit! Draussen beeindruckt die Aussicht. Aus der Küche kommt Klassisches wie "Rehfilet mit Eierschwämmli-Cannelloni". Man kann übrigens auch sehr geschmackvoll übernachten.

MALIX – Graubünden → Siehe Chur

MALOJA
Graubünden (GR) – ✉ 7516 – Höhe 1 815 m (Wintersport : 1 800/2 159 m)
– Regionalatlas **11-J5**
▶ Bern 332 km – Sankt Moritz 17 km – Chur 92 km – Davos 83 km
Michelin Straßenkarte 553-W11

X Bellavista
Capolago ✉ *7516* – ✆ *081 824 31 95* – *www.bella-vista-restaurant.ch*
– *geschl. Mitte April - Ende Juni, 23. Oktober - 20. Dezember und Montag - Dienstag*
Karte 53/86 CHF – *(nur Abendessen) (Tischbestellung ratsam)*
Hier dreht sich alles um die Wurst, und die wird vom Chef (seines Zeichens Metzger) persönlich hergestellt, ebenso Trockenfleisch und Salsiz. Für Atmosphäre sorgt zum einen die heimelige kleine Bündnerstube selbst, zum anderen die ausgesprochen herzlichen Gastgeber! Terrasse mit See- und Bergblick.

MAMMERN
Thurgau (TG) – ✉ 8265 – 626 Ew – Höhe 412 m – Regionalatlas **4-G2**
▶ Bern 175 km – Zürich 55 km – Frauenfeld 14 km – Konstanz 22 km
Michelin Straßenkarte 551-S3

XX Zum Schiff
Seestr. 3 – ✆ *052 741 24 44* – *www.schiff-mammern.ch* – *geschl. Ende Dezember - Anfang Februar, Oktober 2 Wochen und Montag*
7 Zim ☐ – †130 CHF ††190 CHF   Karte 34/105 CHF
Hier wird solide gekocht: eigene Zuchtgüggeli, frisch gefangener Bodenseefisch, Wiener Schnitzel... Tipp: Setzen Sie sich in die getäferte historische Stube mit Kachelofen! Schöne geräumige Zimmer mit Balkon/Terrasse im Gästehaus vis-à-vis. Zudem hat man ein Strandbad.

MANNENBACH
Thurgau (TG) – ✉ 8268 – Höhe 400 m – Regionalatlas **5-H1**
▶ Bern 186 km – Sankt Gallen 49 km – Frauenfeld 24 km – Konstanz 11 km
Michelin Straßenkarte 551-S3

🏠 Seehotel Schiff
Seestr. 4 – ✆ *071 663 41 41* – *www.seehotel.ch*
18 Zim ☐ – †125/135 CHF ††195/230 CHF – ½ P
Das ruhig abseits der Strasse am Seeufer gelegene Haus bietet neben zeitgemässen Zimmern einen schönen Blick über den Bodensee und ein eigenes Strandbad. Zum modernen Restaurant gehört eine reizvolle Terrasse direkt am See.

MANNO
Ticino (TI) – ✉ 6928 – 1 299 ab. – Alt. 344 m – Carta regionale **10-H6**
▶ Bern 240 km – Lugano 7 km – Bellinzona 26 km – Locarno 40 km
Carta stradale Michelin 553-R13

MANNO

Grotto dell'Ortiga
Strada Regina 35 – ℰ 091 605 16 13 – www.ortiga.ch – chiuso metà giugno - inizio luglio, domenica e lunedì
Piatto del giorno 21 CHF – Menu 24 CHF (pranzo in settimana) – Carta 40/62 CHF
Circondato da prati e castagneti, un vero grotto - per un ambiente rilassante ed informale - dove apprezzare la buona cucina regionale preparata con prodotti biologici locali.

MARTIGNY
Valais (VS) – ⊠ 1920 – 17 648 hab. – Alt. 467 m – Carte régionale **7-C6**
▶ Bern 131 km – Aosta 76 km – Chamonix-Mont-Blanc 42 km – Montreux 43 km
Carte routière Michelin 552-G12

Les Trois Couronnes
Place du Bourg 8 – ℰ 027 723 21 14 – www.les3couronnes.ch – fermé 19 février - 5 mars, 30 juillet - 16 août, dimanche et lundi
Plat du jour 19 CHF – Menu 25 CHF (déjeuner en semaine)/75 CHF – Carte 42/80 CHF
Cette belle demeure historique trône sur une place près d'une fontaine ; c'est la plus ancienne auberge de la ville et son café est très fréquenté ! Côté restaurant – lequel a le charme de la simplicité –, habitués du coin et touristes apprécient spécialités du Valais, ragoût d'escargots, rognons à l'ail, etc.

La vache qui vole
Place Centrale 2b, 1ᵉʳ étage – ℰ 027 722 38 33 – www.lavachequivole.ch
Plat du jour 26 CHF – Menu 40/80 CHF – Carte 54/90 CHF
Effectivement, elle vole... au plafond ! Mais ne soyons pas vaches, car le lieu est original avec son bar à vins au rez-de-chaussée (pour déguster des tapas) et la brasserie du dessus pour les pâtes, risottos, côte de veau, homard frais...

aux Marécottes Ouest : 10 km – Alt. 1 032 m – ⊠ 1923

Aux Mille Étoiles
5 pl. de la Télécabine – ℰ 027 761 16 66 – www.hotel-mille-etoiles.ch – fermé 29 octobre - 23 décembre et 2 avril - 13 mai
25 ch – †122/132 CHF ††168/238 CHF – ½ P
Atmosphère montagnarde en ce grand chalet de bois au charme un rien désuet. Typiques chambres lambrissées, salle de réunions, jardin, piscine intérieure avec fitness et sauna. Resto d'une intime rusticité, complété par une terrasse.

à Chemin Sud-Est : 5 km – Alt. 774 m – ⊠ 1927

Le Belvédère

Route de Chemin 1 – ℰ 027 723 14 00 – www.lebelvedere.ch – fermé fin décembre - début janvier 2 semaines, fin juin 2 semaines, mi-août une semaine, dimanche soir, lundi et mardi
Plat du jour 25 CHF – Menu 55 CHF (déjeuner en semaine)/98 CHF – Carte 66/99 CHF
Au-dessus de Martigny, avec sa lumineuse véranda en bois clair, ce Belvédère offre une vue imprenable sur la vallée du Rhône ! Dans l'assiette, les saveurs ne font pas illusion : noisette de filet d'agneau aux olives, tomates séchées et oignons rouges, ou encore salade de gambas géantes poêlées à l'ail des ours...

MASSAGNO – Ticino → Vedere Lugano

MEGGEN
Luzern (LU) – ⊠ 6045 – 6 853 Ew – Höhe 472 m – Regionalatlas **4-F3**
▶ Bern 118 km – Luzern 8 km – Olten 60 km – Schwyz 30 km
Michelin Straßenkarte 551-O7

MEGGEN

Balm
Balmstr. 3 – ✆ 041 377 11 35 – www.balm.ch
18 Zim – †95/210 CHF ††155/270 CHF – ½ P
Rest *La Pistache* • **Rest** *Bistro* – Siehe Restaurantauswahl
Das kleine Hotel mit den roten Fensterläden liegt nahe dem See und nach Luzern ist es auch nicht weit (Bushaltestelle vor dem Haus). Die Zimmer tipptopp gepflegt, freundlich und zeitgemäss, entspannen kann man im hübschen Garten und auf der kleinen Dachterrasse.

La Pistache – Hotel Balm
Balmstr. 3 – ✆ 041 377 11 35 – www.balm.ch – geschl. 24. Dezember - 10. Januar, 20. Februar - 7. März und Montag - Dienstag
Tagesteller 46 CHF – Menü 69/115 CHF – Karte 73/112 CHF
In dem modern-eleganten Restaurant geht es klassisch und niveauvoll zu, und das gilt sowohl für den Service als auch für die Speisen. Das Küchenteam kocht mit Finesse, Ausdruck und ohne Chichi, auf Basis erstklassiger Produkte.

Bistro – Hotel Balm
Balmstr. 3 ✉ 6045 – ✆ 041 377 11 35 – www.balm.ch – geschl. 24. Dezember - 10. Januar, 20. Februar - 7. März und Montag - Dienstag
Tagesteller 26 CHF – Menü 69 CHF
Dies ist das freundlich-legere Zweitrestaurant des "Balm" und auch hier wird ambitioniert gekocht: als Tagesteller (mittags und abends) oder in Form des Bistro-Menüs mit Wahlmöglichkeit - wie wär's z. B. mit "Fischpalette in Safransauce"?

MEILEN
Zürich (ZH) – ✉ 8706 – 13 528 Ew – Höhe 420 m – Regionalatlas **4-G3**
▶ Bern 141 km – Zürich 16 km – Luzern 48 km – Sankt Gallen 90 km
Michelin Straßenkarte 551-Q5

Thai Orchid
Rosengartenstr. 2 – ✆ 044 793 29 29 – www.thai-orchid.ch – geschl. Montag
Tagesteller 25 CHF – Karte 55/86 CHF – *(Tischbestellung ratsam)*
Kaum eingetreten, weht Ihnen hier der Duft von Kokos und Kaffir-Lime um die Nase! Überaus appetitlich die thailändischen Spezialitäten in dem hübschen kleinen Restaurant mit angenehm dezenter asiatischer Deko. Unter der Woche täglich wechselndes Lunchmenü vom Buffet.

in Meilen-Obermeilen Ost: 1 km, Richtung Rapperswil – Höhe 413 m –
✉ 8706 Meilen

Hirschen am See
Seestr. 856 – ✆ 044 925 05 00 – www.hirschen-meilen.ch
16 Zim – †115/225 CHF ††225/285 CHF – ½ P
Rest *Hirschen am See* – Siehe Restaurantauswahl
Unmittelbar am Zürichsee, direkt hinter einem kleinen Hafen, liegt das historische Gasthaus mit wohnlich-gemütlichen Zimmern, die teils Seeblick bieten. In der hübschen freundlichen "Taverne" mit schöner Terrasse am See serviert man regionale Küche mit mediterranem Einfluss.

Hirschen am See – Hotel Hirschen am See
Seestr. 856 – ✆ 044 925 05 00 – www.hirschen-meilen.ch – geschl. September - Mai: Montag
Tagesteller 29 CHF – Menü 69 CHF – Karte 58/99 CHF
Ein elegantes Restaurant, in dem Sie sich bei traumhafter Seesicht (toll die teilweise rebenberankte Terrasse) international-saisonale Gerichte wie "Kalbssteak mit Sauce Hollandaise, neuen Kartoffeln und grünem Spargel" schmecken lassen.

MEIRINGEN
Bern (BE) – ✉ 3860 – 4 735 Ew – Höhe 595 m (Wintersport : 602/2 433 m)
– Regionalatlas **8-F4**
▶ Bern 86 km – Andermatt 64 km – Brienz 15 km – Interlaken 29 km
Michelin Straßenkarte 551-N9

MEIRINGEN

🏠 Alpbach ☆ 🍴 🐾 ▣ 🅿
Kirchgasse 17 – ℰ 033 971 18 31 – www.alpbach.ch – geschl. November - Mitte Dezember
33 Zim ⊇ – †95/130 CHF ††190/220 CHF – ½ P
In dem Hotel im Ortskern stehen gepflegte Zimmer bereit, die funktionell oder alpenländisch-wohnlich eingerichtet sind - auch Familienzimmer. Dazu ein freundlicher Saunabereich mit Massageangebot und das mit viel hellem Naturholz gemütlich-rustikal gestaltete Restaurant.

🏠 Victoria ▣ 🛁 🅿
Bahnhofplatz 9 – ℰ 033 972 10 40 – www.victoria-meiringen.ch – geschl. 8. - 23. April
18 Zim ⊇ – †135/185 CHF ††195/260 CHF – ½ P
Rest Victoria 😊 – Siehe Restaurantauswahl
Eine sympathisch-familiäre Adresse am Bahnhof, unweit der Seilbahnstation. Vom modernen Eingangsbereich kommen Sie in wohnliche Zimmer. Tipp: Lassen Sie sich nachmittags auf der netten Terrasse vor dem Haus leckeren Kuchen schmecken!

XX Victoria – Hotel Victoria 🍴 & 🅿
😊
Bahnhofplatz 9 – ℰ 033 972 10 40 – www.victoria-meiringen.ch – geschl. 8. - 23. April
Tagesteller 22 CHF – Menü 60 CHF (mittags)/95 CHF – Karte 62/94 CHF
Modern-elegant das Restaurant mit viel schickem Schwarz. Die Küche ist mediterran, hier und da asiatische Einflüsse - Lust auf "Iberico-Schwein auf geräuchertem Paprika" und danach "Brownie mit Bananen-Ingwereis"? Wer's etwas schlichter mag, isst im Bistro z. B. Schnitzel oder Tuna-Sandwich.

MEISTERSCHWANDEN
Aargau (AG) – ✉ 5616 – 2 818 Ew – Höhe 505 m – Regionalatlas **4-F3**
▶ Bern 106 km – Aarau 28 km – Luzern 32 km – Wohlen 10 km
Michelin Straßenkarte 551-O5

🏨 Seerose Resort und Spa ← 🏊 🗗 🧖 🐾 🎧 ▣ & 🅰🅲 🛁 🚗
Seerosenstr. 1, Süd: 1,5 km Richtung Aesch – ℰ 056 676 68 68 – www.seerose.ch
91 Zim ⊇ – †128/278 CHF ††248/368 CHF – 2 Suiten
Rest Seerose • Rest Samui-Thai • Rest Cocon – Siehe Restaurantauswahl
Direkt am schönen Hallwilersee liegt dieses vielfältige Resort. Es gibt hier drei Häuser ("Cocon", "Classic" und "Elements"), jedes mit eigenem Stil. Die Zimmer sehr individuell, wertig und geschmackvoll-modern, nicht minder attraktiv der "Cocon-Thai-Spa"! Zudem wird man wirklich aufmerksam umsorgt!

XX Cocon – Hotel Seerose Resort und Spa 🍸 ← 🍴 & 🅿
Seerosenstr. 1, Süd: 1,5 km Richtung Aesch – ℰ 056 676 68 68 – www.seerose.ch – geschl. 1. - 17. Januar und Sonntag - Dienstag
Menü 74/117 CHF – Karte 79/99 CHF – *(nur Abendessen)*
Hier gibt es klassische Küche mit südasiatischen Einflüssen, z. B. "Topinambur-Sellerie-Suppe mit Kardamom" oder "Dry Aged Rib Eye mit Thai-Curry und Rübli". Das Ambiente: minimalistische Deko, warmes Holz, originelle Sessel im Kokon-Look.

XX Seerose – Hotel Seerose Resort und Spa 🍸 ← 🍴 & 🅰🅲 🅿
Seerosenstr. 1, Süd: 1,5 km Richtung Aesch – ℰ 056 676 68 68 – www.seerose.ch
Menü 44/96 CHF – Karte 60/89 CHF
In dem chic-modernen Restaurant kocht man schweizerisch-französisch, und das klingt so: "Geisskäseravioli mit Honig und Thymian", "Entrecôte Café de Paris", "Kalbsfilet mit Portwein-Rosmarin-Sauce", "Balchenfilet in Ei und Kräutermantel"...

XX Samui-Thai – Hotel Seerose Resort und Spa 🍴 & 🅰🅲 🚗
Seerosenstr. 1, Süd: 1,5 km Richtung Aesch – ℰ 056 676 68 68 – www.seerose.ch
Menü 69/89 CHF – Karte 57/92 CHF – *(nur Abendessen)*
Schön authentisch, von der thailändischen Küche über den Service in Tracht bis zum Ambiente. Auf der Karte: "Som Tam" (pikanter Salat von grüner Papaya), "Prag Gung" (Crevetten mit Zitronengras), "Massaman Nuea" (Rindsfiletstreifen mit Massaman Curry)... Der Renner: die Terrasse zum See!

MELCHSEE-FRUTT
Obwalden (OW) – ✉ 6064 – Regionalatlas **3-F4**
▶ Bern 122 km – Sarnen 22 km – Stans 32 km – Luzern 42 km
Michelin Straßenkarte 551-O8
Zufahrt bis Stöckalp, dann mit der Gondelbahn (15 Min.) - Höhe 1 920 m

 frutt LODGE & SPA
Frutt 9 – ☏ 041 669 79 79 – www.fruttlodge.ch – geschl. Mitte April - Mitte Juni, Mitte Oktober - Mitte Dezember
64 Zim ☷ – †210/440 CHF ††260/490 CHF – 3 Suiten
Rest frutt Stübli – Siehe Restaurantauswahl
Wirklich gigantisch (und autofrei) die Lage auf dem Hochplateau - perfekt für Skifahrer und Wanderer! Und dazu modern-alpine Zimmer, schöner Spa auf 900 qm, internationale und traditionelle Küche im Titschli... und das Nonplusultra: Terrasse mit Stausee- und Bergblick! Von der eigenen Tiefgarage an der Talstation Stöckalp geht's mit der Gondelbahn hier hinauf.

XX **frutt Stübli**
Frutt 9 – ☏ 041 669 79 79 – www.fruttlodge.ch – geschl. Mitte April - Mitte Juni, Mitte Oktober - Mitte Dezember und Montag – Dienstag, im Sommer: Sonntag - Mittwoch
Menü 115/145 CHF – (nur Abendessen) (Tischbestellung ratsam)
So modern-regional wie das geschmackvolle Interieur des Stüblis präsentiert sich auch die Küche. In den angebotenen Menüs machen z. B. "Eintopf vom Kalb" oder "Flusskrebse & Erbse" Appetit. Und dazu vielleicht einen Schweizer Wein?

MELIDE
Ticino (TI) – ✉ 6815 – 1 800 ab. - Alt. 274 m – Carta regionale **10-H7**
▶ Bern 251 km – Lugano 7 km – Bellinzona 38 km – Como 24 km
Carta stradale Michelin 553-R14

🏠 **Dellago**
Lungolago Motta 9 – ☏ 091 649 70 41 – www.hotel-dellago.ch
20 cam ☷ – †130/290 CHF ††140/320 CHF
Lungo la passeggiata, godete del panorama sul Ceresio da questa piacevole struttura con camere a tema – alcune climatizzate, altre con balcone affacciato sul lago – e due belle suite di un bianco immacolato. Ristorante in stile Art Déco che offre una cucina "fusion", proposta anche sulla panoramica terrazza.

MELS
Sankt Gallen (SG) – ✉ 8887 – 8 620 Ew – Höhe 487 m – Regionalatlas **5-I3**
▶ Bern 216 km – Chur 29 km – Sankt Gallen 83 km – Davos 58 km
Michelin Straßenkarte 551-U7

XXX **Schlüssel - Nidbergstube** (Seppi Kalberer)

Oberdorfstr. 5, 1. Etage – ☏ 081 723 12 38 – www.schluesselmels.ch
– geschl. Februar – März 3 Wochen, Juli – August 3 Wochen und Sonntag - Montag
Tagesteller 48 CHF – Menü 75 CHF (mittags)/189 CHF – Karte 79/129 CHF – (Tischbestellung ratsam)
Bei Familie Kalberer bringt die junge Generation moderne Einflüsse in die klassische Küche - ein schöner Mix aus bewährten Gerichten des Vater und kreativen Ideen des Juniors. Für die charmante Atmosphäre sorgen die herzlich-versierte Marianne Blum im Service sowie die elegante Biedermeierstube selbst.
→ Ravioli vom Black Angus mit Pommery Senf. Zweierlei vom Kalb mit Kartoffeln und Peperoni. Erdbeer, Passionsfrucht und Sorbet.
Schlüsselstube – Siehe Restaurantauswahl

X **Waldheim**
Weisstannenstr. 89, West: 4 km – ☏ 081 723 12 56 – www.waldheim-mels.ch
– geschl. Januar 2 Wochen, Juli 2 Wochen und Montag – Dienstag
Tagesteller 36 CHF – Menü 90 CHF – Karte 57/84 CHF
Lust auf gute bürgerlich-regionale Küche? Bei den langjährigen Gastgebern Luzia und Peter Kalberer geniessen Sie in herrlicher Lage über Mels (toll der Blick von der Terrasse!) z. B. "Rindssauerbraten mit Kräuterstock" oder "Melser Weinsuppe mit Forellenspiess".

MELS

Schlüsselstube – Restaurant Schlüssel
Oberdorfstr. 5, 1. Etage – ℰ 081 723 12 38 – www.schluesselmels.ch
– geschl. Februar - März 3 Wochen, Juli - August 3 Wochen und Sonntag - Montag
Tagesteller 23 CHF – Menü 69/85 CHF – Karte 50/98 CHF
Hier ist es etwas einfacher als in der "Nidbergstube" (was der Gemütlichkeit keinerlei Abbruch tut!), die Küche ist schmackhaft und traditionell. Bestellen Sie "Geschmorte Kalbsbacke mit Rotweinsauce und Kartoffel-Rosmarinpüree" und einen Dessert-Klassiker wie "Caramelköpfli"!

MENDRISIO
Ticino (TI) – ✉ 6850 – 14 929 ab. – Alt. 355 m – Carta regionale **10-H7**
▶ Bern 260 km – Lugano 20 km – Bellagio 40 km – Bellinzona 46 km
Carta stradale Michelin 553-R14

a Salorino Nord : 13 km sulla strada per il Monte Generoso – Alt. 473 m – ✉ 6872

Grotto la Balduana
Bellavista Monte Generoso, alt. 1 100 m – ℰ 091 646 25 28 – www.baldovana.ch
– chiuso 15 dicembre - 28 marzo e martedì - mercoledì
Piatto del giorno 22 CHF – Menu 32 CHF – Carta 34/46 CHF
Da oltre due decenni la famiglia Moncilovic gestisce con calore e simpatia questo rustico grotto, dove gustare specialità regionali, nonché piatti freddi (quest'ultimi sempre a disposizione). Servizio estivo in terrazza-giardino con vista panoramica sulla vallata.

MENZBERG
Luzern (LU) – ✉ 6125 – 600 Ew – Höhe 1 016 m – Regionalatlas **3-E4**
▶ Bern 103 km – Luzern 36 km – Brienz 87 km – Olten 46 km
Michelin Straßenkarte 551-M7

Menzberg
Dorf – ℰ 041 493 18 16 – www.hotel-menzberg.ch – geschl. 4. - 19. Februar, 11. - 29. Juli
26 Zim ☐ – †120/135 CHF ††180/195 CHF
Rest *Menzberg* – Siehe Restaurantauswahl
Sie suchen ruhige ländliche Umgebung? Das regionstypische Haus fügt sich schön in die Gegend ein und bietet dank Hanglage einen grandiosen Blick! Man wohnt in eher schlichten, aber gut gepflegten Zimmern und wird angenehm familiär betreut.

Menzberg – Hotel Menzberg
Dorf – ℰ 041 493 18 16 – www.hotel-menzberg.ch – geschl. 4. - 19. Februar, 11. - 29. Juli und Sonntagabend - Montag
Tagesteller 23 CHF – Menü 40 CHF (mittags unter der Woche)/70 CHF
– Karte 39/79 CHF
Ob in der gemütlichen Gaststube, im lichten Restaurant oder auf der schönen Terrasse, überall verwöhnt man Sie mit klassisch und mediterran beeinflusster traditioneller Küche, z. B. als "Wolfsbarsch mit Rahmwirz und Safranrisotto".

MENZINGEN
Zug (ZG) – ✉ 6313 – 4 437 Ew – Höhe 807 m – Regionalatlas **4-G3**
▶ Bern 147 km – Zug 9 km – Schwyz 51 km – Zürich 33 km
Michelin Straßenkarte 551-Q6

Löwen (René Weder)
Holzhäusernstr. 2 – ℰ 041 759 04 44 – www.kochen-fuer-freunde.ch – geschl. 10. Juli - 17. August und Sonntagabend - Dienstag
Menü 124/152 CHF – (nur Abendessen, sonntags auch Mittagessen) (Tischbestellung ratsam)
Wirklich schön hat man es in dem Gasthaus a. d. 16. Jh., überall warmes Holz. René Weder kocht ein wunderbares Überraschungsmenü, in dem er gerne auf Ihre Wünsche eingeht, seine Frau Christine umsorgt Sie sehr aufmerksam und herzlich.
→ Oxtail Ravioli. Variation von der Entenleber. Quitte, Apfel und Hagebutte.

MERIDE
Ticino (TI) – ✉ 6866 – 314 ab. – Alt. 582 m – Carta regionale **10-H7**
▶ Bern 266 km – Lugano 27 km – Bellinzona 53 km – Varese 18 km
Carta stradale Michelin 553-R14

X Antico Grotto Fossati
*via alle cantine 1 – ℰ 091 646 56 06 – chiuso 23 dicembre
- 20 gennaio, novembre - marzo : domenica sera - martedì*
Piatto del giorno 25 CHF – Carta 35/55 CHF
Un'ampia selezione enologica – soprattutto di etichette italiane e locali – accompagna una cucina casalinga nella verde cornice di un caseggiato rustico, dove non manca uno scoppiettante camino. Servizio estivo sulla terrazza alberata.

MERLACH – Freiburg → Siehe Murten

MERLIGEN
Bern (BE) – ✉ 3658 – 770 Ew – Höhe 568 m – Regionalatlas **8-E5**
▶ Bern 40 km – Interlaken 11 km – Brienz 34 km – Spiez 24 km
Michelin Straßenkarte 551-K9

BEATUS
Seestr. 300 – ℰ 033 252 81 81 – www.beatus.ch
71 Zim – †263/373 CHF ††466/656 CHF – 7 Suiten – ½ P
Rest *Bel Air* – Siehe Restaurantauswahl
Das Schwesterhotel des "Ermittage" in Schönried hat ganz eigene Vorzüge: traumhafte Lage am See, toller Garten, eigene Marina, Spa auf 2000 qm samt Sole-Freibad und nicht zuletzt die schönen Zimmer, meist mit Seeblick und Balkon. Orangerie mit Live-Pianomusik. 3/4-Pension im Preis enthalten.

XXX Bel Air – Hotel BEATUS
Seestr. 300 – ℰ 033 252 81 81 – www.beatus.ch
Menü 75/105 CHF – Karte 75/104 CHF
Das wird Ihnen gefallen: wertig-elegantes Interieur, aufmerksamer Service und eine fantastische Terrasse mit Palmen und Seeblick. Gekocht wird klassisch-saisonal - probieren Sie z. B. frischen Fisch aus dem See oder das Lammentrecôte.

MERLISCHACHEN
Schwyz (SZ) – ✉ 6402 – 1 205 Ew – Höhe 436 m – Regionalatlas **4-F3**
▶ Bern 136 km – Luzern 10 km – Aarau 61 km – Schwyz 26 km
Michelin Straßenkarte 551-O7

Swiss-Chalet
Luzernerstr. 204 – ℰ 041 854 54 54 – www.swiss-chalet.ch
77 Zim – †65/380 CHF ††65/380 CHF
Sie wohnen im Swiss-Chalet (ein charmantes Holzhaus a. d. 17. Jh.) oder im Jagd-Schloss ca. 200 m bergauf - dank individuellem Stil und dekorativen Details eine nicht ganz alltägliche Adresse! Eigener Strand am See. Schweizer Küche in der "Bränte", klassisch-französisches Angebot im "Cuisine Française". Hübsch die "Chalet Bar".

MÉZIÈRES
Vaud (VD) – ✉ 1083 – 1 216 hab. – Alt. 740 m – Carte régionale **6-B5**
▶ Bern 82 km – Lausanne 17 km – Fribourg 52 km – Montreux 28 km
Carte routière Michelin 552-G9

XX Du Jorat
Grand Rue 16 – ℰ 021 903 11 28 – www.restaurantdujorat.ch – fermé fin décembre - début janvier 2 semaines, Pâques une semaine, juillet 3 semaines, dimanche et lundi
Menu 58/149 CHF – Carte 66/103 CHF
Sur la route principale de Mézières, cette bâtisse traditionnelle, assez coquette, donne envie de s'arrêter. Elle abrite une bonne table gastronomique, plutôt classique, parfois intrigante comme "le choc culturel vaudois", entrée phare de la maison.
Brasserie – Voir la sélection des restaurants

MÉZIÈRES

  Brasserie – Restaurant Du Jorat
Grand Rue 16 – ✆ 021 903 11 28 – www.restaurantdujorat.ch – fermé fin décembre - début janvier 2 semaines, Pâques une semaine, juillet 3 semaines, dimanche et lundi
Plat du jour 21 CHF – Carte 47/73 CHF
Au Jorat, il y a le restaurant mais aussi la Brasserie : elle a l'air toute simple avec son cadre sans chichis, mais on peut s'y régaler de bons petits plats du terroir (avec quelques saveurs du monde) dont on aurait tort de se priver !

MIÈGE
Valais – ✉ 3972 – 1 349 hab. – Carte régionale **8-D6**
➤ Bern 176 km – Sion 23 km – Fribourg 145 km – Aosta 124 km
Carte routière Michelin 552-11J

  Le Relais Miégeois
Route de Sierre 31 – ✆ 027 455 90 90 – www.relaismiegeois.ch – fermé début janvier 2 semaines, fin juin - début juillet 3 semaines, lundi et mardi
Plat du jour 18 CHF – Menu 63/117 CHF – Carte 50/102 CHF – *(réservation indispensable)*
Au centre du village, le restaurant est abrité dans une grande bâtisse qui rappellerait presque la fameuse "Maison jaune" de Van Gogh... Le jeune chef, Lionel Chabroux, propose une cuisine créative et trouve un bel équilibre entre tradition française et ingrédients exotiques. Le tout dans une ambiance animée !

MINUSIO – Ticino ➜ Vedere Locarno

MÖRIGEN
Bern (BE) – ✉ 2572 – 843 Ew – Höhe 481 m – Regionalatlas **2-C4**
➤ Bern 46 km – Neuchâtel 31 km – Biel 9 km – Solothurn 34 km
Michelin Straßenkarte 551-I6

  Seeblick
Hauptstr. 2 – ✆ 032 397 07 07 – www.seeblick.net – geschl. 26. September - 8. Oktober, 23. Dezember - 14. Januar
15 Zim ☕ – †135 CHF ††180 CHF – ½ P
Rest *Seeblick* – Siehe Restaurantauswahl
Man spürt das Engagement der Familie: Alles ist tipptopp gepflegt, die Zimmer sind freundlich und bieten teils Seesicht, das Frühstück ist frisch und lecker, und zum See sind es nur 10 Minuten zu Fuss. Praktisch: Bahnhaltestelle vor der Tür - direkte Anbindung zum Bieler Hbf.

  Seeblick – Hotel Seeblick
Hauptstr. 2 – ✆ 032 397 07 07 – www.seeblick.net – geschl. 26. September - 8. Oktober, 23. Dezember - 14. Januar und Montag
Tagesteller 17 CHF – Menü 56 CHF – Karte 39/80 CHF
Schön der Blick auf den Bielersee - da ist die Terrasse natürlich sehr gefragt! Freuen darf man sich auch auf charmanten Service und traditionell-regionale Küche mit international-saisonalen Einflüssen einschliesslich Fisch aus dem See.

MOLLENS
Valais (VS) – ✉ 3974 – 972 hab. – Alt. 1 070 m – Carte régionale **7-D6**
➤ Bern 178 km – Sion 25 km – Fribourg 147 km – Lausanne 119 km
Carte routière Michelin 552-J11

  Panorama
Route de Montana 2, Sud-Est : entre Venthône et Mollens – ✆ 027 480 37 07 – www.hotelrestaurantpanorama.ch
16 ch ☕ – †110/160 CHF ††120/165 CHF
Été comme hiver, l'hôtel porte bien son nom ; les montagnes offrent un spectacle sans cesse renouvelé. Les chambres sont chaleureuses, décorées dans un style typiquement helvète. L'un des restaurants propose une carte internationale, l'autre met l'accent sur les belles viandes.

MONRUZ – Neuchâtel ➜ Voir à Neuchâtel

MONTANA – Valais ➜ Voir à Crans-Montana

MONTHEY
Valais (VS) – ⊠ 1870 – 17 510 hab. – Alt. 420 m – Carte régionale **7-C6**
▶ Bern 112 km – Martigny 24 km – Évian-les-Bains 38 km – Gstaad 59 km
Carte routière Michelin 552-F11

Du Théâtre
Avenue du Théâtre 7, par avenue de Crochetan – ℰ 024 471 79 70
– *www.restaurant-theatre-monthey.ch* – *fermé 3
- 12 janvier, 23 - 28 février, 10 juillet - 7 août, 24 - 28 décembre, dimanche et lundi*
Plat du jour 19 CHF – Menu 25 CHF (déjeuner en semaine)/95 CHF
– Carte 47/84 CHF
Avant ou après le spectacle au théâtre du Crochetan, vous viendrez peut-être vous asseoir dans la grande salle épurée de ce bistrot, où l'on ne joue pas la comédie ! Le chef propose une cuisine créative qui n'oublie pas de rendre hommage à l'Italie, son pays natal.

à Choëx Sud-Est : 4 km – Alt. 615 m – ⊠ 1871

Café Berra
Place de l'École 1 – ℰ 024 471 05 30 – *www.cafeberra.ch* – *fermé janvier 3 semaines, août 4 semaines, lundi et mardi*
Carte 69/105 CHF – *(réservation conseillée)*
Un restaurant bien sympathique, aménagé dans un chalet en bois de la fin du 19ᵉ s. L'ambiance y est très simple, décontractée, sans doute parce que l'endroit est géré en famille... Et la simplicité se retrouve dans la cuisine proposée, généreuse et gorgée de saveurs !

Le MONT-PÈLERIN
Vaud (VD) – ⊠ 1801 – Alt. 806 m – Carte régionale **7-C5**
▶ Bern 85 km – Montreux 14 km – Fribourg 54 km – Lausanne 21 km
Carte routière Michelin 552-F10

Le Mirador Resort & Spa
Chemin de l'Hôtel du Mirador 5 – ℰ 021 925 11 11 – *www.mirador.ch*
57 ch – ♦280/600 CHF ♦♦280/600 CHF, ⌂ 45 CHF – 4 suites – ½ P
Un fabuleux Mirador ! L'étendue majestueuse du lac Léman à ses pieds, les montagnes au loin... l'impression d'être roi des Alpes. Avec ses prestations très chic (piscine, spa, restauration, etc.), ce grand hôtel est l'un des joyaux de l'hôtellerie vaudoise. Le must : les suites ultracontemporaines avec une terrasse privée...

MONTREUX

Vaud (VD) – ⊠ 1820 – 26 428 hab. – Alt. 406 m – Carte régionale **7-C6**
▶ Bern 90 km – Genève 95 km – Lausanne 29 km – Martigny 43 km
Carte routière Michelin 552-F10

Hotels

 Fairmont Le Montreux Palace
Avenue Claude Nobs 2 – ℰ 021 962 12 12 Plan : A1**k**
– www.fairmont.com/montreux
217 ch ⊊ – ♦339/799 CHF ♦♦379/799 CHF – 19 suites
Face au lac Léman, un superbe monument Belle Époque (1906), plein d'âme et d'élégance, et tout au service de ses hôtes… Si Montreux est la "perle de la Riviera vaudoise", ce palace est sans doute l'un des fleurons de l'hôtellerie suisse, à l'unisson de la douceur légendaire du climat local !

 Grand Hôtel Suisse Majestic
Avenue des Alpes 45 – ℰ 021 966 33 33 – www.suisse-majestic.ch Plan : A1**r**
– fermé 23 décembre - 15 janvier
153 ch – ♦170/680 CHF ♦♦200/750 CHF, ⊊ 26 CHF – 2 suites – ½ P
Rest *Le 45* – Voir la sélection des restaurants
Des façades richement sculptées (côté ville et côté lac), un superbe hall Art déco, une atmosphère feutrée et élégante : voilà bien un grand hôtel né au 19e s. ! Pour autant, l'établissement est à la page, mêlant classicisme et esprit contemporain avec beaucoup de goût.

 Golf - Hôtel René Capt
Rue de Bon Port 35 – ℰ 021 966 25 25 – www.golf-hotel-montreux.ch Plan : B2**b**
– fermé 11 décembre - 6 février
75 ch ⊊ – ♦145/185 CHF ♦♦195/230 CHF – ½ P
Il est né en 1887 sur les rives du lac. Ses façades et son jardin planté de palmiers évoquent une villégiature Belle Époque, et il y a quelque chose d'intemporel dans la vue sur les sommets (la plupart des chambres avec balcon). Classique et chaleureux.

Restaurants

 Le 45 – Grand Hôtel Suisse Majestic
Avenue des Alpes 45 – ℰ 021 966 33 33 – www.suisse-majestic.com Plan : A1**r**
– fermé 23 décembre - 15 janvier
Plat du jour 25 CHF – Carte 67/104 CHF
Un bel endroit que cette brasserie contemporaine, entièrement vitrée face au lac, et prolongée par une grande terrasse. Au menu, un joli panaché propre à satisfaire tous les goûts : grillades, tartare, salades, saveurs méditerranéennes… et banc d'écailler très prisé des clients !

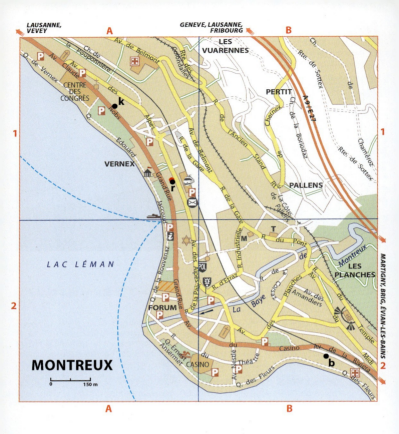

aux Avants Nord : 8 km – Alt. 970 m – ✉ 1833

✕ **Auberge de la Cergniaulaz** 🍴 P
Route de la Cergniaule 18, par Col de Sonloup et route d'Orgevaux : 3,5 km – ✆ 021 964 42 76 – www.lacergniaulaz.ch – fermé 15 décembre - 15 mars, lundi et mardi
Carte 57/99 CHF
On a l'impression de rejoindre le sommet du monde... Monter à l'Auberge de la Cergniaulaz, c'est presque une aventure (ayez une bonne voiture !), mais l'on est récompensé : tout l'esprit de la montagne est dans ce chalet chaleureux et croquignolet, au milieu des arbres, et dans la cuisine, tout simplement bonne.

à Glion Nord-Est : 5 km – Alt. 688 m – ✉ 1823

🏨 **Victoria**
Route de Caux 16 – ✆ 021 962 82 82 – www.victoria-glion.ch
50 ch ⊇ – ♦190/320 CHF ♦♦290/400 CHF – 5 suites – ½ P
Rest *Victoria* – Voir la sélection des restaurants
Un grand hôtel incontestablement rétro, avec ses antiquités – un vrai petit musée –, son ambiance feutrée et ses chambres très confortables. Le parc qui domine le lac Léman, très romantique, ajoute encore au charme indémodable des lieux...

MONTREUX

XxX Victoria – Hôtel Victoria
Route de Caux 16 – ☏ 021 962 82 82 – www.victoria-glion.ch
Plat du jour 45 CHF – Menu 70/98 CHF – Carte 74/126 CHF
Un décor bourgeois, un jardin d'hiver, une grande terrasse offrant une vue superbe sur le Léman et les Alpes... La carte fait profession de classicisme : quoi de plus naturel dans un cadre si immuable ?

à Brent Nord-Ouest : 7 km – Alt. 569 m – ✉ 1817

XxX Le Pont de Brent (Stéphane Décotterd)
❀❀ *Route de Blonay 4 – ☏ 021 964 52 30 – www.lepontdebrent.ch – fermé Noël - début janvier, fin juillet - mi-août 3 semaines, dimanche et lundi*
Menu 88 CHF (déjeuner en semaine)/295 CHF – Carte 170/192 CHF
Cette vénérable institution, perchée sur les hauteurs pittoresques du lac Léman, cultive l'art de la tradition, autour d'une cuisine classique et maîtrisée, comme cette poêlée de cuisses de grenouilles et chanterelles. L'accueil chaleureux ajoute au souvenir de cette belle expérience.
→ Le foie gras de canard poché au gingembre, bouillon parfumé d'algues kombu. Le gâteau de brochet aux bolets, écrevisses du lac Léman, crème à l'oseille. La poire à Botzi caramélisée, biscuit au nion de noix et sorbet.

à Veytaux Sud-Est: 3 km par Avenue de la Riviera B2 – Alt. 380 m – ✉ 1820

Masson
Rue Bonivard 5 – ☏ 021 966 00 44 – www.hotelmasson.ch
– fermé 18 décembre - 1er mars
31 ch ⌑ – ♦120/160 CHF ♦♦200/250 CHF – ½ P
Tissus fleuris, meubles anciens, parquet en chêne... Un charme suranné ? Un véritable morceau de passé, encore habité par le souvenir de Victor Hugo et des premiers "touristes", car cet hôtel fut pionnier sur la "riviera vaudoise" (1829). Rien ne semble avoir changé dans le beau jardin qui regarde le lac...

MONTRICHER
Vaud (VD) – ✉ 1147 – 958 hab. – Carte régionale **6-B5**
▶ Bern 114 km – Lausanne 32 km – Genève 66 km – Neuchâtel 79 km
Carte routière Michelin 552-C9

XX Auberge aux 2 Sapins
✿ *Rue du Bourg 14 – ☏ 021 864 00 80 – www.2sapins.ch – fermé Noël et Nouvel An, 9 - 25 avril, 20 juillet - 10 août, lundi et mardi*
10 ch ⌑ – ♦115/130 CHF ♦♦160/190 CHF
Plat du jour 18 CHF – Menu 56/101 CHF – Carte 52/90 CHF
On fait bonne chère dans cette auberge née en 1904 au cœur du village ! Au restaurant comme au bistrot, le rapport qualité-prix est séduisant, et les bons produits régionaux sont à l'honneur. On peut prolonger l'étape en profitant des chambres, modernes et fonctionnelles. Par beau temps, la vue porte jusqu'au lac Léman...

MONT-SUR-LAUSANNE – Vaud → Voir à Lausanne

MORAT – Freiburg → Voir à Murten

MORCOTE
Ticino (TI) – ✉ 6922 – 768 ab. – Alt. 280 m – Carta regionale **10-H7**
▶ Bern 255 km – Lugano 11 km – Bellinzona 42 km – Como 28 km
Carta stradale Michelin 553-R14

Swiss Diamond Hotel
Riva Lago Olivella, Nord-Est : 1 km ✉ 6921 Vico-Morcote – ☏ 091 735 00 00 – www.swissdiamondhotel.com
80 cam ⌑ – ♦190/300 CHF ♦♦290/800 CHF – 4 suites
Imponente e moderna struttura maestosamente distesa sul lungolago, gli interni si ispirano alla più classica ed elegante tradizione alberghiera europea. Diverse proposte per i pasti, dai più informali buffet alla musica dal vivo.

MORCOTE

a Vico Nord-Est : 4 km – Alt. 432 m – ✉ 6921 Vico Morcote

✕✕ **La Sorgente**
portic da Süra 18
– ✆ 091 996 23 01 – www.lasorgente.ch
– *chiuso lunedì - martedì, luglio - agosto : lunedì - martedì a mezzogiorno*
Menu 65 CHF – Carta 42/87 CHF
Lasciata la vettura nell'autosilo all'ingresso del paese, il ristorante vi delizierà con una cucina creativa e qualche proposta mediterranea, il cuoco è d'origini pugliesi. Incantevole servizio estivo sotto un pergolato.

✕ **Vicania**
Alpe Vicania, alt. 700 m, sulla strada per Carona : 3 km e strada privata
– ✆ 091 980 24 14 – www.ristorantevicania.ch – *chiuso 24 dicembre - metà marzo, lunedì e martedì, luglio - settembre : solo lunedì*
Carta 66/79 CHF
In posizione isolata sui monti, con il bel tempo si mangia su tavoli disseminati nel prato: la cucina è italiana con qualche piatto tipico di montagna.

Ogni ristorante stellato ❁ è introdotto da tre piatti che rappresentano in maniera significativa la propria cucina. Qualora questi non fossero disponibili, altre gustose ricette ispirate alla stagione delizieranno il vostro palato.

MORGES
Vaud (VD) – ✉ 1110 – 15 675 hab. – Alt. 380 m – Carte régionale **6-B5**
▶ Bern 108 km – Lausanne 14 km – Genève 52 km – Pontarlier 68 km
Carte routière Michelin 552-D10

🏠 **L'Hostellerie Le Petit Manoir**
Avenue Ignace Paderewski 8 – ✆ 021 804 12 00 – www.lepetitmanoir.ch
– *fermé 9 - 24 avril et 16 juillet - 7 août*
25 ch – ♦180/280 CHF ♦♦180/280 CHF, ☕ 25 CHF
Rest *Le Petit Manoir* ❁ – Voir la sélection des restaurants
Cette charmante demeure classée (1764) recèle des chambres luxueuses et confortables, et se double d'une annexe ultracontemporaine créée au cœur de son beau jardin, entre parterres à la française et arbres centenaires. De "petit", manoir n'a que l'adjectif...

🏠 **Mont-Blanc au Lac**
Quai du Mont-Blanc – ✆ 021 804 87 87
– *www.hotel-mont-blanc.ch*
45 ch ☕ – ♦175/210 CHF ♦♦237/302 CHF – ½ P
Une maison de caractère (19e s.) au bord du lac Léman, dont la plupart des chambres sont orientées vers les flots. On profite aussi d'un jardin les pieds dans l'eau d'où l'on peut admirer... le mont Blanc ! Une bonne adresse.

🏠 **La Maison d'Igor**
Rue St-Dominique 2 – ✆ 021 803 06 06
– *www.maison-igor.ch*
8 ch ☕ – ♦170/250 CHF ♦♦190/270 CHF
Mieux qu'une maison, c'est dans une superbe villa tout près du lac qu'Igor est installé ! L'élégance est de mise à l'intérieur – mobilier de style, chambres joliment décorées – et à l'extérieur, où l'on profite d'une agréable terrasse donnant sur le jardin et son petit potager.

MORGES

XX **Le Petit Manoir** – Hôtel L'Hostellerie Le Petit Manoir
*Avenue Ignace Paderewski 8 – ℰ 021 804 12 00 – www.lepetitmanoir.ch
– fermé 22 décembre - 8 janvier, 9 - 24 avril, 16 juillet - 7 août, dimanche et lundi*
Plat du jour 25 CHF – Menu 55 CHF (déjeuner en semaine)/148 CHF
– Carte 94/112 CHF
Aux commandes de cette table d'apparence classique (parquet en chêne, lustres à pendeloques, etc.), un jeune chef signe une cuisine savoureuse et bien maîtrisée. Un exemple ? Ce bœuf d'alpage suisse en deux façons, avec légumes glacés au beurre de gingembre et jus aux six épices... Accueil très agréable.
→ L'écrevisse du lac Léman rôtie au safran, tagliatelle de tomates, jus de têtes au chorizo. La volaille de Nant d'Avril farcie de langoustine, jus à la coriandre. La fraise Mara du pays de Vaud confite, aéré de burrata vanillé, glacé de mélisse.

MORSCHACH
Schwyz (SZ) – ✉ 6443 – 1 124 Ew – Höhe 645 m – Regionalatlas **4-G4**
▶ Bern 155 km – Luzern 51 km – Altdorf 15 km – Brunnen 4 km
Michelin Straßenkarte 551-Q7

 Swiss Holiday Park
Dorfstr. 10 – ℰ 041 825 50 50 – www.swissholidaypark.ch
124 Zim ☑ – ♦130/230 CHF ♦♦180/385 CHF – 27 Suiten
Eine weitläufige Hotelanlage oberhalb des Vierwaldstättersees. Zum beachtlichen Freizeitangebot zählen u. a. Kletterwand, Bowling und Tom's Kids Club. Auch kulinarisch ist man vielfältig: Pizza und Pasta in "Il Gusto", Mediterranes im "Panorama" und "Schwiizer Stube" mit Schweizer Spezialitäten.

MOUTIER
Berne (BE) – ✉ 2740 – 7 614 hab. – Alt. 529 m – Carte régionale **2-D3**
▶ Bern 76 km – Delémont 14 km – Biel 33 km – Solothurn 25 km
Carte routière Michelin 551-I5

à Perrefitte Ouest : 2,5 km – Alt. 578 m – ✉ 2742

XX **De l'Étoile**
Gros Clos 4 – ℰ 032 493 10 17 – www.restaurant-etoile.ch – fermé lundi et dimanche
6 ch ☑ – ♦125 CHF ♦♦170/210 CHF
Plat du jour 20 CHF – Menu 44/82 CHF – Carte 39/76 CHF
Une sympathique adresse familiale et deux ambiances : une brasserie rustique pour se restaurer simplement ; un restaurant dans un pavillon lumineux (de style orangerie) proposant une cuisine de saison. Chambres modernes dont un studio avec kitchenette et cheminée.

MÜHLEDORF
Solothurn (SO) – ✉ 4583 – 2 507 Ew – Höhe 570 m – Regionalatlas **2-D3**
▶ Bern 34 km – Biel 23 km – Burgdorf 21 km – Olten 53 km
Michelin Straßenkarte 551-J6

XX **Kreuz**
Hauptstr. 5 – ℰ 032 661 10 23 – www.kreuz-muehledorf.ch – geschl. 8. - 22. Februar, 26. September - 10. Oktober
6 Zim ☑ – ♦115/145 CHF ♦♦165/195 CHF   Tagesteller 18 CHF – Karte 38/86 CHF
Der Landgasthof ist genauso gemütlich und traditionell, wie er schon von aussen wirkt! Serviert wird auch auf der hübschen Terrasse im Grünen. Als Übernachtungsgast darf man sich über das gute Preis-Leistungs-Verhältnis freuen. Übrigens: Das Freibad hinter dem Haus können Sie gratis nutzen!

MÜNCHENBUCHSEE
Bern (BE) – ✉ 3053 – 9 946 Ew – Höhe 557 m – Regionalatlas **2-D4**
▶ Bern 11 km – Biel 29 km – Burgdorf 22 km – Neuchâtel 58 km
Michelin Straßenkarte 551-J7

MÜNCHENBUCHSEE

Häberli's Schützenhaus - La Brasserie
Oberdorfstr. 10 – ℰ 031 868 89 88 – www.haeberlis.com
Tagesteller 22 CHF – Menü 115 CHF – Karte 54/92 CHF
Seit mehr als 170 Jahren steht Familie Häberli für frankophile Lebensart. Bei Gerichten wie "Émincé de Rognons de Veau" oder "Coq au Vin" könnte man auch in einer Brasserie in Lyon oder Paris sitzen. Weinkeller mit einigen Trouvaillen.

MÜRREN
Bern (BE) – ✉ 3825 – 427 Ew – Höhe 1 639 m (Wintersport : 1 650/2 970 m)
– Regionalatlas **8**-E5
▶ Bern 74 km – Interlaken 17 km – Grindelwald 21 km – Spiez 33 km
Michelin Straßenkarte 551-L10

mit Standseilbahn ab Lauterbrunnen erreichbar

Eiger
Bahnhofplatz – ℰ 033 856 54 54 – www.hoteleiger.com – geschl. 2. April - 1. Juni, 2.Oktober - 15. Dezember
39 Zim ⌂ – †183/385 CHF ††275/435 CHF – 10 Suiten – ½ P
Gegenüber dem Bahnhof gelegenes Hotel von 1886 mit grandioser Sicht auf Eiger, Mönch und Jungfrau. Schöne zeitgemäss-behagliche Zimmer, teils mit Balkon. Suiten in der Residence nebenan. Neben dem Speisesaal gibt's das "Eiger Stübli", alpin mit modernen Elementen.

Bellevue
Lus 1050A – ℰ 033 855 14 01 – www.muerren.ch/bellevue – geschl. 3. April - 20. Mai, 21. Oktober - 16. Dezember
17 Zim ⌂ – †125/235 CHF ††170/300 CHF – 2 Suiten – ½ P
Das familiär geleitete Hotel mit tollem Bergblick hat freundlich-behagliche, teils auch etwas modernere Zimmer. Ganz in der Nähe die Seilbahn ins Skigebiet, lohnenswert ein Ausflug aufs Schilthorn! Restaurant mit nettem "Jägerstübli" und traumhafter Panoramaterrasse. Traditionelle Küche mit Wildspezialitäten.

MURALTO – Ticino → Vedere Locarno

La MURAZ – Valais → Voir à Sion

MURG
Sankt Gallen (SG) – ✉ 8877 – 707 Ew – Höhe 439 m – Regionalatlas **5**-H3
▶ Bern 194 km – Sankt Gallen 106 km – Chur 57 km – Feldkirch 58 km
Michelin Straßenkarte 551-T6

Lofthotel
Alte Spinnerei, über Alte Staatsstrasse – ℰ 081 720 35 75 – www.lofthotel.ch
15 Zim ⌂ – †120/175 CHF ††180/270 CHF – 2 Suiten – ½ P
Wirklich attraktiv das minimalistische Industrie-Design der einstigen Spinnerei! Sie möchten hoch hinaus? Turm-Loft auf 5 Etagen und Loft-Suite im DG! Tipp für Motorradfahrer: In die beiden Biker-Lofts im EG fahren Sie direkt mit Ihrer Maschine! 80 m entfernt, unmittelbar am See: Schweizer und internationale Küche in "Sagibeiz" und "Sagisteg".

MURSCHETG – Graubünden → Siehe Laax

MURTEN MORAT
Freiburg (FR) – ✉ 3280 – 6 636 Ew – Höhe 448 m – Regionalatlas **2**-C4
▶ Bern 31 km – Neuchâtel 28 km – Biel 42 km – Fribourg 18 km
Michelin Straßenkarte 552-H7

MURTEN

XX Da Pino Ristorante Frohheim

Freiburgstr. 14 – ℰ 026 670 26 75 – www.dapino-frohheim.ch – geschl. 24. Dezember - 9. Januar, 18. April - 1. Mai, 16. - 30. Oktober und Sonntag - Montag
Tagesteller 19 CHF – Menü 59/120 CHF – Karte 68/103 CHF – *(Tischbestellung ratsam)*
An dem gemütlichen Restaurant (schön auch die Terrasse unter Kastanien oder Pergola) werden Weinkenner ihre wahre Freude haben: Zur italienischen Küche bietet man nämlich eine bemerkenswerte Weinkarte mit Trouvaillen aus Italien!

XX Käserei
Rathausgasse 34 – ℰ 026 670 11 11 – www.kaeserei-murten.ch – geschl. Februar 2 Wochen, Oktober 2 Wochen und Sonntag - Montag
Menü 59 CHF (mittags unter der Woche)/119 CHF – Karte 54/101 CHF – *(Tischbestellung ratsam)*
Ob an blanken oder schön eingedeckten Tischen, in der denkmalgeschützten ehemaligen Käserei bieten die engagierten Gastgeber richtig gute internationale und regionale Küche. "Sautiertes Filet vom Wolfsbarsch" und Klassiker wie "Cordon bleu" sind gleichermassen gefragt - nicht nur bei den Einheimischen!

in Merlach Süd-West: 1 km – Höhe 445 m – ⊠ 3280

X La Pinte du Vieux Manoir

Rue de Lausanne 18 – ℰ 026 678 61 61 – www.vieuxmanoir.ch – geschl. Mitte Dezember - Mitte Februar, 16. - 27. Oktober und Montag - Dienstag
Tagesteller 24 CHF – Menü 89/128 CHF (abends) – Karte 74/110 CHF
Nett sitzt man in dem modernen Restaurant am See bei ambitionierter internationaler-saisonaler Küche - gerne verwendet man regionale Produkte. Auf der Karte liest man z. B. "weisser Spargel, gebeiztes Rindsfilet und Babyspinat" und "Medaillon vom Saibling, Mönchsbart und Kartoffel-Thymian-Schaum".

in Greng Süd-West: 2,5 km – Höhe 445 m – ⊠ 3280

X La Tavola Pronta
De Castella-Platz 19 – ℰ 031 382 66 33 – www.latavolapronta.ch – geschl. Sonntag - Montag
Tagesteller 25 CHF – Menü 65/98 CHF – *(Tischbestellung ratsam)*
Auch nach dem Umzug von Bern in diese nette kleine Gemeinde ist man der piemontesischen Küche treu geblieben, und die gibt es wahlweise als 3-, 4- oder 5-Gänge-Menü. Die Mittagskarte ist günstiger. Hübsch die Terrasse zur kleinen "Piazza".

MUTTENZ – Basel-Landschaft ➜ Siehe Basel

NÄNIKON
Zürich (ZH) – ⊠ 8606 – Höhe 457 m – Regionalatlas **4-G2**
▶ Bern 141 km – Zürich 20 km – Rapperswil 28 km – Sankt Gallen 83 km
Michelin Straßenkarte 551-Q5

XX Zum Löwen
Zürichstr. 47 – ℰ 044 942 33 55 – www.loewen-naenikon.ch – geschl. Ende Dezember - Anfang Januar, Ende April - Anfang Mai, Ende Juli - Anfang August, Ende Oktober 1 Woche und Samstagmittag, Sonntag - Montag
Tagesteller 50 CHF – Menü 68 CHF (unter der Woche)/175 CHF – Karte 80/114 CHF – *(Tischbestellung ratsam)*
Hübsch das mit Weinreben berankte Riegelhaus, lauschig der Garten mit Platanen und Koi-Bassin - schon hier erkennt man die Asien-Leidenschaft des Patrons, die sich auch in ambitionierten, gewürzbetonten Speisen wie "Skrei, Belugalinsen, wilder Spargel, grünes Curry" widerspiegelt. Mittags kleineres Angebot.

NAX
Valais (VS) – ⊠ 1973 – 1 033 hab. – Carte régionale **7-D6**
▶ Bern 171 km – Sion 16 km – Aoste 118 km – Fribourg 140 km
Carte routière Michelin 552-I12

NAX

Maya Boutique Hôtel
Linzerbot 25 – ℰ *027 565 51 55 – www.maya-boutique-hotel.ch*
7 ch ⌑ – ♦240 CHF ♦♦240 CHF
Cette jolie maison d'hôtes est le premier hôtel en paille d'Europe, son énergie est fournie par des panneaux solaires et la chaleur d'un four à bois ! On profite autant de l'atmosphère, chaleureuse, que du sauna avec jacuzzi en plein air et du délicieux petit-déjeuner.

NEUCHÂTEL NEUENBURG
Neuchâtel (NE) – ✉ 2000 – 33 702 hab. – Alt. 440 m – Carte régionale **2-C4**
▶ Bern 52 km – Biel 33 km – Köniz 50 km – La Chaux-de-Fonds 21 km
Carte routière Michelin 552-G7

Beau-Rivage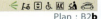
Esplanade du Mont-Blanc 1 – ℰ *032 723 15 15* Plan : B2**b**
– www.beau-rivage-hotel.ch
63 ch – ♦340/450 CHF ♦♦410/520 CHF, ⌑ 36 CHF – 3 suites – ½ P
Rest *O'Terroirs* – Voir la sélection des restaurants
Le charme sûr d'un hôtel de standing, dans un bel édifice du 19ᵉ s. dressé au bord du lac. Les lieux conjuguent élégance, espace et grand confort. Le must : boire une coupe au bar en profitant de la vue exceptionnelle... Espace bien-être avec hammam, fitness et soins. Parfaite quiétude !

Beaulac
Esplanade Léopold-Robert 2 – ℰ *032 723 11 11 – www.beaulac.ch* Plan : BC2**u**
116 ch – ♦205/285 CHF ♦♦235/365 CHF, ⌑ 25 CHF – 8 suites – ½ P
Rest *Lake Side* – Voir la sélection des restaurants
Cet hôtel porte bien son nom : il domine le lac de Neuchâtel, un superbe horizon... Il est aussi proche du port, du centre-ville et de l'université : autant d'atouts. Et les chambres, aux lignes graphiques et épurées, sont d'une élégance toute contemporaine.

Hôtel DuPeyrou
Avenue DuPeyrou 1 – ℰ *032 725 11 83 – www.dupeyrou.ch* Plan : B2**n**
– fermé 26 février - 6 mars, 23 juillet - 7 août, dimanche et lundi
Plat du jour 28 CHF – Menu 50 CHF (déjeuner)/140 CHF – Carte 84/113 CHF
Ce splendide petit palais du 18ᵉ s. a toutes les qualités : à la fois chic et original, classique et impertinent ! On y découvre la cuisine du chef australien Craig Penlington, qui travaille de bons produits, comme ces délicieuses viandes "rassises sur os"... et une carte exclusivement *aussie* au mois de janvier. Miam !

O'Terroirs – Hôtel Beau-Rivage
Esplanade du Mont-Blanc 1 – ℰ *032 723 15 23* Plan : B2**b**
– www.beau-rivage-hotel.ch
Plat du jour 42 CHF – Menu 54 CHF (déjeuner en semaine)/140 CHF
– Carte 80/118 CHF
Au sein de l'hôtel Beau-Rivage, de grandes baies vitrées pour une atmosphère lumineuse et contemporaine. Ce décor se prête à un agréable repas gastronomique : le chef breton fait preuve d'un certain raffinement dans la confection de plats goûteux et variés. Atout charme : l'agréable terrasse face au lac.

La Maison du Prussien
Rue des Tunnels 11, Au Gor du Vauseyon par A2, direction Pontarlier
– ℰ *032 730 54 54 – www.hotel-prussien.ch – fermé 22 décembre*
- 5 janvier, 16 juillet - 10 août, samedi midi et dimanche
10 ch ⌑ – ♦170/290 CHF ♦♦195/320 CHF – ½ P
Plat du jour 38 CHF – Menu 128/168 CHF – Carte 117/143 CHF
Sur les hauteurs de la ville, cette ancienne brasserie - datant du 18ᵉ s. - abrite une grande véranda aux airs de jardin d'hiver ! C'est là que niche le restaurant, et sa verdoyante terrasse au bord de l'eau... Au menu, blanc de lotte et langoustine du cap ; filet mignon et ris de veau du pays : c'est inventif et les saveurs sont franches.
Le Bistrot du Prussien – Voir la sélection des restaurants

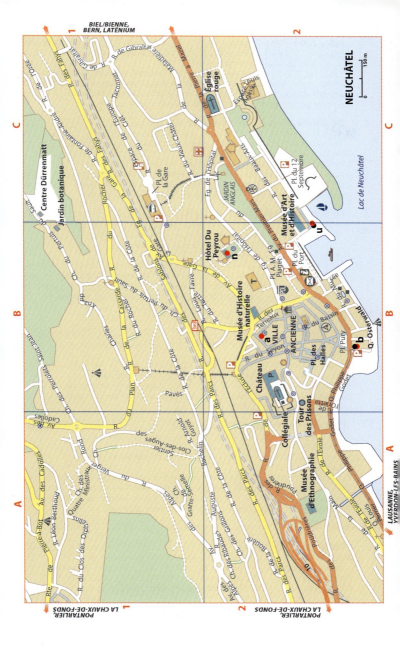

NEUCHÂTEL

XX Lake Side – Hôtel Beaulac
Esplanade Léopold-Robert 2 – ✆ *032 723 11 64* – *www.beaulac.ch*   Plan : BC2**u**
Plat du jour 26 CHF – Carte 62/98 CHF
La vue sur le lac y est si agréable que l'on pourrait se croire sur le pont d'un bateau... Autre voyage, la carte qui propose aussi bien soupe miso, risotto, thon grillé aux épices, foie gras ou gambas en tempura. Quant au sushi bar, il permet de se régaler de maki et autres sashimi, préparés sous vos yeux...

X Désobéissance Bistronomie N
Fausses-Brayes 19 – ✆ *032 724 63 55* – *www.desobeissance.ch*   Plan : B2**a**
– *fermé juillet - août 3 semaines, samedi midi, dimanche soir et lundi*
Plat du jour 21 CHF – Carte 70/87 CHF
Service décontracté, atmosphère tendance et colorée : la jeunesse de Neuchâtel a plaisir à se retrouver dans cette Désobéissance qui porte bien son nom. Crème brûlée au foie gras, filet de bœuf et sauce infusée à l'oignon rouge, moelleux au chocolat noir (irrésistible !)... et brunch sur la terrasse le dimanche.

X Le Bistrot du Prussien N – La Maison du Prussien
Rue des Tunnels 11, Au Gor du Vauseyon par A2, direction Pontarlier
– ✆ *032 730 54 54* – *www.hotel-prussien.ch* – *fermé 22 décembre*
- *5 janvier, 16 juillet - 10 août, samedi midi et dimanche*
Plat du jour 20 CHF – Menu 58 CHF
Désireux de partager sa passion des bonnes choses, Jean-Yves Drevet a imaginé ce bistrot au cadre chaleureux, tomettes et poutres apparentes. Dans l'assiette, une cuisine du marché autour de beaux produits, telle cette symphonie marine au beurre de coquillage. Menu gastronomique le soir à prix amical. Pari réussi !

à Monruz Est : 2 km par C1, direction Bern – ✉ 2008

Palafitte
Route des Gouttes-d'Or 2 – ✆ *032 723 02 02* – *www.palafitte.ch*
– *fermé Noël - 11 janvier*
40 ch – ♦410/750 CHF ♦♦410/750 CHF, ⌧ 38 CHF
Rest *La Table de Palafitte* – Voir la sélection des restaurants
Un ensemble hôtelier unique au bord du lac, dans un site exceptionnel. À la fois luxueux et original, il est constitué de pavillons sur pilotis abritant quarante belles chambres avec terrasse privée. Un must !

XX La Table de Palafitte – Hôtel Palafitte
Route des Gouttes-d'Or 2 – ✆ *032 723 02 02* – *www.palafitte.ch*
– *fermé Noël - 11 janvier*
Plat du jour 26 CHF – Menu 48 CHF (déjeuner en semaine)/130 CHF
– Carte 69/115 CHF
Au menu du restaurant du Palafitte, on trouve une belle cuisine française réalisée dans les règles de l'art : bar, Saint-Jacques, foie gras, filet de bœuf... avec aussi quelques propositions plus simples, comme le filet de perche ou la salade césar. À déguster à l'intérieur ou sur la terrasse, les pieds dans l'eau !

à Hauterive Nord-Est : 5 km par C1, direction Bern – Alt. 490 m – ✉ 2068

XX Auberge d'Hauterive
Rue Croix-d'Or 9 – ✆ *032 753 17 98* – *www.auberge-hauterive.ch*
– *fermé 26 décembre - 16 janvier, 24 juillet - 9 août, dimanche et lundi*
Plat du jour 27 CHF – Menu 48 CHF (déjeuner)/120 CHF – Carte 71/109 CHF
C'est l'hiver, il fait terriblement froid... Installez-vous donc au coin du feu ! Dans la salle de cette sympathique auberge – maison du 17e s. – trône une cheminée monumentale. Un cadre chaleureux où il fait bon déguster la bonne cuisine française mitonnée par le chef.

Question de standing : n'attendez pas le même service dans un X ou un 🏠 que dans un XXXXX ou un 🏛.

NEUCHÂTEL

à Saint-Blaise Est : 5 km par C1, direction Bern – Alt. 464 m – ⊠ 2072

ХХХ **Le Bocca** (Claude Frôté)
ಜಿ
Avenue Bachelin 11 – ℰ 032 753 36 80 – www.le-bocca.com – fermé 24 décembre - 7 janvier, 9 - 7 avril, 24 septembre - 7 octobre, dimanche et lundi Menu 78 CHF (déjeuner)/230 CHF – Carte 67/124 CHF – (réservation conseillée)
Chez Claude Frôté, l'essentiel réside dans l'assiette, qui honore la belle gastronomie – à l'unisson de la cave, faisant la part belle aux vins suisses : résultat, on se sent chez soi. À la Bocca ("bouche" en italien), le bon goût est partout !
→ Effiloché de dorade rose crue sur un toast à la mousse de foie gras aux airelles. Foie gras de canard poêlé à la crème de maïs et popcorn. Filet de veau du pays aux germes de mungo, gnocchetti aux olives et haricots blancs.

NEUHAUSEN am RHEINFALL – Schaffhausen → Siehe Schaffhausen

NEUHEIM
Zug (ZG) – ⊠ 6345 – 2 153 Ew – Höhe 666 m – Regionalatlas **4-G3**
◨ Bern 141 km – Zürich 30 km – Aarau 64 km – Luzern 39 km
Michelin Straßenkarte 551-P6

ХХ **Falken**
Hinterburgstr. 1 – ℰ 041 756 05 40 – www.dine-falken.ch – geschl. März - April 2 Wochen, August - Septmeber 2 Wochen und Sonntag - Montag Tagessteller 38 CHF – Menü 55 CHF (mittags unter der Woche)/114 CHF
Modern und aufwändig präsentiert sich z. B. "Brasato-Ravioli mit Eierschwämmli". Und als Dessert "Tarte vom Urner Apfel mit Zimtrahm und Tonkabohnen-Eis"? Herzlich der Service, schön das geradlinige Ambiente - wer mitten im Geschehen speisen möchte, bucht den Chef's Table! Gute Auswahl an Magnum-Weinflaschen.

Х **Hinterburgmühle**
Edlibachstr. 61 – ℰ 041 755 21 20 – www.hinterburgmuehle.ch – geschl. Ende Januar - Mitte Februar, Ende Juli - Mitte August und Mittwoch - Donnerstag Tagessteller 23 CHF – Menü 39 CHF (mittags)/81 CHF – Karte 45/91 CHF
Spezialität sind hier Gerichte rund um die Forellen aus dem eigenen Weiher. Diese serviert man Ihnen in dem alten Gasthaus in klarem zeitgemässem Ambiente, begleitet vom passenden Tropfen aus dem begehbaren Weinschrank!

La NEUVEVILLE
Berne (BE) – ⊠ 2520 – 3 692 hab. – Alt. 434 m – Carte régionale **2-C4**
◨ Bern 51 km – Neuchâtel 17 km – Biel 16 km – La Chaux-de-Fonds 37 km
Carte routière Michelin 551-H6

⌂ **J.-J. Rousseau**
Promenade J.-J. Rousseau 1 – ℰ 032 752 36 52 – www.jjrousseau.ch
24 ch ⌁ – †145/190 CHF ††210/260 CHF – ½ P
Un hôtel au cœur des vignes, sur la rive du lac de Bienne, face à une île qui inspira Rousseau dans les Rêveries. Les chambres, lumineuses et modernes, donnent souvent sur l'eau. Au restaurant, cuisine traditionnelle aux influences internationales.

NIEDERGÖSGEN
Solothurn (SO) – ⊠ 5013 – 3 757 Ew – Höhe 382 m – Regionalatlas **3-E3**
◨ Bern 77 km – Solothurn 48 km – Aarau 6 km – Luzern 52 km
Michelin Straßenkarte 551-M5

Х **Brücke**
Hauptstr. 2 – ℰ 062 849 11 25 – www.restaurant-bruecke.com – geschl. Februar 2 Wochen, Oktober 2 Wochen und Samstagmittag, Sonntag - Montag Tagessteller 24 CHF – Menü 54/118 CHF (abends) – Karte 53/94 CHF
Attraktiv der Kontrast aus rustikalem Gasthaus und topmodernem Restaurant, ansprechend auch die saisonale Karte. Tipp: Im Sommer speist man im schönen Garten zur Aare - und es wird auch gegrillt. Mittags ist das Angebot etwas reduziert.

NIEDERMUHLERN
Bern (BE) – ⊠ 3087 – 463 Ew – Höhe 845 m – Regionalatlas **2-D4**
▶ Bern 15 km – Fribourg 36 km – Langnau im Emmental 43 km – Thun 26 km
Michelin Straßenkarte 551-J8

XX Bachmühle
Bachmühle 1, Nord-West: 1 km Richtung Oberscherli – ℰ *031 819 17 02*
– www.bachmuehle.ch – geschl. Januar 2 Wochen, Juli - August 3 Wochen und Montag - Dienstag
Menü 69/105 CHF – Karte 41/98 CHF – *(Mittwoch - Freitag nur Abendessen)*
In einem kleinen Weiler steht die ehemalige Mühle mit dem eleganten Restaurant. Auf der klassischen Karte liest man z. B. "Steinbutt auf Chardonnay-Rahmkraut mit Mohnsamen und Dillkartoffeln". Bürgerlich isst man in der "Burestube".

NIEDERRÜTI – Zürich → Siehe Winkel

Le NOIRMONT
Jura (JU) – ⊠ 2340 – 1 845 hab. – Alt. 969 m – Carte régionale **2-C3**
▶ Bern 80 km – Delémont 38 km – Biel 37 km – La Chaux-de-Fonds 20 km
Carte routière Michelin 551-G5

XXX Georges Wenger ✿✿
Rue de la Gare 2 – ℰ *032 957 66 33 – www.georges-wenger.ch – fermé 24 décembre - 26 janvier, lundi et mardi*
5 ch – †310/340 CHF ††330/360 CHF – ½ P
Plat du jour 42 CHF – Menu 94 CHF (déjeuner)/250 CHF – Carte 138/179 CHF
Authenticité, raffinement et saveurs… Depuis plus de trente ans, Georges Wenger vit en intimité avec sa région et sait en faire partager la substance, au plus près des saisons. À la carte, les produits nobles (sole de Bretagne, bar de ligne) côtoient la côte de veau des Franches-Montagnes et la volaille de la Gruyère… Accueil charmant.
→ Filet de bondelle du lac de Neuchâtel à la compote d'herbes. Brési de bœuf de la région fumé par nos soins au hêtre et genièvre, "gâteau" de pomme de terre fondant. Crémeux de chocolat Caraïbe à la poire et sorbet.

NOVILLE
Vaud (VD) – ⊠ 1845 – 1 029 hab. – Alt. 374 m – Carte régionale **7-C6**
▶ Bern 99 km – Montreux 9 km – Aigle 12 km – Lausanne 37 km
Carte routière Michelin 552-F11

XX L'Etoile ✿
Chemin du Battoir 1 – ℰ *021 960 10 58 – www.etoilenoville.ch – fermé février - mars 4 semaines, juillet 2 semaines, mercredi soir, lundi et mardi, novembre - avril : dimanche soir, mercredi soir, lundi et mardi*
Plat du jour 19 CHF – Menu 55 CHF (déjeuner en semaine)/98 CHF
– Carte 46/100 CHF
Une salle élégante, un joli jardin ombragé, un classicisme maîtrisé à la carte, qui met à l'honneur les poissons du lac et les produits locaux… avec des touches méditerranéennes. L'incontournable de la maison : la soupe de poissons et de crustacés au pesto, façon minestrone !

NYON
Vaud (VD) – ⊠ 1260 – 20 086 hab. – Alt. 406 m – Carte régionale **6-A6**
▶ Bern 138 km – Genève 28 km – Lausanne 44 km – Lons-le-Saunier 91 km
Carte routière Michelin 552-B10

🏨 Real
Place de Savoie 1 – ℰ *022 365 85 85 – www.hotelrealnyon.ch – fermé* Plan : B2**y**
mi-décembre - mi-janvier
28 ch – †250/290 CHF ††270/340 CHF – 2 suites – ½ P
Rest *Grand Café* – Voir la sélection des restaurants
Le nom de cet hôtel est un hommage au club de football madrilène qui s'entraîne chaque année à Nyon ! Les chambres, spacieuses et fonctionnelles, laissent l'embarras du choix : vue sur le lac, le château ou le mont Blanc. Accès aisé depuis l'aéroport ou la gare.

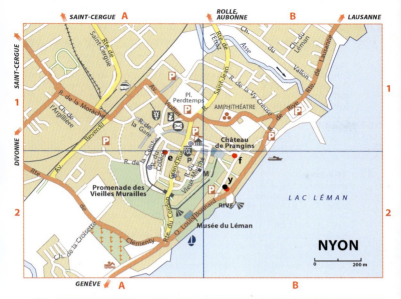

XX Auberge du Château N

Place du Château 8 – ℰ 022 361 00 32 – www.aubergeduchateau.ch Plan : A2
*– fermé 22 décembre - 5 janvier, mi-octobre une semaine et dimanche ; mai
- août : dimanche soir et lundi*
Plat du jour 26 CHF – Menu 52/120 CHF – Carte 66/106 CHF
Une élégante cuisine italienne réalisée avec des produits bien choisis, accompagnée de jolis vins transalpins : voilà ce qui vous attend dans cette belle maison ancienne installée à côté du château de Nyon. À vous bonnes pâtes et *pizze* maison !

XX Grand Café – Hôtel Real

Place de Savoie 1 – ℰ 022 365 85 95 – www.le-grand-café.ch Plan : B2**y**
– fermé Noël - 6 janvier
Plat du jour 19 CHF – Carte 68/95 CHF
Au menu de ce Grand Café, une cuisine qui honore les terroirs de la Botte italienne, accompagnée d'une bonne sélection de vins de la péninsule. Le tout dans un cadre élégant et chaleureux : un joli moment en perspective.

XX Le Café du Marché

Rue du Marché 3 – ℰ 022 362 49 79 – www.lecafedumarche.ch Plan : A1_2**e**
*– fermé fin décembre - début janvier 2 semaines, fin juillet - début
août 2 semaines et dimanche*
Plat du jour 23 CHF – Menu 46 CHF (déjeuner en semaine) – Carte 52/87 CHF –
(réservation conseillée)
La gourmandise parle toutes les langues... À l'image de ce restaurant qui propose des spécialités italiennes, françaises ou encore anglaises. Tom Watson, le chef, propose toute l'année un classique de sa région d'origine : le fish and chips ! Une carte sans frontières, à découvrir dans un cadre façon bistrot d'antan.

X Le Maître Jaques

Ruelle des Moulins 2 – ℰ 022 361 28 34 – www.maitrejaques.com Plan : B2**f**
– fermé dimanche et lundi
Plat du jour 21 CHF – Menu 65 CHF – Carte 55/84 CHF
Est-ce la jolie rue piétonne, l'avenante maison blanche aux volets bleus ou les chaleureuses salles ? Quoi qu'il en soit, ce restaurant donne envie de s'attabler ! Dans l'assiette, les plats sont soignés, les produits très frais. Preuve que la recette est la bonne : les gourmands viennent en nombre.

NYON

à Prangins par route de Lausanne B1: 2 km – Alt. 417 m – ⊠ 1197

La Barcarolle
Route de Promenthoux 8 – ℰ 022 365 78 78 – www.labarcarolle.ch
36 ch ⊇ – †270/290 CHF ††330/350 CHF – 3 suites – ½ P
Entre Genève et Lausanne, cet établissement domine le lac du haut de son jardin tranquille qui descend jusqu'à la rive. Classique et confortable, il offre aussi l'agrément d'un salon avec cheminée, d'un bar avec terrasse (vue sur le lac), d'un restaurant... sans oublier le ponton d'amarrage pour votre yacht !

OBERÄGERI
Zug (ZG) – ⊠ 6315 – 5 939 Ew – Höhe 737 m – Regionalatlas **4-G3**
▶ Bern 151 km – Luzern 46 km – Rapperswil 27 km – Schwyz 17 km
Michelin Straßenkarte 551-Q6

Hirschen
Morgartenstr. 1 – ℰ 041 750 16 19 – www.hirschen-oberaegeri.ch – geschl. 16. Juli - 7. August und Sonntag - Montag
2 Zim ⊇ – †130 CHF ††170 CHF
Tagesteller 28 CHF – Menü 35 CHF (mittags unter der Woche)/125 CHF – Karte 57/111 CHF
Bereits in der 4. Generation ist der Gasthof bei der Kirche in Familienhand. Das Restaurant ist schön freundlich, gekocht wird "Klassisch und glutschig" oder "Kreativ und raffiniert", von Cordon bleu und Kalbsgeschnetzeltem bis Ybriger Lammcarré und Rehrücken. Terrasse im 1. Stock mit Seesicht.

OBERGESTELN
Wallis (VS) – ⊠ 3988 – 650 Ew – Höhe 1 353 m – Regionalatlas **8-F5**
▶ Bern 132 km – Andermatt 41 km – Brig 38 km – Interlaken 77 km
Michelin Straßenkarte 552-O10

Hubertus
Schlüsselacker 35 – ℰ 027 973 28 28 – www.hotel-hubertus.ch – geschl. 19. März - 2. Juni, 15. Oktober - 23. November
26 Zim ⊇ – †120/180 CHF ††220/300 CHF – 7 Suiten – ½ P
Das Hotel liegt schön ruhig ausserhalb des Dorfes und ist idealer Ausgangpunkt für Langläufer (Loipe gleich am Haus). Sie schlafen in freundlichen, wohnlichen Zimmern und entspannen im Saunabereich oder im Hallenbad.

OBERHOFEN – Bern ➔ Siehe Thun

OBERNAU – Luzern ➔ Siehe Luzern

OBERRIET
Sankt Gallen (SG) – ⊠ 9463 – 8 719 Ew – Höhe 421 m – Regionalatlas **5-I2**
▶ Bern 248 km – Sankt Gallen 46 km – Bregenz 33 km – Feldkirch 12 km
Michelin Straßenkarte 551-V5

Haus zur Eintracht
Buckstr. 11 – ℰ 071 763 66 66 – www.hauszureintracht.ch – geschl. 3. - 23. Oktober und Dienstag - Mittwoch
2 Zim ⊇ – †125 CHF ††175 CHF
Tagesteller 25 CHF – Menü 86/108 CHF – Karte 54/101 CHF
Wirklich reizend, wie man in dem Haus von 1614 den liebenswerten traditionellen Charakter bewahrt hat, so z. B. im historischen "Buckstübli" mit altem Holz und tollem Kachelofen. Gekocht wird regional-international. Schön mischt sich in den beiden Gästezimmern Altes mit Neuem! Im Garten die hübsche Terrasse.

OBERSAXEN-MEIERHOF
Graubünden (GR) – ⊠ 7134 – 829 Ew – Höhe 1 302 m (Wintersport: 1 201/2 310 m) – Regionalatlas **10-H4**
▶ Bern 241 km – Chur 54 km – Andermatt 58 km
Michelin Straßenkarte 553-S9

OBERSAXEN-MEIERHOF

Central
Meierhof 10 – ℰ 081 933 13 23 – www.central-obersaxen.ch – geschl. 18. April
- 2. Juni, 2. November - 15. Dezember
33 Zim – †88/109 CHF ††158/198 CHF – 2 Suiten – ½ P
Tagesteller 19 CHF – Menü 32/81 CHF – Karte 42/97 CHF
Pizokel, Cordon bleu oder "Carpaccio vom Thunfisch mit Kalbstatar"? Wer gern traditionell isst, kommt im Restaurant des Hotels "Central und Haus Meierhof" ebenso auf seine Kosten wie Liebhaber der mediterranen Küche. Das Ambiente: heller, freundlicher Wintergarten (die Fensterfont lässt sich komplett öffnen), bürgerlich-rustikale Bündnerstube, moderne Vinothek.

OBERSCHAN
Sankt Gallen (SG) – ⌧ 9479 – Höhe 676 m – Regionalatlas **5-I3**
▶ Bern 225 km – Sankt Gallen 75 km – Bad Ragaz 17 km – Buchs 14 km
Michelin Straßenkarte 551-V7

Mühle
Grossbünt 2 – ℰ 081 783 19 04 – www.restaurantmuehle.ch – geschl. Mitte
- Ende Juli und Montag - Dienstag
Menü 65 CHF – Karte 50/94 CHF
Abgeschieden in dem kleinen Dorf sitzt man hier im liebenswert dekorierten Mühlenstübli, im modernen Wintergarten oder in der urchigen Gaststube (beliebt bei Wanderern und Radlern) - die Karte ist überall gleich: Capuns, Rinderfilet, Fisch... Ihren Wein wählen Sie am besten aus der begehbaren Weinkarte!

OBERSTAMMHEIM
Zürich (ZH) – ⌧ 8477 – 1 174 Ew – Höhe 448 m – Regionalatlas **4-G2**
▶ Bern 168 km – Zürich 48 km – Frauenfeld 14 km – Konstanz 40 km
Michelin Straßenkarte 551-R3

Zum Hirschen
Steigstr. 4 – ℰ 052 745 11 24 – www.hirschenstammheim.ch – geschl. 20. Februar
- 14. März, 24. Juli - 8. August, 18. - 30. Dezember und Montag - Dienstag, ausser an Feiertagen
Menü 52 CHF (mittags unter der Woche) – Karte 40/78 CHF
Ein Kulturgut von nationaler Bedeutung mitten im Züricher Weinland! Umgeben von stilvollen alten Täferungen und prächtigen Kachelöfen speist man z. B. "geräuchertes Kundelfingerhof-Forellenfilet mit süsser Hopfensenfsauce" oder Klassiker wie Rindsentrecôte. Kleine Mittagskarte. Charmant die Gästezimmer.

OBERWIL
Basel-Landschaft (BL) – ⌧ 4104 – 11 102 Ew – Höhe 297 m – Regionalatlas **2-D2**
▶ Bern 102 km – Liestal 21 km – Solothurn 73 km – Delémont 38 km
Michelin Straßenkarte 551-K4

Schlüssel (Felix Suter)
Hauptstr. 41 – ℰ 061 401 15 00 – www.schluessel-oberwil.ch – geschl. über Ostern 1 Woche, Ende Juli - Anfang August und Montag - Dienstag, Samstagmittag
Tagesteller 40 CHF – Menü 75 CHF (mittags unter der Woche)/125 CHF
Felix Suter setzt hier auf eine klar strukturierte reduzierte Küche mit mediterranem Einfluss, und die wird von der äusserst herzlichen Sandra Marugg Suter in Form eines 4-Gänge-Menüs mündlich vorgestellt. Und das Restaurant selbst? Geradlinig-modern und elegant. Schöne Terrasse. Mittags nur Lunchmenü.
➔ Tatar vom Gallowayrind mit Couscous-Variation. Grilliertes Seezungenzöpfchen mit Frühlingsrisotto und Bottminger Spargel. Emmentaler Kalbsrücken mit Pommes Allumettes und Rucola-Artischocken.

OERLIKON – Zürich ➔ Siehe Zürich

OLLON
Vaud (VD) – ⌧ 1867 – 7 424 hab. – Alt. 468 m – Carte régionale **7-C6**
▶ Bern 108 km – Montreux 21 km – Évian-les-Bains 42 km – Gstaad 52 km
Carte routière Michelin 552-G11

OLLON

Hôtel de Ville
Place de l'Hôtel-de-Ville 3
– ℰ 024 499 19 22 – www.resthotelollon.ch
– fermé fin décembre 2 semaines, début juillet 2 semaines, mardi et mercredi
7 ch – †80 CHF ††130/150 CHF
Plat du jour 18 CHF – Menu 49/65 CHF – Carte 39/83 CHF
Au centre du bourg, près du clocher, cette maison de pays cultive la tradition en toute simplicité, sous l'égide de sa patronne qui œuvre elle-même aux fourneaux. Les spécialités de la maison : filet de cabillaud aux endives, souris d'agneau mijotée pendant sept heures... À noter : le jardin abrite une agréable terrasse.

OLTEN
Solothurn (SO) – ✉ 4600 – 17 831 Ew – Höhe 396 m – Regionalatlas **3-E3**
▶ Bern 69 km – Aarau 15 km – Basel 54 km – Luzern 55 km
Michelin Straßenkarte 551-M5

Arte
Riggenbachstr. 10 – ℰ 062 286 68 00 – www.pure-olten.ch
79 Zim – †130/260 CHF ††160/390 CHF, ⊇ 18 CHF
Ideal die Lage nahe dem Bahnhof und mitten im Zentrum, attraktiv die Zimmer: stylish, individuell und mit Bezug zu Künstlern der Region. Zudem gibt es 12 Tagungsräume sowie das Restaurant "pure" mit mediterraner Küche und den "pavillon" mit asiatischem Angebot. Die Kunst im Haus kann man übrigens auch kaufen!

Salmen
Ringstr. 39 – ℰ 062 212 22 11 – www.salmen-olten.ch – geschl. Februar 1 Woche, Juli - August 3 Wochen und Sonntag - Montag
Tagesteller 30 CHF – Menü 71/99 CHF (abends) – Karte 55/88 CHF – (Tischbestellung ratsam)
Das ist ein wirklich nettes Haus mit Charme und Atmosphäre. Vorne hübscher Bistrobereich, hinten klassisches Stukk-Säli. Man bietet frische Küche von "Belgischen Moules" bis zum "Entrecôte vom Biohof mit Sauce Béarnaise".

in Trimbach Nord: 1 km – Höhe 435 m – ✉ 4632

Traube (Arno Sgier)
Baslerstr. 211 – ℰ 062 293 30 50 – www.traubetrimbach.ch – geschl. Ende Januar - Anfang Februar 1 Woche, Ende Juli - Anfang August 2 Wochen, Anfang Oktober 10 Tage und Sonntag - Montag
Menü 70 CHF (mittags unter der Woche)/175 CHF – Karte 81/131 CHF
Hier stimmen Frische, Qualität und Geschmack ebenso wie exakte Präsentation. Kein Wunder, dass Arno Sgier zahlreiche Stammgäste hat! Probieren Sie auch mal das interessante Vorspeisen-Menü! Das Ambiente angenehm modern und klar, der Service aufmerksam. Schön die rund 1000 ausgesuchten Weine.
→ Geschmortes Pata Negra Kopfbäggli mit Kohlräblispaghetti und schwarzem Trüffel. Kanadisches Bisonfilet mit Szechuan Pfeffer und Kartoffeln im Speckmantel. Karamellisiertes Apfel-Feuilleté mit Tahiti-Vanilleglace.

OPFIKON – Zürich → Siehe Zürich

ORSELINA – Ticino → Vedere Locarno

ORSIÈRES
Valais (VS) – ✉ 1937 – 3 178 hab. – Alt. 902 m – Carte régionale **7-D7**
▶ Bern 151 km – Martigny 20 km – Aosta 57 km – Montreux 63 km
Carte routière Michelin 552-H13

ORSIÈRES

Les Alpes (Samuel Destaing)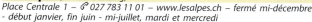
*Place Centrale 1 – ✆ 027 783 11 01 – www.lesalpes.ch – fermé mi-décembre
- début janvier, fin juin - mi-juillet, mardi et mercredi*
Plat du jour 30 CHF – Menu 80/160 CHF – Carte 91/151 CHF
Dans ce petit village isolé, belle surprise que la cuisine de Samuel Destaing, moderne, ciselée avec soin et appuyée sur d'excellents produits suisses – avec un zeste de France, son pays natal. On a le choix entre deux espaces : une salle d'esprit brasserie, sympathique, ou une seconde plus raffinée, plus intime...
→ Marbré de pigeon, canard et volaille jaune aux fruits secs acidulés. Panaché de poissons et crustacés, fin palet de pomme vapeur, croustillant aux jeunes légumes, écume de roquette. Tête de veau au torchon, crémeux d'Agria.

ORVIN
Berne (BE) – ✉ 2534 – 1 195 hab. – Alt. 668 m – Carte régionale **2-C3**
▶ Bern 51 km – Delémont 49 km – Biel 8 km – La Chaux-de-Fonds 45 km
Carte routière Michelin 551-I6

aux Prés-d'Orvin Nord-Ouest : 4 km – Alt. 1 033 m – ✉ 2534

Le Grillon
– ✆ 032 322 00 62 – fermé juillet - août, dimanche soir, lundi et mardi
Plat du jour 28 CHF – Menu 48/98 CHF – Carte 49/97 CHF
En face des pistes de ski, ce chalet de montagne séduit avec sa déco moderne et sa terrasse pour les beaux jours. La cuisine est authentique et savoureuse (terrine de foie gras de canard, côte de veau "Grillon"), accompagnée d'une belle carte des vins. Bon rapport qualité-prix. Attention : paiement en espèces uniquement !

OTTIKON bei KEMPTTHAL
Zürich (ZH) – ✉ 8307 – Höhe 578 m – Regionalatlas **4-G2**
▶ Bern 141 km – Zürich 23 km – Frauenfeld 31 km – Schaffhausen 38 km
Michelin Straßenkarte 551-Q4

First
Schlossstr. 2 ✉ 8307 – ✆ 052 346 12 02 – www.restaurant-first.ch – geschl. Montag - Dienstag
Tagesteller 34 CHF – Menü 95/105 CHF – Karte 50/103 CHF – *(Tischbestellung erforderlich)*
Mitten auf dem Land (und doch verkehrsgünstig nur wenige Minuten von der Autobahn entfernt) erwarten Sie hier hübsche ländliche Stuben und eine Terrasse mit wunderbarem Blick auf die Alpen! Und das Essen? Hausgemachte Pasta, Puschlaver Kalbs-Bäggli, St. Galler Alpstein-Mistkratzerli...

OUCHY – Vaud → Voir à Lausanne

PAYERNE
Vaud (VD) – ✉ 1530 – 9 456 hab. – Alt. 452 m – Carte régionale **7-C4**
▶ Bern 53 km – Neuchâtel 50 km – Biel 62 km – Fribourg 23 km
Carte routière Michelin 552-G8

à Vers-chez-Perrin Sud : 2,5 km par route Fribourg/Romont – Alt. 530 m – ✉ 1551

Auberge de Vers-chez-Perrin
*Au Village 6 – ✆ 026 660 58 46 – www.auberge-verschezperrin.ch – fermé Noël
- Nouvel An 2 semaines, début août 2 semaines, samedi midi, dimanche soir et lundi*
8 ch ⌑ – †125 CHF ††165 CHF – ½ P
Plat du jour 20 CHF – Menu 60/108 CHF – Carte 49/95 CHF
Avec sa façade colorée et son haut toit, cette auberge a l'air bonhomme ! Le chef – qui fêtait en 2016 ses trente ans à la tête de la maison – compose de bonnes assiettes traditionnelles, que l'on déguste dans une atmosphère chaleureuse et conviviale. Une douce adresse !

PENEY Dessus et Dessous – Genève → Voir à Satigny

PERREFITTE – Berne → Voir à Moutier

PFÄFFIKON
Schwyz (SZ) – ✉ 8808 – 7 200 Ew – Höhe 412 m – Regionalatlas **4-G3**
▶ Bern 159 km – Zürich 36 km – Rapperswil 6 km – Schwyz 30 km
Michelin Straßenkarte 551-R6

Seedamm Plaza
Seedammstr. 3 – ℰ 055 417 17 17 – www.seedamm-plaza.ch
140 Zim ☐ – †175/200 CHF ††220/300 CHF – 2 Suiten
Rest *Pur* ✿ • Rest *Nippon Sun* – Siehe Restaurantauswahl
Am Zürichsee gelegenes Businesshotel mit Kasino, grossem Tagungsbereich und modern-funktionellen Gästezimmern (zum Innenhof hin ruhiger). Neben "Pur" und "Nippon Sun" bietet man das "Punto" mit italienischem Angebot.

Pur – Hotel Seedamm Plaza
Seedammstr. 3 – ℰ 055 417 17 17 – www.restaurant-pur.ch – geschl. 27. Juni - 20. Juli und Dienstag - Mittwoch, Samstagmittag, Sonntagmittag
Tagesteller 39 CHF – Menü 84 CHF (mittags)/145 CHF (abends) – Karte 82/127 CHF
Schickes Design mit schönen Materialien und ausgesuchter Deko bestimmt hier das Bild. Dazu Showküche, grosser Weinschrank und toller Seeblick. Getoppt wird das Ganze von der sehr aromatischen, klar strukturierten und finessenreichen modernen Küche. Mittags kleinere und etwas einfachere Auswahl.
→ Zürichseehecht mit Knäckebrot, Löwenzahn, Kräutersorbet und Gurke. Lammnierstück, weisse Polenta, Artischocke, Pilze und Bergamotte. Schokolade Pur.

Nippon Sun – Hotel Seedamm Plaza
Seedammstr. 3 – ℰ 055 417 17 17 – www.seedamm-plaza.ch – geschl. 16. Juni - 15. August und Sonntag - Montag, Samstagmittag
Tagesteller 24 CHF – Menü 29/97 CHF – Karte 49/78 CHF
Das Ambiente ist elegant japanisch und die Gäste lieben die traditionellen Gerichte wie Sushi und Teppanyaki - man hat auch die Möglichkeit, alles zu einem individuellen "all in one menu" zusammenzustellen.

PIODINA – Ticino → Vedere Brissago

PLAN-les-OUATES – Genève → Voir à Genève

PLANS-MAYENS – Valais → Voir à Crans-Montana

PLAUN da LEJ – Graubünden → Siehe Sils Maria

PLEUJOUSE
Jura (JU) – ✉ 2953 – 90 hab. – Alt. 585 m – Carte régionale **2-C3**
▶ Bern 98 km – Delémont 21 km – Basel 46 km – Biel 55 km
Carte routière Michelin 551-I4

Château de Pleujouse
Le Château 18 – ℰ 032 462 10 80 – www.chateaudepleujouse.ch - fermé 23 décembre - 11 janvier, 17 - 27 avril, 2 - 19 juillet, 9 - 19 octobre, lundi et mardi, janvier - mars : mercredi soir, jeudi soir, lundi et mardi
Menu 46/89 CHF – Carte 68/94 CHF
Perché sur un éperon rocheux, ce château fort du 10e s. domine les environs... Aux fourneaux, le couple de chefs régale avec des produits bio et régionaux ; pain, gratins et riz-au-lait sont préparés au four à pain. Une véritable démarche d'artisan, au plus près du terroir, qui nous ramène aux festins de jadis !

PONTE BROLLA – Ticino → Vedere Tegna

PONTRESINA
Graubünden (GR) – ✉ 7504 – 2 166 Ew – Höhe 1 774 m (Wintersport : 1 805/ 2 262 m) – Regionalatlas **11-J5**
▶ Bern 334 km – Sankt Moritz 9 km – Chur 94 km – Davos 66 km
Michelin Straßenkarte 553-X10

PONTRESINA

 Grand Hotel Kronenhof ♀ ≼ 🏠 🖼 ♨ ♠ ♈ ⋮ ♣ ♧ 🚗
*Via Maistra 130 – ℰ 081 830 30 30 – www.kronenhof.com – geschl. Anfang April
- Mitte Juni, Mitte Oktober - Anfang Dezember*
112 Zim ⌒ – †310/340 CHF ††425/655 CHF – 9 Suiten – ½ P
Rest *Kronenstübli* – Siehe Restaurantauswahl
Die "Grande Dame" der Engadiner Spitzenhotellerie hat ihren Kosenamen verdient: Das Schmuckstück a. d. 19. Jh. ist stilvoll, aber keineswegs angestaubt. Edel von der neo-barocken Halle über die wohnlich-warmen Zimmer bis zum modernen Spa. Luxuriös das "Grand Restaurant", ein repräsentativer Rahmen für die HP.

 Walther ≼ 🏠 🖼 ♨ ※ ⋮ ♧ 🚗
*Via Maistra 215 – ℰ 081 839 36 36 – www.hotelwalther.ch – geschl. 6. April
- 15. Juni, 9. Oktober - 16. Dezember*
68 Zim ⌒ – †160/315 CHF ††180/810 CHF – 2 Suiten – ½ P
Rest *La Stüva* – Siehe Restaurantauswahl
Seine Tradition (seit 1907) und der top Service machen das Haus zu einem grossen Klassiker des Oberengadins. Familie Walther sorgt mit Herzblut für ihre Gäste und unterhält das schöne Hotel mit viel Aufwand. Man wohnt individuell, von klassisch bis chic-alpin in einigen Juniorsuiten. Sehr gutes HP-Angebot.

 Saratz ♀ ≼ 🏠 🛒 🖼 ♨ ♠ ※ ⋮ ♣ ♧ 🚗
Via da la Stazion 2 – ℰ 081 839 40 00 – www.saratz.ch – geschl. 3. April - 9. Juni
93 Zim ⌒ – †195/415 CHF ††320/490 CHF – 2 Suiten – ½ P
Rest *Jugendstil Restaurant* – Siehe Restaurantauswahl
Das seit 1865 existierende Hotel ist heute ein spannender Mix aus Moderne und bewahrter Tradition, bestehend aus dem historischen Chesa Nouva und dem neueren Anbau Ela Tuff, dazu ein schöner Spa. Im "La Cuort", einem kleinen Gewölbe, bietet man Fondue und Raclette.

 Allegra ⋮ ♧ **P**
*Via Maistra 171 – ℰ 081 838 99 00 – www.allegrahotel.ch – geschl. 9. Oktober
- 1. Dezember, 2. April - 16. Juni, 8. Oktober - 30. November*
54 Zim ⌒ – †140/240 CHF ††200/350 CHF
Eine attraktive moderne Atriumhalle, eine schicke Bar, angenehm helle, lichte Zimmer... So zeigt sich das tipptopp gepflegte Hotel mitten im Ort. Im Preis inbegriffen: Erlebnisbad Bellavita, bequem über einen Verbindungsgang erreichbar.

 Müller ♨ ⋮ **P**
*Via Maistra 202 – ℰ 081 839 30 00 – www.hotel-mueller.ch – geschl. 17. April
- 9. Juni*
23 Zim ⌒ – †130/220 CHF ††220/320 CHF – 8 Suiten – ½ P
Rest *Stüva* – Siehe Restaurantauswahl
Das Interieur des traditionsreichen Hauses ist ein geschmackvoller Mix aus alpenländisch und stylish-modern - alte Holztüren und -balken in den wunderschönen Suiten im "Cà Rossa" a. d. 18. Jh. Wintergarten-Lounge mit 130 Sorten Whisky!

 Albris ≼ 🏠 ♨ ⋮ 🚗
Via Maistra 228 – ℰ 081 838 80 40 – www.albris.ch – geschl. 3. April - 3. Juni, 16. Oktober - 6. Dezember
36 Zim ⌒ – †135/220 CHF ††210/420 CHF – ½ P
Rest *Kochendörfer* – Siehe Restaurantauswahl
Die Kochendörfers stehen in 4. Generation für Service und Aufmerksamkeit: am Morgen Frisches aus der eigenen Bäckerei, nachmittags leckere Kuchen, dazu ein toller kleiner Saunabereich samt lichtem Ruheraum mit Bergblick sowie charmante Zimmer - die gibt's in Arvenholz oder als Lärchenholz-Dachzimmer.

 Steinbock 🏠 🖼 ♨ 🚗
Via Maistra 219 – ℰ 081 839 36 26 – www.hotelsteinbock.ch – geschl. 22. Oktober - 2. Dezember
32 Zim ⌒ – †60/180 CHF ††140/380 CHF – ½ P
Rest *Colanistübli* – Siehe Restaurantauswahl
Das Engadiner Haus a. d. 17. Jh. ist eine nette Ferienadresse mit gemütlichen Zimmern, teils eher traditionell, teils moderner. Gäste können den Freizeitbereich des benachbarten Hotel Walther kostenfrei mitbenutzen. Fondue & Käsespezialitäten gibt es im "Gondolezza", einer ausrangierten Gondelkabine!

PONTRESINA

✕✕✕ La Stüva – Hotel Walther
Via Maistra 215 – ⌀ 081 839 36 36 – www.hotelwalther.ch – geschl. 6. April - 24. Juni, 9. Oktober - 21. Dezember und Montag - Dienstag
Menü 65/145 CHF – Karte 75/120 CHF – *(nur Abendessen)*
Richtig schön ist es hier: gemütlich-eleganter Stil, 200 Jahre altes Fichtenholz... Dazu serviert man ambitionierte klassisch geprägte Küche in Form von "Gänseleberterrine mit Sauternes-Gelee" oder "Steinbuttmedaillon mit Champagnersauce".

✕✕✕ Kronenstübli – Grand Hotel Kronenhof
Via Maistra 130 – ⌀ 081 830 30 30 – www.kronenhof.com – geschl. Anfang April - Mitte Juni, Mitte Oktober - Anfang Dezember und Sonntag - Montag, ausser Hochsaison
Menü 98/165 CHF – Karte 89/179 CHF – *(nur Abendessen) (Tischbestellung ratsam)*
Zwei geschmackvolle, gemütliche Stuben mit Arvenholztäferung sind das gastronomische Aushängeschild des "Kronenhofs". Ambitioniert mischt man hier klassisch-französische Küche mit italienischen Einflüssen, von "Chitarra-Pasta / Königskrabbe / Zucchini / Chili" bis "Canard à la presse".

✕✕ Jugendstil Restaurant – Hotel Saratz
Via da la Stazion 2 – ⌀ 081 839 40 40 – www.saratz.ch – geschl. 3. April - 9. Juni
Tagesteller 39 CHF – Menü 75 CHF – Karte 65/70 CHF – *(nur Abendessen)*
Stilvoll und klassisch in seinem Interieur, macht das Restaurant seinem Namen alle Ehre. Ein ambitioniertes Küchenteam kocht hier frisch und schmackhaft - probieren Sie z. B. "Schweinebauch / Zwiebel-Kartoffelpüree / geschmorter Spitzkohl".

✕✕ Stüva – Hotel Müller
Via Maistra 202 – ⌀ 081 839 30 00 – www.hotel-mueller.ch – geschl. 17. April - 09. Juni und Mitte Oktober - November: Montag - Dienstag
Tagesteller 25 CHF – Menü 30 CHF (mittags)/84 CHF – Karte 46/113 CHF
Geschmackvoll hat man hier warmes Holz und geradlinig-eleganten Stil kombiniert. Geboten wird italienische Küche mit Südtiroler und Schweizer Spezialitäten - besonders lecker die Pasta! Abends zudem klassische Tranchiergerichte.

✕✕ Kochendörfer – Hotel Albris
Via Maistra 228 – ⌀ 081 838 80 40 – www.albris.ch – geschl. 3. April - 8. Juni, 16. Oktober - 6. Dezember
Tagesteller 28 CHF – Menü 48/62 CHF – Karte 45/108 CHF
Wie überall im Haus der Familie Kochendörfer sind die Mitarbeiter auch im Restaurant sehr zuvorkommend. Da lässt man sich gerne in geradlinig-warmem Ambiente mit klassischer und regionaler Küche umsorgen - gross das Fischangebot.

✕ Colanistübli – Hotel Steinbock
Via Maistra 219 – ⌀ 081 839 36 26 – www.hotelsteinbock.ch – geschl. 22. Oktober - 2. Dezember
Menü 43/65 CHF – Karte 34/90 CHF
Sie sitzen in einer hübschen modern-alpinen Stube (benannt nach dem Jägersmann Gian Marchet Colani, der 16 Gämse an einem Tag erlegt haben soll) und lassen sich Regionales von Capuns bis zum "Säumerteller" servieren.

PRAGG-JENAZ
Graubünden (GR) – ✉ 7231 – Höhe 719 m – Regionalatlas **5-J4**
▶ Bern 241 km – Chur 31 km – Bad Ragaz 22 km – Davos 30 km
Michelin Straßenkarte 553-W8

✕✕ Sommerfeld
Furnerstr. 2, beim Bahnhof – ⌀ 081 332 13 12 – www.sommerfeld.ch – geschl. Mitte April - Anfang Mai, Oktober 3 Wochen und Dienstag - Mittwoch
19 Zim ⌂ – †85/102 CHF ††140/174 CHF – ½ P
Menü 69/98 CHF – Karte 40/99 CHF
In den gemütlichen Stuben bekommt man eine weitgehend traditionelle Küche, gemixt mit Elementen aus der Molekularküche. Man beachte auch die veganen Gerichte wie "Linsenmousse mit eingelegtem Ingwer". Viele Bioprodukte, alles wird selbstgemacht, auch die leckeren Pralinen zum Kaffee!

PRANGINS – Vaud → Voir à Nyon

Les PRÉS-D'ORVIN – Berne → Voir à Orvin

La PUNT-CHAMUES-CH.
Graubünden (GR) – ⌧ 7522 – 749 Ew – Höhe 1 697 m – Regionalatlas **11-J5**
▶ Bern 318 km – Sankt Moritz 14 km – Chur 77 km – Davos 53 km
Michelin Straßenkarte 553-X10

Gasthaus Krone
Via Cumünela 2 – ℰ 081 854 12 69 – www.krone-la-punt.ch – geschl. April
- Mitte Juni, November - Mitte Dezember
17 Zim ⌧ – ♦135/260 CHF ♦♦185/300 CHF
Rest *Gasthaus Krone* – Siehe Restaurantauswahl
Das Gasthaus, das hier seit 1565 am Inn steht, wird Sie mit seinem Charme gefangen nehmen, dafür sorgen die heimeligen Stuben ebenso wie die schicken modern-alpinen Zimmer und die dekorative Kunst, ganz zu schweigen von der herzlichen und stets präsenten Gastgeberin!

Bumanns Chesa Pirani (Daniel Bumann)
Via Chantunela 15 – ℰ 081 854 25 15 – www.chesapirani.ch – geschl. 2. April
- 14. Juni, 1. Oktober - 7. Dezember und Sonntag - Montag, ausser Hochsaison
Menü 148/198 CHF – Karte 124/159 CHF – *(nur Abendessen) (Tischbestellung ratsam)*
Im Hause Bumann bleibt man sich treu: Der Patron kocht nach wie vor klassisch, kraftvoll, harmonisch und mit Liebe zur Region, und nach wie vor spielt Safran eine grosse Rolle. Die Chefin leitet mit Herz den Service, dazu ein Ambiente voller Charme und Wärme.
→ Menü mit Safran aus Mund im Wallis. Zander mit Kefen, Stampfkartoffeln und Koriandersauce. Lammkarree aus Irland mit Bergthymian, Kartoffelgratin und Gemüse.

Gasthaus Krone – Hotel Gasthaus Krone
Via Cumünela 2 – ℰ 081 854 12 69 – www.krone-la-punt.ch – geschl. April
- Mitte Juni, November - Mitte Dezember
Menü 55/98 CHF (abends) – Karte 63/99 CHF
Hübsch sind die vier Arvenstuben alle, von traditionell mit Kachelofen bis geradlinig-modern. Und was passt besser zu so viel regionaler Gemütlichkeit als schmackhafte Schweizer Spezialitäten wie hausgemachte Capuns sowie Fisch oder Fleisch aus dem Arvenholzrauch?

RAPPERSWIL-JONA
Sankt Gallen (SG) – ⌧ 8640 – 26 871 Ew – Höhe 409 m – Regionalatlas **4-G3**
▶ Bern 161 km – Zürich 39 km – Sankt Gallen 73 km – Schwyz 34 km
Michelin Straßenkarte 551-R6

Schwanen
Seequai 1 – ℰ 055 220 85 00 – www.schwanen.ch
24 Zim – ♦185/215 CHF ♦♦280/320 CHF, ⌧ 25 CHF – 1 Suite – ½ P
Rest *Le Jardin* – Siehe Restaurantauswahl
Herrlich liegt das jahrhundertealte Gebäude in einer Häuserzeile an der Seepromenade. Die Zimmer verbinden modernen Stil mit altem Charme, teilweise mit Seeblick. Zur Gastronomie gehören auch Schwanen-Bar und Boulevard-Café, serviert werden z. B. Grilladen. Geniessen Sie die Sicht von einer der Terrassen!

Hirschen
Fischmarktplatz 7 – ℰ 055 220 61 80 – www.hirschen-rapperswil.ch
– geschl. Ende Dezember - Anfang Januar
13 Zim ⌧ – ♦135/180 CHF ♦♦195/245 CHF
Sehr schöne, individuell mit hübschen gemusterten Stoffen ausstaffierte Zimmer stehen in dem kleinen Hotel, einem Haus von 1511, zur Verfügung. Günstig ist auch die zentrale Lage nur wenige Schritte vom Zürichsee entfernt.

RAPPERSWIL-JONA

XX **Villa Aurum**
*Alte Jonastr. 23 – ℰ 055 220 72 82 – www.villaaurum.ch – geschl. 20. Juli
- 10. August und Sonntag - Montag, Samstagmittag*
3 Zim – ♦150/180 CHF ♦♦200/250 CHF
Menü 90/112 CHF – *(Tischbestellung ratsam)*
Mit seinem eleganten Villen-Flair ist das hier schon ein schönes individuelles Haus, und bedient wird man sehr aufmerksam. Sie möchten ein Menü? Wählen Sie aus drei Varianten. Sommer-Tipp: die Plätze unter der grossen Kastanie! Übrigens: Die drei Gästezimmer im OG sind so geschmackvoll wie das Restaurant!

XX **Rathaus**
Hauptplatz 1, 1. Etage – ℰ 055 210 11 14 – www.rrrj.ch
Tagesteller 22 CHF – Menü 59/89 CHF – Karte 68/94 CHF
Im feinen Ratsstübli in der 1. Etage speist man saisonal. Neben Bodensee-Zander und Zürichsee-Forelle gibt es auch Klassiker der Schweizer Küche. Die gleichen Gerichte serviert man auch in der legeren Wirtschaft im EG.

XX **Le Jardin** – Hotel Schwanen
Seequai 1 – ℰ 055 220 85 00 – www.schwanen.ch
Menü 48 CHF – Karte 81/115 CHF
Hier geben elegante Möbel und opulente Kronleuchter den Ton an. Ein echtes Highlight ist der fantastische Seeblick! Dazu serviert man Ihnen klassische französische Küche.

RAVAISCH – Graubünden → Siehe Samnaun

RECKINGEN
Wallis (VS) – ⌧ 3998 – 436 Ew – Höhe 1 315 m – Regionalatlas **8-F5**
▶ Bern 141 km – Andermatt 50 km – Brig 30 km – Interlaken 85 km
Michelin Straßenkarte 552-N10

In Reckingen-Gluringen

X **Tenne**
Furkastr. 2 – ℰ 027 973 18 92 – www.tenne.ch – geschl. Juni, November und April - Oktober: Dienstag
12 Zim – ♦90/125 CHF ♦♦160/200 CHF – ½ P
Menü 40 CHF (mittags unter der Woche)/120 CHF – Karte 44/86 CHF
Das sympathische Restaurant ist ein langjähriger Familienbetrieb, auch die beiden Söhne sind mit im Haus (der eine am Herd, der andere im Service). Geboten werden zeitgemässe Gerichte, aber auch "Grossmutters Küche". Und wer über Nacht bleiben möchte, findet hier nette moderne Gästezimmer.

REGENSBERG
Zürich (ZH) – ⌧ 8158 – 467 Ew – Regionalatlas **4-F2**
▶ Bern 114 km – Zürich 25 km – Aarau 38 km – Schaffhausen 37 km
Michelin Straßenkarte 551-P4

🏠 **Krone** ⓝ
Oberburg 1 – ℰ 044 855 20 20 – www.kroneregensberg.com – geschl. Februar
9 Zim – ♦230/410 CHF ♦♦270/450 CHF
Rest *Krone* – Siehe Restaurantauswahl
Seit dem frühen Mittelalter nächtigen hier Gäste. In dem autofreien Örtchen geniessen Sie Ruhe, das Alpenpanorama, hochwertige Zimmer und nicht zuletzt eine angenehme individuelle Betreuung. Historie und Moderne äusserst stimmig vereint.

X **Krone** ⓝ – Hotel Krone
Oberburg 1 – ℰ 044 855 20 20 – www.kroneregensberg.com – geschl. Februar und Sonntagabend - Dienstag
Tagesteller 42 CHF – Menü 57/119 CHF – Karte 74/118 CHF
Ambitionierte Küche in stilvoll-modernem Rahmen. Das kleine Angebot setzt auf saisonale Produkte, auf der Karte z. B. "Rind, gebraten und geschmort, Petersilienwurzel, Kartoffel" oder "Quitte, Mousse, Espuma, Glace". Tolle Terrasse.

REHETOBEL
Appenzell Ausserrhoden (AR) – ⊠ 9038 – 1 729 Ew – Höhe 958 m
– Regionalatlas 5-I2
▶ Bern 218 km – Sankt Gallen 13 km – Appenzell 27 km – Bregenz 28 km
Michelin Straßenkarte 551-V5

XXX Gasthaus Zum Gupf (Walter Klose)
*Gupf 21, auf dem Bergrücken, Nord-Ost: 2 km – ℰ 071 877 11 10 – www.gupf.ch
– geschl. 30. Januar - 21. Februar, 24. Juli - 16. August und Montag - Dienstag*
8 Zim – †180 CHF ††260 CHF – 2 Suiten
Tagesteller 42 CHF – Menü 109/161 CHF – Karte 82/129 CHF – *(Tischbestellung ratsam)*

Appenzeller Spitzengastronomie in herrlicher Alleinlage auf 1083 m! Schon die Anfahrt - Idylle samt Panoramablick! - weckt Vorfreude. Angekommen in dem schönen Gasthof mit Bauernhof, erwartet Sie feine, ausdrucksstarke klassisch-saisonale Küche in heimeliger Atmosphäre. Dazu eine Weinkarte mit rund 3000 Positionen samt weltweit grösster Weinflasche (480 l)!
→ Jakobsmuschel und Thunfisch mit Kaviar, Gurke, Sauerrahm. Rinderfilet auf Blattspinat mit Kalbskopf und grünem Pfeffer. Gratinierter Orangencrêpe mit Nougatglace.

X Gasthaus zur Post
Dorf 6, 1. Stock – ℰ 071 877 14 42 – www.gourmetatelier.ch – geschl. Anfang Juli - Anfang August und Sonntag - Dienstag
Menü 72/111 CHF – *(nur Abendessen)*

Liebenswert und richtig wohnlich sind die Stuben hier. Aus der Küche kommt Internationales und Regionales mit Bezug zur Saison, und zwar als Menü in 3 bis 6 Gängen, darunter z. B. "Zanderfilet auf Kichererbsenpüree und Dörrtomatenschaum".

REICHENAU-TAMINS – Graubünden → Siehe Tamins

REICHENBACH
Bern (BE) – ⊠ 3713 – 3 548 Ew – Höhe 706 m – Regionalatlas 8-E5
▶ Bern 47 km – Interlaken 26 km – Gstaad 58 km – Kandersteg 19 km
Michelin Straßenkarte 551-K9

X Bären
Dorfplatz – ℰ 033 676 12 51 – www.baeren-reichenbach.ch – geschl. Juni - Juli 3 Wochen, November 2 Wochen und Sonntagabend - Dienstag
Menü 78/115 CHF – Karte 61/102 CHF

Hier kommt schmackhafte traditionelle Küche aus regionalen Produkten auf den Tisch: "Gnocchi mit Ziegenkäse", "Ossobuco mit Polenta", "Kalbsgeschnetzeltes an Rahmsauce"... Ein ausgesprochen liebenswerter Rahmen dafür ist das Berner Haus a. d. 16. Jh. mit historisch getäfelten Stuben voller Charme!

RHEINFELDEN
Aargau (AG) – ⊠ 4310 – 13 105 Ew – Höhe 285 m – Regionalatlas 3-E2
▶ Bern 93 km – Basel 21 km – Aarau 37 km – Baden 46 km
Michelin Straßenkarte 551-L4

Park-Hotel am Rhein
Roberstenstr. 31 – ℰ 061 836 66 33 – www.parkresort.ch
48 Zim – †185/285 CHF ††335/375 CHF – 7 Suiten – ½ P
Rest *Bellerive* – Siehe Restaurantauswahl

Herrlich am Rhein liegt dieses schöne zeitgemässe Hotel inklusive Privatklinik. Besonders toll: topmoderne Juniorsuiten und Suiten mit Wintergarten! Im lebendigen "Park-Café" Klavier-Livemusik - hier gibt es traditionelle Küche. Übrigens: Sie haben kostenfreien Direktzugang zur Wellness-Welt "sole uno".

RHEINFELDEN

Schützen
Bahnhofstr. 19 – ⌀ *061 836 25 25* – *www.hotelschuetzen.ch*
21 Zim – †133/175 CHF ††185/245 CHF – ½ P
Das heimatgeschützte Gebäude liegt zwar nicht direkt am Rhein, dafür aber geschickt in der Altstadt, nahe dem Bahnhof, und parken kann man auch gut. Die Zimmer sind hell, freundlich und zeitgemäss, im modernen Restaurant serviert man regionale Küche mit internationalen Einflüssen. Schön die Gartenterrasse.

XX Bellerive – Park-Hotel am Rhein
Roberstenstr. 31 – ⌀ *061 836 66 33* – *www.parkresort.ch*
Tagesteller 28 CHF – Menü 42 CHF (mittags unter der Woche)/79 CHF
– Karte 46/90 CHF
Lust auf Krevettencocktail, Eglifilets, Chateaubriand oder Filet Wellington? Der eigentliche Renner ist aber "Chariot de Poissons": Sie bekommen die ganzen Fische präsentiert - klassischer geht es kaum! Dazu der tolle Blick auf den Rhein!

RIED-BRIG – Wallis ➜ Siehe Brig

RIEDERALP
Wallis (VS) – ✉ 3987 – Höhe 1 930 m (Wintersport : 1 925/2 869 m)
– Regionalatlas **8-F6**
▶ Bern 113 km – Brig 8 km – Andermatt 90 km – Sion 73 km
Michelin Straßenkarte 552-M11

mit Luftseilbahn ab Mörel erreichbar

Walliser Spycher
Aletschpromenade 106 – ⌀ *027 927 22 23* – *www.walliser-spycher.ch* – *geschl. 17. April - 16. Juni, 15. Oktober - 16. Dezember*
18 Zim – †95/160 CHF ††180/300 CHF – 1 Suite – ½ P
Die Lage ist ein Traum! Seit 1963 leitet die Familie das kleine Hotel unterhalb der Gondelbahn. Massives Nussbaumholz verbreitet in den Zimmern Wärme, nach Süden hin blickt man auf Rhonetal und Matterhorn.

RIEDHOLZ – Solothurn ➜ Siehe Solothurn

RIED-MUOTATHAL
Schwyz (SZ) – ✉ 6436 – Höhe 567 m – Regionalatlas **4-G4**
▶ Bern 159 km – Luzern 56 km – Altdorf 30 km – Einsiedeln 35 km
Michelin Straßenkarte 551-Q7

XX Adler
Kappelmatt 1 – ⌀ *041 830 11 37* – *www.adler-muotathal.ch* – *geschl. 19. - 31. Dezember, 16. Juli - 17. August und Sonntag - Montag*
Menü 69 CHF – Karte 45/86 CHF
Frische Forellen, im Herbst Wild, im Frühjahr Gitzi, aber auch Kalbsleber oder Alpkäseravioli sind gefragt in den drei gemütlichen holzgetäferten Stuben. In dem Haus a. d. 17. Jh. (Gasthaus seit über 150 Jahren) gibt es übrigens auch zwei gepflegte, funktionelle Gästezimmer.

RIEHEN – Basel-Stadt ➜ Siehe Basel

RIEMENSTALDEN
Schwyz (SZ) – ✉ 6452 – 89 Ew – Höhe 1 030 m – Regionalatlas **4-G4**
▶ Bern 162 km – Luzern 51 km – Altdorf 16 km – Schwyz 16 km
Michelin Straßenkarte 553-Q7

RIEMENSTALDEN

Kaiserstock
Dörfli 2 – ℰ 041 820 10 32 – www.kaiserstock.ch – geschl. Januar
3 Wochen, Ende Februar - Anfang März 1 Woche, Juli 1 Woche und Montag
- Dienstag
3 Zim – †65 CHF ††130 CHF   Karte 36/83 CHF – *(Tischbestellung ratsam)*
Urbanen Lifestyle finden Sie hier nicht, dafür idyllische Abgeschiedenheit und
schmackhafte traditionelle Gerichte wie "Gitzivoressen mit Polenta" (im Frühjahr).
Hausgemachte Pasta und Müsli kann man übrigens auch kaufen! Charmant: die
rustikalen Gästezimmer. Hinweis: kein W-Lan, kein TV und nur Barzahlung!

RIFFELALP – Wallis ➜ Siehe Zermatt

RIGI KALTBAD
Luzern (LU) – ✉ 6356 – Höhe 1 438 m – Regionalatlas **4-G3**
▶ Bern 147 km – Luzern 43 km – Sarnen 62 km – Zürich 57 km
Michelin Straßenkarte 551-P7

mit Zahnradbahn ab Vitznau oder mit Luftseilbahn ab Weggis erreichbar

Rigi Kaltbad
Zentrum 4 ✉ 6356 – ℰ 041 399 81 81 – www.hotelrigikaltbad.ch – geschl. März
- April 6 Wochen
52 Zim – †170/290 CHF ††220/460 CHF – ½ P
Schon der Weg hierher, per Luftseilbahn oder Zahnradbahn, ist wunderbar! In
1453 m Höhe erwarten Sie puristisch-moderne Zimmer, für Familien erweiterbar.
Weiteres Highlight: preislich inkludiertes Mineralbad & Spa designed by Mario
Botta. Zu essen gibt es mittags im "Rigi Stübli" traditionelle Speisen und Tagestel-
ler, abends im "SunSet" ein zusätzliches Wahlmenü.

La RIPPE
Vaud (VD) – ✉ 1278 – 1 142 hab. – Alt. 530 m – Carte régionale **6-A6**
▶ Bern 143 km – Genève 22 km – Lausanne 47 km – Lons-le-Saunier 89 km
Carte routière Michelin 552-B10

Auberge Communale de l'Etoile
*Rue des 4 Fontaines 4 – ℰ 022 367 12 02 – www.aubergelarippe.ch – fermé
février une semaine, Pâques une semaine, fin juillet - début août 2 semaines,
dimanche et lundi*
3 ch – †140/170 CHF ††140/170 CHF
Plat du jour 17 CHF – Menu 48/69 CHF – Carte 70/87 CHF
Dans cette ancienne auberge communale (18ᵉ s.), pleine de charme et de lumière,
on apprécie une bonne cuisine de tradition mâtinée de touches asiatiques – lapin
aux pruneaux, poulet au curry... Tenue sans reproche dans les chambres.

RISCH
Zug (ZG) – ✉ 6343 – 10 268 Ew – Höhe 417 m – Regionalatlas **4-F3**
▶ Bern 126 km – Luzern 22 km – Zug 14 km – Zürich 47 km
Michelin Straßenkarte 551-P6

Waldheim
*Rischerstr. 27 – ℰ 041 799 70 70 – www.waldheim.ch – geschl. 22. Dezember
- 22. Januar, 9. - 23. Oktober*
33 Zim – †121/191 CHF ††232/292 CHF – ½ P
Tagesteller 48 CHF – Menü 54/119 CHF – Karte 64/100 CHF
Besonders beliebt sind hier im Restaurant des gleichnamigen Hotels die Tische
der Veranda. Nicht umsonst, denn von hier aus geniesst man freien Seeblick.
Auf der Karte z. B. "Steinbutt mit Holunder, Kapern und Saiblingskaviar" oder "Bi-
son mit Champagnerkutteln und Trüffel". Alternativ: das gemütliche Bistro.

RISCHLI – Luzern ➜ Siehe Sörenberg

RONCO – Ticino ➜ Vedere Gerra Gambarogno

RONCO SOPRA ASCONA
Ticino (TI) – ✉ 6622 – 624 ab. – Alt. 355 m – Carta regionale **9-G6**
▶ Bern 246 km – Locarno 9 km – Bellinzona 29 km – Lugano 52 km
Carta stradale Michelin 553-Q12

🏠 **Ronco**
piazza della Madonna 1 – ☎ *091 791 52 65* – *www.hotel-ronco.ch*
20 cam ⌸ – †80/250 CHF ††100/300 CHF
Moderna lobby con bar e bella terrazza panoramica con piscina da cui approfittare della splendida vista in una struttura molto intrigante. Se la maggior parte delle camere sono uniformi e funzionali, sei sono state interamente rinnovate. Il ristorante in stile moderno-mediterraneo propone gustose ricette tradizionali.

a Porto Ronco Sud-Est : 1,5 km – Alt. 205 m – ✉ 6613

🏠 **La Rocca**
via Ronco 61, Sud-Ovest : 1 km – ☎ *091 785 11 44* – *www.la-rocca.ch* – *chiuso in inverno*
19 cam ⌸ – †160/380 CHF ††210/480 CHF – ½ P
Rist *Ristorante panoramico* – Vedere selezione ristoranti
Spiaggia privata ed una posizione così bella che con la vista vi sembrerà di toccar le isole di Brissago. Camere moderne e confortevoli, sebbene non tutte molto ampie: richiedete quelle con il balcone che si affaccia sul lago.

✕✕ **Ristorante panoramico** – Hotel La Rocca
via Ronco 61, Sud-Ovest : 1 km – ☎ *091 785 11 40*
– *www.ristorantepanoramico.ch* – *chiuso in inverno e lunedì*
Piatto del giorno 32 CHF – Menu 50 CHF – Carta 46/93 CHF
Cucina classico/tradizionale e splendido panorama dalla terrazza-giardino di questo piacevole ristorante, leggermente sopraelevato in collina. Il centro di Ascona è a soli 5 minuti d'auto.

RORSCHACH
Sankt Gallen (SG) – ✉ 9400 – 9 211 Ew – Höhe 399 m – Regionalatlas **5-I2**
▶ Bern 218 km – Sankt Gallen 14 km – Bregenz 27 km – Konstanz 37 km
Michelin Straßenkarte 551-V4

in Rorschacherberg Süd: 3 km Richtung Lindau und Spital – Höhe 470 m –
✉ 9404

🏠 **Rebstock**
Thalerstr. 57 – ☎ *071 858 24 00* – *www.rebstock.ch*
49 Zim ⌸ – †127/138 CHF ††169/205 CHF
Der engagiert geführte Familienbetrieb liegt oberhalb des Ortes, von den meisten der wohnlichen Zimmer blickt man auf den Bodensee - fragen Sie nach den modernen im neuen Anbau! Im Restaurant - hier geniesst man auch die tolle Aussicht - gibt es eine bürgerliche Karte.

ROSSINIÈRE
Vaud (VD) – ✉ 1658 – 568 hab. – Alt. 922 m – Carte régionale **7-C5**
▶ Bern 82 km – Montreux 52 km – Bulle 24 km – Gstaad 20 km
Carte routière Michelin 552-G10

✕ **Les Jardins de la Tour**
Rue de la Placette 16 – ☎ *026 924 54 73* – *www.lesjardinsdelatour.ch*
– *fermé 8 - 25 avril, 15 octobre - 1ᵉʳ novembre, dimanche soir, lundi et mardi*
Menu 80/120 CHF – *(réservation indispensable)*
En ces Jardins, le chef cultive arômes et parfums ! Sûre de ses classiques et soignée, sa cuisine est à la fois champêtre, alpestre et florale, et doit beaucoup aux produits des Alpes vaudoises. Pour couronner le tout, on profite d'un décor d'une charmante simplicité : bois doré, fleurs, vieux objets...

ROTHENBURG
Luzern (LU) – ✉ 6023 – 7 334 Ew – Regionalatlas **3-F3**
▶ Bern 107 km – Luzern 8 km – Sarnen 27 km – Aarau 45 km
Michelin Straßenkarte 551-O6

ROTHENBURG

Gasthof Ochsen
Flecken 32 – ℰ 041 280 12 72 – www.ochsen-rothenburg.ch – geschl. Mitte Juli - Anfang August 3 Wochen und Sonntag - Montag
Tagesteller 22 CHF – Menü 65 CHF – Karte 59/114 CHF
Hier knüpft man an rund 500 Jahre Bewirtungstradtion an, und das mit Niveau. In gemütlicher Atmosphäre kommen z. B. "Rindstatar Ochsen" oder "Rehpfeffer mit Rotkraut" auf den Tisch. Mittags ist die Karte kleiner.

ROUGEMONT
Vaud (VD) – ⌂ 1659 – 885 hab. – Alt. 992 m (Sports d'hiver : 992/2 151 m)
– Carte régionale **7-D5**
▶ Bern 88 km – Montreux 57 km – Bulle 25 km – Gstaad 9 km
Carte routière Michelin 552-H10

Hôtel de Rougemont ❶
Chemin des Palettes 14 – ℰ 026 921 01 01 – www.hotelderougemont.com
19 ch – ♦320/680 CHF ♦♦320/680 CHF – 14 suites – ½ P
Dans cette délicieuse vallée du canton de Vaud, un hôtel rénové avec beaucoup de goût, qui marie la déco contemporaine et le charme alpin. Les chambres, où le bois domine, sont confortables et bien aménagées. Parfait pour un séjour au calme !

RÜSCHLIKON
Zürich (ZH) – ⌂ 8803 – 5 673 Ew – Höhe 433 m – Regionalatlas **4-G3**
▶ Bern 133 km – Zürich 8 km – Wädenswil 20 km – Zug 29 km
Michelin Straßenkarte 551-P5

Belvoir
Säumerstr. 37 – ℰ 044 723 83 83 – www.hotel-belvoir.ch
60 Zim – ♦210/330 CHF ♦♦210/330 CHF, ⌂ 28 CHF – ½ P
Rest *Belvoir* – Siehe Restaurantauswahl
Hier ist die Lage Trumpf! Die Zimmer bieten nicht nur eine topmoderne hochwertige Einrichtung (Getränke, Nespresso und W-Lan sind übrigens gratis), sondern auch eine tolle Sicht auf Zürichsee, Zürich und Alpen! Zum Relaxen: Kosmetik, Massage & Co. auf 400 qm. Praktisch: Ladestation für Elektrofahrzeuge.

Belvoir – Hotel Belvoir
Säumerstr. 37 – ℰ 044 723 83 83 – www.hotel-belvoir.ch
Tagesteller 29 CHF – Menü 53 CHF (mittags)/109 CHF – Karte 53/97 CHF
Erwähnt werden sollten hier der klare moderne Stil und der traumhafte Blick (besonders toll von der Terrasse!), aber auch das integrierte Grill-Restaurant, in dem am Abend variable Cuts auf den Holzkohlegrill kommen! Ansonsten gibt es Saisonales wie "Heilbutt mit Bärlauchkruste". Kleinere Mittagskarte.

SAANEN – Bern → Siehe Gstaad

SAANENMÖSER – Bern → Siehe Gstaad

SAAS ALMAGELL
Wallis (VS) – ⌂ 3905 – 391 Ew – Höhe 1 672 m (Wintersport : 1 673/2 400 m)
– Regionalatlas **8-F6**
▶ Bern 111 km – Brig 37 km – Sierre 55 km – Sion 71 km
Michelin Straßenkarte 552-L13

Pirmin Zurbriggen
Furusandstr. 16 – ℰ 027 957 23 01 – www.zurbriggen.ch/saasalmagell – geschl. 15. April - 15. Juni
34 Zim ⌂ – ♦180/375 CHF ♦♦250/430 CHF – 16 Suiten – ½ P
Hier kann man sich wohlfühlen: attraktiv das moderne Ambiente in den Zimmern, im Spa und im Restaurant (hier regional beeinflusste Küche), immer wieder Design-Elemente von Heinz Julen. Dazu engagierte und stets präsente Mitarbeiter sowie Kinderbetreuung am Abend. HP inklusive.

SAAS FEE
Wallis (VS) – ✉ 3906 – 1 619 Ew – Höhe 1 798 m (Wintersport : 1 800/3 600 m)
– Regionalatlas **8-E6**
▶ Bern 111 km – Brig 36 km – Sierre 55 km – Sion 71 km
Michelin Straßenkarte 552-L12

Ferienart Resort & SPA
Dorfweg 1 – ℰ 027 958 19 00 – www.ferienart.ch – geschl. Stadtplan : A2**a**
23. April - 17. Juni
60 Zim ⌧ – †190/500 CHF ††250/500 CHF – 11 Suiten – ½ P
Auch bei schlechtem Wetter kommt hier keine Langeweile auf: von Beauty über Fitness (u. a. Indoor-Kletterwand) bis Nightlife, nicht zu vergessen das Kinderprogramm! Besonders schön wohnt man in den Alpensuiten. Gastronomisch hat man das klassische "Cäsar Ritz" und das italienische "Del Ponte". HP inklusive.

Schweizerhof
Haltenstr. 10 – ℰ 027 958 75 75 – www.schweizerhof-saasfee.ch Stadtplan : A2**z**
– geschl. Mitte April - Mitte Juni, November - Dezember 4 Wochen
46 Zim ⌧ – †115/300 CHF ††210/540 CHF – ½ P
Rest *Hofsaal* – Siehe Restaurantauswahl
Ruhige Lage, "the wave" auf 1000 qm (nach Feng Shui konzipierter Spa) sowie wohnliche Zimmer - die meisten klassisch, aber auch moderne (Wellness-) Suiten und Juniorsuiten.

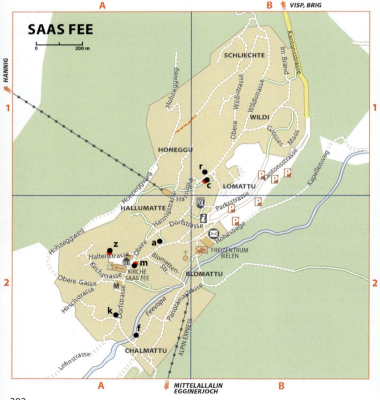

SAAS FEE

The Capra 🛏 ⌂ ⊡ ⌘
Lomattenstr. 6 – ☏ 027 958 13 58 – www.capra.ch   Stadtplan : B1**c**
*– (Erweiterung um 10 Zimmer nach Redaktionsschluss) geschl. 18. April
- 8. Dezember*
14 Zim ☐ – ♦350/790 CHF ♦♦350/790 CHF – 14 Suiten – ½ P
Rest *La Locanda* – Siehe Restaurantauswahl
Viel Holz, Stein, warme Töne... hier hat man gelungen den traditionellen Saaser Stil mit Moderne kombiniert. Die Einrichtung ist hochwertig, die Technik auf dem neusten Stand, die Atmosphäre persönlich und diskret. Ruhige zentrumsnahe Lage.

The Dom ⊡
Dorfplatz 2 – ☏ 027 958 77 00 – www.domcollection.ch   Stadtplan : A2**m**
– geschl. Mitte April - Mitte Juni
35 Zim ☐ – ♦145/550 CHF ♦♦145/550 CHF – ½ P
Rest *Dom Stübli* – Siehe Restaurantauswahl
Das 1881 gegründete Hotel im Zentrum gegenüber der Kirche ist heute ein gelungener Mix aus Moderne und Tradition. Stein und warmes Holz verleihen der schicken geradlinigen Einrichtung alpinen Charme. Überall im Haus sehr freundliche und hilfsbereite Mitarbeiter.

Waldhotel Fletschhorn ❀ ≤ 🐎 🛏 ㊉
*über Wanderweg Richtung Sengg B1, 30 Min. – ☏ 027 957 21 31
– www.fletschhorn.ch – geschl. Mitte April - Mitte Juni, Mitte Oktober - Mitte Dezember*
11 Zim ☐ – ♦240 CHF ♦♦350 CHF – 1 Suite – ½ P
Rest *Waldhotel Fletschhorn* ❀ – Siehe Restaurantauswahl
Einzigartig die Lage ausserhalb des Dorfes: absolute Ruhe und 1A-Bergblick! Doch das Haus hat noch mehr zu bieten: Zimmer mit geradliniger Einrichtung und individueller Note, der Service äusserst herzlich und persönlich. Wer echte Privatsphäre sucht, bucht die in den Berg gebaute Juniorsuite "Miralux"!

Allalin ⚡ ≤ 🐎 🛏 ⊡ 🛁
Lomattenstr. 7 – ☏ 027 958 10 00 – www.allalin.ch   Stadtplan : B1**r**
– geschl. Ende April - Anfang Juni, Ende September - Mitte Dezember
30 Zim ☐ – ♦110/222 CHF ♦♦220/410 CHF – ½ P
Die Zurbriggens sind hier bereits in der 4. Generation Ihre Gastgeber. Die Zimmer sind hübsch in klaren modernen Linien gehalten. In der Halle eine kleine Bibliothek. Hingucker in der "Walliserkanne": handgeschnitzte Saaser Möbel und alte Holzbalken.

Mistral ⚡ ≤ 🍽 ⌘
Gletscherstr.1 – ☏ 027 958 92 10 – www.hotel-mistral.ch   Stadtplan : A2**f**
– geschl. Ende April - Mitte Juni
12 Zim ☐ – ♦110/155 CHF ♦♦220/310 CHF – ½ P
Ideale Lage am Dorfende, nicht weit von den Liften: Mit den Skiern fährt man praktisch bis vor die Tür! Das kleine Hotel ist tipptopp gepflegt, Zimmer teilweise mit Whirlwanne, W-Lan gratis. Während der Saison Après-Ski-Bar vor dem Haus.

Feehof ⊡
Dorfstr. 28 – ☏ 027 958 97 00 – www.feehof.ch – geschl. Mai   Stadtplan : A2**k**
7 Zim ☐ – ♦90/135 CHF ♦♦160/248 CHF
Neuzeitliche und funktionelle Gästezimmer mit Balkon in einem gepflegten familiären kleinen Hotel nahe dem Dorfplatz. Man vermietet übrigens auch Ferienwohnungen - ideal für Familien.

XxX Waldhotel Fletschhorn *(Markus Neff)* ❀ ≤ 🐎 🍽 🛁
❀
*über Wanderweg Richtung Sengg B1, 30 Min. – ☏ 027 957 21 31 – www.fletschhorn.ch
– geschl. Mitte April - Mitte Juni, Mitte Oktober - Mitte Dezember*
Menü 95 CHF (mittags)/210 CHF – Karte 116/157 CHF
Wo man so gut isst und bei gemütlicher Atmosphäre so charmant und mit persönlicher Note umsorgt wird, kann man sich hier nur wohlfühlen. Gekocht wird überaus schmackhaft und technisch exakt, an Weinen hat man 1200 Positionen, die meisten aus dem Wallis. Wer den Fussmarsch scheut, nimmt den Elektro-Shuttlebus.
➜ Dim Sum: Kalbfleisch-Crevetten Ravioli und gebratene Langoustine, Ingwer. Simmentaler Kalbskotelett mit Senfsauce und Gnocchi. Ananas-Tartelette mit Marzipaneis und Bittermandel-Sabayon.

SAAS FEE

XX Hofsaal – Hotel Schweizerhof
Haltenstr. 10 – ℰ 027 958 75 75 — Stadtplan : A2**z**
– www.schweizerhof-saasfee.ch – geschl. Mitte April - Mitte Juni,
November - Dezember 4 Wochen
Karte 71/121 CHF – *(nur Abendessen)*
Das junge und engagierte Team bietet seinen Gästen eine ambitionierte mediterran beeinflusste Küche, und die wird begleitet von einer schönen Weinauswahl mit rund 450 Positionen. Der Rahmen: ein gediegener Speisesaal.

X La Locanda – Hotel The Capra
Lomattenstr. 6 – ℰ 027 958 13 58 – www.capra.ch – geschl. — Stadtplan : B1**c**
18. April - 8. Dezember und Montag - Mittwoch
Karte 63/105 CHF
Sie sitzen in gemütlicher Atmosphäre, während Sie sich vom aufmerksamen und ungezwungenen Service mit ambitionierter Küche umsorgen lassen - gekocht wird auf italienischer Basis mit regionalen Einflüssen.

X Dom Stübli – Hotel The Dom
Dorfplatz 2 – ℰ 027 958 77 00 — Stadtplan : A2**m**
– www.domcollection.ch – geschl. Mitte April - Mitte Juni, Juni - November: Dienstag
Tagesteller 20 CHF – Menü 55 CHF (abends) – Karte 44/69 CHF
Passend zum attraktiven zeitgemäss-alpenländischen Design serviert man Ihnen hier moderne regionale Klassiker von "Saaser Heusuppe" über "geschmorte Kalbsbäckchen" bis zum "Dom Burger", und das zu fairen Preisen.

auf dem Spielboden mit Gondelbahn erreichbar A2- Höhe 2 450m - ✉ 3906 Saas Fee

X Spielboden
– ℰ 027 957 22 12 – www.spielboden.ch – geschl. Mitte April - Mitte Juni, Mitte Oktober - Mitte Dezember
Tagesteller 32 CHF – Menü 65 CHF – Karte 52/103 CHF – *(nur Mittagessen)*
(Tischbestellung erforderlich)
Sie können nur erahnen, welch grandioser Ausblick sich Ihnen hier oben in 2450 m Höhe bietet! Sie erreichen das Chalet per Bergbahn oder über die Skipiste! Professionell und ungezwungen der Service, lebhaft die Atmosphäre, schmackhaft die Küche - auch Wiener Schnitzel gehört zum Angebot.

SACHSELN
Obwalden (OW) – ✉ 6072 – 5 064 Ew – Höhe 472 m – Regionalatlas **4-F4**
▶ Bern 101 km – Sarnen 4 km – Luzern 23 km – Emmen 28 km
Michelin Straßenkarte 551-N8

X Gasthaus Engel
Brünigstr. 100 – ℰ 041 660 36 46 – www.engel-sachseln.ch – geschl. Mitte Februar 2 Wochen, Mitte September 1 Woche und Dienstag - Mittwoch, Mai - September: Mittwoch
12 Zim ⌂ – †75/80 CHF ††150/160 CHF – ½ P
Tagesteller 20 CHF – Menü 56 CHF (mittags)/82 CHF – Karte 42/91 CHF
Mitten im Ort hat das Ehepaar Wey-Felder ihren gestandenen Gasthof: Sie kümmern sich freundlich um die Gäste, er kocht ambitioniert-regional, so z. B. "Maispoulardenbrust mit Nüdeli und Gemüse". Seine lange Zeit im Tessin merkt man an leckeren Risotto- und Pastagerichten. Nette frische Gästezimmer.

SÄRISWIL
Bern (BE) – ✉ 3049 – Höhe 640 m – Regionalatlas **2-D4**
▶ Bern 15 km – Biel 31 km – Fribourg 40 km – Neuchâtel 53 km
Michelin Straßenkarte 551-I7

SÄRISWIL

✖✖ Zum Rössli

Staatsstr. 125 – ℰ 031 829 33 73 – www.roessli-saeriswil.ch – geschl. 16. - 2. März, 12. Juli - 3. August und Juli - August: Sonntag - Montag, September - Juni: Montag - Dienstag

Menü 25 CHF (mittags unter der Woche)/75 CHF – Karte 39/95 CHF

Ein seit Generationen familiär geleitetes Gasthaus a. d. 19. Jh. In dem gemütlichen Restaurant bietet man Traditionelles und Regionales wie "Kalbsleberli an Rotweinsauce". Toll: Wintergarten mit Bergblick! Für Feiern: "La Ferme" nebenan.

SAILLON

Valais (VS) – ✉ 1913 – 2 480 hab. – Alt. 522 m – Carte régionale **7-D6**
▶ Bern 141 km – Martigny 13 km – Montreux 53 km – Sion 20 km
Carte routière Michelin 552-H12

Bains de Saillon

Route du centre Thermal 16 – ℰ 027 602 11 11 – www.bainsdesaillon.ch
58 ch ⌑ – †160/240 CHF ††240/350 CHF – ½ P

Ce confortable hôtel est rattaché à un complexe comprenant appartements et commerces, ainsi qu'à un centre thermal indépendant. En hiver, se baigner sous la neige dans l'une des piscines extérieures chauffées est une expérience… remarquable !

SAINT-AUBIN

Neuchâtel (NE) – ✉ 2024 – 2 510 hab. – Carte régionale **1-B4**
▶ Bern 69 km – Neuchâtel 19 km – Fribourg 65 km – Lausanne 57 km
Carte routière Michelin 552-G7

à Sauges Sud-Ouest : 1 km

✖ La Maison du Village

Rue de la Fontanette 41 – ℰ 032 835 32 72 – www.maisonduvillage.ch
– fermé 1ᵉʳ - 17 janvier, lundi et mardi

Plat du jour 19 CHF – Menu 65/89 CHF – Carte 53/88 CHF – *(réservation indispensable)*

Cette auberge n'a rien d'un temple de la gastronomie : ici, l'ambiance est franchement décontractée. Marc Strebel, jeune chef valaisan, réalise une cuisine de l'instant ; il compose des plats bien ficelés, goûteux et généreux, mariant de beaux produits et des saveurs parfois originales. Le rapport qualité-prix est à tomber… tout comme la vue sur le lac, depuis la terrasse !

→ Saumon fumé de l'Oberland zurichois, avocat, orties. Palée de la pêcherie Perrenoud, rhubarbe, betterave. Jarret de veau, moelle, raviolo, côtes de bettes, sauge du jardin.

SAINT-BLAISE – Neuchâtel → Voir à Neuchâtel

SAINT-GALL – Sankt Gallen → Voir à Sankt Gallen

SAINT-LÉGIER – Vaud → Voir à Vevey

SAINT-LÉONARD – Valais → Voir à Sion

SAINT-LUC

Valais (VS) – ✉ 3961 – 2 716 hab. – Alt. 1 650 m (Sports d'hiver : 1 650/3 000 m) – Carte régionale **8-E6**
▶ Bern 191 km – Sion 37 km – Brig 54 km – Martigny 65 km
Carte routière Michelin 552-J12

Bella Tola

Rue Principale – ℰ 027 475 14 44 – www.bellatola.ch – fermé 17 avril - 17 juin et 22 octobre - 16 décembre
30 ch ⌑ – †124/158 CHF ††200/416 CHF – ½ P

Féru d'histoire, le propriétaire de cet hôtel, créé il y a 150 ans, a tout fait pour préserver son authentique cachet. Meubles anciens, fresques, souvenirs d'hier, etc. : nous sommes transportés au 19ᵉ s. ! Côté restauration, deux options : la célèbre véranda de Chez Ida ou les spécialités fromagères du Tzambron.

SAINT-MAURICE
Valais (VS) – ⌧ 1890 – 4 492 hab. – Alt. 422 m – Carte régionale **7-C6**
▶ Bern 116 km – Martigny 16 km – Montreux 28 km – Sion 42 km
Carte routière Michelin 553-X10

X   De la Gare
*Place de la Gare – ℰ 024 485 13 60 – www.restogare.ch – fermé Noël
- 9 janvier, 1 - 14 août et dimanche*
Plat du jour 20 CHF – Menu 25 CHF (déjeuner en semaine)/60 CHF
– Carte 40/81 CHF – *(réservation conseillée)*
Face à la gare, ce joli bâtiment de 1906 abrite un café-restaurant où les amateurs de produits du terroir se sentiront chez eux : on se régale de jambon et de saucisses à rôtir, cuisinés sous l'œil vigilant de Patricia Lafarge, la propriétaire. À moins qu'on ne préfère, le soir, déguster une fondue au fromage du Valais...

SAINT-SAPHORIN – Vaud ➜ Voir à Vevey

SALAVAUX
Vaud (VD) – ⌧ 1585 – 2 825 hab. – Alt. 439 m – Carte régionale **2-C4**
▶ Bern 46 km – Lausanne 77 km – Neuchâtel 25 km – Fribourg 20 km
Carte routière Michelin 552-G7

Château Salavaux ⓝ
*Route de Villars 16 ⌧ 1585 – ℰ 026 677 40 00 – www.chateausalavaux.ch
– fermé novembre - mars*
16 ch ⌑ – †190/250 CHF ††230/260 CHF – ½ P
Tout près du lac de Morat, on est conquis par l'élégance de cet ancien manoir datant du 14ᵉ s : l'élégance classique et le confort moderne s'y marient à merveille ! Un doux séjour en perspective...

SALGESCH SALQUENEN
Wallis (VS) – ⌧ 3970 – 1 465 Ew – Höhe 576 m – Regionalatlas **8-E6**
▶ Bern 176 km – Sion 23 km – Fribourg 145 km – Lausanne 117 km
Michelin Straßenkarte 552-J11

Arkanum
*Unterdorfstr. 1 – ℰ 027 451 21 00 – www.hotelarkanum.ch – geschl. 8.
- 15. Januar*
28 Zim ⌑ – †98/115 CHF ††168/188 CHF – ½ P
In dem Hotel in zentraler Lage hat man immer wieder das Thema Wein miteinfliessen lassen, u. a. in einigen Erlebniszimmern - hier können Sie z. B. in einer Weinpresse schlafen! - und auch in den Restaurantnamen "Bacchus" oder Bistro-Beizli "Höllenwein". Schweizer Küche, z. B. Cordon bleu, Rösti...

SALORINO – Ticino ➜ Vedere Mendrisio

SALUMS – Graubünden ➜ Siehe Laax

SALVENACH
Freiburg (FR) – ⌧ 1794 – 552 Ew – Regionalatlas **2-C4**
▶ Bern 33 km – Fribourg 22 km – Delémont 90 km – Lausanne 86 km
Michelin Straßenkarte 552-H7

XX La Maison Salvagny
*Maedergässli 2 – ℰ 026 323 23 10 – www.maison-salvagny.ch – geschl. über
Ostern 2 Wochen, Juli - August 2 Wochen, über Weihnachten 2 Wochen und
Samstagmittag, Sonntag - Montag*
4 Zim ⌑ – †110 CHF ††175/195 CHF
Tagesteller 20 CHF – Menü 65/96 CHF – Karte 35/78 CHF
Hell, freundlich und zeitgemäss kommt dieser Gasthof daher, Restaurant und Gästezimmer gleichermassen - richtig sympathisch! Und gut essen kann man obendrein, gekocht wird frisch, schmackhaft und regional. Draussen lockt die herrliche Terrasse samt kleinem Teich.

SAMEDAN
Graubünden (GR) – ✉ 7503 – 2 996 Ew – Höhe 1 709 m (Wintersport : 1 750/
2 453 m) – Regionalatlas **11-J5**
▶ Bern 333 km – Sankt Moritz 8 km – Chur 93 km – Davos 61 km
Michelin Straßenkarte 553-X10

Donatz
Plazzet 15 – ✆ 081 852 46 66 – www.hoteldonatz.ch – geschl. 23. April - 2. Juni
25 Zim ⊊ – †125/245 CHF ††195/450 CHF – ½ P
Rest *La Padella* – Siehe Restaurantauswahl
Schön wohnt man in dem Familienbetrieb im verkehrsberuhigten Ortskern: attraktiv die modernen Zimmer (klare Formen, Arvenholz, warme Farben), reizend der ganz in Holz gehaltene Frühstücksraum. Öffentliches "Mineralbad" 150 m entfernt.

La Padella – Hotel Donatz
Plazzet 15 – ✆ 081 852 46 66 – www.hoteldonatz.ch – geschl. 22. April - 2. Juni und Montag - Dienstagmittag, im November und April: Montag - Dienstag
Karte 39/168 CHF
Das rustikal-elegante Restaurant ist nicht nur für seine ausgezeichnete Weinkarte bekannt, auch die frische Küche kommt an - da gibt es z. B. geschmorte Kalbsbacke, Eglifilet und natürlich die Haus-Spezialitäten rund ums Angus Beef.

auf Muottas Muragl Süd: 3 km Richtung Pontresina, ab Muragl über
Standseilbahn (10 min.) erreichbar - Höhe 2 456m – ✉ 7503

Muottas Muragl
Punt Murage – ✆ 081 842 82 32 – www.muottasmuragl.ch – geschl. 3. April - 2. Juni
16 Zim ⊊ – †175/186 CHF ††260/398 CHF – 1 Suite
Ein Paradies für Schlittler und Schneeschuh-Wanderer in 2456 m Höhe. Das Berghotel von 1907 ist heute modern-alpin - nicht zu vergessen der gigantische Blick über das Engadin! Im Restaurant speist man mittags etwas rustikaler. Selbstbedienungsrestaurant "Scatla". Panoramaterrasse.

SAMNAUN
Graubünden (GR) – ✉ 7563 – 773 Ew – Höhe 1 846 m (Wintersport : 1 840/2 864 m)
– Regionalatlas **11-K3**
▶ Bern 393 km – Scuol 38 km – Chur 142 km – Landeck 52 km
Michelin Straßenkarte 553-AA8

Chasa Montana
Dorfstr. 30 – ✆ 081 861 90 00 – www.hotelchasamontana.ch – geschl. Anfang Mai - Anfang Juni, November 3 Wochen
45 Zim ⊊ – †150/300 CHF ††230/500 CHF – 10 Suiten – ½ P
Rest *La Miranda Gourmet Stübli* ❀ – Siehe Restaurantauswahl
Man bleibt nicht stehen in diesem Ferienhotel, so darf man sich auf einen attraktiven modernen Spa freuen und auf wohlige Zimmer, meist mit Bergblick, die Suiten sogar teilweise mit Whirlwanne. Vor allem aber glänzt man hier mit aufmerksamem Service! Italienische Küche im "La Pasta". "La Grotta" mit regionalen Käsegerichten, Fondue und Fleisch vom heissen Stein.

Silvretta
Dorfstr. 17 – ✆ 081 861 95 00 – www.hotel-silvretta.ch – geschl. Mitte April - Mitte Mai, Mitte Oktober - Mitte November
33 Zim ⊊ – †118/260 CHF ††170/530 CHF – 1 Suite – ½ P
Rest *Bündner Stube* – Siehe Restaurantauswahl
Das Haus ist das Schwesterhotel des gegenüberliegenden "Chasa Montana", dessen Pool die Gäste mitbenutzen können. Auch hier geschmackvoller Engadiner Stil mit viel Arvenholz. Etwas Besonderes ist die Penthouse-Suite. Schönes HP-Angebot.

SAMNAUN

Post
Dorfstr. 9 – ✆ 081 861 92 00 – www.wellnesshotelpost.ch
51 Zim – ♦110/266 CHF ♦♦200/476 CHF – ½ P
Hier lässt es sich nicht nur gut wohnen: Relaxen Sie im schönen "Stella Aqua" oder trainieren Sie im gut ausgestatteten Fitnessraum im Haus Samnaunia. Etwas Besonderes ist die hübsche Turm-Juniorsuite. Im Restaurant (mittags mit Terrasse) speist man regional und international, dazu die Bar "Why not". Übrigens: Sie können direkt vor der Tür zollfrei shoppen! HP inkl.

La Miranda Gourmet Stübli – Hotel Chasa Montana
Dorfstr. 30 – ✆ 081 861 90 00 – www.hotelchasamontana.ch – geschl. Anfang Mai - Anfang Juni, November 3 Wochen und Sonntag - Montag
Menü 99/195 CHF – Karte 103/133 CHF – *(nur Abendessen) (Tischbestellung ratsam)*
Im modern-eleganten kleinen Gourmetstübli wird Gastgebertum gelebt und natürlich gross aufgekocht! Die Speisen aufwändig, geschmackvoll und von erstklassigen Produkten, nicht selten aus der Region. Ebenso attraktiv die Weinauswahl, auch glasweise, samt exzellenter Beratung.
→ Alpen Bouillabaisse mit Saibling, Liebstöckel und Flusskrebsen. Sousvide gegartes Flankensteak mit Zwiebecrème, Paprikachutney und Petersilieneis. Süsser Gemüsegarten: Schwarzwurzel, Kirsche, Sauerampfer.

Bündner Stube – Hotel Silvretta
Dorfstr. 17 – ✆ 081 861 95 00 – www.hotel-silvretta.ch – geschl. Mitte April - Mitte Mai, Mitte Oktober - Mitte November und im Sommer: Montag
Tagesteller 20 CHF – Karte 47/80 CHF – *(im Sommer nur Abendessen)*
Die gemütlich-rustikale kleine Stube hat schon Atmosphäre und die Küche ist frisch und schmackhaft. Aus guten regionalen Produkten bereitet man z. B. "geschmorte Lammhaxe mit Rosmarinpolenta" zu.

Des Alpes
Dorfstr. 39 – ✆ 081 868 52 73 – www.hotel-desalpes-samnaun.ch – geschl. Mai - Juni, Mitte Oktober - November
17 Zim – ♦117/215 CHF ♦♦123/398 CHF – ½ P
Tagesteller 21 CHF – Karte 52/72 CHF
Im schön alpenländisch gehaltenen Restaurant des gleichnamigen Hotels ist mit Gerichten wie "Spanferkelfilet im Röstimantel" auch die Bündner Küche auf der Karte vetreten. Im Sommer sollten Sie auf der sonnigen Terrasse speisen!

in Samnaun-Ravaisch Nord-Ost: 1,5 km – Höhe 1 800 m – ✉ 7563 Samnaun

Homann
Ravaischstr. 12 – ✆ 081 861 91 91 – www.hotel-homann.ch – geschl. Anfang Mai - Anfang Juli, Mitte Oktober - Ende November
30 Zim – ♦110/190 CHF ♦♦130/378 CHF – ½ P
Rest *Homann's Restaurant* ✿✿ – Siehe Restaurantauswahl
Das Gourmetrestaurant dürfte Ihnen bekannt sein, aber haben Sie bei den Homanns auch schon mal gewohnt? Ein Ferienhotel mit regionalem Charme ist das hier - gönnen Sie sich das "Homann's Deluxe" mit Whirlwanne! Schön der Sauna- und Ruhebereich, und die Gondelbahn ins Skigebiet liegt unterhalb des Hauses.

Homann's Restaurant – Hotel Homann
Ravaischstr. 12 – ✆ 081 861 91 91 – www.hotel-homann.ch – geschl. Anfang April - Mitte Juli, Anfang Oktober - Mitte Dezember und Sonntag - Mittwoch
Menü 161/209 CHF – *(nur Abendessen) (Tischbestellung erforderlich)*
Die Homanns leben für ihr Restaurant, das macht die Fülle an kraftvoll, aromenreichen und kreativen Gerichten deutlich, die die beiden Brüder hier präsentieren - Top-Produkte in zahlreichen, äusserst aufwändigen Variationen. Weinfreunde dürfen sich über den ein oder anderen Geheimtipp freuen.
→ Kaisergranat und Kürbis. Nebraska Rind, Petersilienwurzel und Zucchini. Bananensplit.

SANKT GALLEN SAINT-GALL

Sankt Gallen (SG) – ✉ 9000 – 75 527 Ew – Höhe 668 m – Regionalatlas **5-I2**
▶ Bern 209 km – Bregenz 36 km – Konstanz 40 km – Winterthur 59 km
Michelin Straßenkarte 551-U5

Einstein

Berneggstr. 2 – ℘ 071 227 55 55 – www.einstein.ch Stadtplan : A2**a**
113 Zim – ♂200/415 CHF ♂♂280/495 CHF, ☕ 25 CHF – 4 Suiten – ½ P
Rest *Einstein Gourmet* ✿ – Siehe Restaurantauswahl

Es muss ja nicht gleich eine Suite sein, auf guten Komfort brauchen Sie auch in den zeitgemäss-eleganten Superior- oder Comfort-Zimmern nicht zu verzichten. Zum Wellness- und Fitnesspark nebenan (nur für Hotelgäste und Mitglieder!) haben Sie direkten Zugang. Modernes Tagungscenter - hier auch ein Bistro.

Metropol

Bahnhofplatz 3 – ℘ 071 228 32 32 – www.hotel-metropol.ch Stadtplan : A2**t**
32 Zim ☕ – ♂125/175 CHF ♂♂185/255 CHF – ½ P

Das Haus direkt am Bahnhof wird top geführt. Zahlreiche kleine Details überall machen das Haus zu etwas Besonderem. Das Restaurant bietet moderne, saisonale Küche - auch die Mittagskarte kommt gut an.

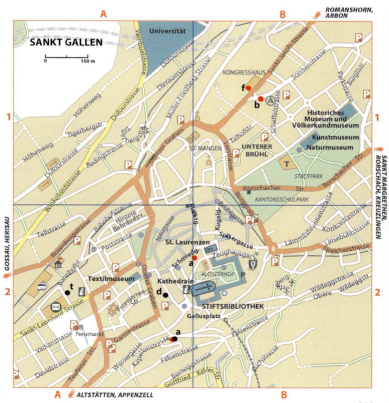

SANKT GALLEN

🏠 Dom
Webergasse 22 – ℰ 071 227 71 71 – www.hoteldom.ch Stadtplan : A2**d**
– geschl. 24. Dezember - 3. Januar
43 Zim – †155/195 CHF ††225/255 CHF
In dem Integrationsbetrieb in der Innenstadt wohnt man in modern-funktionellen Zimmern in Weiss-Grün, Weiss-Lila, Weiss-Rot... Wenn es nicht so viel kosten darf: Man hat auch zehn einfache Budgetzimmer.

XX Einstein Gourmet – Hotel Einstein
Berneggstr. 2 – ℰ 071 227 55 55 – www.einstein.ch – geschl. 1. Stadtplan : A2**a**
- 16. Januar, 2. Juli - 14. August, 26. - 30. Dezember und Sonntag - Montag
Menü 125/185 CHF – *(nur Abendessen) (Tischbestellung ratsam)*
Schön mischt sich hier in der obersten Etage des Hotels elegantes Interieur mit der rustikalen Note freigelegter Holzbalken. Ein fachlich versiertes und gut eingespieltes Serviceteam umsorgt Sie mit einer sehr interessanten, handwerklich perfekten und ausgesprochen aufwändigen modernen Küche voller Ausdruck.
→ Kartoffelknödel, Kaisergranat, Chorizo, Zwiebel. U.S. Short Rib, schwarzer Knoblauch, Liebstöckl, Rindermark. Schokolade, Basilikum, Mango.

XX Netts Schützengarten
Sankt Jakob Str. 35 ⊠ 9004 – ℰ 071 242 66 77 – www.netts.ch Stadtplan : B1**f**
– geschl. Sonntag sowie an Feiertagen
Tagesteller 24 CHF – Menü 59 CHF (mittags unter der Woche)/102 CHF
– Karte 56/87 CHF – *(Tischbestellung ratsam)*
Vorne sitzt man eher rustikal (hier trinkt man zum Essen gerne ein Bier vom Fass - Brauerei direkt im Haus!), der hintere Bereich ist eleganter. Aus der Küche kommen Klassiker wie "Zürcher Geschnetzeltes mit Rösti" oder auch "Lachs mit Safransauce". Schön die Terrasse.

XX Candela
Sonnenstr. 5 – ℰ 071 246 46 46 – www.restaurantcandela.ch Stadtplan : B1**b**
– geschl. Samstagmittag, Sonntag
Tagesteller 20 CHF – Menü 78/112 CHF (abends) – Karte 51/89 CHF
Ob Steak, Genuss-Menü oder Vegetarisches, die schmackhafte und sorgfältige Zubereitung der international-saisonalen Speisen wird gross geschrieben. Die Lunch-Karte ist etwas reduzierter. Besonders gemütlich ist das holzgetäferte Stübli.

X Zur alten Post
Gallusstr. 4, 1. Etage – ℰ 071 222 66 01 – www.apost.ch Stadtplan : AB2**a**
– geschl. Sonntag - Montag sowie an Feiertagen
Tagesteller 25 CHF – Menü 55 CHF (mittags)/85 CHF – Karte 43/85 CHF
In dem Riegelhaus in bester Altstadtlage speist man in schön ungezwungener Atmosphäre bei auffallend freundlichem Service. Die Schweizer Küche kommt gut an, aber auch andere Spezialitäten machen Appetit. Weinkarte mit Raritäten.

in Wittenbach Nord-Ost: 3 km über Sankt-Jakob-Strasse B1

XX Segreto
Abacus Platz 1 ⊠ 9301 – ℰ 071 290 11 11 – www.segreto.ch – geschl.
Samstagmittag, Sonntag - Montag
Menü 55 CHF (mittags unter der Woche)/140 CHF – Karte 90/115 CHF
Eine äusserst stimmige mediterrane Note macht hier nicht nur das Ambiente zum Wohlfühl-Faktor (Tipp: der Wintergarten), auch in der modern-kreativen Küche unterstreicht sie die schönen Kombinationen - hier überzeugen ausgewogene Kontraste, Tiefe und klarer Aufbau. Sehr gut: Weinauswahl und Beratung.
→ Agnolotti mit Liebstöckel und Kalbsfleisch. Rinderfilet mit grünem Spargel und piemonteser Haselnuss. Mozzarellamousse mit Himbeer und Waldmeister.

SANKT MORITZ

Graubünden (GR) – ⊠ 7500 – 5 067 Ew – Höhe 1 775 m (Wintersport : 1 772/ 3 057 m) – **Regionalatlas 11**-J5
▶ Bern 327 km – Chur 88 km – Davos 67 km – Scuol 63 km
Michelin Straßenkarte 553-X10

Stadtpläne siehe nächste Seiten

Hotels

 Suvretta House
Via Chasellas 1, Süd-West: 2 km über Via Somplaz A2
– ✆ 081 836 36 36
– www.suvrettahouse.ch
– geschl. 3. April - 22. Juni, 4. September - 7. Dezember
171 Zim ⊇ – ♦220/645 CHF ♦♦360/1000 CHF – 10 Suiten – ½ P
Bei aller Kultiviertheit und Eleganz kommt in dem Grandhotel von 1912 auch eine gewisse familiäre Atmosphäre auf, so z. B. in der schönen Halle bei der gemütlichen "tea time"! Stilvoll das "Grand Restaurant" mit Original-Holzdecke, Regionales in der behaglichen Stube mit Terrasse, "Teddy Club" für Kinder. Dazu einsame Waldrandlage vor grandioser Bergkulisse.

 Carlton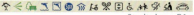
Via Johannes Badrutt 11 – ✆ 081 836 70 00   Stadtplan : B1**c**
– www.carlton-stmoritz.ch – geschl. 26. März - 14. Dezember
40 Zim ⊇ – ♦900/1600 CHF ♦♦900/1600 CHF – 20 Suiten
Rest *Da Vittorio* ✿ • **Rest** *Romanoff* – Siehe Restaurantauswahl
Neben Traumlage und nahezu perfektem Service, Historie und echtem Luxus legen Sie Wert auf Diskretion? Dieses Haus von 1913 ist edel von der historischen Halle, dem traditionellen Herz des Hotels, über die tollen Juniorsuiten und Suiten designed by Carlo Rampazzi nebst allerlei liebenswerter Details bis zum exklusiven Penthouse, nicht zu vergessen der schicke Spa!

Badrutt's Palace
Via Serlas 27 – ✆ 081 837 26 52   Stadtplan : B1**a**
– www.badruttspalace.com
– geschl. 11. September - 1. Dezember, 27. März - 29. Juni
157 Zim ⊇ – ♦225/690 CHF ♦♦370/1305 CHF – 37 Suiten – ½ P
Rest *La Coupole/Matsuhisa* – Siehe Restaurantauswahl
Mit wertvoller "Douglas"-Holzdecke und fast schon musealem Flair ist "Le Grand Hall", "Wohnzimmer von St. Moritz", das Herz des Traditionshauses von 1896. Als Kontrast: der moderne Spa. Nicht alltäglich der Service. Mittags isst man im "Le Relais", abends französische Küche im festlich-eleganten "Le Restaurant". Im Winter geht's danach in den berühmten "King's Club".

311

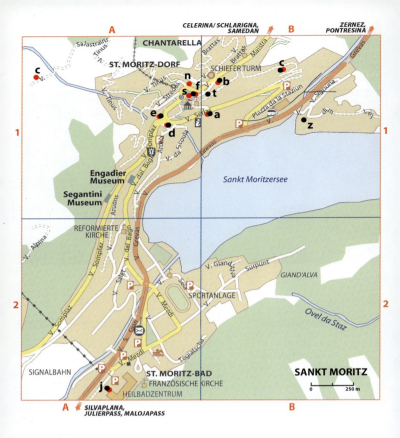

Kulm

Via Veglia 18 Stadtplan : B1**b**
– ℰ 081 836 80 00 – www.kulm.com
– geschl. April - Juni, 5. September - 1. Dezember
172 Zim ⊡ – †290/960 CHF ††535/1730 CHF – 7 Suiten – ½ P
Rest *the K* – Siehe Restaurantauswahl
Mit über 150 Jahren Tradition ist dies einer der grossen Klassiker des Engadins. Geschmackvoll-elegant der Stil, beeindruckend die Lobby, recht individuell die Zimmer. Klasse auch der Spa mit rund 2500 qm. Aus der mittäglichen "Sunny Bar" wird abends das japanische "Nito". Inkludierte HP im prachtvollen "Grand Restaurant", aber auch "Dine Around" ist möglich.

Kempinski Grand Hotel des Bains

Via Mezdi 27 – ℰ 081 838 38 38 – www.kempinski.com/stmoritz – geschl.
4. April - 15. Juni, 4. Oktober - 30. November Stadtplan : A2**j**
168 Zim ⊡ – †290/690 CHF ††390/840 CHF – 16 Suiten – ½ P
Rest *Cà d'Oro* • **Rest** *Enoteca* – Siehe Restaurantauswahl
In dem herrlichen Grandhotel von 1864 sind Moderne und Klassik harmonisch vereint, passend die dekorativen alten Fotografien. Purer Luxus sind die topmodernen Residenzen, die grösste mit über 400 qm! Auch der Spa auf 2800 qm sucht seinesgleichen, mit eigenem Quellwasser! Internationale Küche im "Les Saisons".

SANKT MORITZ

 Monopol 🛎 ♨ 🛗 ⚡ 🚗
Via Maistra 17 Stadtplan : A1**f**
– ⌕ 081 837 04 04 – www.monopol.ch
– *geschl. 3. April - 16. Juni, 17. September - 8. Dezember*
73 Zim ⌂ – ♦240/558 CHF ♦♦380/690 CHF – 3 Suiten – ½ P
Rest *Mono* – Siehe Restaurantauswahl
Sie mögen Kunst? Hier können Sie so manches Werk bestaunen, wenn Sie gerade mal nicht vom kleinen Wellnessbereich oder von der Dachterrasse den Ausblick geniessen! Die Zimmer reichen vom einfacheren Economy bis zur topmodernen Suite Deluxe.

 Schweizerhof ⇐ 🛎 🛗 🏋 ⚡ ♨ 🚗
Via dal Bagn 54 – ⌕ 081 837 07 07 Stadtplan : A1**d**
– www.schweizerhofstmoritz.ch
82 Zim ⌂ – ♦163/488 CHF ♦♦326/750 CHF – ½ P
Rest *Acla* – Siehe Restaurantauswahl
Im Herzen von St. Moritz steht dieses Traditionshaus von 1897. Klassisch die Halle, komfortabel und wohnlich die Zimmer - besonders schön ist die Sicht von den seeseitigen, ebenso vom Saunabereich samt Sonnenterrasse. Lust auf Nachtleben? In der Piano Bar und im Stübli gibt's Live-Musik.

 Steffani ⛷ 🏊 🛎 🛗 ♿ ⚡ ♨ 🚗
Sonnenplatz 6 – ⌕ 081 836 96 96 – www.steffani.ch Stadtplan : A1**e**
56 Zim ⌂ – ♦200/310 CHF ♦♦240/460 CHF – 5 Suiten – ½ P
Rest *Le Mandarin* – Siehe Restaurantauswahl
Hier lässt es sich gut Urlaub machen: Wohnlich-alpenländisch ist es in dem gewachsenen Hotel, das bereits in 3. Generation familiengeführt ist. Wer Wert legt auf Aussicht, nimmt am besten ein Zimmer zum Tal. Schön auch das "Le Lapin Bleu" mit seiner warmen Holztäferung - mit Terrasse.

 Waldhaus am See 🎾 ⛷ ⇐ 🛎 🛗 🚗
Via Dim Lej 6 – ⌕ 081 836 60 00 – www.waldhaus-am-see.ch Stadtplan : B1**z**
50 Zim ⌂ – ♦100/185 CHF ♦♦220/390 CHF – 3 Suiten – ½ P
Das Haus hat gleich mehrere Vorzüge: zum einen den traumhafte Seeblick, zum anderen die wohnlichen Zimmer (fragen Sie nach den neueren!), zudem wird das Hotel sehr gut geführt und bietet neben traditioneller Küche (Spezialität ist Chateaubriand) die grösste Whisky-Auswahl der Welt: 2500 Sorten!

 Languard ⇐ 🛗 ⚡ 🅿
Via Veglia 14 – ⌕ 081 833 31 37 – www.languard-stmoritz.ch Stadtplan : B1**t**
– *geschl. 17. April - 1. Juni, 15. Oktober - 30. November*
21 Zim ⌂ – ♦100/322 CHF ♦♦195/702 CHF
Die über 130 Jahre alte Villa ist ein angenehm diskretes, engagiert und mit Charme geführtes Hotel, in dem man sehr gepflegt wohnt. Die Zimmer sind meist recht geräumig, oft in behaglichem Arvenholz gehalten, viele mit tollem Seeblick.

 Restaurants

✕✕✕✕ **Cà d'Oro** – Kempinski Grand Hotel des Bains 🎾 ⚡ 🚗
✿ *Via Mezdi 27* – ⌕ 081 838 30 81 – www.kempinski.com/stmoritz Stadtplan : A2**j**
– *geschl. 3. April - 30. November und Montag - Dienstag*
Menü 140/250 CHF – Karte 142/186 CHF – *(nur Abendessen) (Tischbestellung ratsam)*
Zweifelsfrei ein Luxusrestaurant, doch eines mit Seele. Verantwortlich dafür ist in erster Linie das erstklassige Serviceteam, das in der Küche allerdings einen kongenialen Partner hat. Hier wird extrem präzise gearbeitet und die Geschmackskombinationen überraschen immer wieder! Tolle Weinkarte mit Raritäten.
→ Foie Gras, Gambero Rosso, Joghurt, Birne. US-Rindsfilet, Aubergine, Winterzwiebel, Rindermark. Apfel, Apfelweinsauce, Sauerampferperle, Estragon-Apfel-Sorbet.

SANKT MORITZ

XXX Da Vittorio – Hotel Carlton
Via Johannes Badrutt 11 – ✆ *081 836 70 00* Stadtplan : B1**c**
– www.carlton-stmoritz.ch – geschl. 26. März - 14. Dezember und Sonntag - Montag
Menü 150/200 CHF – Karte 140/245 CHF – *(nur Abendessen)*
Freuen Sie sich auf gefühlvolle, absolut produktorientierte klassisch-italienische Küche voller Kraft und Substanz, denn als Ableger des lombardischen "Da Vittorio" steht ein Teil der dortigen Crew im Winter hier in den Bergen am Herd.
→ Risotto mit Scampi, gepickelten Karotten und Estragoncrème. Kabeljau mit Eiweiss und Senfsauce. Geschmortes Karree und gebratener Bauch vom Lamm mit Rotkohl und Minze.

XXX the K – Hotel Kulm
Via Veglia 18 – ✆ *081 836 80 00 – www.kulm.com* Stadtplan : B1**b**
– geschl. Anfang April - Mitte Dezember und ausser Saison : Montag - Dienstag
Menü 115 CHF – Karte 97/154 CHF – *(nur Abendessen)*
Im Restaurant des berühmten Kulm mischen sich Gewölbedecke und halbhohe Holztäferung mit modernen Akzenten und schöner Tischkultur. Klassisch-französische Speisen wie "Canette de Miéral à l'orange", begleitet von ausgezeichneten Weinen.

XXX Romanoff – Hotel Carlton
Via Johannes Badrutt 11 – ✆ *081 836 70 00* Stadtplan : B1**c**
– www.carlton-stmoritz.ch – geschl. 26. März - 14. Dezember
Menü 96/134 CHF – Karte 96/130 CHF – *(nur Abendessen)*
Ein Stück "Carlton"-Geschichte ist dieser klassisch-elegante Speisesaal mit seiner liebenswürdig altmodischen Note. Umgeben von Stuck und stilvollen Gemälden geniesst man Schweizer Küche von Waadtländer Saucisson bis Bio-Lamm aus Zuoz.

XX Mono – Hotel Monopol
Via Maistra 17 – ✆ *081 837 04 04 – www.monopol.ch – geschl.* Stadtplan : A1**s**
3. April - 17. Juni, 18. September - 8. Dezember
Menü 70/85 CHF – Karte 59/119 CHF – *(nur Abendessen) (Tischbestellung ratsam)*
Die zwei sehr schönen eleganten Räume sind genau der passende Ort für die authentische klassisch-italienische Küche von hausgemachter Pasta über Wolfsbarsch bis Kalbskotelett "Milanese". Oder mögen Sie lieber Risotto, die Hausspezialität?

XX Chesa Chantarella
Via Salastrains 10, Nord-West: 2 km, im Winter Strasse bis 16 Stadtplan : A1**c**
Uhr geschlossen, aber mit Chantarellabahn und Fussweg (10 min.) erreichbar
– ✆ *081 833 33 55 – www.chesa-chantarella.com*
Karte 51/120 CHF
Mitten im Skigebiet hoch über St. Moritz zeigt man Ihnen auf schmackhafte Weise, dass italienische Küche mehr ist als Pizza & Pasta, so gibt es hier auch geschmortes Zicklein, Trüffelrisotto, Tagliata... Traumhaft die Terrasse!

XX La Coupole/Matsuhisa – Hotel Badrutt's Palace
Via Serlas 27 – ✆ *081 837 26 61 – www.badruttspalace.com* Stadtplan : B1**a**
– geschl. 27. März - 11. September
Karte 69/635 CHF – *(nur Abendessen)*
Das Restaurant von Nobuyuki Matsuhisa befindet sich in der ehemaligen ersten Tennishalle Europas! Gekocht wird hier japanisch-peruanisch - Tipp: "Black Cod mit Miso & Yuzu" als "Signature Dish".

XX Dal Mulin
Plazza dal Mulin 4 – ✆ *081 833 33 66 – www.dalmulin.ch*
– geschl. Sonntag - Montag Stadtplan : A1**m**
Tagesteller 22 CHF – Karte 65/92 CHF – *(abends Tischbestellung ratsam)*
Hier im Herzen von St. Moritz heisst es schmackhaft und unkompliziert essen, und zwar Regionales wie Tafelspitzsülze, geschmorte Kalbsbäggli und Topfenknödel im Krokantmantel. Dazu eine erstklassige Weinauswahl zu fairen Preisen. Nebenan hat man noch die Weinhandlung "Grand Cru".

SANKT MORITZ

XX **Enoteca** – Kempinski Grand Hotel des Bains
Via Mezdi 27 — Stadtplan : A2**j**
– ⌀ 081 838 38 38 – www.kempinski.com/stmoritz
– geschl. 3. April - 15. Juni, 3. Oktober - 30. November und Mittwoch
- Donnerstag
Menü 85/119 CHF – Karte 84/115 CHF – *(nur Abendessen)*
Über Ihnen sehenswerter Stuck, unter Ihnen schöner Parkett, dazwischen dekorative Weinregale, die der Eleganz Gemütlichkeit verleihen. Gekocht wird italienisch.

X **Chasellas**
Via Suvretta 22, Süd-West: 2,5 km über Via Somplaz A2
– ⌀ 081 833 38 54 – www.suvrettahouse.ch
– geschl. 3. April - 22. Juni, 2. Oktober - 8. Dezember
Tagesteller 30 CHF – Menü 115 CHF (abends) – Karte 58/127 CHF
Das Konzept kommt an: Das zum "Suvretta House" gehörende Restaurant zieht mittags mit seinen einfachen Gerichten Skifahrer an (das Haus liegt direkt an der Skipiste), abends speist man gehobener, so z. B. "Rehravioli auf gedämpftem Apfel".

X **el paradiso - La Ventana**
Via Engiadina, Nord-West: mit Signalbahn A2 und Fussweg (30 Min.) oder Sesselbahn Suvretta / Chasellas und Fussweg (10 Min.)
– ⌀ 081 833 40 02 – www.el-paradiso.ch
– geschl. 4. April - 29. Juni, 16. Oktober - 14. Dezember und Montag - Dienstag ausser Saison
Tagesteller 44 CHF – Karte 68/202 CHF – *(bis 17 Uhr geöffnet) (Tischbestellung erforderlich)*
Einfach klasse die Sicht hier oben in 2181 m Höhe! In dem Clubrestaurant (Tagesmitgliedschaft 25 CHF) sitzt man an hochwertig eingedeckten Tischen bei einem breiten Speisenangebot. Es gibt Spezialitäten vom Grill sowie ambitionierte Gerichte samt Trüffel und Kaviar. Bodenständiger: "El Establo".

X **Acla** – Hotel Schweizerhof
Via dal Bagn 54 – ⌀ 081 837 07 01 — Stadtplan : A1**d**
– www.schweizerhofstmoritz.ch
Tagesteller 21 CHF – Karte 45/108 CHF
Mit einem Stall, romanisch "Acla", hat das engagiert geführte Restaurant nichts gemeinsam. Gekocht wird überwiegend international, lecker z. B. "Brasato-Ravioli" oder "Goldbrasse im Puschlaver Rohschinkenmantel". Mittags einfachere Karte.

X **Le Mandarin** – Hotel Steffani
Sonnenplatz 6 – ⌀ 081 836 96 96 – www.steffani.ch — Stadtplan : A1**e**
Menü 46/72 CHF – Karte 40/77 CHF – *(nur Abendessen)*
Einen echten Kontrast zur regional und italienisch geprägten Küche des Engadins bietet man Ihnen im 1. Stock des Hotel Steffani: authentisch kantonesische Speisen - viel Fisch und viel Gemüse, und das in traditioneller Atmosphäre.

auf der Corviglia mit Standseilbahn A1 erreichbar – Höhe 2 488 m –
✉ 7500 Sankt Moritz

XX **Mathis Food Affairs - La Marmite**
Corviglia – ⌀ 081 833 63 55 – www.mathisfood.ch – geschl. Mitte April - Ende November
Tagesteller 45 CHF – Karte 79/240 CHF
In der Bergstation auf 2486 m Höhe trifft man sich auf klassisch-internationale Küche aus top Produkten. Haben Sie die tolle Dessertauswahl an der Theke gesehen? Klasse die Aussicht durch die grosse Fensterfront oder von der Terrasse! In der offen angeschlossenen Brasserie isst man etwas einfacher. Nebenan im Loungerestaurant "De Fät Moonk" darf geraucht werden.

SANKT MORITZ

in Champfèr Süd-West: 3 km über Via Somplaz A2 – Höhe 1 820 m – ✉ 7512

Giardino Mountain
Via Maistra 3 – ⌀ 081 836 63 00 – www.giardino-mountain.ch – geschl. Ende März - Ende Juni, Anfang Oktober - Anfang Dezember
64 Zim ⌂ – †250/280 CHF ††355/485 CHF – 14 Suiten – ½ P
Rest *Ecco on snow* ❀❀ • **Rest** *Stüva* ⊙ • **Rest** *Guardalej* – Siehe Restaurantauswahl
Das schöne Häuserensemble ist nicht nur ein stylisches Ferienhotel mit Grandhotel-Service, es ist mit seinen drei Restaurants - im Sommer sind zwei davon geöffnet - auch ein wahres Gourmet-Hotel (HP frei wählbar). Das exklusive Design ist trendig-chic und zugleich wohnlich-warm, der Spa erstklassig. Abends legt in der behaglichen Hotelhalle gerne mal ein DJ auf.

Ecco on snow – Hotel Giardino Mountain
Via Maistra 3
– ⌀ 081 836 63 00 – www.giardino-mountain.ch
– geschl. Ende März - Mitte Dezember und Montag - Dienstag
Menü 148/218 CHF – *(nur Abendessen) (Tischbestellung erforderlich)*
Hier heisst es Präzision und Produktqualität. Während beim Amuse Bouche zunächst zahlreiche Kleinigkeiten kredenzt werden, reduziert man sich im Menü auf wenige Bestandteile, die perfekt harmonieren - kraftvolle, klare Gerichte, die im Gedächtnis bleiben! Leider nur ein winterliches Vergnügen, denn im Sommer kocht das Team im "Ristorante Ecco" in Ascona!
→ Marinierte Gänseleber, Hibiskus, Rote Bete. Bretonischer Wolfsbarsch, Räucheraal, Dill. Felchlin Schokolade, Zitrusfrüchte, Sauerklee.

Talvo By Dalsass (Martin Dalsass)
Via Gunels 15 – ⌀ 081 833 44 55 – www.talvo.ch
– geschl. Mitte April - Ende Juni, Mitte Oktober - Ende November und Montag - Dienstagmittag, im Sommer: Montag - Dienstag, in der Hochsaison kein Ruhetag
Tagesteller 39 CHF – Menü 84 CHF (mittags)/218 CHF – Karte 132/239 CHF – *(Tischbestellung ratsam)*
Schon das schmucke jahrhundertealte Bauernhaus selbst ist mit das Reizendste, was sich im Engadin findet, doch den eigentlichen Charme versprüht Gastgeberin Lorena Dalsass. Am Herd bleibt Martin Dalsass seiner Linie treu: Klassik mit mediterranem Touch, sehr klar und geschmackvoll. Übrigens: Die Pasta ist top!
→ Cavatelli, Muscheln, Calamaretti. Challans Entenbrust lackiert mit Zitrushonig und Pfeffer. Olivenöl-Schokoladenmousse, Himbeeren.

Guardalej – Hotel Giardino Mountain
Via Maistra 3
– ⌀ 081 836 63 00 – www.giardino-mountain.ch
– geschl. Ende März - Ende Juni, Anfang Oktober - Anfang Dezember und im Sommer: Sonntag, Mittwoch, ausser Hochsaison
Karte 62/110 CHF – *(nur Abendessen)*
Gute, frische Küche in modern-elegantem Ambiente unter schönen alten Deckenbalken. Gekocht wird regional-mediterran, aber auch mit asiatischem Einfluss wie z. B. "Laksa-Suppe mit Poulet & Garnele". Zuvorkommend und versiert der Service.

Stüva – Hotel Giardino Mountain
Via Maistra 3
– ⌀ 081 836 63 00 – www.giardino-mountain.ch
– geschl. Ende März - Ende Juni, Anfang Oktober - Anfang Dezember, im Sommer: Montag - Dienstag
Karte 61/102 CHF – *(Tischbestellung ratsam)*
Reichlich Altholz und schöner Steinboden machen die kleine Stüva urig und gemütlich. Aus der Küche kommen Bündner Gerichte mit internationalen Anklängen: Capuns und Veltliner Pizzoccheri oder auch geschmorte Kalbsbacke und Lamm-Entrecôte.

SANKT MORITZ

Am Stazersee Ost: 2 km über Via Dim Lej **B1**

× **Lej da Staz**
Via Dim Lej St. Moritz – ☏ 081 833 60 50 – www.lejdastaz.ch
10 Zim ⌂ – †105/185 CHF ††210/370 CHF
Tagesteller 36 CHF – Karte 40/141 CHF
Dieses verwunschene Fleckchen mitten im Naturschutzgebiet muss man einfach gesehen haben! Von St. Moritz-Dorf aus in ca. 35 Min. zu Fuss oder per Pferdekutsche erreichbar, oder fragen Sie nach dem Haustaxi (für 5 CHF ab Hotel Waldhaus). Auf den Tisch kommen regional-mediterrane Gerichte wie "Kalbsragout im Glas mit Bergkäsepolenta". Romantische die Gästezimmer.

SANKT NIKLAUSEN
Obwalden (OW) – ✉ 6066 – Höhe 839 m – Regionalatlas **4-F4**
▶ Bern 110 km – Luzern 24 km – Altdorf 50 km – Engelberg 34 km
Michelin Straßenkarte 551-O8

× **Alpenblick**
Melchtalerstr. 40 – ☏ 041 660 15 91 – www.restaurantalpenblick.ch – geschl. Juli - Anfang August und Montag - Dienstag
Tagesteller 24 CHF – Menü 72/106 CHF – Karte 51/90 CHF – *(Tischbestellung ratsam)*
Das einsam gelegene Restaurant mit einfachem Gaststubenbereich und kleiner gediegener Stube bietet schmackhafte traditionelle Küche und Spezialitätenwochen. Die herrliche Sicht geniesst man am besten von der Terrasse.

SAN PIETRO di STABIO – Ticino → Vedere Stabio

SANTA MARIA VAL MÜSTAIR
Graubünden (GR) – ✉ 7536 – 1 539 Ew – Höhe 1 388 m – Regionalatlas **11-K4**
▶ Bern 337 km – Scuol 63 km – Chur 125 km – Davos 69 km
Michelin Straßenkarte 553-AA10

in Valchava West: 1 km – Höhe 1 414 m – ✉ 7535

 Central
Bauorcha – ☏ 081 858 51 61 – www.centralvalchava.ch – geschl. 3. - 24. April
20 Zim ⌂ – †115/120 CHF ††190/200 CHF – 2 Suiten – ½ P
Das frühere Engadiner Bauernhaus mit der auffallend bemalten Fassade ist ein Familienbetrieb mit recht modernen Zimmern im regionalen Stil. Heubäder und Massage. Das Restaurant mit heimeliger Stube bietet traditionelle und regionale Gerichte sowie Klassiker und leichte Küche. Im UG gibt es eine Pizzeria.

SAN VITTORE
Grigioni (GR) – ✉ 6534 San Vittore – 766 ab. – Carta regionale **10-H6**
▶ Bern 258 km – Chur 107 km – Bellinzona 10 km – Altdorf 113 km
Carta stradale Michelin 553-S12

× **Osteria Fagetti** ⓝ
Via San Luzi 1 – ☏ 091 827 26 22 – www.osteriafagetti.ch – chiuso domenica sera - lunedì
Menu 23/80 CHF – Carta 45/78 CHF – *(giugno - settembre: solo a pranzo)*
Sulla strada principale, un piccolo ristorante arredato con cura: pavimenti in legno, tavoli grezzi e una cordialità nel servizio che ben predispone l'ospite. La cucina segue le stagioni e si avvale di prodotti locali. Tra le scelte del menu noi consigliamo, risotto al rosmarino o salmì di capriolo con polenta.

SARNEN
Obwalden (OW) – ✉ 6060 – 10 228 Ew – Höhe 473 m – Regionalatlas **4-F4**
▶ Bern 106 km – Luzern 20 km – Altdorf 44 km – Brienz 34 km
Michelin Straßenkarte 551-N8

SARNEN

in Wilen Süd-West: 3 km – Höhe 506 m – ⊠ 6062

 Seehotel Wilerbad
Wilerbadstr. 6 – ℰ 041 662 70 70 – www.wilerbad.ch
61 Zim ⊇ – ♦100/495 CHF ♦♦170/550 CHF – ½ P
Im 17. Jh. als Schwefelbad bekannt geworden, heute ein interessanter Mix aus Tagungs- und Wellnesshotel. Gönnen Sie sich z. B. eine der Spa-Juniorsuiten und relaxen Sie im 1300 qm grossen Spa - chic das Holz-Stein-Design! Und gastronomisch? Traditionelle Küche im Restaurant, Thai-Food im "Taptim Thai".

SATIGNY
Genève (GE) – ⊠ 1242 – 4 101 hab. – Alt. 485 m – Carte régionale **6-A6**
▶ Bern 163 km – Genève 11 km – Bellegarde-sur-Valserine 33 km –
Divonne-les-Bains 23 km
Carte routière Michelin 552-A11

à Peney-Dessus Sud : 3 km par route de Dardagny et voie privée – ⊠ 1242 Satigny

XXXX **Domaine de Châteauvieux** (Philippe Chevrier)
❀❀ *Chemin de Châteauvieux 16 – ℰ 022 753 15 11 – www.chateauvieux.ch – fermé Noël - Nouvel An 2 semaines, à Pâques une semaine, fin juillet - début août 2 semaines, dimanche et lundi*
13 ch – ♦210/350 CHF ♦♦245/400 CHF, ⊇ 20 CHF – ½ P
Menu 96 CHF (déjeuner en semaine)/290 CHF – Carte 188/235 CHF – *(réservation conseillée)*
Hors des sentiers battus, au-dessus de la campagne genevoise et des vignes, cette grande maison de tradition, pleine d'âme et de cachet, cultive l'excellence ! Technicien autant qu'artiste, Philippe Chevrier emprunte des chemins originaux qui exhaussent... les saveurs les plus naturelles : on renoue ici avec l'essentiel. Et pour la nuit, les chambres sont délicieuses.
→ Bar de ligne caramélisé, mousseline de betteraves et avocat. Suprême de pigeon des Deux-Sèvres, cuisses confites aux pois chiches. Sucre soufflé et morilles, biscuit noix de pécan, glace aux baies de Genièvre.

à Peney-Dessous Sud : 3 km – ⊠ 1242 Satigny

X **Café de Peney**
Route d'Aire-la-Ville 130 – ℰ 022 753 17 55 – www.cafedepeney.ch – fermé 24 décembre - 2 janvier
Plat du jour 29 CHF – Menu 39 CHF (déjeuner en semaine)/115 CHF
– Carte 72/105 CHF – *(réservation conseillée)*
Un décor digne d'une carte postale ancienne : des persiennes vertes, de vieux objets, une terrasse sous la glycine... et, tout aussi intactes, les saveurs de beaux produits cuisinés avec finesse. Ce Café fait souvent salle comble !

SAUGES – Neuchâtel → Voir à Saint-Aubin

SAX
Sankt Gallen (SG) – ⊠ 9468 – Höhe 484 m – Regionalatlas **5-I3**
▶ Bern 246 km – Sankt Gallen 63 km – Gamprin 7 km – Eschen 9 km
Michelin Straßenkarte 551-V6

XX **Schlössli**
Gaditsch 1 – ℰ 081 750 40 90 – www.schloesslisax.ch
– geschl. Februar 2 Wochen, Oktober 2 Wochen und Sonntag
9 Zim ⊇ – ♦118 CHF ♦♦198 CHF
Tagesteller 22 CHF – Menü 79 CHF (mittags unter der Woche)/85 CHF
– Karte 54/88 CHF
Wer in dem schmucken Gasthaus von 1551 ein ebenso schönes Interieur erwartet, liegt goldrichtig! Gemütlich die Stuben, herrlich die Terrasse, das Angebot regional, international, saisonal, vom klassischen Gulasch bis zum Menü. So wertig und geschmackvoll wie das Restaurant sind auch die Gästezimmer!

SCHAFFHAUSEN
Schaffhausen (SH) – ⊠ 8200 – 35 947 Ew – Höhe 403 m – Regionalatlas **4-G1**
▶ Bern 172 km – Zürich 52 km – Winterthur 29 km – Villingen 56 km
Michelin Straßenkarte 551-Q3

arcona LIVING
Bleicheplatz 1 – ℰ 052 631 08 00 Stadtplan : A1**n**
– www.schaffhausen.arcona.ch
130 Zim ⊇ – †210/240 CHF ††260/300 CHF – ½ P
Ein Businesshotel mit ansprechendem geradlinig-modernem Ambiente. Wer gerne Stadtblick hat, bucht ein Superior-Zimmer oder eine Suite in den oberen Etagen. "Asia Spa" gegen Gebühr. International-regionale Speisen in der "Weinwirtschaft" mit offener Küche. Öffentliches Parkhaus angeschlossen.

XX Wirtschaft zum Frieden
Herrenacker 11 – ℰ 052 625 47 67 – www.wirtschaft-frieden.ch Stadtplan : A2**a**
– geschl. Ende Dezember - Anfang Januar 2 Wochen, über Ostern 1 Woche, Juli - August 2 Wochen und Sonntag - Montag
Tagesteller 21 CHF – Karte 55/95 CHF
Entsprechend seinem Namen ist das jahrhundertealte Gasthaus ein ganz und gar friedlicher Ort - kein Wunder, schliesslich isst man hier Leckeres wie "Forellenfilet vom Kundelfingerhof". Charmant die mit Wein und Glyzinien berankte Terrasse!

X Beckenburg
Neustadt 1 ⊠ 8200 – ℰ 052 625 28 20 – www.beckenburg.ch Stadtplan : A2**c**
– geschl. Sonntag - Montag
Menü 30 CHF – Karte 63/99 CHF
In dem historischen Haus mit "Beckenstube", "Smartroom" und "Burgveranda" wird international und klassisch gekocht - Lust auf das grosse Menü? Wer mittags kommt, wählt zwischen Burg-Lunch, Business-Lunch und A-la-carte-Angebot.

X Sommerlust
Rheinhaldenstr. 8, über Fischerhäuserstrasse B2 – ℰ 052 630 00 60
– www.sommerlust.ch – geschl. Montag
Tagesteller 28 CHF – Menü 75 CHF (abends) – Karte 61/108 CHF
Eine hübsche Villa am Rhein mit stilvoller Cigar Lounge und toller Gartenterrasse. Fast so schön wie im Freien sitzt man in der luftig-lichten Orangerie. Die Küche ist international-saisonal geprägt, mittags ist das Angebot etwas reduziert.

in Neuhausen am Rheinfall Süd-West: 2 km über Mühlenstrasse A2, Richtung Rheinfall – Höhe 397 m – ⊠ 8212

XX Schlössli Wörth
Rheinfallquai 30, Am Rheinfall – ℰ 052 672 24 21 – www.schloessliwoerth.ch
Tagesteller 45 CHF – Menü 79/120 CHF (abends) – Karte 51/100 CHF –
(Tischbestellung ratsam)
Viel spektakulärer kann ein Restaurant nicht liegen, denn die ehemalige Zollstation findet sich direkt gegenüber dem grössten Wasserfall Europas! Auf der Karte: "Rieslingsuppe mit Knusper", "Entenbrust mit hausgemachter Senfmischung"...

S-CHANF
Graubünden (GR) – ⊠ 7525 – 697 Ew – Höhe 1 667 m – Regionalatlas **11-J4**
▶ Bern 318 km – Chur 104 km – Triesen 110 km – Triesenberg 114 km
Michelin Straßenkarte 553-Y10

Villa Flor
Somvih 19 – ℰ 081 851 22 30 – www.villaflor.ch
7 Zim ⊇ – †220/410 CHF ††260/410 CHF
Die Gäste mögen die persönliche Betreuung ebenso wie das attraktive Interieur der Villa von 1904. Vom Flur über den Salon und die Bibliothek bis in die Zimmer mischt sich auf stilvolle Weise Historisches (Jugendstildekor, Holztäfer, Kachelofen...) mit modernen Details (chic z. B. die geradlinigen Bäder).

SCHANGNAU
Bern (BE) – ⊠ 6197 – 904 Ew – Höhe 933 m – Regionalatlas **8-E4**
▶ Bern 55 km – Langnau im Emmental 26 km – Luzern 59 km – Thun 29 km
Michelin Straßenkarte 551-L8

SCHANGNAU

in Kemmeriboden-Bad Süd-Ost: 8 km – Höhe 979 m – ✉ 6197 Schangnau

Kemmeriboden-Bad
Kemmeriboden – ℰ 034 493 77 77 – www.kemmeriboden.ch – geschl. Dezember 3 Wochen, April 1 Woche
27 Zim – †110/170 CHF ††150/278 CHF – 3 Suiten – ½ P
Herrlich ruhig liegt der schmucke historische Gasthof am Ende des Tals. Sie suchen ein besonderes Zimmer? Fragen Sie nach "Furggegipfel", "Adlerhorst" oder "Heugade 1878"! Noch spezieller: Übernachtung oder Fondue im Iglu! Daneben gibt es gemütliche Gaststuben und die Terrasse unter alten Linden.

SCHEUNENBERG
Bern (BE) – ✉ 3251 – Höhe 487 m – Regionalatlas **2-D4**
▶ Bern 26 km – Biel 20 km – Burgdorf 31 km – Neuchâtel 49 km
Michelin Straßenkarte 551-I-J6

XX Sonne (Kurt Mösching)
❀ *Scheunenberg 70 – ℰ 032 389 15 45 – www.sonne-scheunenberg.ch – geschl. 2. - 10. Januar, 25. September - 11. Oktober und Montag - Dienstag*
Menü 69 CHF (mittags unter der Woche)/159 CHF – Karte 133/145 CHF – (Tischbestellung ratsam)
Dass Iris und Kurt Mösching Gastgeber mit Leib und Seele sind, merkt man auch an der feinen Küche aus Top-Produkten, die klassische, saisonale und moderne Elemente vereint. Gut sortierte Weinkarte samt schöner Magnumflaschen. Der Rahmen: ein stilvolles Bauernhaus a. d. 19. Jh., draussen der lauschige Garten!
→ Krabbentatar auf Jakobsmuschelcarpaccio mit Limonengras-Vinaigrette. Sisteron Lammrücken mit Schwarzwurzeln, Trüffel, Artischocken, Blattspinat und Gnocchi. Mangostrudel und karamellisierte Bananen mit Pistaziencrème und Schokoladeneis.
Bistro ⓐ – Siehe Restaurantauswahl

X Bistro – Restaurant Sonne
ⓐ *Scheunenberg 70 – ℰ 032 389 15 45 – www.sonne-scheunenberg.ch – geschl. 2. - 10. Januar, 25. September - 11. Oktober und Montag - Dienstag*
Tagesteller 25 CHF – Karte 61/91 CHF
Auch das Bistro der "Sonne" hat seinen Reiz, denn auch hier wird frisch gekocht - Appetit machen z. B. "Kalbs-Füssli mit Morchelsauce" oder "Rindsfilet Stroganoff mit Rahmnudeln". Und obendrein sitzt man auch noch gemütlich. Auf Nachfrage bekommt man auch die Menüs des Gourmetrestaurants.

SCHLARIGNA – Graubünden → Siehe Celerina

SCHLATTINGEN
Thurgau (TG) – ✉ 8255 – Höhe 427 m – Regionalatlas **4-G2**
▶ Bern 170 km – Zürich 51 km – Frauenfeld 20 km – Schaffhausen 14 km
Michelin Straßenkarte 551-R3

XX dreizehn sinne (Cornelius Speinle)
❀ *Obstgartenstr. 5, Parkplätze gegenüber dem Bahnhof bei der Rodenberghalle – ℰ 052 657 17 29 – www.dreizehnsinne.ch – geschl. Ende Januar - Anfang Februar 2 Wochen, Ende Juli - Anfang August 2 Wochen und Sonntagabend - Dienstag*
Menü 129/159 CHF – (nur Abendessen, sonntags auch Mittagessen) (Tischbestellung erforderlich)
Es hat wirklich Charme, das intime kleine Restaurant, und das liegt nicht nur am äusserst behaglichen Interieur (oder am idyllische Garten!), sondern auch am versierten, herzlichen und persönlichen Service! Da lässt man sich gerne auf eine kulinarische Sinnesreise ein - innovativ, reduziert, ausdrucksstark!
→ Langoustine mit Maki, Artischocke, Dashi. Iberico Pluma, Mojo Sauce, Chorizo, Auberginenkaviar. Thai Basilikum, Nashi-Birne, weisse Schokolade.

SCHLATTINGEN

Frieden "Ban Thai"
Hauptstr. 10 – ℰ 052 657 33 52 – www.ban-thai.ch – geschl. Ende Dezember - Anfang Januar, Ende Juli - Anfang August und Sonntag
Menü 36/75 CHF – Karte 29/69 CHF – *(nur Abendessen)*
Warum der alte Gasthof in der Ortsmitte so gefragt ist? Man bietet thailändische Küche, die authentisch ist und gut schmeckt. Probieren Sie mal rotes und grünes Curry! Ausserdem wird man hier angenehm ungezwungen und sympathisch umsorgt!

SCHÖFTLAND
Aargau (AG) – ⌧ 5040 – 4 226 Ew – Regionalatlas **3-E3**
▶ Bern 81 km – Aarau 12 km – Liestal 49 km – Luzern 40 km
Michelin Straßenkarte 551-M5

Schlossgarten
Dorfstr. 3 – ℰ 062 721 52 57 – www.schlossgarten-schoeftland.ch – geschl. über Weihnachten und Sonntagabend - Montag
Menü 95/145 CHF (abends) – Karte 71/114 CHF
An der Stelle der einstigen Schlossstallungen finden Sie dieses geradlinig-elegante Restaurant, dessen moderne Speisen sich z. B. "Taube mit Kräuterseitlingen, Petersilienschaum und gelben Rübli" oder "Rinderfilet mit Tessiner Risotto und Trüffel" nennen. Tagsüber gibt es im "Beizli" ein einfacheres Angebot.

SCHÖNBÜHL
Bern (BE) – ⌧ 3322 – Höhe 526 m – Regionalatlas **2-D4**
▶ Bern 18 km – Biel 36 km – Burgdorf 15 km – Neuchâtel 64 km
Michelin Straßenkarte 551-J7

Schönbühl
Alte Bernstr. 11 – ℰ 031 859 69 69 – www.gasthof-schoenbuehl.ch – geschl. über Weihnachten und Mittwoch
11 Zim ⌑ – †115/155 CHF ††190/205 CHF
Tagesteller 17 CHF – Menü 62 CHF (mittags)/100 CHF – Karte 42/97 CHF – *(Tischbestellung ratsam)*
Seit Generationen ist der Gasthof von 1846 in Familienhand. In charmanten Stuben gibt es frische traditionell-regionale Küche (z. B. "Lammrücken in der Kräuterkruste") und eine schöne Bordeaux-Auswahl. Toll die Terrasse unter Platanen, stilvoll die Salons. Und zum Übernachten hat man freundliche Zimmer.

SCHÖNRIED – Bern → Siehe Gstaad

SCHWARZHÄUSERN
Bern (BE) – ⌧ 4911 – 501 Ew – Regionalatlas **3-E3**
▶ Bern 53 km – Aarau 43 km – Luzern 72 km – Delémont 52 km
Michelin Straßenkarte 551-L5

Grossweier
*Grossweier 12, Nord: 1 km Richtung Wolfwil – ℰ 062 922 38 78
– www.grossweier.ch – geschl. Anfang Januar 1 Woche, Juli 2 Wochen, Oktober 1 Woche und Mittwoch - Donnerstag*
Tagesteller 18 CHF – Menü 54 CHF (mittags)/90 CHF – Karte 49/85 CHF
In einem kleinen Weiler an der Kantonsgrenze liegt der regionstypische Gasthof mit netter schlichter Gaststube und elegantem Sääli. Gekocht wird bürgerlich mit mediterranem Einfluss, von hausgemachter Pasta bis Entrecôte "Grossweier Art".

SCHWENDE – Appenzell Innerrhoden → Siehe Appenzell

SCHWYZ
Schwyz (SZ) – ⌧ 6430 – 14 855 Ew – Höhe 501 m – Regionalatlas **4-G4**
▶ Bern 150 km – Luzern 47 km – Altdorf 19 km – Einsiedeln 27 km
Michelin Straßenkarte 551-Q7

SCHWYZ

 Wysses Rössli 🛇 🍴 🖻 🕭 🛋 🚗
*Am Hauptplatz 3 – ℰ 041 811 19 22 – www.wrsz.ch – geschl. 26. Dezember
- 3. Januar*
27 Zim ⌂ – †150 CHF ††230 CHF – ½ P
Mitten im Ort steht das Stadthaus mit der klassischen Fassade, in dem zeitlos eingerichtete Gästezimmer und einige Biedermeierzimmer bereitstehen. In gemütlichen Stuben bietet man internationale und regionale Gerichte. Hübsch ist die historische Täferstube.

Nord-West Richtung Einsiedeln: 5,5 km – ✉ 6422 Steinen

 Adelboden (Franz Wiget) 🍴 🛇 🍴 **P**
*Schlagstrasse – ℰ 041 832 12 42 – www.wiget-adelboden.ch – geschl.
24. Dezember - 4. Januar, 12. Februar - 9. März, 9. Juli - 3. August und Sonntag
- Montag*
Menü 145/195 CHF – Karte 141/167 CHF – *(Dienstag - Freitag nur Abendessen)
(Tischbestellung ratsam)*
Bei Franz Wiget treffen Know-how, Geschick und Sinn fürs Wesentliche auf beste Produkte. Das Ergebnis: Speisen voller Tiefe und Aromen. Seit rund 30 Jahren steht das hübsche historische Haus mit den gemütlichen Stuben für raffinierte regionale Küche. Charmant-versiert der Service. Terrasse mit Traumblick!
→ Pulpo mit Brandade und Kräuteröl. Bretonischer Steinbutt mit Chorizo, Rouille und Safran. Muotathaler Weidelamm mit "Gummelistunggis".

SCUOL SCHULS
Graubünden (GR) – ✉ 7550 – 4 690 Ew – Höhe 1 244 m (Wintersport : 1 250/
2 783 m) – Regionalatlas **11-K4**
▶ Bern 317 km – Chur 106 km – Davos 49 km – Landeck 59 km
Michelin Straßenkarte 553-Z9

 Belvédère 🛇 ≤ 🍴 🍴 🎿 Ld 🖻 🕭 🛋 🚗
Stradun 330 – ℰ 081 861 06 06 – www.belvedere-scuol.ch Stadtplan : B1**z**
81 Zim ⌂ – †135/290 CHF ††230/670 CHF – 12 Suiten – ½ P
Ansprechend schon der Architektur-Mix: ein traditionsreiches Haus von 1876 nebst modernem Südflügel Ala Nova und Neubau Chasa Nova (hier schicke Suiten). Freier Zutritt zum Engadin Bad Scuol (erreichbar durch die Passarelle), Anwendungen gibt es aber auch direkt im Hotel. Speisen im Freien? Eine der beiden Terrassen mit Bergblick. Ideal für Familien: Paket-Angebote.

 Guarda Val ≤ 🍴 🍴 🛋 🚗
Vi 383 – ℰ 081 861 09 09 – www.guardaval-scuol.ch – geschl. Stadtplan : B1**g**
18. April - 3. Juni
36 Zim ⌂ – †160/265 CHF ††240/530 CHF – 3 Suiten – ½ P
Rest *Guarda Val* – Siehe Restaurantauswahl
Für alle, die Trubel lieber meiden. Wirklich schön das Ambiente aus Tradition und Moderne - top die schicken neuen "Cha'Sura"-Apartments! Toll der Blick von der wunderbaren Terrasse der Cheminée-Bar. Durch die Passarelle erreicht man die Partnerhotels Belvédère (mit Spa) und Belvair und das Engadin Bad Scuol.

 Altana 🛇 ≤ 🍴 🍴 🖻 🕭 🚗
Via Staziun 496 – ℰ 081 861 11 11 – www.altana.ch – geschl. Stadtplan : A2**a**
29. Oktober - 23. Dezember, 17. April - 3. Juni
24 Zim ⌂ – †99/159 CHF ††138/278 CHF – ½ P
Nur einen Steinwurf von der Seilbahn entfernt wohnt man bei engagierten Gastgebern. In den Zimmern massive Erlenholzmöbel, die mit Öl und Wachs natürlich behandelt sind; die nach Süden mit Balkon. Von der Sonnenterrasse des Restaurants schaut man auf Tal und Berge.

 Engiadina 🛇 🌿 🚗
Rablüzza 152 – ℰ 081 864 14 21 – www.hotel-engiadina.ch Stadtplan : B1**b**
– geschl. 3. April - 2. Juni, 29. November - 21. Dezember
14 Zim ⌂ – †149/259 CHF ††202/322 CHF – 2 Suiten – ½ P
In dem historischen Engadiner Haus in einer beschaulichen Seitenstrasse betreut Familie Barbüda-Giston wohltuend persönlich ihre Gäste. Kleines Highlight: die Dachgeschoss-Suite mit offenem Holzgiebel im Chasa Ladina. Auch in den Restaurantstuben sorgt reichlich Holz für heimelige Atmosphäre. Regionale Küche.

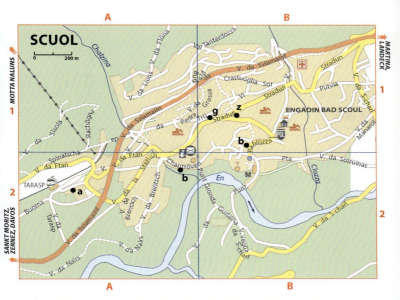

Filli

⌂ ☆ ⇐ 🐴 🍴 🅿

Chantröven 107 – ✆ 081 864 99 27 – www.filli-scuol.ch Stadtplan : A2**b**
– geschl. Anfang April - Mitte Mai, Anfang November - Mitte Dezember
21 Zim ⌸ – †110/165 CHF ††180/310 CHF – ½ P
Hier schläft man in gepflegten Zimmern (im Engadiner Stil oder auch moderner) und lässt sich in zeitgemäss-geradlinigem Ambiente bürgerliche Schweizer Küche servieren - und wer schöne Aussicht mag, speist am besten auf der Terrasse. Interessant für Hausgäste: gute, im Preis inkludierte HP.

XX Guarda Val – Hotel Guarda Val

⇐ 🐴 🚗

Vi 383 – ✆ 081 861 09 09 – www.guardaval-scuol.ch – geschl. Stadtplan : B1**g**
18. April - 3. Juni und ausser Saison: Sonntag - Montag
Menü 69/109 CHF – Karte 64/90 CHF – *(nur Abendessen) (Tischbestellung erforderlich)*
Regionalität ist hier Trumpf, das gilt zum einen für das alpenländisch-moderne Interieur, das sich über drei Ebenen zieht, zum anderen für die frische Küche, die z. B. als "Räucheraal im Gewürzfond mit Erdäpfeln & Speck" Appetit macht.

in Vulpera Süd-West: 3 km über Via da Dis-Charg A2 – Höhe 1 268 m – ✉ 7552

Villa Post

🌿 ⇐ 🐴 🅱 ♿ 💆 🛎 🅿

– ✆ 081 864 11 12 – www.villa-post.ch – geschl. April - Mai, Ende Oktober - Mitte Dezember
25 Zim ⌸ – †90/130 CHF ††150/210 CHF – 1 Suite
Rustikaler Charme, schöne antike Einzelstücke, liebevoll arrangierte Details... Geschmackvoll die Lounge, die Zimmer teils mit gemütlicher Dachschräge oder auch mit Parkblick. Zum Frühstücken sitzt man in der hübschen Arvenstube.

in Tarasp Süd-West: 6 km über Via da Dis-Charg A2 – Höhe 1 414 m – ✉ 7553

Schlosshotel Chastè

🌿 ⇐ 🐴 💆 🛎 🚗

Sparsels – ✆ 081 861 30 60 – www.schlosshoteltarasp.ch – geschl. Ende März - Ende Mai, Mitte Oktober - Mitte Dezember
16 Zim ⌸ – †175/185 CHF ††350/370 CHF – 2 Suiten – ½ P
Rest *Restaurant Chastè* – Siehe Restaurantauswahl
Es ist kein Schloss, auch wenn der Name das vielleicht vermuten liesse (das Schloss liegt aber in Sichtweite), sondern ein über 500 Jahre altes Bauernhaus, das herzlich und mit viel Charme geführt wird - ein echtes Kleinod mit heimelig-rustikalem Flair und sehr aufmerksamem Service. Erstklassige HP!

SCUOL

XX **Restaurant Chastè** – Schlosshotel Chastè
Sparsels – ℘ 081 861 30 60 – www.schlosshoteltarasp.ch – geschl. Ende
März - Ende Mai, Mitte Oktober - Mitte Dezember und Montag - Dienstag
Tagesteller 40 CHF – Menü 64/140 CHF – Karte 70/122 CHF
Arvenholz sorgt für Behaglichkeit, während man sich mit klassisch-französischen
Gerichten wie "gebratener Entenleber, Kaiserschmarrn, Nüsse, Tamarinde" umsorgen lässt - hier spielen auch regionale Produkte eine Rolle. Kleinere Mittagskarte.

SEDRUN
Graubünden (GR) – ⌧ 7188 – 1 324 Ew – Höhe 1 441 m (Wintersport : 1 450/
2 215 m) – Regionalatlas **9-G5**
▶ Bern 169 km – Andermatt 23 km – Altdorf 57 km – Bellinzona 105 km
Michelin Straßenkarte 553-Q9

XX **Tavetscher-Gaststube**
Via Alpsu 65 – ℘ 081 920 40 40 – www.hotelcruna.ch – geschl. Anfang
April - Anfang Mai, Mitte Oktober - Anfang Dezember und Mai - Juni sowie
September - Oktober: Mittwoch
29 Zim ⌲ – ♦90/125 CHF ♦♦140/230 CHF – ½ P
Tagesteller 21 CHF – Menü 50 CHF – Karte 39/91 CHF
Richtig gemütlich ist das Restaurant im Hotel "La Cruna", ganz besonders die originalnale Bündnerstube von 1796! Es gibt traditionell-regionale Küche mit internationalem Einfluss - ein beliebter Klassiker des Hauses ist das "Cordon bleu vom
Schwein mit Coppa, Brie und Oregano". Tolle Grappa-Auswahl!

SEEBACH – Zürich ➜ Siehe Zürich

SEEDORF
Bern (BE) – ⌧ 3267 – 3 002 Ew – Höhe 565 m – Regionalatlas **2-D4**
▶ Bern 18 km – Biel 21 km – Fribourg 48 km – Neuchâtel 39 km
Michelin Straßenkarte 551-I7

in Baggwil Süd-Ost: 0,5 km – Höhe 605 m – ⌧ 3267 Seedorf

X **Curtovino**
⊜ Bernstr. 104 – ℘ 032 392 55 32 – www.curtovino.ch – geschl. Samstagmittag,
Sonntag - Montag
Tagesteller 20 CHF – Menü 77/102 CHF – Karte 55/90 CHF
Alle sechs Wochen wechselt die saisonale Küche hier das Thema, dazu gibt's die
passenden Weine. Apropos Wein: Man hat eine exzellente internationale Weinkarte, die 2013 ausgezeichnet wurde. Nett die Texas-Lounge mit Grill.

SEMPACH
Luzern (LU) – ⌧ 6204 – 4 159 Ew – Höhe 515 m – Regionalatlas **4-F3**
▶ Bern 98 km – Luzern 19 km – Aarau 51 km – Zug 40 km
Michelin Straßenkarte 551-N6

XX **Gasthof Adler**
☺ Stadtstr. 22 – ℘ 041 460 13 23 – www.adler-sempach.ch – geschl. 19. Februar
- 6. März, 30. September - 16. Oktober und Sonntag - Montag
3 Zim ⌲ – ♦80/90 CHF ♦♦130/140 CHF
Tagesteller 25 CHF – Menü 58 CHF (mittags unter der Woche)/103 CHF
– Karte 52/104 CHF
Sie speisen bei sympathischen und versierten Gastgebern im über 400 Jahre alten
"Adler" mitten in der Altstadt. Spezialität des Chefs sind die Terrinen! Oder mögen
Sie lieber "Egli-Chnusperli mit Tatarensauce" oder "Rehrücken für zwei Personen"? Terrassen hat man sogar zwei: zur Stadt oder zum See!

SEMPACH STATION
Luzern (LU) – ⌧ 6203 – Höhe 514 m – Regionalatlas **4-F3**
▶ Bern 101 km – Luzern 16 km – Olten 43 km – Sursee 11 km
Michelin Straßenkarte 551-N6

SEMPACH STATION

 BIRDLAND THE HOTEL
Eichenstr. 1 – ℰ 041 369 81 81 – www.birdland-hotel.ch
44 Zim ⌂ – †125/225 CHF ††169/299 CHF
Hochwertig und topmodern. In den Zimmern schöner Holzboden, helle Naturfarben und edel schimmernde Goldtöne - gewidmet sind sie bedrohten Vogelarten, einschliesslich akustischer Untermalung. Etwas Besonderes: Shuttle im original Londoner Taxi. Sie mögen Golf? Indoor-Simulator und Putting Green.

XX **Sempacherhof - Säli**
Bahnhofstr. 13 ⌂ 6203 – ℰ 041 469 70 10 – www.sempacherhof.ch – geschl. Ende Juli - Anfang August 2 Wochen und Samstag - Sonntag
5 Zim ⌂ – †100/110 CHF ††160/172 CHF
Tagesteller 25 CHF – Menü 45/85 CHF – Karte 44/90 CHF
Ein wirklich tipptopp gepflegter Betrieb - das Ambiente gediegen-elegant, die Küche zeitgemäss-saisonal. Wie wär's z. B. mit "Seezungenfilets im Pankomantel mit rotem Thai-Curry"? Gut die Auswahl an österreichischen Weissweinen, italienischen Rotweinen sowie Bordeaux! Interessant die regelmässigen Weinverkostungen. Traditionelle und mediterrane Gerichte im "Rosso".

SENT
Graubünden (GR) – ⌂ 7554 – 883 Ew – Höhe 1 440 m – Regionalatlas **11-K4**
▶ Bern 322 km – Chur 109 km – Bregenz 171 km – Triesenberg 119 km
Michelin Straßenkarte 553-AA8

 Pensiun Aldier
Plaz 154 – ℰ 081 860 30 00 – www.aldier.ch – geschl. Mitte Oktober - Mitte Dezember, Mitte April - Mitte Juni
16 Zim ⌂ – †180/245 CHF ††268/314 CHF – ½ P
Rest *Pensiun Aldier* – Siehe Restaurantauswahl
Ein Hotel? Ja, und zwar ein besonders schönes, das Purismus und Tradition vereint. Doch es ist ebenso ein Ort der Kunst mit seinem Museum für die Grafiken von Alberto Giacometti und der Galerie für die Fotografien von Ernst Scheidegger.

X **Pensiun Aldier** – Hotel Pensiun Aldier
Plaz 154 – ℰ 081 860 30 00 – www.aldier.ch – geschl. Mitte Oktober - Mitte Dezember, Mitte April - Mitte Juni
Karte 44/94 CHF
Sie mögen geradlinige, schnörkellose und geschmackvolle Regionalküche mit italienischem Einschlag? Dann probieren Sie in diesem netten, unkomplizierten Restaurant z. B. Lammragout oder Risotto. Gepflegte Weinauswahl zu fairen Preisen.

SEON
Aargau (AG) – ⌂ 5703 – 4 944 Ew – Höhe 446 m – Regionalatlas **3-F3**
▶ Bern 90 km – Aarau 14 km – Baden 22 km – Luzern 41 km
Michelin Straßenkarte 551-N5

XX **Bänziger**
Seetalstr. 43 – ℰ 062 775 11 39 – www.restaurant-baenziger.ch – geschl. Anfang Januar, Mai 2 Wochen, September 2 Wochen und Montag - Dienstag
Menü 50/130 CHF – Karte 65/107 CHF – (nur Abendessen)
Es ist bekannt, dass man hier richtig gut isst und zudem noch sehr freundlich und aufmerksam umsorgt wird. Tipp: Bei Stammgästen ist der lauwarme Gemüsesalat beliebt, steht aber nicht auf der Karte! Und danach vielleicht "französische Perlhuhnbrust auf Sauerkraut mit Rieslingsauce"?

SERTIG DÖRFLI – Graubünden → Siehe Davos

SESEGLIO – Ticino → Vedere Chiasso

SIERRE
Valais (VS) – ⌂ 3960 – 16 707 hab. – Alt. 534 m – Carte régionale **7-D6**
▶ Bern 171 km – Sion 18 km – Brig 38 km
Carte routière Michelin 552-J11

SIERRE

De la Poste
Rue du Bourg 22 – ℰ 027 456 57 60 – www.hotel-sierre.ch – fermé fin décembre une semaine
15 ch ⊒ – †145 CHF ††235/295 CHF
Impossible de rater cette maison du 18ᵉ s. avec sa façade jaune ! En son temps, elle accueillit Goethe et Rilke... Aujourd'hui, les chambres sont fraîches et modernes, leur style épuré s'inspirant des arbres de la région. Insolite, le restaurant Le Trèfle a réellement la forme d'un trèfle !

Didier de Courten
Rue du Bourg 1 – ℰ 027 455 13 51 – www.hotel-terminus.ch – fermé fin décembre - début janvier 2 semaines, juillet 3 semaines, dimanche et lundi
19 ch ⊒ – †145/185 CHF ††230/255 CHF
Menu 125 CHF (déjeuner en semaine)/255 CHF – Carte 160/188 CHF
La sobriété du décor met en valeur l'assiette et c'est tant mieux : Didier de Courten signe des assiettes d'une grande complexité mais toujours limpides ! Les végétariens ou intolérants au gluten y trouveront, sur réservation, des menus dédiés. Quelques chambres pour l'étape.
→ Un fondant de tomates et d'artichauts en jardin printanier, caviar Baeri vivifié de pamplemousse, camomille et mourons des oiseaux. Bar sauvage aux vongoles, jeunes poireaux et un velouté aux fleurs de capucines. La canette sauvagine de Challans à l'origan sauvage, galettes de riz.
L'Atelier Gourmand – Voir la sélection des restaurants

L'Atelier Gourmand – Restaurant Didier de Courten
Rue du Bourg 1 – ℰ 027 455 13 51 – www.hotel-terminus.ch – fermé fin décembre - début janvier 2 semaines, juillet 3 semaines, dimanche et lundi
Plat du jour 30 CHF – Menu 59 CHF (déjeuner)/90 CHF – Carte 81/98 CHF
La deuxième adresse de Didier de Courten se présente comme une brasserie contemporaine et conviviale. Elle permet de découvrir à moindre coût le travail inventif du chef : la carte propose non seulement des spécialités montagnardes, mais aussi des créations originales... Le tout accompagné de vins exclusivement suisses.

SIGIGEN
Luzern (LU) – ⊠ 6019 – Höhe 760 m – Regionalatlas **4-F3**
▶ Bern 105 km – Luzern 21 km – Olten 48 km – Wolhusen 11 km
Michelin Straßenkarte 551-N7

Restaurant Pony
– ℰ 041 495 33 30 – www.pony-sigigen.ch – geschl. Februar 2 Wochen, August 2 Wochen und Montag - Dienstag
Tagesteller 30 CHF – Menü 85/118 CHF – Karte 62/92 CHF
Philipp Felber pflegt in dem eleganten Pavillon die klassische Küche und bringt mediterrane Einflüsse mit ein. Das Ergebnis sind finessenreiche Speisen aus erstklassigen Produkten - auch Kalbs-Cordon-Bleu hat das "Gourmet" auf seiner Karte. Schöne Weinauswahl zu fairen Preisen.
Beizli – Siehe Restaurantauswahl

Beizli
– ℰ 041 495 33 30 – www.pony-sigigen.ch – geschl. Februar 2 Wochen, August 2 Wochen und Montag - Dienstag
Tagesteller 24 CHF – Menü 40 CHF – Karte 36/84 CHF
Im "Beizli" geht es bürgerlicher zu, und das gilt für Atmosphäre und Küche gleichermassen. Hier gibt es paniertes Schnitzel, Kalbsgeschnetzeltes, Älplerrisotto oder auch "Boeuf Bourguignon mit Kartoffel-Meauxsenfpüree".

SIGRISWIL
Bern (BE) – ⊠ 3655 – 4 724 Ew – Höhe 800 m – Regionalatlas **8-E5**
▶ Bern 41 km – Interlaken 19 km – Brienz 39 km – Spiez 25 km
Michelin Straßenkarte 551-K9

SIGRISWIL

 Solbadhotel
Sigriswilstr. 117 – ✆ 033 252 25 25 – www.solbadhotel.ch
– geschl. 8. - 16. Januar
66 Zim ⌧ – †145/170 CHF ††220/310 CHF – 4 Suiten – ½ P
Was dieses Haus interessant macht? Die tolle Panoramalage, das zeitgemäss-wohnliche Ambiente, der Spa und nicht zuletzt das auffallend freundliche Personal. Zimmer meist mit Seeblick - diesen geniesst man auch von der Terrasse! Eine schöne Urlaubsadresse, aber auch ein ideales Tagungshotel.

SIHLBRUGG
Zug (ZG) – ✉ 6340 – Höhe 538 m – *Regionalatlas* **4-G3**
▶ Bern 140 km – Zürich 27 km – Einsiedeln 31 km – Rapperswil 28 km
Michelin Straßenkarte 551-P6

in Hirzel Höhe 720 m – ✉ 8816

 Krone - Tredecim
Sihlbrugg 4 – ✆ 044 729 83 33 – www.krone-sihlbrugg.ch – geschl.
Sonntagmittag, Montag - Dienstag
10 Zim – †150/250 CHF ††160/250 CHF, ⌧ 25 CHF
Menü 85 CHF (mittags)/125 CHF – Karte 115/141 CHF
Das lateinische "Tredecim" (zu Deutsch "13") hat Bedeutung: Seit 13 Generationen leitet Familie Huber den Landgasthof von 1796, auf der Karte 13 Gerichte, aus denen Sie Ihr Menü wählen - oder machen Sie es wie die meisten Gäste und lassen Sie sich überraschen! Zum Übernachten: schöne individuelle Zimmer.
Gast- und Poststube – Siehe Restaurantauswahl

 Gast- und Poststube – Restaurant Krone - Tredecim
Sihlbrugg 4 – ✆ 044 729 83 33 – www.krone-sihlbrugg.ch – geschl. Montag
- Dienstag
Tagesteller 35 CHF – Menü 63/84 CHF – Karte 65/127 CHF
Im traditionellen Teil der "Krone" geht es auch kulinarisch eher bodenständig zu. Das Angebot in den charmanten holzgetäferten Stuben reicht vom Zürcher Geschnetzelten über Dry Aged Entrecôte bis zur Poularde für 2 Personen.

SILS MARIA SEGL MARIA
Graubünden (GR) – ✉ 7514 – Höhe 1 815 m (Wintersport : 1 800/3 303 m)
– *Regionalatlas* **11-J5**
▶ Bern 325 km – Sankt Moritz 11 km – Chur 86 km – Sondrio 89 km
Michelin Straßenkarte 553-W11

 Waldhaus
Via da Fex 3 – ✆ 081 838 51 00 – www.waldhaus-sils.ch – geschl. 23. April
- 1. Juni, 22. Oktober - 15. Dezember
132 Zim ⌧ – †182/809 CHF ††364/987 CHF – 8 Suiten – ½ P
Es hat schon etwas Majestätisches, wie das klassische Grandhotel von 1908 über Sils Maria thront. Herzstück des Hauses ist die stilvolle grosse Halle. Die Zimmer könnten unterschiedlicher kaum sein, einige mit Originalmobiliar. In der netten kleinen Arvenstube isst man besonders gemütlich an schön eingedeckten Tischen. Die Küche ist klassisch mit regionalem Einfluss.

 Post
Via Runchet 4 – ✆ 081 838 44 44 – www.hotelpostsils.ch – geschl. 3. April
- 9. Juni, 16. Oktober - 15. Dezember
38 Zim ⌧ – †125/245 CHF ††210/490 CHF – 4 Suiten – ½ P
Freundlich leitet Familie Nett das Hotel im Zentrum, dessen Zimmer regionstypisch eingerichtet sind, im neueren Bereich mit frischen Farbakzenten. Zum Entspannen gibt es die Sauna im mediterranen Stil. In der "Stüva da la Posta" erwarten Sie moderne Gerichte und auch Engadiner Spezialitäten.

SILS MARIA

Edelweiss
Via da Marias 63 – ℰ 081 838 42 42 – www.hotel-edelweiss.ch – geschl. Anfang April - Mitte Juni, Mitte Oktober - Mitte Dezember
65 Zim ⌑ – †145/250 CHF ††255/540 CHF – 3 Suiten – ½ P
Im Zentrum steht das traditionsreiche Hotel mit seiner klassisch-eleganten Lobby, in der man abends am Kamin einem Pianisten lauschen kann. Die Zimmer sind recht unterschiedlich geschnitten, geräumig die Juniorsuite Marmoré. Halbpension im Jugendstilsaal, A-la-Carte-Angebot im gemütlichen Arvenholzstübli.

Cervo
Via da Cumünevels 5 – ℰ 081 826 50 50 – www.cervo-sils.ch – geschl. Anfang April - Anfang Juni, Mitte Oktober - Anfang Dezember
36 Zim ⌑ – †120 CHF ††180 CHF – ½ P
Chic und wohnlich ist der moderne Look: In den Zimmern warmes Holz, klare Linien, Naturtöne, richtig nett auch der Aufenthaltsraum im Dachgeschoss, und in der Pizzeria gibt es neben Pizza & Pasta auch Schweizer Gerichte.

Privata
Via da Marias 83 – ℰ 081 832 62 00 – www.hotelprivata.ch – geschl. 9. April - 9. Juni, 22. Oktober - 15. Dezember
25 Zim ⌑ – †150/184 CHF ††242/378 CHF – 1 Suite – ½ P
Eine gemütliche Ferienadresse, tipptopp gepflegt und sehr gut geführt - schon seit über 40 Jahren hat die Familie das Haus. Für Wohnlichkeit sorgt Arvenholz, im Restaurant kann man abends auch als Nicht-Hausgast ein Menü bestellen. Lust auf eine Kutschfahrt? Los geht's gleich gegenüber dem Hotel. HP inkl.

XX Alpenrose
Via da Marias 133 – ℰ 081 833 80 08 – geschl. Mitte April - Mitte Juni, Mitte Oktober - Mitte Dezember
Karte 41/93 CHF
Wirklich gemütlich ist das am Ortsrand und an den Loipen gelegene Restaurant. In den getäfelten Stuben isst man mittags etwas einfacher, auf der Abendkarte liest man z. B. "ganze Wachtel mit Entenleber, flambierten Äpfeln und Linsen".

in Sils Baselgia Nord-West: 1 km – Höhe 1 802 m – ✉ 7515

Margna
Via da Baselgia 27 ✉ 7515 – ℰ 081 838 47 47 – www.margna.ch – geschl. 9. April - 16. Juni, 22. Oktober - 15. Dezember
63 Zim ⌑ – †200/290 CHF ††350/530 CHF – 8 Suiten – ½ P
Rest *Enoteca Murütsch* – Siehe Restaurantauswahl
Jede Menge Atmosphäre hat das Hotel a. d. 19. Jh.: auffallend freundlich der Service, schön das Interieur von der stilvoll-historischen Lobby über die individuellen, wohnlichen Zimmer bis zum schicken Massage-, Sauna- und Ruhebereich auf drei Etagen. Gastronomisch hat man u. a. die behagliche Stüva von 1817. Moderner Tagungsbereich im Schwesterhotel nebenan.

Chesa Randolina
Via da Baselgia 40 – ℰ 081 838 54 54 – www.randolina.ch – geschl. 17. April - 9. Juni, 22. Oktober - 17. Dezember
38 Zim ⌑ – †115/190 CHF ††230/310 CHF – 7 Suiten – ½ P
Familienbetrieb mit Engadiner Charme. Tolle Lage ist hier samt Bergpanorama, die Loipe führt direkt am Haus vorbei. Und nach einem aktiven Tag ein gemütliches Essen: regionale Küche mit Fondues sowie mediterran beeinflusste Gerichte, dazu Weine zu fairen Preisen. Appartements und Sauna im Nachbarhaus Crastella.

X Enoteca Murütsch – Hotel Margna
Via da Baselgia 27 – ℰ 081 838 47 47 – www.margna.ch – geschl. 9. April - 16. Juni, 22. Oktober - 15. Dezember und im Winter : Montag, ausser Saison : Sonntag - Donnerstag
Tagesteller 30 CHF – Karte 54/102 CHF – *(nur Abendessen)*
An Heimeligkeit kaum zu übertreffen: viel Holz, ein offener Kamin und mittig das Antipasti-Buffet und die schöne Aufschnittmaschine. Auf der Karte: Piccata, Ossobuco, Panna Cotta... Einige Nudelgerichte werden direkt am Tisch zubereitet.

SILS MARIA

in Sils Fextal Süd: 2 km, über Wanderweg (30 Min.) oder mit Hotelbus erreichbar – Höhe 1 920 m – ⊠ 7514 Sils Maria

Chesa Pool
Via da Platta 5 ⊠ 7514 – ℰ 081 838 59 00 – www.pensiun-chesapool.ch – geschl. 17. April - 23. Juni, 23. Oktober - 18. Dezember
21 Zim – †125/145 CHF ††250/290 CHF – ½ P
Ruhe und Abgeschiedenheit - herrlich die Idylle des Fextales! Besonderen Charme versprühen das historische Arvenzimmer und die uralte kleine Bibliothek in dem Bauernhaus von 1585. Mittags A-la-carte-Restaurant mit Tagesempfehlung. HP inkl.

in Fex-Crasta Süd: 2 km, über Wanderweg (40 Min.) oder mit Hotelbus erreichbar – Höhe 1 960 m – ⊠ 7514 Sils Maria

Sonne
Via da Fex 37 – ℰ 081 826 53 73 – www.hotel-sonne-fex.ch – geschl. Mitte April - Mitte Juni, Mitte Oktober - Mitte Dezember
13 Zim – †150/155 CHF ††280/300 CHF – 1 Suite – ½ P
Nur zu Fuss oder mit dem Pferdeschlitten kommt man in das traumhafte Fextal - Hotelgäste werden abgeholt! Und als wäre die reizende alpenländische Atmosphäre nicht schon charmant genug, wird man auch noch überaus persönlich betreut! Schweizer Gemütlichkeit natürlich auch in den Stuben bei bürgerlicher Küche.

in Plaun da Lej Süd-West: 5 km – Höhe 1 802 m – ⊠ 7517

Murtaröl
Via dal Malögia 14, an der Strasse nach Maloja – ℰ 081 826 53 50 – www.plaundalej.ch
Karte 53/102 CHF – *(Tischbestellung ratsam)*
King Crab oder Meeresspinne, Fin de Claire-, Gillardeau- oder Belon-Austern, Hummer, Seesaibling... Ein wahres Fisch- und Meeresfrüchte-Imperium hat man hier. Tipp: Suchen Sie sich Ihr Prachtstück hinter den Kulissen selbst aus! Im Nebenhaus gibt es noch eine kleine Fondue-Stube sowie einfache Gästezimmer.

SILVAPLANA
Graubünden (GR) – ⊠ 7513 – 1 086 Ew – Höhe 1 816 m (Wintersport : 1 870/ 3 303 m) – Regionalatlas **11-J5**
 Bern 321 km – Sankt Moritz 7 km – Chur 82 km – Sondrio 85 km
Michelin Straßenkarte 553-W11

Art & Genuss Hotel Albana
Via vers Mulins 5 – ℰ 081 838 78 78 – www.hotelalbana.ch – geschl. Ende April - Anfang Juni
48 Zim – †140/230 CHF ††210/390 CHF – ½ P
Rest *Thailando* • **Rest** *Spunta Engiadina* – Siehe Restaurantauswahl
Ein wirklich geschmackvolles und recht modernes Ferienhotel direkt neben der Kirche. Die Zimmer gibt es in unterschiedlichen Kategorien, wohnlich sind sie alle, teilweise mit toller Sicht auf See und Berge. Nett der Wellnessbereich.

Thailando – Art & Genuss Hotel Albana
Via vers Mulins 5 – ℰ 081 838 78 78 – www.hotelalbana.ch – geschl. Ende April - Anfang Juni
Tagesteller 20 CHF – Menü 85/115 CHF – Karte 43/96 CHF
Authentische Thai-Küche mitten im Engadin! In geradlinig-modernem Ambiente geniesst man "Kao Tang Naa Tang" oder klassisches Curry. Sehr schön sitzt man auch auf der Terrasse. Mittags ist das Angebot stark reduziert.

Spunta Engiadina – Art & Genuss Hotel Albana
Via vers Mulins 5 – ℰ 081 838 78 78 – www.hotelalbana.ch – geschl. Ende April - Anfang Juni
Tagesteller 20 CHF – Menü 69 CHF – Karte 43/106 CHF
In der gemütlichen getäferten Stube bekommen Sie regionale Küche z. B. in Form von "Kalbstatar mit Focaccia & Avocadocreme" oder "Nüsschen vom Bergeller Reh". Tipp: Die Nusstorte ist ein Haus-Klassiker! Kleine Mittagskarte.

SILVAPLANA

in Surlej Süd: 1 km – Höhe 1 877 m – ⊠ 7513 Silvaplana

Nira Alpina
Via dal Corvatsch 76
– ℰ 081 838 69 69 – www.niraalpina.com
– geschl. 16. April - Mitte Juni, Anfang Oktober - Anfang Dezember
70 Zim ⊆ – †275/540 CHF ††345/610 CHF – ½ P
Rest *Stars* – Siehe Restaurantauswahl
Ideal für Skifahrer die Lage direkt an der Talstation Corvatsch, hübsch die modern-alpinen Zimmer (geniessen Sie vom Südbalkon den Blick auf Silvaplana und See!), schön der Saunabereich mit Sicht auf die Piste. Neben der Trattoria mit mediterranem Angebot gibt es noch ein Bistro mit Terrasse am Tellerlift.

Bellavista
Via da l'Alp 6 – ℰ 081 838 60 50 – www.bellavista.ch – geschl. 15. April - 10. Juni, 23. Oktober - 25. November
31 Zim ⊆ – †110/330 CHF ††250/400 CHF – ½ P
Ein richtig schönes Ferienhotel - toll die Lage direkt an Piste und Loipe, wohnlich die Zimmer mit alpenländischem Charme. Für Feiern die heimelige Jagdhütte im Garten, für Seminare das Grotto. Versuchen Sie auch die Produkte aus der Fleischtrocknerei. Das Restaurant bietet u. a. Wild aus eigener Jagd.

Stars – Hotel Nira Alpina
Via dal Corvatsch 76 – ℰ 081 838 69 69 – www.niraalpina.com – geschl. 16. April - Mitte Juni, Anfang Oktober - Anfang Dezember
Karte 62/101 CHF – *(nur Abendessen)*
Hier lässt man bei Gerichten wie "Jakobsmuscheln auf Erbsen-Minzpüree", "Schmorbraten vom Wollschwein" oder auch asiatischen und italienischen Einflüssen den Blick übers Tal schweifen! Modernes Interieur, offene Küche, freundlicher Service.

SION SITTEN
Wallis (VS) – ⊠ 1950 – 33 522 hab. – Alt. 491 m – Carte régionale **7-D6**
▶ Bern 156 km – Brig 55 km – Aosta 103 km – Lausanne 95 km
Carte routière Michelin 552-I12

Damien Germanier
❀
Rue du Scex 33   Plan : B1**a**
– ℰ 027 322 99 88 – www.damiengermanier.ch
– fermé 2 - 15 janvier, 25 juillet - 15 août, janvier - mi-décembre : dimanche et lundi
Plat du jour 30 CHF – Menu 55 CHF (déjeuner en semaine)/200 CHF
Une élégance sobre et racée, du confort et de l'espace : un écrin séduisant, pour une cuisine qui le mérite bien. Le travail de Damien Germanier se révèle particulièrement délicat et raffiné, entre produits de grande qualité et arômes puissants... A déguster en 4 ou 9 étapes, à choisir dans le menu unique. Une belle table.
→ Une mousse de foie gras façon japonaise, algues nori, dashi gélifié. Le quasi de veau suisse rôti, raviolis et légumes comme une bolognaise, jus de veau. Le café - un latte macchiato mousseux, mikados et crème glacée café.

L'Enclos de Valère
Rue des Châteaux 18 – ℰ 027 323 32 30 – www.enclosdevalere.ch   Plan : B1**d**
– fermé 21 décembre - 6 février, dimanche et lundi, mai - septembre : dimanche soir et lundi
Plat du jour 23 CHF – Menu 58 CHF (déjeuner)/108 CHF – Carte 64/97 CHF
Cette maison traditionnelle, blottie à l'ombre du château, offre l'une des plus plaisantes terrasses du Sion médiéval. Et Valère n'est pas le nom du chef, originaire de Nancy, mais de la basilique ! Attention, le parking de la Cible est un peu loin.

SION

La Sitterie
Route du Rawyl 41, par A1 – ℰ *027 203 22 12 – www.lasitterie.ch – fermé fin décembre 2 semaines, avril une semaine, mi-août 2 semaines, dimanche, lundi et jours fériés*
Plat du jour 30 CHF – Menu 75/88 CHF – Carte 60/104 CHF – *(réservation conseillée)*
Le chef a fait le choix de limiter les prix et de jouer la carte de la simplicité, avec des petites tables carrées dans une seule salle. Pari gagné : les clients affluent... attirés par la qualité de la cuisine. Une cuisine créative, à l'accent du Sud, avec de fréquentes touches d'épices et d'herbes aromatiques !

à Saint-Léonard Est : 6 km par Avenue de Tourbillon B1 – Alt. 505 m – ⊠ 1958

Buffet de la Gare
Avenue de la Gare 35 – ℰ *027 203 43 43 – www.buffet-gare.ch – fermé mi-janvier 2 semaines, 26 juin - 26 juillet, lundi et mardi*
Plat du jour 21 CHF – Menu 39 CHF (déjeuner en semaine)/90 CHF
– Carte 59/82 CHF
Cette sympathique maison, reconnaissable à sa façade orangée et ses volets verts, est née en 1901 pour accueillir les voyageurs. Au fil des années, sa cuisine, toujours gourmande, n'a pas raté le train de la modernité : cabillaud skrei clouté au chorizo, langoustines rôties au thym, cuisse de lapin au citron confit...

à La Muraz Nord-Ouest : 2 km par route de Savièse A1 – Alt. 657 m – ⊠ 1950 Sion

Relais du Mont d'Orge
Route du Sanetsch 99 – ℰ *027 395 33 46 – www.ricou.ch – fermé dimanche soir, lundi et mardi soir*
Plat du jour 19 CHF – Menu 65/138 CHF – Carte 92/123 CHF
Le peintre suisse Albert Chavaz habitait autrefois cette maison pleine de charme, située sur les hauteurs de la ville, avec une belle vue sur les montagnes. Mais on oublie vite le paysage en dégustant les plats du chef, gourmands et réalisés avec de très bons produits !

SIRNACH
Thurgau (TG) – ⊠ 8370 – 7 675 Ew – Regionalatlas **4-H2**
▶ Bern 175 km – Frauenfeld 16 km – Zürich 55 km – Herisau 28 km
Michelin Straßenkarte 551-S4

Gasthaus Engel
Fischingerstr. 2 – ℰ *071 966 31 31 – www.engel-sirnach.ch – geschl. Ende Dezember - Anfang Januar 1 Woche, Juli - August 3 Wochen und Sonntagabend - Montag*
Tagesteller 20 CHF – Menü 35 CHF (mittags unter der Woche)/65 CHF
– Karte 40/84 CHF
Das hübsche historische Gasthaus mit der rot-weissen Fachwerkfassade hat gemütliche Stuben, in denen man traditionell und auch international speist: "Kalbssteak mit Morchel-Cognacsauce", "Eismeersaiblingsfilet Shichimi togarashi"...

SITTEN – Wallis → Siehe Sion

SÖRENBERG
Luzern (LU) – ⊠ 6174 – Höhe 1 166 m (Wintersport : 1 166/2 350 m)
– Regionalatlas **8-F4**
▶ Bern 69 km – Luzern 50 km – Brienz 45 km – Stans 47 km
Michelin Straßenkarte 551-M8

in Rischli Nord-West: 2 km – ⊠ 6174 Sörenberg

Rischli
Rischlistr. 88 – ℰ *041 488 12 40 – www.hotel-rischli.ch – geschl. April 2 Wochen*
25 Zim ⊇ – †116/151 CHF ††192/262 CHF
Ein familiengeführtes Hotel direkt an der Skipiste. Die Zimmer sind überwiegend schön modern designte "Wohlfühlzimmer", daneben gibt es auch einige in traditionellem Stil. Freizeitbereich in der 3. Etage samt Kosmetik und Massage. Bürgerliche Küche im neuzeitlichen Restaurant oder in der rustikalen Gaststube.

SOLEURE – Solothurn → Voir à Solothurn

SOLOTHURN SOLEURE
Solothurn (SO) – ⌧ 4500 – 16 719 Ew – Höhe 432 m – Regionalatlas **2-D3**
▶ Bern 44 km – Basel 69 km – Biel 26 km – Luzern 84 km
Michelin Straßenkarte 551-J6

🏠 **Roter Turm**   Stadtplan : A1c
Hauptgasse 42 – ☏ 032 622 96 21 – www.roterturm.ch
36 Zim ⌧ – †110/130 CHF ††200/230 CHF
Rest *La Tourelle* – Siehe Restaurantauswahl
Am "Zytglocke-Turm" mitten in Solothurn liegt das aus vier historischen Häusern bestehende familiengeführte Hotel mit individuellen, zeitgemässen Zimmern. Wie wär's mal mit einem Themenzimmer wie "Marilyn Monroe", "Casanova"...? Schön auch die diversen Antiquitäten! In der Turmstube speist man traditionell.

XX **La Tourelle** – Hotel Roter Turm
Hauptgasse 42 – ☏ 032 622 96 21 – www.roterturm.ch – geschl. Stadtplan : A1c
Samstagmittag, im Winter: Samstagmittag, Sonntagabend
Tagesteller 41 CHF – Menü 74/97 CHF (abends) – Karte 70/85 CHF
Keine Frage, hier oben in der 5. Etage sind bei der tollen Sicht die wenigen Terrassenplätze im Sommer sehr begehrt! Aber auch drinnen im eleganten Restaurant geniesst man den Blick über die Stadt, dazu klassische Küche und Saisonmenüs.

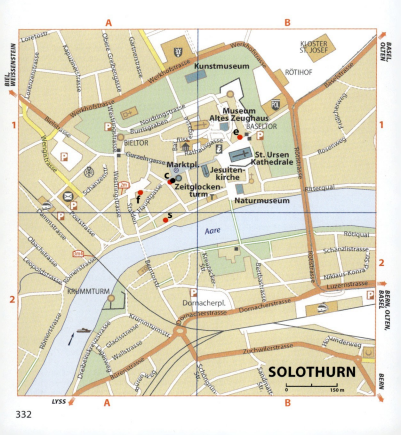

SOLOTHURN

SALZHAUS
Landhausquai 15a – ℰ 032 622 01 01 — Stadtplan : A2**s**
– www.restaurant-salzhaus.ch – geschl. 23. Februar - 1. März
Tagesteller 25 CHF – Menü 64/84 CHF – Karte 55/96 CHF – *(Tischbestellung ratsam)*

Dieser trendige Restaurant-Hotspot ist ein attraktiver Mix aus urbaner Coolness und historischem Rahmen (interessant das freiliegende alte Mauerwerk)! Es gibt internationale Küche mit regionalem Einfluss: mittags als Lunchbox, abends etwas anspruchsvoller, z. B. "Rindsfilet / 'Sieben'-Pfefferbutter / Gemüse".

Baseltor
Hauptgasse 79 – ℰ 032 622 34 22 – www.baseltor.ch – geschl. Stadtplan : B1**e**
Sonntagmittag, Juli - August: Sonntag
17 Zim 🖃 – †120/160 CHF ††200/240 CHF
Tagesteller 26 CHF – Menü 30 CHF (mittags) – Karte 49/75 CHF

Ein Stück Stadtgeschichte ist dieses Haus direkt neben dem Baseltor: Mehrere Gebäude wurden zu einem Hotel verbunden, die Zimmer sind wirklich chic: klares modernes Design in historischem Rahmen. Die mediterran inspirierte Küche gibt es sowohl in der Gaststube im Parterre als auch in der 1. Etage.

Zum Alten Stephan
Friedhofplatz 10 — Stadtplan : A1**f**
– ℰ 032 622 11 09 – www.alterstephan.ch
– geschl. über Weihnachten und Sonntag - Montag sowie an Feiertagen
Menü 98/150 CHF – Karte 54/94 CHF

In dem historischen Zunfthaus wird saisonal-traditionell gekocht, geschmackvoll und frisch. Ein Klassiker ist z. B. "Kalbs-Cordon-Bleu gefüllt mit Gorgonzola". Oder mögen Sie lieber "ganze Seezunge in Butter gebraten mit Spargeln"? Abends gibt es auch das Gourmetmenü.

in Riedholz Nord-Ost: 3 km über Baselstrasse B1 – Höhe 474 m – ⊠ 4533

Attisholz - le feu (Jörg Slaschek)
Attisholzstr. 3, Süd: 1 km
– ℰ 032 623 06 06 – www.attisholz.ch
– geschl. Anfang Februar 10 Tage, Ende Juli 2 Wochen und Sonntagabend - Dienstag
Menü 158 CHF – Karte 100/145 CHF – *(Tischbestellung ratsam)*

Es ist nicht verwunderlich, dass das schmucke, über 300 Jahre alte Gasthaus zahlreiche Stammgäste hat, denn man kocht hier feine klassische Gerichte, kreativ, saisonal und produktorientiert. Schönes modernes Ambiente nicht nur beim Speisen - man hat auch zwei hübsche Gästezimmer!

→ Rouget Barbet mit kandierten Tomaten und Pinien. In 7 Pfeffern gebratenes Bisonfilet mit gratinierten Spargelspitzen nach Mailänder Art. Topfen-Gianduja-Knödel auf orientalischen Orangen.

Gaststube – Siehe Restaurantauswahl

Gaststube – Restaurant Attisholz
Attisholzstr. 3, Süd: 1 km – ℰ 032 623 06 06 – www.attisholz.ch – geschl. Anfang Februar 10 Tage, Ende Juli 2 Wochen und Montag - Dienstag
Tagesteller 26 CHF – Menü 69/75 CHF (abends) – Karte 57/95 CHF

Unter dem 300 Jahre alten Kreuzgewölbe sitzt es sich gemütlich in rustikaler Atmosphäre bei schmackhaften Gerichten wie "Tafelspitz aus dem Wurzelsud mit Apfelkren und Kräuter-Stampfkartoffeln" oder "Eglifilets vom Lötschberg auf jungem Gartenerbsenragout und Pfifferlingen".

SONCEBOZ
Berne (BE) – ⊠ 2605 – 1 929 hab. – Alt. 653 m – Carte régionale **2-C3**
▶ Bern 55 km – Delémont 36 km – Biel 12 km – La Chaux-de-Fonds 31 km
Carte routière Michelin 551-H6

SONCEBOZ

XX **Du Cerf** (Jean-Marc Soldati)
£3 *Rue du Collège 4 – ℰ 032 488 33 22 – www.cerf-sonceboz.ch – fermé
20 décembre - 5 janvier, 5 juillet - 9 août, dimanche soir, lundi, mardi et mercredi*
10 ch ⌧ – †114 CHF – ††178 CHF – ½ P
Menu 155/180 CHF – *(dîner seulement du jeudi au samedi) (réservation indispensable)*
Le classicisme est de mise dans cet élégant relais de poste de 1707, où Jean-Marc Soldati cuisine dans les règles de l'art : la qualité des produits, le soin d'exécution, l'apparente simplicité des recettes, tout contribue à l'harmonie et à l'intensité des saveurs. Deux menus proposés de vive voix : Surprise ou Gastronomique !
→ Mi-cuit de féra du lac de Neuchâtel aux petites brunoises de poireau. Ballottine de pintadeau aux morilles fraîches. Brochette de fruits exotiques, sorbet piña colada.
Brasserie – Voir la sélection des restaurants

X **Brasserie** – Restaurant Du Cerf
*Rue du Collège 4 – ℰ 032 488 33 22 – www.cerf-sonceboz.ch – fermé
22 décembre - 5 janvier, 5 juillet - 9 août, mardi soir et mercredi*
Plat du jour 20 CHF – Menu 82 CHF – Carte 38/77 CHF – *(réservation indispensable)*
Un lieu sympathique, au cœur de la vie du village, sous l'égide du restaurant gastronomique Le Cerf. À la carte, priorité aux plats joliment mijotés et au terroir : entrecôte chasseur, blanc de volaille fermier au curry...

SORAL
Genève (GE) – ⌧ 1286 – 752 hab. – Alt. 455 m – Carte régionale **6-A6**
▶ Bern 169 km – Genève 14 km – Lausanne 75 km – Annecy 37 km
Carte routière Michelin 552-A12

X **Café Fontaine**
*Route de Rougemont 59 – ℰ 022 756 14 21 – fermé Noël - Nouvel An, avril
2 semaines, fin juillet - août 2 semaines, dimanche et lundi*
Plat du jour 19 CHF – Menu 63/78 CHF – Carte 56/77 CHF
Terrine de foie gras au pain d'épices, confiture d'hiver et pain noir toasté ; filet de canette jaune, pomme mousseline au parfum d'Alba... Une jolie cuisine d'inspiration française dans ce village frontalier, signée par un jeune chef passionné, qui sait aussi sélectionner de bons vins de propriétaires.

SPIEZ
Bern (BE) – ⌧ 3700 – 12 478 Ew – Höhe 628 m – Regionalatlas **8-E5**
▶ Bern 41 km – Interlaken 18 km – Bulle 102 km – Kandersteg 28 km
Michelin Straßenkarte 551-K9

🏠 **Eden**
Seestr. 58 – ℰ 033 655 99 00 – www.eden-spiez.ch – geschl. 7. November - 10. April
44 Zim ⌧ – †198/290 CHF ††290/520 CHF – ½ P
Rest *Belle Époque* – Siehe Restaurantauswahl
Ein sehr geschmackvolles und wertiges Haus! Nur einige der Pluspunkte: Alle Zimmer (von klassisch bis zeitgemäss) mit elektrisch verstellbaren Betten, das Frühstück appetitlich und frisch, im Garten eine eigene Gärtnerei, im Chalet nebenan Kosmetik, Massage, Fitness, und vom Hallenbad schaut man über den See.

🏠 **Belvédère**
Schachenstr. 39 – ℰ 033 655 66 66 – www.belvedere-spiez.ch
36 Zim ⌧ – †175/390 CHF ††290/480 CHF – ½ P
Rest *Belvédère* – Siehe Restaurantauswahl
Die traumhafte Parklage mit Panoramablick auf den Thunersee und komfortable Zimmer sowie das eigene Strandbad (nur einen Katzensprung entfernt) machen das Haus zu einer idealen Ferienadresse! Nicht zu vergessen die vielfältigen Wellnessmöglichkeiten. Toll die Dachterrasse.

SPIEZ

XXX **Belvédère** – Hotel Belvédère
Schachenstr. 39 – ℰ 033 655 66 66 – www.belvedere-spiez.ch
Menü 32 CHF (mittags unter der Woche)/125 CHF – Karte 44/115 CHF
Im eleganten Restaurant (Stilmöbel, schöne Kronleuchter...) erwarten Sie klassisch-französische Küche, eine sehr gepflegte Atmosphäre und nicht zuletzt eine traumhafte Aussicht auf den Thunersee - begleitet wird das Ganze von einer ausgezeichneten Weinauswahl! Fumoir mit Belvédère-Zigarre als Spezialität.

XXX **Belle Époque** – Hotel Eden
Seestr. 58 – ℰ 033 655 99 00 – www.eden-spiez.ch – geschl. 7. November - 10. April
Tagesteller 32 CHF – Menü 55/115 CHF – Karte 52/73 CHF
Wer beim Namen "Belle Époque" an stilvoll-elegantes Ambiente denkt, liegt ganz richtig: über Ihnen tolle Kronleuchter, unter Ihnen schöner Parkettboden... Gekocht wird ambitioniert, von regionalen Klassikern bis zu kreativen Gerichten.

SPORZ – Graubünden → Siehe Lenzerheide

STABIO
Ticino (TI) – ⌂ 6855 – 4 615 ab. – Alt. 347 m – Carta regionale **10-H7**
▶ Bern 300 km – Lugano 23 km – Bellinzona 50 km – Milano 66 km
Carta stradale Michelin 553-R14

a San Pietro di Stabio Nord-Ovest : 1 km – ⌂ 6854

XX **Montalbano**
via Montalbano 34c – ℰ 091 647 12 06 – www.montalbano.ch – chiuso gennaio - marzo, sabato a mezzogiorno, domenica sera e lunedì
Piatto del giorno 35 CHF – Menu 72/93 CHF – Carta 67/103 CHF – *(consigliata la prenotazione)*
Sito sull'omonimo colle, caratteristico ristorante d'impronta familiare con quadri moderni, sculture ed una piacevole terrazza. Cucina mediterranea e a mezzogiorno menu ridotto.

STÄFA
Zürich (ZH) – ⌂ 8712 – 14 172 Ew – Höhe 414 m – Regionalatlas **4-G3**
▶ Bern 158 km – Zürich 26 km – Einsiedeln 28 km – Luzern 73 km
Michelin Straßenkarte 551-Q6

XX **Gasthof zur Sonne**
Seestr. 37 – ℰ 043 477 10 10 – www.sonnestaefa.ch – geschl. 12. - 27. Februar, 8. - 23. Oktober und Sonntag - Montag
11 Zim ⌂ – ♦150/180 CHF ♦♦180/220 CHF
Menü 51 CHF (mittags unter der Woche)/88 CHF – Karte 59/95 CHF
Bei Patricia und Cäsar Meyer bekommt man topfrischen Zürichsee-Fisch wie Egli, Felchen oder Hecht, aber auch Meeresfisch und Fleischgerichte finden sich auf der Karte. Dazu gibt es noch das "Weinbistro". Ausserdem laden hinter der hübschen historischen Fassade auch zeitgemässe Zimmer zum Übernachten ein.

X **Alte Krone**
Goethestr. 12 ⌂ 8712 – ℰ 044 926 40 10 – www.altekrone.ch – geschl. 1. - 5. Januar und Sonntag - Montag
Tagesteller 25 CHF – Menü 30 CHF (mittags)/90 CHF – Karte 45/106 CHF
In dem Haus, in dem einst Goethe residierte, serviert man unter einem schönen Kreuzgewölbe traditionelle Schweizer Küche und einige Klassiker aus der österreichischen Heimat des Patrons wie Wiener Schnitzel oder Kaiserschmarrn (ab 2 Pers.).

STALDEN – Bern → Siehe Konolfingen

STANS
Nidwalden (NW) – ⌂ 6370 – 8 275 Ew – Höhe 451 m – Regionalatlas **4-F4**
▶ Bern 125 km – Luzern 15 km – Altdorf 30 km – Engelberg 20 km
Michelin Straßenkarte 551-O7

STANS

Engel
Dorfplatz 1 – ℰ 041 619 10 10 – www.engelstans.ch
20 Zim – †90/110 CHF ††140/180 CHF – ½ P
Am Dorfplatz steht das über 300 Jahre alte Gasthaus, das von Familie Keller engagiert geführt wird. Zur Wahl stehen eher einfachere Standardzimmer und minimalistisch gestaltete Designerzimmer. Aus der Küche kommen am Abend z. B. Buntbarsch mit Fenchelsalat oder Cordon Bleu. Alternativ gibt es eine kleinere Karte (Sandwiches, Kalbs-Bratwurst...), auch schon mittags.

Wirtschaft zur Rosenburg
Alter Postplatz 3, im Höfli – ℰ 041 610 24 61 – www.rosenburg-stans.ch
– geschl. Mitte Februar 1 Woche, Mitte Juli - Anfang August und Montag - Dienstag
Tagesteller 22 CHF – Menü 66/80 CHF – Karte 45/94 CHF
Historie, wohin man schaut - wunderschön der historische Wehrturm! Seit über 25 Jahren bietet der Patron "Guets vo hie" wie Felchenfilet oder Gerichte vom Molkenschwein, aber auch Internationales. Toll auch die Innenhofterrasse.

STECKBORN
Thurgau (TG) – ✉ 8266 – 3 726 Ew – Höhe 404 m – Regionalatlas **4-H2**
▶ Bern 185 km – Sankt Gallen 55 km – Frauenfeld 18 km – Konstanz 16 km
Michelin Straßenkarte 551-S3

See & Park Hotel Feldbach
Im Feldbach 10, Am Yachthafen – ℰ 052 762 21 21 – www.hotel-feldbach.ch
– geschl. 13. Dezember - 8. Januar, 7. - 19. Februar
36 Zim – †160/190 CHF ††230/260 CHF – ½ P
Toll die ruhige Lage mit Blick auf den Bodensee - auch für Hochzeiten eine schöne Kulisse! Dazu bietet man neuzeitliche Zimmer mit wertigen Bädern und Terrasse bzw. Balkon. Auch als Tagungsadresse geeignet. Restaurant im gegenüberliegenden Kloster a. d. 13. Jh. mit hübscher Seeterrasse.

STEFFISBURG – Bern → Siehe Thun

STEIN am RHEIN
Schaffhausen (SH) – ✉ 8260 – 3 342 Ew – Höhe 413 m – Regionalatlas **4-G2**
▶ Bern 177 km – Zürich 58 km – Baden 77 km – Frauenfeld 16 km
Michelin Straßenkarte 551-R3

Le Bateau
Oehningerstr. 2 – ℰ 052 742 42 42 – www.chlosterhof.ch
43 Zim – †190/230 CHF ††260/300 CHF – 24 Suiten – ½ P
Tagesteller 30 CHF – Menü 65 CHF (abends) – Karte 56/103 CHF
Das Gourmetrestaurant des Hotels "Chlosterhof" kommt elegant daher, modern die violetten Farbakzente - im Sommer zieht man natürlich die Terrasse zum Rhein vor! Macht Ihnen z. B. "Kalbsfilet mit Trüffelsauce, Spargel und Safranrisotto" Appetit? Italienische Küche im "Il Giardino".

STEINEN – Schwyz → Siehe Schwyz

STETTLEN
Bern (BE) – ✉ 3066 – 3 145 Ew – Regionalatlas **2-D4**
▶ Bern 8 km – Solothurn 43 km – Fribourg 42 km – Delémont 90 km
Michelin Straßenkarte 551-J7

in Stetteln-Deisswil

ziegel.hüsi ⓝ
Bernstr. 7 – ℰ 031 931 40 38 – www.ziegelhuesi.ch – geschl. Samstagmittag, Sonntag - Montag
13 Zim – †99/154 CHF ††187/197 CHF
Tagesteller 19 CHF – Menü 48 CHF (mittags unter der Woche) – Karte 50/91 CHF
Ein Haus mit langer, bunter Geschichte und heute ein spannender Mix aus Restaurant, Balsamessig-Manufaktur, Vinothek und gepflegter, zeitgemäss-funktionaler Übernachtungsadresse. Im Restaurant oder im schönen Gewölbe geniesst man z. B. "Wolfsbarsch mit Rindermark und Bohnencassoulet".

SUBERG – Bern ➜ Siehe Lyss

SUGIEZ
Fribourg (FR) – ✉ 1786 – 2 097 hab. – Alt. 434 m – Carte régionale **2-C4**
▶ Bern 32 km – Neuchâtel 21 km – Biel 36 km – Fribourg 25 km
Carte routière Michelin 552-H7

  De l'Ours
Route de l'Ancien Pont 5 – ℰ 026 673 93 93 – www.hotel-ours.ch
– fermé 19 décembre - 10 janvier, 27 février - 7 mars, 9 - 31 octobre, lundi et mardi
8 ch ⌒ – †135 CHF ††220/245 CHF
Plat du jour 19 CHF – Menu 31 CHF (déjeuner en semaine)/92 CHF
– Carte 46/86 CHF – *(réservation conseillée)*
Une maison bernoise (1678) entre canal, lac et vignobles. La demeure ne manque pas de caractère avec son architecture typique, ses chambres cossues et sa salle de restaurant élégante et chic (également une salle bistro plus simple). À la carte : des recettes de saison et un remarquable choix de vins (800 références).

SUHR
Aargau (AG) – ✉ 5034 – 9 891 Ew – Höhe 397 m – Regionalatlas **3-F3**
▶ Bern 82 km – Aarau 4 km – Baden 24 km – Basel 68 km
Michelin Straßenkarte 551-N4

  Bären
Bernstr.-West 56 – ℰ 062 855 25 25 – www.baeren-suhr.ch – geschl. Anfang Januar 1 Woche
32 Zim ⌒ – †115/128 CHF ††150/180 CHF – ½ P
Rest *Bärenstübli* – Siehe Restaurantauswahl
Der "Bären" ist ein sehr gepflegtes Traditionshaus, in dem man in zeitgemäss und funktionell ausgestatteten Zimmern wohnt und im "Suhrenstübli" bürgerlich-traditionell speist.

XX **Bärenstübli** – Hotel Bären
Bernstr.-West 56 – ℰ 062 855 25 25 – www.baeren-suhr.ch – geschl. Anfang Januar 1 Woche und Samstagmittag, Sonntag
Tagesteller 30 CHF – Menü 56/89 CHF – Karte 55/93 CHF
Hübsch und wohnlich ist das Ambiente hier, dazu trägt auch viel warmes Holz bei. An schön eingedeckten Tischen serviert man z. B. "Kalbsnierstück mit Barolojus" oder "grillierten Seeteufel mit Rauchpaprika, Venererisotto und Fenchel".

SUMISWALD
Bern (BE) – ✉ 3454 – 4 999 Ew – Höhe 700 m – Regionalatlas **3-E4**
▶ Bern 44 km – Burgdorf 16 km – Luzern 63 km – Olten 58 km
Michelin Straßenkarte 551-L7

ⓘ **Bären**
Marktgasse 1 – ℰ 034 431 10 22 – www.baeren-sumiswald.ch – geschl. Januar - Februar 2 Wochen, Juli - August 3 Wochen
19 Zim ⌒ – †100 CHF ††170 CHF – ½ P
Aus dem 15. Jh. stammt das schmucke denkmalgeschützte Haus. Der Familienbetrieb bietet wohnliche Zimmer (vier davon mit schönem altem Holz), freundlichen Service und ein gutes, frisches Frühstück. Bürgerlich-regionale Küche in gemütlichen Stuben. Ideal für Veranstaltungen: der sehenswerte Jugendstilsaal.

SURLEJ – Graubünden ➜ Siehe Silvaplana

SURSEE
Luzern (LU) – ✉ 6210 – 9 489 Ew – Höhe 504 m – Regionalatlas **3-F3**
▶ Bern 90 km – Luzern 23 km – Aarau 26 km – Baden 48 km
Michelin Straßenkarte 551-N6

SURSEE

Bellevue am See
Bellevueweg 7 – ℰ 041 925 81 10 – www.bellevuesursee.ch
19 Zim ⌂ – †120/150 CHF ††240 CHF – ½ P
Schön seenah (200 m) wohnt man in der schmucken Villa, gepflegt und individuell, nicht zu vergessen die traumhafte Aussicht auf See und Berge! Das Restaurant lockt mit Wintergarten und Terrasse, aus der Küche kommen klassische und Schweizer Gerichte.

XX
amrein'S
☺
Centralstr. 9, Zentrale Stadtverwaltung – ℰ 041 922 08 00 – www.amreins.ch – geschl. 22. Februar - 6. März, 24. Juli - 7. August und Sonntag - Montag sowie an Feiertagen
Menü 69/92 CHF (abends) – Karte 65/86 CHF
Bei Romy und Beat Amrein-Egli heisst es richtig gut essen: "Tortellini di Mortadella, Sauerkraut, Salbei, Sbrinz" oder "St. Pierre, gelbe Randen, Kartoffel-Steinpilzroulade" nennen sich die modernen, mediterran beeinflussten Schweizer Gerichte. Geschmackvoll-puristisch das Ambiente. Einfachere Mittagskarte.

SUTZ-LATTRIGEN
Bern (BE) – ⌂ 2572 – 1 400 Ew – Höhe 450 m – Regionalatlas **2-C3**
▶ Bern 44 km – Biel 7 km – Neuchâtel 36 km – Solothurn 33 km
Michelin Straßenkarte 551-I6

XX
Anker
☺☺
Hauptstr. 4 – ℰ 032 397 11 64 – www.anker-sutz.ch – geschl. 20. Februar - 9. März, 25. September - 20. Oktober und Montag - Dienstag
Tagesteller 18 CHF – Menü 51/84 CHF – Karte 44/75 CHF
In dem sympathischen, herzlich geführten Gasthof von 1870 speist man traditionell, so z. B. "gebratene Eglifilets mit sautierten Waldpilzen". Serviert wird in gemütlichen Räumen oder draussen unter Platanen - bei Regen schützt eine Markise.

TÄGERWILEN – Thurgau → Siehe Kreuzlingen

TARASP – Graubünden → Siehe Scuol

TAVERNE
Ticino (TI) – ⌂ 6807 – 2 934 ab. – Alt. 364 m – Carta regionale **10-H6**
▶ Bern 235 km – Lugano 10 km – Bellinzona 21 km – Locarno 31 km
Carta stradale Michelin 553-R13

XXX
Motto del Gallo
via Bicentenario 16 – ℰ 091 945 28 71 – www.mottodelgallo.ch – chiuso 2 - 28 gennaio e domenica - lunedì a mezzogiorno
4 cam ⌂ – †125 CHF ††240 CHF
Piatto del giorno 42 CHF – Menu 45 CHF (pranzo in settimana)/125 CHF – Carta 87/112 CHF – *(consigliata la prenotazione)*
Ristorante elegante e decisamente particolare: un gruppo di piccole case del XV secolo, riccamente arredate con mobili antichi e opere d'arte. Il menu presenta una serie di piatti dai sapori regionali e mediterranei; molto bella la terrazza esterna.

TEGNA
Ticino (TI) – ⌂ 6652 – 2 618 ab. – Alt. 258 m – Carta regionale **9-G6**
▶ Bern 244 km – Locarno 6 km – Andermatt 112 km – Bellinzona 28 km
Carta stradale Michelin 553-Q12

a Ponte Brolla – ⌂ 6652

XX
Da Enzo
via ai Grotti – ℰ 091 796 14 75 – www.ristorantedaenzo.ch – chiuso novembre - febbraio, mercoledì e giovedì a mezzogiorno
2 cam ⌂ – †200/230 CHF ††250/280 CHF
Menu 65 CHF (pranzo)/98 CHF (cena) – Carta 89/111 CHF
Casa ticinese in sasso e bella terrazza-giardino: ai tipici tavoli in granito - coperti in parte da volte, in parte da alberi - piatti squisitamente mediterranei. Fornita enoteca in cantina e due romantiche camere in un antico grotto.

TEGNA

XX **T3e Terre**
😊 *via Vecchia Stazione 2 – ℰ 091 743 22 22 – www.3terre.ch
– chiuso 2 settimane inizio novembre, 1 settimana a Carnevale, martedì e
mercoledì, metà luglio - metà agosto : martedì e mercoledì a mezzogiorno*
5 cam ⌾ – †185/215 CHF ††185/215 CHF
Piatto del giorno 28 CHF – Menu 51 CHF – Carta 65/100 CHF
Sia sulla verdeggiante terrazza sia nell'elegante sala da pranzo, la cucina omaggia la tradizione e i sapori mediterranei, come - ad esempio - l'ossobuco di vitello con risotto allo zafferano.

X **Centovalli**
*via Vecchia Stazione 5 – ℰ 091 796 14 44 – www.centovalli.com – chiuso
23 dicembre - 2 marzo, lunedì e martedì*
10 cam ⌾ – †100/210 CHF ††156/210 CHF
Piatto del giorno 27 CHF – Carta 52/90 CHF – *(consigliata la prenotazione)*
Nelle sale rustico-moderne di questo tipico grotto ticinese o sulla bella terrazza riparata da un pergolato, servizio informale e stuzzicanti proposte regionali. La specialità? Il risotto!

TEUFEN
Appenzell Ausserrhoden (AR) – ✉ 9053 – 6 164 Ew – Höhe 837 m
– Regionalatlas **5-I2**
▶ Bern 213 km – Herisau 15 km – Appenzell 12 km – Gamprin 41 km
Michelin Straßenkarte 551-U5

XX **Anker**
😊 *Dorf 10 – ℰ 071 333 13 45 – www.anker-teufen.ch – geschl. 1. - 18. Januar,
2. Juli - 7. August und Sonntag - Montag*
10 Zim – †95/120 CHF ††150/210 CHF, ⌾ 18 CHF
Menü 17/47 CHF – Karte 34/92 CHF
Das Restaurant im 1. Stock des gleichnamigen Hotels sorgt mit Holztäferung und niedrigen Decken für Behaglichkeit. Der ansprechende Mix aus traditioneller und internationaler Küche bietet z. B. "Kalbsleber mit Zwiebeln, Salbei und Rösti". Viele der guten Produkte kommen übrigens aus der hauseigenen Metzgerei!

TGANTIENI – Graubünden ➜ Siehe Lenzerheide

THAYNGEN
Schaffhausen (SH) – ✉ 8240 – 5 291 Ew – Höhe 440 m – Regionalatlas **4-G1**
▶ Bern 180 km – Zürich 61 km – Baden 80 km – Schaffhausen 10 km
Michelin Straßenkarte 551-Q2

in Hüttenleben Nord-West: 1,5 km

XX **Hüttenleben**
*Drachenbrunnenweg 5 – ℰ 052 645 00 10 – www.huettenleben.ch – geschl.
27. Dezember - 5. Januar, 24. Juli - 4. August, 2. - 13. Oktober und Montag
- Dienstag*
4 Zim ⌾ – †96 CHF ††167 CHF
Menü 43 CHF (mittags unter der Woche) – Karte 54/78 CHF
Der Landgasthof bietet internationale Küche mit italienischen und regionalen Einflüssen - fragen Sie nach den wechselnden Fischgerichten! Vom lichten Wintergarten blickt man in den Garten, nett ist auch die rustikale "Pasteria Calimero". Man hat übrigens eine tolle Grappaauswahl!

THÖRIGEN
Bern (BE) – ✉ 3367 – 1 090 Ew – Höhe 488 m – Regionalatlas **3-E3**
▶ Bern 41 km – Aarau 54 km – Basel 69 km – Luzern 83 km
Michelin Straßenkarte 551-L6

THÖRIGEN

XX Löwen 🏠 ⇔ 🅿

Langenthalstr. 1 – ℰ 062 961 21 07 – www.nikgygax.ch – geschl. Juli - August 2 Wochen und Sonntag - Montag
Tagesteller 25 CHF – Menü 88/270 CHF – Karte 71/131 CHF – *(Tischbestellung ratsam)*

Hier hat man sich mit klassisch-traditioneller Küche einen Namen gemacht. Schön die zwei wohnlichen Stuben - im Sommer sitzt man am liebsten im Garten unter Kastanien. Mittags zusätzliche einfachere Karte. Weinkenner schätzen die Raritäten.

THÔNEX – Genève → Voir à Genève

THUN
Bern (BE) – ⊠ 3600 – 43 500 Ew – Höhe 560 m – Regionalatlas **8-E4**
▶ Bern 32 km – Interlaken 29 km – Gstaad 61 km – Langnau im Emmental 32 km
Michelin Straßenkarte 551-K8

🏠 Seepark ≤ 🐾 👶 ▣ ♿ 🛁 🚗
Seestr. 47 – ℰ 033 226 12 12 – www.seepark.ch – geschl.   Stadtplan : B2**b**
27. November - 13. Februar
91 Zim ⬜ – †245/295 CHF ††330/400 CHF – 2 Suiten – ½ P
Rest *dasRestaurant* – Siehe Restaurantauswahl

Hier lässt es sich gut tagen, aber auch für den Urlauber bietet man so einiges: die schöne Lage direkt am See, die wertige und zeitgemässe Einrichtung, und der tolle Blick ist ebenso gratis wie Minibar und Fahrrad- oder Kanuverleih! Im Bistro "theTimeless" gibt es internationale Küche von Sandwiches über Club Burger bis Tatar. Übrigens: Man hat eine Stromtankstelle!

🏠 Krone ⓝ 🌟 ▣ 🍴 🛁 🚗
Obere Hauptgasse 2 – ℰ 033 227 88 88 – www.krone-thun.ch   Stadtplan : A1
31 Zim ⬜ – †150/200 CHF ††190/320 CHF – ½ P

Die Geschichte dieses Hauses im Herzen von Thun reicht bis ins 17. Jh. zurück. Heute wohnt man hier modern und komfortabel, gastronomisch hat man ein Grillrestaurant mit einsehbarer Küche sowie ein chinesisches Restaurant, auf dessen Karte alle Hauptküchen des Landes vertreten sind.

XX Arts Schloss Schadau ≤ 🍽 🏠 🍴 ⇔
Seestr. 45 – ℰ 033 222 25 00 – www.schloss-schadau.ch   Stadtplan : B2**a**
– geschl. Anfang Februar - Anfang März und Montag, November - April: Montag - Dienstag
Menü 54 CHF (mittags)/107 CHF – Karte 68/92 CHF

Zauberhaft dieses jahrhundertealte Anwesen in einem Park am See - wie gemacht für Hochzeiten! In stilvollen Räumen finden sich tolle Holzarbeiten, alte Fliesen und Bilder, draussen die Terrasse mit Postkartenaussicht auf See und Berge! Für die frische klassische Küche verwendet man viele regionale Produkte.

XX dasRestaurant – Hotel Seepark ≤ 🏠 ♿ 🚗
Seestr. 47 – ℰ 033 226 12 12 – www.seepark.ch – geschl.   Stadtplan : B2**b**
27. November - 13. Februar und Sonntag - Montag
Menü 78/124 CHF – *(nur Abendessen)*

Attraktiv das moderne und zugleich klassische Ambiente, reizvoll die Aussicht auf den See. Aus ambitionierten Speisen wie "Wollschwein / Kichererbsen / Granatapfel / Kaffee Rosso e Nero" können Sie sich Ihr Menü selbst zusammenstellen. Mittags etwas einfachere Küche - auch an den Ruhetagen.

X Burehuus 🏠 ♿ 🍴 ⇔ 🅿
㊉
Frutigenstr. 44 – ℰ 033 224 08 08 – www.burehuus.ch – geschl.   Stadtplan : A2**c**
Montagabend
**Tagesteller 18 CHF – Menü 25 CHF (mittags unter der Woche)/45 CHF
– Karte 48/85 CHF**

Das hübsch restaurierte 200 Jahre alte Bauernhaus beherbergt ein gemütliches Restaurant mit Empore, nett auch der Garten. Auf den Tisch kommt solide bürgerliche Küche mit regionalen Einflüssen - auch das Tagesmenü kommt sehr gut an.

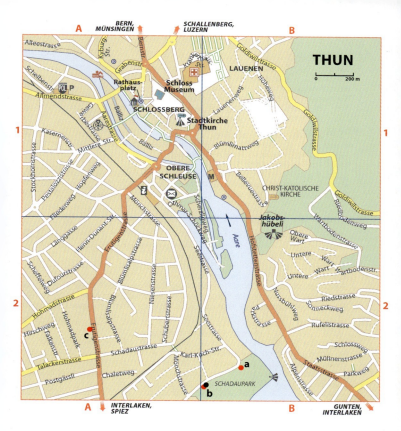

in Steffisburg Nord-West: 2 km – Höhe 563 m – ✉ 3612

XX Panorama - Cayenne
Hartlisbergstr. 39, auf dem Hartlisberg – ✆ 033 437 43 44
– www.panorama-hartlisberg.ch – geschl. über Weihnachten und Montag - Dienstag
Menü 91/149 CHF – Karte 97/136 CHF – *(nur Abendessen)*
Sehr gute Produkte, viele aus der Region, werden hier mit modernen Einflüssen zu stimmigen, feinen Gerichten verarbeitet. Zum kulinarischen Genuss kommt noch der visuelle, denn die Lage über Thun ist klasse - besonders natürlich von der Terrasse! Das elegante Interieur kann sich aber ebenfalls sehen lassen.
➔ "Foie gras Rocher" mit Rhabarber und Haselnuss. Wagyu Beef von der Schwarzenegg mit Kartoffelcannelloni. Meringue-Glace trifft Vanille und Rhabarber - moderne Art.
Bistro – Siehe Restaurantauswahl

X Bistro – Restaurant Panorama
Hartlisbergstr. 39, auf dem Hartlisberg – ✆ 033 437 43 44
– www.panorama-hartlisberg.ch – geschl. über Weihnachten und Montag - Dienstag
Tagesteller 19 CHF – Menü 64 CHF – Karte 58/102 CHF
Wer eine etwas einfachere und auch günstigere Alternative zum "Cayenne" sucht, darf sich hier in sympathisch-rustikalem Ambiente auf Schmackhaftes wie "würziges Tatar vom Simmentaler Rind mit Cognac und goldenem Baguette" freuen!

THUN

in Hilterfingen Süd-Ost: 3 km – Höhe 563 m – ⊠ 3652

🏠 Schönbühl
Dorfstr. 47 – ✆ 033 243 23 83 – www.schoenbuehl.ch – geschl. Januar
19 Zim ⊡ – ♦125/160 CHF ♦♦185/275 CHF – ½ P
Rest *Schönbühl* – Siehe Restaurantauswahl
Sie wohnen hier bei engagierten Gastgebern in einem tipptopp gepflegten Hotel. Sehr schön ist die ruhige Lage mit Blick aufs Berner Oberland, davor der Thuner See - die meisten Zimmer bieten Seesicht.

✕✕ Schönbühl – Hotel Schönbühl
Dorfstr. 47 – ✆ 033 243 23 83 – www.schoenbuehl.ch – geschl. Januar und Montag, Oktober - April: Sonntag - Montag
Menü 63/143 CHF – Karte 57/96 CHF
Lust auf gute Küche bei tollem Seeblick? Die regional-saisonalen Gerichte nennen sich z. B. "Suure Mocke, Härdöpfu u Gmües", "Bratwurscht, Schü, Zibele u Röschti" oder "Fisch, Bärner Münschti, Majones". Natürlich sitzt man auch gerne auf der Terrasse!

in Oberhofen Süd-Ost: 3 km – Höhe 563 m – ⊠ 3653

🏠 Park Hotel
Friedbühlweg 36 – ✆ 033 244 91 91 – www.parkhoteloberhofen.ch – geschl. Anfang Januar 1 Woche, Februar 3 Wochen
36 Zim ⊡ – ♦125/205 CHF ♦♦250/355 CHF – ½ P
Rest *Montana* – Siehe Restaurantauswahl
Herrschaftlich liegt das Hotel von 1913 über Oberhofen, herrlich der Blick auf See und Berge! Es erwarten Sie zeitgemässe, freundliche Zimmer und dazu werden Sie sehr persönlich betreut, egal ob Sie als Tagungs- oder Feriengast kommen.

✕✕ Montana – Park Hotel
– ✆ 033 244 91 91 – www.parkhoteloberhofen.ch
Tagesteller 22 CHF – Menü 60 CHF (vegetarisch)/102 CHF – Karte 63/106 CHF
Sie sitzen hier schön in geradlinig-elegantem Ambiente oder auf der reizvollen Terrasse, geniessen die Aussicht und lassen sich frische Küche mit modernen und klassischen Elementen schmecken, z. B. als "pochiertes Saiblingsfilet in Madarinen-Beurre-blanc mit Süsskartoffel".

THUNSTETTEN
Bern (BE) – ⊠ 4922 – 3 257 Ew – Höhe 435 m – Regionalatlas **3-E3**
▶ Bern 43 km – Basel 62 km – Luzern 76 km – Biel 45 km
Michelin Straßenkarte 551-L6

In Thunstetten-Forst West: 1,5 km Richtung Herzogenbuchsee – ⊠ 4922

✕✕ Forst
Forst 101 – ✆ 062 963 21 11 – www.restaurantforst.ch – geschl. Ende September - Anfang Oktober 2 Wochen und Dienstag - Mittwoch
Tagesteller 30 CHF – Menü 65/120 CHF – Karte 46/132 CHF
In dem historischen Gasthof erwarten Sie sympathische Gastgeber sowie traditionelle und internationale Küche, zudem Spezialitätenwochen von "Thai" bis "England". Als echter "Jaguar"-Fan bietet der Chef auch inseltypischen "Afternoon Tea". Schön: der Rosengarten und die Terrasse mit Blick zur Jurakette.

THUSIS
Graubünden (GR) – ⊠ 7430 – 3 025 Ew – Höhe 697 m – Regionalatlas **10-I4**
▶ Bern 266 km – Chur 26 km – Bellinzona 93 km – Davos 47 km
Michelin Straßenkarte 553-U9

🏠 Weiss Kreuz
Neudorfstr. 50 – ✆ 081 650 08 50 – www.weisskreuz.ch
37 Zim ⊡ – ♦80/140 CHF ♦♦140/260 CHF – ½ P
Hinter der schmucken roten Fassade können Sie zeitgemäss wohnen (es wird immer wieder renoviert) und auch schön speisen: hell und elegant der Speisesaal, sehr gemütlich die Bündner Stube. Auf der Karte z. B. Sauerbraten vom Rind oder Capuns. Für besondere Anlässe: Dachwintergarten mit toller Sicht!

THYON-Les COLLONS
Valais (VS) – ⌧ 1988 – Alt. 2 187 m (Sports d'hiver : 1 800/3 300 m)
– Carte régionale **7-D6**
▶ Bern 179 km – Sion 24 km – Brig 74 km – Martigny 53 km
Carte routière Michelin 552-I12

aux Collons Alt. 1 802 m – ⌧ 1988

La Cambuse
Chemin de la Bourgeoisie 11 – ℰ *027 281 18 83 – www.lacambuse.ch*
– fermé 16 avril - 24 juin et 28 octobre - 2 décembre
10 ch – †90/150 CHF ††160/200 CHF – 1 suite – ½ P
Ce chalet familial domine le val d'Hérens, à 1 900 m d'altitude : une vue et une situation magnifiques, juste au pied des pistes. Les chambres sont très fraîches, habillées de bois blond. Après le ski, c'est cuisine traditionnelle... et fondues !

La TOUR-de-PEILZ – Vaud ➜ Voir à Vevey

La TOUR-DE-TRÊME – Fribourg ➜ Voir à Bulle

TRIMBACH – Solothurn ➜ Siehe Olten

TRIN
Graubünden (GR) – ⌧ 7014 – 1 323 Ew – Höhe 875 m – Regionalatlas **5-I4**
▶ Bern 257 km – Chur 15 km – Glarus 85 km – Triesenberg 54 km
Michelin Straßenkarte 553-U8

XX **Casa Alva**
Via Visut 31, 1. Etage – ℰ *081 630 42 45 – www.casaalva.ch – geschl. 15. Juni*
- 13. Juli, 26. Oktober - 16. November und Dienstag - Mittwoch
6 Zim – †150 CHF ††210 CHF
Menü 70/110 CHF – *(nur Abendessen) (Tischbestellung ratsam)*
Schön passen die zeitgemässen, nach Bündner Bergen benannten Menüs zu dem ehemaligen Pfarrhaus: ein Mix aus zurückhaltend modernem Stil und alter Bausubstanz, ein attraktives Nebeneinander von klaren Formen und rustikalem Holz.

TRUN
Graubünden (GR) – ⌧ 7166 – 1 202 Ew – Höhe 852 m – Regionalatlas **10-H4**
▶ Bern 190 km – Andermatt 44 km – Altdorf 78 km – Bellinzona 96 km
Michelin Straßenkarte 553-S9

XX **Casa Tödi**
Via Principala 78, 1. Etage – ℰ *081 943 11 21 – www.casatoedi.ch – geschl.*
18. April - 10. Mai, 23. Oktober - 17. November und Dienstag - Mittwoch
11 Zim – †80/90 CHF ††151/165 CHF – ½ P
Tagesteller 23 CHF – Menü 30 CHF (mittags unter der Woche)/126 CHF
– Karte 63/77 CHF – *(abends Tischbestellung ratsam)*
Mit Manuel Reichenbach steht in dem Familienbetrieb die 3. Generation am Herd und bereitet dort z. B. "Cassoulet vom Wollschwein aus Siat" zu. Richtig gemütlich: historische Täferung, Specksteinofen und umlaufende Holzbank. Tipp: Salsiz von Schwein und Kartoffel, hergestellt nach Grossmutters Rezept!

TSCHIERTSCHEN
Graubünden (GR) – ⌧ 7064 – 313 Ew – Regionalatlas **5-I4**
▶ Bern 255 km – Chur 11 km – Glarus 85 km – St. Gallen 120 km
Michelin Straßenkarte 553-V8

Alpina 🆕
Panezlis 67 – ℰ *081 868 80 88 – www.the-alpina.com*
27 Zim – †130/280 CHF ††210/370 CHF – ½ P
Komplett entkernt präsentiert sich das altehrwürdige Hotel a. d. 19. Jh. heute modern und dennoch mit Charme - wertig, chic und ausgesprochen wohnlich. Im Winter mit Shuttle-Service. Herrlich: Speisen mit Aussicht im Wintergarten und auf der Terrasse direkt an der Piste.

TWANN
Bern (BE) – ⊠ 2513 – 1 159 Ew – Höhe 434 m – Regionalatlas **2-C4**
▶ Bern 50 km – Neuchâtel 23 km – Biel 10 km – La Chaux-de-Fonds 43 km
Michelin Straßenkarte 551-H6

XX Zur Ilge
*Kleintwann 8 – ℰ 032 315 11 36 – www.restaurantilge.ch – geschl. Ende Juni
- Anfang Juli 2 Wochen und Montag - Dienstag, November - März:
Sonntagabend - Dienstag*
Menü 29/85 CHF – **Karte** 41/95 CHF
In dem Haus a. d. 15. Jh. gibt es zwei rustikale Stuben und ein richtig modernes Restaurant. Dazu sympathische Gastgeber, die Traditionelles mit asiatischem Einfluss bieten, von "Kalbsniere in Senfsauce" bis "Egli Hongkong". Historischer Apéro-Keller, Terrasse zum See.

XX Fontana
*Moos 10 – ℰ 032 315 03 03 – www.hotelfontana.ch – geschl. April 1 Woche, Juli
2 Wochen, Oktober 1 Woche, Dezember 1 Woche und Sonntag - Montag*
20 Zim – †129/149 CHF ††199/259 CHF – ½ P
Menü 68/115 CHF – **Karte** 56/90 CHF
Nette Restaurantstuben von modern bis rustikal erwarten Sie im gleichnamigen Hotel. Auf der Karte zeitgemäss interpretierte Regionalküche: "Eglifilets à la Meunière", "Treberwurst mit Seeländer Linsen", "Krustentier-Tatar"... Terrasse mit Sicht auf den Bielersee.

UEBERSTORF
Freiburg (FR) – ⊠ 3182 – 2 357 Ew – Regionalatlas **2-D4**
▶ Bern 20 km – Fribourg 19 km – Neuchâtel 46 km – Solothurn 58 km
Michelin Straßenkarte 552-I8

🏠 Schloss Ueberstorf
Schlossstr. 14 – ℰ 031 741 47 17 – www.schlossueberstorf.ch
15 Zim – †120/160 CHF ††240/260 CHF – ½ P
Das alte Kloster a. d. 16. Jh. dient heute der Beherbergung sowie Seminaren. Geblieben ist die Sachlichkeit des Ortes, die sich in einer schlichten und raffinierten Dekoration widerspiegelt: helle Töne, Parkett, hier und da antike Möbelstücke… Eine Insel des Friedens.

UETIKON am SEE
Zürich (ZH) – ⊠ 8707 – 5 987 Ew – Höhe 414 m – Regionalatlas **4-G3**
▶ Bern 143 km – Zürich 18 km – Rapperswil 15 km
Michelin Straßenkarte 551-Q5

XX Wirtschaft zum Wiesengrund (Hans-Peter Hussong)
*Kleindorfstr. 61 – ℰ 044 920 63 60 – www.wiesengrund.ch – geschl. Februar
2 Wochen, August 3 Wochen und Sonntag - Montag*
Tagesteller 38 CHF – **Menü** 58 CHF (mittags unter der Woche)/180 CHF
– **Karte** 95/141 CHF – *(Tischbestellung ratsam)*
Seit 1990 stecken Hans-Peter und Ines Hussong jede Menge Herzblut und Engagement in dieses Haus - man sieht es am schönen eleganten Interieur, spürt es am zuvorkommenden Service und schmeckt es an den produktorientierten feinen klassischen Speisen. Man beachte auch den hübschen Garten!
→ Schmorbratenravioli mit Salbei und Nussbutter. Langustinen in Olivenöl gebraten mit Artischocken und Zitrone. Rücken vom Ormalinger Jungschwein mit Taggiasche-Oliven und Pommes Anna.

UETLIBERG – Zürich → Siehe Zürich

UNTERENGSTRINGEN
Zürich (ZH) – ⊠ 8103 – 3 642 Ew – Regionalatlas **4-F2**
▶ Bern 120 km – Zürich 11 km – Aarau 42 km – Zug 38 km
Michelin Straßenkarte 551-P4

UNTERENGSTRINGEN

XX **Witschi's Restaurant**
Zürcherstr. 55 – ℰ 044 750 44 60 – www.witschirestaurant.ch – geschl. Januar
2 Wochen, 22. Juni - 8. Juli und Sonntag - Montag
Menü 65 CHF (mittags unter der Woche)/185 CHF – Karte 115/195 CHF –
(Tischbestellung ratsam)
Hier setzt man auf klassische Küche. Tipp: Samstagmittags gibt es meist ein
besonderes Menü-Angebot! Draussen die hübsch begrünte Terrasse. Ideal für
Gesellschaften ist der elegante Gourmetclub.

UNTERIBERG
Schwyz (SZ) – ⌧ 8842 Unteriberg – 2 330 Ew – Regionalatlas **4-G3**
▶ Bern 177 km – Schwyz 21 km – Glarus 63 km – Zug 51 km
Michelin Straßenkarte 551-R7

X **Landgasthof Rösslipost**
Schmalzgrubenstr. 2 – ℰ 055 414 60 30 – www.roesslipost.ch – geschl. 1. - 9. Mai,
23. Oktober - 7. November und Montag - Dienstag
12 Zim ⌑ – †95/110 CHF ††150/180 CHF – ½ P
Tagesteller 19 CHF – Menü 39 CHF (abends unter der Woche)/98 CHF
– Karte 50/89 CHF
In dem traditionsreichen Familienbetrieb wird saisonal gekocht. Serviert wird in
"Kathrin's Restaurant" oder im einfachen "Poststubli" - nicht zu vergessen die Terrasse hinter dem Haus! Für private Anlässe gibt es das urige "Wyfässli". Und zum
Übernachten hat man schlichte, gepflegte Gästezimmer.

UNTERSEEN – Bern (BE) → Siehe Interlaken

UNTERSIGGENTHAL
Aargau (AG) – ⌧ 5417 – 7 160 Ew – Höhe 379 m – Regionalatlas **4-F2**
▶ Bern 109 km – Aarau 32 km – Baden 6 km – Schaffhausen 55 km
Michelin Straßenkarte 551-O4

XXX **Chämihütte**
Rooststr. 15, Nord: 1 km Richtung Koblenz – ℰ 056 298 10 35
– www.chaemihuette.ch – geschl. Juli 2 Wochen und Montag - Dienstag, im
Winter: Sonntagabend - Dienstag
Tagesteller 28 CHF – Menü 48/92 CHF – Karte 52/103 CHF
Viele Stammgäste bestellen hier "Rindsfilet Stroganoff", aber auch "Bärenkrebs,
Riesencrevette und Jakobsmuschel in Currysauce" kommt an. Und nach dem
Essen lässt es sich am Kamin bei einer Zigarre schön verweilen. Tipp: Beliebt bei
Jung und Alt ist der Tanzabend mehrmals im Jahr am letzten Freitag im Monat.

URNÄSCH
Appenzell Ausserrhoden (AR) – ⌧ 9107 – 2 246 Ew – Höhe 826 m
– Regionalatlas **5-H3**
▶ Bern 209 km – Sankt Gallen 20 km – Altstätten 26 km – Herisau 10 km
Michelin Straßenkarte 551-U5

XX **Urnäscher Kreuz**
Unterdorfstr. 16 – ℰ 071 364 10 20 – www.urnaescher-kreuz.ch
– geschl. Sonntagabend - Montag, November - Mitte April: Sonntag - Montag
Menü 69/112 CHF – Karte 48/109 CHF – (Tischbestellung ratsam)
Schöne Holztäferung, niedrige Decken, stimmige Deko... Man hat es richtig
gemütlich in dem schmucken Appenzeller Haus - und draussen lockt die Terrasse
an der Urnäsch! Probieren Sie von den traditionellen, aber auch internationalen
Speisen z. B. "geschmorte Kalbsbacke im Kartoffelstockring mit Pilzen".

URSENBACH
Bern (BE) – ⌧ 4937 – 911 Ew – Höhe 588 m – Regionalatlas **3-E3**
▶ Bern 43 km – Burgdorf 20 km – Langnau im Emmental 29 km – Luzern 57 km
Michelin Straßenkarte 551-L6

URSENBACH

XX Hirsernbad
😊 *Hirsern 102, Süd-West: 1 km Richtung Burgdorf –* 𝒞 *062 965 32 56*
– www.hirsernbad.ch – geschl. Februar 2 Wochen und Dienstag - Mittwoch
Tagesteller 19 CHF – Menü 75/98 CHF – Karte 41/102 CHF
Gasthoftradition seit 1842. Drinnen schöne gemütliche Stuben, draussen tolle Terrasse mit grosser Buche. Auf der Karte viel Fisch aus der Region, aber auch Emmentaler Spezialitäten wie Schafsvoressen. Für Apéros: Spycher von 1647.

UTZENSTORF
Bern (BE) – ⊠ 3427 – 4 213 Ew – Höhe 474 m – Regionalatlas **2-D3**
▶ Bern 26 km – Biel 35 km – Burgdorf 12 km – Olten 47 km
Michelin Straßenkarte 551-K6

XX Bären
😊 *Hauptstr. 18 –* 𝒞 *032 665 44 22 – www.baeren-utzenstorf.ch – geschl. Montag*
- Dienstag
Tagesteller 24 CHF – Menü 68/115 CHF (abends) – Karte 57/103 CHF
Bereits die 14. Generation ist in dem schmucken Berner Gasthof von 1261 im Einsatz. In den hübschen Stuben isst man richtig gut, und zwar traditionell-regional - Lust auf Bachforelle aus dem Vivier? Mittags etwas reduzierte Karte. Schön die Gartenterrasse. Stilvolle Salons.

VACALLO
Ticino (TI) – ⊠ 6833 – 3 420 ab. – Alt. 375 m – Carta regionale **10-H7**
▶ Bern 269 km – Lugano 29 km – Bellinzona 55 km – Como 9 km
Carta stradale Michelin 553-S14

🏠 Conca Bella
via Concabella 2 – 𝒞 *091 697 50 40 – www.concabella.ch – chiuso dopo*
Natale - inizio gennaio 2 settimane
17 cam ⊡ – †115/145 CHF ††150/210 CHF – ½ P
Rist Conca Bella ✿ – Vedere selezione ristoranti
Sotto il campanile del paese, albergo semplice e familiare, ma pulito e confortevole; le camere superior sono un po' più ricercate e costano - di conseguenza - leggermente di più.

XX Conca Bella – Hotel Conca Bella
✿ *via Concabella 2 –* 𝒞 *091 697 50 40 – www.concabella.ch – chiuso dopo*
Natale - inizio gennaio 2 settimane, 1 giugno - 31 agosto, domenica e lunedì
Piatto del giorno 39 CHF – Menu 52 CHF (pranzo)/140 CHF – Carta 100/106 CHF – *(consigliata la prenotazione)*
E' una cucina che ha tutto per conquistare anche i palati più difficili: presentazioni accattivanti, gusto, raffinatezza e solidità in virtù anche dell'ottima selezione di prodotti. La vasta selezione enologica le fa eco, soprattutto all'Enoteca dove troverete sicuramente la bottiglia che più vi aggrada.
→ Ravioli ripieni con capretto alle erbe mandorla e aglio nero. Piccione di Bresse in doppia cottura rabarbero e Campari. Ricotta e latte di capra, pera alle bacche di corniolo e frolla salata.

VALBELLA – Graubünden → Siehe Lenzerheide

VALCHAVA – Graubünden → Siehe Santa Maria i.M.

VALENDAS
Graubünden (GR) – ⊠ 7122 – 298 Ew – Regionalatlas **5-I4**
▶ Bern 270 km – Chur 27 km – Glarus 97 km – Triesenberg 66 km
Michelin Straßenkarte 553-T8

VALENDAS

XX **Gasthaus am Brunnen**
Hauptstr. 61 ⊠ 7122
– ℰ 081 920 21 22 – www.gasthausambrunnen.ch
– geschl. Oktober - November 3 Wochen und Montag - Dienstag
7 Zim ⊇ – †130/150 CHF ††180/220 CHF – 1 Suite
Tagesteller 28 CHF – Menü 76/138 CHF – Karte 60/86 CHF
Ein Schmuckstück mitten in dem Bündner Bergdorf. Einheimische treffen sich gerne in der rustikalen Stube zu Mittagessen oder Stammtisch, eleganter das geradlinig-schicke Restaurant. Gekocht wird modern und nur mit Zutaten der Region, z. B. "Kalbsfilet vom Salzstein, Kräuterkaviar, Senf-Schnittlauchrisotto".

VALEYRES-sous-RANCES
Vaud (VD) – ⊠ 1358 – 601 hab. – Carte régionale **6-B5**
▶ Bern 86 km – Lausanne 34 km – Neuchâtel 45 km – Fribourg 60 km
Carte routière Michelin 552-D8

XX **A la Vieille Auberge**
Route Romaine 2 – ℰ 024 441 00 06 – www.lavieilleauberge.ch – fermé fin janvier 2 semaines, fin avril - début mai une semaine, fin juillet - début août 2 semaines, dimanche, lundi et jours fériés
Plat du jour 18 CHF – Menu 53 CHF (déjeuner en semaine)/99 CHF
– Carte 61/82 CHF
Cette Vieille auberge porte bien son nom : c'est la plus ancienne maison de la localité ! Le chef Éric Hamart y propose une goûteuse cuisine de saison – tarte fine aux escargots, pintade au chou vert et légumes de pot-au-feu – tandis que le service, efficace et attentionné, est assuré par Myriam, sa charmante épouse.

VALS
Graubünden (GR) – ⊠ 7132 – 990 Ew – Höhe 1 248 m – Regionalatlas **10-H5**
▶ Bern 229 km – Chur 52 km – Andermatt 83 km – Davos 109 km
Michelin Straßenkarte 553-T10

7132 Hotel
Poststr. 560 – ℰ 058 713 20 00 – www.7132.com
– geschl. 26. März - 30. Juni
91 Zim – †290 CHF ††390 CHF, ⊇ 30 CHF
Rest *Silver* ⊛⊛ – Siehe Restaurantauswahl
Sehr attraktiv, was aus dem Haus mit der recht speziellen 60er-/70er-Jahre-Architektur entstanden ist: ein kleines Schmuckstück im Retro-Look mit Designerzimmern und direktem und inkludiertem Zugang zur Valser Therme. Traditionelle Küche im Restaurant "Red", alternativ gibt's Pizza im "Da Papa".

Rovanada
Im Bode 512 – ℰ 081 935 13 03 – www.rovanada.ch
– geschl. 2. April - 16. Juni
40 Zim ⊇ – †90/130 CHF ††130/300 CHF – ½ P
Hier wird immer wieder investiert, so darf man sich auf wohnliche, moderne Zimmer und ein gepflegtes Wellnessangebot freuen, und auch auf italienische Spezialitäten. Sie suchen etwas Besonderes? Man hat noch die "Casa da Luzi", ein reizendes kleines "Kuschelhotel" samt Gaststube mit regionaler Küche.

Steinbock
Valé 199c – ℰ 081 935 13 13 – www.hotel-steinbock.ch – geschl. April - Mai
15 Zim ⊇ – †95/115 CHF ††196/220 CHF – ½ P
Das kleine Hotel ist gefragt: Die Lage direkt an der Bergbahnstation könnte für Skifahrer und Wanderer nicht günstiger sein und auch das Haus selbst kann sich wirklich sehen lassen: ein würfelförmiger Bau, aussen wie innen moderne Geradlinigkeit und heimische Naturmaterialien wie Holz und Granit.

VALS

Silver – 7132 Hotel
Poststr. 560 – ℰ 058 713 20 00 – www.7132.com – geschl. 26. März - 30. Juni und Montag - Dienstag
Menü 225 CHF – *(nur Abendessen)*
Eine wirklich interessante Küche, die auf hervorragende regionale Zutaten setzt und sie hier und da mit internationalen Top-Produkten kombiniert. Man hat zweifelsohne seine ganz eigene Handschrift, kocht überaus durchdacht, mit angenehmen Kontrasten, ohne Chichi. Passend dazu das stylish-urbane Interieur!
→ Barrel aged Negroni, Grapefruit. Bergkartoffel, Käse, Trüffel. Lumare Saibling, Dashi, Aubergine.

VANDOEUVRES – Genève → Voir à Genève

VERBIER
Valais (VS) – ✉ 1936 – 2 163 hab. – Alt. 1 406 m (Sports d'hiver : 1 500/3 330 m)
– Carte régionale **7-D6**
▶ Bern 159 km – Martigny 28 km – Lausanne 98 km – Sion 55 km
Carte routière Michelin 552-H12

W Verbier
Rue de Médran 70 – ℰ 027 472 88 88 – www.wverbier.com   Plan : B2**w**
127 ch – †450/700 CHF ††500/750 CHF – 12 suites – ½ P
Rest *AROLA* – Voir la sélection des restaurants
Il présente l'architecture caractéristique des chalets suisses... mais c'est bien là sa seule concession à la tradition ! Cet hôtel flambant neuf bouscule les codes de l'hôtellerie de montagne : ambiance chic et branchée, esprit design et coloré... ou comment allier l'âme rustique du bois et les dernières technologies. Déjà le fleuron de la station.

Le Chalet d'Adrien
Chemin des Creux – ℰ 027 771 62 00 – www.chalet-adrien.com   Plan : A1**c**
– fermé 16 avril - 24 juin et 17 septembre - 25 novembre
20 ch – †370/1530 CHF ††370/1530 CHF, ☑ 48 CHF – 9 suites – ½ P
Rest *La Table d'Adrien* ❀ • **Rest *Le Grenier*** – Voir la sélection des restaurants
On se sent vraiment bien dans ce grand chalet au-dessus de Verbier. Les chambres et les suites sont décorées avec goût et ont pris des noms de fleurs des montagnes. Un bel espace bien-être, une vue splendide, du charme à revendre : une adresse au sommet !

Cordée des Alpes
Route du Centre Sportif 24 – ℰ 027 775 45 45   Plan : A2**c**
– www.hotelcordee.com
– fermé 17 avril - 1er juillet, 18 septembre - 1er décembre
32 ch ☑ – †200/500 CHF ††300/800 CHF – 4 suites
Rest *La Cordée* – Voir la sélection des restaurants
Loin du design et de la modernité, on se plonge volontiers dans la beauté artisanale de cette maison. Ici, le luxe est niché dans les détails, petites touches de bois rustique et carrelages peints à la main... Qui font que l'on se sent chez soi. Autres atouts : un service impeccable et un joli espace bien-être.

Nevaï
Route de Verbier 55 – ℰ 027 775 40 00 – www.hotelnevai.com   Plan : B2**n**
– fermé 16 avril - 29 juin et 3 septembre - 7 décembre
33 ch ☑ – †200/350 CHF ††250/650 CHF – 2 suites
Nevaï signifie "neige" dans le dialecte local. La décoration de cet hôtel, contemporaine, détonne avec le style montagnard en vigueur dans la région. On appréciera le confort des chambres et le restaurant où l'on sert des spécialités japonaises, dont des sushis.

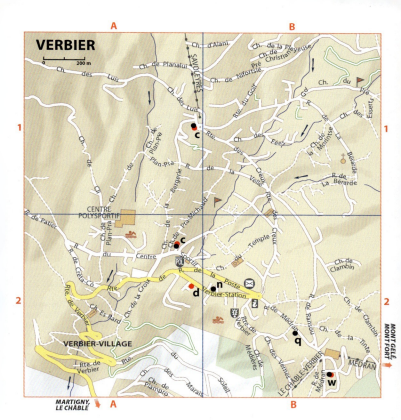

Le Chalet de Flore

Rue de Médran 20 – ℰ 027 775 33 44 – www.chalet-flore.ch – fermé   Plan : B2**q**
mai - juin et 25 septembre - 1ᵉʳ décembre
19 ch – †230/420 CHF ††420/580 CHF, ⚏ 30 CHF – 1 suite
Les propriétaires du chalet d'Adrien sont à la tête de cet établissement posté sur les hauteurs de la station, à côté des télécabines du domaine des 4-Vallées. Salon de thé, chambres à la fois montagnardes et raffinées, délicieux petit déjeuner... Un refuge charmant.

XX La Grange

Rue de Verbier – ℰ 027 771 64 31 – www.lagrange.ch – fermé mai   Plan : A2**d**
- juin, mercredi et dimanche hors saison
Plat du jour 20 CHF – Menu 28 CHF (déjeuner)/130 CHF – Carte 59/112 CHF
Un cadre rustique et montagnard, des objets anciens glanés ici et là, le décor est planté. Au restaurant, plats du terroir, gibier et poissons frais s'accompagnent d'une belle carte des vins (France, Italie, Valais). Grillades au feu de bois, raclettes et fondues à la Brasserie.

La sélection des hôtels et des restaurants change tous les ans.
Chaque année, changez de guide MICHELIN !

VERBIER

✕✕ La Table d'Adrien – Hôtel Le Chalet d'Adrien ❀ 🍴 🅿
⭐
Chemin des Creux – ℰ 027 771 62 00 – www.chalet-adrien.com Plan : A1**c**
– fermé 1er avril - 13 juillet et 1er septembre - 14 décembre
Menu 140/215 CHF – Carte 112/156 CHF – *(dîner seulement)*
Un hôtel de luxe avec restaurant gastronomique et, bien sûr, une ambiance élégante. Le chef, Mirto Marchesi, prépare une cuisine magistrale et exquise, dans laquelle la Méditerranée est à l'honneur. Les conseils professionnels du sommelier et le service attentionné donnent la touche finale à une parfaite soirée.
→ Croustillants de grenouilles de Vallorbe, ris de veau, ail noir et persil. Fera du lac Léman, truffe noire, balsamique 25 ans d'âge. Agneau du Cotterg en deux services et plusieurs cuissons.

✕✕ La Cordée – Hôtel Cordée des Alpes 🍴 ✤ ✿ 🚗
Route du Centre Sportif 24 – ℰ 027 775 45 45 Plan : A2**c**
– www.hotelcordee.com – fermé 17 avril - 1er juillet et 18 septembre - 1er
décembre, basse saison: lundi et mardi
Menu 90 CHF – Carte 70/98 CHF – *(dîner seulement)*
Salade de poulpe et crabe, canette de Barbarie laquée aux parfums de Pékin... La cuisine de Marco Bassi est italienne, cela ne fait aucun doute, mais elle sait aussi traverser les frontières. Joignez-vous à cette Cordée pour atteindre des sommets de gourmandise !

✕✕ AROLA – Hotel W Verbier 🍴 🚗
Rue de Médran 70 – ℰ 027 472 88 88 – www.wverbier.com Plan : B2**w**
Menu 85/110 CHF – Carte 92/137 CHF – *(dîner seulement)*
Sergi Arola, chef étoilé en Espagne, s'apprête à conquérir le cœur des Suisses ! Sa cuisine est inspirée et résolument moderne : salade de crabe et sphère d'avocat ; suprême de poularde des Landes, aubergine et poivrons ; ou encore ce délicieux dessert, le "Real milk choc"... À déguster sur la terrasse dominant la vallée !

✕ Le Grenier – Hôtel Le Chalet d'Adrien ❀ 🍴 🅿
Chemin des Creux – ℰ 027 771 62 00 – www.chalet-adrien.com Plan : A1**c**
– fermé 16 avril - 24 juin et 17 septembre - 25 novembre
Menu 65 CHF – Carte 58/100 CHF
Ce "restaurant d'alpage" a les deux pieds dans la tradition locale, et assume son côté rustique et convivial : de belles boiseries, un bon feu de bois et une superbe vue sur les sommets enneigés en hiver... Les spécialités ? Bœuf et volaille grillés sur brasero, raclette, steack tartare et fromages suisses.

VERDASIO – Ticino → Vedere Centovalli

VERS-chez-les-BLANC – Vaud → Voir à Lausanne

VERS-chez-PERRIN – Vaud → Voir à Payerne

VEVEY

Vaud (VD) – ⊠ 1800 – 19 452 hab. – Alt. 386 m – Carte régionale **7-C5**
▶ Bern 85 km – Montreux 7 km – Lausanne 7 km – Yverdon-les-Bains 60 km
Carte routière Michelin 552-F10

© Zoonar /B Arapovic / agefotostock

🟢 Hotels

🏨 Grand Hôtel du Lac Plan : B2**a**
Rue d'Italie 1 – ℰ 021 925 06 06 – www.ghdl.ch
49 ch – ♦300/650 CHF ♦♦300/650 CHF, ⌑ 39 CHF – 1 suite – ½ P
Rest *Les Saisons* ✿ • **Rest** *La Véranda* – Voir la sélection des restaurants
Ce palace de grand standing est né en 1868. Ses façades, son décor fastueux signé Pierre-Yves Rochon, ses chambres raffinées dont les plus luxueuses donnent sur le lac : voici un lieu privilégié, plein d'âme et d'élégance, au-delà des modes...

🏨 Trois Couronnes Plan : B2**s**
Rue d'Italie 49 – ℰ 021 923 32 00 – www.hoteltroiscouronnes.ch
56 ch – ♦285/600 CHF ♦♦285/600 CHF, ⌑ 40 CHF – 15 suites – ½ P
Rest *Les Trois Couronnes* ✿ – Voir la sélection des restaurants
Le charme indéfectible d'une institution née en 1842 sur les rives du lac Léman : un tête-à-tête somptueux et exclusif... Architectures néoclassiques, colonnades, mais aussi des chambres confortables et spacieuses et une belle piscine de 24 m de long... Ce palace mérite bien ses couronnes !

🟡 Restaurants

XXX Les Saisons – Grand Hôtel du Lac Plan : B2**a**
✿ *Rue d'Italie 1 – ℰ 021 925 06 06 – www.ghdl.ch – fermé juin
- mi-septembre, dimanche, lundi, mardi et mercredi*
Menu 115/175 CHF – Carte 134/158 CHF – (dîner seulement)
Le restaurant gastronomique – et très chic – du Grand Hôtel du Lac. Au piano, le chef, Thomas Neeser, signe avec virtuosité une partition délicate, sans compromis quant à la qualité des produits. Quant au décor, il revisite de manière originale le style Louis XVI.
➔ Fera et écrevisses, petit pois, dent de lion, lard séché. Langoustine, asperges blanches, chorizo, supions. Pigeon, foie gras de canard, navet, rhubarbe, sésame.

XXX Denis Martin
✿ *Rue du Château 2 – ℰ 021 921 12 10 – www.denismartin.ch* Plan : B2**u**
– fermé 24 décembre - 9 janvier, 21 août - 4 septembre, dimanche et lundi
Menu 240/320 CHF – (dîner seulement)
Des poudres, des gelées, des fumées... Chef ou alchimiste ? Denis Martin est avant tout un expérimentateur, pour qui la cuisine est surprise et jeu ! Décomposer et recomposer, démultiplier, réduire à l'essence, à l'échelle "moléculaire" : le repas est une véritable expérience qui attise la curiosité.
➔ Chrysalide de tête de moine, bouchon de chasselas. Perches du Léman, cédrat, cannelle, moutarde de chasselas. Bœuf du Simmental, capuns des Grisons cryogénisé, distillat tom yam.

351

VEVEY

✕✕✕ Les Trois Couronnes – Hôtel Trois Couronnes ⇐ 🐕 🍴 **P**
✿ *Rue d'Italie 49 – ℘ 021 923 32 00 – www.hoteltroiscouronnes.ch* Plan : B2**s**
– *fermé janvier, dimanche et lundi*
Menu 115/185 CHF – Carte 107/124 CHF – *(dîner seulement)*

Classique, élégant et feutré... la quintessence du Restaurant, où le soleil ne se montre pas que dans le ciel, mais aussi dans l'assiette, grâce à la belle cuisine française concoctée par le chef. Et l'on garde longtemps, gravée en mémoire, la vue impressionnante sur le lac Léman.
→ Tortellini de homard et ricotta al forno aux morilles. Pintadeau fermier cuisiné aux légumes. Mille-feuilles croustillant d'agrumes et sa fraîcheur au yuzu.

✕✕ La Véranda – Grand Hôtel du Lac ⇐ 🐕 ✼ **P**
Rue d'Italie 1 – ℘ 021 925 06 06 – www.ghdl.ch Plan : B2**a**
Plat du jour 39 CHF – Menu 59 CHF (déjeuner en semaine)/95 CHF (dîner)
– Carte 71/105 CHF

On se croirait plutôt dans un luxueux jardin d'hiver que dans une véranda tant le décor est agréable. En tout cas, la cuisine est fraîche et raffinée, et la vue sur le lac, imprenable... À noter : le menu déjeuner offre un bon rapport qualité-prix. Une jolie adresse.

à La Tour-de-Peilz Sud-Est : 2 km par B2, direction Montreux – Alt. 390 m – ✉ 1814

🏠 Hostellerie Bon Rivage ☂ ⇐ 🐕 📺 ♿ 🛁 **P**
Route de St-Maurice 18 – ℘ 021 977 07 07 – www.bon-rivage.ch
52 ch ⌒ – †140/230 CHF ††180/260 CHF

Entre Vevey et Montreux, cet hôtel fondé au 19ᵉ s offre un accès direct au lac Léman, idéal pour une petite baignade. Quelques chambres disposent d'un balcon tourné vers les flots... On peut profiter du restaurant, dont la carte, méditerranéenne, valorise les fruits et légumes du potager.

à Saint-Saphorin Ouest : 4 km par Route de Lavaux A1 – ✉ 1071

✕✕ Auberge de l'Onde 🌿 🍴 ⟲
Chemin neuf 2 – ℘ 021 925 49 00 – www.aubergedelonde.ch
– *fermé 24 décembre - 13 janvier, Pâques une semaine, dimanche soir, lundi et mardi*
Plat du jour 27 CHF – Menu 59 CHF (déjeuner)/160 CHF – Carte 61/130 CHF

Une jolie bâtisse de 1730, au cœur de ce village viticole. Deux ambiances vous y attendent : la brasserie d'un côté, avec ses plats traditionnels – perche meunière, coquelet – et la Rôtisserie de l'autre, avec des créations plus élaborées : langoustine snackée, poulet en deux services, etc. Belle carte des vins.

à Saint-Légier Est : 5 km – Alt. 553 m – ✉ 1806

🏠 moderntimes 🅝 ☂ ⇐ 🐕 🍴 🎵 📺 ♿ 🅰🅚 🛁 🚗
Chemin du Genévrier 20 – ℘ 021 925 22 22 – www.moderntimeshotel.ch
138 ch – †190/340 CHF ††220/340 CHF, ⌒ 26 CHF – ½ P

Juste en dehors du village, cet hôtel flambant neuf et ultra-moderne doit son nom (et une bonne partie de son décor) aux Temps Modernes de Charlie Chaplin. Hall d'accueil spacieux et élégant, chambres confortables : on s'y sent bien. Grillades au restaurant.

✕✕ Auberge de la Veveyse (Jean-Sébastien Ribette) 🍴 **P**
✿ *Route de Châtel-St-Denis 212, par Blonay : 4,5 km – ℘ 021 943 67 60*
– *www.auberge-de-la-veveyse.ch* – *fermé Noël - mi-janvier 3 semaines, août 2 semaines, dimanche, lundi et mardi midi*
Menu 86 CHF (déjeuner en semaine)/188 CHF

Une auberge à la fois chaleureuse et élégante, où l'on déguste une cuisine pleine de finesse. La philosophie du chef ? Mettre les sens en éveil et souligner la qualité des produits... Pas de carte mais des menus-surprise où chacun peut adapter le nombre de plats à ses envies.
→ Aiguillette de canette juste rôtie à la mélasse de grenade et mousseline de patates douces. Filet mignon de veau cuit à basse température, bastion de polenta aux petits légumes. Cœur de filet de bœuf de nos Monts et purée de rattes à l'huile d'olives.
Brasserie – Voir la sélection des restaurants

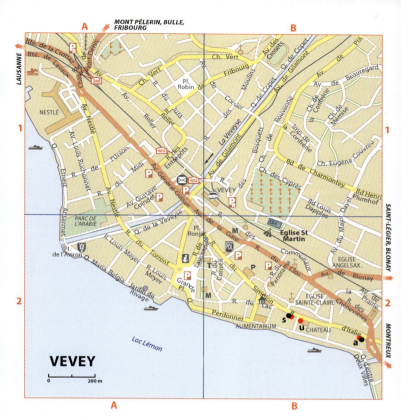

Brasserie – Restaurant Auberge de la Veveyse

Route de Châtel-St-Denis 212, par Blonay : 4,5 km – ℰ 021 943 67 60
– www.auberge-de-la-veveyse.ch – fermé Noël - mi-janvier 3 semaines, août
2 semaines, dimanche, lundi et mardi midi
Plat du jour 20 CHF – Menu 62 CHF – Carte 62/100 CHF
Une autre manière d'apprécier la gastronomie au sein de l'Auberge de la Veveyse.
Ici, on joue le registre bistrotier avec des plats comme les tartines en folie, la
salade gigantesque ou la pièce de veau aux morilles. Canaille !

VEYRIER – Genève ➜ Voir à Genève

VEYSONNAZ

Valais (VS) – ✉ 1993 – 606 hab. – Alt. 1 240 m (Sports d'hiver : 1 400/3 300 m)
– Carte régionale **7-D6**
▶ Bern 162 km – Sion 13 km – Martigny 36 km – Montreux 74 km
Carte routière Michelin 552-I12

Chalet Royal

Route du Magrappé 49, à la station – ℰ 027 208 56 44 – www.chaletroyal.com
– fermé 1 mai - 2 juin et 2 octobre - 15 décembre
57 ch ⊋ – ♦147/193 CHF ♦♦214/278 CHF – ½ P
Les meilleures chambres de ce chalet contemporain proche de la télécabine
offrent une vue magnifique sur le Rhône et les montagnes. Au restaurant, on
est également aux premières loges pour admirer le paysage ! Bon niveau de
confort.

VEYTAUX – Vaud → Voir à Montreux

VICO MORCOTE – Ticino → Vedere Morcote

VIÈGE – Wallis → Voir à Visp

VILLAREPOS
Fribourg (FR) – ⊠ 1583 – 611 hab. – Alt. 498 m – Carte régionale **2-C4**
▶ Bern 39 km – Neuchâtel 33 km – Estavayer-le-Lac 23 km – Fribourg 15 km
Carte routière Michelin 552-H7

XX Auberge de la Croix Blanche (Arno Abächerli)
Route de Donatyre 22 – ✆ 026 675 30 75 – www.croixblanche.ch – fermé fin décembre - mi-janvier 3 semaines, octobre 2 semaines, mardi et mercredi
8 ch ⊂ – †165 CHF ††265 CHF
Menu 68 CHF (déjeuner en semaine)/128 CHF – Carte 97/126 CHF
Une de ces adresses que l'on quitte à regret… Parfaitement tenue, avec nombre d'attentions à l'égard de la clientèle, et surtout une cuisine classique d'excellente facture, réalisée avec de bons produits. Pour sûr, l'envie est grande de prolonger l'expérience en profitant de l'une des confortables chambres.
→ Carpaccio de lapin de Villarepos à l'huile de noix, pignons grillés et œuf de caille. Demi homard breton et sa bisque, purée de petits pois et asperges vertes. Palette de bœuf braisée, croûte de pain et légumes du marché.
Bistro – Voir la sélection des restaurants

X Bistro – Restaurant Auberge de la Croix Blanche
Route de Donatyre 22 – ✆ 026 675 30 75 – www.croixblanche.ch – fermé fin décembre - mi-janvier 3 semaines, octobre 2 semaines, mardi et mercredi
Plat du jour 19 CHF – Menu 49 CHF (déjeuner en semaine) – Carte 45/76 CHF
Des banquettes et des tables en bois, des plats à l'ardoise : tout ce que l'on peut attendre d'un bistrot ! On s'arrête volontiers pour prendre l'apéro, manger un plat du jour (tripes, foie, tête de veau, etc.) ou se prélasser sur la jolie terrasse… en toute gourmandise.

VILLARS-sur-OLLON
Vaud (VD) – ⊠ 1884 – 1 208 hab. – Alt. 1 253 m (Sports d'hiver : 1 200/2 120 m)
– Carte régionale **7-C6**
▶ Bern 118 km – Montreux 31 km – Lausanne 56 km – Martigny 33 km
Carte routière Michelin 552-G11

🏨 Chalet Royalp
Domaine de Rochegrise 252 – ✆ 024 495 90 90 – www.royalp.ch – fermé novembre
63 ch ⊂ – †290/1550 CHF ††290/1550 CHF – ½ P
Rest *Le Jardin des Alpes* • **Rest** *Le Rochegrise* – Voir la sélection des restaurants
Pour des vacances exclusives et raffinées, cet ensemble de chalets contemporains est tout indiqué : ambiance montagnarde chaleureuse, chic et feutrée – dans les chambres, très spacieuses, comme dans les salons –, spa, etc. Quand Alpes rime avec RoyAlp…

🏨 Du Golf
Rue Centrale 152 – ✆ 024 496 38 38 – www.hoteldugolf.ch
69 ch ⊂ – †155/285 CHF ††400/480 CHF – ½ P
Tout ce que l'on attend d'un bon hôtel à la montagne : vue sur les sommets, chambres spacieuses et confortables où le bois domine (côté village ou côté vallée) ; espace bien-être ; restaurant et carnotzet (fondues et raclettes)… Avec en prime une gestion familiale, soucieuse de satisfaire les clients.

🏨 Alpe Fleurie
Rue Centrale 164 – ✆ 024 496 30 70 – www.afhr.ch – fermé mi-avril - mi-mai
17 ch – †135/185 CHF ††159/215 CHF, ⊂ 10 CHF – 5 suites – ½ P
Au cœur de la station, ce grand chalet est tenu par la même famille depuis 1946. Voilà bien une adresse de tradition qui distille un esprit à elle… Chaque chambre est différente, toutes d'esprit montagnard, et plusieurs d'entre elles offrent une vue superbe sur la vallée. Cuisine traditionnelle au restaurant.

VILLARS-sur-OLLON

XXX **Le Jardin des Alpes** ❶ – Hotel Chalet Royalp
❀ *Domaine de Rochegrise 252 –* ⌀ *024 495 90 90 – www.royalp.ch – fermé novembre, 18 avril - 1ᵉʳ mai, dimanche et lundi hors jours fériés*
Menu 110/170 CHF – Carte 102/157 CHF – *(dîner seulement)*
Alain Montigny, meilleur ouvrier de France en 2004, tient les rênes de cet agréable Jardin, perché sur les hauteurs de la station. Les Alpes suisses lui fournissent les produits dont il a besoin pour composer des assiettes d'un élégant classicisme. Et aux beaux jours, direction la terrasse.
→ Turbot de Bretagne piqué de la viande sechée du Valais, raviole de Gruyère. Ris de veau à la crème double cuisiné comme une blanquette. Le marron facon Mont Blanc, glace à la canelle et noix.

XX **Le Rochegrise**
Domaine de Rochegrise 252 – ⌀ *024 495 90 00 – www.royalp.ch – fermé novembre*
Menu 58 CHF (déjeuner)/170 CHF – Carte 69/117 CHF
Voilà une adresse qui fait le bonheur des familles avec enfants, et pour cause : la carte varie les plaisirs ! Plats ambitieux et inventifs, classiques de la région... Il y en a ici pour tous les goûts, et l'on se régale.

VIRA GAMBAROGNO
Ticino (TI) – ✉ 6574 – 662 ab. – Alt. 204 m – Carta regionale **10**-H6
▶ Bern 231 km – Locarno 13 km – Bellinzona 18 km – Lugano 36 km
Carta stradale Michelin 553-R12

🏠 **Bellavista**
strada d'Indeman 18, Sud : 1 km – ⌀ *091 795 11 15 – www.hotelbellavista.ch – chiuso inizio novembre - metà marzo*
63 cam ⌸ – ♦128/147 CHF ♦♦196/282 CHF
Piccoli edifici sparsi in un lussureggiante parco dominante il lago e, accanto alla costruzione principale, la piacevole terrazza-giardino con piscina. Costanti lavori di rinnovo rendono questa struttura sempre attuale e consigliabile. Proprio una "Bellavista"... anche dalla sala da pranzo!

X **Rodolfo**
via Cantonale 68 – ⌀ *091 795 15 82 – www.ristoranterodolfo.ch – chiuso settembre - giugno : domenica sera - lunedì, luglio - agosto : lunedì - martedì a mezzogiorno*
Piatto del giorno 27 CHF – Menu 47 CHF (pranzo in settimana)/127 CHF – Carta 56/123 CHF
All'interno di una casa patrizia del '700, con il camino crepitante che crea la giusta atmosfera, quattro salette rustiche vi accolgono per proporvi le specialità del territorio. Nella bella stagione, optate per la deliziosa terrazza.

VISP VIÈGE
Wallis (VS) – ✉ 3930 – 7 665 Ew – Höhe 651 m – Regionalatlas **8**-E6
▶ Bern 85 km – Brig 10 km – Saas Fee 27 km – Sierre 29 km
Michelin Straßenkarte 552-L11

X **Staldbach**
Talstr. 9 – ⌀ *027 948 40 30 – www.staldbach.ch – geschl. Anfang Januar 2 Wochen*
Tagesteller 22 CHF – Menü 65/108 CHF – Karte 45/104 CHF
Auf dem Weg nach Saas Fee oder Zermatt kann man hier (am Fusse des höchsten Rebberges Europas) gut einkehren: internationale und regionale Küche, dazu Walliser Weine. Spassige Aktivität: Verkehrs-Parcours für Kinder.

VITZNAU
Luzern (LU) – ✉ 6354 – 1 320 Ew – Höhe 435 m – Regionalatlas **4**-G4
▶ Bern 145 km – Luzern 41 km – Stans 52 km – Schwyz 18 km
Michelin Straßenkarte 551-P7

VITZNAU

🏨 Park Hotel Vitznau
Seestr. 18 – ℰ 041 399 60 60 – www.parkhotel-vitznau.ch
15 Zim ⌑ – †750/1500 CHF ††800/1600 CHF – 32 Suiten
Rest *focus* ✩✩ • **Rest *PRISMA* ✩** – Siehe Restaurantauswahl
Von dem ehrwürdigen Parkhotel a. d. J. 1903 steht heute nur noch die Fassade. Ein Luxus-Hideaway wie aus dem Bilderbuch: Grosszügigkeit, beispielhafter Service, topmoderner exklusiver Spa, überaus hochwertige individuelle Juniorsuiten, Suiten und Residenzen... und tolle Lage direkt am See! Passend zum niveauvollen Bild: eigene Motorboote und Hubschrauberlandeplatz!

🏨 Vitznauerhof
Seestr. 80 – ℰ 041 399 77 77 – www.vitznauerhof.ch – geschl. November - April
49 Zim ⌑ – †155/329 CHF ††266/562 CHF – 4 Suiten – ½ P
Rest *Sens* • **Rest *Inspiration*** – Siehe Restaurantauswahl
So schön das Haus von 1901 schon von aussen ist, so geschmackvoll und wertig sind die Zimmer! Wellness, eigenes Strandbad und Bergblick sowie gute Veranstaltungsmöglichkeiten sind für Urlauber und Seminare gleichermassen interessant.

XXXX focus – Park Hotel Vitznau
✩✩ *Seestr. 18 – ℰ 041 399 60 60 – www.parkhotel-vitznau.ch – geschl. 2. Januar - 9. März und Sonntag, Oktober - Juni: Sonntag - Montag*
Menü 150/225 CHF – *(nur Abendessen) (Tischbestellung ratsam)*
Wunderbare Lage, herrliche Terrasse, modern-elegante und zugleich warme Atmosphäre, ausgezeichneter Service und eine hervorragende Weinauswahl - alles wahre Wohlfühlfaktoren und nur zu toppen von einer intensiven, äusserst modernen Küche, die ausschliesslich beste Schweizer Produkte im Fokus hat.
→ Lachsforelle, Rande, Meerrettich. Schwein, Zwiebel, Dinkel, Bärlauch. Topinambur, Schokolade, Apfel.

XX PRISMA – Park Hotel Vitznau
✩ *Seestr. 18 – ℰ 041 399 60 60 – www.parkhotel-vitznau.ch – geschl. Anfang Januar - Mitte März: Sonntagabend - Donnerstagmittag, Mitte März - Juni: Dienstagabend, Oktober - Dezember: Dienstagabend, Mittwochabend*
Tagesteller 40 CHF – Menü 115/130 CHF – Karte 87/120 CHF – *(Tischbestellung ratsam)*
Ein weiteres erstklassiges und dazu noch angenehm unkompliziertes Restaurant im "Park Hotel Vitznau", und zwar eines mit ganz eigener, stylischer Glas-Architektur, traumhafter Aussicht und finessenreicher, ausdrucksstarker modern-klassischer Küche. Charmant der Service, famos die Weinkarte.
→ Hummerbisque mit marinierter Wildfangcrevette, Tapioka und Curry. Zander gebraten mit glasiertem Kohlrabi, Radieschen und Verjus Beurre blanc. Duo vom Innerschweizer Kalb mit Sellerie und Walnussschaum.

XX Inspiration – Hotel Vitznauerhof
Seestr. 80 – ℰ 041 399 77 77 – www.vitznauerhof.ch – geschl. November - April
Karte 40/104 CHF
Hier mischt sich Villenflair (Stuck, hohe Decken...) mit schickem geradlinigem Interieur. Die Küche bietet international-saisonale Gerichte und traditionelle Klassiker, auf der Panoramaterrasse am See serviert man zudem Grillgerichte.

XX Sens – Hotel Vitznauerhof
Seestr. 80 – ℰ 041 399 77 77 – www.vitznauerhof.ch – geschl. November - April und Montag - Dienstag
Menü 90/155 CHF – Karte 79/110 CHF – *(nur Abendessen) (Tischbestellung ratsam)*
Näher am Wasser speisen ist kaum möglich, vor allem, wenn Sie auf der tollen Terrasse oder in der Lounge sitzen! Das ehemalige Bootshaus bietet eine breite Auswahl an frischen Gerichten. Mögen Sie Sushi? Oder lieber ein Menü?

VOGELSANG – Luzern → Siehe Eich

VOUVRY
Valais (VS) – ✉ 1896 – 3 968 hab. – Alt. 381 m – Carte régionale **7-C6**
🚗 Bern 103 km – Montreux 13 km – Aigle 11 km – Évian-les-Bains 26 km
Carte routière Michelin 552-F11

VOUVRY

XXX Auberge de Vouvry (Martial Braendle)
Avenue du Valais 2 – ℰ 024 481 12 21 – www.aubergedevouvry.ch – fermé 1ᵉʳ - 12 janvier, 16 - 29 juin, 3 - 21 septembre, dimanche soir et lundi
12 ch ☕ – †80/95 CHF ††120/150 CHF – 3 suites – ½ P
Menu 70/186 CHF – Carte 96/184 CHF
Dans le village, ce relais de poste ne passe pas inaperçu avec son imposante façade blanche. La table de Martial Braendle cultive le classicisme avec art : produits nobles, vins prestigieux et réalisations dans les règles honorent la gastronomie française. Comment se lasser de tels plaisirs ? Sans oublier le carnotzet, très animé.
→ Langoustine à la vapeur douce en piperade. Carré d'agneau farci de ratatouille au jus de curry doux, légumes. Ananas rôti au vieux rhum, sorbet coco et son crémeux vanille.
Le Bistrot – Voir la sélection des restaurants

X Le Bistrot – Restaurant Auberge de Vouvry
Avenue du Valais 2 – ℰ 024 481 12 21 – www.aubergedevouvry.ch – fermé 1ᵉʳ - 12 janvier, 16 - 29 juin, 3 - 21 septembre, dimanche soir et lundi
Plat du jour 18 CHF – Menu 57/68 CHF – Carte 35/84 CHF
Après le restaurant gastronomique, le bistrot ! Au sein de la belle Auberge de Vouvry, une autre option pour faire un repas de terrines, salades, poisson du Léman, entrecôte, rognons, etc.

VUFFLENS-le-CHÂTEAU
Vaud (VD) – ✉ 1134 – 821 hab. – Alt. 471 m – Carte régionale **6-B5**
▶ Bern 111 km – Lausanne 17 km – Morges 2 km
Carte routière Michelin 552-D10

XXX L'Ermitage (Bernard et Guy Ravet)
Route du Village 26 – ℰ 021 804 68 68 – www.ravet.ch – fermé 25 décembre - 20 janvier, 23 juillet - 17 août, dimanche, lundi et mardi midi, janvier - avril : lundi - mardi
9 ch ☕ – †200/250 CHF ††200/250 CHF
Menu 75 CHF (déjeuner en semaine)/270 CHF – Carte 188/375 CHF
Dans cette jolie demeure, la cuisine est une affaire de famille ! Les légumes du potager donnent toute leur saveur à de belles recettes classiques, sans parler du pain fait maison. Une impression de fraîcheur à prolonger l'été au jardin, face à l'étang. Et pour une ou plusieurs nuits, les chambres sont charmantes...
→ Foie gras de canard à la plancha. Homard breton au naturel. Entrecôte de bœuf Wagyu de Kagoshima "A5".

VULPERA – Graubünden → Siehe Scuol

WÄDENSWIL
Zürich (ZH) – ✉ 8820 – 21 605 Ew – Höhe 408 m – Regionalatlas **4-G3**
▶ Bern 149 km – Zürich 24 km – Aarau 71 km – Baden 48 km
Michelin Straßenkarte 551-Q6

XX Eder's Eichmühle
Eichmühle 2, Süd: 3 km Richtung Einsiedeln – ℰ 044 780 34 44 – www.eichmuehle.ch – geschl. Ende Februar - Anfang März 2 Wochen, Ende September - Anfang Oktober 2 Wochen und Montag - Dienstag
Tagesteller 39 CHF – Menü 65 CHF (mittags unter der Woche)/145 CHF – Karte 85/144 CHF
Traumhaft liegt das einstige Bauernhaus samt tollem Garten, und hier ist Familie Eder sympathisch und engagiert im Einsatz. Nicht mehr wegzudenken von der Karte und sehr gefragt bei den vielen Stammgästen ist das Fischmenü mit Gerichten wie "Sashimi und Tataki von Tuna mit Wasabi und Meeralgensalat".

WALCHWIL
Zug (ZG) – ✉ 6318 – 3 583 Ew – Höhe 449 m – Regionalatlas **4-G3**
▶ Bern 144 km – Luzern 40 km – Aarau 67 km – Einsiedeln 34 km
Michelin Straßenkarte 551-P6

WALCHWIL

Sternen
Dorfstr. 1 – ℰ 041 759 01 30 – www.sternenwalchwil.ch – geschl. 16. Januar - 22. Februar und Montag - Dienstag, Samstagmittag
Tagesteller 28 CHF – Menü 58 CHF (mittags unter der Woche)/115 CHF – Karte 67/99 CHF
In dem wunderschönen Gasthaus weht ein frischer Wind: Man kocht traditionell und gehoben nebst internationaler und kreativer Einflüsse: "Fisch aus dem Zuger See mit Weissweinsauce", "Tataki vom Tuna mit rotem Thai Curry", "Wiener Schnitzel vom Kalb", "sautierte Wachtel und Taubenbrust an Joghurtschaum"...

WALENSTADT
Sankt Gallen (SG) – ✉ 8880 – 5 517 Ew – Höhe 426 m – Regionalatlas **5-I3**
▶ Bern 207 km – Sankt Gallen 98 km – Vaduz 31 km – Gamprin 39 km
Michelin Straßenkarte 551-U6

Löwen
Seestr. 20 – ℰ 081 735 11 80 – www.loewen-walenstadt.ch – geschl. 30. Januar - 15. Februar, 21. August - 12. September und Sonntag - Montag
Menü 88/120 CHF – *(Tischbestellung ratsam)*
In dem gemütlichen Gewölberestaurant mit netter mediterraner Note serviert man Ihnen ein schmackhaftes Menü. Alternativ können Sie mittags auch in der rustikalen Gaststube von einer bürgerlichen Karte wählen.

WANGEN bei DÜBENDORF
Zürich (ZH) – ✉ 8602 – 7 725 Ew – Höhe 445 m – Regionalatlas **4-G2**
▶ Bern 134 km – Zürich 14 km – Frauenfeld 36 km – Schaffhausen 42 km
Michelin Straßenkarte 551-Q5

Sternen - Badstube (Matthias Brunner)
Sennhüttestr. 1 – ℰ 044 833 44 66 – www.sternenwangen.ch – geschl. 1. - 9. Januar, 19. - 27. Februar, 16. - 31. Juli und Sonntag - Montag
6 Zim – †120/140 CHF ††170/190 CHF, ⊇ 15 CHF
Tagesteller 36 CHF – Menü 52 CHF (mittags unter der Woche)/135 CHF – Karte 84/103 CHF
Gelungener hätte man das Tonnengewölbe a. d. 16. Jh. nicht mit dem modernen Interieur aus klaren Linien und hellen Tönen kombinieren können! Aus der Küche kommen klassische Speisen voller Aroma und Finesse, zu denen Sie die schönen Weine probieren sollten - und danach können Sie hier gepflegt übernachten.
→ Kohlrabi-Ravioli, knusprige Sot l'y laisse, Morcheln. Bachtellachs, Knusperrösti, kleine Artischocken, Basilikum. Rhabarberkrone, Pistazien-Japonais, Löwenzahnhonig.
Gaststube – Siehe Restaurantauswahl

Gaststube – Restaurant Sternen
Sennhüttestr. 1 – ℰ 044 833 44 66 – www.sternenwangen.ch – geschl. 1. - 9. Januar, 19. - 27. Februar, 16. - 31. Juli und Sonntag - Montag
Tagesteller 20 CHF – Menü 25 CHF – Karte 32/80 CHF
Wer den typischen Charakter des historischen Gasthofs mit all seinem gemütlichen rustikalen Holz spüren möchte, isst in der Gaststube - die Küche hier ist natürlich traditionell.

WASSEN
Uri (UR) – ✉ 6484 – 428 Ew – Regionalatlas **9-G4**
▶ Bern 136 km – Altdorf 26 km – Stans 51 km – Sarnen 66 km
Michelin Straßenkarte 551-P9

Krone
Gotthardstr. 20 ✉ 6484 – ℰ 041 885 19 55 – www.hotelkrone.ch - geschl. Februar 2 Wochen, Oktober 2 Wochen und Montag
Tagesteller 42 CHF – Menü 79 CHF (mittags)/121 CHF – Karte 66/107 CHF
Unterwegs zwischen Gotthard und Luzern? Dann besuchen Sie dieses Gasthaus an der Hauptstrasse, denn hier isst man gut und wird herzlich umsorgt. Serviert wird klassische Küche mit modernen Elementen. Einfache regionale Kost im Beizli.

WEESEN

Sankt Gallen (SG) – ⌧ 8872 – 1 595 Ew – Höhe 424 m – Regionalatlas **5-H3**
▶ Bern 186 km – Sankt Gallen 82 km – Bad Ragaz 43 km – Glarus 15 km
Michelin Straßenkarte 551-T6

  Parkhotel Schwert
Hauptstr. 23 – ℰ 055 616 14 74 – www.parkhotelschwert.ch
35 Zim ⌒ – †95/155 CHF ††120/190 CHF – ½ P
Das Gasthaus stammt von 1523 und ist damit eines der ältesten der Schweiz! Die Gäste geniessen die Lage am See, den man von vielen Zimmern aus sieht! In der Brasserie gibt es klassisch-traditionelle Küche. Schön die Terrasse zum See.

XX   **Fischerstube**
Marktgasse 9, 1. Etage – ℰ 055 616 16 08 – www.fischerstubeweesen.ch – geschl. Mittwoch
Tagesteller 24 CHF – Karte 61/125 CHF – *(Tischbestellung ratsam)*
Seit über 45 Jahren bietet Dieter Frese hier frische Fischgerichte, und die kommen gut an! Es gibt Egli, Felchen, Zander und Hecht, aber auch Salzwasserfisch. Wer es legerer mag, bestellt im modernen Bistro Kleinigkeiten wie Fischknusperli mit Sauce Tartare oder Pasta mit Meeresfrüchten. Nette Raucherlounge.

WEGGIS

Luzern (LU) – ⌧ 6353 – 4 326 Ew – Höhe 435 m – Regionalatlas **4-F4**
▶ Bern 140 km – Luzern 21 km – Schwyz 30 km – Zug 28 km
Michelin Straßenkarte 551-P7

  Park Weggis
Hertensteinstr. 34 – ℰ 041 392 05 05 – www.parkweggis.ch
46 Zim – †265/675 CHF ††400/900 CHF, ⌒ 34 CHF – 6 Suiten
Rest *Park Grill* – Siehe Restaurantauswahl
Hier stimmen Lage, Service und Wertigkeit! Für besonders exklusives Wohnen buchen Sie eine Suite sowie Private Spa in einem Cottage (nur hier Sauna). Die Liegewiese grenzt direkt an den See, wo man im Sommer die Beach Bar hat. Dazu ein eigener Bootssteg. "La Brasserie" bietet französisch-mediterrane Küche.

  Beau Rivage
Gotthardstr. 6 – ℰ 041 392 79 00 – www.beaurivage-weggis.ch – geschl. Ende Oktober - Ostern
39 Zim ⌒ – †172/282 CHF ††220/420 CHF – ½ P
Rest *Beau Rivage* – Siehe Restaurantauswahl
Zum grandiosen Seeblick kommen hier noch die geschmackvollen Zimmer, modern und doch zeitlos - besonders gefragt sind die seeseitigen mit Balkon! Schön entspannen kann man am Garten-Pool. Weiterer Trumpf: Man hat direkten Zugang zum See.

  Rössli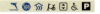
Seestr. 52 – ℰ 041 392 27 27 – www.wellness-roessli.ch
60 Zim ⌒ – †130/210 CHF ††190/280 CHF – ½ P
Rest *flavour* – Siehe Restaurantauswahl
Die Vorteile liegen auf der Hand: Seenähe, moderne Zimmer, "La Mira"-Spa mit zahlreichen Beauty-Anwendungen... Sie suchen etwas Besonderes? Dann buchen Sie eines der Superior-Turmzimmer mit Aussicht - am besten das im 4. Stock!

  Central
Seestr. 25 – ℰ 041 392 09 09 – www.central-am-see.ch
44 Zim ⌒ – †150/175 CHF ††208/255 CHF – ½ P
Das Hotel an der Promenade bietet moderne, individuell gestaltete Zimmer mit schönem Blick auf den See - den hat man auch von den etwas kleineren und klassischeren Zimmern im Gästehaus Frohburg. Dazu beheizter Pool, Strandbad und Bootssteg sowie das "Rigi Stübli" (traditionelle Küche) und den Wintergarten (internationales Angebot). Im Winter gibt's zudem Fondue.

WEGGIS

XXX Beau Rivage – Hotel Beau Rivage
Gotthardstr. 6 – ℰ 041 392 79 00 – www.beaurivage-weggis.ch – geschl. Ende Oktober - Ostern
Karte 65/127 CHF
Sie mögen klassisch-stilvolle Atmosphäre? Dann lassen Sie sich hier an schön eingedeckten Tischen französisch inspirierte Küche und gute Weine servieren, dabei geht Ihr Blick durch die grossen Fenster Richtung See.

XX Park Grill – Hotel Park Weggis
Hertensteinstr. 34 – ℰ 041 392 05 05 – www.parkweggis.ch – geschl. Montag - Dienstag
Karte 65/139 CHF – *(nur Abendessen, sonntags auch Mittagessen) (Tischbestellung ratsam)*
Chic das moderne Interieur, klasse der Seeblick, und den hat man drinnen wie draussen! Aus der Küche kommt hochwertiges Fleisch vom Iberico-Schwein bis zum Nebraska-Wagyu, aber auch Fisch und Krustentiere. Unter den Weinen findet sich eine tolle Auswahl vom kalifornischen Kultweingut "Sine Qua Non".

XX flavour – Hotel Rössli
Seestr. 52 – ℰ 041 392 27 27 – www.wellness-roessli.ch
Tagesteller 24 CHF – Menü 30 CHF (mittags)/80 CHF – Karte 48/72 CHF
Das Lokal a. d. 16. Jh. ist das älteste im Ort. Heute geht es hier neuzeitlich zu, die Küche regional-saisonal sowie mediterran, z. B. "Vitello Tonnato Rössli" oder "Zander auf karamellisiertem Pak Choi". "Spice Room" für Gesellschaften.

in Hertenstein Süd-West: 3 km – Höhe 435 m – ⌧ 6353

🏠 Campus Hotel
Hertensteinstr. 156 – ℰ 041 399 71 71 – www.campus-hotel-hertenstein.ch – geschl. Ende Dezember 1 Woche
62 Zim ⌧ – †200/320 CHF ††280/360 CHF – ½ P
Hier wohnt man überaus modern, und das in top Lage: Von den wertigen und geradlinig-schicken Zimmern blickt man auf die Berge und den See unmittelbar vor dem Haus. Letzterer für Hotelgäste direkt zugänglich. Gleich nebenan: Schiffstation Hertenstein. Sie kommen zum Tagen? 12 Räume mit neuester Technik.

WEINFELDEN
Thurgau (TG) – ⌧ 8570 – 11 185 Ew – Höhe 429 m – Regionalatlas **5-H2**
▶ Bern 182 km – Sankt Gallen 40 km – Arbon 26 km – Frauenfeld 19 km
Michelin Straßenkarte 551-T4

X Gambrinus

Marktstr. 2 – ℰ 071 622 11 40 – www.gambrinus-weinfelden.ch – geschl. Februar 1 Woche, Anfang Juli 2 Wochen, Oktober 2 Wochen und Sonntag - Montag
Tagesteller 34 CHF – Menü 59 CHF – Karte 55/122 CHF
Freundlich-familiär und gemütlich-rustikal ist es hier. Zur authentischen italienischen Küche gehört auch Pasta "fresca", die vor Ihren Augen frisch gerollt wird. Ebenso lecker: "trippa toscanese" (Kalbskutteln) oder auch Trüffelgerichte.

X Pulcinella
😊
Wilerstr. 8 – ℰ 071 622 12 66 – www.pulcinella-weinfelden.ch – geschl. Sonntag - Montag
Menü 25 CHF (mittags)/85 CHF – Karte 42/86 CHF
Das charmante Restaurant erfreut sich grosser Beliebtheit, und das liegt an der herzlichen "gastronomia italiana" samt geschmackvoller Gerichte wie "Ravioli mit Spinat-Ricottafüllung" oder "Kalbshaxe Bauernart mit Weissweinrisotto".

X Wirtschaft zum Löwen

Rathausstr. 8 – ℰ 071 622 54 22 – www.zum-loewen.ch – geschl. Ende Juli - Anfang August 3 Wochen und Mittwoch - Donnerstag
Menü 18 CHF (unter der Woche)/89 CHF – Karte 57/89 CHF
Aussen die hübsche Fachwerkfassade, drinnen die rustikale Gaststube und die elegante Ratsherrenstube. Man kocht traditionell-schweizerisch: "Felchenfilets mit Pilzen", "Kalbsmilchenschnitzel auf Lauchgemüse"... Lauschig die Gartenterrasse.

WEININGEN
Zürich (ZH) – ✉ 8104 – 4 511 Ew – Höhe 413 m – Regionalatlas **4-F2**
▶ Bern 117 km – Zürich 21 km – Aarau 39 km – Luzern 56 km
Michelin Straßenkarte 551-P4

XX Winzerhaus
Haslernstr. 28, Nord: 1 km – ℰ 044 750 40 66 – www.winzerhaus.ch – geschl. 24. Dezember - 5. Januar und Dienstag
Tagesteller 32 CHF – Menü 45/95 CHF – Karte 46/102 CHF
In dem Restaurant über dem Limmattal werden fast alle Gerichte klassisch auf Platten und meist in zwei Gängen serviert. Es gibt u. a. Wild aus eigener Jagd. Von April bis Oktober wird zusätzlich thailändisch gekocht. Einmalig die Terrasse zwischen Weinreben und mit Blick auf Zürich und die Alpen.

WEISSBAD – Appenzell Innerrhoden → Siehe Appenzell

WENGEN
Bern (BE) – ✉ 3823 – 1 100 Ew – Höhe 1 275 m (Wintersport: 1 274/2 500 m)
– Regionalatlas **8-E5**
▶ Bern 71 km – Interlaken 16 km – Grindelwald 16 km – Luzern 82 km
Michelin Straßenkarte 551-L9

mit Zahnradbahn ab Lauterbrunnen erreichbar

Beausite Park
Am Wengi – ℰ 033 856 51 61 – www.parkwengen.ch – geschl. 2. April - 26. Mai, 25. September - 16. Dezember
40 Zim ⇌ – †190/300 CHF ††350/600 CHF – 15 Suiten – ½ P
Eine wohnlich-komfortable Urlaubsadresse in traumhafter Lage am Waldrand. Per Ski gelangt man vom Hotel direkt zur Seilbahn, toll im Sommer der kleine Naturbadeteich. Vitalbereich in modernem Stil mit Beauty und Massage. Klassisch ist das Ambiente im Restaurant.

Regina
– ℰ 033 856 58 58 – www.hotelregina.ch – geschl. Oktober - Mitte Dezember
75 Zim ⇌ – †125/200 CHF ††240/480 CHF – 4 Suiten – ½ P
Rest *Jack's Brasserie* • **Rest *Chez Meyer's*** – Siehe Restaurantauswahl
Bereits in 5. Generation betreiben die Meyers mit Herzblut ihr klassisches Haus in schöner Panoramalage. Luxuriös und sehr hochwertig sind die vier Suiten. Im UG: Boutique mit Feinkost, Wein und Dekoartikeln.

Schönegg
Dorfstrasse – ℰ 033 855 34 22 – www.hotel-schoenegg.ch – geschl. 9. April - 2. Juni, 9. Oktober - 15. Dezember
19 Zim ⇌ – †125/210 CHF ††250/400 CHF – 1 Suite – ½ P
Rest *Restaurant 1903* – Siehe Restaurantauswahl
Was das Hotel in der Ortsmitte so interessant macht? Es wird freundlich geführt, hat schöne Zimmer in wohnlich-alpinem Stil und eine hübsch kleine Sauna, und dazu bietet man ein gutes Frühstück. Nicht zu vergessen die Aussicht! Als legerrustikale Restaurantalternative hat man das "Stübli".

Caprice
– ℰ 033 856 06 06 – www.caprice-wengen.ch – geschl. 6. April - 26. Mai, 1. Oktober - 20. Dezember
18 Zim ⇌ – †187/230 CHF ††244/435 CHF – 2 Suiten – ½ P
Rest *Caprice* – Siehe Restaurantauswahl
Ein hübsches kleines Chalet mit Sicht auf das Jungfrau-Massiv und wohnlichen Zimmern mit alpenländischem Flair. Schön die Sonnenterrasse - hier frühstückt man auch gerne! Praktisch: Das Haus liegt nahe der Bahnstation.

Wengener Hof
– ℰ 033 856 69 69 – www.wengenerhof.ch – geschl. 2. April - 26. Mai, 25. September - 22. Dezember
42 Zim ⇌ – †100/380 CHF ††200/580 CHF
Das Ferienhotel mit klassischem Rahmen liegt etwas abseits des Dorfkerns und überzeugt durch ruhige Lage und Blick auf Berge und Tal. Im Panoramagarten stehen Liegen bereit. Tipp: Fragen Sie nach der Weinkarte.

WENGEN

XXX Chez Meyer's – Hotel Regina
– ☏ 033 856 58 58 – www.hotelregina.ch – geschl. April - Mai, Oktober - Mitte Dezember und Montag - Mittwoch
Menü 75/125 CHF – *(nur Abendessen) (Tischbestellung erforderlich)*
Umsichtig kümmert man sich in dem eleganten kleinen Restaurant bei Pianomusik und Bergblick um die Gäste. Geboten wird klassische Küche in Form eines Überraschungsmenüs, dazu eine fair kalkulierte Weinkarte.

XX Restaurant 1903 – Hotel Schönegg
Dorfstrasse – ☏ 033 855 34 22 – www.hotel-schoenegg.ch – geschl. 9. April - 2. Juni, 8. Oktober - 15. Dezember
Tagesteller 25 CHF – Menü 40/98 CHF – Karte 62/105 CHF – *(nur Abendessen) (Tischbestellung ratsam)*
Richtig gemütlich sitzt man hier umgeben von rustikalem Altholz und charmanter Deko, durch die Fensterfront blickt man auf die Berge. Geboten wird ambitionierte saisonale Küche.

XX Caprice – Hotel Caprice
– ☏ 033 856 06 06 – www.caprice-wengen.ch – geschl. 6. April - 26. Mai, 1. Oktober - 20. Dezember
Tagesteller 28 CHF – Menü 72/85 CHF (abends) – Karte 63/71 CHF
Ansprechend sind hier sowohl das neuzeitlich-elegante Interieur in angenehmen hellen Tönen als auch die modern inspirierte Küche. Besonders beliebt sind natürlich die Plätze auf der Terrasse - die Aussicht ist traumhaft!

XX Bären
– ☏ 033 855 14 19 – www.baeren-wengen.ch – geschl. 2. April - 20. Mai, 17. Oktober - 14. Dezember und Samstagmittag, Sonntagmittag
17 Zim ⌂ – †150/210 CHF ††180/220 CHF – ½ P
Menü 18 CHF (mittags unter der Woche)/69 CHF – Karte 54/87 CHF
Im Restaurant des gleichnamigen Hotels im Unterdorf sitzt man in freundlicher Atmosphäre und lässt sich saisonal-regionale Gerichte servieren. Gerne kommt man auch zum günstigen Mittagsmenü.

X Jack's Brasserie – Hotel Regina
– ☏ 033 856 58 58 – www.hotelregina.ch – geschl. Mitte April - Mitte Mai, November - Mitte Dezember
Menü 58 CHF – Karte 44/112 CHF
Schön sitzt man auch im zweiten Meyer'schen Restaurant: hohe Stuckdecke, schwere Leuchter, klassisches Ambiente... Geboten wird eine französisch und regional ausgelegte Küche.

in Wengernalp mit Zug ab Interlaken, Lauterbrunnen oder Wengen erreichbar – Höhe 1 874 m – ✉ 3823 Wengen

Jungfrau
– ☏ 033 855 16 22 – www.wengernalp.ch – geschl. Anfang April - Mitte Dezember
23 Zim ⌂ – †340/420 CHF ††490/570 CHF – 1 Suite – ½ P
Rest *Jungfrau* – Siehe Restaurantauswahl
Ein exklusives Domizil vor einzigartiger Bergkulisse! In 3. Generation bewahrt die Familie den klassisch-traditionellen Charme des Hauses, man spürt die Liebe zum Detail in den schönen Räumen. Am Abend für Hausgäste hochwertige HP (inkl.).

X Jungfrau – Hotel Jungfrau
– ☏ 033 855 16 22 – www.wengernalp.ch – geschl. Anfang April - Mitte Dezember
Karte 46/81 CHF – *(nur Mittagessen)*
Eine gefragte Adresse, auch bei Skifahrern. Schön sitzt man in dem gemütlichen Restaurant mit Kamin oder auf der Terrasse und lässt sich regionale Gerichte wie "Lammkoteletts mit Bohnen" schmecken. Gute kleine Weinauswahl.

WERGENSTEIN
Graubünden – ✉ 7433 – **Regionalatlas 10-I5**
▶ Bern 282 km – Chur 40 km – Glarus 110 km – Triesen 75 km
Michelin Straßenkarte 553-U10

WERGENSTEIN

X Capricorns ≤ 🍴 P
081 630 71 72 – www.capricorns.ch
Tagesteller 18 CHF – Menü 39/45 CHF (abends) – Karte 42/64 CHF
Auf rund 1500 m und mitten im Naturpark Beverin steht das alte Berggasthaus. Und was passt besser hierher als Bündner Küche in einer schlichten Stube ganz in Holz? Lassen Sie sich bei traumhafter Aussicht z. B. "Zweierlei vom Bio-Alpschwein mit Gerstenblinis" schmecken! Einfache, gepflegte Gästezimmer.

WETTINGEN
Aargau (AG) – ✉ 5430 – 20 296 Ew – Höhe 388 m – Regionalatlas **4-F2**
▶ Bern 106 km – Aarau 28 km – Baden 3 km – Schaffhausen 70 km
Michelin Straßenkarte 551-O4

XX Sternen - Stella Maris ⚭ 🍴 ✻ ⇔ P
Klosterstr. 9 – *056 427 14 61* – www.sternen-kloster-wettingen.ch – geschl. 23. - 30. Dezember und Samstagmittag
Tagesteller 35 CHF – Menü 48 CHF (mittags)/55 CHF – Karte 59/109 CHF
Gastronomie seit 1254 bietet das wunderschöne Riegelhaus (Teil des Klosters und ehemaliges Weiberhaus). Auf der Karte des eleganten Restaurants liest man z. B. "Zander & Chorizo" oder "Chateaubriand 'Stella Maris' mit Sauce Béarnaise, Rosmarinkartoffeln und frischen Pilzen". Hübsch die Terrassenbereiche.
Sternen - Klostertaverne – Siehe Restaurantauswahl

X Sternen - Klostertaverne – Restaurant Sternen - Stella Maris 🍴 ✻ ⇔ P
Klosterstr. 9 – *056 427 14 61* – www.sternen-kloster-wettingen.ch – geschl. 23. - 30. Dezember und Samstagmittag
Tagesteller 21 CHF – Karte 49/102 CHF
Für alle, die es lieber etwas rustikaler haben, gibt es die charmante "Klostertaverne". Hier wird regional gekocht - da macht z. B. "Cordon Bleu Maison" Appetit. Oder darf es vielleicht einfach ein Wurstsalat sein?

WIDEN
Aargau (AG) – ✉ 8967 – 3 571 Ew – Höhe 548 m – Regionalatlas **4-F3**
▶ Bern 110 km – Aarau 33 km – Baden 23 km – Dietikon 8 km
Michelin Straßenkarte 551-O5

Ausserhalb Nord-Ost: 1,5 km auf dem Hasenberg

🏠 Ryokan Hasenberg ⚘ ≤ 🛏 ✉ AC ♨ P
Hasenbergstr. 74
– *056 648 40 00* – www.hotel-hasenberg.ch
– geschl. 1. - 3. Januar, 27. Februar - 7. März, 2. - 15. August, 24. - 30. Dezember
4 Zim – †180/200 CHF ††180/200 CHF, ☐ 20 CHF – 3 Suiten – ½ P
Rest *Usagiyama* • **Rest** *Hasenberg* • **Rest** *Sushi Nouveau* – Siehe Restaurantauswahl
Japanische Lebensart mitten in der Schweiz! Von aussen gleicht das Ganze noch keinem typischen Ryokan, innen allerdings schon - ein geschmackvolles kleines Boutique-Hotel nach fernöstlichem Vorbild. Sie wohnen (und essen) in authentisch-puristisch gehaltenen Zimmern. Oder ziehen Sie europäischen Stil vor?

XX Usagiyama – Hotel Ryokan Hasenberg ≤ AC ✻ ⇔ P
Hasenbergstr. 74 – *056 648 40 00* – www.hotel-hasenberg.ch – geschl. 1. - 3. Januar, 27. Februar - 7. März, 2. - 15. August, 24. - 30. Dezember und Montag - Dienstag
Menü 139/305 CHF – *(Tischbestellung erforderlich)*
Hier steht die Tradition im Mittelpunkt: Sie sitzen in den Tatamis im EG und den Separées im OG (hier kann man auch übernachten!) und geniessen die fernöstlichen Aromen der aus guten Produkten zubereiteten Speisen - wie wär's mit einem der drei Kyo-Kaiseki-Menüs? Zurückhaltend und versiert der Service.

WIDEN

※ **Hasenberg** – Hotel Ryokan Hasenberg
Hasenbergstr. 74 – ℰ 056 648 40 00 – www.hotel-hasenberg.ch – geschl. 1. - 3. Januar, 27. Februar - 7. März, 2. - 15. August, 24. - 30. Dezember und Montag - Dienstag
Tagesteller 34 CHF – Menü 59 CHF (mittags)/144 CHF (abends) – Karte 47/225 CHF
Dies ist praktisch der Einstieg in die klassische japanische Küche! Sie wählen à la carte beliebig viele Gerichte ("Dan"). Probieren Sie den Meeresalgensalat, aber auch "Black Cod in Saikyo-Miso", nicht zu vergessen das kleine Kaiseki-Menü.

※ **Sushi Nouveau** – Hotel Ryokan Hasenberg
Hasenbergstr. 74 – ℰ 056 648 40 00 – www.hotel-hasenberg.ch – geschl. 1. - 3. Januar, 27. Februar - 7. März, 2. - 15. August, 24. - 30. Dezember und Montag - Dienstag
Karte 38/136 CHF – *(nur Abendessen)*
Der Name verrät es bereits, hier gibt es Sushi - und zwar von Klassikern über neue, eigene Ideen bis zur Luxus-Variante "Maguro Toro". Möchten Sie dem Chef vielleicht beim Zubereiten über die Schulter schauen?

WIDNAU
Sankt Gallen (SG) – ⌧ 9443 – 9 329 Ew – Höhe 406 m – Regionalatlas **5-I2**
▸ Bern 239 km – Sankt Gallen 36 km – Altstätten 9 km – Bregenz 23 km
Michelin Straßenkarte 551-W5

XX **Paul's**
🙂 *Parkstr. 1, über Viscosestrasse – ℰ 071 599 59 59 – www.restaurant-pauls.ch – geschl. Anfang Februar 2 Wochen, Oktober 3 Wochen und Samstagmittag, Sonntag - Montag*
Tagesteller 36 CHF – Menü 89/129 CHF – Karte 66/97 CHF
In der ehemaligen Kantine der Fabrik "Viscose" bietet man schmackhafte, angenehm schnörkellose Küche, und die reicht von "Zürcher Geschnetzeltem mit Rösti" über hausgemachte Pasta bis zu "Wolfsbarsch mit Meeresfrüchterisotto". Dazu eine schöne Terrasse und die Davidoff Lounge für Raucher.

WIENACHT-TOBEL
Appenzell Ausserrhoden (AR) – ⌧ 9405 – Regionalatlas **5-I2**
▸ Bern 222 km – Herisau 28 km – Appenzell 30 km – Ruggell 44 km
Michelin Straßenkarte 551-V4

※ **Treichli**
Unterwienacht 451 – ℰ 071 891 21 61 – www.treichli.ch – geschl. Januar, Ende Juni 1 Woche und Montag - Dienstag
Tagesteller 24 CHF – Menü 55/85 CHF – Karte 44/90 CHF – *(Tischbestellung ratsam)*
Ein Geheimtipp, der sich herumgesprochen hat: Was sich am Ende der kleinen Sackgasse offenbart, ist ein absolut traumhafter Blick auf den Bodensee! Und den geniessen Sie zu ebenso ansprechenden Gerichten wie "Rindsragout in Kokosmilch".

WIGOLTINGEN
Thurgau (TG) – ⌧ 8556 – 2 375 Ew – Höhe 435 m – Regionalatlas **5-H2**
▸ Bern 177 km – Sankt Gallen 50 km – Frauenfeld 15 km – Konstanz 18 km
Michelin Straßenkarte 551-S3

XX **Taverne zum Schäfli** (Christian Kuchler)
✿ *Oberdorfstr. 8 – ℰ 052 763 11 72 – www.schaefli-wigoltingen.ch – geschl. 1. - 17. Januar, 24. Juli - 15. August und Sonntag - Dienstagmittag*
Menü 79 CHF (mittags unter der Woche)/220 CHF – Karte 95/149 CHF – *(Tischbestellung ratsam)*
Ausgesprochen stilvoll hat man den ursprünglichen Charme des reizenden 300 Jahre alten Riegelhauses mit stimmig-zurückhaltender Moderne vereint. Ein Ausbund an gemütlicher Eleganz, der nur durch die Küche zu toppen ist: klar, durchdacht, ausdrucksstark und absolut produktorientiert.
➜ Kaisergranat-Tatar, Ingwer, Räucherstörsud, Kaviar. Bretonischer Steinbutt, Erbsen, Zwiebeln. Kalbskinnbäckchen, Gemüse-Chartreuse, Rosmarin-Kartoffelpüree.

WIGOLTINGEN

in Wigoltingen-Hasli Süd-West: 1,5 km

XX **Wartegg**
Müllheimerstr. 3, beim Bahnhof – ℰ 052 770 08 08
– www.landgasthof-wartegg.ch – geschl. Ende Dezember - Anfang Januar
2 Wochen, Ende Juli 2 Wochen und Dienstagabend - Mittwoch
4 Zim ⊇ – †110/170 CHF ††180/240 CHF
Tagesteller 25 CHF – Menü 49 CHF (mittags unter der Woche)/115 CHF
– Karte 57/109 CHF
Mögen Sie es rustikal oder lieber elegant? In dem historischen Gasthof hat man beides - und draussen eine schöne Terrasse unter Bäumen. Aus der Küche kommen saisonal-klassische Gerichte aus regionalen Produkten. Übernachten können Sie auch: Die Zimmer sind hübsch mit ihrer hellen, freundlichen Einrichtung.

WIKON
Luzern – ✉ 4806 – 1 477 Ew – Höhe 463 m – Regionalatlas **3-E3**
▶ Bern 73 km – Luzern 43 km – Aarau 24 km – Zug 66 km
Michelin Straßenkarte 551-M5

XX **bim buume schönlokal**
😊
Bahnhofstr. 44, West: 1 km, Richtung Brittnau – ℰ 062 751 03 13
– www.bimbuume.ch – geschl. 1. - 9. Januar, 14. - 24. April, 27. August
- 13. September und Sonntag - Montag sowie an Feiertagen
Tagesteller 21 CHF – Menü 55 CHF – Karte 55/103 CHF – *(Tischbestellung ratsam)*
In dem eleganten Restaurant kocht Gastgeber Hannes Baumann etwas gehobener als im "Beizli", doch auch hier stimmt das Preis-Leistungs-Verhältnis von Schmackhaftem wie "Kalbsleber mit Rösti" oder "Seezunge mit Artischocken". Wer gerne draussen speist, wird den Kastaniengarten lieben!
bim buume – Siehe Restaurantauswahl

X **bim buume**
Bahnhofstr. 44 – ℰ 062 751 03 13 – www.bimbuume.ch – geschl. 1. - 9. Januar, 14.
- 24. April, 27. August - 13. September und Sonntag - Montag sowie an Feiertagen
Karte 41/83 CHF
In der einfachen Beiz des Baumann'schen "bahnhöfli" isst man bürgerlich. Auf den Tisch kommen Schnitzel, Cordon Bleu & Co. sowie Kalbskopf "Tortue", Kutteln und andere deftige Gerichte - Einkehr lohnenswert!

WIL
Sankt Gallen (SG) – ✉ 9500 – 23 663 Ew – Höhe 571 m – Regionalatlas **5-H2**
▶ Bern 178 km – Sankt Gallen 32 km – Glarus 65 km – Konstanz 31 km
Michelin Straßenkarte 551-S4

XX **Hof zu Wil**
😊
Marktgasse 88 – ℰ 071 913 87 00 – www.hofzuwil.ch – geschl. Ende Juli - Anfang
August 2 Wochen
Tagesteller 25 CHF – Menü 46/98 CHF – Karte 43/91 CHF
Wirklich schön die modern-historische Ambiente (sorgfältigst von der Stiftung Hof zu Wil saniert!), schmackhaft die regionalen Speisen wie "Kalbsgeschnetzeltes mit Rösti". Oder lieber ein saisonales Menü? Dazu wird man von den freundlichen Gastgebern aufmerksam umsorgt.

XX **Rössli**
Toggenburgerstr. 17, 1. Etage – ℰ 071 913 97 50 – www.roessli-wil.ch – geschl.
Mitte - Ende Januar und Sonntag - Montag
6 Zim ⊇ – †110/160 CHF ††160/240 CHF
Menü 25/123 CHF – Karte 48/116 CHF
Traditionelle Küche mit internationalem Einfluss gibt es in dem Gasthaus von 1840. Oben der helle, gemütliche Gastraum, im EG die rustikale Stube. Hier isst man bürgerlich oder ebenfalls von der Restaurantkarte. Dazu schöne Weine. Zum Übernachten hat man recht schlichte, funktionell eingerichtete Zimmer.

WILCHINGEN
Schaffhausen (SH) – ✉ 8217 – 1 711 Ew – Regionalatlas **4-F2**
▶ Bern 135 km – Schaffhausen 19 km – Zürich 44 km – Aarau 57 km
Michelin Straßenkarte 551-P3

in Wilchingen-Osterfingen Süd-Ost: 2,5 km – ✉ 8218

X **Bad Osterfingen** 🍴 🍷 ⇔ 🅿 🚭
*Zollstr. 17 – ✆ 052 681 21 21 – www.badosterfingen.ch – geschl. 22. Januar
- 21. Februar, 16. Juli - 2. August*
Karte 39/83 CHF
Hier passt alles zusammen: ein historisches Weingut von 1472, seit Generationen in Familienbesitz, heimelige Stuben und draussen ein lauschiges Plätzchen unter alten Kastanien! Dazu traditionelle Küche, Spezialität ist Wild. Nur Barzahlung!

WILDERSWIL – Bern ➜ Siehe Interlaken

WILDHAUS
Sankt Gallen (SG) – ✉ 9658 – 2 667 Ew – Höhe 1 098 m (Wintersport: 1 050/
2 262 m) – Regionalatlas **5-I3**
▶ Bern 214 km – Sankt Gallen 70 km – Altstätten 35 km – Bad Ragaz 40 km
Michelin Straßenkarte 551-U6

🏨 **Stump's Alpenrose** ⛰ 🐾 ≤ 🍴 🍷 🎾 Fá 🛌 🅿
*Vordere Schwendisstr. 62, beim Schwendisee, Süd: 2,5 km – ✆ 071 998 52 52
– www.stumps-alpenrose.ch*
47 Zim ☑ – †170 CHF ††304 CHF – 3 Suiten – ½ P
Bei Roland Stump (bereits die 4. Generation) wohnen Sie in wunderschöner ruhiger Lage, eingebettet in die Natur. Skifahrer wird's freuen: Im Winter führt die Piste direkt am Haus vorbei. Nach dem Sport (oder auch einfach so) bringen Massage und Kosmetik Entspannung. Hotelgäste geniessen zum Frühstück Produkte aus der Region und auf Wunsch die Halbpension!

WILEN – Obwalden ➜ Siehe Sarnen

WINTERTHUR
Zürich (ZH) – ✉ 8400 – 10 824 Ew – Höhe 439 m – Regionalatlas **4-G2**
▶ Bern 146 km – Zürich 28 km – Baden 46 km – Konstanz 45 km
Michelin Straßenkarte 551-Q4

🏨 **Krone** 🔄 🛌 🚗
Marktgasse 49 – ✆ 052 208 18 18   Stadtplan : B2**k**
– www.sorellhotels.com/de/krone – geschl. 24. Dezember - 3. Januar
40 Zim ☑ – †150/210 CHF ††180/260 CHF – 2 Suiten – ½ P
Rest *Restaurant Krone* – Siehe Restaurantauswahl
Ein denkmalgeschütztes Haus mitten in der Altstadt, hinter dessen historischer Fassade zeitgemäss-funktionale Zimmer mit Parkett auf die Gäste warten. Parkgarage ca. 100 m entfernt.

XX **Strauss - Ambiance** 🍷 & ⇔
Stadthausstr. 8 – ✆ 052 212 29 70 – www.strauss-winterthur.ch Stadtplan : B2**s**
– geschl. Sonntag sowie an Feiertagen
Menü 28 CHF (mittags unter der Woche)/105 CHF – Karte 45/98 CHF
Am Sommertheater mitten in Winterthur serviert man neben Klassikern wie "chalbsgschnätzlets zürcher art" auch saisonale Küche. Und wie wär's mit dem "amüs busch mönü"? Lebendig die Terrasse, trendig die Bar Vineria.

X **Trübli** 🍷
Bosshardengässchen 2 – ✆ 052 212 55 36   Stadtplan : B2**a**
*– www.truebli-winterthur.ch – geschl. April - Mai 2 Wochen, Juli - August
1 Woche und Sonntag - Montag sowie an Feiertagen*
Tagesteller 22 CHF – Menü 76 CHF (mittags)/96 CHF – Karte 56/98 CHF
Gemütlich sitzt man in der sympathischen familiären Adresse in der Fussgängerzone am Altstadtrand. Auf der traditionell-saisonalen Karte liest man z. B. "feines Kalbsgeschnetzeltes nach Trübli Art mit Butterrösti und Gemüse".

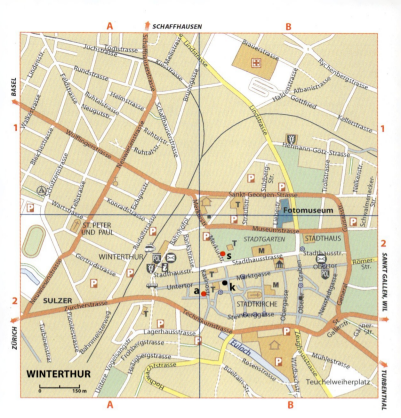

X **Restaurant Krone** – Hotel Krone
Marktgasse 49 – ℰ 052 208 18 18 – www.kronewinterthur.ch   Stadtplan : B2**k**
– geschl. 24. Dezember - 3. Januar und Sonntag
Tagesteller 28 CHF – Karte 44/95 CHF
Ob "léger" oder "privé", hier kann man gut essen. In beiden Restaurantbereichen ist das Angebot identisch: Klassiker wie Zürcher Geschnetzeltes oder Cordon bleu, aber auch Burger und Sandwiches.

in Wülflingen Nord-West: 2,5 km über Wülflingerstrasse A1 – ✉ 8408 Winterthur

XX **Taggenberg**
Taggenbergstr. 79, Nord-West: 1,5 km, über Strassenverkehrsamt
– ℰ 052 222 05 22 – www.restaurant-taggenberg.ch – geschl. Februar 2 Wochen, Ende Juli - Anfang August 2 Wochen und Samstagmittag, Sonntag - Montag
Tagesteller 38 CHF – Menü 49 CHF (mittags)/96 CHF – Karte 72/100 CHF
Da kann man durchaus zum Stammgast werden! Charmant-herzlicher Service und leckere Gerichte wie "Kalbssteak mit Tagliolini und grünem Gemüse" kommen gut an. Traumhaft der Blick von der Terrasse! Tipp: Man hat auch einen kleinen Weinladen.

XX **Schloss Wülflingen**
Wülflingerstr. 214 – ℰ 052 222 18 67 – www.schloss-wuelflingen.ch
Tagesteller 25 CHF – Menü 73 CHF (mittags unter der Woche)/110 CHF
– Karte 62/93 CHF
Stilvoll und gemütlich sind die Stuben in dem schmucken Haus a. d. 17. Jh. samt sehenswerter Details wie Täferungen, Malereien und Öfen. Man bietet klassische und Schweizer Gerichte wie "Filet de Boeuf au Thym" und "Kalbsleberli mit Rösti".

WITTENBACH – Sankt Gallen ➜ Siehe Sankt Gallen

WÖLFLINSWIL
Aargau (AG) – ⌧ 5063 – 1 005 Ew – Höhe 440 m – Regionalatlas **3-E2**
▶ Bern 119 km – Aarau 11 km – Zürich 55 km – Basel 47 km
Michelin Straßenkarte 551-M4

XX **Landgasthof Ochsen**
Dorfplatz 56 – ℘ 062 877 11 06 – www.ochsen-woelflinswil.ch – geschl. Mitte Februar 10 Tage, Mitte April 1 Woche, Anfang Oktober 2 Wochen und Dienstag - Mittwoch
9 Zim ⌧ – †90/110 CHF ††160/190 CHF
Tagesteller 23 CHF – Menü 81/125 CHF – Karte 49/101 CHF
Hier ist Gastfreundschaft seit 1288 zu Hause. Aus topfrischen Produkten entstehen saisonale Gerichte wie "Lachstranche auf Sauerkraut mit Senfsauce und Salzkartoffeln" oder "Lammrückenfilet im Kräutermantel". Etwas einfacher isst man in der Gaststube. Schlicht, praktisch und nett: die Gästezimmer.

WOHLEN bei BERN
Bern (BE) – ⌧ 3033 – 8 986 Ew – Höhe 549 m – Regionalatlas **2-D4**
▶ Bern 10 km – Biel 49 km – Burgdorf 33 km – Solothurn 48 km
Michelin Straßenkarte 551-I7

XX **Kreuz**
Hauptstr. 7 – ℘ 031 829 11 00 – www.kreuzwohlen.ch – geschl. Februar 1 Woche, Juli 3 Wochen, Weihnachten 1 Woche und Montag - Dienstag
Tagesteller 18 CHF – Menü 30/95 CHF – Karte 39/88 CHF
Tradition seit 1542! Bereits die 12. Generation führt den Gasthof mit den gemütlichen Stuben. Auf den Tisch kommt Schweizer Küche von der "Bernerplatte" über "gebratene Eglifilets" bis "Rindszunge in Kapernsauce". Toller Kinderspielplatz!

WOLHUSEN
Luzern (LU) – ⌧ 6110 – 4 317 Ew – Höhe 571 m – Regionalatlas **3-F4**
▶ Bern 99 km – Luzern 23 km – Sarnen 42 km – Stans 36 km
Michelin Straßenkarte 551-N7

X **Mahoi**
Hiltenberg, Nord: 2 km, im Tropenhaus, über Spazierweg in 10 Minuten erreichbar, ab Spital Parkplatz – ℘ 041 925 77 99
– www.tropenhaus-wolhusen.ch – geschl. 17. Juli - 8. August und Sonntagabend - Dienstag
Menü 69/94 CHF – Karte 62/80 CHF – *(Tischbestellung ratsam)*
Die frische Küche entschädigt für den kleinen Fussmarsch zu den imposanten Treibhäusern. Man speist umgeben von exotischen Pflanzen, deren Früchte sich natürlich in Speisen wie "Kaffee-Lachs" oder "Tandoori-Pouletbrust" wiederfinden. Auch tropischer Buntbarsch wird vor Ort gezüchtet. Mittags einfachere Karte.

WORB
Bern (BE) – ⌧ 3076 – 11 446 Ew – Höhe 585 m – Regionalatlas **2-D4**
▶ Bern 11 km – Burgdorf 20 km – Langnau im Emmental 20 km – Thun 28 km
Michelin Straßenkarte 551-J7

X **Eisblume**
Enggisteinstr. 16a, Eingang über Bünliweg 2 – ℘ 031 839 03 00
– www.eisblume-worb.ch – geschl. 9. Juli - 19. August und Sonntag - Dienstag
Menü 135/220 CHF – *(nur Abendessen)*
Ein Luxusrestaurant werden Sie hier nicht finden, wohl aber eine der weit über die regionalen Grenzen hinaus interessantesten Küchen! Und die ist sehr modern, intensiv und kreativ. Ebenso eigen ist auch das spezielle Drumherum, denn man speist im ehemaligen Gewächshaus einer Gärtnerei. Absolut erlebenswert!
➔ Lachsforelle, Rande, Buttermilch, Haselnuss, Estragon. Weideente, Weisskohl, Lebkuchen, Sanddorn, Birne. Milch, Reis, Limette, Tapioka, Thymian, Weinbeeren.

WÜLFLINGEN – Zürich ➜ Siehe Winterthur

WÜRENLOS
Aargau (AG) – ⊠ 5436 – 6 200 Ew – Höhe 420 m – Regionalatlas **4-F2**
▶ Bern 110 km – Aarau 31 km – Baden 8 km – Luzern 59 km
Michelin Straßenkarte 551-O4

XX Rössli
Landstr. 77 – ℰ 056 424 13 60 – www.roessli-wuerenlos.ch
Tagesteller 25 CHF – Karte 69/113 CHF
Bereits seit 1863 ist der schöne historische Gasthof im Familienbesitz. In dem hübschen Restaurant kochen Vater und Tochter "Tradition mit einer Brise Moderne" - hier treffen "Kutteln Zürcher Art" auf "Turbot in Currysauce". In der gemütlichen Gaststube gibt es noch eine etwas einfachere Zusatzkarte.

YENS
Vaud (VD) – ⊠ 1169 – 1 402 hab. – Carte régionale **6-B5**
▶ Bern 118 km – Lausanne 22 km – Genève 48 km – Fribourg 96 km
Carte routière Michelin 552-C9

XX Auberge de la Croix d'Or 🆕
Grande-Rue 18 – ℰ 021 800 31 08 – www.auberge-communale-yens.ch – fermé 20 décembre - 8 janvier, 15 juillet - 8 août, dimanche et lundi
Menu 70/95 CHF – Carte 83/96 CHF
Ne vous laissez pas influencer par l'apparence de cette auberge communale : comme souvent, c'est l'intérieur qui compte ! Le chef revisite la tradition avec talent, comme avec ce contrefilet d'Angus grillé, asperges du Valais et jus à la moelle... On se régale.
Bistro ☺ – Voir la sélection des restaurants

X Bistro 🆕
Grande-Rue 18 – ℰ 021 800 31 08 – www.auberge-communale-yens.ch – fermé 20 décembre - 8 janvier, 15 juillet - 8 août, dimanche et lundi
Plat du jour 18 CHF – Menu 21/65 CHF – Carte 43/63 CHF
Cette auberge ne paie pas de mine, mais les assiettes, elles, ont bonne mine ! Le chef concocte de bons petits plats de bistrot – rognons, tête de veau, baba au rhum –, sous la forme d'une formule unique le midi. Le soir, des plats plus élaborés sont proposés à la carte.

YVERDON-les-BAINS
Vaud (VD) – ⊠ 1400 – 29 690 hab. – Alt. 435 m – Carte régionale **6-B5**
▶ Bern 76 km – Neuchâtel 40 km – La Chaux-de-Fonds 57 km – Lausanne 40 km
Carte routière Michelin 552-E8

🏨 Hôtel de la Source
Avenue des Bains 21 – ℰ 024 524 14 44 – www.hoteldelasource.ch
56 ch – ♦135/150 CHF ♦♦155/170 CHF, ⊡ 15 CHF
À 100 m à peine des thermes, un hôtel aux chambres résolument contemporaines (tons monochromes, mobilier design), les plus tranquilles donnant sur le parc. Idéal pour se ressourcer !

🏨 Du Théâtre
Avenue Haldimand 5 – ℰ 024 424 60 00 – www.hotelyverdon.ch
36 ch – ♦150/170 CHF ♦♦190/230 CHF, ⊡ 15 CHF
Tendez l'oreille, c'est tout juste si ne parviennent pas les répliques des acteurs sur scène ! Près du théâtre, cette demeure patricienne abrite des chambres confortables, dont certaines avec terrasse. Préférez celles, plus spacieuses et calmes, dans la dépendance sur le jardin. L'été, on prend le petit-déjeuner en terrasse.

à Cheseaux-Noréaz Est : 2 km – ⊠ 1400 Cheseaux

X Table de Mary
Route du Gymnase 2, Ouest : 3 km – ℰ 024 436 31 10 – www.latabledemary.ch – fermé Noël 2 semaines, Pâques 2 semaines, début août 2 semaines, lundi et mardi
Plat du jour 19 CHF – Menu 60 CHF (déjeuner)/99 CHF – Carte 77/99 CHF
On aime s'asseoir à la Table de Mary ! Dans la salle, donnant sur le lac de Neuchâtel, on apprécie l'agréable cuisine du marché réalisée par la chef, originaire de la Bresse. Du goût et du soin : que demander de plus ? À noter aussi le beau choix de poissons frais et l'excellent rapport qualité-prix.

ZÄZIWIL – Bern ➜ Siehe Grosshöchstetten

ZERMATT

Wallis (VS) – ⌧ 3920 – 5 755 Ew – Höhe 1 610 m (Wintersport : 1 620/3 883 m)
– Regionalatlas **8-E7**
▶ Bern 115 km – Brig 40 km – Sierre 59 km – Sion 75 km
Michelin Straßenkarte 552-K13
mit dem Zug ab Täsch erreichbar

● Hotels

Mont Cervin Palace
Bahnhofstr. 31 – ℰ 027 966 87 00 – www.montcervinpalace.ch   Stadtplan : A1**b**
– geschl. Mitte April - Mitte Juni, Ende September - Ende November
110 Zim ⌧ – †350/675 CHF ††535/1085 CHF – 40 Suiten – ½ P
Rest *Capri* ✿ • **Rest** *Grill Le Cervin* – Siehe Restaurantauswahl
Seit 1852 hat Luxus hier mitten in Zermatt einen Namen: "Mont Cervin Palace"! Man wahrt die Tradition und verbindet sie geschickt mit Moderne, dazu top Service. Besonderheit: Shuttle von und zur eigenen Parkgarage in Täsch! Lust auf japanisch? Sushi & Co. im "Myoko".

Grand Hotel Zermatterhof
Bahnhofstr. 55 – ℰ 027 966 66 00 – www.zermatterhof.ch   Stadtplan : A1**w**
– geschl. Mitte September - Anfang Dezember, Mitte April - Mitte Juni
77 Zim ⌧ – †250/550 CHF ††400/950 CHF – 12 Suiten
Rest *Prato Borni* – Siehe Restaurantauswahl
Der Inbegriff eines Grandhotels! Man geht mit der Zeit und hält dennoch die Tradition (seit 1879) lebendig! Unter den schönen und individuellen Zimmern stechen die Chalet-Suiten besonders hervor. Modern und saisonal speist man im freundlichen "Lusi" (im Zermatter Dialekt einst kleine Laternen für Bergsteiger), Käsespezialitäten im "Saycheese".

The Omnia
Auf dem Fels – ℰ 027 966 71 71 – www.the-omnia.com   Stadtplan : A1**d**
– geschl. Mitte April - Mitte Juni
18 Zim ⌧ – †300/980 CHF ††350/1200 CHF – 12 Suiten
Rest *The Omnia* ✿ – Siehe Restaurantauswahl
Wahrlich herausragend! Hoch auf dem Fels hat der New Yorker Architekt Ali Tayar die Mountain Lodge modern interpretiert: klare Linien, natürliche Farben, Stein und warmes heimisches Holz! Eigener Aufzug von der Fussgängerzone hinauf.

Parkhotel Beau-Site
Brunnmattgasse 9 – ℰ 027 966 68 68   Stadtplan : B1**p**
– www.parkhotel-beausite.ch – geschl. 23. April - 4. Juni, 16. Oktober - 27. November
85 Zim ⌧ – †145/310 CHF ††230/660 CHF – 10 Suiten – ½ P
Trotz allen Fortschritts hat das Hotel von 1907 etwas Klassisch-Traditionelles - das spürt man, sobald man die Lobby betritt! Grosszügiger und etwas moderner wohnt man im Chalet. Beliebt die Grillabende im Sommer (dienstags und freitags).

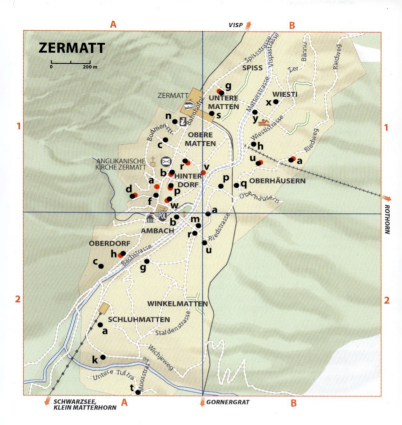

 CERVO Mountain Boutique Resort
Riedweg 156 Stadtplan : B1**a**
– ☏ 027 968 12 12 – www.cervo.ch
– *geschl. Ende April - Ende Juni, Mitte Oktober - Ende November*
36 Zim – †240/540 CHF ††580/720 CHF – 8 Suiten
Rest *Cervo Puro* • **Rest** *Ferdinand* – Siehe Restaurantauswahl
"Alpiner Lifestyle" trifft es auf den Punkt! Hochwertig umgesetzt in einem alten Jagdhaus und diversen Chalets (für Gruppen oder Familien auch komplett buchbar). Neuestes Highlight: "Owner's Lodge"! Top: die exponierte Lage mit grandioser Aussicht. Lounge-Bar für den Après-Ski schlechthin!

 Monte Rosa
Bahnhofstr. 80 Stadtplan : A1**f**
– ☏ 027 966 03 33 – www.monterosazermatt.ch
– *geschl. Mitte April - Mitte Juni, Mitte September - Mitte Dezember*
41 Zim – †270/480 CHF ††360/615 CHF – 15 Suiten
Das historische Hotel mit den roten Fensterläden bietet gemütlich-gediegene Räume wie Leselobby und Bar sowie wertig und technisch sehr gut ausgestattete Zimmer. Besonders schicke Suiten im 6. Stock. Stilvoll-klassisches Restaurant.

ZERMATT

Mirabeau
Untere Mattenstr. 12 – ℰ 027 966 26 60 – www.hotel-mirabeau.ch Stadtplan : B1**g**
– geschl. 23. April - 23. Juni, 17. September - 13. Oktober
61 Zim ⌂ – †140/385 CHF ††205/750 CHF – 2 Suiten – ½ P
Rest *Le Corbeau d'Or* – Siehe Restaurantauswahl
Schöne moderne Zimmer! Im Annex betonen heimische Naturmaterialien die alpine Eleganz. Stein und Holz aus der Region schaffen auch im Spa ein angenehmes Ambiente, ebenso im geradlinig gestalteten "Veranda" - hier isst man etwas legerer als im Gourmet-Restaurant, z. B. das Wahlmenü.

La Ginabelle
Vispastr. 52 – ℰ 027 966 50 00 – www.la.ginabelle.ch – geschl. Stadtplan : B1**y**
2. Mai - 23. Mai, 23. Oktober - 24. November
44 Zim ⌂ – †125/280 CHF ††210/480 CHF – 2 Suiten – ½ P
Ein frischer Kontrast zum klassisch-alpenländischen Stil des Hauses: die neuen Zimmer im Stammhaus! Hier hat man den hellen, warmen Holzton mit klaren, modernen Formen kombiniert. Diverse Spa-Angebote von "Schön durchs Jahr" bis "Family & Fun". Zeitgemässe Küche im eleganten Restaurant.

Alex
Bodmenstr. 12 – ℰ 027 966 70 70 – www.hotelalexzermatt.com Stadtplan : A1**n**
– geschl. 26. April - 1. Juni, 9. Oktober - 19. November
84 Zim ⌂ – †190/350 CHF ††380/625 CHF – 15 Suiten – ½ P
Die Zimmer sind fast schon Unikate! Steckenpferd der Seniorchefin ist die Deko: aufwändige Holzschnitzereien, individuelle Sessel und Stoffe mit unterschiedlichsten Mustern und Farben - alles hier ist geschmackvoll und auch ein bisschen speziell. Man spürt das Engagement der Gastgeber! Imposanter Weinkeller.

Schönegg
Riedweg 35 – ℰ 027 966 34 34 – www.schoenegg.ch – geschl. Stadtplan : B1**u**
17. April - 16. Juni, 18. September - 30. November
48 Zim ⌂ – †150/300 CHF ††220/680 CHF – 5 Suiten – ½ P
Rest *Gourmetstübli* – Siehe Restaurantauswahl
Ein Aufzug bringt Sie von der Talstation durch den Berg hindurch direkt zur Hotelrezeption! Zimmer teils mit tollem Blick aufs Matterhorn - fragen Sie nach den Zimmern im "Petit Chalet", sehr chic hier der modern-alpine Stil!

Julen
Riedstr. 2 – ℰ 027 966 76 00 – www.julen.ch Stadtplan : A2**r**
32 Zim ⌂ – †150/470 CHF ††240/620 CHF – 5 Suiten – ½ P
Charme und Atmosphäre verbreiten Familie Julen und ihr Team in dem schmucken Chalet. Die Zimmer: sehr heimelig und mit frischen Farbakzenten hübsch gestaltet. Gemütlich auch das Restaurant (beliebt der günstige Tagesteller am Mittag) und das "Schäferstübli", hier Grill- und Käsegerichte. Alternativ gibt es im Schwesterhotel "Alpenhof" das HP-Menü.

Coeur des Alpes
Oberdorfstr. 134 – ℰ 027 966 40 80 – www.coeurdesalpes.ch Stadtplan : A2**c**
23 Zim ⌂ – †170/250 CHF ††220/370 CHF – 6 Suiten
Mit dem eigenen Aufzug von der Fussgängerzone ins Hotel! Etwas ganz Besonderes sind die exklusiven Lofts (benannt nach den Kindern der überaus liebenswerten und zuvorkommenden Gastgeber). Speziell: Glasboden in der Lobby, darunter der Pool!

Matthiol
Moosstr. 40 – ℰ 027 968 17 17 – www.filetetfils.com – geschl. Stadtplan : A2**t**
Mitte April - Mitte Juni, Mitte Oktober - November
33 Zim ⌂ – †180/470 CHF ††260/550 CHF
Wirklich schön hat man es in den beiden modern-elegant eingerichteten Chalets. Wie wär's z. B. mit einer Juniorsuite oder Suite? Hier schauen Sie von der schicken freistehenden Badewanne auf das Matterhorn! Im Restaurant wird man ambitioniert bekocht.

ZERMATT

 Matterhorn Focus
Staldenstr. 12 – ℰ 027 966 24 24 – www.matterhorn-focus.ch   Stadtplan : A2**a**
– geschl. Ende April - Mitte Juni, Mitte Oktober - Mitte November
27 Zim ⊇ – ♦200/460 CHF ♦♦250/510 CHF – 5 Suiten
Glas, Stahl und Holz - das ist das Markenzeichen des Designers Heinz Julen. Fast alle Zimmer mit Balkon und Sicht auf Zermatt oder Matterhorn. Praktisch: unterirdischer Zugang zum 50 m entfernten Klein-Matterhorn-Express!

 Schlosshotel
Bahnhofplatz 18 – ℰ 027 966 44 00   Stadtplan : B1**s**
– www.schlosshotelzermatt.ch – geschl. 8. Oktober - 1. Dezember
43 Zim ⊇ – ♦130/250 CHF ♦♦240/450 CHF – 6 Suiten
Eine Augenweide ist schon die Lounge: auffallend schöner heller Stein, dazu ruhige, warme Töne. Wohnlichkeit pur auch in den modern-eleganten Zimmern. Oder lieber eine "Junior Suite Rustikal"? Oder vielleicht eine stylish-alpine Suite?

 Backstage Vernissage
Hofmattstr. 4 – ℰ 027 966 69 70 – www.backstagehotel.ch   Stadtplan : A1**r**
– geschl. Anfang Mai - Anfang Juni
19 Zim ⊇ ♦♦220/600 CHF
Rest *After Seven* ✿✿ – Siehe Restaurantauswahl
Ganz und gar trendig, passend zum angeschlossenen Kulturzentrum Vernissage! Spezieller Look, stylish bis ins Detail, überall Unikate, eigenes Kino. Ein Ausbund an Exklusivität sind die 3,70 m hohen "Cube-Lofts"! Auch der Spa ist nicht von der Stange: Thema ist die Schöpfungsgeschichte!

 Post
Bahnhofstr. 41 – ℰ 027 967 19 31 – www.hotelpost.ch   Stadtplan : A1**p**
29 Zim ⊇ – ♦159/470 CHF ♦♦199/570 CHF – 1 Suite – ½ P
Rest *P.O.S.T.* • **Rest** *Pöstli Stübli* – Siehe Restaurantauswahl
Eine Institution in Zermatt, die historischen Charme und Lifstyle vereint. Erlebnisgastronomie und Bars für jedermann, aber auch gediegene Rückzugsorte, dazu Live-Musik und nicht zu vergessen eine der ältesten Discos der Schweiz, die "Broken Bar" - hier muss man mal auf dem mittigen alten Fass getanzt haben!

 Europe
Riedstr. 18 – ℰ 027 966 27 00 – www.europe-zermatt.ch   Stadtplan : B2**u**
– geschl. Mai
39 Zim ⊇ – ♦196/301 CHF ♦♦280/430 CHF – ½ P
Walliser Schwarznasenschafe sind die Leidenschaft von Chef (und Schäfer!) Ruedi Julen: Bilder und Felle als Deko, aus der Küche Fleisch und Wurst (die für Hausgäste inkludierte HP können auch externe Gäste bestellen). Die Zimmer: etwas älter oder modern-alpin. Schicker Style auch im Saunabereich.

 Simi
Brantschenhaus 20 – ℰ 027 966 45 00 – www.hotelsimi.ch   Stadtplan : A1**c**
– geschl. 11. Oktober - 2. Dezember
40 Zim ⊇ – ♦137/197 CHF ♦♦220/354 CHF – 2 Suiten
Wer es gerne modern hat, fragt in den gepflegten Haus nach den neueren Zimmern. Selbst Hundebesitzer, heissen die engagierten Gastgeber auch Ihren Vierbeiner willkommen! Gemütlicher Treffpunkt ist die Kamin-Lounge-Bar.

Allalin
Kirchstr. 40 – ℰ 027 966 82 66 – www.hotel-allalin.ch – geschl.   Stadtplan : A2**b**
24. April - 2. Juni, 2. Oktober - 27. November
30 Zim ⊇ – ♦125/225 CHF ♦♦210/420 CHF
Ein richtig nettes und mit Herz geführtes Haus, in dem viel Holz, schöne Schnitzereien, Landhauszimmer mit rustikaler Note (teils mit Balkon zum Matterhorn) und ein moderner Alpin-Spa mit vier verschiedenen Saunen für Wohlbefinden sorgen.

ZERMATT

Mountain Paradise
Schluhmattstr. 130 – ⌀ 027 966 80 40
– www.mountainparadise.ch
Stadtplan : A2**k**
18 Zim ⊇ – †150/210 CHF ††180/300 CHF
Behagliches, warmes Holz, wohin man schaut! Im Winter kann man mit den Skiern praktisch bis vor die Tür fahren. Einige Zimmer mit Matterhornblick, ein Mehrbettzimmer (bis 8 Pers.).

Bellerive
Riedstr. 3 – ⌀ 027 966 74 74 – www.bellerive-zermatt.ch
Stadtplan : A2**m**
– geschl. Ende April - Mitte Juni, Mitte Oktober - Ende November
26 Zim ⊇ – †150/300 CHF ††200/380 CHF
Das Hotel bietet schöne modern-alpine Zimmer sowie einige in ländlicherem Stil. Frühstücksraum und Lobby sind geradlinig und freundlich gestaltet. Halbpension auf Wunsch.

Phoenix
Untere Wiestr. 11 – ⌀ 027 968 18 19 – www.hotelphoenix.ch Stadtplan : B1**x**
– geschl. Mai, Oktober - November
27 Zim ⊇ – †120/280 CHF ††180/340 CHF
Altholz und Bruchstein stehen für Tradition, klare und bewusst schlichte Formen für Moderne. Fortschrittlich und ökologisch wertvoll: Man heizt mittels Erdwärme!

Aristella
Steinmattweg 7 – ⌀ 027 967 20 41 – www.aristella-zermatt.ch Stadtplan : B2**a**
– geschl. Ende April - Mitte Juni, Mitte Oktober - Ende November
28 Zim ⊇ – †120/300 CHF ††200/450 CHF – ½ P
Klare moderne Formen, freundliche Farben, helles, warmes Holz. In den Zimmern dekorative Bilder zum Thema Schweiz: je nach Etage "Gebirge", "Tal", "See" oder "Stadt". Der Mix aus Geradlinigkeit und Naturmaterialien findet sich auch in Lounge und Saunabereich. Im gemütlichen Restaurant gibt es u. a. Grilladen.

Bella Vista
Riedweg 15 – ⌀ 027 966 28 10 – www.bellavista-zermatt.ch
Stadtplan : B1**q**
– geschl. 23. April - 9. Juni, 15. Oktober - 8. Dezember
21 Zim ⊇ – †105/235 CHF ††165/380 CHF – 2 Suiten
Schön persönlich ist es hier im Haus: Chalet-Charme, herzliche Gastgeber, liebenswerte Extras wie hausgemachte Marmelade, selbst gebackene Brötchen und auch mal Fondue oder Raclette! Relaxen im Ruheraum mit Matterhorn-Blick.

Welschen
Wiestr. 44 – ⌀ 027 966 63 33 – www.welschen-zermatt.ch
Stadtplan : B1**h**
– geschl. Mitte Oktober - Anfang Dezember
14 Zim ⊇ – †100/150 CHF ††170/250 CHF
Ein wirklich nettes Haus unter familiärer Leitung, das ruhig nicht weit von der Talstation des Sunnegga-Express entfernt liegt. Warmes Holz sorgt hier für Gemütlichkeit. Der hübsche kleine Wellnessbereich wird nur exklusiv vermietet.

Restaurants

The Omnia – Hotel The Omnia
Auf dem Fels – ⌀ 027 966 71 71 – www.the-omnia.com
Stadtplan : A1**d**
– geschl. Mitte April - Mitte Juni
Menü 95/175 CHF – Karte 88/131 CHF – *(nur Abendessen)*
Was würde man in diesem topmodernen Designhotel anderes erwarten als ein stylish-elegantes Restaurant? Richtig gut machen sich da auch die schönen grossen Tische mit Granitplatten, an denen man aufmerksam mit kreativer, finessenreicher Küche umsorgt wird. Vor oder nach dem Essen sitzt es sich nett vorm Kamin.
→ Schwarzer Seehecht, Trüffel, Mousseline, Sellerie. Luma Tomahawk, Gewürzbutter, Salat, Grillgemüse. Tiramisu "OMNIA".

ZERMATT

✕✕✕ 🌸 Capri – Hotel Mont Cervin Palace
Hofmattstr. 12 – ☏ 027 966 87 00 – www.montcervinpalace.ch Stadtplan : A1**b**
– geschl. Anfang April - Mitte Dezember und Montag
Menü 130/129 CHF – Karte 95/129 CHF *– (nur Abendessen)*
Gelungen der Übergang vom Apero in der schicken Bar zum feinen Essen im eleganten Restaurant nebenan. Und hier bringt das Küchenteam des italienischen "Capri Palace" im Winter mediterrane Genüsse nach Zermatt. Der Service professionell und charmant. Und all das bei tollem Panoramablick vom 4. Stock!
→ Trilogie von gekochtem und rohem Fisch - Bernsteinmakrele, Wolfsbarsch und Thunfisch. Taube in rotem Portwein mit Gänseleber, Karotten und Petersiliensauce. Haselnusscrème, Espresso-Karamellsauce und geräuchertes Schokoladeneis.

✕✕✕ Prato Borni – Grand Hotel Zermatterhof
Bahnhofstr. 55 – ☏ 027 966 66 00 – www.zermatterhof.ch Stadtplan : A1**w**
– geschl. Mitte September - Anfang Dezember, Mitte April - Mitte Juni und Montag
Menü 85/175 CHF *– (nur Abendessen)*
Intarsienvertäfelungen, opulente Maria-Theresia-Lüster und nobles Mobiliar zeugen von der Grandezza des Luxushotels. Man wählt zwischen den Menüs "Fernweh" und "Heimatliebe" - ambitioniert und vorwiegend mit regionalen Produkten zubereitet.

✕✕ Grill Le Cervin – Mont Cervin Palace
Bahnhofstr. 31 – ☏ 027 966 88 88 – www.montcervinpalace.ch Stadtplan : A1**b**
– geschl. Mitte April - Mitte Juni, Ende September - Ende November
Menü 74/126 CHF – Karte 77/126 CHF *– (nur Abendessen)*
Das Interieur aus hellem Holz und folkloristischen Stoffen fügt sich harmonisch in die Walliser Bergwelt ein. Kulinarisch werden Sie u. a. mit Grilladen verwöhnt, die man vor Ihren Augen auf dem offenen Feuer zubereitet.

✕✕ Le Corbeau d'Or – Hotel Mirabeau
Untere Mattenstr. 12 – ☏ 027 966 26 60 Stadtplan : B1**g**
– www.hotel-mirabeau.ch – geschl. 23. April - 23. Juni, 17. September - 13. Oktober und Sonntag - Montag
Menü 100/180 CHF *– (nur Abendessen) (Tischbestellung ratsam)*
In dem kleinen Gourmet-Restaurant sorgen Beige- und Brauntöne und eine schöne Altholztäfelung für eine elegante Note. Die niveauvolle Küche ist klassisch, hat aber auch zeitgemässe Einflüsse.

✕✕ Restaurant 1818 🆕
Bahnhofstr. 84 – ☏ 027 967 84 84 – www.1818zermatt.ch Stadtplan : A1**a**
– geschl. Mitte April - Mitte Juni, Mitte September - Mitte Dezember und im Winter: Sonntag, im Sommer: Montag
Karte 57/105 CHF *– (im Winter nur Abendessen)*
In dem nach Heinz-Julen-Manier chic und edel designten Restaurant im 1. Stock heisst es frisch, unkompliziert und schmackhaft speisen. Auf Basis hochwertiger, oft regionaler Produkte entsteht z. B. "Luma Wagyu Bavette mit Zwiebelvariation".

✕✕ Le Mazot
Hofmattstr. 23 – ☏ 027 966 06 06 – www.lemazotzermatt.ch Stadtplan : AB1**v**
– geschl. Ende April - Ende Juni, Mitte Oktober - Ende November und Montag
Karte 59/99 CHF *– (nur Abendessen) (Tischbestellung ratsam)*
Frische Speisen aus der offenen Küche ziehen die Gäste an, vor allem aber Grillgerichte wie die bekannten Lammspezialitäten, die am Holzkohlegrill mitten im Restaurant zubereitet werden! Beliebt für einen Apero ist die kleine Bar.

✕✕ Gourmetstübli – Hotel Schönegg
Riedweg 35 – ☏ 027 966 34 34 – www.schonegg.ch – geschl. Stadtplan : B1**u**
17. April - 16. Juni, 18. September - 30. November
Karte 70/113 CHF
Eine Bauernstube wie aus dem Bilderbuch: Holztäfelung mit aufwändigen Bemalungen und Stuckverzierungen sowie schöne Tischwäsche sorgen für eine heimelige Atmosphäre.

ZERMATT

XX P.O.S.T. – Hotel Post
Bahnhofstr. 41 – ℰ 027 967 19 31 – www.hotelpost.ch — Stadtplan : A1**p**
– geschl. Mitte April - Ende November und Montag - Dienstag
Menü 85/160 CHF – Karte 65/98 CHF – *(nur Abendessen) (Tischbestellung ratsam)*
Dem Lokal wurde ein trendiges Gewand aus alpenländischem Chic verpasst. An stilvoll hergerichteten Tischen offeriert man Ihnen moderne Kulinarik, die sich von Mediterranem beeinflussen lässt.

XX After Seven – Hotel Backstage Vernissage
ಬಿ ಬಿ *Hofmattstr. 4 – ℰ 027 966 69 70 – www.backstagehotel.ch* — Stadtplan : A1**r**
– geschl. Mitte April - Mitte Dezember und Sonntag
Menü 127/187 CHF – *(nur Abendessen) (Tischbestellung ratsam)*
Der Mix aus urban-alpinem Chic à la Heinz Julen und sehr moderner, kreativer Kulinarik macht diese Adresse zu einem "place to be"! Ein verglaster Aufzug führt zum Restaurant mit hohen Decken, grosser Fensterfront und offener Küche - hier wird mit reichlich Finesse, Kontrasten und eigenem Stil gekocht.
→ Steinbutt, Tomate, Couscous. Taube, Kaffee, Granatapfel. Kokosnuss, weisse Schokolade, Armagnac.

X Cervo Puro – Hotel CERVO Mountain Boutique Resort
Riedweg 156 – ℰ 027 968 12 12 – www.cervo.ch – geschl. Ende Stadtplan : B1**a**
April - Ende Juni, Mitte Oktober - Ende November und Juli - September: Mittwoch - Donnerstag
Menü 80 CHF (abends) – Karte 84/118 CHF – *(Tischbestellung ratsam)*
Eintreten, abschalten, wohlfühlen. Das ist hier garantiert - modernes Design inszeniert alpenländische Materialien auf charmante Art. Tolle Terrasse mit Blick aufs Matterhorn. In der Küche legt man Wert auf regionale Produkte.

X Ferdinand – Hotel CERVO Mountain Boutique Resort
Riedweg 156 – ℰ 027 968 12 12 – www.cervo.ch – geschl. Ende Stadtplan : B1**a**
April - Ende Juni, Mitte Oktober - Ende November und Juli - September: Sonntag - Dienstag, Dezember - März: Montag
Karte 50/84 CHF – *(nur Abendessen) (Tischbestellung ratsam)*
Sie mögen Fondue, Raclette & Co.? Dazu passt das stylish-rustikale Ambiente hier. Es gibt übrigens auch Fondue mit Schafs- oder Ziegenkäse. Auch Barbecue-Freunde kommen nicht zu kurz - das Fleisch wird am Tisch gebraten!

X Pöstli Stübli – Hotel Post
Bahnhofstr. 41 – ℰ 027 967 19 31 – www.hotelpost.ch – geschl. Stadtplan : A1**p**
Mai - Juni und Juli - Mitte Dezember : Sonntag - Montag
Karte 46/102 CHF – *(nur Abendessen)*
Für Freunde von Walliser Spezialitäten gibt es in dem chic-rustikalen Restaurant Fleisch vom heissen Stein oder Fondue und dazu eine rein regionale Weinkarte. Übrigens: Jede der original Kuhglocken an der Wand hat einen anderen Ton!

X Alpenblick
Oberdorfstr. 106 – ℰ 027 966 26 00 — Stadtplan : A2**h**
– www.alpenblick-zermatt.ch – geschl. 30. September - 20. Dezember
32 Zim – †110/185 CHF ††186/340 CHF – ½ P
Menü 40 CHF (abends) – Karte 45/89 CHF
Lassen Sie sich in gepflegt-rustikalem Ambiente traditionelle Gerichte und Walliser Spezialitäten servieren. Bei schönem Wetter sitzt man am besten auf der Gartenterrasse! Gut übernachten kann man hier auch. Günstig die Lage nur wenige Gehminuten von der Bergbahn.

Gute Küche zu moderatem Preis? Folgen Sie dem „Bib Gourmand". Das freundliche Michelin-Männchen „Bib" steht für ein besonders gutes Preis-Leistungs-Verhältnis!

ZERMATT

auf der Riffelalp mit Zahnradbahn Gornergrat und Riffelalpbähnli (Sommer) (20 min.) erreichbar – Höhe 2 210 m – ✉ 3920 Zermatt

Riffelalp Resort
– ℰ 027 966 05 55 – www.riffelalp.com – geschl. Mitte April - Mitte Juni, Mitte September - Mitte Dezember
65 Zim ⌑ – †245/595 CHF ††430/1050 CHF – 5 Suiten – ½ P
Schlichtweg ein Traum für Skifahrer und Wanderer! Exponiert thront das Hotel inmitten zig Viertausender! Vom wohltemperierten Aussenpool blickt man aufs Matterhorn vis-à-vis! In der Saison veranstaltet man Konzerte (Zelt). Im "Walliser Keller" munden Schweizer Spezialitäten, im "Del Bosco" italienische; die stilvoll-gehobene Alternative ist das "Alexandre".

in Furi mit Gondelbahn erreichbar – Höhe 1 861 m – ✉ 3920 Zermatt

Silvana
Furri 265 – ℰ 027 966 28 00 – www.hotelsilvana.ch – geschl. Mai - Juni, Oktober - November
21 Zim ⌑ – †95/155 CHF ††170/290 CHF – ½ P
Von der Zwischenstation der Gondelbahn sind es nur wenige Schritte zu diesem Haus, herrlich ruhig die Lage! Gemütlich hat man Zimmer, Lounge und Bar gestaltet. Viel Holz, Stein und allerlei Zierrat versprühen im "Gitz-Gädi" urig-traditionellen Charme - Di. und Do. "Schlittelplausch". HP inklusive.

in Zum See mit Gondelbahn bis Furi und Spazierweg (15 min.) oder über SchwarzseepromenadeA2(40 min.) erreichbar – ✉ 3920 Zermatt

Zum See
Zum See 24 – ℰ 027 967 20 45 – www.zumsee.ch – geschl. 23. April - 22. Juni, 8. Oktober - 2. Dezember
Karte 34/90 CHF – *(nur Mittagessen) (Tischbestellung erforderlich)*
Seit über 30 Jahren hat Familie Mennig ihr heimeliges Chalet in dem Bergweiler. International-saisonale sowie Walliser Küche, dazu gute Weine, vor allem aus Italien. Probieren Sie mal die hausgemachte Cremeschnitte! Sonnige Terrasse.

in Findeln mit Sunnegga Express und Spazierweg (25 min.) oder über Spazierweg von Zermatt (50 min.) erreichbar – Höhe 2 036 m – ✉ 3920 Zermatt

Chez Vrony
Findeln – ℰ 027 967 25 52 – www.chezvrony.ch – geschl. 18. April - 17. Juni, 17. Oktober - 25. November
Menü 25/51 CHF – Karte 43/91 CHF – *(nur Mittagessen) (Tischbestellung erforderlich)*
Viel Holz und hübsche Deko verbreiten Gemütlichkeit, der Service ist charmant und die Aussicht einmalig schön hier in 2100 m Höhe - entsprechend gefragt die Terrasse! Dazu traditionelle und mediterrane Küche. Oder wie wär's mit Frühstück?

Findlerhof
– ℰ 027 967 25 88 – www.findlerhof.ch – geschl. 23. April - 17. Juni, 15. Oktober - 24. November
Tagesteller 25 CHF – Karte 43/88 CHF – *(nur Mittagessen) (Tischbestellung ratsam)*
Grandios der Blick aufs Matterhorn - geniessen Sie ihn von der "Solarium"-Terrasse! Natürlich kommen Skifahrer gerne hierher - für Fussgänger ist der Weg mitunter etwas beschwerlich! Küche und Weine sind italienisch und schweizerisch.

ZOFINGEN
Aargau (AG) – ✉ 4800 – 11 487 Ew – Höhe 432 m – Regionalatlas 3-E3
▶ Bern 70 km – Aarau 19 km – Luzern 46 km – Olten 12 km
Michelin Straßenkarte 551-M5

ZOFINGEN

XX Schmiedstube
Schmiedgasse 4 – ℰ 062 751 10 58 – www.schmiedstube.ch – geschl. Samstagabend - Sonntag
Tagesteller 22 CHF – Menü 30 CHF (mittags)/85 CHF – Karte 31/116 CHF
Im 1. Stock des Hauses a. d. 15. Jh. sitzt man schön in einer gediegenen Stube mit Sichtbalken und Holzdecke. Aus der Küche kommen Beefsteak-Tatar, Lammrückenfilet mit Kräuterkruste, Eglifilets Müllerin-Art... Schlichteres Ambiente im EG.

ZOLLIKON – Zürich ➜ Siehe Zürich

ZÜRICH

Zürich (ZH) – ⌧ 8000 – 39 685 Ew – Höhe 409 m – Regionalatlas **4-G2**
▶ Bern 125 km – Aarau 47 km – Baden 24 km – Chur 122 km
Michelin Straßenkarte 551-P5
Stadtpläne siehe nächste Seiten

© StockFood LBRF / agefotostock

→ Liste alphabétique des hôtels
→ Alphabetische Liste der Hotels
→ Elenco alfabetico degli alberghi
→ Index of hotels

A		Seite	H		Seite
Alden Luxury Suite Hotel	🏠🏠🏠	391	Helvetia	🏠	392
Altstadt	🏠	383	**K**		**Seite**
Ambassador à l'Opéra	🏠🏠	382	Kameha Grand Zürich	🏠🏠🏠	399
Atlantis	🏠🏠🏠	390	Kindli	🏠	392
B		**Seite**	**L-M**		**Seite**
B2 Boutique Hotel+Spa	🏠🏠	391	Lady's First	🏠	384
Baur au Lac	🏠🏠🏠	390	Marktgasse	🏠🏠	382
D-E		**Seite**	**O**		**Seite**
The Dolder Grand	🏠🏠🏠	382	Opera	🏠🏠	382
Europe	🏠🏠	382	**P**		**Seite**
F-G		**Seite**	Park Hyatt	🏠🏠🏠	390
Florhof	🏠	383	Plattenhof	🏠	386
Greulich	🏠🏠	391			

379

ZÜRICH

R		Seite
Renaissance Tower Hotel	🏨	390
Rössli	🏠	386

S		Seite
Savoy Baur en Ville	🏨	390
Schweizerhof	🏨	391
Seehof	🏠	384
Sheraton Neues Schloss Zürich	🏨	391
St. Gotthard	🏨	391
Steigenberger Bellerive au Lac	🏨	382
Storchen	🏨	390

T-U		Seite
Townhouse	🏠	392
25Hours Zürich West	🏨	391
Uto Kulm	🏨	400

W		Seite
Wellenberg	🏨	382
Widder	🏨	390

→ Liste alphabétique des restaurants
→ Alphabetische Liste der Restaurants
→ Elenco alfabetico degli ristoranti
→ Index of restaurants

A		Seite
Accademia del Gusto	XX	394
Alden	XxX	393
L'altro	XX	396
Da Angela	XX 🕸	395
AuGust	X 🕸	397
AURA	X	397

B		Seite
Ban Song Thai	X	389
Baur	XxX	393
Bianchi	XX	387
Blaue Ente	XX	388
Brasserie Bernoulli	X	399
Bü's	X	397

C-D		Seite
Caduff's Wine Loft	XX	396
Café Boy	X	399
Camino	X	397
Casa Ferlin	XX	387
Le Chef by Meta	XX	396
Conti	XX	387
Convivio	XX	396
Didi's Frieden	X	388
Drei Stuben	X 🕸	389

E-F		Seite
Ecco Zürich	XxX 🌸🌸	392
Eden au Lac	XxX	386
EquiTable im Sankt Meinrad	X 🌸	397
Florhof	XX	388

G-H		Seite
Il Giglio	XX	395
Gustav	XX	393
Helvetia	X	396
Heugümper	X	396
Hide und Seek	X	397
Hofwiesen	X	399
Hopfenau	X 🕸	399
Hummer- und Austernbar	XxX	393

I-J		Seite
Intermezzo	XX	394
Le Jardin Suisse	X	398

K-L-M		Seite
Kaiser's Reblaube	XX	394
Kaufleuten	X 🕸	397
Kindli	X	398
Kronenhalle	XX	387
Lindenhofkeller	XX	393
Maison Manesse	X 🌸	398
mesa	XX 🌸	386
Metropol	XX	394
Münsterhof	X	398

ZÜRICH

N-O

		Seite
Nachtjäger	X	398
Oepfelchammer	X	389
Opera	XX	387
Orangerie	XX	395
Orsini	XX	395

P-Q

		Seite
Paneolio	X	399
Parkhuus	XX	395
Pavillon	XxX ✿	392
Le Poisson	XX	395
Au Premier	XX	395
Quaglinos	X	389

R

		Seite
R21	XX	388
Razzia	XX	388
The Restaurant	XxxX ✿✿	386
Rias	XX ⊛	400
Rive Gauche	XX	394
Riviera	X	389
Rôtisserie	XX	396
Rössli	XX	400

S-T

		Seite
Sala of Tokyo	X	398
Saltz	XX	388
Seerestaurant Quai 61	X	398
Sein	XX ✿	393
Sein - Tapas Bar	X ⊛	399
Sonnenberg	XxX	386
La Soupière	XxX	392
Stapferstube da Rizzo	XX ⊛	387
Stefs Freieck	X	389
Tao's	XX	394

U-V

		Seite
L'Unico	XX	400
Veltlinerkeller	XX	394

W-Y

		Seite
White Elephant	X	389
Wirtschaft zur Höhe	XX	400
YOU	XX ✿	400

Z

		Seite
La Zagra	XX	388
Zunfthaus zur Zimmerleuten	XX	387

→ Restaurants ouverts le dimanche
→ Restaurants sonntags geöffnet
→ Ristoranti aperti domenica
→ Restaurants open on Sunday

AuGust	X ⊛	397	R21	XX	388
Bianchi	XX	387	Rive Gauche	XX	394
Conti	XX	387	Rôtisserie	XX	396
Ecco Zürich	XxX ✿✿	392	Rössli	XX	400
Eden au Lac	XxX	386	Sala of Tokyo	X	398
Helvetia	X	396	Saltz	XX	388
Hide und Seek	X	397	Seerestaurant Quai 61	X	398
Hummer- und Austernbar	XxX	393	Sonnenberg	XxX	386
Kaufleuten	X ⊛	397	L'Unico	XX	400
Opera	XX	387	White Elephant	X	389
Orangerie	XX	395	Wirtschaft zur Höhe	XX	400
Orsini	XX	395	YOU	XX ✿	400
Le Poisson	XX	395	Zunfthaus zur Zimmerleuten	XX	387
Quaglinos	X	389			

ZÜRICH

Rechtes Ufer der Limmat (Universität, Kunsthaus)

The Dolder Grand
Kurhausstr. 65 ⌧ 8032 – ☏ 044 456 60 00 — Stadtplan : B2**t**
– www.thedoldergrand.com
161 Zim – †540/740 CHF ††750/1150 CHF, ⌛ 48 CHF – 12 Suiten
Rest *The Restaurant* ✿ ✿ • **Rest** *Saltz* – Siehe Restaurantauswahl
Architekt Norman Foster hat die Grand Dame der Züricher Hotellerie zu einer "State of the Art"-Adresse gemacht. Eleganz und Luxus gipfeln in der Maestro-Suite mit 400 qm hoch über der Stadt! Auch der edle Spa auf 4000 qm lässt kaum Wünsche offen, und dann der grandiose Blick von Zimmern und Terrassen...

Steigenberger Bellerive au Lac
Utoquai 47 ⌧ 8008 – ☏ 044 254 40 00 — Stadtplan : D2**a**
– www.zuerich.steigenberger.ch
51 Zim – †279/459 CHF ††279/459 CHF, ⌛ 35 CHF – 1 Suite
Das Haus wurde in den letzten Jahren intensiv renoviert und aufgefrischt, so geniesst man nicht nur den See direkt vor der Tür, sondern auch wohnlich-elegante Art-déco-Zimmer mit moderner Technik, allen voran die Grand Suite mit schöner Dachterrasse! Im Restaurant Schweizer Küche mit internationalem Einfluss.

Ambassador à l'Opéra
Falkenstr. 6 ⌧ 8008 – ☏ 044 258 98 98 — Stadtplan : F3**a**
– www.ambassadorhotel.ch
45 Zim – †295/560 CHF ††415/680 CHF, ⌛ 33 CHF – ½ P
Rest *Opera* – Siehe Restaurantauswahl
Das ehemalige Patrizierhaus ist ein schmuckes Boutique-Hotel mit eigenem Stil. Die Zimmer sind sehr unterschiedlich geschnitten und richtig schön wohnlich, angenehme Details sind erstklassige Betten, Nespresso-Maschine, moderne Technik.

Europe
Dufourstr. 4 ⌧ 8008 – ☏ 043 456 86 86 – www.europehotel.ch — Stadtplan : F3**z**
39 Zim – †190/380 CHF ††250/500 CHF, ⌛ 25 CHF – 2 Suiten
Rest *Quaglinos* – Siehe Restaurantauswahl
Ein stilvolles kleines Hotel: zwischen 1898 und 1900 erbaut, direkt bei der Oper gelegen, klassisch-elegant, wohnlich und wertig, hier und da der Charme der 50er Jahre... und technisch "up to date"! Zimmerservice ohne Aufpreis.

Wellenberg
Niederdorfstr. 10, am Hirschenplatz ⌧ 8001 – ☏ 043 888 44 44 — Stadtplan : F2**s**
– www.hotel-wellenberg.ch
46 Zim – †235/310 CHF ††275/360 CHF – 3 Suiten
Nicht nur die Altstadtlage kommt an, auch das komfortable Interieur kann sich sehen lassen: Die Zimmer schön wohnlich, am Morgen ein gutes Frühstücksbuffet in frischem modernem Ambiente und die hübsche Bibliothek lädt zum Schmökern ein.

Marktgasse 🆕
Marktgasse 17 – ☏ 044 266 10 10 – www.marktgassehotel.ch
37 Zim – †199/325 CHF ††259/435 CHF, ⌛ 15 CHF – 2 Suiten – ½ P
Das Boutique-Hotel liegt mitten in der Altstadt in einem jahrhundertealten denkmalgeschützten Gebäude, und das gibt dem wertigen geradlinig-schicken Interieur dank schöner historischer Details eine ganz individuelle Note. Internationales im trendigen Restaurant "Baltho" nebst Bar. Dazu "delish Café Take-Out".

Opera
Dufourstr. 5 ⌧ 8008 – ☏ 044 258 99 99 – www.operahotel.ch — Stadtplan : F3**b**
58 Zim – †265/480 CHF ††380/610 CHF, ⌛ 28 CHF
Der Schwesterbetrieb des Ambassador vis-à-vis ist ebenfalls wohnlich-gemütlich, nur etwas günstiger. Geschmackvolle Zimmer, ein regional geprägtes Frühstücksbuffet, Tee in der eleganten Lobby. Ihren Wagen können Sie übrigens parken lassen.

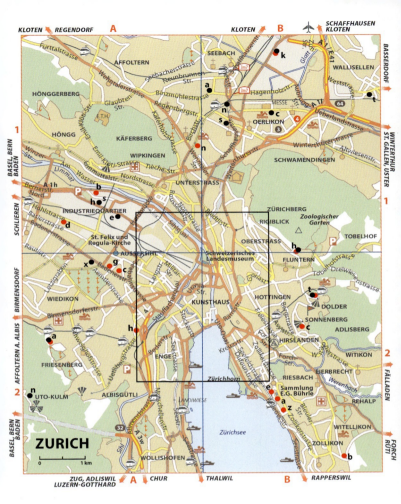

Florhof

Florhofgasse 4 ⊠ 8001 – ℰ 044 250 26 26
Stadtplan : F2**k**
– www.hotelflorhof.ch – geschl. 24. Dezember - 2. Januar
32 Zim ⚏ – ♦185/310 CHF ♦♦290/360 CHF
Rest *Florhof* – Siehe Restaurantauswahl
Ein echtes Kleinod mitten in der Stadt ist dieses schöne Patrizierhaus a. d. 18. Jh.! Die Atmosphäre ist angenehm familiär, alles ist tipptopp gepflegt und Sie schlafen ruhig in wohnlich und wertig eingerichteten Zimmern.

Altstadt

Kirchgasse 4 ⊠ 8001 – ℰ 044 250 53 53
Stadtplan : F3**t**
– www.hotel-altstadt.ch
25 Zim ⚏ – ♦215/265 CHF ♦♦285/325 CHF
Stilvoll-modern ist dieses Haus in der Altstadt, und die Zimmer haben eine ganz besondere (literarische) Note: Handgeschriebene Texte bekannter Dichter sind als Bilder dargestellt, dazu Bücher der Autoren! In der Bar im EG gibt es Snacks.

🏠 **Lady's First** 🌀 🛎 ♿ 🚭
Mainaustr. 24 ✉ 8008 – ☏ 044 380 80 10 – www.ladysfirst.ch Stadtplan : D2**n**
– geschl. 23. Dezember - 2. Januar
28 Zim 🍽 – †160/230 CHF ††250/360 CHF
Individuell und von Frauen konzipiert. Altbau-Charme trifft auf modernes Design in sehr unterschiedlich geschnittenen Zimmern. Exklusiv für Damen: Sauna mit Dachterrasse und Massageangebot. Als Hotelgäste sind auch Herren willkommen!

🏠 **Seehof** Ⓝ 🛎 🚭
Seehofstr. 11 ✉ 8008 – ☏ 044 254 57 57 – www.seehof.ch Stadtplan : F3**b**
– geschl. 24. - 27. Dezember
19 Zim 🍽 – †180/280 CHF ††220/350 CHF – 1 Suite
Hier überzeugen die zentrale Lage, etwas versteckt hinter der Oper, sowie charmante Zimmer mit maritimer Note. Sie sind hübsch in freundlichem Weiss-Blau gehalten, klar-modern und zugleich schön gemütlich.

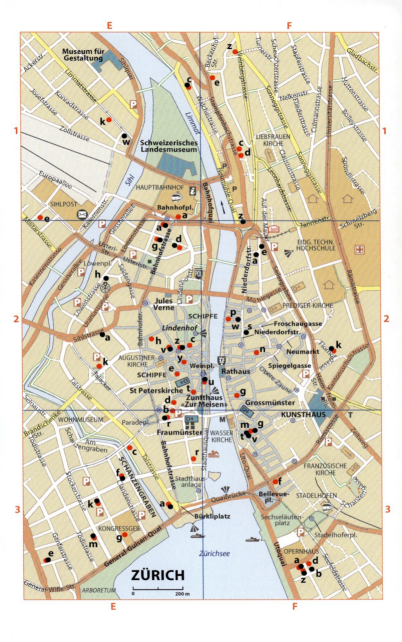

ZÜRICH

Plattenhof
Plattenstr. 26 ⊠ 8032 – ℰ 044 251 19 10 – www.plattenhof.ch Stadtplan : D1**b**
37 Zim ⊊ – †160/355 CHF ††190/395 CHF

In dem kleinen, aber feinen Design-Hotel nahe dem Uni-Spital kann man sich wohlfühlen, und das liegt nicht zuletzt an den ansprechend puristisch gehaltenen Zimmern mit individueller Note. Der klare Stil findet sich auch im netten Barbereich und im Restaurant "Sento" - Letzteres mit "cucina della mamma".

Rössli
Rössligasse 7 ⊠ 8001 – ℰ 044 256 70 50 – www.hotelroessli.ch Stadtplan : F3**g**
26 Zim ⊊ – †200/280 CHF ††220/360 CHF – 1 Suite

Das Hotel wird persönlich geführt und es hat Atmosphäre! Das liegt zum einen am Altbauflair, zum anderen an den wohnlichen und etwas individuellen Zimmern. Sie träumen von einer Dachterrasse? Die haben Sie in der 100 qm grossen Appartement-Suite! Und wer Lust auf Tapas hat, geht in die Bar hier im Haus.

The Restaurant – Hotel The Dolder Grand
❀❀ *Kurhausstr. 65 ⊠ 8032 – ℰ 044 456 60 00* Stadtplan : B2**t**
– www.thedoldergrand.com – geschl. 21. Februar - 6. März, 25. Juli - 14. August und Samstagmittag, Sonntag - Montag
• KREATIV • Menü 98 CHF (mittags unter der Woche)/298 CHF
– Karte 159/219 CHF – *(Tischbestellung ratsam)*

Intensive Küche, kreative und stimmige Kombinationen, Top-Produkte, die gekonnt in Szene gesetzt werden! Tipp: Mit dem Amuse-Bouche-Menü am Mittag erlebt man einen schönen Querschnitt der Speisekarte. Stilvoll das Interieur, draussen ein Traum von Terrasse mit fantastischer Aussicht!

→ Kaninchen mit Gartenkräutern, Miso, eingelegten Pilzen und grünen Tomaten. Bretonischer Hummer mit Erdbeeren, Randen, Estragon und Senf. Kalb mit Morcheln, Emmentaler und Meerrettich.

Sonnenberg
Hitzigweg 15 ⊠ 8032 – ℰ 044 266 97 97 Stadtplan : B2**c**
– www.sonnenberg-zh.ch – geschl. 1. - 8. Januar
• FRANZÖSISCH-KLASSISCH • Tagesteller 38 CHF – Karte 71/159 CHF –
(Tischbestellung ratsam)

Wer möchte nicht beim Essen den tollen Blick auf Zürich und den See geniessen? In dem Restaurant im FIFA-Areal kommt zur wunderbaren Lage noch modern-elegante Atmosphäre und zahlreiche Klassiker. Probieren Sie Kalbskotelett oder Siedfleisch, begleitet von einer hervorragenden Weinauswahl.

Eden au Lac
Utoquai 45, im Hotel Eden au Lac ⊠ 8008 – ℰ 044 266 25 25 Stadtplan : D2**a**
– www.edenaulac.ch – geschl. Samstagmittag
• FRANZÖSISCH • Menü 55 CHF (mittags unter der Woche)/170 CHF
– Karte 94/158 CHF

In dem klassisch-eleganten Restaurant speisen Sie mit Blick auf den Zürichsee, und zwar internationale Gerichte wie "Schweizer Bio-Ei - Kartoffelmousseline - Trüffel" oder "Bretonischer Steinbutt - Spinatravioli - Schwarzwurzel".

mesa
❀ *Weinbergstr. 75 ⊠ 8006 – ℰ 043 321 75 75* Stadtplan : F1**z**
– www.mesa-restaurant.ch – geschl. 24. Dezember - 10. Januar, 16. Juli
- 13. August und Samstagmittag, Sonntag - Montag
• MODERNE KÜCHE • Tagesteller 39 CHF – Menü 65 CHF (mittags unter der Woche)/125 CHF – Karte 80/101 CHF – *(Tischbestellung ratsam)*

Früher eine Adresse für grosse exzellente Menüs, heute kann man hier auch einfach à la carte essen - an der Intensität der Aromen und an der Ausdrucksstärke der Küche hat sich dadurch nichts geändert. Tipp: Probieren Sie wirklich besondere Weine im Offenausschank!

→ Crab Meat Salat, Lattich, Rockefeller-Sauce, grüner Apfel. Ennetbürgner Rinds-Short Rib, Peperoni, Polenta, Mais. Pavlova, Ananas, Mandel.

XX Conti

Dufourstr. 1 ⊠ 8008 – ℰ 044 251 06 66 – www.bindella.ch   Stadtplan : F3**d**
– geschl. Mitte Juli - Mitte August 4 Wochen
• ITALIENISCH • Menü 42/68 CHF – Karte 58/114 CHF

Ganz vortrefflich steht dem schönen alten Stadthaus gegenüber der Oper das stilvolle Interieur zu Gesicht - man beachte die herrliche Stuckdecke! Aus der Küche kommen klassische italienische Speisen, dazu Weine vom eigenen Weingut.

XX Bianchi

Limmatquai 82 ⊠ 8001 – ℰ 044 262 98 44   Stadtplan : F2**p**
– www.ristorante-bianchi.ch
• FISCH UND MEERESFRÜCHTE • Tagesteller 30 CHF – Karte 48/103 CHF –
(Tischbestellung ratsam)

Nicht ohne Grund ist das helle, moderne Restaurant an der Limmat gefragt bei Fisch- und Meeresfrüchte-Liebhabern: Hier werden sehr gute Produkte mediterran zubereitet und von einem geschulten Team serviert! Im Winter Austern-Bar zum Apero.

XX Kronenhalle

Rämistr. 4 ⊠ 8001 – ℰ 044 262 99 00 – www.kronenhalle.com   Stadtplan : F3**f**
• TRADITIONELLE KÜCHE • Karte 60/124 CHF – *(Tischbestellung ratsam)*

Eine Zürcher Institution am Bellevueplatz, seit 1862 als Restaurant geführt. Schauen Sie sich um, hier hängen Originale von Picasso, Miró und Chagall! Passend zum klassischen Rahmen: traditionelle Küche mit "Grosses Pièces" als Spezialität.

XX Casa Ferlin

Stampfenbachstr. 38 ⊠ 8006 – ℰ 044 362 35 09   Stadtplan : F1**c**
– www.casaferlin.ch – geschl. Mitte Juli - Mitte August und Samstag - Sonntag
• ITALIENISCH • Tagesteller 37 CHF – Menü 57 CHF (mittags)/108 CHF
– Karte 83/112 CHF – *(Tischbestellung ratsam)*

Seit 1907 hat Familie Ferlin ihr Restaurant. Sehr zu Freude der Gäste ist der traditionelle Charakter erhalten geblieben - den mag man genauso wie die frische italienische Küche, die klassisch vom Service im Anzug am Tisch vorgelegt wird!

XX Opera – Hotel Ambassador à l'Opéra

Falkenstr. 6 ⊠ 8008 – ℰ 044 258 98 98   Stadtplan : F3**a**
– www.operarestaurant.ch
• FRANZÖSISCH • Tagesteller 26 CHF – Menü 68/120 CHF (abends)
– Karte 51/100 CHF

Blickfang in dem modern-eleganten Restaurant sind die raumerfüllenden Opernmotive! Ebenso Ansprechendes gibt es auf dem Teller zu sehen: klassische Küche mit Schwerpunkt Fisch, aber auch Rehrücken, Kalbsbäggli & Co.

XX Stapferstube da Rizzo

Culmannstr. 45 ⊠ 8006 – ℰ 044 350 11 00   Stadtplan : F1**s**
– www.stapferstube.com – geschl. Sonntag
• ITALIENISCH • Tagesteller 39 CHF – Karte 62/119 CHF

In der stadtbekannten Stapferstube wird italienisch gekocht, da kommen u. a. die hausgemachten Ravioli oder frischer Fisch gut an. Daneben schätzen die (Stamm-) Gäste aber auch die südländische Freundlichkeit und die gemütliche Atmosphäre.

XX Zunfthaus zur Zimmerleuten

Limmatquai 40, 1. Etage ⊠ 8001 – ℰ 044 250 53 63   Stadtplan : F2**g**
– www.zunfthaus-zimmerleuten.ch
• TRADITIONELLE KÜCHE • Tagesteller 27 CHF – Karte 72/104 CHF

Seit über 550 Jahren gehört dieses Züricher Baudenkmal an der Limmat der Zunft der Zimmerleute. Im 1. Stock ambitionierte traditionelle Küche in stilvollem Rahmen, eine Etage höher der sehenswerte Zunftsaal für Anlässe aller Art. Einfacher geht es in der netten "Küferstube" bei bürgerlichen Gerichten zu.

ZÜRICH

XX Blaue Ente
Seefeldstr. 223 ✉ 8008 – ℰ 044 388 68 40 – www.blaue-ente.ch Stadtplan : B2**a**
– geschl. Samstagmittag, Sonntag
• REGIONAL • Tagesteller 27 CHF – Karte 52/92 CHF – *(Tischbestellung ratsam)*
Aussen historische Industriekultur, innen trendig-lebendige Atmosphäre - man beachte die alte Kraftmaschine! Unkompliziert und aufmerksam der Service, gekocht wird schmackhaft mit Produkten aus der Region, das Mehl kommt sogar aus der eigenen Mühle nebenan. Abends ist das Angebot ambitionierter.

XX Florhof – Hotel Florhof
Florhofgasse 4 ✉ 8001 – ℰ 044 250 26 26 Stadtplan : F2**k**
– www.hotelflorhof.ch – geschl. 24. Dezember - 9. Januar und Samstagmittag, Sonntag - Montag
• MEDITERRAN • Menü 51 CHF (mittags)/125 CHF – Karte 65/104 CHF
Lust auf "flambiertes Thunfischsashimi" oder "gebratenes Zanderfilet, Erbsen, Karotten, Ingwer-Koriander-Macadamianuss-Gremolata"? Am liebsten speist man auf der tollen Terrasse - ein ruhiges Fleckchen im Herzen von Zürich.

XX Razzia
Seefeldstr. 82 ✉ 8008 – ℰ 044 296 70 70 Stadtplan : D2**r**
– www.razzia-zuerich.ch – geschl. Samstagmittag, Sonntag
• INTERNATIONAL • Tagesteller 36 CHF – Menü 59 CHF – Karte 60/103 CHF – *(Tischbestellung ratsam)*
Einer der Hotspots der Stadt ist das ehemalige Kino - die kleinen Tische in dem stylischen hohen Raum mit schönem Stuck sind heiss begehrt! Das Angebot ist breit: von "rotem Chicken Curry" über Pasta bis zu Grillgerichten.

XX R21
Orellistr. 21 ✉ 8044 – ℰ 044 268 35 35
– www.sorellhotels.com Stadtplan : B1_2**h**
• MARKTKÜCHE • **66 Zim** ⌑ – ✝220/300 CHF ✝✝260/380 CHF
Tagesteller 25 CHF – Karte 60/97 CHF
In exponierter Lage erwartet Sie hier im Hotel "Zürichberg" ein interessantes Restaurant in klarem Design. Sie sind unmittelbar dabei, wenn die Köche in der bestens einsehbaren Showküche ihrer Arbeit nachgehen. Sonntags gibt's Brunch!

XX La Zagra
Seefeldstr. 273 ✉ 8008 Zürich – ℰ 044 550 40 00 Stadtplan : B2**z**
– www.lazagra.ch – geschl. Sonntag - Montag
• ITALIENISCH • Tagesteller 34 CHF – Menü 65/145 CHF – Karte 56/115 CHF
Frische italienische Küche bekommt man in diesem sympathischen Ristorante - die Pasta wird direkt im Haus gemacht. Nebenan hat man noch eine nette Trattoria - hier ist das Angebot einfacher.

XX Saltz – Hotel The Dolder Grand
Kurhausstr. 65 ✉ 8032 – ℰ 044 456 60 00 Stadtplan : B2**t**
– www.thedoldergrand.com
• INTERNATIONAL • Tagesteller 50 CHF – Karte 83/153 CHF
Das moderne, individuelle Design greift gelungen das Thema Schweiz auf, die Küche setzt auf das Wesentliche, getreu dem Motto "Das Salz in der Suppe". Gekocht wird international: "Burrata mit Datterini-Tomaten", "Sashimi vom Hamachi", "Loup der Mer in der Salzkruste"... Oder lieber Zürcher Geschnetzeltes?

X Didi's Frieden
Stampfenbachstr. 32 ✉ 8006 – ℰ 044 253 18 10 Stadtplan : F1**d**
– www.didisfrieden.ch – geschl. 24. Dezember - 2. Januar, 7. - 22. Oktober und Samstagmittag, Sonntag
• MARKTKÜCHE • Tagesteller 30 CHF – Menü 88/115 CHF (abends)
– Karte 64/101 CHF – *(Tischbestellung ratsam)*
Ein lebendiges und stets gut frequentiertes Restaurant (originell die Weinglas-Lüster!), in dem man am Abend Schmackhaftes und Frisches wie "Filet und Bäggli vom Rind" bekommt, mittags nur Tagesmenüs. Die Weine dazu: gut und bezahlbar.

ZÜRICH

Stefs Freieck
Wildbachstr. 42 ⌧ 8008 – ⌕ 044 380 40 11 – www.stefs.ch Stadtplan : D2**s**
– geschl. Januar 2 Wochen, Juli - August 4 Wochen und Sonntag - Montag
• SCHWEIZER KÜCHE • Menü 85 CHF – Karte 66/108 CHF – *(nur Abendessen)*
(Tischbestellung ratsam)

Im trendigen Seefeldquartier sitzt man in dem kleinen Biedermeier-Häuschen in quirlig-charmanter Atmosphäre. Es gibt einen Mix aus Schweizer und internationaler Küche, vom "Hacktätschli" bis "Tom Kha Curry Suppe". Nette kleine Terrasse.

Drei Stuben
Beckenhofstr. 5 ⌧ 8006 – ⌕ 044 350 33 00 Stadtplan : F1**e**
– www.dreistuben-zuerich.ch – geschl. über Weihnachten und Samstagmittag, Sonntag
• TRADITIONELLE KÜCHE • Menü 35 CHF (mittags unter der Woche)/65 CHF
– Karte 62/115 CHF

Jede Menge rustikaler Charme steckt in dem sympathischen Gasthaus, dafür sorgt reichlich warmes, behagliches Holz - nicht minder reizend ist der Garten mit altem Baumbestand. Zudem isst man gut: Hummerravioli sind ebenso schmackhaft wie Hackbraten oder Zürcher Geschnetzeltes.

Ban Song Thai
Kirchgasse 6 ⌧ 8001 – ⌕ 044 252 33 31 Stadtplan : F3**m**
– www.bansongthai.ch – 24. Dezember - 3. Januar, 17. Juli - 7. August und Samstagmittag, Sonntag sowie an Feiertagen
• THAILÄNDISCH • Tagesteller 22 CHF – Menü 35 CHF (mittags unter der Woche)/63 CHF – Karte 45/78 CHF – *(Tischbestellung ratsam)*

Seit 1995 bietet man in dem Restaurant nahe Kunsthaus und Grossmünster authentische thailändische Küche aus frischen Produkten - mittags als Buffet, am Abend in Form einer anspruchsvolleren Karte.

White Elephant
Neumühlequai 42 ⌧ 8006 – ⌕ 044 360 73 22 Stadtplan : E1**c**
– www.whiteelephant.ch – geschl. Samstagmittag, Sonntagmittag
• THAILÄNDISCH • **266 Zim** – †395/490 CHF ††395/490 CHF, ⌧ 39 CHF
– 9 Suiten
Tagesteller 29 CHF – Karte 47/106 CHF

Dieses Restaurant im Hotel "Marriott" ist ein Tipp für Liebhaber authentischer Thai-Küche. Was hier aus frischen Produkten zubereitet wird, kann schon mal ein typisch scharfes Erlebnis sein! Probieren sollte man auf jeden Fall die Currys.

Quaglinos – Hotel Europe
Dufourstr. 4 ⌧ 8008 – ⌕ 043 456 86 86 – www.europehotel.ch Stadtplan : F3**z**
• FRANZÖSISCH-KLASSISCH • Tagesteller 29 CHF – Karte 65/115 CHF

Authentisch-lebendig - typischer Bistrostil vermittelt Savoir-vivre! Serviert werden klassisch-französische Spezialitäten wie "Foie gras de canard" oder "Entrecôte Café de Paris", aber auch selten gewordene Gerichte wie "Kalbsvoressen".

Oepfelchammer
Rindermarkt 12, 1. Etage ⌧ 8001 – ⌕ 044 251 23 36 Stadtplan : F2**n**
– www.oepfelchammer.ch – geschl. Sonntag - Montag sowie an Feiertagen
• TRADITIONELLE KÜCHE • Tagesteller 27 CHF – Menü 69/110 CHF
– Karte 62/83 CHF

Atmosphäre pur in der ältesten erhaltenen Weinstube der Stadt! Schon der Dichter Gottfried Keller war hier in dem Altstadthaus a. d. 14. Jh. zu Gast. Passend zum urigen Charme kommt Traditionelles auf den Tisch. Machen Sie die "Balkenprobe"!

Riviera
Dufourstr. 161 ⌧ 8008 – ⌕ 044 422 04 26 Stadtplan : D2**v**
– www.enoteca-riviera.ch – geschl. 1. - 10. Januar, 24. Juli - 14. August und Samstagmittag, Sonntag
• ITALIENISCH • Tagesteller 26 CHF – Menü 78/122 CHF (abends)
– Karte 61/92 CHF

Das Ambiente hier ist recht rustikal, die Küche authentisch italienisch samt hausgemachter Pasta und Ossobuco, dazu ein ambitioniertes saisonales Degustationsmenü.

ZÜRICH

Linkes Ufer der Limmat (Hauptbahnhof, Geschäftszentrum)

Baur au Lac
Talstr. 1 ✉ *8001* – ✆ *044 220 50 20* – *www.bauraulac.ch*   Stadtplan : E3**a**
112 Zim – †490/570 CHF ††680/870 CHF, ⊑ 46 CHF – 8 Suiten
Rest *Pavillon* ✿ • **Rest** *Rive Gauche* – Siehe Restaurantauswahl
Seit 1844 werden in dem prächtigen Grandhotel Gäste empfangen, und die schätzen das Top-Niveau in allen Bereichen, angefangen bei der stilvollen Halle über die ausgesprochen wertigen und eleganten Zimmer und den hervorragenden Service (kostenfreie Minibar, IT-Butler...) bis zum herrlichen Garten zum See!

Park Hyatt
Beethoven Str. 21 ✉ *8002* – ✆ *043 883 12 34*   Stadtplan : E3**k**
– *www.zurich.park.hyatt.ch*
134 Zim – †490/1050 CHF ††490/1200 CHF, ⊑ 43 CHF – 4 Suiten – ½ P
Rest *Parkhuus* – Siehe Restaurantauswahl
Typisch Park Hyatt: modern, hochwertig, wohnlich. Sehr gut der Service, gross und luxuriös die Zimmer, dazu ideale zeitgemässe Veranstaltungsräume samt Ballsaal. Echte Klassiker sind die "Onyx-Bar" sowie das Herzstück des Hotels, die Halle.

Atlantis ⓝ
Döltschiweg 234 ✉ *8055* – ✆ *044 456 55 55*   Stadtplan : A2**a**
– *www.atlantisbygiardino.ch*
80 Zim ⊑ – †510/580 CHF ††510/580 CHF – 15 Suiten
Rest *Ecco Zürich* ✿✿ • **Rest** *Hide & Seek* – Siehe Restaurantauswahl
Das bereits seit 1970 existierende Hotel erstrahlt heute in luxuriöser Eleganz! Den aufmerksamen und persönlichen Service werden Sie ebenso schätzen wie die hochwertige Ausstattung, nicht zu vergessen die tolle Lage im Grünen!

Widder
Rennweg 7 ✉ *8001* – ✆ *044 224 25 26* – *www.widderhotel.com* Stadtplan : E2**v**
42 Zim ⊑ – †490/690 CHF ††690/890 CHF – 7 Suiten
Rest *AuGust* ✿ – Siehe Restaurantauswahl
Architektin Tilla Theus hat aus dem historischen Häuserensemble ein Paradebeispiel für ein Boutique-Hotel gemacht: stilvoll, luxuriös und individuell, Altes gemischt mit Design-Elementen, topmoderne Technik, dazu exzellenter Service!!

Savoy Baur en Ville
Poststr. 12, am Paradeplatz ✉ *8001* – ✆ *044 215 25 25*   Stadtplan : E3**r**
– *www.savoy-zuerich.ch*
95 Zim ⊑ – †495/690 CHF ††690/820 CHF – 9 Suiten
Rest *Baur* • **Rest** *Orsini* – Siehe Restaurantauswahl
Stil und Klasse seit 1838! Echter Service im klassischen Sinne und ein Interieur aus exklusiven Massanfertigungen werden der langen Hoteltradition gerecht. Untermalt wird das gediegene Flair durch die abendliche Live-Piano-Musik in der Bar.

Renaissance Tower Hotel
Turbinenstr. 20 ✉ *8005* – ✆ *044 630 30 30*   Stadtplan : A1**e**
– *www.renaissancezurichtower.com*
287 Zim – †305/500 CHF ††305/500 CHF, ⊑ 39 CHF – 13 Suiten
Schon die Rezeption mit ihrem edlen reduzierten Design in schickem Hell-Dunkel-Kontrast trifft den urbanen Lifestyle, der in dem eindrucksvollen Tower allgegenwärtig ist: in den Zimmern, in Restaurant und Lobbybar, in der Executive Club Lounge, im Health Club mit 24-h-Fitness - toll der Blick von hier oben!

Storchen
Weinplatz 2, Zufahrt über Storchengasse 16 ✉ *8001*   Stadtplan : F2**u**
– ✆ *044 227 27 27* – *www.storchen.ch*
66 Zim ⊑ – †350/570 CHF ††400/840 CHF – 1 Suite
Rest *Rôtisserie* – Siehe Restaurantauswahl
Direkt an der Limmat steht eines der ältesten Hotels der Stadt. Geschmackvolle Stoffe von Jouy in eleganten Zimmern, Storchen-Suite mit Dachterrasse und Seeblick. Sehr schön sitzt man auf der Terrasse des Cafés "Barchetta" am Weinplatz.

ZÜRICH

Schweizerhof
Bahnhofplatz 7 ⊠ 8021 – ℰ 044 218 88 88 — Stadtplan : E2**a**
– www.hotelschweizerhof.com
107 Zim ⊑ – †365/1240 CHF ††515/1240 CHF – 11 Suiten
Rest *La Soupière* – Siehe Restaurantauswahl
Das traditionelle Hotel a. d. 19. Jh. glänzt nicht nur mit seiner eindrucksvollen Fassade, auch der Wohlfühlfaktor stimmt dank eleganter Zimmer und tollem Service. Dazu die Nähe zur exklusiven Bahnhofstrasse. Eine Kleinigkeit essen kann man im "Café Gourmet" und in der schönen Bar mit Blick nach draussen.

B2 Boutique Hotel+Spa
Brandschenkenstr. 152 ⊠ 8002 – ℰ 044 567 67 67 — Stadtplan : C2**z**
– www.b2boutiquehotels.com
60 Zim ⊑ – †310/560 CHF ††340/590 CHF – 8 Suiten
Das denkmalgeschützte Anwesen von 1866 hat Zürcher Braugeschichte geschrieben, nun ist es ein topmodernes Designhotel, stylish-urban, ohne kühl zu sein. Speziell: Bibliothek mit 33 000 Büchern, Lüstern aus Hürlimann-Bierflaschen und "Spanischbrödlis" als Snack? Kostenpflichtiges Thermalbad mit Rooftop-Pool!

Alden Luxury Suite Hotel
Splügenstr. 2 ⊠ 8002 – ℰ 044 289 99 99 – www.alden.ch — Stadtplan : E3**e**
22 Suiten – †400/1200 CHF ††400/1200 CHF, ⊑ 38 CHF
Rest *Alden* – Siehe Restaurantauswahl
Eine schmucke Villa von 1895, wertige Ausstattung, angenehmer Rundum-Service, edle, charmant-elegante Suiten... Vielleicht eine Dachterrasse als i-Tüpfelchen? Die gibt's in den Loft-Suiten. Eine wirklich schöne und exklusive Adresse!

Sheraton Neues Schloss Zürich
Stockerstr. 17 ⊠ 8002 – ℰ 044 286 94 00 — Stadtplan : E3**m**
– www.sheraton.com/neuesschloss
60 Zim – †329 CHF ††329 CHF, ⊑ 39 CHF – 1 Suite
Rest *Le Jardin Suisse* – Siehe Restaurantauswahl
Das kleine Boutique-Hotel liegt ideal: Zürichsee, die exklusive Bahnhofstrasse und Banken aller Couleur sind am Greifen nah. Und in den Zimmern lässt es sich dank modern-komfortabler Ausstattung und wohnlicher Töne trefflich entspannen.

St. Gotthard
Bahnhofstr. 87 ⊠ 8021 – ℰ 044 227 77 00 — Stadtplan : E2**g**
– www.hotelgotthard.ch
135 Zim – †200/350 CHF ††250/500 CHF, ⊑ 34 CHF – 3 Suiten
Rest *Hummer- & Austernbar* – Siehe Restaurantauswahl
Das traditionsreiche Haus von 1889 hat seinen klassischen Rahmen bewahrt und dennoch sehr moderne Zimmer: "Oriental" und "Design" heissen die Einrichtungsstile, vom EZ bis zur 85-qm-Suite. Vor der Tür die Bahnhofstrasse zum Shoppen. Zwischendurch einen Kaffee in der Bar "Manzoni"?

Greulich
Herman-Greulich-Str. 56 ⊠ 8004 – ℰ 043 243 42 43 — Stadtplan : C1**c**
– www.greulich.ch
23 Zim – †200/280 CHF ††220/300 CHF, ⊑ 21 CHF – 5 Suiten
Sie mögen es puristisch-chic und aufs Wesentliche reduziert? Die Zimmer bieten attraktives helles Design und sind teilweise auch sehr grosszügig geschnitten. Der Tag beginnt mit einem frischen Bio-Frühstück.

25Hours Zürich West
Pfingstweidstr. 102 ⊠ 8005 – ℰ 044 577 25 25 — Stadtplan : A1**h**
– www.25hours-hotels.com
126 Zim – †150/350 CHF ††150/350 CHF, ⊑ 25 CHF
Das moderne Businesshotel im dynamischsten Entwicklungsgebiet der Stadt ist eine Hommage des Designers Alfredo Häberli an "Züri". Die Zimmer gibt's als "Platin", "Gold" und "Silber" - farbenfroh, geschwungen und sehr urban! "NENI": puristische Atmosphäre und israelisch-orientalische Küche nach Haya Molcho.

ZÜRICH

🏠 Kindli
Pfalzgasse 1 ⊠ 8001 – ℰ 043 888 76 78 – www.kindli.ch Stadtplan : E2**z**
20 Zim ⊡ – †220/310 CHF ††300/470 CHF
Rest *Kindli* – Siehe Restaurantauswahl

Das Haus hat "Allure" - ob vor über 500 Jahren als Pilgerherberge oder heute als charmantes Boutique-Hotel. Die wohnlich-individuellen Zimmer sprechen Businessgäste und Stadtbesucher gleichermassen an. Man hat auch hochwertige Appartements.

🏠 Townhouse
Schützengasse 7, 5. Etage ⊠ 8001 – ℰ 044 200 95 95 Stadtplan : E2**d**
– www.townhouse.ch
25 Zim – †160/355 CHF ††190/395 CHF, ⊡ 19 CHF

Ein richtig schmuckes Haus, und die Lage könnte kaum besser sein - nur wenige Schritte zur berühmten Bahnhofstrasse! Möbel und Tapeten sind etwas für Liebhaber des englischen Stils. Frühstück und mediterrane Speisen à la Tapas im trendigen Café-Bar-Restaurant "Palette".

🏠 Helvetia
Stauffacherquai 1 ⊠ 8004 – ℰ 044 297 99 99 Stadtplan : C1**h**
– www.hotel-helvetia.ch
16 Zim – †165/225 CHF ††195/415 CHF, ⊡ 10 CHF
Rest *Helvetia* – Siehe Restaurantauswahl

Der Gastgeber ist locker und sympathisch und so ist auch das kleine Boutique-Hotel direkt an der Sihl - man fühlt sich einfach wohl! Die Zimmer sind charmant in ihrem Mix aus Jugendstilelementen und modernem Look.

XxX Pavillon – Hotel Baur au Lac
☸ *Talstr. 1 ⊠ 8001 – ℰ 044 220 50 22 – www.aupavillon.ch* Stadtplan : E3**a**
– geschl. 15. - 26. Februar, 8. - 22. Oktober und Samstagmittag, Sonntag, sowie an Feiertagen
• FRANZÖSISCH-KLASSISCH • Tagesteller 76 CHF – Menü 120/160 CHF
– Karte 130/228 CHF

Die luftig-lichte Rotonde mit Blick ins Grüne bietet einen hellen, eleganten Rahmen für die klassische Küche und die schönen Weine vom eigenen Weingut - auch über Raritäten darf man sich freuen. Das Design stammt übrigens von Stararchitekt Pierre-Yves Rochon.
→ Bar de ligne de Laurent Eperon. Glasierte Kalbshaxe. Yuzu-Basilikum-Parfait, Biskuit mit Orange.

XxX Ecco Zürich 🆕 – Hotel Atlantis
☸☸ *Döltschiweg 234 ⊠ 8055 – ℰ 044 456 55 55* Stadtplan : A2**a**
– www.atlantisbygiardino.ch – geschl. 1. - 24. Januar, 24. Juli - 17. August und Montag - Dienstag
• KREATIV • Menü 148/204 CHF – *(nur Abendessen, sonntags auch Mittagessen) (Tischbestellung erforderlich)*

Das Foodkonzept der "Ecco"-Restaurants in Ascona und St. Moritz hat man jetzt nach Zürich gebracht - ein absoluter Gewinn nicht nur für die Stadt, sondern für die gesamte Region! Die Küche modern, kreativ und saisonal, ausgefeiltes Handwerk, die Gerichte filigran und ausdrucksstark.
→ Entenleber, grüner Apfel und Cerealien. Kaisergranat, Blumenkohl und Mumbai Curry. Mandarine, Kaffeeschokolade und Sauerklee.

XxX La Soupière – Hotel Schweizerhof
Bahnhofplatz 7 ⊠ 8021 – ℰ 044 218 88 40 Stadtplan : E2**a**
– www.hotelschweizerhof.com – geschl. Samstagmittag, Sonntag, Juli - August: Samstag - Sonntag
• MARKTKÜCHE • Menü 79 CHF – Karte 100/122 CHF

Fein kommt das Restaurant im 1. Stock des Hauses mit seiner ausgesuchten stilvollen Einrichtung daher. Und die Speisekarte? Sie bietet Klassisches, zeitgemäss interpretiert und mit internationalen Einflüssen.

ZÜRICH

XXX Baur – Hotel Savoy Baur en Ville
Poststr. 12, am Paradeplatz ✉ 8001 – ✆ 044 215 25 25   Stadtplan : E3**r**
– www.savoy-zuerich.ch – geschl. Samstag - Sonntag
• FRANZÖSISCH-KLASSISCH • Menü 42 CHF (mittags unter der Woche)
– Karte 57/146 CHF

Ausgefallene brasilianische Bergkristalllüster als edles Detail ergeben zusammen mit der luxuriösen Ausstattung und der feinen Tischkultur ein stilvoll-elegantes Bild, in das sich die klassisch-französische Küche trefflich einfügt.

XXX Alden – Alden Luxury Suite Hotel
Splügenstr. 2 ✉ 8002 – ✆ 044 289 99 99 – www.alden.ch   Stadtplan : E3**e**
– geschl. Sonntag
• SCHWEIZER KÜCHE • Tagesteller 38 CHF – Menü 49 CHF (mittags unter der Woche) – Karte 66/130 CHF

Klare Formen bestimmen hier das Interieur - einer der Räume mit toller Stuckdecke, die schön in das moderne Bild passt. Die mediterrane Küche bietet z. B. "Wolfsbarschfilet mit Bärlauchgnocchi". Mittags gibt es Rinderrücken vom Trolley.

XXX Hummer- & Austernbar – Hotel St. Gotthard
Bahnhofstr. 87 ✉ 8021 – ✆ 044 211 76 21   Stadtplan : E2**g**
– www.hummerbar.ch
• FRANZÖSISCH-KLASSISCH • Tagesteller 40 CHF – Menü 60 CHF (mittags unter der Woche) – Karte 94/200 CHF

1935 eröffnet, bezeugen das elegante Interieur und die Autogrammkarten vieler Prominenter den Kultstatus dieses Restaurants. Serviert werden natürlich hauptsächlich Meeresfrüchte, und das inzwischen durchgehend auch am Nachmittag!

XX Sein (Martin Surbeck)
Schützengasse 5 ✉ 8001   Stadtplan : E2**d**
– ✆ 044 221 10 65 – www.zuerichsein.ch
– geschl. 24. Dezember - 3. Januar, 10. - 23. April, 17. Juli - 6. August und Samstag - Sonntag, sowie an Feiertagen, Mitte November - Dezember: Samstagmittag, Sonntag
• FRANZÖSISCH-KLASSISCH • Tagesteller 48 CHF – Menü 85 CHF (mittags)/ 175 CHF – Karte 100/134 CHF

Eine moderne Note findet sich hier nicht nur in der geradlinig-eleganten Einrichtung, sondern auch in der klassischen Küche, die ohne Schnickschnack die guten Produkte in den Mittelpunkt stellt - darf es vielleicht mal das Vegi-Menü sein? Interessanter Ausblick: die Einkaufsstrasse vor den raumhohen Fenstern.
→ Störcarpaccio mit Kaviar und Sauerrahmsauce. Wachtel-Erbsenrisotto mit roh marinierter Entenleber und Pfefferminze. Geschmorte Toggenburger Kalbs-„Müsli" mit Kartoffelstock, im Öl pochierte Karotten und Zitronenthymian.
Tapas Bar – Siehe Restaurantauswahl

XX Lindenhofkeller
Pfalzgasse 4 ✉ 8001 – ✆ 044 211 70 71   Stadtplan : E2**c**
– www.lindenhofkeller.ch – geschl. Ende Juli - August 3 Wochen, über Weihnachten 1 Woche und Samstag - Sonntag sowie an Feiertagen
• KLASSISCHE KÜCHE • Menü 65 CHF (mittags)/135 CHF – Karte 56/133 CHF

Eingestimmt vom Altstadtflair lässt man in dem eleganten Gewölberestaurant mit Wein-Lounge bei guter Küche gerne die wohnlich-romantische Atmosphäre auf sich wirken. Gekocht wird klassisch und mit modernen Einflüssen. Netter Innenhof.

XX Gustav
Gustav-Gull-Platz 5 – ✆ 044 250 65 00 – www.gustav-zuerich.ch   Stadtplan : C1
– geschl. Sonntag
• ITALIENISCH • Menü 41 CHF (mittags)/135 CHF – Karte 67/95 CHF

Direkt beim Hauptbahnhof steht das Apartmenthaus, in dem Sie das elegante Restaurant nebst Café, Bar und schönem Innenhof finden. Es gibt moderne italienische Küche, z. B. als "Steinbutt und Calamares alla romana" oder als "Kalbsschulterspitz mit Polenta".

ZÜRICH

XX Intermezzo 🈯 ♿ 🆎
Beethovenstr. 2, im Kongresshaus ✉ *8002 –* ☎ *044 206 36 42* Stadtplan : E3**g**
*– www.kongresshaus.ch – (Schließung Mitte Juli 2017) geschl. Samstag
- Sonntag sowie an Feiertagen*
• KLASSISCHE KÜCHE • **Tagesteller 46 CHF – Menü 53 CHF – Karte 77/96 CHF**
Schön hell und zeitgemäss-elegant ist das Restaurant im Kongresshaus. Bei klassischer Küche geniesst man den Blick auf den See. Im Sommer speist man natürlich am liebsten auf der Terrasse.

XX Accademia del Gusto 🆎
Rotwandstr. 48 ✉ *8004 –* ☎ *044 241 62 43* Stadtplan : C1**g**
*– www.accademiadelgusto.ch – geschl. Weihnachten - 4. Januar, Ende Juli
- Mitte August 3 Wochen und Samstagmittag, Sonntag*
• ITALIENISCH • **Tagesteller 35 CHF – Karte 47/113 CHF –** *(Tischbestellung ratsam)*
Was die Gäste immer wieder hierher lockt? Zum einen die lebendige und zugleich elegante Atmosphäre, zum anderen die schmackhafte Küche, die es z. B. als hausgemachte Pasta oder Fleisch vom Grill gibt. Sehr begehrt die wenigen Aussenplätze.

XX Metropol 🈯 ♿ 🆎 ✥
Fraumünsterstr. 12 ✉ *8001 –* ☎ *044 200 59 00* Stadtplan : E3**r**
– www.metropol-restaurant.ch – geschl. Sonntag sowie an Feiertagen
• JAPANISCH • **Tagesteller 35 CHF – Menü 75/95 CHF – Karte 46/94 CHF**
Mitten im Bankenviertel steht das neu-barocke Gebäude mit dem stylish-puristischen Interieur von Iria Degen. Das Konzept: modern-japanische Gerichte, die zum Teilen gedacht sind. Beliebt: Bentobox zum Lunch. Mit Café/Bar.

XX Tao's 🈯 ✥
Augustinergasse 3 ✉ *8001 –* ☎ *044 448 11 22* Stadtplan : E2**e**
– www.taos-zurich.ch – geschl. Sonntag
• FUSION • **Tagesteller 34 CHF – Karte 58/105 CHF**
Alles recht trendig hier: Auf die kleinen Tische kommt asiatische Küche, aber auch Nudelgerichte und Burger. Passend dazu die stylish-elegante Atmosphäre samt Lounge-Musik. Und im Sommer sitzt es sich auf der Terrasse sehr nett.

XX Kaiser's Reblaube 🈯 🍽 ✥
Glockengasse 7 ✉ *8001 –* ☎ *044 221 21 20* Stadtplan : E2**y**
*– www.kaisers-reblaube.ch – geschl. 24. Juli - 13. August, Januar - Oktober:
Samstagmittag, Sonntag - Montag und November - Dezember: Samstagmittag, Sonntag*
• KLASSISCHE KÜCHE • **Tagesteller 29 CHF – Menü 58 CHF (mittags)/120 CHF
– Karte 54/102 CHF**
Harmonisch fügt sich das 1260 erbaute Haus in die enge kleine Altstadtgasse ein, schön gemütlich das Goethe-Stübli im 1. Stock sowie die Weinstube im Parterre. Auf der Karte "Kalbsfilet und -brust mit Gemüse", "Millefeuille au chocolat"...

XX Rive Gauche – Hotel Baur au Lac 🈯 🆎 🍽
Talstr. 1 ✉ *8001 –* ☎ *044 220 50 60 – www.agauche.ch* Stadtplan : E3**a**
– geschl. 16. Juli - 13. August
• INTERNATIONAL • **Tagesteller 49 CHF – Karte 65/174 CHF**
Hotspot inmitten der City. Tolles kosmopolitisches Interieur lockt ein trendiges junges und junggebliebenes Publikum zu Speis und Trank (Grilladen), zum Sehen und Gesehenwerden.

XX Veltlinerkeller
Schlüsselgasse 8 ✉ *8001 –* ☎ *044 225 40 40* Stadtplan : E2**t**
*– www.veltlinerkeller.ch – geschl. Mitte Juli - Mitte August
und Samstag - Sonntag, November - Dezember: Samstagmittag, Sonntag*
• TRADITIONELLE KÜCHE • **Tagesteller 40 CHF – Karte 74/134 CHF –**
(Tischbestellung ratsam)
Ausgesprochen gemütlich und charmant ist das Restaurant im jahrhundertealten ehemaligen "Haus zum Schlüssel" mitten in der Altstadt. Umgeben von warmem Holztäfer isst man Traditionelles mit klassisch-französischer Note.

ZÜRICH

XX Au Premier   🚹 🅰🅲 ⌀ ⇔
Bahnhofplatz 15, 2. Etage ⊠ 8001 – ℰ 044 217 15 55   Stadtplan : E1**a**
– www.au-premier.ch – geschl. Samstag - Sonntag sowie an Feiertagen
• KLASSISCHE KÜCHE • Tagesteller 35 CHF – Menü 54 CHF (mittags unter der Woche)/69 CHF – Karte 56/86 CHF

In den schönen hohen Räumen des stattlichen Bahnhofsgebäudes ist das modern-puristische Restaurant mit Lounge und guten Veranstaltungsmöglichkeiten untergebracht. Internationale Küche, Juli und August ausschliesslich Schwedenbuffet.

XX Il Giglio   🌿 ⌀
Weberstr. 14 ⊠ 8004 – ℰ 044 242 85 97 – www.ilgiglio.ch   Stadtplan : C2**c**
– geschl. 24. Dezember - 8. Januar, Juli - August 3 Wochen und Samstagmittag, Sonntag, Juni-August: Samstag - Sonntag
• ITALIENISCH • Tagesteller 36 CHF – Menü 49 CHF (mittags)/87 CHF (abends) – Karte 50/108 CHF

Seit 1990 haben die freundlichen Gastgeber ihr kleines Restaurant nicht weit von der Börse. Viele Stammgäste kommen in das klassische Ecklokal - sie mögen die authentisch-italienische Küche und die nette familiäre Atmosphäre.

XX Da Angela   🌿 🚹 ⌀ 🅿
😊 *Hohlstr. 449 ⊠ 8048 – ℰ 044 492 29 31 – www.daangela.ch*   Stadtplan : A1**d**
– geschl. 24. Dezember - 1. Januar, Ende Juli - Anfang August und Sonntag
• ITALIENISCH • Tagesteller 39 CHF – Karte 62/104 CHF – *(Tischbestellung ratsam)*

Freunde typisch italienischer Küche aufgepasst! Dass es hier richtig gut schmeckt, zeigen die vielen Gäste, und die bestellen gerne die hausgemachte Pasta, aber auch das Ossobuco sollte man unbedingt probiert haben!

XX Orsini – Hotel Savoy Baur en Ville   🚹 🅰🅲 ⌀
Poststr. 12, am Paradeplatz ⊠ 8001 – ℰ 044 215 25 25   Stadtplan : E3**r**
– www.savoy-zuerich.ch
• ITALIENISCH • Menü 72 CHF (mittags) – Karte 74/146 CHF – *(Tischbestellung ratsam)*

Für Liebhaber der klassischen italienischen Küche ist das "Orsini" eine wirklich schöne Adresse. Das elegante Ambiente steht der noblen Atmosphäre des Hotels gut zu Gesicht. Tagesgerichte ergänzen die seit rund 30 Jahren bewährte Karte.

XX Parkhuus – Hotel Park Hyatt   🌿 🚹 🅰🅲 🍷
Beethoven Str. 21 ⊠ 8002 – ℰ 043 883 10 75   Stadtplan : E3**k**
– www.zurich.park.hyatt.ch – geschl. Samstagmittag, Sonntag
• INTERNATIONAL • Menü 59 CHF (mittags)/84 CHF – Karte 61/133 CHF

Ebenso modern und international wie das Hotel zeigt sich auch das Restaurant. Aus der Showküche kommen Klassiker und Grillgerichte. Man hat auch eine sehenswerte verglaste Weinbibliothek, welche Sie über eine Wendeltreppe erreichen.

XX Le Poisson   ⇐ 🛏 🅰🅲 🛁 🅿
Claridenstr. 30 ⊠ 8022 – ℰ 044 286 22 22 – www.lepoisson.ch   Stadtplan : E3**f**
– geschl. Samstagmittag, Sonntagmittag
• FISCH UND MEERESFRÜCHTE • **62 Zim** 🛌 – †295/360 CHF ††355/450 CHF
Tagesteller 38 CHF – Menü 125 CHF (abends) – Karte 65/102 CHF

Im Restaurant des Hotels "Glärnischhof" dreht sich alles ums Meeresgetier, vom Wolfsbarsch über Bouillabaisse bis zur Jakobsmuschel. In gediegenem Ambiente darf man sich auf Klassiker des Hauses freuen, sollte aber ruhig auch mal die neuen Gerichte des Küchenteams probieren!

XX Orangerie   ⇐ 🌿 ⌀ 🛏 🚹 🛁 🍷
Engimattstr. 14 ⊠ 8002 – ℰ 044 284 16 16 – www.engimatt.ch   Stadtplan : C2**d**
• TRADITIONELLE KÜCHE • **71 Zim** 🛌 – †250/400 CHF ††290/460 CHF
Tagesteller 24 CHF – Menü 53 CHF – Karte 40/98 CHF

Ob Winter oder Sommer, hier haben Sie immer das Gefühl, unter dem Himmelszelt zu sitzen, denn das Restaurant im Hotel "Engimatt" besteht aus einem luftigen, schlicht-eleganten Wintergarten und einer schönen Terrasse. Traditionelle Küche.

ZÜRICH

XX Rôtisserie – Hotel Storchen
Weinplatz 2, Zufahrt über Storchengasse 16 ✉ 8001 — Stadtplan : F2**u**
– ℰ 044 227 21 13 – www.storchen.ch
• FRANZÖSISCH-KLASSISCH • Tagesteller 52 CHF – Menü 90 CHF (abends)
– Karte 75/109 CHF

Hier sollten Sie Ihren Blick zum einen auf die herrlich bemalte Decke richten, zum anderen hinaus (wenn Sie nicht sowieso schon auf der tollen Terrasse sitzen) auf die Limmat und das Grossmünster. Gekocht wird klassisch-traditionell.

XX Caduff's Wine Loft
Kanzleistr. 126 ✉ 8004 – ℰ 044 240 22 55 – www.wineloft.ch Stadtplan : C1**d**
– geschl. 24. Dezember - 4. Januar, Samstagmittag und Sonntag
• FRANZÖSISCH-KLASSISCH • Menü 30 CHF (mittags unter der Woche)/125 CHF
– Karte 42/126 CHF – *(Tischbestellung ratsam)*

In der ehemaligen Maschinenfabrik bietet man gute Küche, so z. B. "Kapaun in Morchelsauce". Toll der begehbare Weinkeller, in dem Sie selbst aus über 2000 Positionen wählen! Sie mögen Rohmilchkäse? Man hat über 50 Sorten!

XX Convivio
Rotwandstr. 62 ✉ 8004 – ℰ 043 322 00 53 – www.convivio.ch Stadtplan : C1**e**
– geschl. 1. - 7. Januar, über Ostern 1 Woche, 16. August - 13. September und Samstagmittag, Sonntag
• ITALIENISCH • Tagesteller 39 CHF – Menü 88 CHF – Karte 71/100 CHF

Die warme Holztäferung bringt traditionellen Charme, die geradlinige Einrichtung eine moderne Note. Und die Küche? Die ist mediterran - es gibt Pasta und italienische Klassiker, aber auch Gerichte aus Spanien wie z. B. Tapas.

XX L'altro
Sternenstr. 11 ✉ 8002 – ℰ 044 201 43 98 – www.l-altro.ch Stadtplan : C2**t**
– geschl. 25. Juli - 12. August und Samstag - Sonntag
• ITALIENISCH • Tagesteller 38 CHF – Karte 60/109 CHF

Selbstgemachte Pasta, gegrillte Seezunge, Kalbskotelett... Nicht nur das 100-jährige Stadthaus selbst ist einladend (gemütliche Täferung, schöner Parkettboden...), durchaus lohnenswert ist auch die frische klassisch-italienische Küche!

XX Le Chef by Meta
Kanonengasse 29 ✉ 8004 – ℰ 044 240 41 00 Stadtplan : C1**a**
– www.restaurant-lechef.ch – geschl. Ende Dezember 2 Wochen, Juli
- August 3 Wochen und Sonntag - Montag
• INTERNATIONAL • Tagesteller 21 CHF – Menü 81/115 CHF – Karte 70/101 CHF

Modern und zugleich gemütlich, dafür sorgen klare Linien in Kombination mit warmen Holz- und Lilatönen. Meta Hiltebrand bietet Leckeres wie "gebackene Tomatensuppe" oder "Rindsfiletspitzen Stroganoff". Beliebt: "Menu Surprise" am Abend.

X Helvetia – Hotel Helvetia
Stauffacherquai 1, 1. Etage ✉ 8004 – ℰ 044 297 99 99 Stadtplan : C1**h**
– www.hotel-helvetia.ch
• TRADITIONELLE KÜCHE • Tagesteller 29 CHF – Karte 50/101 CHF

So gemütlich wie in der beliebten lebendigen Bar ist es auch eine Etage höher. Auch hier verbreiten Holzboden und Täferung angenehme Wärme, dazu serviert man auf freundlich-unkomplizierte Art Schmackhaftes wie Filet vom Pata-Negra-Schwein.

X Heugümper
Waaggasse 4 ✉ 8001 – ℰ 044 211 16 60 Stadtplan : E2**d**
– www.restauranttheugumper.ch – geschl. 24. - 26. Dezember, 1. - 8. Januar
, Mitte Juli - Mitte August und Samstagmittag, Sonntag, Februar - September: Samstag - Sonntag
• FUSION • Tagesteller 34 CHF – Menü 120 CHF (abends) – Karte 53/98 CHF

In dem ehrwürdigen Stadthaus im Herzen von Zürich kocht man international mit asiatischem Einschlag - kleine Lunchkarte. Schickes modernes Bistro im Parterre, elegantes Restaurant im 1. Stock.

ZÜRICH

AuGust – Hotel Widder
Rennweg 7 ⊠ 8001 – ℰ 044 224 28 28 – www.au-gust.ch   Stadtplan : E2**v**
• TRADITIONELLE KÜCHE • Tagesteller 29 CHF – Karte 55/109 CHF
Hier speist man in wirklich netter klassischer Brasserie-Atmosphäre, und zwar schmackhafte, frische Küche mit tollen Terrinen und leckeren Würsten. Oder haben Sie Appetit auf ein typisches Schmorgericht?

AURA
Bleicherweg 5 ⊠ 8001 – ℰ 044 448 11 44 – www.aura-zurich.ch Stadtplan : E3**c**
– *geschl. Sonntag*
• FLEISCH • Tagesteller 34 CHF – Karte 48/106 CHF
Stylish-urbanes Restaurant, Event-Location, Lounge oder Club? Von allem etwas, doch in erster Linie eine trendige Adresse für Freunde moderner Crossover-Küche mit einem Faible für Grillgerichte. Zu finden am Paradeplatz in der alten Börse.

EquiTable im Sankt Meinrad
Stauffacherstr. 163 ⊠ 8004 – ℰ 043 534 82 77   Stadtplan : C1**r**
– *www.equi-table.ch – geschl. Anfang Januar 1 Woche, Mitte Juli - Anfang August und Sonntag - Montag*
• MODERNE KÜCHE • Menü 100 CHF (vegetarisch)/180 CHF – *(nur Abendessen) (Tischbestellung ratsam)*
Hier werden ausgesuchte Fairtrade- und Bioprodukte verarbeitet. Die Kombinationen sind kreativ und dabei immer stimmig, ausdrucksstark und geschmacklich ausgesprochen harmonisch. Begleitet wird das Ganze von gemütlich-legerer Atmosphäre und charmantem, kompetentem Service.
→ Rhabarber, Avocado, Gurke, Couscous, Frischkäse. Felchen, Mangold, Spargel. Wollschwein, Bergkartoffeln, Bärlauch.

Bü's
Kuttelgasse 15 ⊠ 8001 – ℰ 044 211 94 11 – www.buetique.ch Stadtplan : E2**h**
– *geschl. Ende Dezember 1 Woche und Samstagabend - Sonntag*
• MARKTKÜCHE • Tagesteller 44 CHF – Menü 60 CHF (mittags unter der Woche) – Karte 65/101 CHF – *(Tischbestellung ratsam)*
Aus einer ehemaligen Metzgerei entstand das gemütliche Restaurant mit hübschem Garten. Es gibt eine mediterran und traditionell beeinflusste Küche, und werfen Sie auch einen Blick auf die Weinkarte - eine schöne Auswahl in allen Preislagen!

Kaufleuten
Pelikanplatz ⊠ 8001 – ℰ 044 225 33 33 – www.kaufleuten.ch Stadtplan : E2**k**
– *geschl. Sonntagmittag*
• MARKTKÜCHE • Karte 70/104 CHF
Sie ist sehr gefragt, die lebendige Brasserie in der angesagten namengebenden Event-Location. Auf der Karte liest man z. B. "Tuna Steak im Pistazienmantel", "Zürigschnätzlets vom Kalb mit Rösti" oder auch hausgemachte Pasta. Und nach dem Essen in den Club oder an die Bar?

Hide & Seek – Hotel Atlantis
Döltschiweg 234 ⊠ 8055 – ℰ 044 456 55 55   Stadtplan : A2**a**
– *www.atlantisbygiardino.ch*
• INTERNATIONAL • Menü 39/49 CHF (mittags) – Karte 57/117 CHF
Hier lautet das Motto "Fusion": Europa, Mittlerer Osten, Asien... Küche und Design sind gleichermassen modern - auf der Karte z. B. "Thai Fischcake" oder "Zander, Schwarzer Quinoa, Vanilla Karotten, Orangen Beurre Blanc".

Camino
Freischützgasse 4 ⊠ 8004 – ℰ 044 240 21 21   Stadtplan : E1**e**
– *www.restaurant-camino.ch – geschl. 24. Dezember - 2. Januar und Samstag - Sonntag*
• MEDITERRAN • Tagesteller 34 CHF – Menü 105 CHF – Karte 56/113 CHF
Äusserlich fast etwas unscheinbar, ist das charmante kleine Restaurant ein gemütlicher Ort für anspruchsvolle Esser. Lecker z. B. "Pulpo-Salat mit Sellerie, Kartoffel und Zitrone" oder "Puschlaver Kalbsbäggli mit Gnocchi alla romana".

ZÜRICH

Kindli – Hotel Kindli
Pfalzgasse 1 ⌧ 8001 – ℰ 043 888 76 78 – www.kindli.ch — Stadtplan : E2**z**
– geschl. Sonntag sowie an Feiertagen
• FRANZÖSISCH-KLASSISCH • Tagesteller 36 CHF – Karte 61/111 CHF –
(Tischbestellung ratsam)
Den Charme des geschichtsträchtigen Hotels spürt man auch im beliebten und stets gut besuchten gleichnamigen Restaurant: gemütlich die alte Holztäferung, lebendig die Atmosphäre, und dazu gibt es gute klassische Küche.

Sala of Tokyo
Limmatstr. 29 ⌧ 8005 – ℰ 044 271 52 90 — Stadtplan : E1**k**
– www.sala-of-tokyo.ch – geschl. Juli - August 3 Wochen, Weihnachten - Neujahr 2 Wochen
• JAPANISCH • Tagesteller 30 CHF – Menü 72/195 CHF – Karte 52/128 CHF
Seit 1981 der Japan-Klassiker in Zürich, und dem eigenen Stil ist man bis heute treu geblieben - sehr gute Produkte, Authentizität, Geschmack. Probieren Sie original Kobe-Beef, edlen Toro, die Eintopfgerichte "Nabemono" und natürlich Sushi!

Le Jardin Suisse – Hotel Sheraton Neues Schloss Zürich
Stockerstr. 17 ⌧ 8002 – ℰ 044 286 94 00 — Stadtplan : E3**m**
– www.sheraton.com/neuesschloss – geschl. Samstagmittag, Sonntag
• SCHWEIZER KÜCHE • Tagesteller 37 CHF – Karte 65/99 CHF
Ein Hauch von Bistrostil durchzieht das Lokal mit seiner auffälligen Wand aus Bruchstein. Man serviert Ihnen traditionelle Schweizer Spezialitäten - im Sommer auch gerne auf der umlaufenden Terrasse.

Münsterhof ᴺ
Münsterhof 6 ⌧ 8001 – ℰ 044 262 33 00 – www.mhof.ch — Stadtplan : E3**b**
– geschl. Weihnachten und Sonntag
• KLASSISCHE KÜCHE • Tagesteller 28 CHF – Menü 35 CHF (mittags unter der Woche)/91 CHF – Karte 63/89 CHF – *(Tischbestellung ratsam)*
In dem historischen Haus a. d. 11. Jh. speist man in der rustikalen Stube im EG oder etwas eleganter im 1. OG - die Karte ist die gleiche, hier liest man z. B. "hausgemachte Tortellini mit Kalbfleisch" oder "Zürichsee-Bouillabaisse", nicht zu vergessen das Tatar.

Maison Manesse
Hopfenstr. 2 ⌧ 8045 – ℰ 044 462 01 01 — Stadtplan : C2**m**
– www.maisonmanesse.ch – geschl. Weihnachten - Anfang Januar, Mitte Juli - Anfang August und Sonntag - Montag
• KREATIV • Menü 140/160 CHF – *(nur Abendessen) (Tischbestellung ratsam)*
Sie mögen es ungezwungen? Hier hat man es gemütlich-leger (man wird meist geduzt) und geniesst ausgezeichnete produktbezogene kreative Küche. Weinliebhaber aufgepasst: Unter den 1200 Positionen gibt es einige Raritäten und alte Jahrgänge! Mittags nur kleines einfaches Speisenangebot.
→ Ei, Pilze, Bärlauch. Barramundi, Bier, Hanf. Karotte, Kardamom, Yuzu.

Nachtjäger
Badenerstr. 310 ⌧ 8004 Zürich – ℰ 043 931 77 90 — Stadtplan : A2**g**
– www.nachtjaeger.ch – geschl. 24. Dezember - 2. Januar, 12. Juli - 22. August und Sonntag - Montag sowie an Feiertagen
• MARKTKÜCHE • Karte 60/76 CHF – *(nur Abendessen)*
In dem charmanten kleinen Restaurant etwas ausserhalb gibt es "Komfort-Food": frische, legere Küche, die bei den Gästen gut ankommt. Auf der Tafel liest man z. B. "Pie / Kalb / Weizenbier" oder "Rinderhaxe / Kichererbsen / Paprika".

Seerestaurant Quai 61
Mythenquai 61 ⌧ 8002 – ℰ 044 405 61 61 – www.quai61.ch — Stadtplan : C2**b**
– geschl. 26. Dezember - 3. Januar, 13. - 28. Februar und Samstagmittag, Sonntagabend, November - Februar: Samstagmittag, Sonntagabend und Montag
• INTERNATIONAL • Tagesteller 25 CHF – Karte 53/102 CHF
Tolle Lage direkt am See, nettes maritimes Flair. Spezialität ist Fleisch vom Buchenholzgrill, aber auch Klassiker wie Hackbraten oder Cordon bleu kommen an. Tipp: "Egli-Knusperli mit hausgemachter Remouladensauce" auf der Sonnenterrasse!

ZÜRICH

Café Boy
Kochstr. 2 ✉ 8004 – ✆ 044 240 40 24 – www.cafeboy.ch Stadtplan : A2**c**
– geschl. Ende Dezember 2 Wochen und Samstag - Sonntag
• TRADITIONELLE KÜCHE • Tagesteller 25 CHF – Menü 69 CHF (abends)
– Karte 65/93 CHF
Wo einst linke Politikgeschichte geschrieben wurde, bietet man nun in lebendig-puristischer Bistro-Atmosphäre frische traditionelle Küche. Dass man ein Faible für Wein hat, sieht man an der umfangreichen Auswahl. Einfachere Mittagskarte.

Brasserie Bernoulli
Hardturmstr. 261 ✉ 8005 – ✆ 044 563 87 37 Stadtplan : A1**b**
– www.brasseriebernoulli.ch – geschl. 24. Dezember - 8. Januar und Samstagmittag, Sonntag sowie an Feiertagen
• MEDITERRAN • Tagesteller 28 CHF – Karte 56/80 CHF – *(Tischbestellung ratsam)*
Sehr beliebt unter den international-mediterranen Gerichten dieses schlicht-legeren Restaurants ist hausgemachte Pasta wie "Tagliatelle mit grünen Spargeln und Ricotta-Pomodori-Secchi-Pesto". Mittagskarte: kleiner, einfacher, günstiger.

Tapas Bar – Restaurant Sein
Schützengasse 5 ✉ 8001 – ✆ 044 221 10 65 Stadtplan : E2**d**
– www.zuerichsein.ch – geschl. 24. Dezember - 3. Januar, 10. - 23. April, 17. Juli - 6. August und Samstag - Sonntag, sowie an Feiertagen
• MODERNE KÜCHE • Tagesteller 25 CHF – Menü 35 CHF – Karte 37/72 CHF
Eine sympathische moderne Adresse: Das Interieur kommt in klarem Design daher, die Küche im Tapas-Stil. Probieren Sie "Ravioli mit Rosmarinbutter" oder "Pilze mit Kakaoerde und Mimolette".

Hopfenau
Hopfenstr. 19 ✉ 8045 – ✆ 044 211 70 60 – www.hopfenau.ch Stadtplan : A2**h**
– geschl. 23. Dezember - 1. Januar und Samstagmittag, Sonntag sowie an Feiertagen
• TRADITIONELLE KÜCHE • Menü 40 CHF (mittags) – Karte 51/104 CHF
Eine wirklich nette legere Quartierbeiz, in der man richtig gut isst! Gekocht wird frisch und mit Geschmack - da macht die geschmorte Rinderhaxe genauso Appetit wie die Tobleronemousse.

Paneolio
Cramerstr. 8 ✉ 8004 – ✆ 044 240 02 50 – www.paneolio.ch Stadtplan : C1**p**
– geschl. Sonntag
• ITALIENISCH • Tagesteller 35 CHF – Karte 52/92 CHF
Lebendig geht es in dem engen kleinen Restaurant zu. Die Gäste mögen die sympathisch-quirlige Atmosphäre ebenso wie die italienische Küche - Tipp: Probieren Sie auch die leckere Pasta!

in Zürich-Oerlikon – ✉ 8050

Hofwiesen
Hofwiesenstr. 265 ✉ 8057 – ✆ 043 433 80 88 Stadtplan : A1**n**
– www.hofwiesen.ch – geschl. Ende Dezember 1 Woche und Samstagmittag, Sonntag
• ÖSTERREICHISCH • Tagesteller 25 CHF – Karte 61/96 CHF
Ein kleines Stück Österreich in Zürich. Dazu gehören natürlich auch Tafelspitz, Wiener Schnitzel, Marillenknödel... Die Küche ist frisch, unkompliziert und gespickt mit mediterranen Einflüssen, das Ambiente freundlich und geradlinig-modern.

in Zürich-Opfikon – ✉ 8152 Opfikon

Kameha Grand Zürich
Dufaux-Str. 1 – ✆ 044 525 50 00 Stadtplan : B1**k**
– www.kamehagrandzuerich.com
224 Zim – †199/469 CHF ††199/469 CHF, ☐ 39 CHF – 21 Suiten
Rest YOU • **Rest L'Unico** – Siehe Restaurantauswahl
Ein wirklich nicht alltägliches Lifestyle-Hotel mitten im Glattpark - markant schon die Fassade, imposant der Eingangsbereich nebst schicker Bar, wertig und geschmackvoll das Design, auffallend unkompliziert und aufmerksam der Service.

ZÜRICH

✕✕ YOU – Hotel Kameha Grand Zürich 🈐 AC 🈲 🚗
☸ *Dufaux-Str. 1 –* ☏ *044 525 50 00* — Stadtplan : B1**k**
*– www.kamehagrandzuerich.com – geschl. Ende Dezember - Anfang Januar, Juli
- August 3 Wochen und Sonntag - Dienstagmittag, Samstagmittag*
• MODERNE KÜCHE • Menü 125/180 CHF – Karte 134/164 CHF – *(Tischbestellung ratsam)*

Eine spezielle Atmosphäre verbreitet das schicke fernöstlich-puristische Design. Aus der Küche kommen dazu klassisch-moderne Speisen mit fernöstlichen Einflüssen - fein, aromatisch und schön präsentiert.

→ Geschmorter Ostsee Aal, mit süss-sauren Randen und Meerrettich. US-Prime-Beef mit fermentierten Perlzwiebeln, Süsskartoffeln und Spinatsalat. Topfen-Soufflé mit Ziegenquark, Pistazie und Shortbread.

✕✕ L'Unico – Hotel Kameha Grand Zürich 🈐 🈲 🚗
Dufaux-Str. 1 – ☏ *044 525 50 00* — Stadtplan : B1**k**
– www.kamehagrandzuerich.com – geschl. Sonntagabend
• ITALIENISCH • Tagesteller 24 CHF – Karte 39/125 CHF

Sehenswerte Details sind hier hübsch gekachelte Wände und Tische, runde Sitznischen, an der Decke der wohl grösste Pastateller der Welt - frische Pasta ist Schwerpunkt der traditionellen italienischen Küche. Lust auf "Ravioli von Brasato"?

in Kloten Nord: 12 km über B1 – ✉ 8302

✕✕ Rias 🈐 🈲
☺ *Gerbegasse 6 –* ☏ *044 814 26 52 – www.rias.ch – geschl. 24. Dezember - Anfang Januar, Mitte Juli - Anfang August und Samstag - Sonntag sowie an Feiertagen*
• REGIONAL • Tagesteller 25 CHF – Menü 49/125 CHF – Karte 56/110 CHF

Hier erwartet Sie nicht nur ein attraktives modernes Interieur, sondern auch gute Küche, die es z. B. als "Kaninchen im Kürbismantel" gibt. Oder steht Ihnen der Sinn mehr nach Cordon bleu? Das hat schon Tradition! Dazu schöne offene Weine.

in Zollikon Süd-Ost: 4 km über Utoquai F3 – ✉ 8702

✕✕ Wirtschaft zur Höhe 🈐 ⇔ 🅿
Höhestr. 73 – ☏ *044 391 59 59 – www.wirtschaftzurhoehe.ch* — Stadtplan : B2**b**
– geschl. Montag
• FRANZÖSISCH-KLASSISCH • Tagesteller 44 CHF – Menü 58 CHF (mittags)/135 CHF – Karte 60/123 CHF

Seit 1988 steht Familie Scherrer für klassische Küche, gehobene Weine und freundliche Atmosphäre - kein Wunder, dass man da auch viele Stammgäste hat. Freuen Sie sich auf Hummersuppe mit altem Cognac oder Steinbutt mit Muscheln!

✕✕ Rössli 🆕 ⇔
Alte Landstr. 86 – ☏ *044 391 27 27 – www.roesslizollikon.ch* — Stadtplan : BU**a**
– geschl. Ende Dezember - Anfang Januar, Mitte Juli - Anfang August und Montag, Samstagmittag, Sonntagmittag
• TRADITIONELLE KÜCHE • Karte 44/96 CHF

Im 1. Stock des Riegelhauses a. d. 16. Jh. sitzt man richtig nett in gemütlich-rustikalen Stuben, zum See hin ein kleiner Wintergarten. Gekocht wird traditionell - da macht z. B. "Züricher Geschnetzeltes mit Rösti und Gemüse" Appetit.

auf dem Uetliberg ab Zürich Hauptbahnhof mit der SZU-Bahn (25 min.) und Fussweg (10 min.) erreichbar – Höhe 871 m – ✉ 8143 Uetliberg

🏠 Uto Kulm
– ☏ *044 457 66 66 – www.utokulm.ch* — Stadtplan : A2**n**
55 Zim – †90/160 CHF ††130/260 CHF, ⇔ 20 CHF

Hier in 871 m Höhe liegt Ihnen Zürich zu Füssen, um Sie herum ein klasse Bergpanorama! Wie wär's mit einem modernen "Lifestyle-Zimmer"? Oder eine geräumige "Romantik-Suite"? Für Familien sind die Maisonetten ideal. Das Restaurant wird im Sommer zur grossen Terrasse! Beachtliche Mouton-Rothschild-Sammlung!

ZUG

Zug (ZG) – ✉ 6300 – 29 251 Ew – Höhe 425 m – Regionalatlas **4-G3**
▶ Bern 139 km – Luzern 34 km – Zürich 31 km – Aarau 58 km
Michelin Straßenkarte 551-P6

City Garden
Metallstr. 20 – ☎ 041 727 44 44 – www.citygarden.ch Stadtplan : B1**a**
82 Zim ☕ – ♂390/590 CHF ♂♀440/590 CHF

Schon von aussen ist das Hotel mit der verspiegelten Fassade ein Eyecatcher, innen dann modernes und überaus urbanes Design, komfortable Zimmer und nette kleine Details - alles schön schlicht gehalten! Im Restaurant bietet man gesunde marktfrische Küche sowie Tapas. Die Lage: ruhig und dennoch zentral.

Ochsen ⓝ
Kolinplatz 11 Stadtplan : B2**a**
– ☎ 041 729 32 32 – www.ochsen-zug.ch
48 Zim ☕ – ♂185/260 CHF ♂♀245/345 CHF – ½ P

Das ansprechende alte Stadthaus wird schon in 3. Generation familiär geführt. Fragen Sie nach den Superior-Zimmern - schön die klare, individuelle Einrichtung mit geradlinigem Holzmobiliar und modernen Elementen. Einladend auch das Restaurant "au premier" in der 1. Etage samt Terrasse.

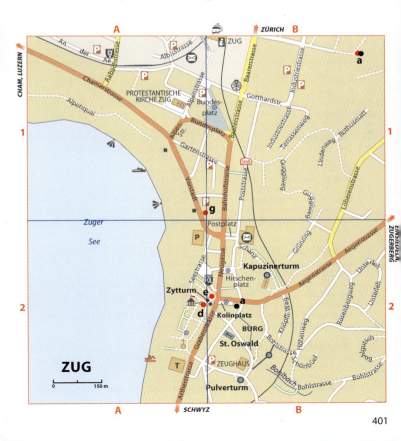

ZUG

XX Zum Kaiser Franz im Rössl
Vorstadt 8 – ℰ 041 710 96 36 – www.kaiser-franz.ch – geschl. Stadtplan : AB1**g**
Samstag - Sonntag
Tagesteller 25 CHF – Menü 36 CHF (mittags)/82 CHF – Karte 58/100 CHF – *(Tischbestellung erforderlich)*
Wiener Schnitzel, Tafelspitz, Salzburger Nockerl, Kaiserschmarrn… Wer ein Faible für Österreich hat, ist in dem eleganten Restaurant - passend die Gemälde von Franzl und Sissi - genau richtig. Der Service sehr freundlich und geschult.

XX Aklin
Kolinplatz 10 – ℰ 041 711 18 66 – www.restaurantaklin.ch Stadtplan : B2**e**
– geschl. Juli - Mitte August und Samstagmittag, Sonntag sowie an Feiertagen
Tagesteller 26 CHF – Menü 80/134 CHF – Karte 57/119 CHF
Das historische Stadthaus neben dem Zytturm trägt seit 1787 den heutigen Namen, richtig gemütlich die Stuben. Auf der Karte z. B. "Elsässer Rieslingcremesuppe" oder "Rehgeschnetzeltes mit Steinpilzrahmsauce". Beliebt: günstige Mittagsmenüs!

X Rathauskeller Bistro
Ober-Altstadt 1 – ℰ 041 711 00 58 – www.rathauskeller.ch Stadtplan : A2**d**
– geschl. 24. Dezember - 4. Januar, 10. - 24. April und Sonntag - Montag
Tagesteller 25 CHF – Menü 115 CHF – Karte 50/99 CHF – *(Tischbestellung ratsam)*
Schön leger sitzt man in dem netten Bistro. Wer es lieber etwas feiner hat, kann auch in der Zunftstube im 1. OG reservieren. Hier wie dort gibt es Klassiker wie "Rindshohrückensteak mit Senfsauce" oder "Cordon bleu vom Muotathaler Kalb".

ZUOZ
Graubünden (GR) – ✉ 7524 – 1 250 Ew – Höhe 1 695 m (Wintersport : 1 716/ 2 465 m) – Regionalatlas **11-J5**
▶ Bern 319 km – Sankt Moritz 19 km – Scuol 46 km – Chur 82 km
Michelin Straßenkarte 553-X10

Engiadina

San Bastiaun 13 – ℰ 081 851 54 54 – www.hotelengiadina.ch – geschl. April - Mitte Juni, Mitte Oktober - Mitte Dezember
37 Zim ⌑ – †125/205 CHF ††220/350 CHF – ½ P
Rest *Engiadina* – Siehe Restaurantauswahl
In dem alteingesessenen Hotel mitten im Dorf bewahrt man den Charme von einst, ohne stehenzubleiben. Warmes Holz und stimmige Farben machen die Zimmer wohnlich. Am Morgen ein gutes, frisches Frühstück, abends Fondue, Raclette oder Tischgrill-Gerichte im "Chamanna". An der Bar darf man übrigens rauchen.

Crusch Alva

Via Maistra 26 – ℰ 081 854 13 19 – www.cruschalva.ch
13 Zim ⌑ – †100/185 CHF ††140/300 CHF – ½ P
Das Schwesterhotel des "Engiadina" ist ein heimatgeschütztes Gasthaus im Herzen des kleinen Ortes. Seine dicken alten Mauern atmen die über 500-jährige Geschichte, drinnen viele Antiquitäten. Die Zimmer sind wohnlich im Engadiner Stil eingerichtet, zwei haben noch schöne historische Möbel! Die beiden Restaurants bieten Bündner Küche, die Stüva ist etwas feiner.

XX Engiadina – Hotel Engiadina

San Bastiaun 13 – ℰ 081 851 54 54 – www.hotelengiadina.ch – geschl. April - Mitte Juni, Mitte Oktober - Mitte Dezember und Mittwoch
Karte 62/89 CHF – *(nur Abendessen)*
Gemütlich sitzt man in drei heimeligen Stuben bei richtig guter international-klassischer Küche. Schmackhaft sind hier z. B. "Trilogie von der Entenleber" oder "Wolfsbarsch in der Salzkruste".

ZUOZ

✗ **Dorta** 🍴 ⟲ **P**
Via Dorta 73 – ℰ 081 854 20 40 – www.dorta.ch – geschl. Mai, November und Montag - Dienstag
Tagesteller 29 CHF – Menü 49 CHF – Karte 51/101 CHF – *(Tischbestellung ratsam)*
Den Charme dieses uralten Bauernhauses werden Sie mögen - wirklich reizend die Atmosphäre in der einstigen Scheune samt Empore und Gäms-Stübli! Aus der Küche kommen schmackhafte Bündner Gerichte wie "Carpaccio vom Siedfleisch" oder "Winzerbraten mit Polenta" und natürlich Capuns, Pizokel & Co.

ZWEISIMMEN
Bern (BE) – ✉ 3770 – 2 986 Ew – Höhe 942 m (Wintersport : 948/2 011 m)
– Regionalatlas **7-D5**
▶ Bern 71 km – Interlaken 53 km – Gstaad 17 km
Michelin Straßenkarte 551-I10

bei der Mittelstadtion mit 🚡 erreichbar

🏠 **Hamilton Lodge** 🛉 🛋 ≤ 🍴 🛎 🛌 📺 ♿ 🧖 **P**
Rindbergstr. 26 – ℰ 033 222 74 74 – www.hamiltonlodge.ch/zweisimmen
– geschl. 2. April - 10. Mai, 29. Oktober - 15. Dezember
23 Zim ⊇ – †130/165 CHF ††210/270 CHF – ½ P
Einfach traumhaft liegt das charmante Chalet bei der Mittelstation. Im Winter beginnt der Skispass gleich vor der Tür, im Sommer geht's zum Wandern. Wieder zurück im Hotel, entspannt man im rustikalen Saunahaus. Zimmer und Restaurant sind gleichermassen hübsch: ein Mix aus warmem Holz und modernem Stil.

D. Bannister / John Warburton-Lee / Photononstop

Fürstentum Liechtenstein

FÜRSTENTUM LIECHTENSTEIN

Regionalatlas **5-I3**
Michelin Straßenkarte 551-VW6+7

Die Hauptstadt des Fürstentums Liechtenstein, das eine Fläche von 160 km² und eine Einwohnerzahl von ca. 35 000 hat, ist VADUZ. Die Amtssprache ist Deutsch, darüber hinaus wird auch ein alemannischer Dialekt gesprochen. Landeswährung sind Schweizer Franken.

La principauté de Liechtenstein d'une superficie de 160 km², compte env. 35 000 habitants. La capitale est VADUZ. La langue officielle est l'allemand, mais on y parle également un dialecte alémanique. Les prix sont établis en francs suisses.

Il principato del Liechtenstein ha una superficie di 160 km² e conta 35 000 abitanti. Capitale é VADUZ. La lingua ufficiale é il tedesco, ma vi si parla anche un dialetto alemanno. I prezzi sono stabiliti in franchi svizzeri.

The principality of Liechtenstein, covering an area of 61,8 square miles, has 35 000 inhabitants. VADUZ is the capital. The official language is German, but a Germanic dialect is also spoken. Prices are in Swiss francs.

▶ Bern 162 - Aarau 47 - Baden 24 - Chur 122

Wintersport
Malbun 1 602/2 000m

TRIESEN

Liechtenstein (LIE) – ✉ 9495 – 4 989 Ew – Höhe 512 m – Regionalatlas **5-I3**
▶ Bern 230 km – Vaduz 4 km – Chur 39 km – Feldkirch 18 km

Schatzmann
Landstr. 80 – ✆ 399 12 12
– www.schatzmann.li
– geschl. Anfang Dezember - Anfang Januar
29 Zim ⌂ – ♦120/165 CHF ♦♦165/195 CHF
Seit Jahren zeigt die Familie hier grosses Engagement. Im hinteren Gebäude sind die Zimmer geräumig, im Stammhaus etwas einfacher und kleiner, aber ebenso gepflegt und wohnlich. Sie möchten mehr Komfort? Man hat auch moderne Juniorsuiten.

VADUZ

(LIE) – ✉ 9490 – 5 372 Ew – Höhe 460 m – Regionalatlas **5-I3**
▶ Bern 233 km – Chur 43 km – Feldkirch 15 km – Sankt Anton am Arlberg 76 km

Park-Hotel Sonnenhof
Mareestr. 29
– ✆ 239 02 02 – www.sonnenhof.li
– geschl. 22. Dezember - 9. Januar
29 Zim ⌂ – ♦195/330 CHF ♦♦360/520 CHF – ½ P
Rest *Marée* ✿ – Siehe Restaurantauswahl
Das schöne Landhaus in ruhiger und dennoch zentrumsnaher Lage ist ein wahres Schmuckstück: herzlich-familiärer Service, diverse kleine Aufmerksamkeiten, die Zimmer individuell, wertig, überaus wohnlich und geschmackvoll - da bleibt man gerne länger! Noch etwas zum Schwärmen ist der herrliche Garten.

Löwen
Herrengasse 35
– ✆ 238 11 44 – www.hotel-loewen.li
– geschl. Weihnachten - 10. Januar, 23. Juli - 7. August
8 Zim ⌂ – ♦199/259 CHF ♦♦299/369 CHF
Passend zur Historie des schmucken Hauses (1380) finden sich in den Zimmern teilweise schöne Antiquitäten, die vier grösseren mit Schlossblick. Während Sie auf der Terrasse den Blick über den eigenen Weinberg schweifen lassen, toben die Kids auf dem Spielplatz im Garten!

VADUZ

XxX **Marée** (Hubertus Real) – Park-Hotel Sonnenhof 🕸 ≤ 🛏 🎋 **P**
❀ *Mareestr. 29 – ℰ 239 02 02 – www.sonnenhof.li – geschl. 22. Dezember
- 9. Januar und Samstagmittag*
Tagesteller 52 CHF – Menü 120/150 CHF – Karte 104/133 CHF – *(Tischbestellung erforderlich)*
Eines vorneweg: Der schönste Platz zum Essen ist ganz klar das "Adlernest", ein herrliches Sonnendeck mit Blick auf Berge und Schloss! Dank der produktorientierten und geradlinigen klassischen Küche ist Ihnen echter Genuss aber auch drinnen im stilvollen Restaurant gewiss!
→ Hausgemachte Raviolini mit Kalbfleisch-Spinatfüllung. Zarter Rochenflügel, Kapern, braune Knoblauchbutter, Knusperbrösel, Kartoffelpüree. Karamellisierte Rheintaler Schweinebrust, Petersilien- und Topinamburpüree.

XX **Torkel** 🕸 ≤ 🎋 ⚒ **P**
Hintergass 9 – ℰ 232 44 10 – www.torkel.li – geschl. Ende Dezember - Anfang Januar, Anfang April 2 Wochen, Anfang Oktober 2 Wochen und Samstagmittag, Sonntag - Montag sowie an Feiertagen, Mai - Juli: Samstagmittag, Sonntag
Tagesteller 49 CHF – Menü 75/109 CHF – Karte 77/123 CHF
Was die zahlreichen (Stamm-) Gäste an dem charmanten Haus in den Weinbergen schätzen, ist das elegante Interieur (beeindruckend der Torkelbaum, einst Weinpresse) und natürlich die Terrasse mit Aussicht sowie die klassisch-kreative Küche.

Les pneus s'usent plus vite sur les petits trajets en ville...

VRAI !

La fréquence des freinages et des accélérations en ville use davantage vos pneus ! Dans les embouteillages, armez-vous de patience et conduisez en douceur.

La pression des pneus agit uniquement sur la sécurité...

FAUX !

Au-delà de la tenue de route et de la consommation de carburant, une sous pression de 0,5 Bar diminue de 8 000 km la durée de vie de vos pneus. Pensez à vérifier la pression environ une fois par mois, surtout avant un départ en vacances ou un long trajet.

MICHELIN S'ENGAGE

▶ MICHELIN EST LE **N°1 MONDIAL DES PNEUS ÉCONOMES EN ÉNERGIE** POUR LES VÉHICULES LÉGERS.

▶ POUR **SENSIBILISER LES PLUS JEUNES À LA SÉCURITÉ ROUTIÈRE**, MÊME EN DEUX-ROUES : DES ACTIONS DE TERRAIN ONT ÉTÉ ORGANISÉES DANS **16 PAYS** EN 2015.

QUIZ

1. POURQUOI BIBENDUM, LE BONHOMME MICHELIN, EST BLANC ALORS QUE LE PNEU EST NOIR ?

Le personnage de Bibendum a été imaginé à partir d'une pile de pneus, en 1898, à une époque où le pneu était fabriqué avec du caoutchouc naturel, du coton et du soufre et où il est donc de couleur claire. Ce n'est qu'après la Première guerre mondiale que sa composition se complexifie et qu'apparaît le noir de carbone. Mais Bibendum, lui, restera blanc !

2. SAVEZ-VOUS DEPUIS QUAND LE GUIDE MICHELIN ACCOMPAGNE LES VOYAGEURS ?

Depuis 1900, il était dit alors que cet ouvrage paraissait avec le siècle, et qu'il durerait autant que lui. Et il fait encore référence aujourd'hui, avec de nouvelles éditions et la sélection sur le site Book a table/MICHELIN Restaurants dans quelques pays.

3. DE QUAND DATE « BIB GOURMAND » DANS LE GUIDE MICHELIN ?

Cette appellation apparaît en 1997 mais dès 1954 le Guide MICHELIN signale les « repas soignés à prix modérés ». Aujourd'hui, on le retrouve sur le site et dans l'application mobile Book a table/MICHELIN Restaurants.

Si vous voulez en savoir plus sur Michelin en vous amusant, visitez l'Aventure Michelin et sa boutique à Clermont-Ferrand, France :
www.laventuremichelin.com

Lexique

→ Lexique gastronomique
→ Gastronomisches Lexikon
→ Lessico gastronomico
→ Gastronomical lexicon

→ Lexique

→ **Lexikon** (siehe S. 425)
→ **Lessico** (vedere p. 432)
→ **Lexicon**

A

	→	→	→
à louer	zu vermieten	a noleggio	for hire
addition	Rechnung	conto	bill, check
aéroport	Flughafen	aeroporto	airport
agence de voyage	Reisebüro	agenzia di viaggio	travel bureau
agencement	Einrichtung	installazione	installation
agneau	Lamm	agnello	lamb
ail	Knoblauch	aglio	garlic
amandes	Mandeln	mandorle	almonds
ancien, antique	ehemalig, antik	vecchio, antico	old, antique
août	August	agosto	August
art-déco	Jugendstil	art-déco, liberty	Art Deco
artichaut	Artischocke	carciofo	artichoke
asperges	Spargel	asparagi	asparagus
auberge	Gasthaus	locanda	inn
aujourd'hui	heute	oggi	today
automne	Herbst	autunno	autumn
avion	Flugzeug	aereo	aeroplane
avril	April	aprile	April

B

	→	→	→
bac	Fähre	traghetto	ferry
bagages	Gepäck	bagagli	luggage
bateau	Boot, Schiff	barca	ship
bateau à vapeur	Dampfer	batello a vapore	steamer
baudroie	Seeteufel	pescatrice	angler fish
beau	schön	bello	fine, lovely
bette	Mangold	bietola	chards
beurre	Butter	burro	butter
bien, bon	gut	bene, buono	good, well
bière	Bier	birra	beer
billet d'entrée	Eintrittskarte	biglietto d'ingresso	admission ticket
blanchisserie	Wäscherei	lavanderia	laundry
bœuf bouilli	Siedfleisch	bollito di manzo	boiled beef
bouillon	Fleischbrühe	brodo	clear soup
bouquetin	Steinbock	stambecco	ibex
bouteille	Flasche	bottiglia	bottle
brochet	Hecht	luccio	pike

C

	→	→	→
cabri, chevreau	Zicklein, Gitzi	capretto	young goat
café	Kaffee	caffè	coffee
café-restaurant	Wirtschaft	ristorante-bar	café-restaurant
caille	Wachtel	quaglia	partridge
caisse	Kasse	cassa	cash desk
campagne	Land	campagna	country
canard, caneton	Ente, junge Ente	anatra	duck
cannelle	Zimt	cannella	cinnamon
câpres	Kapern	capperi	capers
carnaval	Fasnacht	carnevale	carnival
carottes	Karotten	carote	carrots
carpe	Karpfen	carpa	carp
carte postale	Postkarte	cartolina postale	postcard
cascades, chutes	Wasserfälle	cascate	waterfalls
céleri	Sellerie	sedano	celery
cépage	Rebsorte	ceppo	grape variety
cèpes, bolets	Steinpilze	boleto	ceps
cerf	Hirsch	cervo	stag (venison)
cerises	Kirschen	ciliegie	cherries
cervelle de veau	Kalbshirn	cervella di vitello	calf's brain
chaînes	Schneeketten	catene da neve	snow chain
chambre	Zimmer	camera	room
chamois	Gämse	camoscio	chamois
champignons	Pilze	funghi	mushrooms
change	Geldwechsel	cambio	exchange
charcuterie	Aufschnitt	salumi	pork butcher's meat
château	Burg, Schloss	castello	castle
chevreuil	Reh	capriolo	roe deer (venison)
chien	Hund	cane	dog
chou	Kraut, Kohl	cavolo	cabbage
chou de Bruxelles	Rosenkohl	cavolini di Bruxelles	Brussel sprouts
chou rouge	Rotkraut	cavolo rosso	red cabbage
chou-fleur	Blumenkohl	cavolfiore	cauliflower
choucroute	Sauerkraut	crauti	sauerkraut
circuit	Rundfahrt	circuito	round tour
citron	Zitrone	limone	lemon
clé	Schlüssel	chiave	key
col	Pass	passo	pass
collection	Sammlung	collezione	collection
combien ?	wieviel ?	quanto ?	how much ?
commissariat	Polizeirevier	commissariato	police headquarters
concombre	Gurke	cetriolo	cucumber
confiture	Konfitüre	marmellata	jam
coquille Saint-Jacques	Jakobsmuschel	cappasanta	scallops
corsé	kräftig	robusto	full bodied
côte de porc	Schweinekotelett	braciola di maiale	pork chop
côte de veau	Kalbskotelett	costata di vitello	veal chop
courge	Kürbis	zucca	pumpkin
courgettes	Zucchini	zucchino	zucchini
crème	Rahm	panna	cream
crêpes	Pfannkuchen	crespella	pancakes
crevaison	Reifenpanne	foratura	puncture
crevettes	Krevetten	gamberetti	shrimps, prawns
crudités	Rohkost	verdure crude	raw vegetables
crustacés	Krustentiere	crostacei	crustaceans
cuissot	Keule	cosciotto	leg

FRANÇAIS

D

FRANÇAIS			
débarcadère	Schiffanlegestelle	pontile di sbarco	landing-wharf
décembre	Dezember	dicembre	December
demain	morgen	domani	tomorrow
demander	fragen, bitten	domandare	to ask for
départ	Abfahrt	partenza	departure
dimanche	Sonntag	domenica	Sunday
docteur	Arzt	dottore	doctor
doux	mild	dolce	sweet, mild

E

eau gazeuse	mit Kohlensäure (Wasser)	acqua gasata	sparkling water
eau minérale	Mineralwasser	acqua minerale	mineral water
écrevisse	Flusskrebs	gambero	crayfish
église	Kirche	chiesa	church
émincé	Geschnetzeltes	a fettine	thin slice
en daube, en sauce	geschmort, mit Sauce	stracotto in salsa	stewed, with sauce
en plein air	im Freien	all'aperto	outside
endive	Endivie	indivia	chicory
entrecôte	Zwischenrippenstück	costata	sirloin steak
enveloppes	Briefumschläge	buste	envelopes
épinards	Spinat	spinaci	spinach
escalope panée	paniertes Schnitzel	cotoletta alla milanese	escalope in breadcrumbs
escargots	Schnecken	lumache	snails
étage	Stock, Etage	piano	floor
été	Sommer	estate	summer
excursion	Ausflug	escursione	excursion
exposition	Ausstellung	esposizione, mostra	exhibition, show

F

faisan	Fasan	fagiano	pheasant
farci	gefüllt	farcito	stuffed
fenouil	Fenchel	finocchio	fennel
féra	Felchen	coregone	dace
ferme	Bauernhaus	fattoria	farm
fermé	geschlossen	chiuso	closed
fêtes, jours fériés	Feiertage	giorni festivi	bank holidays
feuilleté	Blätterteig	sfoglia	puff pastry
février	Februar	febbraio	February
filet de bœuf	Rinderfilet	filetto di bue	fillet of beef
filet de porc	Schweinefilet	filetto di maiale	fillet of pork
fleuve	Fluss	fiume	river
foie de veau	Kalbsleber	fegato di vitello	calf's liver
foire	Messe, Ausstellung	fiera	fair
forêt, bois	Wald	foresta, bosco	forest, wood
fraises	Erdbeeren	fragole	strawberries
framboises	Himbeeren	lamponi	raspberries
fresques	Fresken	affreschi	frescoes
frit	frittiert	fritto	fried
fromage	Käse	formaggio	cheese

fromage blanc	Quark	formaggio fresco	curd cheese
fruité	fruchtig	fruttato	fruity
fruits de mer	Meeresfrüchte	frutti di mare	seafood
fumé	geräuchert	affumicato	smoked

G

gare	Bahnhof	stazione	station
gâteau	Kuchen	dolce	cake
genièvre	Wacholder	coccola	juniper berry
gibier	Wild	selvaggina	game
gingembre	Ingwer	zenzero	ginger
girolles	Pfifferlinge, Eierschwämme	gallinacci (funghi)	chanterelles
glacier	Gletscher	ghiacciaio	glacier
grillé	gegrillt	alla griglia	grilled
grotte	Höhle	grotta	cave

H

habitants	Einwohner	abitanti	residents, inhabitants
hebdomadaire	wöchentlich	settimanale	weekly
hier	gestern	ieri	yesterday
hiver	Winter	inverno	winter
homard	Hummer	astice	lobster
hôpital	Krankenhaus	ospedale	hospital
hôtel de ville, mairie	Rathaus	municipio	town hall
huile d'olives	Olivenöl	olio d'oliva	olive oil
huîtres	Austern	ostriche	oysters

I – J

interdit	verboten	vietato	prohibited
jambon (cru, cuit)	Schinken (roh, gekocht)	prosciutto (crudo, cotto)	ham (raw, cookded)
janvier	Januar	gennaio	January
jardin, parc	Garten, Park	giardino, parco	garden, park
jeudi	Donnerstag	giovedì	Thursday
journal	Zeitung	giornale	newspaper
jours fériés	Feiertage	festivi	bank holidays
juillet	Juli	luglio	July
juin	Juni	giugno	June
jus de fruits	Fruchtsaft	succo di frutta	fruit juice

L

lac	See	lago	lake
lait	Milch	latte	milk
langouste	Languste	aragosta	spiny lobster
langoustines	Langustinen	scampi	Dublin bay prawns
langue	Zunge	lingua	tongue
lapin	Kaninchen	coniglio	rabbit
léger	leicht	leggero	light
légumes	Gemüse	legume	vegetable
lentilles	Linsen	lenticchie	lentils
lièvre	Hase	lepre	hare
lit	Bett	letto	bed

FRANÇAIS			
lit d'enfant	Kinderbett	lettino	child's bed
lotte	Seeteufel	pescatrice	monkfish
loup de mer	Seewolf, Wolfsbarsch	branzino	sea bass
lundi	Montag	lunedì	Monday

M

mai	Mai	maggio	May
maison	Haus	casa	house
maison corporative	Zunfthaus	sede corporativa	guild house
manoir	Herrensitz	maniero	manor house
mardi	Dienstag	martedì	Tuesday
mariné	mariniert	marinato	marinated
mars	März	marzo	March
mercredi	Mittwoch	mercoledì	Wednesday
miel	Honig	miele	honey
moelleux	weich, gehaltvoll	vellutato	mellow
monument	Denkmal	monumento	monument
morilles	Morcheln	spugnole (funghi)	morels
moules	Muscheln	cozze	mussels
moulin	Mühle	mulino	mill
moutarde	Senf	senape	mustard

N

navet	weisse Rübe	navone	turnip
neige	Schnee	neve	snow
Noël	Weihnachten	Natale	Christmas
noisettes, noix	Haselnüsse, Nüsse	nocciole, noci	hazelnuts, nuts
nombre de couverts limités	Tischbestellung ratsam	coperti limitati-prenotare	booking essential
nouilles	Nudeln	tagliatelle, fettuccine	noodles
novembre	November	novembre	November

O

octobre	Oktober	ottobre	October
œuf à la coque	weiches Ei	uovo à la coque	soft-boiled egg
office de tourisme	Verkehrsverein	informazioni turistiche	tourist information office
oignons	Zwiebeln	cipolle	onions
omble chevalier	Saibling	salmerino	char
ombragé	schattig	ombreggiato	shaded
oseille	Sauerampfer	acetosella	sorrel

P

pain	Brot	pane	bread
Pâques	Ostern	pasqua	Easter
pâtisseries	Feingebäck, Kuchen	pasticceria	pastries
payer	bezahlen	pagare	to pay
pêches	Pfirsiche	pesche	peaches
peintures, tableaux	Malereien, Gemälde	dipinti, quadri	paintings
perche	Egli	persico	perch
perdrix, perdreau	Rebhuhn	pernice	partridge
petit déjeuner	Frühstück	prima colazione	breakfast
petits pois	grüne Erbsen	piselli	green peas

piétons	Fussgänger	pedoni	pedestrians
pigeon	Taube	piccione	pigeon
pinacothèque	Gemäldegalerie	pinacoteca	picture gallery
pintade	Perlhuhn	faraona	guinea fowl
piscine, - couverte	Schwimmbad Hallen-	piscina, - coperta	swimming pool, in-door -
plage	Strand	spiaggia	beach
pleurotes	Austernpilze	gelone	oyster mushrooms
pneu	Reifen	pneumatico	tyre
poireau	Lauch	porro	leek
poires	Birnen	pere	pears
pois gourmands	Zuckerschoten	taccole	mange tout
poisson	Fisch	pesce	fish
poivre	Pfeffer	pepe	pepper
police	Polizei	polizia	police
pommes	Äpfel	mele	apples
pommes de terre, - à l'eau	Kartoffeln, Salz -	patate, - bollite	potatoes, boiled -
pont	Brücke	ponte	bridge
ponton d'amarrage	Bootsteg	pontile	jetty
poulet	Hähnchen	pollo	chicken
pourboire	Trinkgeld	mancia	tip
poussin	Küken	pulcino	young chicken
printemps	Frühling	primavera	spring
promenade	Spaziergang	passeggiata	walk
prunes	Pflaumen	prugne	plums

Q

quetsche	Zwetschge	grossa susina	dark-red plum
queue de bœuf	Ochsenschwanz	coda di bue	oxtail

R

raie	Rochen	razza	skate
raifort	Meerrettich	rafano	horseradish
raisin	Traube	uva	grape
régime	Diät	dieta	diet
remonte-pente	Skilift	ski-lift	ski-lift
renseignements	Auskünfte	informazioni	information
repas	Mahlzeit	pasto	meal
réservation	Tischbestellung	prenotazione	booking
résidents seulement	nur Hotelgäste	solo per clienti alloggiati	residents only
ris de veau	Kalbsbries, Milken	animelle di vitello	sweetbread
rive, bord	Ufer	riva	shore, river bank
rivière	Fluss	fiume	river
riz	Reis	riso	rice
roches, rochers	Felsen	rocce	rocks
rognons	Nieren	rognone	kidneys
rôti	gebraten	arrosto	roasted
rouget	Rotbarbe	triglia	red mullet
rue	Strasse	strada	street
rustique	rustikal, ländlich	rustico	rustic

S

français	→	→	→
saignant	englisch gebraten	al sangue	rare
Saint-Pierre (poisson)	Sankt-Petersfisch	sampietro (pesce)	John Dory (fish)
safran	Safran	zafferano	saffron
salle à manger	Speisesaal	sala da pranzo	dining-room
salle de bain	Badezimmer	stanza da bagno	bathroom
samedi	Samstag	sabato	Saturday
sandre	Zander	lucio perca	perch pike
sanglier	Wildschwein	cinghiale	wild boar
saucisse	Würstchen	salsiccia	sausage
saucisson	Trockenwurst	salame	sausage
sauge	Salbei	salvia	sage
saumon	Lachs	salmone	salmon
sculptures sur bois	Holzschnitzereien	sculture in legno	wood carvings
sec	trocken	secco	dry
sel	Salz	sale	salt
semaine	Woche	settimana	week
septembre	September	settembre	September
service compris	Bedienung inbegriffen	servizio incluso	service included
site, paysage	Landschaft	località, paesaggio	site, landscape
soir	Abend	sera	evening
sole	Seezunge	sogliola	sole
sucre	Zucker	zucchero	sugar
sur demande	auf Verlangen	a richiesta	on request
sureau	Holunder	sambuco	elderbarry

T

	→	→	→
tarte	Torte	torta	tart
téléphérique	Luftseilbahn	funivia	cable car
télésiège	Sessellift	seggiovia	chair lift
thé	Tee	tè	tea
thon	Thunfisch	tonno	tuna
train	Zug	treno	train
train à crémaillère	Zahnradbahn	treno a cremagliera	rack railway
tripes	Kutteln	trippa	tripe
truffes	Trüffeln	tartufi	truffles
truite	Forelle	trota	trout
turbot	Steinbutt	rombo	turbot

V

	→	→	→
vacances, congés	Ferien	vacanze	holidays
vallée	Tal	vallata	valley
vendredi	Freitag	venerdì	Friday
verre	Glas	bicchiere	glass
viande séchée	Trockenfleisch	carne secca	dried meats
vignes, vignoble	Reben, Weinberg	vite, vigneto	vines, vineyard
vin blanc sec	herber Weisswein	vino bianco secco	dry white wine
vin rouge, rosé	Rotwein, Rosé	vino rosso, rosato	red wine, rosé
vinaigre	Essig	aceto	vinegar
voiture	Wagen	machina	car
volaille	Geflügel	pollame	poultry
vue	Aussicht	vista	view

Lexikon

→ **Lexique** (voir page 418)
→ **Lessico** (vedere p. 432)
→ **Lexicon**

A

	→	→	→
Abend	soir	sera	evening
Abfahrt	départ	partenza	departure
Äpfel	pommes	mele	apples
April	avril	aprile	April
Artischocke	artichaut	carciofo	artichoke
Arzt	docteur	dottore	doctor
auf Verlangen	sur demande	a richiesta	on request
Aufschnitt	charcuterie	salumi	pork butcher's meat
August	août	agosto	August
Ausflug	excursion	escursione	excursion
Auskünfte	renseignements	informazioni	information
Aussicht	vue	vista	view
Ausstellung	exposition	esposizione, mostra	exhibition, show
Austern	huîtres	ostriche	oysters
Austernpilze	pleurotes	gelone	oyster mushrooms
Auto	voiture	Vettura	car

B

	→	→	→
Badezimmer	salle de bain	stanza da bagno	bathroom
Bahnhof	gare	stazione	station
Bauernhaus	ferme	fattoria	farm
Bedienung inbegriffen	service compris	servizio incluso	service included
Bett	lit	letto	bed
bezahlen	payer	pagare	to pay
Bier	bière	birra	beer
Birnen	poires	pere	pears
Blätterteig	feuilletage	pasta sfoglia	puff pastry
Blumenkohl	chou-fleur	cavolfiore	cauliflower
Boot, Schiff	bateau	barca	ship
Bootssteg	ponton d'amarrage	pontile	jetty
Briefumschläge	enveloppes	buste	envelopes
Brot	pain	pane	bread
Brücke	pont	ponte	bridge
Burg, Schloss	château	castello	castle
Butter	beurre	burro	butter

C - D

	→	→	→
Dampfer	bateau à vapeur	batello a vapore	steamer
Denkmal	monument	monumento	monument
Dezember	décembre	dicembre	December

Dezember	décembre	dicembre	December
Diät	régime	dieta	diet
Dienstag	mardi	martedì	Tuesday
Donnerstag	jeudi	giovedì	Thursday

E

Deutsch	Français	Italiano	English
Egli	perche	persico	perch
ehemalig, antik	ancien, antique	vecchio, antico	old, antique
Ei	œuf	uovo	egg
Einrichtung	agencement	installazione	installation
Eintrittskarte	billet d'entrée	biglietto d'ingresso	admission ticket
Einwohner	habitants	abitanti	residents, inhabitants
Endivie	endive	indivia	chicory
englisch gebraten	saignant	al sangue	rare
Ente, junge Ente	canard, caneton	anatra	duck
Erdbeeren	fraises	fragole	strawberries
Essig	vinaigre	aceto	vinegar

F

Deutsch	Français	Italiano	English
Fähre	bac	traghetto	ferry
Fasan	faisan	fagiano	pheasant
Fasnacht	carnaval	carnevale	carnival
Februar	février	febbraio	February
Feiertage	jours fériés	festivi	bank holidays
Feingebäck, Kuchen	pâtisseries	pasticceria	pastries
Felchen	féra	coregone	dace
Felsen	roches, rochers	rocce	rocks
Fenchel	fenouil	finocchio	fennel
Ferien	vacances, congés	vacanze	holidays
Fisch	poisson	pesce	fish
Flasche	bouteille	bottiglia	bottle
Fleischbrühe	bouillon	brodo	clear soup
Flughafen	aéroport	aeroporto	airport
Flugzeug	avion	aereo	aeroplane
Fluss	fleuve, rivière	fiume	river
Flusskrebs	écrevisse	gambero	crayfish
Forelle	truite	trota	trout
fragen, bitten	demander	domandare	to ask for
Freitag	vendredi	venerdì	Friday
Fresken	fresques	affreschi	frescoes
fruchtig	fruité	fruttato	fruity
Fruchtsaft	jus de fruits	succo di frutta	fruit juice
Frühling	printemps	primavera	spring
Frühstück	petit déjeuner	prima colazione	breakfast
Fussgänger	piétons	pedoni	pedestrians

G

Deutsch	Français	Italiano	English
Gämse	chamois	camoscio	chamois
Garten, Park	jardin, parc	giardino, parco	garden, park
Gasthaus	auberge	locanda	inn
gebacken	frit	fritto	fried
gebraten	rôti	arrosto	roasted

Geflügel	volaille	pollame	poultry
gefüllt	farci	farcito	stuffed
gegrillt	grillé	alla griglia	grilled
Geldwechsel	change	cambio	exchange
Gemäldegalerie	pinacothèque	pinacoteca	picture gallery
Gemüse	légumes	legume	vegetables
Gepäck	bagages	bagagli	luggage
geräuchert	fumé	affumicato	smoked
geschlossen	fermé	chiuso	closed
geschmort, mit Sauce	en daube, en sauce	stracotto, in salsa	stewed, with sauce
Geschnetzeltes	émincé	a fettine	thin slice
gestern	hier	ieri	yesterday
Glas	verre	bicchiere	glass
Gletscher	glacier	ghiacciaio	glacier
grüne Erbsen	petits pois	piselli	green peas
Gurke	concombre	cetriolo	cucumber
gut	bien, bon	bene, buono	good, well

H

Hähnchen	poulet	pollo	chicken
Hartwurst	saucisson	salame	sausage
Hase	lièvre	lepre	hare
Haselnüsse, Nüsse	noisettes, noix	nocciole, noci	hazelnuts, nuts
Haus	maison	casa	house
Hecht	brochet	luccio	pike
Herbst	automne	autunno	autumn
Herrensitz	manoir	maniero	manor house
heute	aujourd'hui	oggi	today
Himbeeren	framboises	lamponi	raspberries
Hirsch	cerf	cervo	stag (venison)
Höhle	grotte	grotta	cave
Holunder	sureau	sambuco	elderbarry
Holzschnitzereien	sculptures sur bois	sculture in legno	wood carvings
Honig	miel	miele	honey
Hummer	homard	astice	lobster
Hund	chien	cane	dog

I - J

im Freien	en plein air	all'aperto	outside
Ingwer	gingembre	zenzero	ginger
Jakobsmuschel	coquille Saint-Jacques	cappasanto	scallops
Januar	janvier	gennaio	January
Jugendstil	art-déco	art-déco, liberty	Art Deco
Juli	juillet	luglio	July
Juni	juin	giugno	June

K

Kaffee	café	caffè	coffee
Kalbshirn	cervelle de veau	cervella di vitello	calf's brain
Kalbskotelett	côte de veau	costata di vitello	veal chop
Kalbsleber	foie de veau	fegato di vitello	calf's liver
Kalbsbries, Milken	ris de veau	animelle di vitello	sweetbread
Kaninchen	lapin	coniglio	rabbit
Kapern	câpres	capperi	capers

Deutsch	Français	Italiano	English
Karotten	carottes	carote	carrots
Karpfen	carpe	carpa	carp
Kartoffeln, Salz -	pommes de terre, - à l'eau	patate, bollite	potatoes, boiled
Käse	fromage	formaggio	cheese
Kasse	caisse	cassa	cash desk
Keule	gigue, cuissot	cosciotto	leg
Kinderbett	lit d'enfant	lettino	child's bed
Kirche	église	chiesa	church
Kirschen	cerises	ciliegie	cherries
Knoblauch	ail	aglio	garlic
Konfitüre	confiture	marmellata	jam
kräftig	corsé	robusto	full bodied
Krankenhaus	hôpital	ospedale	hospital
Kraut, Kohl	chou	cavolo	cabbage
Krevetten	crevettes	gamberetti	shrimps, prawns
Krustentiere	crustacés	crostacei	crustaceans
Kuchen	gâteau	dolce	cake
Küken	poussin	pulcino	young chicken
Kürbis	courge	zucca	pumpkin
Kutteln	tripes	trippa	tripe

L

	→	→	→
Lamm	agneau	agnello	lamb
Lachs	saumon	salmone	salmon
Land	campagne	campagna	country
Landschaft	site, paysage	località, paesaggio	site, landscape
Languste	langouste	aragosta	spiny lobster
Langustinen	langoustines	scampi	Dublin bay prawns
Lauch	poireau	porri	leek
leicht	léger	leggero	light
Linsen	lentilles	lenticchie	lentils
Luftseilbahn	téléphérique	funivia	cable car

M

	→	→	→
Mahlzeit	repas	pasto	meal
Mai	mai	maggio	May
Malereien, Gemälde	peintures, tableaux	dipinti, quadri	paintings
Mandeln	amandes	mandorle	almonds
Mangold	bette	bietola	chards
mariniert	mariné	marinato	marinated
März	mars	marzo	March
Meeresfrüchte	fruits de mer	frutti di mare	seafood
Meerrettich	raifort	rafano	horseradish
Messe, Ausstellung	foire	fiera	fair
Milch	lait	latte	milk
mild	doux	dolce	sweet, mild
Mineralwasser	eau minérale	acqua minerale	mineral water
mit Kohlensäure (Wasser)	eau gazeuse	acqua gasata	sparkling water
Mittwoch	mercredi	mercoledì	Wednesday
Montag	lundi	lunedì	Monday
Morcheln	morilles	spugnole (funghi)	morels
morgen	demain	domani	tomorrow
Mühle	moulin	mulino	mill
Muscheln	moules	cozze	mussels

N

	→	→	→
Nieren	rognons	rognone	kidneys
November	novembre	novembre	November
nur für Hotelgäste	résidents seulement	solo per clienti alloggiati	residents only
Nudeln	nouilles	fettucine	noodles

O

	→	→	→
Ochsenschwanz	queue de bœuf	coda di bue	oxtail
Oktober	octobre	ottobre	October
Olivenöl	huile d'olives	olio d'oliva	olive oil
Ostern	Pâques	pasqua	Easter

P

	→	→	→
paniertes Schnitzel	escalope panée	cotolet a alla milanese	escalope in breadcrumbs
Pass	col	passo	pass
Perlhuhn	pintade	faraona	guinea fowl
Pfannkuchen	crêpes	crespella	pancakes
Pfeffer	poivre	pepe	pepper
Pfifferlinge, Eierschwämme	girolles	gallinacci (funghi)	chanterelles
Pfirsiche	pêches	pesche	peaches
Pflaumen	prunes	prugne	plums
Pilze	champignons	funghi	mushrooms
Polizei	police	polizia	police
Polizeirevier	commissariat	commissariato	police headquarters
Postkarte	carte postale	cartolina postale	postcard

Q

	→	→	→
Quark	fromage blanc	formaggio fresco	curd cheese

R

	→	→	→
Rahm	crème	panna	cream
Rathaus	hôtel de ville, mairie	municipio	town hall
Reben, Weinberg	vignes, vignoble	vite, vigneto	vines, vineyard
Rebhuhn	perdrix, perdreau	pernice	partridge
Rebsorte	cépage	ceppo	grape variety
Rechnung	addition	conto	bill, check
Reh	chevreuil	capriolo	roe deer (venison)
Reifen	pneu	pneumatico	tyre
Reifenpanne	crevaison	foratura	puncture
Reis	riz	riso	rice
Reisebüro	agence de voyage	agenzia di viaggio	travel bureau
Rinderfilet	filet de bœuf	filetto di bue	fillet of beef
Rochen	raie	razza	skate
Rohkost	crudités	verdure crude	raw vegetables
Rosenkohl	chou de Bruxelles	cavolini di Bruxelles	Brussel sprouts
Rotbarbe	rouget	triglia	red mullet
Rotkraut	chou rouge	cavolo rosso	red cabbage
Rotwein, Rosé	vin rouge, rosé	vino rosso, rosato	red wine, rosé

Rundfahrt	circuit	circuito	round tour
rustikal, ländlich	rustique	rustico	rustic

S → → →

Safran	safran	zafferano	saffron
Saibling	omble chevalier	salmerino	char
Salbei	sauge	salvia	sage
Salz	sel	sale	salt
Sammlung	collection	collezione	collection
Samstag	samedi	sabato	Saturday
Sankt-Petersfisch	Saint-Pierre (poisson)	sampietro (pesce)	John Dory (fish)
Sauerkraut	choucroute	crauti	sauerkraut
Sauerampfer	oseille	acetosella	sorrel
schattig	ombragé	ombreggiato	shaded
Schiffanlegestelle	débarcadère	pontile di sbarco	landing-wharf
Schinken (roh, gekocht)	jambon (cru, cuit)	prosciutto (crudo, cotto)	ham (raw, cokked)
Schlüssel	clé	chiave	key
Schnecken	escargots	lumache	snails
Schnee	neige	neve	snow
Schneeketten	chaînes	catene da neve	snow chain
schön	beau	bello	fine, lovely
Schweinefilet	filet de porc	filetto di maiale	fillet of pork
Schweinekotelett	côte de porc	braciola di maiale	pork chop
Schwimmbad, Hallen -	piscine, - couverte	piscina, - coperta	swimming pool, in-door -
See	lac	lago	lake
Seeteufel	baudroie, lotte	pescatrice	angler fish, monkfish
Seewolf, Wolfsbarsch	loup de mer	branzino	sea bass
Seezunge	sole	sogliola	sole
Seilbahn	téléphérique	funivia	cable car
Sellerie	céleri	sedano	celery
Senf	moutarde	senape	mustard
September	septembre	settembre	Septembe
Sessellift	télésiège	seggiovia	chair lift
Siedfleisch	bœuf bouilli	bollito di manzo	boiled beef
Skilift	remonte-pente	ski-lift	ski-lift
Sommer	été	estate	summer
Sonntag	dimanche	domenica	Sunday
Spargel	asperges	asparagi	asparagus
Spaziergang	promenade	passeggiata	walk
Speisesaal	salle à manger	sala da pranzo	dining-room
Spinat	épinards	spinaci	spinach
Steinbock	bouquetin	stambecco	ibex
Steinbutt	turbot	rombo	turbot
Steinpilze	cèpes, bolets	boleto	ceps
Stock, Etage	étage	piano	floor
Strand	plage	spiaggia	beach
Strasse	rue	strada	street

T → → →

Tal	vallée	vallata	valley
Taube	pigeon	piccione	pigeon
Tee	thé	tè	tea
Thunfisch	thon	tonno	tuna
Tischbestellung	réservation	prenotazione	booking

Tischbestellung ratsam	nombre de couverts limités	coperti limitati-prenotare	booking essential
Torte	tarte	torta	tart
Traube	raisin	uva	grape
Trinkgeld	pourboire	mancia	tip
trocken	sec	secco	dry
trockener Weisswein	vin blanc sec	vino bianco secco	dry white wine
Trockenfleisch	viande séchée	carne secca	dried meats
Trüffeln	truffes	tartufi	truffles

U - V

Ufer	rive, bord	riva	shore, river bank
verboten	interdit	vietato	prohibited
Verkehrsverein	office de tourisme	informazioni turistiche	tourist information office

W

Wacholder	genièvre	coccola	juniper berry
Wachtel	caille	quaglia	partridge
Wald	forêt, bois	foresta, bosco	forest, wood
Wäscherei	blanchisserie	lavanderia	laundry
Wasserfälle	cascades, chutes	cascate	waterfalls
weich, gehaltvoll	moelleux	vellutato	mellow
weiches Ei	œuf à la coque	uovo à la coque	soft-boiled egg
Weihnachten	Noël	Natale	Christmas
weisse Rübe	navet	navone	turnip
wieviel ?	combien ?	quanto ?	how much ?
Wild	gibier	selvaggina	game
Wildschwein	sanglier	cinghiale	wild boar
Winter	hiver	inverno	winter
Wirtschaft	café-restaurant	ristorante-bar	café-restaurant
Woche	semaine	settimana	week
wöchentlich	hebdomadaire	settimanale	weekly
Würstchen	saucisse	salsiccia	sausage

Z

Zahnradbahn	train à crémaillère	treno a cremagliera	rack railway
Zander	sandre	lucio perca	perch pike
Zeitung	journal	giornale	newspaper
Zicklein, Gitzi	chevreau, cabri	capretto	young goat
Zimmer	chambre	camera	room
Zimt	cannelle	cannella	cinnamon
Zitrone	citron	limone	lemon
zu vermieten	à louer	a noleggio	for hire
Zucchini	courgettes	zucchino	zucchini
Zucker	sucre	zucchero	sugar
Zuckerschoten	pois gourmands	taccole	mange tout
Zug	train	treno	train
Zunfthaus	maison corporative	sede corporativa	guild house
Zunge	langue	lingua	tongue
Zwetschge	quetsche	grossa susina	dark-red plum
Zwiebeln	oignons	cipolle	onions
Zwischenrippenstück	entrecôte	costata	sirloin steak

→ Lessico

→ **Lexique** (voir page 418)
→ **Lexikon** (siehe S. 425)
→ **Lexicon**

A

	→	→	→
a fettine	émincé	Geschnetzeltes	thin slice
a noleggio	à louer	zu vermieten	for hire
a richiesta	sur demande	auf Verlangen	on request
abitanti	habitants	Einwohner	residents, inhabitants
aceto	vinaigre	Essig	vinegar
acetosella	oseille	Sauerampfer	sorrel
acqua gasata	eau gazeuse	mit Kohlensäure (Wasser)	sparkling water
acqua minerale	eau minérale	Mineralwasser	mineral water
aereo	avion	Flugzeug	aeroplane
aeroporto	aéroport	Flughafen	airport
affreschi	fresques	Fresken	frescoes
affumicato	fumé	geräuchert	smoked
agenzia di viaggio	agence de voyage	Reisebüro	travel bureau
aglio	ail	Knoblauch	garlic
agnello	agneau	Lamm	lamb
agosto	août	August	August
al sangue	saignant	englisch gebraten	rare
all'aperto	en plein air	im Freien	outside
alla griglia	grillé	gegrillt	grilled
anatra	canard, caneton	Ente, junge Ente	duck
animelle di vitello	ris de veau	Kalbsbries, Milken	sweetbread
aprile	avril	April	April
aragosta	langouste	Languste	spiny lobster
arrosto	rôti	gebraten	roasted
art-déco, liberty	art-déco	Jugendstil	Art Deco
asparagi	asperges	Spargel	asparagus
astice	homard	Hummer	lobster
autunno	automne	Herbst	autumn

B

	→	→	→
bagagli	bagages	Gepäck	luggage
barca	bateau	Boot, Schiff	ship
battello a vapore	bateau à vapeur	Dampfer	steamer
bello	beau	schön	fine, lovely
bene, buono	bien, bon	gut	good, well
bicchiere	verre	Glas	glass
bietola	bette	Mangold	chards
biglietto d'ingresso	billet d'entrée	Eintrittskarte	admission ticket
birra	bière	Bier	beer
boleti	cèpes, bolets	Steinpilze	ceps
bollito di manzo	bœuf bouilli	Siedfleisch	boiled beef

bottiglia	bouteille	Flasche	bottle
braciola di maiale	côte de porc	Schweinekotelett	pork chop
branzino	loup de mer	Seewolf, Wolfsbarsch	sea bass
brodo	bouillon	Fleischbrühe	clear soup
burro	beurre	Butter	butter
buste	enveloppes	Briefumschläge	envelopes

C

caffè	café	Kaffee	coffee
cambio	change	Geldwechsel	exchange
camera	chambre	Zimmer	room
camoscio	chamois	Gämse	chamois
campagna	campagne	Land	country
cane	chien	Hund	dog
cannella	cannelle	Zimt	cinnamon
cappasanta	coquille Saint-Jacques	Jakobsmuschel	scallops
capperi	câpres	Kapern	capers
capretto	cabri, chevreau	Zicklein, Gitzi	young goat
capriolo	chevreuil	Reh	roe deer (venison)
carciofo	artichaut	Artischocke	artichoke
carne secca	viande séchée	Trockenfleisch	dried meats
carnevale	carnaval	Fasnacht	carnival
carote	carottes	Karotten	carrots
carpa	carpe	Karpfen	carp
cartolina postale	carte postale	Postkarte	postcard
casa	maison	Haus	house
cascate	cascades, chutes	Wasserfälle	waterfalls
cassa	caisse	Kasse	cash desk
castello	château	Burg, Schloss	castle
catene da neve	chaînes	Schneeketten	snow chain
cavolfiore	chou-fleur	Blumenkohl	cauliflower
cavolini di Bruxelles	chou de Bruxelles	Rosenkohl	Brussel sprouts
cavolo	chou	Kraut, Kohl	cabbage
cavolo rosso	chou rouge	Rotkraut	red cabbage
cervella di vitello	cervelle de veau	Kalbshirn	calf's brain
cervo	cerf	Hirsch	stag (venison)
cetriolo	concombre	Gurke	cucumber
chiave	clé	Schlüssel	key
chiesa	église	Kirche	church
chiuso	fermé	geschlossen	closed
ciliegie	cerises	Kirschen	cherries
cinghiale	sanglier	Wildschwein	wild boar
cipolle	oignons	Zwiebeln	onions
circuito	circuit	Rundfahrt	round tour
coda di bue	queue de bœuf	Ochsenschwanz	oxtail
collezione	collection	Sammlung	collection
commissariato	commissariat	Polizeirevier	police headquarters
coniglio	lapin	Kaninchen	rabbit
conto	addition	Rechnung	bill, check
coperti limitati-prenotare	nombre de couverts limités	Tichbestellung ratsam	booking essential
coregone	féra	Felchen	dace
costata	entrecôte	Zwischenrippenstück	sirloin steak
cosciotto	gigue, cuissot	Keule	leg
costata di vitello	côte de veau	Kalbskotelett	veal chop
cotoletta alla	escalope	paniertes Schnitzel	escalope in

ITALIANO

ITALIANO			
milanese	panée		breadcrumbs
cozze	moules	Muscheln	mussels
crauti	choucroute	Sauerkraut	sauerkraut
cremagliera	train à crémaillère	Zahnradbahn	rack railway
crespella	crêpes	Pfannkuchen	pancakes
crostacei	crustacés	Krustentiere	crustaceans

D

	→	→	→
dicembre	décembre	Dezember	December
dieta	régime	Diät	diet
dipinti, quadri	peintures, tableaux	Malereien, Gemälde	paintings
dolce	gâteau	Kuchen	cake
dolce	doux	mild	sweet, mild
domandare	demander	fragen, bitten	to ask for
domani	demain	morgen	tomorrow
domenica	dimanche	Sonntag	Sunday
dottore	docteur	Arzt	doctor

E

	→	→	→
escursione	excursion	Ausflug	excursion
esposizione, mostra	exposition	Ausstellung	exhibition, show
estate	été	Sommer	summer

F

	→	→	→
fagiano	faisan	Fasan	pheasant
faraona	pintade	Perlhuhn	guinea fowl
farcito	farci	gefüllt	stuffed
fattoria	ferme	Bauernhaus	farm
febbraio	février	Februar	February
fegato di vitello	foie de veau	Kalbsleber	calf's liver
festivi	jours fériés	Feiertage	bank holidays
fiera	foire	Messe, Ausstellung	fair
filetto di bue	filet de bœuf	Rinderfilet	fillet of beef
filetto di maiale	filet de porc	Schweinefilet	fillet of pork
finocchio	fenouil	Fenchel	fennel
fiume	fleuve, rivière	Fluss	river
foratura	crevaison	Reifenpanne	puncture
foresta, bosco	forêt, bois	Wald	forest, wood
formaggio	fromage	Käse	cheese
formaggio fresco	fromage blanc	Quark	curd cheese
fragole	fraises	Erdbeeren	strawberries
fritto	frit	fritiert	fried
fruttato	fruité	fruchtig	fruity
frutti di mare	fruits de mer	Meeresfrüchte	seafood
funghi	champignons	Pilze	mushrooms
funivia	téléphérique	Luftseilbahn	cable car

G

	→	→	→
gallinacci (funghi)	girolles	Pfifferlinge, Eierschwämme	chanterelles
gamberetti	crevettes	Krevetten	shrimps, prawns
gambero	écrevisse	Flusskrebs	crayfish
gelone	pleurotes	Austernpilze	oyster mushrooms

gennaio	janvier	Januar	January
ghiacciaio	glacier	Gletscher	glacier
giardino, parco	jardin, parc	Garten, Park	garden, park
ginepro	genièvre	Wacholder	juniper berry
giornale	journal	Zeitung	newspaper
giorni festivi	fêtes, jours fériés	Feiertage	bank holidays
giovedì	jeudi	Donnerstag	Thursday
giugno	juin	Juni	June
grossa susina	quetsche	Zwetschge	dark-red plum
grotta	grotte	Höhle	cave

I

ieri	hier	gestern	yesterday
indivia	endive	Endivie	chicory
informazioni	renseignements	Auskünfte	information
informazioni turistiche	office de tourisme	Verkehrsverein	tourist information office
installazione	agencement	Einrichtung	installation
inverno	hiver	Winter	winter

L

lago	lac	See	lake
lamponi	framboises	Himbeeren	raspberries
latte	lait	Milch	milk
lavanderia	blanchisserie	Wäscherei	laundry
leggero	léger	leicht	light
legume	légumes	Gemüse	vegetable
lenticchia	lentilles	Linsen	lentils
lepre	lièvre	Hase	hare
lettino	lit d'enfant	Kinderbett	child's bed
letto	lit	Bett	bed
limone	citron	Zitrone	lemon
lingua	langue	Zunge	tongue
località, paesaggio	site, paysage	Landschaft	site, landscape
locanda	auberge	Gasthaus	inn
luccio	brochet	Hecht	pike
luccio perca	sandre	Zander	perch pike
luglio	juillet	Juli	July
lumache	escargots	Schnecken	snails
lunedì	lundi	Montag	Monday

M

maggio	mai	Mai	May
mancia	pourboire	Trinkgeld	tip
mandorle	amandes	Mandeln	almonds
maniero	manoir	Herrensitz	manor house
marinato	mariné	mariniert	marinated
marmellata	confiture	Konfitüre	jam
martedì	mardi	Dienstag	Tuesday
marzo	mars	März	March
mele	pommes	Äpfel	apples
mercoledì	mercredi	Mittwoch	Wednesday
miele	miel	Honig	honey
monumento	monument	Denkmal	monument

ITALIANO			
morbido, cremoso	moelleux	weich, gehaltvoll	mellow
mulino	moulin	Mühle	mill
municipio	hôtel de ville, mairie	Rathaus	town hall

N → → →

Natale	Noël	Weihnachten	Christmas
navone	navet	weisse Rübe	turnip
neve	neige	Schnee	snow
nocciole, noci	noisettes, noix	Haselnüsse, Nüsse	hazelnuts, nuts
novembre	novembre	November	November

O → → →

oggi	aujourd'hui	heute	today
olio d'oliva	huile d'olives	Olivenöl	olive oil
ombreggiato	ombragé	schattig	shaded
ospedale	hôpital	Krankenhaus	hospital
ostriche	huîtres	Austern	oysters
ottobre	octobre	Oktober	October

P → → →

pagare	payer	bezahlen	to pay
pane	pain	Brot	bread
panna	crème	Rahm	cream
partenza	départ	Abfahrt	departure
Pasqua	Pâques	Ostern	Easter
passeggiata	promenade	Spaziergang	walk
passo	col	Pass	pass
pasticceria	pâtisseries	Feingebäck, Kuchen	pastries
pasto	repas	Mahlzeit	meal
patate, pommes de terre	Kartoffeln, Salz -	potatoes,	
- bollite	- à l'eau		boiled -
pedoni	piétons	Fussgänger	pedestrians
pepe	poivre	Pfeffer	pepper
pere	poires	Birnen	pears
pernice	perdrix, perdreau	Rebhuhn	partridge
persico	perche	Egli	perch
pescatrice	baudroie, lotte	Seeteufel	angler fish, monkfish
pesce	poisson	Fisch	fish
pesche	pêches	Pfirsiche	peaches
piano	étage	Stock, Etage	floor
piccione	pigeon, pigeonneau	Taube, junge Taube	pigeon
pinacoteca	pinacothèque	Gemäldegalerie	picture gallery
piscina,	piscine,	Schwimmbad,	swimming pool,
- coperta	- couverte	Hallen -	indoor -
piselli	petits pois	grüne Erbsen	green peas
pneumatico	pneu	Reifen	tyre
polizia	police	Polizei	police
pollame	volaille	Geflügel	poultry
pollo	poulet	Hähnchen	chicken
ponte	pont	Brücke	bridge

pontile	ponton d'amarrage	Bootssteg	jetty
pontile di sbarco	débarcadère	Schiffanlegestelle	landing-wharf
porro	poireau	Lauch	leek
prenotazione	réservation	Tischbestellung	booking
prima colazione	petit déjeuner	Frühstück	breakfast
primavera	printemps	Frühling	spring
prosciutto	jambon	Schinken	ham
(crudo, cotto)	(cru, cuit)	(roh, gekocht)	(raw, cokked)
prugne	prunes	Pflaumen	plums
pulcino	poussin	Küken	chick

Q - R

quaglia	caille	Wachtel	partridge
quanto ?	combien ?	wieviel ?	how much ?
rafano	raifort	Meerrettich	horseradish
razza	raie	Rochen	skate
riso	riz	Reis	rice
ristorante-bar	café-restaurant	Wirtschaft	café-restaurant
riva	rive, bord	Ufer	shore, river bank
robusto	corsé	kräftig	full bodied
rocce	roches, rochers	Felsen	rocks
rognone	rognons	Nieren	kidneys
rombo	turbot	Steinbutt	turbot
rustico	rustique	rustikal, ländlich	rustic

S

sabato	samedi	Samstag	Saturday
sala da pranzo	salle à manger	Speisesaal	dining-room
salame	saucisson	Hartwurst	sausage
sale	sel	Salz	salt
salmerino	omble chevalier	Saibling	char
salmone	saumon	Lachs	salmon
salsiccia	saucisse	Würstchen	sausage
salumi	charcuterie	Aufschnitt	pork butcher's meat
salvia	sauge	Salbei	sage
sambuco	sureau	Holunder	elderbarry
sampietro (pesce)	Saint-Pierre (poisson)	Sankt-Petersfisch	John Dory (fish)
scampi	langoustines	Langustinen	Dublin bay prawns
sculture in legno	sculptures sur bois	Holzschnitzereien	wood carvings
secco	sec	trocken	dry
sedano	céleri	Sellerie	celery
sede corporativa	maison corporative	Zunfthaus	guild house
seggiovia	télésiège	Sessellift	chair lift
Selvaggina	gibier	Wild	game
senape	moutarde	Senf	mustard
sera	soir	Abend	evening
servizio incluso	service compris	Bedienung inbegriffen	service included
settembre	septembre	September	September
settimana	semaine	Woche	week
settimanale	hebdomadaire	wöchentlich	weekly
sfoglia	feuilleté	Blätterteig	puff pastry
ski-lift	remonte-pente	Skilift	ski-lift
sogliola	sole	Seezunge	sole

ITALIANO			
solo per clienti alloggiati	résidents seulement	nur für Hotelgäste	residents only
spiaggia	plage	Strand	beach
spinaci	épinards	Spinat	spinach
spugnole (funghi)	morilles	Morcheln	morels
stambecco	bouquetin	Steinbock	ibex
stanza da bagno	salle de bain	Badezimmer	bathroom
stazione	gare	Bahnhof	station
stracotto, in salsa	en daube, en sauce	geschmort, mit Sauce	stewed, with sauce
strada	rue	Strasse	street
succo di frutta	jus de fruits	Fruchtsaft	fruit juice

T

taccole	pois gourmands	Zuckerschoten	mange tout
tartufi	truffes	Trüffeln	truffles
tè	thé	Tee	tea
tonno	thon	Thunfisch	tuna
torta	tarte	Torte	tart
traghetto	bac	Fähre	ferry
treno	train	Zug	train
triglia	rouget	Rotbarbe	red mullet
trippa	tripes	Kutteln	tripe
trota	truite	Forelle	trout

U

uovo à la coque	œuf à la coque	weiches Ei	soft-boiled egg
uva	raisin	Traube	grape

V

vacanze	vacances, congés	Ferien	holidays
vallata	vallée	Tal	valley
vecchio, antico	ancien, antique	ehemalig, antik	old, antique
venerdì	vendredi	Freitag	Friday
verdure crude	crudités	Rohkost	raw vegetables
vettura	voiture	Auto	car
vietato	interdit	verboten	prohibited
vino bianco secco	vin blanc sec	herber Weisswein	dry white wine
vino rosso, rosato	vin rouge, rosé	Rotwein, Rosé	red wine, rosé
vista	vue	Aussicht	view
vite, vigneto	vignes, vignoble	Reben, Weinberg	vines, vineyard
vitigno	cépage	Rebsorte	grape variety

Z

zafferano	safran	Safran	saffron
zenzero	gingembre	Ingwer	ginger
zucca	courge	Kürbis	pumpkin
zucchero	sucre	Zucker	sugar
zucchino	courgettes	Zucchini	zucchini

GUIDE MICHELIN
GUIDA

België / Belgique & Luxembourg	Main Cities of Europe
Bib Gourmand Benelux	Nederland / Netherlands
Bib Gourmand Deutschland	New York City
Bib Gourmand France	Nordic Guide
Chicago	Paris
Deutschland	Rio de Janeiro & São Paulo
España & Portugal	Seoul
Great Britain & Ireland	Shanghai
Hong Kong Macau	Singapour
Italia	Suisse / Schweiz / Svizzera
Kyoto Osaka	Tokyo
London	Washington DC

Une collection à savourer !
Eine Kollektion zum Genießen!
Una collana da gustare!

Index des distinctions

→ Liste der Auszeichnungen
→ Elenco delle distinzioni
→ Index of awards

Les tables étoilées

→ Sterne-Restaurants
→ Gli esercizi con stelle
→ Starred restaurants

✾✾✾ 2017

Basel	Cheval Blanc by Peter Knogl
Crissier	Restaurant de l'Hôtel de Ville
Fürstenau	Schauenstein

✾✾ 2017

Ascona	Ecco
Basel	Stucki
Cossonay	Le Cerf
Hägendorf	Lampart's
Küsnacht	RICO'S
Lausanne	Anne-Sophie Pic
Montreux / Brent	Le Pont de Brent
Le Noirmont	Georges Wenger
La Punt-Chamues-Ch.	Bumanns Chesa Pirani
Samnaun	Homann's Restaurant
Sankt Moritz / Champfèr	Ecco on snow
Satigny / Peney-Dessus	Domaine de Châteauvieux
Schwyz / Steinen	Adelboden
Sierre	Didier de Courten
Vals	Silver **N**
Vitznau	focus
Zermatt	After Seven **N**
Zürich	Ecco Zürich **N**
Zürich	The Restaurant

✷ 2017

Anières	Le Floris
Arosa	La Vetta
Bad Ragaz	IGNIV by Andreas Caminada **N**
Basel	Bel Etage
Basel	Les Quatre Saisons
Basel	Matisse
Basel / Bottmingen	Philippe Bamas - Restaurant Sonne
Bellinzona	Locanda Orico
Bern	Meridiano
Brail	Vivanda
Bubendorf	Le Murenberg **N**
Bubendorf	Osteria TRE
Burgdorf	Emmenhof
Cavigliano	Tentazioni
Cerniat	La Pinte des Mossettes **N**
Crans-Montana	L'OURS
Crans-Montana / Plans-Mayens	Le MontBlanc
Davos	Glow by Armin Amrein **N**
Davos	Seehof-Stübli
Escholzmatt	Rössli - Jägerstübli
Flüh	Martin
Flüh	Wirtshaus Zur Säge
Freidorf	Mammertsberg
Fribourg	Le Pérolles / P.- A. Ayer
Fribourg / Bourguillon	Des Trois Tours
Gais	Truube
Gattikon	Sihlhalde
Genève	Bayview
Genève	La Bottega
Genève	Le Chat Botté
Genève	Il Lago
Genève / Bellevue	Tsé Fung **N**
Genève / Carouge	Le Flacon
Genève / Cologny	Auberge du Lion d'Or
Genève / Thônex	Le Cigalon
Gstaad	Chesery
Gstaad	LEONARD'S
Gstaad	MEGU **N**
Gstaad	Sommet
Heiden	Gasthaus Zur Fernsicht - Incantare
Hergiswil	Seerestaurant Belvédère
Hurden	Adler Hurden
Interlaken / Wilderswil	Alpenblick
Klosters	Walserstube
Lausanne	Eligo
Lausanne	La Table d'Edgard
Lenzerheide	La Riva **N**
Lenzerheide / Sporz	Guarda Val **N**
Lugano	Arté
Mels	Schlüssel - Nidbergstube
Menzingen	Löwen
Morges	Le Petit Manoir **N**

Neuchâtel / Saint-Blaise	Le Bocca
Oberwil	Schlüssel
Olten / Trimbach	Traube
Orsières	Les Alpes
Pfäffikon	Pur **N**
Rehetobel	Gasthaus Zum Gupf
Saas Fee	Waldhotel Fletschhorn
Saint-Aubin / Sauges	La Maison du Village **N**
Samnaun	La Miranda Gourmet Stübli
Sankt Gallen	Einstein Gourmet
Sankt Gallen / Wittenbach	Segreto
Sankt Moritz	Cà d'Oro
Sankt Moritz	Da Vittorio
Sankt Moritz / Champfèr	Talvo By Dalsass
Scheunenberg	Sonne
Schlattingen	dreizehn sinne
Sion	Damien Germanier
Solothurn / Riedholz	Attisholz - le feu
Sonceboz	Du Cerf
Thun / Steffisburg	Panorama - Cayenne
Uetikon am See	Wirtschaft zum Wiesengrund
Vacallo	Conca Bella
Vaduz (Liechtenstein)	Park-Hotel Sonnenhof - Marée
Verbier	La Table d'Adrien
Vevey	Denis Martin
Vevey	Les Saisons
Vevey	Les Trois Couronnes
Vevey / Saint-Légier	Auberge de la Veveyse
Villarepos	Auberge de la Croix Blanche
Villars-sur-Ollon	Le Jardin des Alpes **N**
Vitznau	PRISMA
Vouvry	Auberge de Vouvry
Vufflens-le-Château	L'Ermitage
Wangen	Sternen - Badstube
Wigoltingen	Taverne zum Schäfli
Worb	Eisblume
Zermatt	Capri
Zermatt	The Omnia
Zürich	EquiTable im Sankt Meinrad
Zürich	Maison Manesse
Zürich	mesa
Zürich	Pavillon
Zürich	Sein
Zürich	YOU

Bib Gourmand

→ Repas soignés à prix modérés
→ Gute Küche zu moderaten Preisen
→ Pasti accurati a prezzi contenuti
→ Good food at moderate prices

Adelboden	Schönbühl **N**
Adligenswil	Rössli
Adliswil	Krone
Aeschi bei Spiez / Aeschiried	Panorama
Aigle	La Pinte Communale
Arosa	Arosa Kulm - Ahaan Thai
Arzier	Auberge de l'Union - Café
Ascona	Aerodromo da Nani
Ascona	Seven Asia
Ascona / Losone	Centrale **N**
Auvernier	Brasserie du Poisson
Balgach	Bad Balgach
Basel	Au Violon **N**
Basel	Oliv
Basel / Bottmingen	Basilicum
Basel / Bottmingen	Bistro du Soleil
Bern	Kirchenfeld
Bern	milles sens - les goûts du monde
Biel	Villa Lindenegg **N**
Blatten bei Malters	Krone - Gaststube
Blatten im Lötschental	Nest- und Bietschhorn
Brissago	Osteria al Giardinetto
Bubendorf	Landgasthof Talhaus - PURO **N**
Bubikon	Löwen - Gaststube **N**
Bülach	Zum Goldenen Kopf
Büren an der Aare	Il Grano **N**
Burgdorf	La Pendule
Burgdorf	Zur Gedult **N**
Capolago	Grotto Eguaglianza **N**
Cham	the blinker
Chancy	De la Place
La Chaux-de-Fonds	La Parenthèse **N**
Cossonay	La Fleur de Sel
Crans-Montana / Bluche	Edo
La Croix-de-Rozon / Landecy	Auberge de Landecy
Davos	Grischa - Leonto
Diessenhofen	Gasthaus Schupfen
Ebersecken	Sonne
Egerkingen	Kreuz

Eglisau	Gasthof Hirschen - Bistro	**N**
Emmen	Kreuz	
Emmenmatt	Moosegg	**N**
Engelberg	Hess by Braunerts	
Erlenbach	Zum Pflugstein	
Erlinsbach	Hirschen	
Escholzmatt	Chrüter Gärterli	
Fislisbach	Linde	
Frutigen	National - Philipp Blaser	
Ftan	Paradies - La Cucagna	
Genève	Bistrot du Boeuf Rouge	
Genève	Le Bistrot Laz Nillo	
Genève	La Cantine des Commerçants	
Genève	Chez Philippe	**N**
Genève / Collonge-Bellerive	Collonge Café	**N**
Gerolfingen	Züttel	
Grandvaux	Auberge de la Gare	**N**
Grenchen	Chappeli	
Gstaad	Basta by Dalsass	**N**
Gstaad / Saanen	16 Art Bar	
Gunzgen	Sonne	
Gurtnellen	Gasthaus im Feld	
Heiden	Gasthaus Zur Fernsicht - Restaurant	**N**
Hermance	Restaurant du Quai	**N**
Hochdorf	braui	**N**
Interlaken / Wilderswil	Alpenblick - Dorfstube	
Interlaken / Unterseen	benacus	
Jenins	Alter Torkel	**N**
Kandersteg	Ritter	
Laax / Crap Masegn	Das Elephant	
Langenthal	Auberge - Bistro	**N**
Lausanne	Le P'tit Lausannois	**N**
Lausanne / Chalet-à-Gobet	Le Berceau des Sens	
Lenzerheide	Scalottas - Terroir	
Lömmenschwil	Ruggisberg	
Lugano / Massagno	Grotto della Salute	
Luzern	Reussbad	**N**
Luzern	Schlössli Utenberg	**N**
Lyss / Suberg	Pfister's Goldener Krug	
Mägenwil	Bären	
Meiringen	Victoria	
Mels	Schlüsselstube	
Mels	Waldheim	
Mézières	Du Jorat - Brasserie	
Murten	Käserei	
Oberägeri	Hirschen	**N**
Oberstammheim	Zum Hirschen	
Orvin / Les Prés d'Orvin	Le Grillon	
Pleujouse	Château de Pleujouse	
La Punt-Chamues-Ch.	Gasthaus Krone	
Reichenbach	Bären	
Ried-Muotathal	Adler	
Riemenstalden	Kaiserstock	
Saas Fee	Spielboden	
Sachseln	Gasthaus Engel	
Sankt Gallen	Candela	

Sankt Gallen	Netts Schützengarten
Sankt Moritz	Dal Mulin
Sankt Moritz / Champfèr	Giardino Mountain - Stüva
Sankt Niklausen	Alpenblick
San Vittore	Osteria Fagetti **N**
Scheunenberg	Sonne - Bistro
Sempach	Gasthof Adler
Sent	Pensiun Aldier
Solothurn	Zum Alten Stephan
Solothurn / Riedholz	Attisholz - Gaststube
Sonceboz	Du Cerf - Brasserie
Spiez	Belle Époque **N**
Stäfa	Gasthof zur Sonne
Sursee	amrein'S
Tegna / Ponte Brolla	T3e Terre
Teufen	Anker
Thun / Hilterfingen	Schönbühl
Thun / Steffisburg	Panorama - Bistro
Thun / Oberhofen	Park Hotel - Montana **N**
Trun	Casa Tödi
Twann	Fontana **N**
Urnäsch	Urnäscher Kreuz
Utzenstorf	Bären
Valeyres-sous-Rances	A la Vieille Auberge
Villarepos	Auberge de la Croix Blanche - Bistro
Weinfelden	Pulcinella
Widnau	Paul's
Wikon	bim buume schönlokal **N**
Wil	Hof zu Wil
Wölflinswil	Landgasthof Ochsen
Wolhusen	Mahoi
Yens	Auberge de la Croix d'Or - Bistro **N**
Zürich	Da Angela
Zürich	AuGust
Zürich	Drei Stuben
Zürich	Hopfenau
Zürich	Kaufleuten
Zürich	Sein - Tapas Bar
Zürich	Stapferstube da Rizzo
Zürich / Kloten	Rias
Zug	Rathauskeller Bistro
Zug	Zum Kaiser Franz im Rössl
Zuoz	Dorta
Zuoz	Engiadina

Restaurants agréables

→ Angenehme Restaurants
→ Ristoranti ameni
→ Particularly pleasant restaurants

Lausanne	Anne-Sophie Pic

Basel	Cheval Blanc by Peter Knogl
Crissier	Restaurant de l'Hôtel de Ville
Genève / Cologny	Auberge du Lion d'Or
Satigny / Peney-Dessus	Domaine de Châteauvieux
Vitznau	focus
Zürich	The Restaurant

Ascona	Ecco
Bad Ragaz	IGNIV by Andreas Caminada
Basel	Stucki
Brail	Vivanda
Cossonay	Le Cerf
Crans-Montana / Plans-Mayens	Le MontBlanc
Freidorf	Mammertsberg
Fürstenau	Schauenstein
Genève	Bayview
Gstaad	Chesery
Gstaad	Sommet
Hägendorf	Lampart's
Heiden	Gasthaus Zur Fernsicht - Incantare
Klosters	Walserstube
Küsnacht	RICO'S
Montreux / Brent	Le Pont de Brent
Neuchâtel / Saint-Blaise	Le Bocca
Le Noirmont	Georges Wenger
La Punt-Chamues-Ch.	Bumanns Chesa Pirani
Rehetobel	Gasthaus Zum Gupf
Saas Fee	Waldhotel Fletschhorn
Sankt Moritz / Champfèr	Ecco on snow

Sankt Moritz / Champfèr	Talvo By Dalsass
Solothurn / Riedholz	Attisholz - le feu
Taverne	Motto del Gallo
Vals	Silver
Vevey	Denis Martin
Vevey	Les Saisons
Vufflens-le-Château	L'Ermitage
Zürich	Ecco Zürich

Altnau	Urs Wilhelm's Restaurant
Anières	Le Floris
Arbon	Römerhof
Arosa	Kachelofa-Stübli
Arzier	Auberge de l'Union
Basel	Brasserie
Basel	St. Alban-Stübli
Bern / Liebefeld	Landhaus Liebefeld
Birmenstorf	Pfändler's Gasthof zum Bären
Breil	Casa Fausta Capaul
Bubikon	Löwen - Apriori
Buonas	Wildenmann
Bursinel	La Clef d'Or
Celerina	Stüvas Rosatsch
Centovalli	Stazione Da Agnese i Adriana
Champéry	L'Atelier Gourmand
Chéserex	Auberge Les Platanes
Erlenbach	Zum Pflugstein
Fribourg	Hôtel de Ville
Fribourg	L'Aigle-Noir
Ftan	Charn Alpina
Gattikon	Sihlhalde
Goldach	Villa am See
Gstaad	La Bagatelle
Gstaad	MEGU
Gstaad / Saanen	Sonnenhof
Hurden	Adler Hurden
Ilanz / Schnaus	Stiva Veglia
Kandersteg	Au Gourmet
Lachen	Oliveiras
Lenzerheide / Sporz	Guarda Val
Lömmenschwil	Neue Blumenau
Malans	Weiss Kreuz
Menzingen	Löwen
Neuchâtel	La Maison du Prussien
Neuheim	Falken
Oberwil	Schlüssel
Pleujouse	Château de Pleujouse
Rapperswil	Villa Aurum
Samnaun	La Miranda Gourmet Stübli
Sankt Gallen / Wittenbach	Segreto
Scheunenberg	Sonne
Schlattingen	dreizehn sinne

Schwyz / Steinen	Adelboden
Sihlbrugg / Hirzel	Krone - Tredecim
Sugiez	De l'Ours
Tegna / Ponte Brolla	Da Enzo
Uetikon am See	Wirtschaft zum Wiesengrund
Vaduz (Liechtenstein)	Torkel
Verbier	La Table d'Adrien
Vevey	La Véranda
Vitznau	PRISMA
Wädenswil	Eder's Eichmühle
Weggis	Park Grill
Wengen	Restaurant 1903
Wigoltingen	Taverne zum Schäfli
Winterthur / Wülflingen	Taggenberg
Zermatt	After Seven
Zürich	YOU

Adelboden	Hohliebe-Stübli
Altendorf	Steinegg
Ascona	Seven
Bad Ragaz	Rössli
Basel / Muttenz	dr Egge - das restaurant
Beckenried	Boutique-Hotel Schlüssel
Bern	Wein und Sein
Blatten bei Malters	Krone - Gaststube
Cavigliano	Tentazioni
Centovalli	Al Pentolino
Cerniat	La Pinte des Mossettes
Contra	senza punti
Cossonay	La Fleur de Sel
Cugy	Auberge de l'Abbaye de Montheron
Fläsch	Landhaus
Forch	Neue Forch
Grandvaux	Auberge de la Gare
Grenchen	Chappeli
Gurtnellen	Gasthaus im Feld
Herrliberg	Buech
Kandersteg	Ruedihus - Biedermeier Stuben
Lenzerheide	Scalottas - Terroir
Locarno / Minusio	Lago
Lömmenschwil	Ruggisberg
Maloja	Bellavista
Regensberg	Krone
Saas Fee	Spielboden
Sankt Moritz	Chasellas
Sankt Moritz / Champfèr	Giardino Mountain - Stüva
Satigny / Peney-Dessous	Café de Peney
Sihlbrugg / Hirzel	Gast- und Poststube
Wienacht-Tobel	Treichli
Zermatt	Cervo Puro
Zürich	AuGust
Zürich	EquiTable im Sankt Meinrad

Hôtels agréables

→ Angenehme Hotels
→ Alberghi ameni
→ Particularly pleasant hotels

Andermatt	The Chedi
Bad Ragaz	Grand Resort
Genève	Beau-Rivage
Genève	Four Seasons Hôtel des Bergues
Gstaad	Grand Hotel Park
Gstaad	The Alpina Gstaad
Interlaken	Victoria-Jungfrau
Lausanne	Beau-Rivage Palace
Montreux	Fairmont Le Montreux Palace
Sankt Moritz	Carlton
Sankt Moritz	Kulm
Sankt Moritz	Suvretta House
Vitznau	Park Hotel Vitznau
Zürich	Baur au Lac
Zürich	The Dolder Grand

Arosa	Tschuggen Grand Hotel
Ascona	Castello del Sole
Ascona	Eden Roc
Ascona	Giardino
Basel	Grand Hotel Les Trois Rois
Crans-Montana	Guarda Golf
Genève	D'Angleterre
Genève	InterContinental
Genève / Bellevue	La Réserve
Gstaad	Le Grand Bellevue
Lugano	Grand Hotel Villa Castagnola
Lugano	Villa Principe Leopoldo
Morcote	Swiss Diamond Hotel
Pontresina	Grand Hotel Kronenhof
Sankt Moritz	Kempinski Grand Hotel des Bains
Verbier	W Verbier
Vevey	Grand Hôtel du Lac
Weggis	Park Weggis
Zermatt	Grand Hotel Zermatterhof
Zermatt	Mont Cervin Palace
Zermatt	Riffelalp Resort
Zürich	Atlantis
Zürich	Savoy Baur en Ville
Zürich	Widder

Adelboden	Parkhotel Bellevue
Appenzell / Weissbad	Hof Weissbad
Arosa	BelArosa
Brail	IN LAIN Hotel Cadonau
Brienz / Giessbach	Grandhotel Giessbach
Crans-Montana	Crans Ambassador
Crans-Montana / Plans-Mayens	LeCrans
Davos	179066
Davos	Seehof
Ennetbürgen	Villa Honegg
Ftan	Paracies
Genève	Les Armures
Genève	De la Cigogne
Genève	N vY
Grindelwald	Schweizerhof
Gstaad / Schönried	ERMITAGE Wellness und Spa-Hotel
Küsnacht	Seehotel Sonne
Lenk	Lenkerhof
Lenzerheide / Sporz	Maiensäss Hotel Guarda Val
Leukerbad	Les Sources des Alpes
Lipperswil	Golf Panorama
Locarno / Orselina	Villa Orselina
Lugano	The View
Luzern	Montana
Melchsee-Frutt	frutt LODGE und SPA
Merligen	BEATUS
Neuchâtel / Monruz	Palafitte
Pontresina	Walther
Rougemont	Hôtel de Rougemont
Saas Almagell	Pirmin Zurbriggen
Samnaun	Chasa Montana
Sankt Moritz / Champfèr	Giardino Mountain
Sils Maria	Waldhaus
Sils Maria / Segl Baselgia	Margna
Spiez	Belvédère
Spiez	Eden
Vaduz (Liechtenstein)	Park-Hotel Sonnenhof
Verbier	Cordée des Alpes
Verbier	Le Chalet d'Adrien
Villars-sur-Ollon	Chalet Royalp
Vitznau	Vitznauerhof
Zermatt	Alex
Zermatt	CERVO Mountain Boutique Resort
Zermatt	The Omnia
Zürich	Alden Luxury Suite Hotel
Zürich	Kameha Grand Zürich
Zürich	Schweizerhof
Zürich	Storchen

Ascona	Art Hotel Riposo
Baden	Limmathof Baden Hotel und Spa
Brissago	Yachtsport Resort
Celerina	Chesa Rosatsch
Freidorf	Mammertsberg
Genève	Tiffany
Gstaad	Le Grand Chalet
Gstaad	Olden
Gstaad / Schönried	Boutique Hotel Alpenrose
Kandersteg	Waldhotel Doldenhorn
Klosters	Walserhof
Locarno / Minusio	Giardino Lago
Morges	L'Hostellerie Le Petit Manoir
Regensberg	Krone
Saas Fee	The Capra
Saas Fee	The Dom
Saas Fee	Waldhotel Fletschhorn
Saint-Luc	Bella Tola
Scuol	Guarda Val
Scuol / Tarasp	Schlosshotel Chastè
Vals	7132 Hotel
Verbier	Le Chalet de Flore
Wengen	Jungfrau
Wengen	Schönegg
Zermatt	Coeur des Alpes
Zermatt	Julen
Zermatt	Matterhorn Focus

Andermatt	The River House Boutique Hotel
Beckenried	Boutique-Hotel Schlüssel
Bever	Chesa Salis
Campo (Vallemaggia)	Locanda Fior di Campo
Carona	Villa Carona
Les Diablerets	du Pillon
Gais	Bären
Gordevio	Casa Ambica
Haute-Nendaz	Etoiles de Montagne
Kandersteg / Blausee-Mitholz	Blausee
Langenthal	Auberge
Maggia	Casa Martinelli
Nax	Maya Boutique Hôtel
Pontresina	Albris
La Punt-Chamues-Ch.	Gasthaus Krone
Scuol	Engiadina
Sent	Pensiun Aldier
Sils Maria	Sonne
Zermatt	Bella Vista
Zürich	Kindli

Spa Wellness-Hotels

→ Bel espace de bien-être et de relaxation
→ Schöner Bereich zum Wohlfühlen
→ Centro benessere e relax
→ Extensive facility for relaxation and well-being

Adelboden	Parkhotel Bellevue	🏨🏨🏨
Adelboden	The Cambrian	🏨🏨🏨
Andermatt	The Chedi	🏨🏨🏨🏨🏨
Appenzell / Weissbad	Hof Weissbad	🏨🏨🏨
Arosa	Arosa Kulm	🏨🏨🏨
Arosa	BelArosa	🏨🏨🏨
Arosa	Tschuggen Grand Hotel	🏨🏨🏨🏨🏨
Arosa	Waldhotel National	🏨🏨🏨
Ascona	Castello del Sole	🏨🏨🏨
Ascona	Eden Roc	🏨🏨🏨
Ascona	Giardino	🏨🏨🏨
Baden	Limmathof Baden Hotel und Spa	🏨🏨
Bad Ragaz	Grand Resort	🏨🏨🏨🏨🏨
Basel	NOMAD	🏨🏨🏨
Breil	La Val	🏨🏨🏨
Cademario	Cacciatori	🏨🏨
Cademario	Kurhaus Cademario Hotel i Spa	🏨🏨🏨
Celerina	Cresta Palace	🏨🏨🏨
La Chaux-de-Fonds	Grand Hôtel Les Endroits	🏨🏨🏨
Chexbres	Le Baron Tavernier	🏨🏨🏨
Crans-Montana	Art de Vivre	🏨🏨
Crans-Montana	Crans Ambassador	🏨🏨🏨
Crans-Montana	Grand Hôtel du Golf	🏨🏨🏨🏨🏨
Crans-Montana	Guarda Golf	🏨🏨🏨🏨🏨
Crans-Montana	Hostellerie du Pas de l'Ours	🏨🏨🏨
Crans-Montana / Plans-Mayens	LeCrans	🏨🏨🏨
Davos	InterContinental	🏨🏨🏨🏨🏨
Ennetbürgen	Villa Honegg	🏨🏨🏨
Feusisberg	Panorama Resort und Spa	🏨🏨🏨
Flims	Adula	🏨🏨🏨
Genève	Four Seasons Hôtel des Bergues	🏨🏨🏨🏨🏨
Genève	Grand Hôtel Kempinski	🏨🏨🏨🏨🏨
Genève	InterContinental	🏨🏨🏨🏨🏨
Genève	mandarinoriental	🏨🏨🏨🏨🏨
Genève	Président Wilson	🏨🏨🏨🏨🏨
Genève / Bellevue	La Réserve	🏨🏨🏨
Grindelwald	Schweizerhof	🏨🏨🏨
Gstaad	Grand Hotel Park	🏨🏨🏨🏨🏨
Gstaad	Gstaad Palace	🏨🏨🏨🏨🏨
Gstaad	Le Grand Bellevue	🏨🏨🏨🏨🏨
Gstaad	The Alpina Gstaad	🏨🏨🏨🏨🏨
Gstaad / Schönried	ERMITAGE Wellness und Spa-Hotel	🏨🏨🏨

Location	Hotel	Rating
Gstaad / Saanenmöser	Golfhotel Les Hauts de Gstaad und SPA	⌂⌂
Haute-Nendaz	Hôtel Nendaz 4 Vallées und Spa	⌂⌂
Heiden	Heiden	⌂⌂
Horn	Bad Horn	⌂⌂
Interlaken	L'Ambiance / La Bonne Fourchette	⌂⌂
Interlaken	Victoria-Jungfrau	⌂⌂⌂
Lausanne	Beau-Rivage Palace	⌂⌂⌂
Lausanne	Lausanne Palace	⌂⌂⌂
Lenk	Lenkerhof	⌂⌂
Lenzerheide	Lenzerhorn	⌂
Lenzerheide	Schweizerhof	⌂⌂
Lenzerheide / Valbella	Valbella Inn	⌂⌂
Leukerbad	Le Bristol	⌂⌂
Leukerbad	Les Sources des Alpes	⌂⌂
Lipperswil	Golf Panorama	⌂⌂
Locarno / Orselina	Villa Orselina	⌂⌂
Lugano / Massagno	Villa Sassa	⌂⌂
Luzern	Palace	⌂⌂⌂
Meisterschwanden	Seerose Resort und Spa	⌂⌂
Melchsee-Frutt	frutt LODGE und SPA	⌂⌂
Merligen	BEATUS	⌂⌂
Le Mont-Pèlerin	Le Mirador Resort et Spa	⌂⌂⌂
Montreux	Fairmont Le Montreux Palace	⌂⌂⌂
Morcote	Swiss Diamond Hotel	⌂⌂
Morschach	Swiss Holiday Park	⌂⌂
Pontresina	Grand Hotel Kronenhof	⌂⌂⌂
Rougemont	Hôtel de Rougemont	⌂⌂
Saas Almagell	Pirmin Zurbriggen	⌂⌂
Saas Fee	Ferienart Resort und SPA	⌂⌂⌂
Saas Fee	Schweizerhof	⌂⌂
Saillon	Bains de Saillon	⌂⌂
Saint-Luc	Bella Tola	⌂
Samnaun	Chasa Montana	⌂⌂
Samnaun	Silvretta	⌂
Sankt Moritz	Badrutt's Palace	⌂⌂⌂
Sankt Moritz	Carlton	⌂⌂⌂
Sankt Moritz	Kempinski Grand Hotel des Bains	⌂⌂⌂
Sankt Moritz	Kulm	⌂⌂⌂
Sankt Moritz	Suvretta House	⌂⌂⌂
Sankt Moritz / Champfèr	Giardino Mountain	⌂⌂
Sarnen / Wilen	Seehotel Wilerbad	⌂⌂
Sigriswil	Solbadhotel	⌂
Vals	7132 Hotel	⌂
Verbier	Cordée des Alpes	⌂⌂
Verbier	Le Chalet d'Adrien	⌂⌂
Verbier	W Verbier	⌂⌂⌂
Vevey	Trois Couronnes	⌂⌂⌂
Villars-sur-Ollon	Du Golf	⌂
Vitznau	Park Hotel Vitznau	⌂⌂⌂
Vitznau	Vitznauerhof	⌂⌂
Weggis	Park Weggis	⌂⌂⌂
Weggis	Rössli	⌂
Zermatt	Grand Hotel Zermatterhof	⌂⌂⌂
Zermatt	La Ginabelle	⌂⌂
Zermatt	Mirabeau	⌂⌂
Zermatt	Mont Cervin Palace	⌂⌂⌂
Zermatt	Parkhotel Beau-Site	⌂⌂
Zürich	Atlantis	⌂⌂
Zürich	The Dolder Grand	⌂⌂⌂

Michelin Travel Partner
Société par actions simplifiées au capital de 11 288 880 EUR
27 Cours de L'Île Seguin – 92100 Boulogne Billancourt (France)
R.C.S. Nanterre 433 677 721

© **Michelin et Cie, Propriétaires-Éditeurs 2016**

Dépôt légal octobre 2016

Toute reproduction, même partielle et quel qu'en soit le support est interdite sans autorisation préalable de l'éditeur

« **Reproduit avec l'autorisation de swisstopo
(Direction fédérale des mensurations cadastrales) (VA072237)** »

Imprimé en Belgique 09-2016
Sur du papier issu de forêts gérées durablement.

Compogravure : JOUVE, Saran (France)

Imprimeur et brocheur : GEERS (Belgique)

Population : « Source : Office fédéral de la statistique, site Web Statistique suisse »

Town plans : © MICHELIN et © 2006-2015 TomTom. All rights reserved. This material is proprietary and the subject of copyright protection, database right protection and other intellectual property rights owned by TomTom or its suppliers. The use of this material is subject to the terms of a license agreement. Any unauthorized copying or disclosure of this material will lead to criminal and civil liabilities.

© Swisstopo

L'équipe éditoriale a apporté le plus grand soin à la rédaction de ce guide et à sa vérification. Toutefois, les informations pratiques (formalités administratives, prix, adresses, numéros de téléphone, adresses Internet...) doivent être considérées comme des indications du fait de l'évolution constante de ces données : il n'est pas totalement exclu que certaines d'entre elles ne soient plus, à la date de parution du guide, tout à fait exactes ou exhaustives. Avant d'entamer toutes démarches (formalités administratives et douanières notamment), vous êtes invités à vous renseigner auprès des organismes officiels. Ces informations ne sauraient de ce fait engager notre responsabilité.

Unser Redaktionsteam hat die Informationen für diesen Führer mit größter Sorgfalt zusammengestellt und überprüft. Trotzdem ist jede praktische Information (offizielle Angaben, Preise, Adressen, Telefonnummern, Internetadressen etc.) Veränderungen unterworfen und kann daher nur als Anhaltspunkt betrachtet werden. Es ist nicht auszuschließen, dass einige Angaben zum Zeitpunkt des Erscheinens des Führers nicht mehr korrekt oder komplett sind. Bitte fragen Sie daher zusätzlich bei der zuständigen offiziellen Stelle nach den genauen Angaben (insbesondere in Bezug auf Verwaltungs- und Zollformalitäten). Eine Haftung können wir in keinem Fall übernehmen.

I dati e le indicazioni contenuti in questa guida, sono stati verificati e aggiornati con la massima cura. Tuttavia alcune informazioni (prezzi, indirizzi, numeri di telefono, indirizzi internet...) possono perdere parte della loro attualità a causa dell'incessante evoluzione delle strutture e delle variazioni del costo della vita: non è escluso che alcuni dati non siano più, all'uscita della guida, esatti o esaustivi. Prima di procedere alle eventuali formalità amministrative e doganali, siete invitati ad informarvi presso gli organismi ufficiali. Queste informazioni non possono comportare responsabilità alcuna per eventuali involontari errori o imprecisioni.